www.nwb.de

Steuerfachkurs · Training

Fallsammlung Bilanzsteuerrecht

Von

Steuerberater Dipl.-Finanzwirt

Jörg Koltermann

D1703587

16., überarbeitete Auflage

nwb AUSBILDUNG

ISBN 978-3-482-**69722**-7 (online)
ISBN 978-3-482-**52136**-2 (print)
16., überarbeitete Auflage 2013

© NWB Verlag GmbH & Co. KG, Herne 1975
www.nwb.de

Satz: Griebsch & Rochol Druck GmbH & Co. KG, Hamm
Druck: medienHaus Plump GmbH, Rheinbreitbach

VORWORT

In diesem Übungsbuch wird die Anwendung des Bilanzsteuerrechts anhand von Fällen dargestellt und erläutert. Die Fälle sind nach Themenbereichen gegliedert. Insbesondere dem Anfänger erschließt sich hierdurch die komplexe Rechtsmaterie des Bilanzsteuerrechts. Durch Vorbemerkungen und Schaubilder zu den jeweiligen Themenbereichen wird dem Leser ein theoretischer Überblick über die in Betracht kommende Rechtsmaterie vermittelt, was den Einstieg in die Fallstudien erleichtert. Hierdurch entfällt auch das Erfordernis von Vorkenntnissen. Grundkenntnisse in doppelter Buchführung werden allerdings vorausgesetzt.

Die Fälle sind überwiegend sog. „klausurtypische", Fälle also, die unter Verwendung von Zahlen und Daten jeweils eine konkrete Lösung verlangen. Sie sind in der Ausbildung im Steuerfachbereich der Fachhochschule für Finanzen Nordkirchen erprobt und haben Anklang gefunden. Der angehende Steuerinspektor/Diplom-Finanzwirt oder Steuerberater findet alle wichtigen prüfungsrelevanten Fragen unter Einschluss der Mehr- und Wenigerrechnung und der Personen- und Kapitalgesellschaften behandelt. Auch Besonderheiten wie z. B. (mitunternehmerische) Betriebsaufspaltung, Schwesterpersonengesellschaften, doppelstöckige Personengesellschaft, Einbringung mit Zuzahlung ins Privatvermögen, Ausscheiden mit Sachwertabfindung, Realteilung, GmbH & Co. KG, Organschaft und Umwandlungen sind dargestellt. Die Fallsammlung dürfte darüber hinaus auch dem Praktiker eine nützliche Hilfe sein, da sie aktuelle Fälle aus der Praxis in gleicher Weise berücksichtigt.

Die Fallsammlung erschließt den Lehrstoff „am Fall" und dient damit als Basisliteratur für die Ausbildung sowie als Repetitorium. Sie ergänzt das Lehrbuch Buchführung und Bilanzsteuerrecht. Berücksichtigt ist grundsätzlich den Rechtsstand ab 1. 1. 2013.

Bei der Fülle der verarbeiteten Rechtsmaterie lassen sich – trotz größter Sorgfalt – Fehler und Irrtümer nicht immer ganz vermeiden. Verfasser und Verlag sind für entsprechende Hinweise dankbar.

Münster, im Juni 2013   Jörg Koltermann

Kein Produkt ist so gut, dass es nicht noch verbessert werden könnte. Ihre Meinung ist uns wichtig! Was gefällt Ihnen gut? Was können wir in Ihren Augen noch verbessern? Bitte verwenden Sie für Ihr Feedback einfach unser Online-Formular auf:

www.nwb.de/go/lb_feedback

Als kleines Dankeschön verlosen wir unter allen Teilnehmern einmal pro Quartal ein Buchgeschenk.

INHALTSVERZEICHNIS

ABBILDUNGSVERZEICHNIS

LITERATURHINWEISE

Adler/Düring/Schmaltz, Rechnungslegung und Prüfung der Unternehmung, Loseblattwerk, Stuttgart

Blödtner/Bilke/Heining, Lehrbuch Buchführung und Bilanzsteuerrecht, 10. Auflage, Herne 2013

Blödtner/Bilke/Heining, Fallsammlung Buchführung – Bilanzen – Berichtigungstechnik, 9. Auflage, Herne 2013

Falterbaum/Bolk/Reiß/Kirchner, Buchführung und Bilanz, 21. Auflage, Achim 2010

Gnam, Handbuch der Bilanzierung, Loseblattwerk, Freiburg

Herrmann/Heuer/Raupach, Einkommensteuer- und Körperschaftsteuergesetz mit Nebengesetzen, Loseblattwerk, Köln

Horschitz/Groß/Berfried, Bilanzsteuerrecht und Buchführung, 12. Auflage, Stuttgart 2010

Koller/Roth/Morck, Handelsgesetzbuch, 7. Auflage, München 2011

Littmann/Bitz/Meincke, Das Einkommensteuerrecht, Loseblattwerk, Stuttgart

Meyer, Bilanzierung nach Handels- und Steuerrecht, 22. Auflage, Herne 2011

Schmidt, Einkommensteuergesetz, Kommentar, 32. Auflage, München 2013

ABKÜRZUNGSVERZEICHNIS

A

aA	anderer Ansicht
aaO	am angegebenen Ort
Abschn.	Abschnitt
abzf.	abzugsfähig
AfA	Absetzung für Abnutzung
AfaA	Absetzung für außergewöhnliche Abnutzung
AG	Aktiengesellschaft
AK	Anschaffungskosten
Anl.	Anlage
AO	Abgabenordnung
AV	Anlagevermögen

B

BA	Betriebsausgaben
BB	Betriebs-Berater (Zeitschrift)
BdF	Bundesministerium der Finanzen
BE	Betriebseinnahme
BewG	Bewertungsgesetz
BewRGr	Bewertungs-Richtlinien Grundvermögen
BFH	Bundesfinanzhof
BGB	Bürgerliches Gesetzbuch
BGBl	Bundesgesetzblatt
BilMoG	Bilanzrechtsmodernisierungsgesetz
BMF	Bundesministerium der Finanzen
BStBl	Bundessteuerblatt
BV	Betriebsvermögen
BW	Buchwert

E

EBK	Eröffnungsbilanzkonto
EFG	Entscheidungen der Finanzgerichte
EGHGB	Einführungsgesetz zum Handelsgesetzbuch
ErbStG	Erbschaftsteuergesetz
ENK	Erwerbsnebenkosten
EStG	Einkommensteuergesetz
EStR	Einkommensteuer-Richtlinien
e.V.	eingetragener Verein
EW	Einheitswert

F

FA	Finanzamt
Fifo	First in – first out
FKPG	Gesetz zur Umsetzung des Föderalen Konsolidierungsprogramms
FördG	Gesetz zur Förderung von Investitionen im Fördergebiet

G

GAV	Gewinnabführungsvereinbarung
GbR	Gesellschaft des bürgerlichen Rechts
GewStG	Gewerbesteuergesetz
GewStR	Gewerbesteuer-Richtlinien
GHV	Gesamthandsvermögen
GmbH	Gesellschaft mit beschränker Haftung
GoB	Grundsätze ordnungsgemäßer Buchführung
GrESt	Grunderwerbsteuer
GWG	Geringwertige Wirtschaftsgüter

H

HB	Handelsbilanz
HFA	Hauptfachausschuss des Instituts der Wirtschaftsprüfer
HGB	Handelsgesetzbuch
Hifo	Highest in – first out
HK	Herstellungskosten

I

IDW	Institut der Wirtschaftsprüfer
i. S.	im Sinne
i. V.	in Verbindung
IWG	Immaterielles Wirtschaftsgut

J

JStG	Jahressteuergesetz

K

KapGes	Kapitalgesellschaft
KG	Kommanditgesellschdft
Kj.	Kalenderjahr

L

LSt	Lohnsteuer
Lifo	Last in – first out
Lofo	Lowest in – first out

M

MU	Mitunternehmer/Mitunternehmerschaft

N

ND	Nutzungsdauer
Nr.	Nummer
NW	Nordrhein-Westfalen
NWB EN	Neue Wirtschafts-Briefe Eilnachrichten

O

o. a.	oben angeführt
OHG	Offene Handelsgesellschaft

P

PB	Prüfungsbilanz
PG	Personengesellschaft(en)
PV	Privatvermögen
PZ	Prüfungszeitraum

R

RAP	Rechnungsabgrenzungsposten
RfE	Rücklage für Ersatzbeschaffung
RFH	Reichsfinanzhof
RL	Rücklage
RS	Rückstellung
RStBl	Reichssteuerblatt

S

SBA	Sonderbetriebsausgaben
SBE	Sonderbetriebseinnahmen
SBK	Schlussbilanzkonto
SBV	Sonderbetriebsvermogen
SGB	Sozialgesetzbuch
SolZ	Solidaritätszuschlag
StB	Steuerbilanz
Stpfl.	Steuerpflichtiger
StR	Steuerrecht

T

Tab.	Tabelle
TW	Teilwert

U

u. a.	unter anderem
usf.	und so fort
UStG	Umsatzsteuergesetz

V

vEK	verwendbares Eigenkapital
v. H.	vom Hundert
VStG	Vermögensteuergesetz
VStR	Vermögensteuer-Richtlinien

W

WBK	Wiederbeschaffungskosten
WG	Wirtschaftsgut
Wj.	Wirtschaftsjahr

Z

ZRFG	Zonenrandförderungsgesetz
zzgl.	zuzüglich

Teil A: Allgemeines Bilanzsteuerrecht

Kapitel 1: Gewinnermittlungsarten und Buchführungspflicht

1.1 Allgemeines

Bei den ersten drei Einkunftsarten des Einkommensteuerrechts (Land- und Forstwirtschaft, Gewerbebetrieb, selbständige Arbeit) ist Besteuerungsgrundlage der **Gewinn** (§ 2 Abs. 2 Nr. 1 EStG). Bei Land- und Forstwirten und bei Gewerbetreibenden ist der Gewinn nach dem **Wirtschaftsjahr** zu ermitteln. Wirtschaftsjahr ist

1. bei Land- und Forstwirten der Zeitraum vom 1. 7. bis zum 30. 6. (Ausnahmen siehe § 8c EStG).

2. bei Gewerbetreibenden, deren Firma im Handelsregister eingetragen ist, der Zeitraum für den sie regelmäßig Abschlüsse machen. Dabei umfasst das Wirtschaftsjahr grundsätzlich einen Zeitraum von zwölf Monaten (§ 8b Satz 1 EStDV). Ausnahmen gibt es z. B., wenn ein Betrieb eröffnet, erworben, aufgegeben oder veräußert wird (§ 8b Satz 2 EStDV). In diesen Fällen spricht man vom Rumpf-Wirtschaftsjahr. Bei Gründung und HR-Eintragung besteht ein Wahlrecht für den Abschlusszeitpunkt. Die Umstellung eines vom Kalenderjahr abweichenden Wirtschaftsjahres kann nur einvernehmlich mit dem FA erfolgen, es sei denn, die Umstellung erfolgt auf das Kalenderjahr.

3. bei anderen Gewerbetreibenden das **Kalenderjahr.**

Bei den Einkünften aus selbständiger Arbeit (z. B. bei Freiberuflern) ist der Gewinnermittlungszeitraum stets auf das **Kalenderjahr** bezogen (§ 2 Abs. 7 Satz 2 EStG). Ermittelt ein Freiberufler seinen Gewinn für ein vom Kalenderjahr abweichendes Wirtschaftsjahr, kann die Gewinnermittlung der Besteuerung nicht zugrunde gelegt werden. Der im Kalenderjahr bezogene Gewinn ist im Wege der Schätzung zu ermitteln. Dies kann in der Regel durch eine zeitanteilige Aufteilung der für die abweichenden Wirtschaftsjahre ermittelten Gewinne erfolgen (BFH v. 23. 9. 1999 IV R 41/98, BStBl 2000 II 24).

Für die Ermittlung des Gewinns stellt das EStG mehrere Gewinnermittlungsarten zur Verfügung:

▶ Betriebsvermögensvergleich (§ 4 Abs. 1 EStG)

▶ Einnahmenüberschussrechnung (§ 4 Abs. 3 EStG)

▶ Tonnagebesteuerung (§ 5a EStG)

▶ Durchschnittssätze (§ 13a EStG)

Die Wahl einer bestimmten Gewinnermittlungsart ist nicht ohne weiteres in das Belieben des Steuerpflichtigen gestellt.

Gewerbetreibende, die als Kaufleute (vgl. § 1 HGB) nach Handelsrecht verpflichtet sind, Bücher zu führen und in diesen ihre Handelsgeschäfte und die Lage ihres Vermögens nach den Grundsätzen ordnungsmäßiger Buchführung darzustellen haben (vgl. § 238 HGB), müssen auch ihren steuerlichen Gewinn nach diesen Vorschriften ermitteln (§ 140 AO). Sie sind verpflichtet, neben der Bilanz auch eine Gewinn- und Verlustrechnung zu erstellen, d. h. eine sog. doppelte Buchführung einzurichten (§ 242 HGB). Die Gewinnermittlung erfolgt faktisch durch Betriebsvermögensvergleich und zusätzlich (doppelt) durch die Gewinn- und Verlustrechnung. Im Übrigen umfassen die Buchführungspflichten Folgendes:

1. Führung von einem oder mehreren Grundbüchern zur chronologischen Erfassung der Geschäftsvorfälle.

2. Führung eines Hauptbuchs (Sachkonten einschl. Erfolgskonten).

3. Führung von Geschäftsfreundebüchern (Personenkonten betr. die Kunden und Lieferanten).

4. Aufstellung von Inventaren und Bilanzen.

Befreit von der handelsrechtlichen Pflicht zur doppelten Buchführung und Bilanzierung sind Einzelkaufleute, die an den Abschlussstichtagen von zwei aufeinander folgenden Geschäftsjahren nicht mehr als

▶ 500 000 € Umsatzerlöse und

▶ 50 000 € Jahresüberschuss aufweisen (§ 241a HGB).

Im Fall der Neugründung treten die Rechtsfolgen schon ein, wenn die vorgenannten Schwellenwerte am ersten Abschlussstichtag nach der Neugründung nicht überschritten werden. Mit der Regelung ist keineswegs ein Verbot der Buchführung und Bilanzierung für die unterhalb der Schwellenwerte liegenden Einzelkaufleute verbunden. Vielmehr wird diesen die Möglichkeit eröffnet, ihre Buchführung und Bilanzierung im Verhältnis zum Umfang ihres Geschäftsbetriebs angemessen auszugestalten. Im Ergebnis können die unter den Schwellenwerten liegenden Einzelkaufleute damit die für steuerliche Zwecke aufzustellende Einnahmenüberschussrechnung gem. § 4 Abs. 3 EStG auch für handelsrechtliche Zwecke nutzen (BT-Drucksache 16/12407 zu Art. 1 Nr. 2).

Die Vorschrift korrespondiert mit § 141 AO, der für Gewerbetreibende ähnliche Grenzen enthält:

▶ Umsätze einschließlich der steuerfreien Umsätze, ausgenommen die Umsätze nach § 4 Nr. 8 bis 10 UStG, von nicht mehr als 500 000 € im Kalenderjahr oder

▶ einen Gewinn aus Gewerbebetrieb von nicht mehr als 50 000 € im Wirtschaftsjahr.

Im Ergebnis bedeutet dies, dass Einzelkaufleute bzw. Gewerbetreibende, die die vorgenannten Grenzen einhalten, ihren Gewinn durch Einnahmenüberschussrechnung ermitteln können. Dabei ist die für die Buchführungspflicht maßgebliche Umsatzgrenze i. S. des § 141 Abs. 1 Satz 1 Nr. 1 AO unter Einbeziehung der nicht umsatzsteuerbaren Auslandsumsätze zu ermitteln (BFH v. 7. 10. 2009 II R 23/08, BStBl 2010 II 219).

Einzelkaufleute bzw. Gewerbetreibende, die weder nach Handelsrecht (§ 241c HGB) noch nach Steuerrecht (§ 141 AO) zur doppelten Buchführung und Bilanzierung verpflichtet sind, können dies freiwillig tun. Steuerlich müssen sie dann bei der Bilanzierung die handelsrechtlichen Grundsätze ordnungsmäßiger Buchführung beachten, es sei denn es bestehen steuerliche Ansatzwahlrechte (§ 5 Abs. 1 EStG).

Die Bezieher von Einkünften aus selbständiger Arbeit (z. B. Freiberufler) haben uneingeschränkt die Wahl zwischen dem

► Betriebsvermögensvergleich und der

► Einnahmenüberschussrechnung.

Die Höhe von jährlichem Umsatz und Gewinn ist unbeachtlich. Entscheiden sie sich für den Betriebsvermögensvergleich genügt statt der doppelten Buchführung eine einfache Buchführung, bei der auf die Erstellung einer Gewinn- und Verlustrechnung verzichtet wird. Für die Bilanzierung ist § 5 EStG unbeachtlich; d. h. es gelten nicht die handelsrechtlichen Vorschriften sondern ausschließlich die steuerlichen Ansatz- und Bewertungsvorschriften (§ 4 i.V. mit §§ 6-7k EStG).

BEISPIEL ► A betreibt als selbständiger Unternehmen einen Kiosk in Dortmund. Sein Jahresumsatz beträgt 200.000 €, sein jährlicher Gewinn 30 000 €. Er hat sich

a) ins Handelsregister eintragen lassen,

b) nicht ins Handelsregister eintragen lassen (§ 1 Abs. 2 HGB).

Wie ist der steuerliche Gewinn zu ermitteln?

LÖSUNG A) UND B) ► Gem. § 241c HGB ist A nicht verpflichtet, nach Maßgabe des Handelsrechts durch doppelte Buchführung und Bilanzierung seinen Gewinn zu ermitteln. Er kann dies allerdings freiwillig tun. Neben der Buchführung muss er dann jährlich Inventur machen und ein Inventarverzeichnis erstellen. A ist berechtigt, sich zur Gewinnermittlung der Einnahmenüberschussrechnung zu bedienen.

BEISPIEL ► Dr. A praktiziert als selbständiger Augenarzt in Köln. Sein Jahresumsatz beträgt 1 Mio. €, sein jährlicher Gewinn 300 000 €. Wie ist der steuerliche Gewinn zu ermitteln?

LÖSUNG ► Dr. A fällt nicht unter das HGB und auch nicht unter § 5 Abs. 1 EStG. Er kann seinen Gewinn durch Betriebsvermögensvergleich nach § 4 Abs. 1 EStG ermitteln und sich dabei einer einfachen oder doppelten Buchführung bedienen. Auch die Einnahmenüberschussrechnung ist für ihn zulässig.

BEISPIEL ► Kaufmann A ist Großhändler in Bremen und im Handelsregister Bremen eingetragen. Sein Jahresumsatz beträgt 10 Mio. € und sein jährlicher Gewinn 1,5 Mio. €.

LÖSUNG ► A ist sowohl nach Handels- wie nach Steuerrecht buchführungs- und bilanzierungspflichtig (§ 1 Abs. 1 i.V. mit §§ 238 ff. HGB, § 140 AO i.V. mit § 4 Abs. 1 EStG). Er muss eine doppelte Buchführung einrichten und jährlich Inventur machen und ein Inventarverzeichnis erstellen.

Zusammenfassung

Zur Einnahmenüberschussrechnung sind somit berechtigt:

1. Land- und Forstwirte, die nicht gem. §§ 140, 141 AO zur Buchführung verpflichtet sind und auf die § 13a EStG unanwendbar ist (R 13.5 Abs. 1 EStR).

2. Gewerbetreibende, die nicht gem. §§ 140, 141 AO zur Buchführung verpflichtet sind.

3. Freiberufler ohne Einschränkung.

Die Einnahmenüberschussrechnung verpflichtet nur zur Beachtung bestimmter Aufzeichnungspflichten (vgl. §§ 143, 144 AO, § 22 UStG, § 4 Abs. 7, § 4 Abs. 3 Satz 5 EStG).

Den Betriebsvermögensvergleich praktizieren Land- und Forstwirte und Gewerbetreibende, die gem. §§ 140, 141 AO zur Buchführung verpflichtet sind oder die freiwillig Bücher führen. Auch Freiberufler können freiwillig Bücher führen und ihren Gewinn durch Betriebsvermögensvergleich ermitteln; für sie gelten dabei ausschließlich die steuerrechtlichen Bilanzierungsvorschriften. Für Land- und Forstwirte gelten die handelsrechtlichen Bilanzierungsvorschriften sinngemäß (§ 141 Abs. 1 Satz 2 AO).

Für Gewerbetreibende, die den Betriebsvermögensvergleich praktizieren, gelten für Umfang und Bewertung des Betriebsvermögens zunächst die „handelsrechtlichen Grundsätze ordnungsmäßiger Buchführung" (GoB); § 5 Abs. 1 EStG. Nur wenn die Anwendung der handelsrechtlichen GoB zu steuerrechtlich unzutreffenden Bilanzansätzen führt, hat das Steuerrecht Vorrang (§ 5 Abs. 6 EStG).

1.2 Technik des Betriebsvermögensvergleichs

1.2.1 Gewinnermittlungsformel

Gewinn ist der **Unterschiedsbetrag** zwischen dem Betriebsvermögen am Schluss des Wirtschaftsjahres und dem Betriebsvermögen am Schluss des vorangegangenen Wirtschaftsjahres, **vermehrt** um den Wert der Entnahmen und **vermindert** um den Wert der Einlagen. Entnahmen sind alle Wirtschaftsgüter (Barentnahmen, Waren, Erzeugnisse, Nutzungen und Leistungen), die der Steuerpflichtige dem Betrieb für sich, für seinen Haushalt oder für andere betriebsfremde Zwecke im Laufe des Wirtschaftsjahres entnommen hat. Einlagen sind alle Wirtschaftsgüter (Bareinzahlungen und sonstige Wirtschaftsgüter), die der Steuerpflichtige dem Betrieb im Laufe des Wirtschaftsjahres zugeführt hat (§ 4 Abs. 1 EStG i.V. mit R 4.3 EStR). Dass Entnahmen dem Unterschiedsbetrag hinzugerechnet und Einlagen vom Unterschiedsbetrag abgezogen werden, beruht darauf, dass diese Vorgänge die Höhe des Betriebsvermögens beeinflussen aber außerbetrieblich veranlasst sind, also steuerlich keinen Gewinn oder Verlust darstellen. Daraus ergibt sich folgende Formel:

	Betriebsvermögen am Schluss des Wirtschaftsjahres
./.	Betriebsvermögen am Schluss des vorangegangenen Wirtschaftsjahres
	Unterschiedsbetrag
+	Entnahmen
./.	Einlagen
=	**Gewinn/Verlust**

BEISPIEL Am 1.1.01 betrug das Betriebsvermögen 600 000 €. Für seinen Haushalt entnahm der Steuerpflichtige im Laufe des Jahres 01 einen Betrag von 100 000 €. Am 31.12.01 beträgt das Betriebsvermögen deshalb 500 000 €. Weitere Geschäftsvorfälle sind (aus Vereinfachungsgründen) in 01 nicht vorgekommen. Wie hoch ist der Gewinn 01?

LÖSUNG ▶ Der Gewinn sollte hier 0 € betragen, da gewinnbeeinflussende Vorgänge nicht vorgekommen sind. Die Formel bestätigt die Annahme:

Betriebsvermögen am 31.12.01	500 000 €
Betriebsvermögen am 1.1.01	600 000 €
Unterschiedsbetrag	- 100 000 €
Entnahmen 01	+ 100 000 €
Gewinn	0 €

BEISPIEL ▶ Am 1.1.01 betrug das Betriebsvermögen 600 000 €. Wegen eines Liquiditätsengpasses überwies der Steuerpflichtige im März 01 einen Betrag von 100 000 € von seinem privaten Bankkonto auf das betriebliche Bankkonto. Im Laufe des Jahres wurde ein Gewinn von 50 000 € erwirtschaftet. Am 31.12.01 beträgt das Betriebsvermögen deshalb 750 000 €. Wie hoch ist der Gewinn 01 nach der Formel in § 4 Abs. 1 Satz 1 EStG?

LÖSUNG ▶ Der steuerliche Gewinn sollte hier 50 000 € betragen, da gewinnbeeinflussende Vorgänge in dieser Höhe vorgekommen sind. Die Formel bestätigt die Annahme:

Betriebsvermögen am 31.12.01	750 000 €
Betriebsvermögen am 1.1.01	600 000 €
Unterschiedsbetrag	+ 150 000 €
Einlagen 01	- 100 000 €
Gewinn	50 000 €

BEISPIEL ▶ Am 1.1.01 betrug das Betriebsvermögen 100 000 €. Der Steuerpflichtige entnahm im März und Oktober 01 jeweils 25 000 € vom betrieblichen Bankkonto für private Zwecke. Im Laufe desselben Jahres ergab sich ein Verlust von 70 000 €. Am 31.12.01 beträgt das Betriebsvermögen deshalb - 20 000 €. Wie hoch ist der Gewinn 01 nach der Formel in § 4 Abs. 1 EStG?

LÖSUNG ▶ Der steuerliche Gewinn sollte hier - 70 000 € betragen, da gewinnbeeinflussende Vorgänge in dieser Höhe vorgekommen sind. Die Formel bestätigt die Annahme:

Betriebsvermögen am 31.12.01	- 20 000 €
Betriebsvermögen am 1.1.01	100 000 €
Unterschiedsbetrag	- 120 000 €
Entnahmen 01	50 000 €
Gewinn	- 70 000 €

HINWEIS:

Der Unterschiedsbetrag ist nicht als Saldo zu verstehen, sondern nach der Thermometer-Methode zu ermitteln, d.h. wenn die Temperatur von + 8° auf - 4° sinkt, ist sie um 12° gefallen.

1.2.2　Ermittlung des Betriebsvermögens

Nach § 240 Abs. 1 und 2 HGB i.V. mit §§ 140, 141 AO hat jeder Kaufmann zu Beginn seines Handelsgewerbes seine Grundstücke, seine Forderungen und Schulden, den Betrag seines baren Geldes sowie seine sonstigen Vermögensgegenstände genau zu verzeichnen und dabei den Wert der einzelnen Vermögensgegenstände und Schulden anzugeben. Er hat demnächst für den Schluss eines jeden Geschäftsjahres ein solches Inventar aufzustellen. Da die Dauer des Geschäftsjahres zwölf Monate nicht überschreiten darf, fällt diese Arbeit jährlich an.

Der steuerliche Begriff **Betriebsvermögen** ist gesetzlich nicht definiert. Man versteht darunter

1. die Menge aller positiven und negativen Wirtschaftsgüter, die dem Betrieb dienen, und

2. den Saldo aus Besitzposten und Schulden (Kapital, Eigenkapital). Überwiegen die Schulden, ergibt sich ein negatives Betriebsvermögen.

Ermittelt wird das Betriebsvermögen durch **Inventur** (§§ 240, 241 HGB). Inventur bezeichnet den Vorgang der Bestandsaufnahme; es handelt sich um die art-, wert- und mengenmäßige Feststellung der Besitzposten (Vermögensgegenstände) und Schulden. Man unterscheidet

a) körperliche Inventur und

b) buchmäßige Inventur.

Die körperliche Inventur erfasst die körperlichen Gegenstände und erfolgt durch Zählen, Messen und Wiegen (z. B. Maschinen, Fuhrpark, Geschäftsausstattung, Waren, Kassenbestand). Bei der buchmäßigen Inventur greift man auf Belege zurück, wie etwa auf Rechnungen und Rechnungskopien, Kontoauszüge (z. B. Bankguthaben, Forderungen, Verbindlichkeiten).

Das Ergebnis der Inventur ist im Inventar zu dokumentieren. Das Inventar ist somit das Verzeichnis, in dem die Inventurergebnisse zusammengestellt sind. Im Inventarverzeichnis sind die Vermögensgegenstände und Schulden nach Art, Menge und Wert erfasst. Seine Form ist einseitig gegliedert:

I. Besitzposten

II. Schulden

III. Betriebsvermögen (Kapital, Eigenkapital)

Aus dem Inventarverzeichnis wird die Bilanz abgeleitet; sie ist im Ergebnis ein vereinfachtes Inventarverzeichnis. So erscheint z. B. für den Warenbestand nur eine einzige Position mit einem einzigen Wert, dasselbe gilt für Forderungen und Verbindlichkeiten. Im Gegensatz zum Inventarverzeichnis ist die Bilanz in Kontoform zu erstellen (§ 266 Abs. 1 HGB) und nach § 266 Abs. 2 HGB zu gliedern.

BEISPIEL Kaufmann A in Köln betreibt ein Schuhgeschäft und hat zum 31. 12. 01 ein Inventarverzeichnis erstellt. Der Warenbestand umfasst 600 Positionen im Gesamtwert von 12 000 € und ist auf 15 Seiten dargestellt. Nachstehend sind aus Vereinfachungsgründen vom Warenbestand nur die ersten beiden Positionen genannt.

I. Besitzposten

Grund und Boden	600 000 €
Gebäude	540 000 €
1 Pkw Marke VW Golf	23 000 €
1 Lieferwagen Ford Transit	17 000 €
1 Büroschrank	2 000 €
1 Schreibtisch	1 200 €
2 Computer	800 €
5 Paar Herrenschuhe „Senator"	350 €
8 Paar Damenschuhe „Lady"	320 €
. . . . .usw: Rest zusammengefasst	11 330 €
Forderungen an Kunden Lemke, Köln	180 €
Forderung an Kunden Stein, Bonn	240 €
Bankguthaben	38 000 €
Kassenbestand	17 000 €
Summe	1 251 420 €

II. Schulden

Darlehen von Volksbank Köln	320 000 €
Verbindlichkeit gegenüber Fa. Salem, Düsseldorf	18 000 €
Verbindlichkeit gegenüber Fa. Pedik, Aachen	32 000 €
USt-Schuld	1 300 €
Summe	371 300 €

III. Betriebsvermögen (Kapital, Eigenkapital)

Summe der Besitzposten	1 251 420 €
Summe der Schulden	- 371 300 €
Betriebsvermögen	880 120 €

Welches Bild hat die Bilanz bei Beachtung von § 266 Abs. 2 HGB)?

LÖSUNG

Die Bilanz zum 31. 12. 01 hat folgendes Bild:

Aktiva		Passiva	
A. Anlagevermögen		**A. Eigenkapital**	880 120 €
I. Sachanlagen		**B. Verbindlichkeiten**	
1. Grundstück	1 140 000 €	1. Gegenüber Kreditinstituten	320 000 €
2. Andere Anlagen	40 000 €	2. Aus Lief. und Leistungen	50 000 €
3. Geschäftsausstattung	4 000 €	3. Sonstige (USt)	1 300 €
B. Umlaufvermögen			
I. Vorräte			
1. Waren	12 000 €		
II. Forderungen			
1. Aus Lief. und Leistungen	420 €		
III. Kassenbestand, Bankguthaben	55 000 €		
Summe	**1 251 420 €**	**Summe**	**1 251 420 €**

1.2.3 Elektronische Übermittlung an das Finanzamt

Nach § 5b EStG besteht für Stpfl., die ihren Gewinn nach § 4 Abs. 1, § 5 oder § 5a EStG ermitteln, die Verpflichtung, den Inhalt der Bilanz sowie der Gewinn- und Verlustrechnung nach amtlich vorgeschriebenem Datensatz (Taxonomie, www.eSteuer.de) durch Datenfernübertragung (elektronisch) zu übermitteln. Durch die Taxonomie werden die verschiedenartigen Positionen definiert, aus denen z. B. eine Bilanz oder eine Gewinn- und Verlustrechnung bestehen kann (also etwa die Firma des Kaufmanns oder die einzelnen Positionen von Bilanz und Gewinn- und Verlustrechnung) und entsprechend ihrer Beziehungen zueinander geordnet. Der Aufbau der Taxonomie orientiert sich an der HGB-Gliederung, verlangt aber bei vielen Positionen eine deutlich detailliertere Darstellung. So sind z. B. unter der Bilanzposition „technische Anlagen und Maschinen" einzeln aufzuführen: Maschinen und maschinengebundene Werkzeuge, Betriebsvorrichtungen, Reserve- und Ersatzteile, GWG, GWG-Sammelposten, sonstige technische Anlagen und Maschinen.

§ 5b EStG ist erstmals für Wirtschaftsjahre anzuwenden, die nach dem 31. 12. 2011 beginnen (§ 52 Abs. 15a EStG i.V. mit § 1 der AnwZpvV). Deshalb sind die Inhalte der Bilanz und Gewinn- und Verlustrechnung für Wirtschaftsjahre, die nach dem 31. 12. 2011 beginnen, durch Datenfernübertragung zu übermitteln. Für das erste Wirtschaftsjahr, das nach dem 31. 12. 2011 beginnt, wird es von der Finanzverwaltung nicht beanstandet, wenn die Bilanz und die Gewinn- und Verlustrechnung für dieses Jahr noch nicht gemäß § 5b EStG nach amtlich vorgeschriebenem Datensatz durch Datenfernübertragung übermittelt werden. Eine Bilanz sowie die Gewinn- und Verlustrechnung können in diesen Fällen in Papierform abgegeben werden; eine Gliederung gemäß der Taxonomie ist dabei nicht erforderlich. Die Taxonomien sind somit grundsätzlich für die Bilanzen aller Wirtschaftsjahre die nach dem 31. 12. 2012 beginnen zu verwenden.

Es besteht für den Steuerpflichtigen gem. § 5b Abs. 1 EStG die Möglichkeit, den Inhalt des handelsrechtlichen Einzelabschlusses mit Überleitungsrechnung oder alternativ eine Steuerbilanz zu übermitteln. Die Steuerbilanz stellt in diesem Fall eine auf den handelsrechtlichen Grundsätzen ordnungsmäßiger Bilanzierung beruhende Bilanz dar, deren Ansätze ohne weitere Zusätze und Anmerkungen den steuerlichen Vorschriften entsprechen.

Die zusätzlichen nach § 60 Abs. 3 EStDV der Steuererklärung beizufügenden Unterlagen (Anhang, Lagebericht oder Prüfungsbericht) können in den entsprechenden Berichtsteilen der Taxonomie ebenfalls durch Datenfernübertragung übermittelt werden.

Einzelunternehmen müssen neben der Bilanz und der Gewinn- und Verlustrechnung auch eine Darstellung der außerbilanziellen Hinzurechnungen und Kürzungen übermitteln. Bei Personengesellschaften kommen die Kapitalkontenentwicklung für jeden einzelnen Gesellschafter sowie die Sonder- und Ergänzungsbilanzen hinzu. Kapitalgesellschaften müssen neben der Bilanz und der Gewinn- und Verlustrechnung eine Ergebnisverwendungsrechnung übermitteln, wenn ein Bilanzgewinn ausgewiesen wird. Die Übermittlung einer speziellen steuerlichen Gewinnermittlung ist nicht vorgesehen, weil diese sich aus den Formularen für die KSt-Erklärung ergibt.

Auf Antrag kann die Finanzbehörde zur Vermeidung unbilliger Härten auf eine elektronische Übermittlung verzichten. Dem Antrag wird entsprochen, wenn eine elektronische Übermittlung für den Steuerpflichtigen wirtschaftlich oder persönlich unzumutbar ist. Dies ist insbesondere der Fall, wenn die Schaffung der technischen Möglichkeiten für eine elektronische Übermittlung nur mit einem nicht unerheblichen finanziellen Aufwand möglich wäre oder wenn der Steuerpflichtige nach seinen individuellen Kenntnissen und Fähigkeiten nicht oder nur eingeschränkt in der Lage ist, die Möglichkeiten der elektronischen Übermittlung zu nutzen (§ 5b Abs. 2 Satz 2 EStG i. V. mit § 150 Abs. 8 AO, BMF v. 19. 1. 2010, BStBl 2010 I 47).

Wegen weiterer Einzelheiten vgl. BMF v. 28. 9. 2011 (BStBl 2011 I 855) und v. 5. 6. 2012 (BStBl 2012 I 598).

Anmerkung: Die Taxonomie ist voraussichtlich mit erheblichem Aufwand verbunden. Bei jährlichen Umsätzen von bis zu 500 000 € und jährlichen Gewinnen von bis zu 50 000 € (vgl. § 141 AO) sollte ein Wechsel zur Einnahmenüberschussrechnung erwogen werden. Dabei entfallen gleichzeitig die jährlich vorzunehmenden Inventuren.

1.3　Einnahmenüberschussrechnung

Gesetzliche Grundlage: § 4 Abs. 3 EStG

Einzelheiten: R 4.5 EStR

Formel

	Betriebseinnahmen
./.	Betriebsausgaben
=	**Gewinn/Verlust**

Der Begriff **Betriebseinnahmen** ist gesetzlich nicht definiert. § 8 EStG gilt sinngemäß: Alle Güter in Geld oder Geldeswert, die dem Steuerpflichtigen im Rahmen einer Einkunftsart zufließen. **Betriebsausgaben** sind Ausgaben, die durch den Betrieb veranlasst sind (§ 4 Abs. 4 EStG).

Für die zeitliche Erfassung von Betriebseinnahmen und -ausgaben gilt § 11 EStG: Zu- und Abflussprinzip. Regelmäßig wiederkehrende Einnahmen und Ausgaben, die kurze Zeit vor Beginn oder nach Beendigung des Kalenderjahrs zugeflossen oder geleistet sind, gelten als in dem Kalenderjahr bezogen oder geleistet, zu dem sie wirtschaftlich gehören (§ 11 Abs. 1 Satz 2 und § 11 Abs. 2 Satz 2 EStG). Kurze Zeit ist bei regelmäßig wiederkehrenden Einnahmen und Ausgaben in der Regel ein Zeitraum bis zu zehn Tagen; innerhalb dieses Zeitraums müssen die Zahlungen fällig und geleistet worden sein. Auf die Fälligkeit im Jahr der wirtschaftlichen Zugehörigkeit kommt es nicht an (H 11 „Allgemeines" EStH).

Im Prinzip ist die Einnahmenüberschussrechnung eine reine Geldrechnung. Dabei bleiben durchlaufende Posten außer Ansatz (§ 4 Abs. 3 Satz 2 EStG). Die AK/HK für abnutzbares Anlagevermögen können nur über die AfA (§ 7 EStG) abgesetzt werden; die AK/HK für nicht abnutzbares Anlagevermögen sowie bestimmte Wirtschaftsgüter des Umlaufvermögens erst bei Veräußerung oder Entnahme (§ 4 Abs. 3 Satz 4 EStG). Im Endergebnis muss die Einnahmenüberschussrechnung zum gleichen Totalgewinn führen wie beim Betriebsvermögensvergleich (BFH v. 2. 10. 2003 IV R 13/03, BStBl 2004 II 985).

Wird der Gewinn nach § 4 Abs. 3 EStG durch den Überschuss der Betriebseinnahmen über die Betriebsausgaben ermittelt, ist die Einnahmenüberschussrechnung nach amtlich vorgeschriebenem Datensatz durch Datenfernübertragung zu übermitteln. Auf Antrag kann die Finanzbehörde zur Vermeidung unbilliger Härten auf eine elektronische Übermittlung verzichten; in diesem Fall ist der Steuererklärung eine Gewinnermittlung nach amtlich vorgeschriebenem Vordruck beizufügen (§ 60 Abs. 4 EStDV). Der amtlich vorgeschriebene Datensatz, der nach § 60 Abs. 4 Satz 1 EStDV durch Datenfernübertragung zu übermitteln ist, wird nach Tz. 3 des BMF-Schreibens zur StDÜV/StDAV v. 16. 11. 2011 (BStBl 2011 I 1063) im Internet unter www.eSteuer.de bekannt gegeben.

Bei Betriebseinnahmen unter 17 500 € im Wirtschaftsjahr wird es nicht beanstandet, wenn der Steuererklärung anstelle des Vordrucks eine formlose Gewinnermittlung beigefügt wird. Insoweit wird auch auf die elektronische Übermittlung der Einnahmenüberschussrechnung nach amtlich vorgeschriebenem Datensatz durch Datenfernübertragung verzichtet. Die Verpflichtungen, den Gewinn nach den geltenden gesetzlichen Vorschriften zu ermitteln sowie die sonstigen gesetzlichen Aufzeichnungspflichten zu erfüllen, bleiben davon unberührt (BMF v. 21. 11. 2011, BStBl 2011 I 1101). Die in § 60 Abs. 4 EStDV enthaltene Pflicht zur Beifügung einer Gewinnermittlung nach amtlich vorgeschriebenem Vordruck ist verhältnismäßig; sie ist insbesondere zur Erreichung der verfolgten Zwecke (Gleichmäßigkeit der Besteuerung, Vereinfachung des Besteuerungsverfahrens) geeignet (BFH v. 16. 11. 2011 X R 18/09, BStBl 2012 II 129).

Folgende Besonderheiten verdienen Beachtung:

1. Zu den Betriebseinnahmen gehören auch **Sacheinnahmen** (§ 8 Abs. 1 EStG). Ist der Gegenstand der Sacheinnahme dem Umlaufvermögen zuzurechnen, liegt in gleicher Höhe eine Betriebsausgabe vor. Gehört der Gegenstand zum abnutzbaren Anlagevermögen, ist § 7 EStG zu beachten (evtl. auch § 6 Abs. 2 oder 2a EStG).

2. **Sacheinlagen** von Umlaufvermögen: Betriebsausgaben unter Beachtung von § 6 Abs. 1 Nr. 5 EStG. Sacheinlagen von abnutzbarem Anlagevermögen: Betriebsausgaben nach Maßgabe des § 7 EStG (evtl. auch § 6 Abs. 2 oder 2a EStG).

3. Bei der **Veräußerung** von abnutzbarem Anlagevermögen ist der Erlös als Betriebseinnahme zu erfassen; der Restbuchwert stellt eine Betriebsausgabe dar. Ähnlich ist beim Verkauf von nichtabnutzbarem Anlagevermögen und bei bestimmten Wirtschaftsgütern des Umlaufvermögens zu verfahren: die ursprünglichen AK/HK führen dann zu Betriebsausgaben (§ 4 Abs. 3 Satz 4 EStG).

4. **Darlehensaufnahme:** keine Betriebseinnahme; Darlehenstilgung: keine Betriebsausgabe. Damnum, Zinsen: Betriebsausgabe unter Beachtung von § 11 EStG. Kontokorrentzinsen sind nur Betriebsausgaben, soweit die Kontoüberziehung betrieblich veranlasst ist (BMF v. 10. 11. 1993, BStBl 1993 I 930).

5. **Umsatzsteuer:** Die USt ist kein durchlaufender Posten, da sie nicht in fremdem Namen und für fremde Rechnung vereinnahmt bzw. verausgabt wird. Betriebseinnahmen sind also die Bruttoeinnahmen, Betriebsausgaben (insbesondere für Ware) die Bruttoausgaben (H 9b „Gewinnermittlung nach § 4 Abs. 3 EStG" EStH). Die USt-Vorauszahlungen stellen eine regelmäßig wiederkehrende Betriebsausgabe dar (BFH v. 1. 8. 2007 XI R 48/05, BStBl 2008 II 282, BMF v. 10. 11. 2008, BStBl 2008 I 958). Ist eine Umsatzsteuervorauszahlung an einem Samstag, Sonntag oder Feiertag fällig, verschiebt sich die Fälligkeit nach § 108 Abs. 3 AO auf den nächsten Werktag. In solchen Fällen kann die Zahlung erst im VZ der tatsächlichen Zahlung als Betriebsausgabe erfasst werden, da die Fälligkeit nicht mehr innerhalb des 10-Tage-Zeitraums liegt (FG Niedersachsen v. 24. 2. 13 3 K 468/11, Revisionsverfahren anhängig unter BFH VIII R 34/12).

6. **Unentgeltliche Wertabgaben** führen zu Betriebseinnahmen inklusive USt. Die Bewertung von Sach-, Nutzungs- und Leistungsentnahmen erfolgt ertragsteuerlich mit dem Teilwert gem. § 6 Abs. 1 Nr. 4 EStG.

7. **Geldentnahmen und -einlagen** sind weder Betriebsausgaben noch Betriebseinnahmen.

8. Die Bildung und Beibehaltung von **gewillkürtem Betriebsvermögen** ist zulässig, wenn dies unmissverständlich durch entsprechende Aufzeichnungen dokumentiert ist (BFH v. 2. 10. 2003 IV R 13/03, BStBl 2004 II 985, BMF v. 17. 11. 2004, BStBl 2004 I 1064).

9. **Teilwertabschreibungen** (§ 6 Abs. 1 Nr. 1 und 2 EStG) können nicht geltend gemacht werden. Außergewöhnliche AfA und Absetzungen für Substanzverringerung sind hingegen zulässig (§ 7 Abs. 1 letzter Satz und Abs. 6 EStG).

10. Die sinngemäße Inanspruchnahme einer **Rücklage** für Ersatzbeschaffung ist zulässig (R 6.6 Abs. 5 EStR); ebenso können Gewinne aus der Veräußerung bestimmter Anlagegüter auf Reinvestitionsgüter übertragen werden (§ 6c EStG). Auch § 7g EStG ist anwendbar (§ 7g Abs. 1 Satz 2 Nr. 1 Buchst. c EStG).

11. Beim Erwerb von Wirtschaftsgütern auf **Rentenbasis** ist R 4.5 Abs. 4 EStR zu beachten. Wurde AV oder UV i. S. von § 4 Abs. 3 Satz 4 EStG erworben, besteht ein Wahlrecht:

    a) Der Zinsanteil in den Rentenzahlungen ist nach der Barwertvergleichsmethode zu ermitteln und stellt Betriebsausgabe im Jahr der Zahlung dar.

    b) Alternativ: Die Rentenzahlungen sind erfolgsneutral mit dem ursprünglichen Rentenbarwert zu verrechnen und nach dessen Aufzehrung in voller Höhe als Betriebsausgaben geltend zu machen (sog. buchhalterische Methode).

Wurde UV (ohne UV i. S. von § 4 Abs. 3 Satz 4 EStG) erworben, sind die Rentenzahlungen in voller Höhe Betriebsausgaben. Der Tod des Rentenberechtigten führt nicht zu einer Einnahme soweit Umlaufvermögen erworben wurde, anders beim Erwerb von Anlagevermögen.

12. Beim Erwerb von **geringwertigen Wirtschaftsgütern** i. S. des § 6 Abs. 2 EStG kommt es für den Zeitpunkt des sofortigen Betriebsausgabenabzugs auf den Anschaffungszeitpunkt (und nicht auf den Zahlungszeitpunkt) an.

13. Folgende Vorgänge werden **nicht** besonders **erfasst:** Forderungsverluste, Warenverderb und -schwund, Warendiebstahl.

14. AK oder HK für Umlaufvermögen (z. B. Waren), die im Jahr der Zahlung nicht geltend gemacht worden sind und infolge Bestandskraft der entsprechenden Veranlagung auch in diesem Jahr nicht geltend gemacht werden können, mindern einen später anfallenden Gewinn aus der Veräußerung oder Entnahme des Wirtschaftsgutes (BFH v. 30. 6. 2005 IV R 20/04, BStBl 2005 II 758).

15. Sind Aufwendungen auf ein Wirtschaftsgut nicht als Betriebsausgaben abgezogen, sondern zu Unrecht als Herstellungskosten erfasst worden, kann bei der Gewinnermittlung nach § 4 Abs. 3 EStG der Abzug nicht in einem späteren Veranlagungszeitraum nachgeholt werden (BFH v. 21. 6. 2006 XI R 49/05, BStBl 2006 II 712). Ferner darf auch im Rahmen der Gewinnermittlung nach § 4 Abs. 3 EStG versäumte AfA auf ein zunächst nicht als Betriebsvermögen erfasstes Wirtschaftsgut nicht nachgeholt werden (BFH v. 22. 6. 2010 VIII R 3/08, BStBl 2010 II 1035).

16. Erhält ein Steuerpflichtiger mit Gewinnermittlung nach § 4 Abs. 3 EStG für die Anschaffung oder Herstellung bestimmter Wirtschaftsgüter öffentliche Investitionszuschüsse, so mindern diese die Anschaffungs- oder Herstellungskosten bereits im Jahr der Bewilligung und nicht im Jahr der Auszahlung. Sofern der Empfänger den Zuschuss sofort als Betriebseinnahme versteuern will, muss er das entsprechende Wahlrecht ebenfalls im Jahr der Zusage ausüben (BFH v. 29. 11. 2007 IV R 81/05, BStBl 2008 II 561).

FALL 1

Technik des Betriebsvermögensvergleichs

Sachverhalt	1	2	3	4
BV 31. 12. 02	40 000 €	25 000 €	./. 5 000 €	60 000 €
BV 31. 12. 01	10 000 €	35 000 €	20 000 €	./. 6 000 €
Gewinn/Verlust				
	5	6	7	8
BV 31. 12. 02	20 000 €	./. 6 000 €	40 000 €	12 000 €
BV 31. 12. 01	45 000 €	18 000 €	30 000 €	./. 8 000 €
Unterschied				
Entnahmen 02	32 000 €	16 000 €	30 000 €	26 000 €
Einlagen 02	3 000 €	8 000 €	70 000 €	1 000 €
Gewinn/Verlust				

Frage

Welche Gewinne/Verluste ergeben sich?

LÖSUNG

	1	2	3	4
BV 31.12.02	40 000 €	25 000 €	./. 5 000 €	60 000 €
BV 31.12.01	10 000 €	35 000 €	20 000 €	./. 6 000 €
Gewinn/Verlust	+ 30 000 €	./. 10 000 €	./. 25 000 €	+ 66 000 €

	5	6	7	8
BV 31.12.02	20 000 €	./. 6 000 €	40 000 €	12 000 €
BV 31.12.01	45 000 €	18 000 €	30 000 €	./. 8 000 €
Unterschied	./. 25 000 €	./. 24 000 €	+ 10 000 €	+ 20 000 €
Entnahmen 02	+ 32 000 €	+ 16 000 €	+ 30 000 €	+ 26 000 €
Einlagen 02	./. 3 000 €	./. 8 000 €	./. 70 000 €	./. 1 000 €
Gewinn/Verlust	+ 4 000 €	./. 16 000 €	./. 30 000 €	+ 45 000 €

FALL 2

Überprüfung einer Einnahmenüberschussrechnung

Sachverhalt

Ein Haushaltsgeräte-Einzelhändler hat für 01 folgende Einnahmenüberschussrechnung erstellt:

Betriebseinnahmen

Erlöse aus Warenverkäufen einschließlich 19 % USt	226 100 €
Einlage von zum Verkauf bestimmten über drei Jahre alten, gebrauchten Elektrogeräten aus dem eigenen Haushalt (Teilwert 1 000 €), gemeiner Wert	1 700 €
Summe	227 800 €

Betriebsausgaben

Miete für Geschäftsräume (fällig am Monatsanfang) Jan. 01, bezahlt 22.12.00	1 500 €
Wareneinkauf einschl. 19 % USt	142 800 €
Kfz-Steuer und Kfz-Versicherung fällig und gezahlt für 1 Jahr im Voraus am 1.12.01	1 200 €
AfA für Pkw (zutreffend)	3 500 €
Anteil an Elektroeinkaufsgenossenschaft	2 000 €
In 01 an das FA gezahlte USt	5 600 €
USt-Vorauszahlung für Dez. 01 (gezahlt 10.1.02)	600 €
Anschaffung Lieferwagen 10.1.01, bezahlt 10.2.01, Nutzungsdauer 6 Jahre, 30 000 € zzgl. 5 700 € USt	35 700 €

Zinsen (500 €) und Tilgung (1 500 €) für betriebliches Darlehen, bezahlt 5. 1. 02 für 01	2 000 €	
Sonstige Betriebsausgaben einschl. 2 000 € USt	30 000 €	224 900 €
Gewinn		2 900 €

Nicht berücksichtigt ist eine am 1. 10. 01 erfolgte Warenentnahme: Anschaffung und Bezahlung 1. 7. 00 2 000 € zzgl. USt; Einkaufspreis 1. 10. 01 2 500 € zzgl. USt. Der auch für Privatfahrten verwendete Pkw wurde vor drei Jahren zum Bruttolistenpreis von 20 000 € angeschafft und wird zu mehr als 50 % betrieblich genutzt. Die Voraussetzungen für die Anwendung des § 7g Abs. 5 EStG sind erfüllt. Der Unternehmer hat der Anwendung der 1-%-Regelung auch für USt-Zwecke zugestimmt.

Frage

Ist der ermittelte Gewinn steuerrechtlich zutreffend? Es wird ein möglichst niedriger Gewinn gewünscht; Centbeträge sind kaufmännisch zu runden.

LITERATURHINWEIS

Blödtner/Bilke/Heining, Lehrbuch Buchführung und Bilanzsteuerrecht, 10. Aufl., Teil B Kapital 9.3.

LÖSUNG

Die Lösung folgt weitestgehend dem Vordruck „Einnahmenüberschussrechnung – Anlage EÜR"

Betriebseinnahmen

Umsatzsteuerpflichtige Betriebseinnahmen	190 000 €
Vereinnahmte USt	36 100 €
USt auf unentgeltliche Wertabgaben	
19 % von 2 500 €	475 €
19 % von 1 920 €	365 €
Private Kfz-Nutzung	2 400 €
Sonstige Sachentnahmen	2 500 €
Summe	231 840 €

Betriebsausgaben

Wareneinkauf (netto)	120 000 €
Einlage von Waren	1 000 €
AfA Pkw	3 500 €
AfA Lieferwagen 30 000 €/6 Jahre ND	5 000 €
Sonderabschreibung Lieferwagen 20 %	6 000 €
Miete für Geschäftsräume	
Januar 01, bezahlt 22. 12. 00	1 500 €
Zinsen	500 €
Gezahlte Vorsteuerbeträge	
(5 700 € + 22 800 € + 2 000 €)	30 500 €

In 01 an das FA gezahlte USt	5 600 €	
USt-Vorauszahlung Dez. 01	600 €	
Kfz-Steuer und Kfz-Versicherung	1 200 €	
Sonstige Betriebsausgaben	28 000 €	203 400 €
Gewinn		28 440 €

HINWEIS

Entnahmen sind mit dem Teilwert zu bewerten (§ 6 Abs. 1 Nr. 4 EStG), hier also mit 2 500 €. Die USt bemisst sich nach dem Einkaufspreis zum Zeitpunkt des Umsatzes (§ 10 Abs. 4 Nr. 1 UStG), hier also ebenfalls mit 2 500 €. Die mit dem Teilwert (§ 6 Abs. 1 Nr. 5a EStG) zu bewertende Einlage der Haushaltsgeräte führt zunächst zu Betriebsausgaben; der (spätere) Verkaufserlös führt dann zu steuerpflichtigen Betriebseinnahmen. Rechnungsabgrenzungsposten (hier Kfz-Steuer und Kfz-Versicherung) werden bei der Einnahmenüberschussrechnung nicht gebildet; es gilt das Zu- und Abflussprinzip (§ 11 EStG). Für die Zinsen, die Januarmiete 01 und die USt-Vorauszahlung für Dezember 01 gilt die Ausnahmeregelung des § 11 Abs. 1 Satz 2 und Abs. 2 Satz 2 EStG, es handelt sich um wiederkehrende Ausgaben. Die Ausgaben für den Genossenschaftsanteil können erst bei Veräußerung desselben als Betriebsausgaben berücksichtigt werden (§ 4 Abs. 3 Satz 4 EStG). Für abnutzbares Anlagevermögen (hier Pkw und Lieferwagen) gelten die §§ 7, 7g EStG. Die Sonderabschreibung für den Lieferwagen beruht auf § 7g Abs. 5 EStG. Darlehenstilgungen stellen begrifflich keine Betriebsausgaben dar.

Für Fahrzeuge, die zu mehr als 50 % betrieblich genutzt werden, ist der Nutzungswert grundsätzlich pauschal nach der sog. 1-%-Regelung zu ermitteln (§ 6 Abs. 1 Nr. 4 Satz 2 EStG): 1 % von 20 000 € = 200 €. Für 12 Monate ergeben sich 2 400 €. Der Vorgang unterliegt auch der USt. Für Umsatzsteuerzwecke kann aus Vereinfachungsgründen von dem Nutzungswert für die nicht mit Vorsteuern belasteten Kosten ein Abschlag von 20 % vorgenommen werden, sodass die USt wie folgt berechnet werden kann: 19 % von 80 % von 2 400 € = 365 €.

FALL 3

Nichtkaufmann

Sachverhalt

Am 1. 6. 01 eröffnete F. Grün einen Bio-Laden. Er betreibt das Gewerbe allein, tätigt ausschließlich Barverkäufe und hat nur wenige Lieferanten.

Seinen Gewinn ermittelt er gem. § 4 Abs. 3 EStG durch Einnahmenüberschussrechnung. Eine Eintragung im Handelsregister besteht nicht. Im Kalenderjahr 04 erzielt F. Grün erstmals einen Gewinn von mehr als 50 000 €.

Frage

Welche Aufzeichnungspflichten hat F. Grün zu beachten und unter welchen Voraussetzungen kommen Buchführungspflichten auf ihn zu?

LÖSUNG

Eine Buchführungspflicht besteht zunächst für F. Grün nicht, da er keinen kaufmännisch einge-richteten Geschäftsbetrieb benötigt (§ 1 Abs. 2 HGB) und somit § 140 AO auf ihn nicht anwend-bar ist. F. Grün hat aber Aufzeichnungspflichten zu beachten. Diese bestehen im Wesentlichen darin, dass

1. der Wareneingang aufgezeichnet wird (§ 143 AO). Diese Aufzeichnungspflicht kann auch durch die geordnete Ablage der Belege erfüllt werden (§ 146 Abs. 5 AO);

2. die vereinnahmten Entgelte und die Entgelte für zum Vorsteuerabzug berechtigende Leis-tungen sowie die Bemessungsgrundlage für unentgeltliche Wertabgaben aufgezeichnet werden (§ 22 UStG).

Unter den Voraussetzungen des § 141 AO kann F. Grün unabhängig von den handelsrechtlichen Vorschriften buchführungspflichtig werden. Da in 04 der Gewinn 50 000 € überschritten hat, ist § 141 Abs. 1 Nr. 4 AO erfüllt. Die Buchführungspflicht beginnt allerdings erst vom Beginn des Kalenderjahres an, das auf die Bekanntgabe der Mitteilung folgt, durch die die Finanzbehörde auf den Beginn dieser Verpflichtung hingewiesen hat. Wenn im vorliegenden Fall die Steuerer-klärung 04 in 05 vom zuständigen Finanzamt bearbeitet wird, muss F. Grün damit rechnen, dass er im Laufe des Jahres 05 aufgefordert wird, ab 1. 1. 06 Bücher zu führen und aufgrund jähr-licher Bestandsaufnahmen Abschlüsse zu machen. F. Grün muss dann die handelsrechtlichen Grundsätze ordnungsmäßiger Buchführung beachten, ohne Kaufmann zu sein (§ 5 Abs. 1 EStG). Wegen des Inhalts der Buchführungspflichten vgl. R 5.2 EStR. Die Einrichtung einer doppelten Buchführung ist bei Nichtkaufleuten (wie hier) nicht erforderlich; es genügt sog. einfache Buch-führung (§ 141 Abs. 1 Satz 2 HGB), bei der auf die jährliche Gegenüberstellung der Aufwendun-gen und Erträge verzichtet wird.

FALL 4

Kaufmann

Sachverhalt

A hat am 1. 10. 01 einen Großhandel für Friseurbedarf eröffnet. Die Firma ist im Handelsregister eingetragen. Die Gewinne des A betragen von Anfang an mehr als 50 000 € jährlich.

Frage

Hat A Buchführungs- oder Aufzeichnungspflichten zu beachten, und worin bestehen diese im Wesentlichen?

LÖSUNG

Durch die Art seiner Tätigkeit erlangt A die Stellung eines Kaufmanns (§ 1 HGB). Er war ver-pflichtet, seine Firma ins Handelsregister eintragen zu lassen (§ 29 HGB). Er ist somit grundsätz-lich gem. §§ 238 ff. HGB buchführungspflichtig. Da der Jahresüberschuss mehr als 50 000 € beträgt, sind die diesbezüglichen Befreiungsvorschriften (vgl. §§ 241a, 242 Abs. 4 HGB) auf ihn nicht anwendbar.

Auf die Erfüllung der Voraussetzungen zur Buchführungspflicht gem. § 141 AO kommt es nicht an, da die handelsrechtliche Buchführungspflicht im zu beurteilenden Fall unmittelbar auch für das Steuerrecht gilt (§ 140 AO). Zur Erfüllung der Buchführungspflicht hat A sich der doppelten Buchführung zu bedienen. Er muss u. a. führen:

1. Ein oder mehrere Grundbücher zur chronologischen Erfassung der Geschäftsvorfälle. Dabei können z. B. die baren Geschäftsvorfälle im Kassenbuch festgehalten werden, während die grundbuchmäßige Erfassung der unbaren Geschäftsvorfälle durch eine geordnete Belegablage erfolgen kann, was ausdrücklich für zulässig erklärt ist (§ 146 Abs. 5 AO, § 239 Abs. 4 HGB).

2. Geschäftsfreundebuch (Personenkonten betr. die Kunden und Lieferanten).

3. Jährlich zu erstellendes Inventarverzeichnis aufgrund von Inventuren als Grundlage für die Jahresabschlüsse (Bilanzen), vgl. §§ 240, 242 HGB.

4. Jährliche Gewinn- und Verlustrechnungen (§ 242 Abs. 2 HGB).

Wegen weiterer Einzelheiten vgl. R 5.2 EStR.

Kapitel 2: Bilanzierungsgrundsätze

2.1 Maßgeblichkeit der handelsrechtlichen Grundsätze ordnungsmäßiger Buchführung für die steuerliche Gewinnermittlung

2.1.1 Allgemeines

Durch § 5 Abs. 1 EStG werden die Bilanzierungsvorschriften des HGB Teil des Steuerrechts. Besteht eine Handelsbilanz, die den Vorschriften des HGB entspricht, ist diese grundsätzlich der Besteuerung zugrunde zu legen. Enthält die Handelsbilanz Ansätze, die den steuerrechtlichen Bestimmungen zuwider laufen, endet die Anwendbarkeit des HGB (Bewertungsvorbehalt nach § 5 Abs. 6 EStG). Steuerliche Ansatzgebote und -verbote ergeben sich zum einen aus § 5 Abs. 2 bis 5 EStG und aus den steuerlichen Bewertungsvorschriften in §§ 6, 7 EStG, die Unterbewertungen untersagen. Soweit der Steuerpflichtige keine gesonderte Steuerbilanz aufstellt, ist Grundlage für die steuerliche Gewinnermittlung die Handelsbilanz unter Beachtung der vorgeschriebenen steuerlichen Anpassungen (§ 60 Abs. 2 Satz 1 EStDV). Zur weiteren Anwendung des § 5 Abs. 1 EStG siehe BMF v. 12. 3. 2010, BStBl 2010 I 239).

Die Inanspruchnahme steuerlicher Bewertungsfreiheiten und -wahlrechte (z. B. degressive statt lineare AfA-Methode, Rücklage nach § 6b EStG, Sonder- und Teilwertabschreibungen) setzt nicht mehr voraus, dass in HB und StB einheitlich verfahren wird. Dasselbe Wirtschaftsgut kann deshalb in der HB degressiv und in der StB linear abgeschrieben werden. Denn durch die Neufassung des § 5 Abs. 1 EStG ist die sog. umgekehrte Maßgeblichkeit entfallen. Demnach können steuerliche Wahlrechte unabhängig von der Handelsbilanz in der Steuerbilanz ausgeübt werden. Die Steuerbilanz präjudiziert damit um den Preis der Aufgabe der Einheitsbilanz nicht länger die Handelsbilanz. Voraussetzung für die Ausübung steuerlicher Wahlrechte ist nach § 5 Abs. 1 Satz 2 EStG die Aufnahme der Wirtschaftsgüter, die nicht mit dem handelsrechtlich maßgeblichen Wert in der steuerlichen Gewinnermittlung ausgewiesen werden, in besondere, laufend zu führende Verzeichnisse. Die Verzeichnisse sind Bestandteil der Buchführung. Sie müssen nach § 5 Abs. 1 Satz 3 EStG den Tag der Anschaffung oder Herstellung, die Anschaffungs- oder Herstellungskosten, die Vorschrift des ausgeübten steuerlichen Wahlrechts und die vorgenommenen Abschreibungen enthalten. Bei der Ausübung steuerlicher Wahlrechte für Wirtschaftsgüter des Sonderbetriebsvermögens ist eine gesonderte Aufzeichnung nach § 5 Abs. 1 Satz 2 EStG nicht erforderlich. Dies gilt auch für Umwandlungsvorgänge des Umwandlungssteuerrechts.

Korrespondierend damit wurden die entsprechenden Vorschriften im HGB aufgehoben: §§ 247 Abs. 3, 254, 273, 279, 281, 285 Satz 2 Nr. 5. Sie sind letztmals auf Jahresabschlüsse für vor dem 1. Januar 2010 beginnende Geschäftsjahre anzuwenden, also nicht mehr in Jahresabschlüssen ab dem 31. 12. 2010 (Art. 66 Abs. 5 EGHGB). Im letzten Abschluss vor Anwendung des HGB wahlrechtsbedingte Ansätze (z. B. Sonderposten mit Rücklageanteil, Abschreibungen bei nur vorübergehender Wertminderung) können gem. Art. 67 Abs. 3 Satz 2, Art. 67 Abs. 4 Satz 1 EGHGB beibehalten werden. Wird hiervon kein Gebrauch gemacht, ist der Zuschreibungsbetrag bei Kapitalgesellschaften in die Gewinnrücklagen (unter Berücksichtigung latenter Steuern) und bei Personenunternehmen direkt ins Kapital einzustellen (Art. 67 Abs. 6 EGHGB).

BEISPIEL: ▶ Die HK eines Gebäudes in Höhe von 2 Mio. € sind in HB und StB einer mittelgroßen GmbH nach Übertragung einer § 6b-Rücklage in der Vergangenheit mit 3 % von 1,5 Mio. € abgeschrieben worden (= jährlich 45 000 €). Zum 31. 12. 09 beträgt der Buchwert 600 000 €. Ohne die übertragene § 6b-Rücklage beträgt der Buchwert 800 000 €. In der HB könnte nun zum 1. 1. 10 auf 800 000 € zugeschrieben werden. Buchung: Gebäude an Gewinnrücklagen 200 000 €. Eine mittelgroße oder große Kapitalgesellschaft muss in diesem Fall zusätzlich für KSt, Solidaritätszuschlag und GewSt passive latente Steuern von (hier unterstellt) 30 % von 200 000 € = 60 000 € zurückstellen (§ 274 HGB). Bei einer Personengesellschaft i. S. von § 264a HGB (z. B. GmbH & Co. KG) ist die passive latente Steuer auf die GewSt begrenzt.

Zum 31. 12. 10 verringert sich die Bewertungsdifferenz um 15 000 € auf 185 000 € (Buchwert HB 800 000 € ./. AfA 60 000 €, StB 600 000 € ./. AfA 45 000 €), sodass die Kapitalgesellschaft die passive latente Steuer anteilig aufzulösen hat (30 % von 15 000 € = 4 500 €). Buchungen in der HB:

1. 1. 10: Gebäude an Gewinnrücklagen 200 000 €

1. 1. 10: Gewinnrücklagen an Passive latente Steuern 60 000 €

31. 12. 10: Passive latente Steuern an Gewinnrücklagen 4 500 €

31. 12. 11: Passive latente Steuern an Gewinnrücklagen 4 500 € usw.

Übersicht:

	HB	StB	Unterschied HB/StB	Latente Steuer (30 % unterstellt)
	1. 1. 10	1. 1. 10		
Buchwert 1. 1. 10	800 000 €	600 000 €	+ 200 000 €	60 000 €
AfA 10	./. 60 000 €	./. 45 000 €	./. 15 000 €	./. 4 500 €
Buchwert 31. 12. 10	740 000 €	555 000 €	+ 185 000 €	55 500 €

2.1.2 Umfang des Betriebsvermögens nach Handels- und Steuerrecht

Für die steuerrechtliche **Bilanzierung dem Grunde** nach ist der Begriff Betriebsvermögen steuerrechtlich auszulegen (BFH v. 3. 2. 1969 GrS 2/68, BStBl 1969 II 291). Daraus folgt, soweit nicht explizit gesetzlich etwas Anderes gilt:

1. Handelsrechtliche Ansatzgebote und -verbote führen zu entsprechenden steuerrechtlichen Ansatzgeboten und -verboten.

2. Handelsrechtliche Aktivierungswahlrechte bedeuten steuerrechtlich Aktivierungsgebote. Ausnahme: selbst geschaffene immaterielle Wirtschaftsgüter. Nach § 248 Abs. 2 HGB können selbst geschaffene immaterielle Vermögensgegenstände des Anlagevermögens als Aktivposten in die Bilanz aufgenommen werden, soweit es sich nicht um Marken, Drucktitel, Verlagsrechte, Kundenlisten oder vergleichbare immaterielle Vermögensgegenstände des Anlagevermögens handelt. Eine Aktivierung selbst geschaffener immaterieller Wirtschaftsgüter des Anlagevermögens ist nach § 5 Abs. 2 EStG ausgeschlossen. Das Aktivierungswahlrecht in der Handelsbilanz führt nicht zu einem Aktivierungsgebot in der Steuerbilanz.

3. Handelsrechtliche Passivierungswahlrechte stellen steuerrechtlich Passivierungsverbote dar. Ausnahme: Für laufende Pensionen und Anwartschaften auf Pensionen, die vor dem 1. 1. 1987 rechtsverbindlich zugesagt worden sind (sog. Altzusagen), gilt nach Art. 28 des Einführungsgesetzes zum HGB in der durch Gesetz vom 19. 12. 1985 (BGBl 1985 I 2355, BStBl 1986 I 94) geänderten Fassung weiterhin das handels- und steuerrechtliche Passivierungswahlrecht.

4. Handelsrechtliche Passivierungsgebote und -verbote gelten auch steuerrechtlich.

Im Wesentlichen bestehen folgende handelsrechtliche Regelungen: Handelsrechtliche **Aktivierungsgebote** (§ 246 Abs. 1 HGB: Vollständigkeitsgrundsatz) gelten u. a. für:

1. dem Geschäftsbetrieb dienende Grundstücke, Maschinen (§ 247 Abs. 2 HGB),

2. Waren, Forderungen,

3. Firmenwert (§ 246 Abs. 1 Satz 3 HGB),

4. entgeltlich erworbene immaterielle Wirtschaftsgüter,

5. selbst geschaffene immaterielle Vermögensgegenstände des **Umlaufvermögens,**

6. Rechnungsabgrenzungsposten (§ 250 Abs. 1 HGB).

Handelsrechtliche **Aktivierungsverbote** ergeben sich in folgenden Fällen:

1. Fremdeigentum (§ 242 Abs. 1 i. V. mit § 246 Abs. 1 Satz 2 HGB),

2. Selbst geschaffene Marken, Drucktitel, Verlagsrechte, Kundenlisten oder verbleichbare immaterielle Vermögensgegenstände des Anlagevermögens (§ 248 Abs. 2 HGB),

3. Gründungs-, Kapitalbeschaffungs- und Versicherungsabschlusskosten (§ 248 Abs. 1 HGB),

4. Notwendiges Privatvermögen (§ 247 Abs. 1 HGB).

Handelsrechtliche **Passivierungsgebote** gelten u. a. für:

1. Verbindlichkeiten, sonstige Verbindlichkeiten, Darlehen (§ 246 Abs. 1 HGB),

2. Rückstellungen für ungewisse Verbindlichkeiten (§ 249 Abs. 1 Satz 1 HGB),

3. Rückstellungen für drohende Verluste aus schwebenden Geschäften (§ 249 Abs. 1 Satz 1 HGB, anders § 5 Abs. 4a EStG),

4. Rückstellung für unterlassene Instandhaltung bei Einhaltung der 3-Monats-Frist (§ 249 Abs. 1 Satz 2 Nr. 1 HGB),

5. Rückstellungen für Kulanzleistungen (§ 249 Abs. 1 Satz 2 Nr. 2 HGB),

6. Rechnungsabgrenzungsposten (§ 250 Abs. 2 HGB),

7. Rückstellung für latente Steuern bei Kapitalgesellschaften (§ 274 Abs. 1 HGB).

Handelsrechtliche **Passivierungsverbote** gelten u. a.

1. für Privatschulden,

2. aufschiebend bedingte Verbindlichkeiten, solange der Eintritt der Bedingung unwahrscheinlich ist,

3. Aufwandsrückstellungen i. S. von § 249 Abs. 2 HGB (Aufwendungen für künftige Geschäftsjahre, z. B. für geplante Betriebsverlegung).

Unter die handelsrechtlichen **Aktivierungswahlrechte** fallen:

1. selbst geschaffene immaterielle Vermögensgegenstände des **Anlagevermögens** (§ 248 Abs. 2 Satz 1 HGB),

2. aktive latente Steuern bei Kapitalgesellschaften (§ 274 Abs. 1 Satz 2 HGB),

3. Damnum (Disagio) beim Schuldner (§ 250 Abs. 3 HGB).

Früher bestandene handelsrechtliche **Passivierungswahlrechte** sind – abgesehen von bestimmten Pensionszusagen i. S. von Art. 28 EGHGB – durch das BilMoG weggefallen.

2.1.3 Bewertung des Betriebsvermögens nach Handelsrecht

Die handelsrechtlichen **Bewertungsvorschriften** lassen sich wie folgt zusammenfassen:

Aktiva

1. Anschaffungs- bzw. Herstellungskostenprinzip (Bewertungsobergrenze): §§ 253, 255 HGB. Ausnahmen § 256a Satz 2 HGB (Währungsumrechnung), § 246 Abs. 2 Satz 3 HGB (bestimmte insolvenzgesicherte Vermögensgegenstände), § 340e HGB (Finanzanlagen bei Kreditinstituten)

2. Niederstwertprinzip
   - beim Anlagevermögen (eingeschränkt) gem. § 253 Abs. 3 HGB, Ausnahme bei Finanzanlagen (§ 253 Abs. 3 Satz 4 HGB),
   - beim Umlaufvermögen (streng) gem. § 253 Abs. 4 HGB;

3. Abschreibungsprinzip für abnutzbares Anlagevermögen (planmäßig gem. § 253 Abs. 3 HGB)

Passiva

Vgl. § 253 Abs. 1 HGB

1. Verbindlichkeiten: Erfüllungsbetrag (mit umgekehrtem Niederstwertprinzip = Höchstwertprinzip),

2. Rentenverpflichtungen: Erfüllungsbetrag mit Abzinsungsgebot (§ 253 Abs. 2 HGB),

3. Rückstellungen: Notwendiger Erfüllungsbetrag mit Abzinsungsgebot (§ 253 Abs. 2 HGB).

2.1.4 Steuerliche Bewertung

Die handelsrechtlichen Bewertungsvorschriften gelten grundsätzlich auch für die Steuerbilanz (§ 5 Abs. 1 Satz 1 EStG). Sie stehen allerdings unter einem Bewertungsvorbehalt, der sich aus § 5 Abs. 6 EStG ergibt. Daraus folgt: Widerspricht der in der Handelsbilanz gewählte Wertansatz den steuerlichen Vorschriften, ist für Zwecke der steuerlichen Gewinnermittlung nach den steuerlichen Vorschriften zu bewerten. In diesen Fällen ist § 60 Abs. 2 EStDV zu beachten: Entweder ist die Handelsbilanz durch Zusätze und Anmerkungen an die steuerlichen Vorschriften anzupassen oder es ist eine eigenständige Steuerbilanz zu erstellen. In jedem Fall sind die Abweichungen gem. § 5 Abs. 1 Satz 2 EStG in einem besonderen Verzeichnis zu erfassen.

Rückstellungen mit einer Restlaufzeit von mehr als einem Jahr sind nach § 253 Abs. 2 Satz 1 HGB mit dem ihrer Restlaufzeit entsprechenden durchschnittlichen Marktzinssatz der vergangenen sieben Geschäftsjahre abzuzinsen. Für Verpflichtungen, die steuerrechtlich nach § 6 Abs. 1 Nr. 3a Buchst. e Satz 2 EStG keiner bzw. einer Abzinsung nur bis zum Beginn der Erfüllung der Verpflichtung (Sachleistungsverpflichtungen) unterliegen, führt dies häufig dazu, dass der handelsrechtliche Wertansatz niedriger ist als der steuerrechtliche, denn handelsrechtlich erstreckt sich der Abzinsungszeitraum über den Zeitpunkt des Beginns der Erfüllung hinaus.

Hinsichtlich der Frage, ob nunmehr der handelsrechtlich anzusetzende abgezinste und damit niedrigere Wert über § 5 Abs. 1 Satz 1 EStG für die Steuerbilanz die Wertobergrenze bildet, oder ob der nicht abgezinste höhere steuerrechtliche Wert in der steuerlichen Gewinnermittlung zum Ansatz kommt, vertritt die Finanzverwaltung die Auffassung, dass entsprechend dem Wortlaut des Einleitungssatzes zu Nr. 3a des § 6 Abs. 1 EStG und der Erläuterung in der Gesetzesbegründung hierzu (BT-Drucksache 14/443 S. 23) der handelsrechtliche Rückstellungsbetrag für die steuerrechtliche Bewertung der Rückstellung nach § 6 Abs. 1 Nr. 3a EStG auch dann maßgeblich ist, wenn der Ausweis der Rückstellung in der Handelsbilanz niedriger als der sich nach § 6 Abs. 1 Nr. 3a EStG ergebende Wert ist (R 6.11 Abs. 3 EStR 2012; siehe hierzu Maus, in NWB 44/2012, S. 3538).

2.1.4.1 Handelsrechtliche Bewertungswahlrechte und -vorbehalte

Bewertungswahlrechte, die in der Handelsbilanz ausgeübt werden können, ohne dass eine eigenständige steuerliche Regelung besteht, wirken wegen des maßgeblichen Handelsbilanzansatzes auch auf den Wertansatz in der Steuerbilanz.

BEISPIELE

▶ **Fremdkapitalzinsen** (§ 255 Abs. 3 Satz 2 HGB; R 6.3 Abs. 4 EStR): Zinsen für Fremdkapital gelten gem. § 255 Abs. 3 Satz 2 HGB als Herstellungskosten des Vermögensgegenstands, wenn das Fremdkapital zur Herstellung eines Vermögensgegenstands verwendet wird. Sind handelsrechtlich Fremdkapitalzinsen in die Herstellungskosten einbezogen worden, sind sie gem. § 5 Abs. 1 Satz 1 erster Halbsatz EStG auch in der steuerlichen Gewinnermittlung als Herstellungskosten zu beurteilen (R 6.3 Abs. 5 EStR 2012).

▶ **Bewertungsvereinfachungsverfahren** (§ 240 Abs. 3 und 4 HGB): Nach § 240 Abs. 3 (Festwertbewertung) und 4 (Gruppenbewertung) HGB werden bei der Bewertung bestimmter Wirtschaftsgüter unter den dort genannten Voraussetzungen Erleichterungen gewährt. Steuerliche Regelungen hierzu bestehen nicht. Aufgrund des § 5 Abs. 1 Satz 1 EStG sind bei Anwendung dieser Bewertungsvereinfachungsverfahren die Wertansätze der Handelsbilanz in die Steuerbilanz zu übernehmen.

▶ **Einbeziehungswahlrechte** (§ 255 Abs. 2 Satz 3 HGB): Nach § 255 Abs. 2 Satz 3 HGB ist der Kaufmann nicht verpflichtet, sondern berechtigt, angemessene Teile der Kosten der allgemeinen Verwaltung sowie angemessene Aufwendungen für soziale Einrichtungen des Betriebs, für freiwillige soziale Leistungen und für die betriebliche Altersversorgung bei der Berechnung der Herstellungskosten einzubeziehen. Bei der steuerlichen Gewinnermittlung sind nach § 6 Abs. 1 Nr. 2 Satz 1 EStG die Herstellungskosten anzusetzen, also alle Aufwendungen, die ihrer Art nach Herstellungskosten sind (BFH v. 21. 10. 1993 IV R 87/92, BStBl 1994 II 176). Dazu gehören auch die in § 255 Abs. 2 Satz 3 HGB aufgeführten Kosten. Die steuerrechtliche Bewertungsvorschrift geht wegen des Bewertungsvorbehalts in § 5 Abs. 6 EStG der handelsrechtlichen Regelung vor. Das gilt auch, wenn der Kaufmann gem. § 255 Abs. 2 Satz 3 HGB vom Ansatz dieser Kosten als Teil der Herstellungskosten in der Handelsbilanz absehen kann (R 6.3 Abs. 1 EStR 2012, aber suspendiert gem. BMF v. 25. 3. 2013, BStBl 2013 I 296, so dass das Wahlrecht nach R 6.3 Abs. 4 EStR 2008 zunächst weitergilt).

2.1.4.2 Ansatz und Bewertung von Pensionsverpflichtungen i. S. von § 6a EStG

Nach § 249 HGB müssen in der Handelsbilanz für unmittelbare Pensionszusagen Rückstellungen gebildet werden. Dieses Passivierungsgebot gilt auch für die steuerliche Gewinnermittlung. Die bilanzsteuerlichen Ansatz- und Bewertungsvorschriften des § 6a EStG schränken jedoch die Maßgeblichkeit des handelsrechtlichen Passivierungsgebots ein. In der steuerlichen Gewinnermittlung sind Pensionsrückstellungen nur anzusetzen, wenn die Voraussetzungen des § 6a Abs. 1 und 2 EStG (z. B. Schriftformerfordernis, § 6a Abs. 1 Nr. 3 EStG) erfüllt sind. Die Passivierung einer Pensionszusage unterliegt zudem dem Bewertungsvorbehalt des § 6a Abs. 3 und 4 EStG. Die Bewertung kann somit vom handelsrechtlichen Wert abweichen; die Regelungen in R 6a Abs. 20 Satz 2 bis 4 EStR, wonach der handelsrechtliche Ansatz der Pensionsrückstellung die Bewertungsobergrenze ist, sind nicht anzuwenden (R 6.11 Abs. 3 EStR 2012).

Für laufende Pensionen und Anwartschaften auf Pensionen, die vor dem 1. 1. 1987 rechtsverbindlich zugesagt worden sind (sog. Altzusagen), gilt nach Art. 28 des Einführungsgesetzes zum HGB in der durch Gesetz v. 19. 12. 1985 (BGBl 1985 I 2355, BStBl 1986 I 94) geänderten Fassung weiterhin das handels- und steuerrechtliche Passivierungswahlrecht.

2.1.4.3 Steuerliche Wahlrechte

Steuerliche Wahlrechte können sich aus dem Gesetz oder aus den Verwaltungsvorschriften (z. B. R 6.5 Abs. 2 EStR, R 6.6 EStR oder BMF-Schreiben) ergeben. Wahlrechte, die nur steuerrechtlich bestehen, können unabhängig vom handelsrechtlichen Wertansatz ausgeübt werden (§ 5 Abs. 1 Satz 1 zweiter Halbsatz EStG). Die Ausübung des steuerlichen Wahlrechts wird insoweit nicht nach § 5 Abs. 1 Satz 1 erster Halbsatz EStG durch die Maßgeblichkeit der handelsrechtlichen Grundsätze ordnungsmäßiger Buchführung beschränkt.

BEISPIELE ▶

▶ **Übertragung stiller Reserven** bei der Veräußerung bestimmter Anlagegüter (§ 6b EStG): Stille Reserven aus der Veräußerung bestimmter Anlagegüter können zur Vermeidung der Besteuerung auf die Anschaffungs- oder Herstellungskosten anderer bestimmter Wirtschaftsgüter übertragen werden. Dazu sind deren Anschaffungs- oder Herstellungskosten zu mindern. Soweit die Übertragung auf ein anderes Wirtschaftsgut nicht vorgenommen wird, kann der Steuerpflichtige eine den steuerlichen Gewinn mindernde Rücklage bilden. Eine Minderung der Anschaffungs- oder Herstellungskosten oder die Bildung einer entsprechenden Rücklage in der Handelsbilanz ist nach den Vorschriften des HGB nicht zulässig. Die Abweichung vom Handelsbilanzansatz in der Steuerbilanz wird durch § 5 Abs. 1 Satz 1 zweiter Halbsatz EStG zugelassen.

▶ **Teilwertabschreibungen** (§ 6 Abs. 1 Nr. 1 Satz 2 und Nr. 2 Satz 2 EStG): Vermögensgegenstände des Anlage- und Umlaufvermögens sind bei voraussichtlich dauernder Wertminderung außerplanmäßig abzuschreiben (§ 253 Abs. 3 Satz 3, Abs. 4 HGB). Nach § 6 Abs. 1 Nr. 1 Satz 2 und Nr. 2 Satz 2 EStG kann bei einer voraussichtlich dauernden Wertminderung der Teilwert angesetzt werden. Die Vornahme einer außerplanmäßigen Abschreibung in der Handelsbilanz ist nicht zwingend in der Steuerbilanz durch eine Teilwertabschreibung nachzuvollziehen; der Steuerpflichtige kann darauf auch verzichten. Hat der Steuerpflichtige in einem Wirtschaftsjahr eine Teilwertabschreibung vorgenommen und verzichtet er in einem darauf folgenden Jahr auf den Nachweis der dauernden Wertminderung (z. B. im Zusammenhang mit Verlustabzügen), ist nach Auffassung der Finanzverwaltung zu prüfen, ob eine willkürliche Gestaltung vorliegt.

2.1.4.4 Handels- und steuerrechtliche Wahlrechte

Wahlrechte, die sowohl handelsrechtlich als auch steuerrechtlich bestehen, können aufgrund des § 5 Abs. 1 Satz 1 zweiter Halbsatz EStG in der Handelsbilanz und in der Steuerbilanz unterschiedlich ausgeübt werden.

BEISPIELE ▶

▶ **Verbrauchsfolgeverfahren** (§ 256 HGB/§ 6 Abs. 1 Nr. 2 a EStG). Nach § 256 HGB kann für den Wertansatz gleichartiger Vermögensgegenstände des Vorratsvermögens eine bestimmte Verbrauchsfolge unterstellt werden (Fifo und Lifo). Steuerrechtlich besteht nach § 6 Abs. 1 Nr. 2 a EStG dieses Wahlrecht nur für das Verbrauchsfolgeverfahren, bei dem die zuletzt angeschafften oder hergestellten Wirtschaftsgüter zuerst verbraucht oder veräußert werden (Lifo). Die Anwendung des Verbrauchsfolgeverfahrens in der Steuerbilanz setzt nicht voraus, dass der Steuerpflichtige die Wirtschaftsgüter auch in der Handelsbilanz unter Verwendung von Verbrauchsfolgeverfahren bewertet. Eine Einzelbewertung der Wirtschaftsgüter in der Handelsbilanz steht der Anwendung des Verbrauchsfolgeverfahrens nach § 6 Abs. 1 Nr. 2 a Satz 1 EStG unter Beachtung der dort genannten Voraussetzungen nicht entgegen.

► **Lineare und degressive Absetzung für Abnutzung** (§ 253 HGB/§ 5 Abs. 6 i. V. mit § 7 Abs. 2 EStG). Gemäß § 253 Abs. 3 Satz 1 HGB sind bei Vermögensgegenständen des Anlagevermögens, deren Nutzung zeitlich begrenzt ist, die Anschaffungs- oder die Herstellungskosten um planmäßige Abschreibungen zu vermindern. Es ist demnach eine lineare oder degressive Abschreibung und eine Leistungsabschreibung sowie auch eine progressive Abschreibung möglich. Gemäß § 7 Abs. 2 EStG i. d. F. des Gesetzes zur Umsetzung steuerrechtlicher Regelungen des Maßnahmenpakets „Beschäftigungssicherung durch Wachstumsstärkung" v. 21. 12. 2008 (BGBl 2008 I 2896; BStBl 2009 I 133) kann bei beweglichen Wirtschaftsgütern des Anlagevermögens statt der Absetzung für Abnutzung in gleichen Jahresbeträgen (lineare Absetzung für Abnutzung) die Absetzung für Abnutzung in fallenden Jahresbeträgen (degressive Absetzung für Abnutzung) in Anspruch genommen werden (letztmals für Anschaffungen vor dem 1. 1. 2011). Die Absetzung für Abnutzung nach § 7 Abs. 2 EStG setzt dabei nicht voraus, dass der Steuerpflichtige auch in der Handelsbilanz eine degressive Abschreibung vornimmt.

2.1.5 Zusammenstellung der maßgeblichen handels- und steuerrechtlichen Vorschriften

Da für die steuerrechtliche Bilanzierung in erster Linie das HGB gilt, sind nachstehend die steuerrechtlich und handelsrechtlich zu beachtenden Vorschriften zusammengestellt (die Angabe „i. V. mit" ist mit den §§ des HGB zu verknüpfen).

	Steuerrecht	Handelsrecht (alle §§ HGB)
Bilanzierungsgrundsätze		
– Gliederungsvorschriften	§ 5 Abs. 1 EStG i. V. mit	266, 275
– Bilanzzusammenhang	§ 4 Abs. 1, § 6 Abs. 1 EStG	252 Abs. 1 Nr. 1
– Ansatzstetigkeit	§ 5 Abs. 1 EStG i. V. mit	246 Abs. 3
– Bewertungsstetigkeit	§ 5 Abs. 1 EStG i. V. mit	252 Abs. 1 Nr. 6
– Niederstwertprinzip	§ 5 Abs. 1 EStG i. V. mit	253 Abs. 1, 3 und 4
– Imparitätsprinzip	§ 5 Abs. 1 EStG i. V. mit	249
– Realisationsprinzip	§ 5 Abs. 1 EStG i. V. mit	252 Abs. 1 Nr. 4, 5
– Stichtagsprinzip	§ 4 Abs. 1 EStG	242 Abs. 1 und 252 Abs. 1 Nr. 3
– Vorsichtsprinzip	§ 5 Abs. 1 EStG i. V. mit	252 Abs. 1 Nr. 4 (Ausnahme: 256a Satz 2)
– Einzelbewertung	§ 6 Abs. 1 Satz 1 EStG	252 Abs. 1 Nr. 3
– Festwert	R 5.4 Abs. 4 EStR	240 Abs. 3
– Gruppenbewertung	R 6.8 Abs. 4 EStR	240 Abs. 4
Umfang des Betriebsvermögens		
– Aktivierungsverbot	§ 5 Abs. 1 EStG i. V. mit	248 Abs. 1 und Abs. 2 Satz 2
– Aktivierungsgebot	§ 5 Abs. 1 EStG i. V. mit	246
– Aktivierungswahlrecht	R 4.2 EStR	248 Abs. 2 Satz 1, 250 Abs. 3
– Passivierungsgebot	§ 5 Abs. 1 EStG i. V. mit	246 Abs. 1 und 249
– Passivierungsverbot	§ 5 Abs. 1 EStG i. V. mit	249 Abs. 2
– Passivierungswahlrecht	–	Art. 28 EGHGB

– Firmenwert	§ 5 Abs. 2 EStG	246 Abs. 1 Satz 3
– Immaterielle WG	§ 5 Abs. 2 EStG	248 Abs. 2
– Rechnungsabgrenzung	§ 5 Abs. 5 EStG	250 Abs. 1 und Abs. 2
– Zölle, VerbrSt, USt auf – Anzahlungen	§ 5 Abs. 5 EStG	-
– Damnum	H 6.10 „Damnum" EStH	250 Abs. 3
Bewertung des Betriebsvermögens		
– Anschaffungskosten	§ 5 Abs. 1 EStG i.V. mit	255 Abs. 1
– Durchschnittsbewertung	R 6.8 Abs. 3 EStR	240 Abs. 4
– Lifo	§ 6 Abs. 1 Nr. 2a EStG	256
– Fifo	-	256
– Herstellungskosten	R 6.3, 6.4 EStR § 6 Abs. 1 Nr. 1a EStG	255 Abs. 2 bis 3
– Teilwert	§ 6 Abs. 1 Satz 2 EStG	
– Börsen- oder Marktpreis		253 Abs. 4
– Beizulegender Wert		253 Abs. 1, 3 und 4
– Beizulegender Zeitwert		255 Abs. 4
– Rentenverpflichtungen	Barwert (H 6.10 EStR)	Abgezinster Erfüllungsbetrag 253 Abs. 1 und 2
– Rückstellungen	§ 6 Abs. 1 Nr. 3a EStG	Abgezinster notwendiger Erfüllungs-betrag 253 Abs. 1 und 2
– Pensionsverpflichtungen	§ 6a EStG	§ 253 Abs. 1 und 2
– Abschreibung	§§ 6, 7 ff. EStG	253 Abs. 3 – 4 und
– Wertaufholung (Zu-schreibungsgebot)	§ 6 Abs. 1 Nr. 1 Satz 4 und Nr. 2 Satz 3	253 Abs. 5 Satz 1
– Währungsumrechnung	§ 5 Abs. 1 EStG i.V. mit	256a: Devisenkassamittelkurs
Sonstiges	§ 5 Abs. 1a Satz 2 EStG	254
– Bewertungseinheiten	§ 5 EStG i.V. mit	248 Abs. 1 (Ansatzverbot)
– Gründungs- und Kapital-beschaffungskosten		
– Passive latente Steuern	Verbot	Ansatzgebot für mittelgroße und große KapGes und Gesellschaften i. S. von 264a: 274
– Aktive latente Steuern	Verbot	Verbot für Personenunternehmen Wahlrecht für mittelgroße und große KapGes und Gesellschaften i. S. von 264a: 274 Verbot für Personenunternehmen

FALL 5

Maßgeblichkeit des HGB beim Anlagevermögen

Sachverhalt:

Die Anschaffungskosten einer im Januar 01 von einem bilanzierenden Einzelunternehmer angeschafften Maschine mit einer Nutzungsdauer von 10 Jahren haben 20 000 € betragen. Zum 31. 12. 01 ergeben sich folgende Werte:

	Fall a)	Fall b)	Fall c)	Fall d)
BW lt. HB	18 000 €	16 000 €	17 000 €	19 000 €
TW/Beizul. Wert	19 000 €	18 000 €	17 000 €	19 000 €
BW lt. StB	16 000 €	18 000 €	16 000 €	19 000 €

Der Einzelunternehmer ist berechtigt, Sonderabschreibungen nach § 7g Abs. 5 EStG in Anspruch zu nehmen. Von der Anwendung des § 7 Abs. 2 EStG (degressive AfA) kann – anders als für die HB – für steuerliche Zwecke kein Gebrauch gemacht werden, da keine Anschaffungen vor dem 1. 1. 2011 vorliegen. TW bzw. beizulegender Wert beruhen auf dauerhaften Werteinflüssen. Die Voraussetzungen für die (auch handelsrechtlich nur ausnahmsweise zulässige) Inanspruchnahme progressiver Abschreibungen liegen nicht vor.

Frage:

Ist die Maschine in der Steuerbilanz unter Anwendung des HGB zutreffend angesetzt worden?

LÖSUNG

Fall a)

Der HB-Ansatz ergibt sich nach Inanspruchnahme einer planmäßigen Abschreibung von 10 % der Anschaffungskosten gem. § 253 Abs. 3 HGB. Dieser Wert entspricht auch den einkommensteuerlichen Bilanzierungsvorschriften (§ 6 Abs. 1 Nr. 1 i.V. mit § 7 Abs. 1 EStG). Ein nur steuerlicher Ansatz mit 16 000 € (Sonderabschreibung gem. § 7 Abs. 5 EStG in Höhe von 2 000 €) ist zulässig (§ 5 Abs. 1 Satz 1 EStG). Voraussetzung ist lediglich die Aufnahme in das Verzeichnis nach § 5 Abs. 1 Satz 2 und 3 EStG.

Fall b)

Die degressive AfA ist handelsrechtlich eine zulässige planmäßige Absetzungsmethode i. S. von § 253 Abs. 3 HGB. Der HB-Ansatz von 16 000 € ergibt sich nach Inanspruchnahme einer degressiven AfA in Höhe von 20 % von 20 000 € = 4 000 €. Dieser Ansatz hindert nicht, steuerlich linear abzuschreiben und auf die Anwendung von § 7g Abs. 5 EStG zu verzichten. Eine steuerliche Bewertung der Maschine zum 31. 12. 01 mit 18 000 € ist demnach eine zulässige Wahlrechtsausübung i. S. von § 5 Abs. 1 Satz 1 EStG. Voraussetzung ist die Aufnahme in das Verzeichnis nach § 5 Abs. 1 Satz 2 und 3 EStG.

Fall c)

In der HB wurde offensichtlich nach Inanspruchnahme linearer AfA eine außerplanmäßige Abschreibung auf den niedrigeren beizulegenden Wert vorgenommen (§ 253 Abs. 3 Satz 3 HGB). Dies hindert steuerlich nicht, einen noch niedrigeren Wert anzusetzen (§ 5 Abs. 1 Satz 1 EStG). Denn unter Zugrundelegung einer linearen AfA von 2 000 € und einer Sonderabschreibung nach § 7g Abs. 5 EStG von 2 000 € würde sich nach einkommensteuerlichen Vorschriften ein zulässiger Bilanzansatz von 16 000 € ergeben. Voraussetzung ist die Aufnahme in das Verzeichnis nach § 5 Abs. 1 Satz 2 und 3 EStG.

Fall d)

Der Ansatz mit 19 000 € entspricht nicht handelsrechtlichen Bilanzierungsvorschriften, denn progressive Abschreibungsmethoden entsprechen nur in Ausnahmefällen (z. B. bei Obstplantagen) den GoB. Daran ändert auch nichts, dass der beizulegende Wert 19 000 € beträgt. Dieser darf nur angesetzt werden, wenn er niedriger ist als der Betrag, der sich ergibt, wenn von den Anschaffungskosten die planmäßige Abschreibung abgezogen wurde. Die Bewertung der Maschine mit 19 000 € verstößt deshalb gegen § 253 Abs. 3 Satz 1 HGB. Die HB muss berichtigt werden.

Eine Übernahme dieses Werts in die steuerliche Gewinnermittlung kommt folglich nicht in Betracht. Da offensichtlich ein hoher Wertansatz gewünscht wird, ist § 7 Abs. 1 EStG anzuwenden. Nach § 7 Abs. 1 Satz 1 EStG muss AfA in der Weise in Anspruch genommen werden, dass es zu einer Verteilung der Anschaffungskosten auf die betriebsgewöhnliche Nutzungsdauer kommt. Bei zehn Jahren Nutzungsdauer ergeben sich eine lineare Abschreibung mit 10 v. H. und damit für steuerliche Zwecke fortgeführte Anschaffungskosten von höchstens 18 000 €. Die Inanspruchnahme der Sonderabschreibung nach § 7g Abs. 5 EStG von 20 % würde zu einem ebenfalls zulässigen Wert in Höhe von dann 16 000 € führen; in diesem Fall muss das Wirtschaftsgut in das Verzeichnis nach § 5 Abs. 1 Satz 2 und 3 EStG aufgenommen werden.

FALL 6

Maßgeblichkeit des HGB beim Vorratsvermögen

Sachverhalt:

Ein Juwelier hat Schmuck, der **keinen Börsen- oder Marktpreis** hat, wie folgt angeschafft und bewertet:

	Fall a)	Fall b)	Fall c)
AK Nov. 00	8 000 €	8 000 €	10 000 €
BW HB/StB 31. 12. 00	7 000 €	7 000 €	6 000 €
TW/Beizulegender Wert 31. 12. 01	5 000 €	8 500 €	8 000 €
BW HB 31. 12. 01	4 000 €	8 500 €	10 000 €
Verkaufspr. 31. 12. 01	5 900 €	9 800 €	12 495 €

TW bzw. beizulegender Wert vom 31. 12. 01 sind nachgewiesen, dauerhaft und beruhen auf den Verhältnissen am Beschaffungsmarkt. Die Verkaufspreise sind voraussichtlich erzielbar und beinhalten 19 % USt.

Frage

Mit welchem Wert ist die Ware unter Anwendung des HGB steuerlich zum 31.12.01 anzusetzen, wenn mit Veräußerungskosten nicht zu rechnen ist?

LÖSUNG

Fall a)

Der HB-Ansatz 31.12.01 entspricht nicht handelsrechtlichen Bilanzierungsvorschriften, denn ein Ansatz unter dem beizulegenden Wert kommt nach § 253 Abs.4 HGB nicht in Betracht. Der HB-Ansatz muss auf 5 000 € berichtigt werden.

Auch ertragsteuerlich ist der gewählte HB-Ansatz von 4 000 € nicht zulässig. Außerdem liegt er unter dem Teilwert. Die Bewertung einer Ware unter dem Teilwert kommt für das Steuerrecht ebenfalls nicht in Betracht (§ 6 Abs.1 Nr.2 EStG). Steuerlich kann der Wert vom 31.12.00 in Höhe von 7 000 € auch zum 31.12.01 beibehalten werden; wahlweise kann die Ware zum 31.12.01 auch mit dem aktuellen Teilwert von 5 000 € bewertet werden (§ 5 Abs.1 Satz 1 EStG). Voraussetzung ist die Beachtung der Dokumentationspflicht nach § 5 Abs.1 Satz 2 und 3 EStG.

Fall b)

Auch hier entspricht der HB-Ansatz 31.12.01 weder den handelsrechtlichen noch den steuerlichen Bilanzierungsvorschriften. Denn eine Bewertung über den Anschaffungskosten (hier 8 000 €) ist untersagt (§ 253 Abs.1 Satz 1 HGB, § 6 Abs.1 Nr.2 EStG).

Da der TW zwischenzeitlich wieder gestiegen ist, ist eine Zuschreibung erforderlich. Handels- und steuerrechtlich erfolgt der Ansatz zum 31.12.01 mit 8 000 € (§ 253 Abs.5 HGB, § 6 Abs.1 Nr.2 Satz 3 EStG).

Fall c)

Handelsrechtlich wurde die Ware zu 31.12.01 mit den Anschaffungskosten bewertet (10 000 €); zu diesem Zeitpunkt betrug der beizulegende Wert (aus Sicht des Beschaffungsmarkts) 8 000 €. Der Begriff „beizulegender Wert" wird in der Praxis als Wiederbeschaffungspreis oder als Veräußerungspreis interpretiert. Nach dem Sachverhalt beträgt der Verkaufspreis 12 495 € (= netto 10 500 €), das ist der beizulegende Wert aus Sicht des Absatzmarkts. Da der Schmuck zum Verkauf bestimmt ist, dürfte es sachgerecht sein, bei der Festlegung des beizulegenden Werts vom Absatzmarkt auszugehen. Die Bewertung mit 10 000 € ist handelsrechtlich zulässig und geboten. Sie erfolgt mit den Anschaffungskosten und beruht auf § 253 Abs.1 Satz 1 i.V. mit § 253 Abs.5 HGB (Wertaufholung).

Steuerlich können nach R 6.8 Abs.1 Satz 4 EStR Wirtschaftsgüter des Vorratsvermögens, die keinen Börsen- oder Marktpreis haben, mit den Anschaffungskosten oder mit einem zwischen diesen Kosten und dem niedrigeren Teilwert liegenden Wert angesetzt werden, wenn und soweit bei vorsichtiger Beurteilung aller Umstände damit gerechnet werden kann, dass bei einer späteren Veräußerung der angesetzte Wert zuzüglich der Veräußerungskosten zu erlösen ist. Steuerlich besteht zum 31.12.01 ein Bewertungsspielraum zwischen 8 000 € und 10 000 €. Eine Zuschreibung von 6 000 € auf mindestens 8 000 € ist unverzichtbar (§ 6 Abs.1 Nr.2 Satz 3 EStG). Dabei ist die Dokumentationspflicht nach § 5 Abs.1 Satz 2 und 3 EStG zu beachten.

FALL 7

Bewertungsvorbehalt

Sachverhalt

Einzelkaufmann A hat am 20.1.01 ein massives Verwaltungsgebäude für seinen Betrieb mit 4,5 Mio. € Herstellungskosten errichtet. Die voraussichtliche Nutzungsdauer beträgt unstreitig 50 Jahre. In der HB schreibt er das Gebäude folglich mit jährlich 90 000 € ab.

Frage

Ist bei Anwendung des HGB diese handelsrechtliche Vorgehensweise auch für die steuerliche Gewinnermittlung zu übernehmen?

LÖSUNG

Es ist handelsrechtlich zulässig und geboten, das Gebäude mit 90 000 € jährlich entsprechend seiner voraussichtlichen Nutzungsdauer von 50 Jahren abzuschreiben (§ 253 Abs. 3 Satz 1 und 2 HGB).

Steuerlich ist die jährliche AfA allerdings zwingend mit 3 % der HK vorzunehmen (§ 7 Abs. 4 Nr. 1 EStG). 3 % von 4,5 Mio. € entsprechen 135 000 €. Es liegt ein Anwendungsfall des § 5 Abs. 6 EStG vor. Da es sich hierbei nicht um ein Bilanzierungswahlrecht handelt, greifen auch nicht die Regelungen des § 5 Abs. 1 Satz 2 und 3 EStG, nach denen die Abweichungen von der HB in einem besonderen Verzeichnis zu dokumentieren sind.

2.2 Inhalt der handelsrechtlichen GoB

Eine Bilanz entspricht den GoB (§ 238 Abs. 1 Satz 1 i.V. mit § 243 Abs. 1 HGB), wenn sie den handelsrechtlichen Bestimmungen und den Ansprüchen ordentlicher Kaufleute genügt und ihr gem. § 242 HGB eine doppelte Buchführung zugrunde liegt. Die Buchführung selbst ist ordnungsgemäß, wenn die Eintragungen in den Büchern vollständig, richtig, zeitgerecht und geordnet sind (§ 239 HGB, § 146 AO, R 5.2 EStR).

Als handelsrechtliche GoB (und Bilanzierung) kommen in Betracht:

a) Grundsatz der Wahrheit (§ 252 Abs. 1 Nr. 4 HGB)

b) Grundsatz der Klarheit und Übersichtlichkeit (§ 243 Abs. 2, § 246 Abs. 2 HGB)

c) Grundsatz der Vorsicht (§ 252 Abs. 1 Nr. 4 HGB)

d) Grundsatz der Wirtschaftlichkeit (z. B. gem. § 240 Abs. 3 und 4, §§ 241, 256 HGB)

e) Grundsatz der formellen und materiellen Bilanzkontinuität (§ 252 Abs. 1 Nr. 1 und 6 HGB)

f) Grundsatz der Einzelbewertung (§ 252 Abs. 1 Nr. 3 HGB)

g) Grundsatz der Bewertungsstetigkeit (§ 252 Abs. 1 Nr. 6 HGB)

h) Grundsatz der Ansatzstetigkeit (§ 246 Abs. 3 HGB)

i) Stichtagsprinzip (§ 252 Abs. 1 Nr. 3 HGB)

j) Verrechnungsverbot (§ 246 Abs. 2 HGB), Ausnahmen (§ 246 Abs. 2 Satz 2, § 254 HGB)

Folgende **Ansatzwahlrechte** sind vom Gebot der Ansatzstetigkeit betroffen:

▶ Unterschiedsbetrag bei Verbindlichkeiten (Disagio) gem. § 250 Abs. 3 HGB,

▶ Passivierungswahlrecht von Pensionszusagen nach Art. 28 Abs. 1 EGHGB und

▶ Aktivierung von selbst geschaffenen immateriellen Vermögensgegenständen des Anlagevermögens (§ 248 Abs. 2 HGB).

Bei der Rückstellungsbewertung mit dem Erfüllungsbetrag (vgl. § 253 Abs. 1 Satz 2 HGB) ist das **Stichtagsprinzip** eingeschränkt, da auch künftige Preis- und Kostensteigerungen zu berücksichtigen sind. Die Höhe einer Rückstellung bestimmt sich – abgesehen von der Abzinsung (§ 253 Abs. 2 HGB) – nach dem erforderlichen Aufwand im Zeitpunkt seines tatsächlichen Anfalls. Steuerlich ist das Stichtagsprinzip streng zu beachten (§ 6 Abs. 1 Nr. 3a Buchst. f EStG).

2.3 Gegenstand der Bilanzierung

Gegenstand der Bilanzierung sind gem. § 6 Abs. 1 Satz 1 EStG Wirtschaftsgüter (handelsrechtlich: Vermögensgegenstände, § 246 Abs. 1 HGB) und sog. Bewertungseinheiten i. S. von § 5 Abs. 1a EStG und § 254 HGB. Wirtschaftsgüter sind alle Güter, die nach der Verkehrsanschauung und den GoB selbständig bilanzierbar und bewertbar sind. In Betracht kommen nicht nur Sachen und Rechte, sondern auch tatsächliche Zustände, konkrete Möglichkeiten und Vorteile für den Betrieb, deren Erlangung der Kaufmann sich etwas kosten lässt und die nach der Verkehrsanschauung einer selbständigen Bewertung zugänglich sind (immaterielle Wirtschaftsgüter, R 5.5 EStR). Die Beteiligung eines Wohnungseigentümers an einer Instandhaltungsrückstellung ist deshalb ein Wirtschaftsgut: Ein bilanzierender Gewerbetreibender (z. B. eine GmbH), dem eine Eigentumswohnung gehört und der Zahlungen in eine von der Wohnungseigentümergemeinschaft gebildete Instandhaltungsrückstellung geleistet hat, muss seine Beteiligung an der Instandhaltungsrückstellung mit dem Betrag der geleisteten und noch nicht verbrauchten Einzahlungen aktivieren (BFH v. 5. 10. 2011 I R 94/10, BStBl 2012 II 244). Schulden sind ebenfalls (negative) Wirtschaftsgüter.

Beteiligungen an Personengesellschaften gelten steuerlich nicht als Wirtschaftsgüter. Derartige Bilanzansätze nehmen am BV-Vergleich (§ 4 Abs. 1 Satz 1 EStG) nicht teil: Abschreibungen sind steuerlich kein Aufwand, Zuschreibungen kein Ertrag (BFH v. 6. 11. 1985 I R 242/81, BStBl 1986 II 333). Hiernach dürften sie in Steuerbilanzen gar nicht angesetzt werden. In der Praxis werden derartige Beteiligungen jedoch weiterhin als solche bilanziert. Die nötigen steuerrechtlichen Korrekturen erfolgen dann außerbilanziell.

Immaterielle Wirtschaftsgüter des Anlagevermögens dürfen **steuerlich** nur angesetzt werden, wenn sie entgeltlich erworben (§ 5 Abs. 2 EStG) oder durch eine Einlage dem Betriebsvermögen zugeführt wurden (R 5.5 Abs. 3 Satz 3 EStR). Handelsrechtlich können bestimmte selbst geschaffene immaterielle Vermögensgegenstände des Anlagevermögens aktiviert werden (§ 248 Abs. 2 Satz 1 HGB).

Zusätzlich sind Rechnungsabgrenzungsposten zu bilden sowie **steuerlich** Aktivposten für bestimmte Zölle, Verbrauchsteuern und als Aufwand behandelte USt auf Anzahlungen (§ 5 Abs. 5 EStG, R 5.6 EStR). Rechnungsabgrenzungsposten sind keine Wirtschaftsgüter; es handelt sich um Erfolgsberichtigungsposten, die der periodengerechten Gewinnermittlung dienen.

Einmalige Aufwendungen für den Erwerb eines Erbbaurechts (GrESt, Maklerprovision, Notar- und Gerichtsgebühren) und vorausgezahlte oder in einem Einmalbetrag gezahlte Erbbauzinsen sind AK des Wirtschaftsguts „Erbbaurecht" (H 6.2 „Erbbaurecht" EStH) und über die Nutzungszeit des Erbbaurechts im Wege der AfA (§ 7 Abs. 1 Satz 1 EStG) abzuschreiben (BFH v. 4. 6. 1991 X R 136/87, BStBl 1992 II 70). Wendet der Erbbauberechtigte **später** Erschließungsbeiträge oder Kanalanschlussgebühren auf, sind diese als Rechnungsabgrenzungsposten zu aktivieren und auf die Restlaufzeit des Erbbaurechts verteilt gewinnmindernd zu behandeln (BFH v. 19. 10. 1993 VIII R 87/91, BStBl 1994 II 109); werden diese von Anfang an aufgewendet, gehören sie m. E. zu den AK für das Erbbaurecht.

Aufwendungen für Gründung und Kapitalbeschaffung sowie den Abschluss von Versicherungsverträgen dürfen nicht aktiviert werden (§ 248 Abs. 1 HGB). Das gilt auch steuerrechtlich.

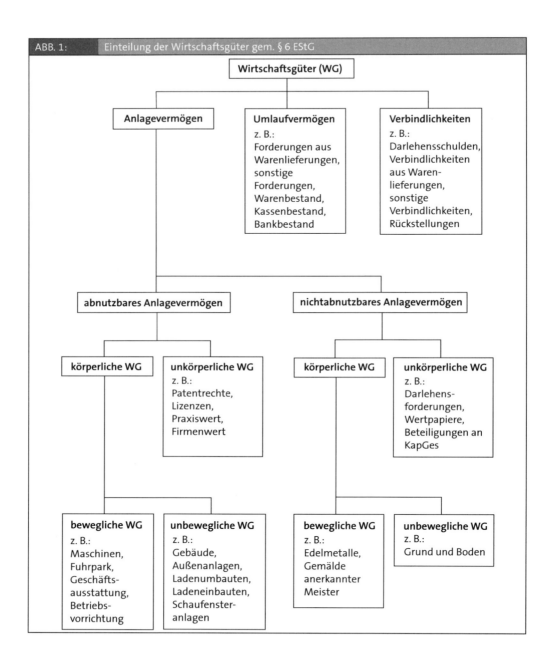

ABB. 1:   Einteilung der Wirtschaftsgüter gem. § 6 EStG

2.4 Realisationsprinzip

Der Gewinn aus Umsatzgeschäften ist nicht mit Abschluss des Verpflichtungsgeschäfts (Kauf-vertrag), sondern im Zeitpunkt des Erfüllungsgeschäfts (Lieferung, Abnahme des fertigen Werks) auszuweisen (Realisationsprinzip, § 252 Abs. 1 Nr. 4 zweiter Halbsatz HGB, BFH v.

2. 3. 1990 III R 70/87, BStBl 1990 II 733, v. 20. 5. 1992 X R 49/89, BStBl 1992 II 904). Ebenso sind Ansprüche schon vor ihrer rechtlichen Entstehung in der Bilanz anzusetzen, wenn sie bei wirtschaftlicher Betrachtung als entstanden anzusehen sind (BFH v. 3. 8. 2005 I R 94/03, BStBl 2006 II 20). Dementsprechend sind Zinsen unter dem Aspekt des Entstandenseins (und nicht erst bei ihrer Fälligkeit) zu erfassen (als sonstige Forderung/Verbindlichkeit). Umsatzsteuer-Erstattungsansprüche in Zusammenhang mit dem Betrieb von Geldspielautomaten, die vom FA bestritten worden waren, sind zum ersten Bilanzstichtag zu aktivieren, der auf die vorbehaltlose Veröffentlichung einer höchstrichterlichen Entscheidung in einem Musterverfahren folgt (BFH v. 31. 8. 2011 X R 19/10, BStBl 2012 II 190).

Auch aufschiebend bedingte Ansprüche sind nicht zu aktivieren (BFH v. 26. 4. 1995 I R 92/94, BStBl 1995 II 594 und v. 22. 8. 2007 X R 2/04, BStBl 2008 II 109). Anwartschaften auf Hinterbliebenenversorgung, wie sie bei Betriebsaufspaltungen häufig vereinbart werden, sind aufschiebend bedingt. Ein Anspruch – der durch eine Zusage auf Hinterbliebenenversorgung begünstigten Person – kann nur entstehen, wenn der Hauptversorgungsberechtigte verstirbt und zu diesem Zeitpunkt die als potenzielle hinterbliebene begünstigte Person noch lebt. Im Fall einer aufschiebend bedingten Anwartschaft auf die künftige Zahlung einer Hinterbliebenenversorgung fehlt es jedenfalls an der Voraussetzung, dass der Stpfl. mit der künftigen rechtlichen Entstehung des Anspruchs fest rechnen kann (BFH v. 23. 3. 2011 X R 42/08, BStBl 2012 II 188).

Das Realisationsprinzip ist rechtssystematisch dem Vorsichtsprinzip zugeordnet, d. h. auf die Nichterfassung nichtrealisierter Erträge gerichtet und begrenzt (BFH v. 27. 6. 2001 I R 45/97, BStBl 2003 II 121, a. A. BMF v. 21. 1. 2003, BStBl 2003 I 125). Für Verluste gilt hingegen das Imparitätsprinzip.

Haben bilanzierende beherrschende Gesellschafter (Muttergesellschaft) das gleiche Geschäftsjahr (Wirtschaftsjahr) wie die von ihnen beherrschte Kapitalgesellschaft (Tochtergesellschaft) dürfen sie den Anspruch gegenüber der Tochtergesellschaft auf Dividende nicht im selben Wirtschaftsjahr erfassen, wenn der Gewinnverwendungsbeschluss der Tochtergesellschaft zum Bilanzstichtag noch nicht getroffen war (BFH v. 7. 8. 2000 GrS 2/99, BStBl 2000 II 632). Damit kommt eine **phasengleiche Gewinnaktivierung** beim beherrschenden Gesellschafter grundsätzlich nicht in Betracht. Unter erschwerten Bedingungen ist aber eine phasengleiche Erfassung von Dividenden weiterhin möglich. Voraussetzung ist, dass am Bilanzstichtag der beherrschenden Muttergesellschaft der mindestens ausschüttungsfähige Gewinn der Tochtergesellschaft bekannt ist und die Muttergesellschaft an diesem Tag unwiderruflich entschlossen ist, im nächsten Jahr für eine bestimmte Ausschüttung zu stimmen (BFH v. 7. 2. 2007 I R 15/06, BStBl 2008 II 340)

2.5 Imparitätsprinzip

Das Imparitätsprinzip des § 252 Abs. 1 Nr. 4 erster Halbsatz HGB fordert die Berücksichtigung aller vorhersehbarer Risiken und Verluste, die bis zum Abschlussstichtag entstanden sind. Die wirtschaftliche Verursachung einer Verbindlichkeit im abgelaufenen Wirtschaftsjahr ist ein Merkmal, das zwar bei der Passivierung künftig entstehender Verbindlichkeiten, nicht hingegen bei der Passivierung dem Grunde nach bereits bestehender, lediglich dem Betrag nach ungewisser Verpflichtungen gilt. Insoweit und losgelöst vom Imparitätsprinzip gelten deshalb für Verbindlichkeitsrückstellungen die Gebote des zutreffenden Vermögensausweises und der Vollständigkeit des Jahresabschlusses gem. §§ 242 Abs. 1, 246 Abs. 1 HGB (BFH v. 27. 6. 2001 I R 45/97, BStBl 2003 II 121, a. A. BMF v. 21. 1. 2003, BStBl 2003 I 125).

Drohen aus schwebenden Geschäften Verluste, ist eine entsprechende Rückstellung zu bilden. Dies folgt ebenfalls aus dem Imparitätsprinzip, wonach nichtrealisierte, aber erkennbare Verluste ausgewiesen werden müssen (§ 249 Abs. 1 Satz 1 HGB). Steuerrechtlich sind derartige Rückstellungen nicht zulässig (§ 5 Abs. 4a EStG). Rückstellungen für Patentrechtsverletzungen und für die Verpflichtung zu einer Zuwendung anlässlich eines Dienstjubiläums dürfen steuerrechtlich nur unter den Voraussetzungen des § 5 Abs. 3 bzw. 4 EStG gebildet werden.

2.6 Stichtagsprinzip

Für Bilanzierung und Bewertung sind die Verhältnisse vom Schluss des Geschäftsjahres (§ 242 Abs. 1 HBG) bzw. Schluss des Wirtschaftsjahres (§ 4 Abs. 1 Satz 1 und § 4a EStG, § 8b EStDV) zugrunde zu legen (§ 252 Abs. 1 Nr. 3 HGB, § 6 Abs. 1 Nr. 3a Buchst. f EStG).

Die Bilanz ist spätestens innerhalb der folgenden Fristen zu erstellen:

a) Große und mittelgroße Kapitalgesellschaften: 3 Monate nach dem Bilanzstichtag (§ 264 Abs. 1 HGB).

b) Kleine Kapitalgesellschaften: 6 Monate nach dem Bilanzstichtag (§ 264 Abs. 1 HGB).

c) Personenunternehmen: 12 Monate nach dem Bilanzstichtag (§ 243 Abs. 3 HGB, BFH v. 6. 12. 1983 VIII R 110/79, BStBl 1984 II 127).

Bei Bilanzierung und Bewertung dürfen nur solche Umstände berücksichtigt werden, die am Bilanzstichtag objektiv bestanden haben. Tatsachen begründende und Werte beeinflussende Vorgänge, die sich zwischen dem Bilanzstichtag und dem Tag der tatsächlichen Bilanzaufstellung ereignen, müssen unberücksichtigt bleiben (Stichtagsprinzip).

Eine zwischen Bilanzstichtag und dem innerhalb der gesetzlichen Frist liegenden Tag der tatsächlichen Bilanzaufstellung gewonnene „bessere Erkenntnis" bezüglich der am Bilanzstichtag objektiv bestehenden Wertverhältnisse ist zu Gunsten wie zu Lasten zu berücksichtigen (z. B. bei der Bewertung von Rückstellungen für Wechselobligo und Schadenersatzverpflichtungen, bei der Bemessung des Ausfallrisikos von Forderungen): Berücksichtigung wertaufhellender Erkenntnis gem. § 252 Abs. 1 Nr. 4 HGB. Dabei sind als „wertaufhellend" nur die Umstände zu berücksichtigen, die zum Bilanzstichtag bereits objektiv vorlagen und nach dem Bilanzstichtag, aber vor dem Tag der Bilanzerstellung lediglich bekannt oder erkennbar wurden. Der zu beurteilende Kenntnisstand zum Zeitpunkt der Bilanzerstellung ist auf die am Bilanzstichtag – objektiv – bestehenden Verhältnisse zu beziehen (BFH v. 19. 10. 2005 XI R 64/04, BStBl 2006 II 371). Der Abschreibung von Forderungen steht nicht entgegen, dass sie nach dem Tag der Bilanzerstellung (teilweise) erfüllt worden sind und der Gläubiger den Schuldner weiterhin beliefert hat; es genügt, dass unter Zugrundelegung der Sicht des Kaufmanns am maßgebenden Bilanzstichtag objektiv Ausfallrisiken bestehen (BFH v. 20. 8. 2003 I R 49/02, BStBl 2003 II 941).

Soweit am Bilanzstichtag das Bestehen von Ansprüchen/Verpflichtungen gerichtsanhängig ist, ist zu beachten, dass Gerichtsurteile juristisch konstitutive Wirkung haben. Eine am Bilanzstichtag bestrittene Schadenersatzforderung entsteht deshalb rechtlich und wirtschaftlich erst mit der Rechtskraft des Urteils (BFH v. 26. 4. 1989 I R 147/84, BStBl 1991 II 213). Für die Rückstellungsbildung genügt jedoch die Wahrscheinlichkeit des Bestehens einer Verpflichtung, sodass die Passivierungspflicht als ungewisse Verbindlichkeit (§ 249 Abs. 1 HGB) frühestens im Zeitpunkt der Rechtskraft des Urteils wegfällt (BFH v. 27. 11. 1997 IV R 95/96, BStBl 1998 II 375, v. 30. 1. 2002 I R 68/00, BStBl 2002 II 688).

Das Stichtagsprinzip erfordert, auf den Bilanzstichtag eine Inventur durchzuführen. Damit ist nicht nur die Erfassung des Warenbestandes gemeint. Die Inventur umfasst das gesamte Anlage- und Umlaufvermögen sowie die Schulden. Körperliche Gegenstände sind durch Zählen (z. B. Kassenbestand, Büroeinrichtung), Messen und Wiegen aufzunehmen. Für Forderungen und Schulden findet eine sog. Buchinventur statt, indem die Debitoren und Kreditoren lt. Personenkonten oder Belegablage mit dem Saldenstand der Sachkonten abgeglichen werden. Für den Bankbestand ist der Kontoauszug vom Schluss des Wirtschaftsjahres maßgebend.

Das Stichtagsprinzip bedeutet nicht, dass am 31. 12. die Inventur konkret durchgeführt werden muss. Der Unternehmer kann vielmehr zeitnah – das sind zehn Tage – vor oder nach dem Stichtag mit der Inventur beginnen und enden. Allerdings müssen die zwischenzeitlichen Bestandsänderungen infolge von Einkäufen und Verkäufen zuverlässig festgehalten und durch entsprechende Anpassungen an den ermittelten Bestand berücksichtigt werden, damit die Inventur im Ergebnis die Verhältnisse vom Schluss des Wirtschaftsjahres widerspiegelt (§ 241 Abs. 2 HGB).

Die Inventur kann gem. § 241 Abs. 3 (§ 141 Abs. 1 Satz 2 AO)

► vorverlegt werden auf einen Tag innerhalb der letzten drei Monate vor dem Bilanzstichtag,

► nachverlegt werden auf einen Tag in den ersten zwei Monaten nach dem Bilanzstichtag.

Der Inventurwert des Aufnahmetags ist dann wertmäßig (nicht bestandsmäßig) auf den Bilanzstichtag fortzuschreiben oder rückzurechnen.

Um den periodengerechten Gewinnausweis durch das Stichtagsprinzip nicht zu gefährden, ist die Bildung von Rechnungsabgrenzungsposten vorgeschrieben (§ 5 Abs. 5 EStG, § 250 HGB, R 5.6 EStR). Für in einem Wirtschaftsjahr gezahlte Kfz-Steuer ist deshalb ein Rechnungsabgrenzungsposten zu aktivieren, soweit die Steuer auf die voraussichtliche Zulassungszeit des Fahrzeugs im nachfolgenden Wirtschaftsjahr entfällt (BFH v. 19. 5. 2010 I R 65/09, BStBl 2010 II 967). Da Wechselverbindlichkeiten (Schuldwechsel) stets in Höhe der Wechselsumme zu passivieren sind, ist ein darin enthaltener Diskont (Zins) in der Steuerbilanz zwingend (in der Handelsbilanz wahlweise nach § 250 Abs. 3 HGB) aktiv abzugrenzen, soweit er auf die Laufzeit des Wechsels nach dem Bilanzstichtag entfällt. Von Franchisenehmern in einen „gemeinsamen Werbeetat" eingezahlte und zum Bilanzstichtag noch nicht verbrauchte zweckgebundene Werbebeiträge zur Finanzierung der dem Franchisegeber obliegenden überregionalen Werbung führen beim Franchisegeber nicht zu einem passiven Rechnungsabgrenzungsposten, sondern zu einer erfolgsneutral zu bildenden sonstigen Verbindlichkeit (BFH v. 22. 8. 2007 X R 59/04, BStBl 2008 II 284).

Für ein vom Darlehensnehmer, bei Abschluss des Kreditvertrags (z. B. öffentlich gefördertes Darlehen), zu zahlendes „Bearbeitungsentgelt" ist kein aktiver Rechnungsabgrenzungsposten zu bilden, wenn das Entgelt im Falle einer vorzeitigen Vertragsbeendigung nicht (anteilig) zurückzuerstatten ist. Etwas anderes gilt aber, wenn das Darlehensverhältnis nur aus wichtigem

Grund gekündigt werden kann und wenn konkrete Anhaltspunkte dafür fehlen, dass diese Kündigung in den Augen der Vertragsparteien mehr ist als nur eine theoretische Option (BFH v. 22. 6. 2011 I R 7/10, BStBl 2011 II 870). Bei Darlehen mit fallenden Zinssätzen gilt für die Rechnungsabgrenzung folgendes: 1. Ob der Darlehensnehmer bei Vereinbarung jährlich fallender Zinssätze zu Beginn der Vertragslaufzeit einen aktiven Rechnungsabgrenzungsposten bilden muss, hängt grundsätzlich davon ab, ob der Darlehensnehmer im Falle einer vorzeitigen Vertragsbeendigung die anteilige Erstattung der bereits gezahlten Zinsen verlangen könnte. 2. Sollte ein solcher Erstattungsanspruch nicht bestehen, ist gleichwohl ein Rechnungsabgrenzungsposten zu aktivieren, wenn das Darlehensverhältnis nur aus wichtigem Grund gekündigt werden kann und wenn konkrete Anhaltspunkte dafür fehlen, dass die Vertragsparteien der Möglichkeit einer vorzeitigen Beendigung des Vertragsverhältnisses durch eine solche Kündigung mehr als rein theoretische Bedeutung beigemessen haben. Der Möglichkeit einer einvernehmlichen Vertragsaufhebung oder -änderung kommt in diesem Zusammenhang keine Bedeutung zu (BFH v. 27. 7. 2011 I R 77/10, BStBl 2012 II 284).

FALL 8

Entstehung (Aktivierungspflicht) und Bewertung (Gewinnrealisierung) einer Forderung

Sachverhalt

Radiohändler Emil Schröder lieferte am 23. 12. 01 ein Farbfernsehgerät an einen Kunden, der dieses Gerät am 22. 12. 01 bestellt hatte. Die Rechnung erteilte Schröder am 3. 1. 02, in der er die Fälligkeit der Forderung auf den 31. 1. 02 festsetzte. Das Gerät hat für Schröder Anschaffungskosten von 1 200 € verursacht. Der Verkaufspreis beträgt einschließlich Umsatzsteuer 2 380 €. Die Möglichkeit der Skonti-Inanspruchnahme ist ausgeschlossen.

Frage

Wann und mit welchem Wert ist die Forderung zu erfassen?

LÖSUNG

Forderungen aus Lieferungen und Leistungen entstehen dann, wenn die Lieferung ausgeführt oder die Leistung erbracht ist (BFH v. 9. 2. 1978 IV R 201/74, BStBl 1978 II 370). Auf die Rechnungserteilung oder die Fälligkeit kommt es nicht an. Für entstandene Forderungen besteht eine Aktivierungspflicht (BFH v. 27. 2. 1986 IV R 52/83, BStBl 1986 II 552, v. 25. 1. 1996 IV R 114/96, BStBl 1997 II 382).

Nach § 6 Abs. 1 Nr. 2 EStG und § 253 Abs. 1 HGB sind Forderungen mit den Anschaffungskosten zu bewerten. Diese ergeben sich hier aus dem gemeinen Wert der Lieferung (= 2 380 €), weil die Forderung das Ergebnis einer Sachleistung ist (§ 6 Abs. 6 EStG). Schröder muss am 31. 12. 01 eine Forderung von 2 380 € ausweisen, wodurch eine Gewinnrealisierung von 800 € eintritt. Im Ergebnis entsprechen die Anschaffungskosten dem Nennwert der Forderung.

FALL 9

Wertaufhellende Tatsachen, Wechselobligo

Sachverhalt

In der StB vom 31.12.01, die Fabrikant Helm an 20.3.02 erstellt hat, erscheint eine Rückstellung für Wechselobligo über 20 000 €, die er wie folgt berechnet hat:

Die bis zum 31.12.01 weitergegebenen und von den Bezogenen nicht eingelösten Kundenwechsel belaufen sich auf insgesamt 500 000 €. Nach den betrieblichen Erfahrungen der Vorjahre sind als Pauschalrückstellung aus wechselrechtlichen Haftungen 4 % dieser Wechselbeträge passivierbar. Das hat zu einer Pauschalrückstellung von 20 000 € geführt. Allerdings sind von den am 31.12.01 umlaufenden Wechseln am Tag der Bilanzaufstellung (20.3.02) lediglich Wechsel über 12 000 € noch nicht von den Bezogenen bezahlt.

Frage

Ist die Rückstellung der Höhe nach zutreffend ermittelt worden?

LÖSUNG

Ein Wechsel ist ein Orderpapier, in dem sich der Bezogene (Schuldner) verpflichtet, zu einem bestimmten Termin (in der Regel drei Monate nach Ausstellung), an einem bestimmten Ort einen bestimmten Betrag zu zahlen (z.B. an den Aussteller oder Überbringer). Der Aussteller oder ein anderer Besitzer kann den Wechsel zur Bezahlung eigener Verbindlichkeiten weitergeben; dabei bleibt er im „Obligo" (= Haftung). Für weitergegebene Besitzwechsel ist deshalb eine Rückstellung für Wechselobligo zu bilden. Hierbei ist die „bessere Erkenntnis" bei Bilanzaufstellung zu beachten: Die Rückstellung darf nicht höher sein als der Betrag, der auf die am **Bilanzaufstellungstag** noch umlaufenden Wechsel entfällt.

Der Pauschalrückstellung von 20 000 € entsprachen umlaufende Wechsel über 500 000 €, die mit dem möglichen Risiko der Nichteinlösung durch die Bezogenen behaftet waren. Wenn im Zeitpunkt der Bilanzerstellung (20.3.02) von diesen Wechseln 488 000 € eingelöst waren, wird dadurch erkennbar, dass diese tatsächlich mit einem Risiko nicht behaftet waren. Dies ist bei der Berechnung der Pauschalrückstellung am 20.3.02 zu berücksichtigen; es handelt sich um eine wertaufhellende Tatsache. Angesetzt werden kann als Pauschalrückstellung nur der Betrag jener Wechsel, die am Tag der Bilanzaufstellung noch umliefen und nicht eingelöst waren. Die Rückstellung beträgt richtig 12 000 € (vgl. auch BFH v. 19.12.1972 VIII R 18/70, BStBl 1973 II 218). Rechtsgrundlagen sind § 5 Abs. 1 EStG i.V. mit § 249 Abs. 1 und § 253 Abs. 1 HGB.

FALL 10

Bessere Erkenntnis bis zur Bilanzaufstellung

Sachverhalt

Ein bilanzierender Gewerbetreibender hat die Steuerbilanz per 31.12.01 am 30.6.02 aufgestellt. Zum Betriebsvermögen des Abschlusszeitpunkts gehört eine Forderung über 11 900 € (einschließlich 19 % USt) an den Kunden Fröhlich. Dass sich dieser seit dem 1.12.01 (**Abwandlung** 10.1.02) in Zahlungsschwierigkeiten befindet und über sein Vermögen am 15.12.01 (**Abwandlung** 20.1.02) das Insolvenzverfahren eröffnet wurde, erfuhr der Steuerpflichtige erst am 2.2.02. Zu diesem Zeitpunkt konnte der Steuerpflichtige höchstens mit einem Zahlungseingang von 50 % der ausstehenden Forderung rechnen. Tatsächlich erhielt er am 15.6.02 7 140 €; der Rest muss als endgültig ausgefallen angesehen werden.

Frage

Wie ist die Forderung in der Handels- und in der Steuerbilanz zum 31.12.01 zu bewerten?

LITERATURHINWEIS

Blödtner/Bilke/Heining, Lehrbuch Buchführung und Bilanzsteuerrecht, 9. Aufl., Teil B Kapitel 2.2.

LÖSUNG

Die Abschreibung auf den niedrigeren beizulegenden Wert ist gem. § 253 Abs. 4 HGB für die Handelsbilanz zwingend vorgeschrieben. Allerdings war dem Steuerpflichtigen hier zum Abschlusszeitpunkt nicht bekannt, dass die Forderung zu diesem Zeitpunkt dubios und folglich mit ihrem wahrscheinlichen Wert anzusetzen war. Die bessere Erkenntnis ist jedoch bis zur Bilanzaufstellung zu berücksichtigen (§ 252 Abs. 1 Nr. 4 HGB), längstens aber bis zu einem Zeitraum von 12 Monaten nach dem Stichtag (BFH v. 26.3.1968 IV 63/63, BStBl 1968 II 527, v. 12.12.1972 VIII R 112/69, BStBl 1973 II 555). Die Forderung ist folglich entsprechend ihrem tatsächlichen Eingang bis zum Tag der Bilanzaufstellung mit 6 000 € zu bewerten. Hierdurch tritt für 01 eine Gewinnminderung von 4 000 € ein (Forderungsabschreibung) und gleichzeitig eine Kürzung der USt-Schuld zum 31.12.01 um 1 900 € (§ 17 Abs. 2 UStG i.V. mit Abschn. 17.1 Abs. 5 Satz 5 UStAE). Für die steuerliche Bewertung besteht ein Wahlrecht nach § 6 Abs. 1 Nr. 2 Satz 2 EStG, sodass in der Steuerbilanz auf die Teilwertabschreibung verzichtet werden kann (BMF v. 12.3.2010, BStBl 2010 I 239, Rz. 15).

Lösung der Abwandlung

Die der Forderung am Bilanzaufstellungstag (30.6.02) anhaftenden wertmindernden Umstände (Insolvenz des Kunden) lagen am Abschlusszeitpunkt (31.12.01) noch nicht vor, sie sind erst nach diesem Stichtag eingetreten. Solche wertbeeinflussenden Umstände, die auf Vorgängen beruhen, die nach dem Abschlusszeitpunkt aufgetreten sind, scheiden für die Bilanzierung und Bewertung auf diesen Abschlusszeitpunkt aus. Die Forderung ist sowohl in der Handels- als auch in der Steuerbilanz zum 31. 12. 01 mit ihrem Nennbetrag von 11 900 € zu bewerten.

FALL 11

Aktivierung von Biersteuer, Wechseldiskont

Sachverhalt

Die Pax-Bier GmbH, ein Brauerei-Unternehmen, weist in ihrer Gewinn- und Verlustrechnung für 01 einen Aufwand für Biersteuer in Höhe von 720 000 € aus. Von diesem Betrag entfallen 10 % auf den am 31. 12. 01 in brauereieigenen Niederlassungen befindlichen Bierbestand.

Für am 1. 12. 01 ausgestellte und am 28. 2. 02 fällige Schuldwechsel für Wareneinkäufe auf Ziel sind zum 31. 12. 02 100 000 € passiviert worden (Buchung: Verbindlichkeiten an Schuldwechsel 100 000 €). Die zugrunde liegenden Schuldwechsel lauten hingegen auf 101 500 €, weil von den Gläubigern Zinsen (Diskont) berechnet wurden. Der Diskont soll bei Fälligkeit als Aufwand erfasst werden.

Fragen

Wie ist der Biersteueraufwand steuerlich zu behandeln? Ist die Behandlung des Diskonts zulässig?

LÖSUNG

Die Biersteuer entsteht gem. § 2 Biersteuergesetz, wenn das Bier die Brauerei verlässt, und zwar auch dann, wenn es nur in brauereieigene Auslieferungslager oder Niederlassungen verbracht wird. Da sie zu den Vertriebskosten gehört, kann sie auch nicht zu den Herstellungskosten des Bieres gerechnet werden (BFH v. 26. 2. 1975 I R 72/73, BStBl 1976 II 13). Gemäß § 5 Abs. 5 Satz 2 Nr. 1 EStG sind als Aufwand berücksichtigte Verbrauchsteuern, soweit sie auf am Abschluss-stichtag auszuweisende Wirtschaftsgüter des Vorratsvermögens entfallen, auf der Aktivseite anzusetzen. Die Brauerei muss am 31. 12. 01 einen Aktivposten „Verbrauchsteuern" in Höhe von (10 % von 720 000 € =) 72 000 € ausweisen. Es handelt sich hierbei weder um einen Rech-nungsabgrenzungsposten noch um ein Wirtschaftsgut bzw. einen Vermögensgegenstand (man-gels selbständiger Veräußerbarkeit), sondern um einen steuerlichen Aktivposten mit Wert- und Erfolgsberichtigungsfunktion. In der Handelsbilanz kann dieser Posten nicht gebildet werden. Der Aktivposten ist in dem Zeitpunkt aufzulösen, in dem der Bierbestand nicht mehr zu bilan-zieren ist.

Bei Schuldwechseln ist stets die Wechselsumme passivierungspflichtig. Ein darin enthaltener Diskont muss steuerrechtlich (hier für zwei Monate: 2/3 von 1 500 €) aktiv abgegrenzt werden (handelsrechtlich besteht gem. § 250 Abs. 3 HGB ein Wahlrecht). Buchungen für den Jahres-abschluss 01:

Handelsrechtlich:

| Zinsaufwand | 1 500 € an | Wechselverbindlichkeiten | 1 500 € |

Steuerrechtlich und wahlweise handelsrechtlich:

| Zinsaufwand | 500 € an | Wechselverbindlichkeiten | 1 500 € |
| aRAP | 1 000 € | | |

FALL 12

Umsatzsteuer auf Anzahlungen

Sachverhalt

Firma A erhält am 30.11.01 eine Anzahlung von einem Kunden in Höhe von 119 000 €. Sie bucht:

| Bank | 119 000 € an | Erhaltene Anzahlungen | 119 000 € |

Am 10.12.01 überweist sie die aufgrund der erhaltenen Anzahlung geschuldete Umsatzsteuer an das Finanzamt und bucht:

| Sonstiger Steueraufwand | 19 000 € an | Bank | 19 000 € |

Unter den Passivposten in der Steuerbilanz am 31.12.01 befindet sich die Anzahlung mit 119 000 €. Das Konto „Sonstiger Steueraufwand" wird über das Gewinn- und Verlustkonto abgeschlossen. Die Belieferung des Kunden, der die Anzahlung geleistet hat, erfolgt in 02. Firma A versteuert ihre Umsätze nach § 16 UStG (Sollversteuerung).

Frage

Ist der steuerliche Gewinn für die Firma A zutreffend lt. Buchführung und Bilanz ermittelt? Wie hat der Kunde zu buchen?

LÖSUNG

Gemäß § 5 Abs. 5 Satz 2 Nr. 2 EStG ist als Aufwand berücksichtigte Umsatzsteuer auf am Abschlussstichtag auszuweisende Anzahlungen auf der Aktivseite anzusetzen. Im vorliegenden Fall ist deshalb in der Steuerbilanz 31.12.01 (nicht in der HB) ein Aktivposten „Umsatzsteuer auf Anzahlungen" in Höhe von 19 000 € zu bilden und gleichzeitig der von der Firma A ermittelte Gewinn für 01 um 19 000 € zu erhöhen.

Der Kunde bucht in 01, wenn eine entsprechende Rechnung vorliegt:

| Geleistete Anzahlungen | 100 000 € an | Bank | 119 000 € |
| Umsatzsteuerforderung | 19 000 € | | |

Bilanzierte OHG- und GmbH-Beteiligung

Sachverhalt

Einzelkaufmann A (Wirtschaftsjahr = Kalenderjahr) ist seit Anfang 01 an einer OHG (Wirtschaftsjahr = Kalenderjahr) beteiligt. Er hat die Beteiligung mit den Anschaffungskosten von 100 000 € in seinem Einzelunternehmen aktiviert. Sein Gewinnanteil am HB-Gewinn der OHG beträgt für 01 20 000 € und wird im März 02 überwiesen. Im Juni 02 entnimmt A aus der OHG 10 000 € zu Gunsten seines einzelunternehmerischen Bankkontos. Für 02 ergibt sich ein Verlustanteil für A in Höhe von 15 000 € (HB-Ergebnis der OHG). Gesondert festgestellt wurden später vom OHG-Finanzamt folgende Beträge:

01:	22 000 €
02:	./. 14 000 €

Außerdem ist A mit 20 % an der Z-GmbH (Wirtschaftsjahr = Kalenderjahr) beteiligt. Er hat diese Beteiligung mit den Anschaffungskosten von 40 000 € in seinem Einzelunternehmen aktiviert. Die Z-GmbH hat für 01 einen HB-Gewinn von 60 000 € erwirtschaftet, den sie zur Hälfte gemäß Beschluss der Gesellschafterversammlung vom 30.4.02 am 2.5.02 ausschüttet. A erhält am 3.5.02 folgende Ausschüttung überwiesen:

Brutto-Dividende	6 000 €
KapESt 25 %	./. 1 500 €
Soli-Zuschlag	./. 83 €
Gutschrift	4 417 €

Frage

Wie muss A steuerrechtlich buchen?

Beteiligungen an Personenhandelsgesellschaften (OHG, KG) werden in der Steuerbilanz des Beteiligten nach der sog. **Spiegelbildmethode** geführt. Der Bilanzposten „Beteiligung" weist dann alle Veränderungen durch Gewinn- und Verlustzuweisungen (erfolgswirksam) sowie Entnahmen und Einlagen (erfolgsneutral) entsprechend der Veränderung des Kapitalkontos in der Bilanz der Personengesellschaft aus. Teilwertabschreibungen auf die Beteiligung sind steuerlich nicht zulässig (BFH v. 22.1.1981 IV R 160/76, BStBl 1981 II 427).

Zu versteuern hat der Beteiligte allerdings das Ergebnis der einheitlichen und gesonderten Feststellung des Gewinns der Personengesellschaft. Dieser gesondert festgestellte Gewinn- bzw. Verlustanteil ist in der Regel im ausgewiesenen Gewinn (der Buchführung des Beteiligten) enthalten. Falls der gebuchte Betrag nicht gleichlautend ist mit der gesonderten Feststellung, erfolgt eine Korrektur außerhalb der Buchführung. Für Zwecke der GewSt ist § 8 Nr. 8 bzw. § 9 Nr. 2 GewStG zu beachten.

Ergänzungsbilanzen (wegen § 24 Abs. 2 UmwStG) und **Sonderbilanzen** sind ebenfalls nach der Spiegelbildmethode zu behandeln. Ist eine GmbH an einer Personengesellschaft beteiligt und besteht bei der Personengesellschaft eine Sonderbilanz zu Gunsten der GmbH (z. B. weil diese ein Wirtschaftsgut an die Personengesellschaft vermietet hat), ist in der Steuerbilanz der GmbH das Wirtschaftsgut nicht mehr anzusetzen; dafür ist der Ansatz der Beteiligung an der Personengesellschaft entsprechend zu erhöhen. .

Steuerrechtlich bucht A zunächst wie folgt:

01:

Beteiligung (an OHG)	20 000 €	an	Erträge aus Beteiligung	20 000 €

02:

Bank	20 000 €	an	Beteiligung (an OHG)	20 000 €
Bank	10 000 €	an	Beteiligung (an OHG)	10 000 €
S. b. Aufwand	15 000 €	an	Beteiligung (an OHG)	15 000 €

Außerhalb der Buchführung sind folgende Gewinnkorrekturen erforderlich.

01:	+ 2 000 €
02:	+ 1 000 €

HINWEIS

Handelsrechtlich werden die Gewinn- und Verlustanteile nicht über das Beteiligungskonto gebucht, sondern über Sonstige Forderungen/Sonstige Verbindlichkeiten.

Der Anteil am Gewinn der Z-GmbH für 01 ist bei A erst im Jahresabschluss 02 zu erfassen. Derartige Ansprüche entstehen erst, wenn ein entsprechender Beschluss der Gesellschafterversammlung vorliegt (§ 46 Nr. 1 GmbHG), hier am 30. 4. 02. Der Ertrag aus der GmbH-Beteiligung erhöht den Gewinn des Jahres 02 in Höhe von 6 000 €. Buchung in 02: Bank 4 417 € und Entnahmen 1 583 € an Dividendenerträge 6 000 €. Außerhalb der Buchführung ist der Gewinn um 40 % = 2 400 € zu kürzen (Teileinkünfteverfahren, § 3 Nr. 40 EStG). Gewerbesteuerlich ist der Dividendenertrag befreit, da A zu mindestens 15 % an der GmbH beteiligt ist (§ 9 Nr. 2a GewStG).

2.7 Zurechnung von Vermögensgegenständen/Wirtschaftsgütern

Zur Bilanzierung von Vermögensgegenständen/Wirtschaftsgütern ist grundsätzlich der Eigentümer berechtigt und verpflichtet (§ 246 Abs. 2 HGB). Dabei knüpfen aber weder das Handelsrecht noch das Steuerrecht unbedingt an das bürgerlich-rechtliche Eigentum an. Ist ein Vermögensgegenstand/Wirtschaftsgut nicht dem Eigentümer, sondern einem anderen wirtschaftlich zuzurechnen, hat dieser ihn in seiner Bilanz auszuweisen. Steuerrechtlich ist das wirtschaftliche Eigentum gesetzlich verankert in § 39 Abs. 2 AO. Nach § 39 Abs. 2 Nr. 1 Satz 1 AO ist die Rechtsstellung des wirtschaftlichen Eigentümers dadurch gekennzeichnet, dass er den zivilrechtlichen Eigentümer im Regelfall für die gewöhnliche Nutzungsdauer von der Einwirkung auf das Wirtschaftsgut wirtschaftlich ausschließen kann. Ihm muss also auch der wirtschaftliche Erfolg aus einer eventuellen Veräußerung gebühren (BFH v. 18. 5. 2005 VIII R 34/01, BStBl 2005 II 857). Das wirtschaftliche Eigentum an einem Kapitalgesellschaftsanteil geht dabei auf einen Erwerber über, wenn der Käufer des Anteils

1. aufgrund eines (bürgerlich-rechtlichen) Rechtsgeschäfts bereits eine rechtlich geschützte, auf den Erwerb des Rechts gerichtete Position erworben hat, die ihm gegen seinen Willen nicht mehr entzogen werden kann, und

2. die mit dem Anteil verbundenen wesentlichen (Verwaltungs- und Vermögens-)Rechte (insbesondere Gewinnbezugsrecht und Stimmrecht) sowie

3. Risiko und Chance von Wertveränderungen auf ihn übergegangen sind (BFH v. 9.10.2008 IX R 73/06, BStBl 2009 II 140). Ein an einem Kapitalgesellschaftsanteil Unterbeteiligter ist danach nur dann wirtschaftlicher Eigentümer, wenn er nach dem Inhalt der getroffenen Abrede alle mit der Beteiligung verbundenen wesentlichen Rechte (Vermögens- und Verwaltungsrechte, insbesondere Gewinnbezugs- und Stimmrecht) ausüben und im Konfliktfall effektiv durchsetzen kann (BFH v. 26.1.2011 IX R 7/09, BStBl 2011 II 540).

Handelsrechtlich ergibt sich der Vorrang des wirtschaftlichen Eigentums vor dem rechtlichen Eigentum aus § 246 Abs. 1 Satz 2 HGB. Das HGB verzichtet auf eine eigene Definition. Zwischen dem steuerrechtlichen und dem handelsrechtlichen Begriff des „wirtschaftlichen Eigentums" bestehen aber keine Unterschiede. Mit Hilfe dieses Korrektivs wird handelsrechtlich sichergestellt, dass in der Bilanz nur solche Vermögensgegenstände ausgewiesen werden, die den Gläubigern auch als Schuldendeckungspotential dienen können. Dies wäre bei Vermögensgegenständen, die nicht wirtschaftlich zugerechnet werden können, gerade nicht der Fall. Wenn also rechtliches und wirtschaftliches Eigentum nicht in derselben Person vereinigt sind, ist der wirtschaftliche Eigentümer zur Bilanzierung berechtigt und verpflichtet.

Der Treugeber, der Käufer unter Eigentumsvorbehalt, der Kommittent, der Sicherungsgeber bei der Sicherungsübereignung, der Käufer eines Grundstücks vor Eintragung im Grundbuch, aber nach Auflassung und Übergang von Besitz, Gefahr, Nutzungen und Lasten, der Dieb, sie alle sind sowohl nach Handels- als auch nach Steuerrecht wirtschaftliche Eigentümer. Das wirtschaftliche Eigentum an einer Forderung verbleibt im Rahmen eines Asset-Backed-Securities-Modells beim Forderungsverkäufer, wenn er das Bonitätsrisiko (weiterhin) trägt. Dies ist der Fall, wenn der Forderungskäufer bei der Kaufpreisbemessung einen Risikoeinbehalt vornimmt, der den erwartbaren Forderungsausfall deutlich übersteigt, aber nach Maßgabe des tatsächlichen Forderungseingangs erstattungsfähig ist. Ist das wirtschaftliche Eigentum nach dieser Maßgabe beim Forderungsverkäufer verblieben, stellen die an den Forderungskäufer geleisteten „Gebühren" Entgelte für Schulden dar (BFH v. 26.8.2010 I R 17/09, NWB 2010, S. 3938). Demgegenüber sind Mieter, Pächter, Nießbraucher und Leasingnehmer von Wirtschaftsgütern in der Regel nicht wirtschaftliche Eigentümer; sie sind es ausnahmsweise, wenn sie den rechtlichen Eigentümer auf Nutzungsdauer des Wirtschaftsguts von jeder Einwirkung auf das Wirtschaftsgut ausschließen können (§ 39 Abs. 2 Nr. 1 AO). Bei Leasingverträgen vgl. BMF v. 19.4.1971, BStBl 1971 I 264, v. 21.3.1972, BStBl 1972 I 188.

Beim Scheinmietvertrag liegt Anschaffung (Kauf) seitens des „Scheinmieters" von Anfang an vor. Beim Mietkauf ist zunächst von Miete auszugehen; macht der Mieter von seinem Kaufrecht Gebrauch, wird ihm das Wirtschaftsgut erst ab Ausübung der Kaufoption zugerechnet.

Am Bilanzstichtag rollende oder schwimmende Ware (sog. Unterwegs-Ware) ist beim Käufer zu bilanzieren, wenn die Ware bei ihm ankommt (unmittelbarer Besitz) oder wenn er über die Orderpapiere verfügt (mittelbarer Besitz); BFH v. 22.1.1981 I R 160/76, BStBl 1989 II 21. Die Konsequenz ist, dass bis dahin die Ware vom Verkäufer zu bilanzieren ist.

Als Orderpapiere kommen im Warenverkehr folgende Papiere in Betracht:

► Konnossement (Seefrachtgeschäft)

► Ladeschein (Binnenverkehr)

► Orderlagerschein

Das Wesen der Orderpapiere besteht darin, dass ihre Aushändigung die zur Eigentumsübertragung erforderliche Übergabe der Ware ersetzt. Bei Verwendung von Frachtbriefen, die im Gegensatz zu den Orderpapieren keine Wertpapiere, sondern lediglich Urkunden sind, ergibt sich für den Eigentumsübergang gem. § 448 HGB das Gleiche wie bei Orderpapieren. Das ändert m. E. nichts an der Rechtslage, dass bereits mit der Absendung der Ware für den Verkäufer die Gewinnrealisierung eingetreten ist. Denn mit dem Gefahrübergang ist das Schweben des Verkaufsgeschäfts für den Verkäufer beendet (§ 447 BGB) und die Forderung entstanden. Bestehen bleibt die Verpflichtung, dem Käufer Verfügungsmacht und Eigentum an der dem Verkäufer noch zugerechneten Ware zu verschaffen. In Höhe des Bilanzansatzes dieses Warenpostens ist deshalb m. E. vom Verkäufer eine Sachleistungsschuld zu passivieren.

FALL 14

Sicherungsübereignung

Sachverhalt

a) Ein Fabrikant hat seine Maschinen zur Erlangung eines Kredits seiner Hausbank sicherungshalber übereignet, wodurch diese bürgerl.-rechtl. Eigentum an den Maschinen erlangte.

   Er hat ferner seiner Bank zur Sicherung eines Kredits Forderungen aus Lieferungen in stiller Form abgetreten. Am Bilanzstichtag ist der Einzelunternehmer mit der Kredittilgung nicht im Rückstand.

b) Fuhrunternehmer F hat vom Lkw-Hersteller L einen Ratenkredit über 75 000 € erhalten. Zur Sicherheit übereignet F einen Lkw im Teilwert von 90 000 €. Da F nach 3 Monaten bereits die erste Rate nicht zahlen kann, wird der Kredit sofort fällig. L macht unverzüglich von seinem Verwertungsrecht Gebrauch, lässt den Lkw abholen (Buchwert zu diesem Zeitpunkt 85 000 €) und veräußert ihn im Namen und für Rechnung des F wenige Tage später für 70 000 € zzgl. 13 300 € USt an K. Dem L entstehen Verwertungskosten von 1 000 € zzgl. 190 € USt, die nach dem Sicherungsübereignungsvertrag F zu tragen hat. L erteilt folgende Abrechnung an F:

Erlös aus Verwertung des Lkw	83 300 €
USt	./. 13 300 €
Kosten	./. 1 000 €
Gutschrift	69 000 €
Forderung	./. 75 000 €
Restforderung	6 000 €

F erteilt anschließend dem L eine Rechnung über ein Netto-Entgelt von 69 000 € (= USt 13 110 €), die die besonderen Voraussetzungen erfüllt, die nach § 14 und § 14a Abs. 5 UStG geboten sind.

Fragen

Zu a):

1. Darf der Fabrikant die Maschinen weiterhin bilanzieren und Abschreibungen auf die Maschinen vornehmen, wenn sie sich nach wie vor in seinem Betrieb befinden und betrieblich genutzt werden?

2. Wer muss die abgetretenen Forderungen bilanzieren?

Zu b):

Wie haben F und L zu buchen?

LÖSUNG

Zu a) 1:

Bei der Zurechnung von Wirtschaftsgütern folgt das Steuerrecht nicht immer dem bürgerlichen Recht. Im Steuerrecht werden Wirtschaftsgüter, die zum Zweck der Sicherung übereignet worden sind, dem Sicherungsgeber zugerechnet (§ 39 Abs. 2 Nr. 1 Satz 2 AO). Der Fabrikant hat folglich die Maschinen zu bilanzieren, obwohl er nicht ihr rechtlicher Eigentümer ist. Er ist berechtigt (und verpflichtet), Abschreibungen auf den Maschinenbestand vorzunehmen (§ 7 EStG). Das Gleiche gilt handelsrechtlich (§ 246 Abs. 1 Satz 2 HGB).

Zu a) 2:

Durch diese Art der Forderungsabtretung, die Sicherungszession in stiller Form genannt wird, verliert der Einzelunternehmer zwar das juristische Eigentum, nicht jedoch das wirtschaftliche Eigentum. Denn die Bank kann über die Forderungen nur verfügen, wenn der Sicherungsfall eintritt, d. h. wenn der Kredit nicht vereinbarungsgemäß getilgt wird. Dies hängt jedoch ausschließlich vom Verhalten des Fabrikanten ab; er muss die Forderungen nach wie vor in seiner Bilanz ansetzen (§ 39 Abs. 2 Nr. 1 AO).

Zu b):

Zwischen F und L sowie zwischen L und K liegt umsatzsteuerlich jeweils eine Lieferung vor (sog. Doppelumsatz, Abschn. 1.2 Abs. 1 Sätze 1 – 5 und Abschn. 13b.1 Abs. 2 Satz 1 Nr. 4 UStAE). Allerdings entsteht in der Person des F keine USt, da die USt-Schuld auf L übergeht (§ 13b Abs. 1 Nr. 2 i. V. mit Abs. 2 UStG), der seinerseits einen Vorsteuerabzug hat. Dabei stellen die dem F in Rechnung gestellten Kosten eine Entgeltsminderung dar: Deshalb betragen Vorsteuer und USt 13 110 €. F ist zur Ausstellung einer Rechnung nach Maßgabe des § 14a Abs. 5 UStG verpflichtet.

F hat zu buchen:

Verbindlichkeit	69 000 € an	Lkw (Buchwert)	85 000 €
s. b. Aufwand (Verwertungskosten)	1 000 €		
s. b. Aufwand (Veräußerungsverlust)	15 000 €		

L hat zu buchen:

s. b. Aufwand (Verwertungskosten)	1 000 €	an	Bank	1 190 €
Umsatzsteuerforderung	190 €			

Forderung (an K)	83 300 €	an	USt	13 300 €
			s. b. Ertrag (Verwertungskosten)	1 000 €
			Forderung (an F)	69 000 €

Wegen § 13b Abs. 1 Nr. 2 i.V. mit Abs. 2 UStG:

Umsatzsteuerforderung	13 110 €	an	USt	13 110 €

HINWEIS

Der Sicherungsgeber führt mit der Übereignung beweglicher Gegenstände zu Sicherungszwecken noch keine Lieferung an den Sicherungsnehmer gem. § 1 Abs. 1 Nr. 1 UStG, § 3 Abs. 1 UStG aus. Zur Lieferung wird der Übereignungsvorgang erst mit der Verwertung des Sicherungsguts, gleichgültig, ob der Sicherungsnehmer das Sicherungsgut dadurch verwertet, dass er es selbst veräußert, oder dadurch, dass der Sicherungsgeber es im Auftrag und für Rechnung des Sicherungsnehmers veräußert. Veräußert der Sicherungsnehmer das Sicherungsgut an einen Dritten, liegt ein Dreifachumsatz (Veräußerung nur für Rechnung des Sicherungsnehmers) erst vor, wenn aufgrund der konkreten Sicherungsabrede oder aufgrund einer hiervon abweichenden Vereinbarung die Verwertungsreife eingetreten ist (BFH v. 23. 7. 2009 V R 27/07, BStBl 2010 II 859, Abschn. 1.2 Abs. 1 Sätze 6 ff. UStAE). Es bleibt beim Doppelumsatz für den Fall der Veräußerung eines zur Sicherung übereigneten Gegenstands durch den Sicherungsgeber im Namen und für Rechnung des Sicherungsnehmers (BMF v. 30. 11. 2006, BStBl 2006 I 794, BFH v. 19. 7. 2007 V B 222/06, BStBl 2008 II 163).

FALL 15

Kommissionsgeschäfte

Sachverhalt

Ein Kommissionär hat auf seinem Warenlager

a) Kommissionsware aus einer Verkaufskommission,

b) Kommissionsware aus einer Einkaufskommission.

Frage

Wem ist die Kommissionsware steuerlich zuzurechnen?

LÖSUNG

Fall a)

Bei der Verkaufskommission bleibt das rechtliche Eigentum an der Ware beim Kommittenten, bis der Kommissionär es kraft seiner Ermächtigung wirksam auf den Ankäufer überträgt. Auch wirtschaftlich ist die Ware bis dahin dem Kommittenten zuzurechnen, weil sie für den Kommissionär fremde Ware ist.

Fall b)

Bei der Einkaufskommission wird der Kommissionär rechtlicher Eigentümer der Ware, die er im eigenen Namen gekauft hat. Er bleibt es bis zur Übereignung an den Kommittenten, zu der er verpflichtet ist (§ 384 Abs. 2 HGB). Das wirtschaftliche Eigentum an der Ware liegt allerdings beim Kommittenten, da nur er die wirtschaftlichen Gefahren trägt, die mit der Ware verbunden sind (z. B. Vornahme einer Teilwertabschreibung bei bis zum Bilanzstichtag gesunkenen Wiederbeschaffungskosten). Steuerlich ist die Einkaufskommission vergleichbar mit der Erwerbstreuhand (§ 39 Abs. 2 Nr. 1 Satz 2 AO). Auch in diesem Fall erfolgt also die Zurechnung der Ware beim Kommittenten.

FALL 16

Verkaufskommission

Sachverhalt

Am 20.12.01 übernahm Kommissionär A von einem Großhändler (Kommittent) Ware in Kommission. Nach dem Kommissionsvertrag soll A die Ware für mindestens 10 000 € zzgl. USt verkaufen; vom Verkaufserlös soll A eine Bruttovergütung von 10 % behalten. Die Anschaffungskosten der Ware beim Kommittenten betrugen 7 000 €. Am 10.1.02 gelingt es A, für die Ware einen privaten Käufer zu finden, der einen Preis von 12 000 € zzgl. USt akzeptiert und bar bezahlt. Noch am selben Tag erteilt A seinem Kommittenten folgende Abrechnung:

Verkaufserlös	14 280 €
Provision 10 %	./. 1 428 €
Ihr Guthaben	12 852 €

Am 12.1.02 erteilt der Kommittent folgende Rechnung an A:

Gelieferte Kommissionsware	12 000 €
Provision 10 %	./. 1 200 €
	10 800 €
USt 19 %	2 052 €
Ihre Schuld	12 852 €

Fragen

1. Wem ist die Kommissionsware am 31.12.01 zuzurechnen?

2. Wie lauten die Buchungen bei A und dem Kommittenten in 02?

LÖSUNG

Zu 1: Die Ware ist am 31. 12. 01 dem Kommittenten zuzurechnen, weil er ihr rechtlicher und wirtschaftlicher Eigentümer bis zum Vollzug des Erfüllungsgeschäftes bleibt; er hat sie in seiner Bilanz zum 31. 12. 01 mit den Anschaffungskosten von 7 000 € zu bilanzieren. Umsatzsteuerlich liegt zwischen dem Kommittenten und dem Kommissionär eine Lieferung vor (§ 3 Abs. 3 UStG). Diese findet hier im Januar 02 statt, weil dann erst die Lieferung des Kommissionärs an den Abnehmer erfolgt (BFH v. 25. 11. 1986 V R 102/78, BStBl 1987 II 278).

Zu 2: Spätestens nach Ausführung des Erfüllungsgeschäftes werden beim Kommissionär Buchungen erforderlich. Der Kommittent bucht, wenn er vom Vollzug des Erfüllungsgeschäftes Kenntnis erlangt.

Buchungen des Kommittenten in 02 (vereinfacht)

Forderungen	12 852 € an	Umsatzerlöse (Regelsteuersatz)	10 800 €
		USt	2 052 €

Buchungen des Kommisionärs in 02

Finanzkonto	14 280 € an	Verbindlichkeiten	12 852 €
Umsatzsteuerforderung	2 052 €	Sonst. betriebl. Erträge	1 200 €
		USt	2 280 €

FALL 17

Wirtschaftliches Eigentum an einem Grundstück

Sachverhalt

Am 3. 10. 01 wurde ein Kaufvertrag über ein Grundstück in der in § 311b Abs. 1 BGB vorgeschriebenen Form abgeschlossen (notarielle Beurkundung). In dem Vertrag war bestimmt, dass die mit dem Grundstück verbundenen Nutzungen und Lasten unmittelbar nach der Auflassung auf den Käufer übergehen sollen. Die Auflassung (§ 925 BGB) erfolgte am 1. 11. 01. Die Eintragung des Eigentümerwechsels in das Grundbuch erfolgte am 10. 2. 02.

Frage

Ab welchem Zeitpunkt ist das Grundstück dem Käufer zuzurechnen?

LÖSUNG

Das rechtliche Eigentum an dem Grundstück geht gem. § 873 BGB erst mit der Eintragung des Eigentümerwechsels ins Grundbuch auf den Käufer über (10. 2. 02). Das wirtschaftliche Eigentum liegt aber schon dann beim Käufer, wenn Eigenbesitz, Gefahr, Nutzen und Lasten auf ihn übergegangen sind und das rechtliche Eigentum nachfolgen soll. Denn maßgebend für eine Zurechnung aufgrund wirtschaftlichen Eigentums ist vor allem, dass Substanz und Ertrag des Grundstücks wirtschaftlich dem Nutzungsberechtigten zustehen. Solange Nutzen, Lasten und die Gefahr des zufälligen Untergangs noch nicht auf den Erwerber übergegangen sind, sind diese Voraussetzungen nicht erfüllt (BFH v. 4. 6. 2003 X R 49/01, BStBl 2003 II 751). Nach dem Sachverhalt gingen Nutzen und Lasten ab dem 1. 11. 01 auf den Erwerber über. Ab diesem Zeitpunkt ist das Grundstück wirtschaftlich dem Käufer zuzurechnen.

FALL 18

Scheinmietvertrag

Sachverhalt

Ein Fuhrunternehmer mietete ab 1. 1. 01 einen Lkw für eine Mietzeit von 24 Monaten (betriebsgewöhnliche Nutzungsdauer des Fahrzeuges vier Jahre). Eine Kaufoption nach Ablauf der Mietzeit war vereinbart; in diesem Fall schuldete der Mieter als Kaufpreis 10 000 € zzgl. USt. Der Mietpreis betrug monatlich 10 000 € zzgl. USt und wurde stets am Monatsanfang entrichtet. Für Inspektionen, Reparaturen, Steuern und Versicherungen musste der Mieter aufkommen. Am 2. 1. 03 machte der Mieter von seinem Kaufoptionsrecht Gebrauch. Er zahlte den Kaufpreis, belastete das Konto Fuhrpark mit 10 000 € und nahm für 03 5 000 € AfA in Anspruch. Die Netto-Mietzahlungen 01 – 02 in Höhe von insgesamt 240 000 € behandelte er als Aufwand. Die USt wurde jeweils als Vorsteuer geltend gemacht.

Dem Nennwert der Summe der Zahlungen in Höhe von 250 000 € (ohne USt) entsprechen die folgenden Gegenwartswerte (Barwerte):

1. 01. 01	237 000 €
31. 12. 01	127 000 €
31. 12. 02	10 000 €

Am 2. 1. 03 hatte der Lkw einen gemeinen Wert von 140 000 €.

Frage

Wie ist der Fall aus der Sicht des Käufers bilanzsteuerrechtlich bei Anwendung der Barwertvergleichsmethode im Hinblick auf die Gewinne für 01 – 03 zu würdigen?

LÖSUNG

Bei den getroffenen Vereinbarungen handelte es sich nicht um einen Mietvertrag mit anschließendem Kaufvertrag, sondern um einen Kauf von Anfang an. Dies ergibt sich insbesondere aus dem Missverhältnis zwischen dem gemeinen Wert des Fahrzeugs (ca. 140 000 €) und dem tatsächlich geschuldeten »Kaufpreis« von 10 000 € netto am 2. 1. 03. Offensichtlich wurde ein Mietvertrag nur zum Schein abgeschlossen, um die Kaufpreisraten als sofort abziehbare Betriebsausgaben behandeln zu können. Der Fuhrunternehmer (Mieter) ist von Anfang an als wirtschaftlicher Eigentümer des Fahrzeugs anzusehen. Durch sein Kaufoptionsrecht war im Übrigen seine Stellung so stark, dass der Vermieter keinen Herausgabeanspruch mehr hatte (§ 39 AO).

Der aufgrund des Scheinmietvertrags erlangte Lkw ist mit den Anschaffungskosten zu aktivieren. Ist der Kaufpreis gestundet, ohne dass Zinsen vereinbart wurden, ergeben sich die Anschaffungskosten aus dem abgezinsten Betrag (BFH v. 29. 10. 1974 VIII R 131/70, BStBl 1975 II 173), hier also aus dem Gegenwartswert/Barwert in Höhe von 237 000 €.

Auch die entstandene Kaufpreisschuld ist mit ihrem abgezinsten Wert (Gegenwartswert, Barwert) zu passivieren (BFH v. 7. 7. 1983 IV R 47/80, BStBl 1983 II 753) und nicht mit ihrem Nennwert. Denn bezüglich der Verzinsung liegt im Zugangszeitpunkt ein schwebendes Geschäft (R 5.7 Abs. 7 EStR) vor, das sich der Bilanzierung zunächst entzieht. Die Zinsen sind sodann in der Weise zu ermitteln, dass die Ratenzahlungen in einen Zins- und Tilgungsanteil aufgeteilt werden. Dabei ist die Differenz zwischen den jeweiligen Gegenwartswerten an den einzelnen Bilanzstichtagen als Tilgung zu verstehen, der Rest ist der Zinsanteil. Im Einzelnen ergeben sich folgende Auswirkungen:

Fuhrpark	Bilanz des Steuerpflichtigen	Berichtigte StB
Zugang 1. 1. 01	-	237 000 €
AfA	-	./. 59 250 €
31. 12. 01	-	177 750 €
AfA 02	-	./. 59 250 €
31. 12. 02	-	118 500 €
Zugang 2. 1. 03	10 000 €	
AfA 03	./. 5 000 €	./. 59 250 €
31. 12. 03	5 000 €	59 250 €
Verbindlichkeiten		
Zugang 1. 1. 01		237 000 €
Tilgung (Zahlung netto 120 000 €)		./. 110 000 €
31. 12. 01		127 000 €
Tilgung (Zahlung netto 120 000 €)		./. 117 000 €
31. 12. 01		10 000 €
Tilgung netto		./. 10 000 €
Schlussstand		0 €

Gewinnberichtigungen

Konto	01	02	03
Mietaufwand	+ 120 000 €	+ 120 000 €	0
AfA	./. 59 250 €	./. 59 250 €	./. 54 250 €
Zinsaufwand	./. 10 000 €	./. 3 000 €	0
	+ 50 750 €	+ 57 750 €	./. 54 250 €

FALL 19

Rollende Ware

Sachverhalt

Eine am 15. 12. 01 bestellte Ware wird am 30. 12. 01 vom Verkäufer (Kaufmann A, Hamburg) auf Verlangen des Käufers (Kaufmann B, München) als Stückgut zur Bahn gegeben. Die Ware erreicht den Käufer am 5. 1. 02. Erfüllungsort ist Hamburg.

Frage

Wer muss die Ware am 31.12.01 bilanzieren?

Blödtner/Bilke/Heining, Lehrbuch Buchführung und Bilanzsteuerrecht, 10. Aufl., Teil B Kapitel 3.1.

Die am Bilanzstichtag auf dem Transport befindliche sog. rollende Ware ist vom Verkäufer als dem noch rechtlichen und wirtschaftlichen Eigentümer zu bilanzieren (BFH v. 3.8.1988 I R 157/84, BStBl 1989 II 21). Andererseits muss der Verkäufer bereits dann den vereinbarten Kaufpreis als Forderung in seiner Bilanz ausweisen, wenn er das zur Erfüllung des Vertrags Erforderliche getan hat und der Gefahrenübergang mit der Übergabe der Ware an die Bahn (Frachtführer) eingetreten ist (§ 447 BGB). Das ist bei rollender Ware mit Beginn der Versendung der Fall. Im Ergebnis soll also der Verkäufer gleichzeitig die versandte Ware und die aus der begonnenen Versendung resultierende Forderung ansetzen.

Um diesen beiden – im Grunde unvereinbaren Ansprüchen – zu genügen, ist m. E. als Gegenposition in Höhe des Buchwerts der Ware beim Lieferanten so lange eine Sachleistungsverbindlichkeit (Aushändigung der Ware) zu passivieren, bis der Käufer im Besitz der Ware ist. Beim Käufer liegt bis zum Erhalt der Ware oder der Orderpapiere ein schwebendes Geschäft vor.

2.8 Grundsatz der Einzelbewertung und seine Ausnahmen

Grundsätzlich ist jedes Wirtschaftsgut einzeln zu bewerten (§ 6 Satz 1 EStG, § 252 Abs. 1 Nr. 3 HGB). Jede Windkraftanlage, die in einem Windpark betrieben wird, stellt mit dem dazugehörigen Transformator nebst der verbindenden Verkabelung ein zusammengesetztes Wirtschaftsgut dar. Daneben ist die Verkabelung von den Transformatoren bis zum Stromnetz des Energieversorgers zusammen mit der Übergabestation als weiteres zusammengesetztes Wirtschaftsgut zu behandeln, soweit dadurch mehrere Windkraftanlagen miteinander verbunden werden. Auch die Zuwegung stellt ein eigenständiges Wirtschaftsgut dar (BFH v. 14.4.2011 IV R 46/09, BStBl 2011 II 696 und v. 1.2.2012 I R 57/10, BStBl 2012 II 407).

Vom Grundsatz der Einzelbewertung gelten folgende Ausnahmen:

2.8.1 Gruppenbewertung

Rechtsgrundlagen: § 240 Abs. 4 i.V. mit § 256 Satz 2 HGB, R 6.8 Abs. 4 EStR.

Sie wird auch Sammelbewertung genannt und kommt in Betracht für

▶ gleichartige Vermögensgegenstände des Vorratsvermögens,

▶ andere gleichartige oder annähernd gleichwertige bewegliche Vermögensgegenstände,

▶ Schulden.

Die vorstehenden, jeweils zu einer Gruppe zusammengefassten Gegenstände sind, wenn von der Gruppenbildung Gebrauch gemacht wird, mit dem gewogenen Durchschnittswert anzusetzen. Die Gruppenbildung ist nicht zulässig für gleichwertige Vermögensgegenstände des Vorratsvermögens.

2.8.2 Festbewertung

Für Gegenstände des beweglichen Anlagevermögens sowie für Roh-, Hilfs- und Betriebsstoffe können Festwerte gebildet werden (§ 240 Abs. 3 i.V. mit § 256 Satz 2 HGB, R 5.4 Abs. 4 EStR). Der Festwert repräsentiert den „eisernen Bestand" für bestimmte Wirtschaftsgüter. Die Voraussetzungen für die Bildung eines Festwertes sind:

1. Gesamtwert ist von nachrangiger Bedeutung (maximal 10 % der Bilanzsumme, BMF v. 8. 3. 1993, BStBl 1993 I 276).
2. Beim Anlagevermögen Nutzungsdauer mehr als ein Jahr.
3. In etwa gleicher Bestand und Wert sowie gleiche Zusammensetzung.
4. Regelmäßiges Ersetzen der im Festwert erfassten Vermögensgegenstände.

Steuerrechtlich sind bei erstmaliger Bildung des Festwerts im Bereich des beweglichen Anlagevermögens die Vorschriften des § 6 Abs. 1 Nr. 1 EStG zu beachten. Danach sind die Zugänge zu aktivieren und gem. § 7 EStG so lange abzuschreiben, bis der Festwert erreicht ist. Das ist dann der Fall, wenn die jährlichen Zugänge in etwa der AfA entsprechen, die sich jährlich bei einer Einzelbewertung ergäbe. Zu diesem Zeitpunkt besteht das Wahlrecht, zum Festwertverfahren überzugehen oder die Einzelbewertung fortzusetzen.

Bei Roh-, Hilfs- und Betriebsstoffen ergibt sich der Festwert als Inventurwert zu Anschaffungskosten.

Nach Bildung des Festwertes stellen Zukäufe Aufwand dar, Verkäufe führen zu Ertrag.

Die Höhe des Festwerts ist **in der Regel alle drei Jahre** durch eine Inventur zu überprüfen (§ 240 Abs. 3 HGB). Beim beweglichen Anlagevermögen ist spätestens an jedem fünften Bilanzstichtag eine solche Inventur erforderlich (R 5.4 Abs. 3 EStR).

Bei Abweichungen von mehr als 10 % **nach oben** sind bei beweglichen Anlagegütern Anpassungen erforderlich. Dabei dürfen allerdings nur Zukäufe zu Aufstockungen genutzt werden. Ist der ermittelte Wert niedriger als der bisherige Festwert, besteht ein Wahlrecht: Der bisherige Festwert kann beibehalten werden, oder die Bewertung erfolgt direkt mit dem ermittelten Wert.

Handelt es sich um einen Festwert im Bereich des **Umlaufvermögens,** muss m. E. der durch Inventur ermittelte neue Festwert unabhängig von Wertgrenzen sofort angesetzt werden.

Bei der Bildung eines Festwerts sind kurzlebige Wirtschaftsgüter (Nutzungsdauer bis zu 12 Monaten) nicht als Zugänge zu berücksichtigen (BFH v. 26. 8. 1993 IV R 127/91, BStBl 1994 II 232).

2.8.3 Sammelposten nach § 6 Abs. 2a Satz 1 EStG

Für abnutzbare bewegliche und selbständig nutzbare Wirtschaftsgüter des Anlagevermögens kann im Wirtschaftsjahr der Anschaffung, Herstellung oder Einlage des Wirtschaftsguts oder der Eröffnung des Betriebs ein **jahrgangsbezogener Sammelposten** (Poolbildung) eingerichtet werden, wenn die Anschaffungs- oder Herstellungskosten, vermindert um einen darin enthaltenen Vorsteuerbetrag (§ 9b EStG), oder der Einlagewert für das einzelne Wirtschaftsgut **150 €**, **aber nicht 1 000 €** übersteigen (§ 6 Abs. 2a Satz 1 EStG). Der Sammelposten ist im Wirtschaftsjahr der Bildung und den folgenden vier Wirtschaftsjahren mit jeweils einem Fünftel gewinnmindernd aufzulösen (§ 6 Abs. 2a Satz 2 EStG). Der Gesetzgeber geht somit bei derartigen Wirtschaftsgütern von einer pauschalen Nutzungsdauer von fünf Jahren aus. Scheidet ein derartiges Wirtschaftsgut durch Veräußerung oder Entnahme oder Zerstörung aus dem Betriebsvermögen aus, so berührt das den Bilanzansatz des Sammelpostens nicht. Allerdings ist ein Veräußerungserlös bzw. im Fall der Entnahme der Entnahmewert als Betriebseinnahme zu erfassen. Da der Sammelposten selbst kein Wirtschaftsgut, sondern bloß eine Rechengröße ist, sind Teilwertabschreibungen nicht zulässig (R 6.13 Abs. 6 EStR).

Nach Auffassung des HFA steht der Bildung eines Sammelpostens auch in der **Handelsbilanz** grundsätzlich unter Wirtschaftlichkeitsgesichtspunkten nichts entgegen (IDW-Fachnachrichten 2007, 506). Es kann jedoch nicht ganz außer Acht gelassen werden, dass der Sammelposten zu Überbewertungen führt, wenn er viele Wirtschaftsgüter mit einer Nutzungsdauer von weniger als fünf Jahren umfasst. Eine Übernahme des Sammelpostens in die Handelsbilanz ist daher nur vertretbar, wenn dieser insgesamt von untergeordneter Bedeutung ist.

Für die 150-€- und 1 000-€-Grenze spielt es keine Rolle, ob die Vorsteuer tatsächlich verrechenbar ist oder nicht (R 9b Abs. 2 EStR). Wegen der selbständigen bzw. nicht selbständigen Nutzungsfähigkeit vgl. R 6.13 Abs. 1 EStR und H 6.13 „ABC" EStH mit zahlreichen Beispielen.

Die vorstehenden Regelungen gelten auch, wenn der Gewinn durch Einnahmenüberschussrechnung nach § 4 Abs. 3 EStG ermittelt wird (§ 4 Abs. 3 Satz 3 EStG).

2.8.4 Bewertungseinheiten i. S. von § 5 Abs. 1a EStG und § 254 HGB

Es gehört zur kaufmännischen Übung, Geschäfte (Grundgeschäfte), die einem Kursrisiko unterliegen, durch Sicherungsgeschäfte mit einem gegenläufigen Risiko abzusichern. Die Chancen und Risiken aus dem Grund- und Sicherungsgeschäft werden im handelsrechtlichen Jahresabschluss kompensatorisch in Bewertungseinheiten zusammengefasst. Wenn die kompensatorische Bewertung insgesamt zu einem positiven Ergebnis führt, ist der Gewinn nach § 252 Abs. 1 Nr. 4 HGB nur zu berücksichtigen, wenn er am Abschlussstichtag realisiert ist, ein Verlust hingegen mindert das Ergebnis sofort. In § 5 Abs. 1a EStG wird zur Klarstellung festgeschrieben, dass diese handelsrechtliche Praxis zur Bildung von Bewertungseinheiten auch für die steuerliche Bilanzierung gilt. § 5 Abs. 1a EStG statuiert damit eine Pflicht zur Bildung von Bewertungseinheiten in der Steuerbilanz bei Micro-Hedge, Macro-Hedge und Portfolio-Hedge. Bei einzelnen Call- oder Put-Optionen bzw. Devisentermingeschäften handelt es sich in der Regel um einen sog. Micro-Hedge, wenn damit ein einzelnes Grundgeschäft abgesichert wird (z. B. eine Kreditaufnahme in US-$). Von Macro-Hedge spricht man, wenn mehrere gleichartige saldierungsfähige Grundgeschäfte (z. B. Forderungen und Schulden oder schwebende Geschäfte in derselben Fremdwährung) durch ein gegenläufiges Sicherungsgeschäft abgesichert werden. Portfolio-Hedge liegt vor, wenn für Schulden in ausländischer Währung aus Anlass des Einkaufs mehrerer Vermögensgegenstände entsprechende Kurssicherungsgeschäfte abgeschlossen werden. Die im handelsrechtlichen Jahresabschluss zur Absicherung finanzwirtschaftlicher Risiken gebildeten Bewertungseinheiten werden somit für die Besteuerung übernommen.

Als Folgeänderung bestimmt § 5 Abs. 4a Satz 2 EStG, dass ein nach Bildung von Bewertungseinheiten verbleibendes negatives Ergebnis, bei dem es sich technisch um eine Rückstellung handelt, nicht dem Passivierungsverbot nach § 5 Abs. 4a EStG unterliegt. Nach Bildung von Bewertungseinheiten verbleibende positive Ergebnisse wirken sich nur aus, wenn die Anschaffungskosten von Grund- und Sicherungsgeschäft unterschritten werden; in diesem Fall erfolgen Abschreibungen bei den betroffenen Bilanzpositionen.

FALL 20

Gruppenbewertung

Sachverhalt

Zum Warenbestand eines Textil-Einzelhändlers gehören am 31.12.01 200 gemischt sortierte Herrenanzüge mit unterschiedlichen Größen und Designs. Auch die Anschaffungskosten weichen voneinander ab.

Der Bestand stammt aus folgenden Einkäufen:

1.2.01	160 Stück zu 164 €/Stück	26 240 €
1.4.01	140 Stück zu 167 €/Stück	23 380 €
1.6.01	180 Stück zu 169 €/Stück	30 420 €
1.7.01	240 Stück zu 174 €/Stück	41 760 €

Mit der Zuordnung der einzelnen Anzüge zu den jeweiligen Anschaffungskosten wäre eine Arbeitskraft einen halben Tag lang beschäftigt. Zum 31.12.00 ergab sich kein Bestand.

Frage

Gibt es eine vereinfachte Bewertungsmöglichkeit?

LITERATURHINWEIS

Blödtner/Bilke/Heining, Lehrbuch Buchführung und Bilanzsteuerrecht, 10. Aufl., Teil B Kapitel 6.3.2.

LÖSUNG

Die Gruppenbewertung nach § 240 Abs. 4 HGB führt zu folgendem Ergebnis:

	160 Stück zu 164 €/Stück	26 240 €
	140 Stück zu 167 €/Stück	23 380 €
	180 Stück zu 169 €/Stück	30 420 €
	240 Stück zu 174 €/Stück	41 760 €
Summe	720 Stück	121 800 €

121 800 €/720 Stück = 169,17 € Durchschnitts-AK pro Stück

Die Anschaffungskosten der 200 Anzüge betragen somit (200 x 169,17 € =) 33 834 €.

FALL 21

Gerüst- und Schalungsteile

Sachverhalt

Für die technisch aufeinander abgestimmten und genormten Gerüst- und Schalungsteile seines Anlagevermögens hat ein Bauunternehmer zum 31.12.01 einen zulässigen Festwert in Höhe von 80 000 € gebildet. Die körperliche Bestandsaufnahme für diese Gerüst- und Schalungsteile ergab folgendes Ergebnis zum 31.12.04:

a) 92 000 €

b) 74 000 € (vorübergehend, langfristig wieder steigend)

Die Zugänge beliefen sich
in 02 auf 8 000 € zzgl. USt
in 03 auf 4 000 € zzgl. USt
in 04 auf 9 000 € zzgl. USt
in 05 auf 12 000 € zzgl. USt

Gebucht wurde jeweils:

Abschreibungen und	an	Finanzkonto
Umsatzsteuerforderung		

03 wurden Gerüst- und Schalungsteile für 5 000 € zzgl. USt 950 € veräußert;

Finanzkonto	5 950 € an	s. b. Erträge	5 000 €
		USt	950 €

Frage

Sind die Buchungen zutreffend erfolgt? Welcher Betrag ist als Festwert per 31.12.04 zu bilanzieren?

HINWEIS

Für technisch aufeinander abgestimmte und genormte Gerüst- und Schalungsteile kommt die Bewertungsfreiheit gem. § 6 Abs. 2 EStG nicht in Betracht, da sie nicht selbständig nutzbar sind (H 6.13 „ABC: Beispiele für nicht selbständig nutzungsfähige Wirtschaftsgüter" EStH).

LÖSUNG

Im **Fall a)** beträgt die Differenz am 31.12.04 zwischen altem und neuem Festwert 12 000 €, das sind mehr als 10 % des alten Festwertes (10 % von 80 000 € = 8 000 €). Die Zukäufe 04 und 05 sind zur Aufstockung des Festwert zu benutzen (vgl. R 5.4 Abs. 3 EStR).

Umbuchungen

04:

| Techn. Anlagen | 9 000 € an | Abschreibungen | 9 000 € |

05:

| Techn. Anlagen | 3 000 € an | Abschreibungen | 3 000 € |

Im **Fall b)** gilt Folgendes: Ist der ermittelte Wert niedriger als der bisherige Festwert, so kann der Steuerpflichtige den ermittelten Wert als neuen Festwert ansetzen (R 5.4 Abs. 3 Satz 4 EStR). Der Steuerpflichtige hat ein Wahlrecht; auf die 10 %-Grenze kommt es nicht an. Wird ein niedriger Gewinn angestrebt, ist für 04 zusätzlich zur Buchung des Zukaufs über 9 000 € zu buchen:

| Abschreibungen | 6 000 € an | Techn. Anlagen | 6 000 € |

Dadurch erscheint der Festwert in der Bilanz 31. 12. 04 mit dem Inventurwert von 74 000 €.

FALL 22

Erstmalige Bildung eines Festwertes

Sachverhalt

Ein in 01 eröffneter Betrieb schafft festwertfähige Wirtschaftsgüter des Anlagevermögens mit einer Nutzungsdauer von 5 Jahren wie folgt an:

01:     20 000 €
02:     20 000 €
03:     20 000 €
04:     20 000 €
05:     20 000 €

Fragen

Wann kann steuerlich frühestens ein Festwert angesetzt werden? Wie hoch ist dieser frühestens ansetzbare Festwert? Es soll linear abgeschrieben werden.

LITERATURHINWEIS

Blödtner/Bilke/Heining, Lehrbuch Buchführung und Bilanzsteuerrecht, 10. Aufl., Teil B Kapitel 6.3.3.

LÖSUNG

Bei der erstmaligen Bildung eines Festwertes ist § 6 Abs. 1 Nr. 1 EStG zu beachten, d. h. es ist zunächst eine Einzelbewertung nach dem Buchwertverfahren (AK ./. AfA nach § 7 Abs. 1 oder 2 EStG) vorzunehmen, bis der Zustand erreicht ist, bei dem sich die jährliche AfA und die Abgänge mit den Zugängen (Ersatzbeschaffungen) in etwa decken. Dann hat der Unternehmer die Wahl, zum Festwertverfahren überzugehen oder die Einzelbewertung fortzuführen. In der HB kann demgegenüber der Festwert direkt angesteuert werden (durch eine außerplanmäßige Abschreibung).

Für die steuerliche Bilanzierung ergibt sich im vorliegenden Fall folgende Lösung:

Technische Anlagen

Zugang 01	20 000 €
AfA 01	./. 4 000 €
Stand 31. 12. 01	16 000 €
Zugang: 02	+ 20 000 €
AfA 02	./. 8 000 €
Stand 31. 12. 02	28 000 €
Zugang 03	+ 20 000 €
AfA 03	./. 12 000 €
Stand 31. 12. 03	36 000 €
Zugang 04	+ 20 000 €
AfA 04	./. 16 000 €
Stand 31. 12. 04	40 000 €
Zugang 05	+ 20 000 €
AfA 05	./. 20 000 €
Stand 31. 12. 05 = Festwert	40 000 €

Entscheidet sich der Unternehmer zum 31. 12. 05 für den Festwertansatz, sind alle nachfolgenden Anschaffungen sofort Aufwand. Setzt er die Einzelbewertung fort, sind die Neuzugänge zu aktivieren und nach Maßgabe des § 7 Abs. 1 oder 2 EStG abzuschreiben.

FALL 23

Behandlung der Sammelposten

Sachverhalt

Kaufmann K hat in 01 zahlreiche, selbständig nutzbare Wirtschaftsgüter netto wie folgt angeschafft:

a) Büromöbel (Nutzungsdauer 10 Jahre) für 15 000 €

b) Computer (Nutzungsdauer 3 Jahre) für 10 000 €

Die Anschaffungskosten für jedes einzelne Wirtschaftsgut liegen zwischen 200 € und 800 €. Ende 02 hat K einen gebrauchten, acht Jahre alten Lieferwagen für netto 900 € erworben, dessen Restnutzungsdauer zwei Jahre beträgt. In 03 gingen zwei Bürostühle aus der Anschaffung aus 01 zu Bruch, ein Stuhl wurde entnommen (Teilwert 100 €).

Frage

Wie ist 01 – 03 zu buchen, wenn von § 6 Abs. 2a EStG Gebrauch gemacht werden soll?

LÖSUNG

Für jedes Wirtschaftsjahr, in dem Wirtschaftsgüter i. S. von § 6 Abs. 2a EStG angeschafft, hergestellt oder eingelegt werden, ist bei Anwendung von § 6 Abs. 2a EStG ein eigenständiger Sammelposten zu bilden (R 6.13 Abs. 5 EStR). Die Zugänge eines jeden Jahres werden separat von den Zugängen folgender Jahre erfasst und mit 20 % abgeschrieben. Der Sammelposten aus 01 ist in 01 und den folgenden vier Jahren mit jeweils 5 000 € gewinnmindernd aufzulösen. Der Sammelposten aus 02 ist in 02 und den folgenden vier Jahren mit jeweils 180 € gewinnmindernd aufzulösen. Die Zerstörung bzw. Entnahme der Bürostühle wirkt sich auf den Bilanzansatz der Sammelposten nicht aus. Allerdings ist die Entnahme mit dem Teilwert von 100 € gewinnerhöhend und zzgl. USt zu erfassen.

	GWG-SP aus 01	GWG-SP aus 02
Zugang 01	25 000 €	
Abschreibung	./. 5 000 €	
Stand 31. 12. 01	20 000 €	
Zugang 02		900 €
Abschreibung	./. 5 000 €	./. 180 €
Stand 31. 12. 02	15 000 €	720 €
Abschreibung	./. 5 000 €	./. 180 €
31. 12. 03	10 000 €	540 €

Die Entnahme des Bürostuhls in 03 ist zu buchen:

Entnahmen	119 € an	s. b. Erträge	100 €
		USt	19 €

SP = Sammelposten

FALL 24

Kurssicherungsgeschäft

Sachverhalt

Eine Verbindlichkeit aus einem Warenimport auf Ziel im Betrag von 50 000 US-$ wird am Tag der Lieferung entsprechend dem gültigen Devisenkurs mit 40 000 € passiviert (1 € = 1,25 US-$). Um sich vor einem steigenden $-Kurs zu schützen, wurden an der Börse 500 Stück €/$-Put-Optionen zu einem Basiskurs von 1,25 $ mit der der Verbindlichkeit entsprechenden Fristigkeit erworben. Hierfür wurden 2 000 € bezahlt. Am Bilanzstichtag beträgt der Devisenkassamittelkurs für 1 € = 1,10 $, die Put-Optionen werden zu diesem Zeitpunkt an der Börse mit 6 000 € gehandelt.

Aus einer Lieferung auf Ziel nach Großbritannien resultieren umsatzsteuerfreie Forderungen im Gesamtwert von 100 000 GBP, die umgerechnet im Entstehungszeitpunkt mit 117 647 € bewertet wurden (1 € = 0,85 GBP). Um sich auch hier vor Währungsrisiken zu schützen, wurden 1 000 Stück €/GBP-Call-Optionen zu einem Basispreis von 0,85 GBP pro 1 € für 3 000 € mit der der Forderung entsprechenden Fristigkeit erworben. Am Bilanzstichtag beträgt der Devisenkassamittelkurs für 1 € = 0,95 GBP, die Call-Optionen werden zu diesem Zeitpunkt mit 11 000 € an der Börse gehandelt.

Frage

Wie sind $-Verbindlichkeit und GBP-Forderung im Jahresabschluss zu erfassen und zu bewerten?

LÖSUNG

Ohne § 254 HGB müsste am Bilanzstichtag die $-Verbindlichkeit infolge des zwischenzeitlich gestiegenen $-Kurses mit (50 000/1,10) 45 454 € bewertet werden, was zu einem Verlustausweis von 5 454 € führen würde. Der gestiegene $-Kurs hat gleichzeitig den Wert der Put-Optionen um 4 000 € erhöht. Ein Ansatz der Put-Optionen mit 6 000 € ist allerdings unzulässig, da nichtrealisierte Gewinne nicht ausgewiesen werden dürfen. Fasst man aber das Grundgeschäft und das Sicherungsgeschäft zusammen, droht aus dem Grundgeschäft kein Verlust, da die Option ein Recht auf Erwerb von 50 000 US-$ zum Kurs von 1 € = 1,25 US-$ beinhaltet. Lediglich die gezahlte Optionsprämie ist erfolgswirksam zu berücksichtigen, indem die Verbindlichkeit statt mit 40 000 € mit 42 000 € bewertet wird. Unter den Sonstigen Vermögensgegenständen sind die Put-Optionen mit den Anschaffungskosten von 2 000 € anzusetzen. Buchung: Sonst. betriebl. Aufwand an Verbindlichkeiten 2 000 €. Das gilt auch für die StB (§ 5 Abs. 1a Satz 2 EStG).

Ohne § 254 HGB müsste am Bilanzstichtag die Forderung des zwischenzeitlich gefallenen Pfundkurses mit (100 000/0,95) 105 263 € bewertet werden. Der Verlust betrüge 12 384 €. Aus dem Kurssicherungsgeschäft resultiert hingegen ein Gewinn von 8 000 €. Fasst man das Grundgeschäft und das Sicherungsgeschäft zusammen, droht aus dem Grundgeschäft kein Verlust, da die Option ein Recht auf Erwerb von 100 000 GBP zum Kurs von 1 € = 0,85 GBP beinhaltet. Lediglich die gezahlte Optionsprämie von 3 000 € ist erfolgswirksam zu berücksichtigen, indem die Forderung statt mit 117 647 € mit 114 647 € bewertet wird. Daneben sind die Call-Optionen mit den Anschaffungskosten von 3 000 € zu erfassen. Buchung: Abschreibung an Forderungen 3 000 €. Das gilt auch für die StB (§ 5 Abs. 1a Satz 2 EStG).

Kapitel 3: Umfang des steuerlichen Betriebsvermögens

3.1 Notwendiges Betriebsvermögen, notwendiges Privatvermögen, gewillkürtes Betriebsvermögen

Wirtschaftsgüter, die ausschließlich und unmittelbar für eigenbetriebliche Zwecke genutzt werden, sind notwendiges Betriebsvermögen (R 4.2 Abs. 1 EStR). Das Gleiche gilt für Wirtschaftsgüter, die nicht Grundstücke oder Grundstücksteile sind und die zu mehr als 50 % eigenbetrieblich genutzt werden (R 4.2 Abs. 1 Satz 4 EStR). Sie sind in vollem Umfang zu bilanzieren; ihre private Mitbenutzung stellt eine Nutzungsentnahme dar.

Wirtschaftsgüter, die ganz oder zu mehr als 90 % privaten Zwecken dienen, gehören im vollen Umfang zum notwendigen Privatvermögen (R 4.2 Abs. 1 Satz 5 EStR). Die betriebliche Mitbenutzung stellt bei Personenunternehmen eine Einlage dar (R 4.7 Abs. 1 Satz 2 EStR). Wirtschaftsgüter, die auf Dauer nur Verluste abwerfen, gehören ebenfalls zum notwendigen Privatvermögen (BFH v. 19. 2. 1997 XI R 1/96, BStBl 1997 II 399).

Wirtschaftsgüter mit einer betrieblichen Nutzung von mindestens 10 % bis zu 50 % können durch Ausübung eines entsprechenden Gestaltungswahlrechts gewillkürtes Betriebsvermögen werden (R 4.2 Abs. 1 Satz 6 EStR). Auch hier gilt das **Alles-oder-nichts-Prinzip**: das Wirtschaftsgut ist entweder in vollem Umfang Betriebsvermögen oder in vollem Umfang Privatvermögen. Vermindert sich der Umfang der betrieblichen Nutzung eines Kfz, das dem gewillkürten Betriebsvermögen eines Unternehmens in einem früheren Veranlagungszeitraum wegen einer mehr als 10 %igen betrieblichen Nutzung zugeordnet wurde, in einem Folgejahr auf unter 10 %, ändert dies an der Zuordnung zum gewillkürten Betriebsvermögen nichts, weil eine solche Nutzungsänderung allein keine Entnahme darstellt (BFH v. 21. 8. 2012 VIII R 11/11, BStBl 2013 II 117). Andere Wirtschaftsgüter, die weder notwendiges Betriebsvermögen noch notwendiges Privatvermögen sind, können unter bestimmten Voraussetzungen als gewillkürtes Betriebsvermögen behandelt werden. Die Behandlung eines Wirtschaftsguts als gewillkürten Betriebsvermögens setzt ein Wirtschaftsgut voraus, das seiner Art nach nicht eindeutig in den privaten Bereich weist und dessen Zuordnung zum Betriebsvermögen nicht seiner Natur widerspricht. In diesem Sinne kommen als Wirtschaftsgüter des Betriebsvermögens nur solche in Betracht, die in einem gewissen objektiven Zusammenhang mit dem Betrieb stehen und ihn zu fördern bestimmt und geeignet sind. Die Steuerpflichtigen haben kein (freies) Wahlrecht, gewillkürtes Betriebsvermögen oder Privatvermögen zu bilden. Vielmehr muss auch die Bildung gewillkürten Betriebsvermögens betrieblich veranlasst sein. Die Wirtschaftsgüter müssen objektiv „betriebsdienlich" sein (BFH v. 18. 12. 1996 XI R 52/95, BStBl 1997 II 351). Die Willkür muss ihr auslösendes Moment im Betrieb haben. Deshalb muss der Steuerpflichtige darlegen, welche Beziehung das Wirtschaftsgut zum Betrieb hat und welche vernünftigen wirtschaftlichen Überlegungen ihn veranlasst haben, das Wirtschaftsgut als Betriebsvermögen zu behandeln. Für einen solchen unmittelbaren Zusammenhang von Wertpapieren mit einem **freiberuflichen Betrieb** reicht es weder aus, dass die Wertpapiere aus betrieblichen Mitteln erworben worden sind, noch dass sie in der Gewinnermittlung ausgewiesen sind, noch dass sie als Sicherheit für betriebliche Schulden dienen (BFH v. 17. 1. 2006 VIII R 60/02, BStBl 2006 II 434). Danach sind Geldgeschäfte, die ihrer Art nach zu Einkünften i. S. des § 20 EStG führen, grundsätzlich getrennt von der freiberuflichen Tätigkeit zu beurteilen, insbesondere wenn es dem Stpfl. im Wesentlichen auf den Ertrag aus der Kapitalanlage ankommt (BFH v. 12. 1. 2010 VIII R 34/07, BStBl 2010 II 612). Den Einkünften aus selbständiger Arbeit sind sie nur zuzurechnen, wenn sie als Hilfsgeschäft zur freiberuflichen Tätigkeit angesehen werden können. Ein solches Hilfsgeschäft kann z.B. vorliegen, wenn ein als Sicherheit für betriebliche Schulden verpfändetes Wertpapierdepot in seiner Verwendung so festgelegt ist, dass es aus der Sicht der kreditgebenden Bank untrennbarer Bestandteil eines Finanzierungskonzepts für den freiberuflichen Betrieb ist, das über die Verwendung des Depots als Kreditsicherheit hinausgeht (BFH v. 17. 5. 2011 VIII R 1/08, BStBl 2011 II 862).

Die Zuordnung zum gewillkürten Betriebsvermögen muss unmissverständlich in einer Weise kundgemacht werden, dass ein sachverständiger Dritter ohne weitere Erklärung des Steuerpflichtigen die Zugehörigkeit zum Betriebsvermögen erkennen kann (BFH v. 22. 9. 1993 X R 37/91, BStBl 1994 II 172, v. 5. 3. 2002 IV B 22/01, BStBl 2002 II 690).

Die Behandlung eines Wirtschaftsgutes als Betriebs- oder Privatvermögen ist ausschlaggebend dafür, ob sich Veräußerungen oder Entnahmen auf den betrieblichen Gewinn auswirken, nicht dagegen dafür, ob Aufwendungen Betriebsausgaben sind oder nicht. Hierfür ist allein das Kausalitätsprinzip des § 4 Abs. 4 EStG maßgebend.

Demzufolge sind Aufwendungen einschl. AfA, soweit sie betrieblich veranlasst sind, auch dann Betriebsausgaben, wenn das Wirtschaftsgut zum Privatvermögen gehört (R 4.7 Abs. 1 Satz 2 EStR). Buchung: Erfolgskonto an Einlagen.

Umgekehrt dürfen die privat veranlassten Kosten eines Wirtschaftsguts des Betriebsvermögens den Gewinn nicht mindern. Diese Aufwendungen einschl. AfA sind als Entnahmen zu erfassen (R 4.7 Abs. 1 Satz 1 EStR). Buchung: Entnahmen an Erfolgskonto.

Die Einnahmen, die aus bilanziertem Betriebsvermögen stammen, sind stets Betriebseinnahmen (vgl. hierzu § 20 Abs. 8 und § 21 Abs. 3 EStG).

FALL 25

Wertpapiere als Betriebsvermögen

Sachverhalt

Ein bilanzierender Bauunternehmer hat aus Privatmitteln zahlreiche Aktien im Gesamtbetrag von 200 000 € erworben, die der Geldanlage dienen sollen.

Ein Steuerpflichtiger ist Rechtsanwalt und Notar; er ermittelt seinen Gewinn durch Betriebsvermögensvergleich nach § 4 Abs. 1 EStG. Er erwarb aus **betrieblichen Mitteln** risikofreie, festverzinsliche Wertpapiere unter pari für 120 000 € und bilanzierte diese als Betriebsvermögen, um damit eine höhere Verzinsung seiner Honorare zu erreichen und ein Kapitalpolster zur Abdeckung seiner Berufsrisiken zu schaffen, da er mit seiner Berufshaftpflichtversicherung einen hohen Selbstbehalt vereinbart hat. Außerdem sollen die Mittel für Kanzleirenovierungen bereitstehen.

Frage

Können der Bauunternehmer und der Rechtsanwalt die Wertpapiere zu ihrem Betriebsvermögen rechnen?

LITERATURHINWEIS

Blödtner/Bilke/Heining, Lehrbuch Buchführung und Bilanzsteuerrecht, 10. Aufl., Teil B Kapitel 5.4.

LÖSUNG

Ein bilanzierender **Gewerbetreibender** kann in der Regel Wertpapiere, die nicht zum notwendigen Privatvermögen gehören, als Betriebsvermögen behandeln (H 4.2 [1] „Wertpapiere" EStH). Voraussetzung ist, dass die Wertpapiere auch in der Buchführung und Bilanz eindeutig als Betriebsvermögen ausgewiesen werden und dem Betrieb nicht nur Verluste bringen (BFH v. 19. 2. 1997 XI R 1/96, BStBl 1997 II 399). Der Bauunternehmer kann die Wertpapiere in sein Betriebsvermögen einlegen.

Der Ausweis der Wertpapiere in den Bilanzen des **Rechtsanwalts** ist ebenfalls zulässig. Werden von einem Angehörigen der freien Berufe mit **betrieblichen Mitteln** Wertpapiere angeschafft, dann können die Wertpapiere kein notwendiges Betriebsvermögen sein, weil sie bei diesem Personenkreis für die Betriebsführung nicht wesentlich sind. Allerdings bleibt es einem Freiberufler unbenommen, Wertpapiere als gewillkürtes Betriebsvermögen zu behandeln. Voraussetzung dafür ist, dass die Wertpapiere in einem gewissen objektiven Zusammenhang mit dem Betrieb stehen und diesem zu dienen bestimmt und geeignet sind (BFH v. 15. 7. 1960 VI 10/60, BStBl 1960 III 484). Der eine Behandlung als gewillkürtes Betriebsvermögen rechtfertigende Zusammenhang von Wertpapieren mit dem Betrieb wird schon durch den Erwerb mit betrieblichen Mitteln hergestellt, es müssen nicht weitere, auf einen sachlichen Zusammenhang mit dem Betrieb schließen lassende, Umstände hinzutreten. Denn wenn der Freiberufler den Umfang seiner betrieblichen Barmittel frei bestimmen kann, dann muss es ihm auch überlassen bleiben, diese Mittel in Wertpapieren anzulegen. Eine andere Beurteilung könnte geboten sein, wenn der Umfang des Wertpapierbestandes und die Art seiner Verwaltung, insbesondere eine häufige Umschichtung mit deutlich erkennbaren spekulativen Absichten darauf schließen lassen, dass eine eigene, von der freiberuflichen Tätigkeit abgrenzbare Einkunftsquelle erschlossen wird. Das ist hier nicht der Fall. Zusätzlich wird auch noch ein betrieblicher Zusammenhang dadurch hergestellt, dass die Wertpapiere ebenso wie zuvor die für die Anschaffung aufgewandten Barmittel der Absicherung von Risiken aus der Tätigkeit des Steuerpflichtigen als Rechtsanwalt und der Begleichung der Aufwendungen für die Kanzleirenovierung dienen sollen.

FALL 26

Behandlung von Dividendenerträgen und Stückzinsen

Sachverhalt

a) Zum Betriebsvermögen eines Gewerbetreibenden gehören 1 250 Stück Aktien der Siemens AG. Die Hauptversammlung der Siemens AG beschloss am 15. 3. 03 eine Ausschüttung für das Wirtschaftsjahr 01/02 (Abschlusszeitpunkt 30. 9.) von 8 € pro Stück. Am 20. 3. 03 ging eine entsprechende Zahlung auf dem betrieblichen Bankkonto des Steuerpflichtigen ein.

b) Ein Kaufmann (Abschlusszeitpunkt 31. 12.) erwirbt zum 31. 3. 01 Pfandbriefe im Nennwert von 50 000 € zum Kurs von 96 %, Zinssatz 6 % jährlich. Die Zinsen sind jeweils am 1. 7. eines jeden Jahres fällig. Die Bank erteilt folgende Abrechnung:

50 000 € Pfandbriefe, Kurs 96 %	48 000 €
Nebenkosten	260 €
Stückzinsen 1. 7. 00 – 31. 3. 01	2 250 €
	50 510 €

Am 1. 7. 01 zieht die Bank die Zinsen in Höhe von 3 000 € ein und überweist nach Abzug der Kapitalertragsteuer (25 % von 750 € = 187,50 €) und des Solidaritätszuschlags (10,31 €) einen Betrag in Höhe von 2 802,19 €. Der Kaufmann veräußert die Pfandbriefe am 30. 4. 02 wie folgt:

Erlös 50 000 € Pfandbriefe, Kurs 97 %	48 500,00 €
Nebenkosten	./. 265,00 €
Stückzinsen 1. 7. 01 – 30. 4. 02	+ 2 500,00 €
Kapitalertragsteuer 25 % und Soli-Zuschlag 5,5 %	./. 659,38 €
	50 075,62 €

Fragen

a) Wie hoch ist der Zahlungseingang (Kapitalertragsteuer und Solidaritätszuschlag wurden ordnungsgemäß einbehalten), und wie ist zu buchen?

b) Wie ist in 01 und 02 zu buchen?

TAB. 1:	Überblick über die Besteuerung von Dividenden und Veräußerungsgewinnen bei Anteilen an Kapitalgesellschaften		
Einnahmeart	Anteile im PV natürlicher Personen	Anteile im BV natürlicher Personen	Anteile im BV von Kapitalgesellschaften
Dividenden	Abgeltungssteuer mit Option zwecks Günstigerprüfung im Veranlagungsverfahren	Teileinkünfteverfahren (§ 3 Nr. 40 Satz 1 EStG): 40 % steuerfrei	Steuerbefreiung in Höhe von 95 % (§ 8b Abs. 1 und Abs. 5 KStG) Ab 1. 3. 2013 ist die Befreiung für Dividenden aus Streubesitz (Beteiligung weniger als 10 %) entfallen (§ 8b Abs. 4 KStG)
Veräußerungsgewinne	Beteiligung unter 1 %: Abgeltungssteuer mit Option zwecks Günstigerprüfung im Veranlagungsverfahren Beteiligung mind. 1 % und mehr: § 17 EStG und Teileinkünfteverfahren (§ 3 Nr. 40 Satz 1 EStG): 40 % steuerfrei	Teileinkünfteverfahren (§ 3 Nr. 40 Satz 1 EStG): 40 % steuerfrei	Steuerbefreiung in Höhe von 95 % (§ 8b Abs. 2 und 3 KStG)

LÖSUNG

Zu a):

Der Kapitalertrag gehört wegen der Zugehörigkeit der Wertpapiere zum Betriebsvermögen zu den Einkünften aus Gewerbebetrieb (§ 20 Abs. 8 EStG). Die Bank musste bei der Ausschüttung 25 % Kapitalertragsteuer und 5,5 % Solidaritätszuschlag einbehalten (§ 43a Abs. 1 Nr. 1 EStG i.V. mit § 4 SolZG), sodass der Zahlungseingang 7 362,50 € betrug.

1 250 Stück à 8 € =	10 000,00 €
Kapitalertragsteuer 25 %	./. 2 500,00 €
Solidaritätszuschlag 5,5 % von 2 500 €	./. 137,50 €
Zahlungseingang	7 362,50 €

Buchung:

Bank	7 362,50 €	an	Erträge aus Wertpapieren	10 000 €
Entnahmen	2 637,50 €			

Außerhalb der Buchführung ist der Gewinn um 40 % = 4 000 € zu kürzen (Teileinkünfteverfahren, § 3 Nr. 40 EStG). Die Kürzung gilt nicht für die GewSt, da der Gewerbebetreibende nicht zu mindestens 15 % an der Siemens AG beteiligt ist (§ 8 Nr. 5 GewStG).

Zu b):

Werden festverzinsliche Wertpapiere im Laufe eines Zinszahlungszeitraums mit dem laufenden Zinsschein veräußert, so hat der Erwerber dem Veräußerer in der Regel den Zinsbetrag zu vergüten, der auf die Zeit seit dem Beginn des laufenden Zinszahlungszeitraumes bis zur Veräußerung entfällt. Diese Zinsen heißen „Stückzinsen" (vgl. auch H 20.2 „Stückzinsen" EStH). Sie werden nach dem Zinsfuß, mit dem das Wertpapier zu verzinsen ist, besonders berechnet und vergütet. Für die Behandlung der Stückzinsen bei bilanzierenden Gewerbetreibenden gilt Folgendes: Der Veräußerer hat die von ihm besonders in Rechnung gestellten Zinsen als Einkünfte aus Gewerbebetrieb zu versteuern (§ 15 EStG i.V. mit § 20 Abs. 2 Nr. 3 und Abs. 3 EStG). Der Erwerber der Wertpapiere hat die von ihm entrichteten Stückzinsen als sonstige Forderungen auszuweisen. Außerdem muss er die bis zum Bilanzstichtag entstandenen Zinsansprüche aktivieren. Im Einzelnen sind folgende Buchungen erforderlich:

31. 03. 01

Sonst. Wertpapiere	48 260 €	an	Bank	50 510 €
Sonst. Vermögensgegenstände	2 250 €			

01. 07. 01

Bank	2 802,19 €	an	Sonst. Vermögensgegenstände	2 250,00 €
Entnahmen	197,81 €		Zinserträge	750,00 €

31. 12. 01

Sonst. Vermögensgegenstände	1 500 €	an	Zinserträge	1 500 €

30. 04. 02

Bank	50 075,62 € an	Sonst. Wertpapiere	48 260,00 €
s. b. Aufwendungen	25,00 €	Zinserträge	1 000,00 €
Entnahmen	659,38 €	Sonst. Vermögensgegen- stände	1 500,00 €

HINWEIS

Der Abgeltungsteuersatz von 25 % gilt nicht, wenn die Wertpapiere zum Betriebsvermögen gehören (vgl. den Hinweis auf § 20 Abs. 8 EStG in § 32d Abs. 1 Satz 1 EStG). Dies hindert nicht den Steuerabzug in Gestalt der Kapitalertragsteuer (§ 43 Abs. 4 und 5 Satz 2 EStG). Die Kapitalertragsteuer wird dabei auf die tarifliche Einkommensteuer angerechnet (§ 36 Abs. 2 Nr. 2 EStG). Das gilt sinngemäß auch für den Solidaritätszuschlag (§ 1 Abs. 2 SolZG).

3.2 Grundstücke, Gebäude und Gebäudeteile als Betriebsvermögen

Allgemeines

Grundstücke können zum Anlage- oder Umlaufvermögen gehören. Sie rechnen zum Anlagevermögen, wenn sie dazu bestimmt sind, dauernd dem Betrieb zu dienen (§ 247 Abs. 2 HGB). Dabei spielt es keine Rolle, ob sie bebaut oder unbebaut sind. Für Gebäude, die zum Umlaufvermögen gehören, kann AfA nicht in Anspruch genommen werden.

Ein Grundstück umfasst in der Regel Grund und Boden, Gebäude, Außenanlagen und Zubehör. Steuerrechtlich handelt es sich dabei jeweils um selbständige Wirtschaftsgüter. Der **Grund und Boden** stellt ein selbständiges und nichtabnutzbares Wirtschaftsgut dar, unabhängig davon, ob er bebaut oder unbebaut ist. Bei den **Außenanlagen** handelt es sich um selbständige, abnutzbare und unbewegliche Wirtschaftsgüter; in Betracht kommen Hof- und Wegebefestigungen, Umzäunungen (wenn nicht ausnahmsweise Herstellungskosten bei Wohngebäuden, H 4.2 [5] „Unselbständige Gebäudeteile sind z. B.:" EStH). Das **Zubehör** besteht aus selbständigen, beweglichen und abnutzbaren Wirtschaftsgütern, z. B. Mülltonnen, Rasenmäher, Brennstoffe, Treppenläufer, Flurbeleuchtungskörper. Für Zubehör kommt ggf. die Behandlung nach § 6 Abs. 2, 2a EStG (GWG) in Betracht.

Bei **Gebäuden** ist zwischen unselbständigen und selbständigen Gebäudeteilen zu unterscheiden. Unselbständige Gebäudeteile sind einheitlich mit dem Gebäude zu bilanzieren und abzuschreiben, z. B. Sammelheizung, Personenfahrstuhl, Rolltreppen, sanitäre Anlagen (H 4.2 [5] „Unselbständige Gebäudeteile sind z. B.:" EStH).

Selbständige Gebäudeteile bzw. selbständige Wirtschaftsgüter sind solche Gebäudeteile, die nicht in einem einheitlichen Nutzungs- und Funktionszusammenhang mit dem Gebäude stehen. In Betracht kommen (vgl. R 4.2 Abs. 3 EStR):

a) Betriebsvorrichtungen (vgl. gleich lt. Erlasse vom 15. 3. 2006, BStBl 2006 I 314)

b) Scheinbestandteile (Einbauten für vorübergehende Zwecke)

c) Ladeneinbauten, Schaufensteranlagen usw.

d) sonstige selbständige Gebäudeteile je nach Nutzung (R 4.2 Abs. 4 EStR):

    aa) eigenbetrieblich genutzte Gebäudeteile

    bb) fremdbetrieblich genutzte Gebäudeteile

    cc) eigenen Wohnzwecken dienende Gebäudeteile

    dd) fremden Wohnzwecken dienende Gebäudeteile

e) sonstige Mietereinbauten

Bilanzierung

Grundstücke und Grundstücksteile, die eigenbetrieblich genutzt werden, gehören zum notwendigen Betriebsvermögen. Dabei teilt der Grund und Boden das Schicksal des Gebäudes: In dem Umfang wie das Gebäude bilanziert ist, muss auch der Grund und Boden bilanziert werden (R 4.2 Abs. 7 EStR). Eigenbetrieblich genutzte Grundstücksteile, die von untergeordneter Bedeutung sind, brauchen nicht bilanziert zu werden (§ 8 EStDV). Ist eine der beiden Wertgrenzen ($^1/_5$-Grenze, 20 500-€-Grenze) überschritten, gilt der Grundstücksteil nicht mehr als von untergeordneter Bedeutung. Bei Überprüfung der Wertgrenzen werden der Wert des Gebäudeteils und der Wert des dazugehörenden Grund und Bodens zusammengerechnet (R 4.2 Abs. 8 Satz 2 EStR). Mit dem nicht bilanzierten Grundstücksteil zusammenhängende Einnahmen oder Ausgaben sind gleichwohl betrieblich veranlasst (R 4.7 Abs. 2 EStR). Die Veräußerung derartiger Grundstücksteile berührt jedoch nicht den gewerblichen Gewinn.

Vermietete Grundstücksteile können als gewillkürtes Betriebsvermögen behandelt werden (R 4.2 Abs. 9 EStR). Bilanzierende Land- und Forstwirte sowie bilanzierende Freiberufler müssen in diesen Fällen dartun, dass das Grundstück oder der Grundstücksteil in einem gewissen objektiven Zusammenhang mit dem Betrieb steht und ihn zu fördern bestimmt und geeignet ist. Bilanzierende Gewerbetreibende brauchen dies in der Regel nicht (H 4.2 [9] „Beispiele für zulässigerweise gebildetes gewillkürtes Betriebsvermögen:" EStH). Erfüllt ein Grundstück zu mehr als der Hälfte die Voraussetzungen für die Behandlung als Betriebsvermögen, können bilanzierende Land- und Forstwirte sowie bilanzierende Freiberufler vermietete Grundstücksteile nicht ohne besondere Voraussetzungen zusätzlich bilanzieren (R 4.2 Abs. 10 EStR). Ein bisher zum Privatvermögen gehörender Gebäudeteil, der nunmehr für fremde gewerbliche Zwecke vermietet wird, bleibt Privatvermögen, auch wenn der Steuerpflichtige einen weiteren, schon vorher für fremde betriebliche Zwecke vermieteten Gebäudeteil dem gewillkürten Betriebsvermögen zugeordnet hat (BFH v. 21. 4. 2005 III R 4/04, BStBl 2005 II 604).

Grundstücksteile, die **dauernd eigenen Wohnzwecken** dienen oder unentgeltlich zu Wohnzwecken an Dritte überlassen werden, sind als notwendiges Privatvermögen von der Bilanzierung ausgeschlossen (R 4.2 Abs. 9 Satz 1 EStR).

Die vom Steuerpflichtigen getragenen Herstellungskosten eines fremden Gebäudes, das er zu betrieblichen Zwecken nutzen darf, sind bilanztechnisch „wie ein materielles Wirtschaftsgut" zu behandeln und nach den für Gebäude geltenden AfA-Regeln abzuschreiben. Für die Behandlung von Herstellungskosten eines fremden Gebäudes „wie ein materielles Wirtschaftsgut" ist ohne Bedeutung, ob

a) die Nutzungsbefugnis des Steuerpflichtigen auf einem unentgeltlichen oder auf einem entgeltlichen Rechtsverhältnis beruht,

b) dem Steuerpflichtigen zivilrechtliche Ersatzansprüche gegen den Eigentümer des Grundstücks zustehen oder ob er von vornherein auf solche Ansprüche verzichtet, und

c) die Übernahme der Herstellungskosten durch den Steuerpflichtigen eine unentgeltliche Zuwendung an den Eigentümer des Grundstücks oder Entgelt für die Nutzungsüberlassung des Grundstücks ist (BFH v. 25. 2. 2010 IV R 2/07, BStBl 2010 II 670).

Die Frage des wirtschaftlichen Eigentums wird erst bei Beendigung der Nutzung des Gebäudes oder der Übertragung des zivilrechtlichen Eigentums daran entscheidungserheblich (BFH v. 5. 6. 2008 IV R 79/05, BStBl 2009 II 15, unter II.3.b cc, und BFH v. 14. 5. 2002 VIII R 30/98, BStBl 2002 II 741, sowie *Schuster*, DStZ 2003, 369).

Sind neben dem Steuerpflichtigen noch andere Personen am Grundstück beteiligt (z. B. Grundstück einer Erbengemeinschaft, Ehegattengrundstück), so kann nur der dem Steuerpflichtigen gehörende Teil des Grundstücks Betriebsvermögen sein (H 4.2 [7] „Miteigentum" EStH). Der Grundstücksteil wird wie ein selbständiges Grundstück behandelt. Für die Frage, ob dieser Teil von untergeordneter Bedeutung (§ 8 EStDV) ist, kommt es auf den Wert des zu bilanzierenden Teils im Verhältnis zum Wert des **ganzen** Grundstücks an (R 4.2 Abs. 8 Satz 4 EStR).

Erhält ein **Einfamilienhaus,** das einem Ehepaar gemeinsam gehört, ein vom Ehemann betrieblich genutztes **Büro** und haben beide Ehegatten den Bau des Hauses **jeweils zur Hälfte** finanziert, kann der Ehemann die auf das Arbeitszimmer entfallenden gesamten Herstellungskosten aktivieren und insoweit AfA nach Gebäudegrundsätzen in Anspruch nehmen (BFH v. 23. 8. 1999 GrS 5/97, BStBl 1999 II 774).

Errichten Ehegatten auf einem gemeinsamen Grundstück ein Gebäude, das sie je zur Hälfte für ihren jeweils eigenen Betrieb nutzen, aktiviert jeder die auf ihn entfallenden Baukosten im Ganzen (BFH v. 23. 8. 1999 GrS 5/97, BStBl 1999 II 774, 776).

Nutzungsänderungen bilanzierter Grundstücke zu Gunsten eigener privater Wohnzwecke führen gem. § 4 Abs. 1 Satz 2 EStG zu einer Entnahme dieses Grundstücks/Grundstücksteils, die mit dem Teilwert zu bewerten ist (§ 6 Abs. 1 Nr. 4 EStG). Die Entnahme erstreckt sich dabei auch auf den anteiligen Grund und Boden (H 4.3 [2 – 4] „Grundstücke oder Grundstücksteile" EStH).

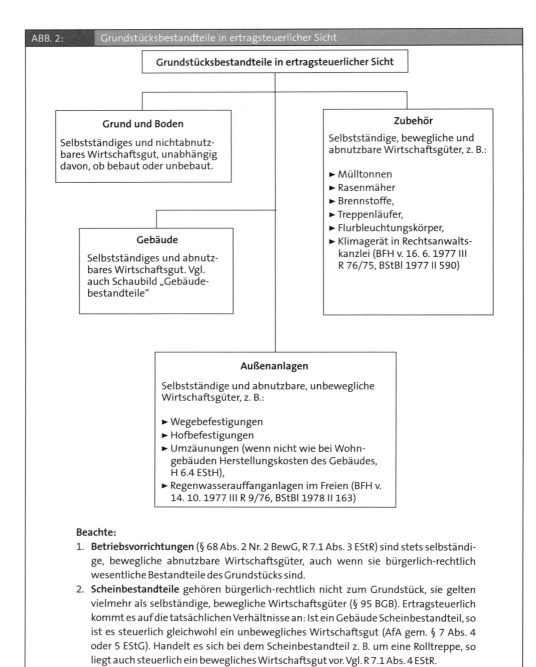

ABB. 2: Grundstücksbestandteile in ertragsteuerlicher Sicht

Grundstücksbestandteile in ertragsteuerlicher Sicht

Grund und Boden

Selbstständiges und nichtabnutzbares Wirtschaftsgut, unabhängig davon, ob bebaut oder unbebaut.

Gebäude

Selbstständiges und abnutzbares Wirtschaftsgut. Vgl. auch Schaubild „Gebäudebestandteile"

Zubehör

Selbstständige, bewegliche und abnutzbare Wirtschaftsgüter, z. B.:

► Mülltonnen
► Rasenmäher
► Brennstoffe,
► Treppenläufer,
► Flurbleuchtungskörper,
► Klimagerät in Rechtsanwaltskanzlei (BFH v. 16. 6. 1977 III R 76/75, BStBl 1977 II 590)

Außenanlagen

Selbstständige und abnutzbare, unbewegliche Wirtschaftsgüter, z. B.:

► Wegebefestigungen
► Hofbefestigungen
► Umzäunungen (wenn nicht wie bei Wohngebäuden Herstellungskosten des Gebäudes, H 6.4 EStH),
► Regenwasserauffanganlagen im Freien (BFH v. 14. 10. 1977 III R 9/76, BStBl 1978 II 163)

Beachte:

1. **Betriebsvorrichtungen** (§ 68 Abs. 2 Nr. 2 BewG, R 7.1 Abs. 3 EStR) sind stets selbständige, bewegliche abnutzbare Wirtschaftsgüter, auch wenn sie bürgerlich-rechtlich wesentliche Bestandteile des Grundstücks sind.

2. **Scheinbestandteile** gehören bürgerlich-rechtlich nicht zum Grundstück, sie gelten vielmehr als selbständige, bewegliche Wirtschaftsgüter (§ 95 BGB). Ertragsteuerlich kommt es auf die tatsächlichen Verhältnisse an: Ist ein Gebäude Scheinbestandteil, so ist es steuerlich gleichwohl ein unbewegliches Wirtschaftsgut (AfA gem. § 7 Abs. 4 oder 5 EStG). Handelt es sich bei dem Scheinbestandteil z. B. um eine Rolltreppe, so liegt auch steuerlich ein bewegliches Wirtschaftsgut vor. Vgl. R 7.1 Abs. 4 EStR.

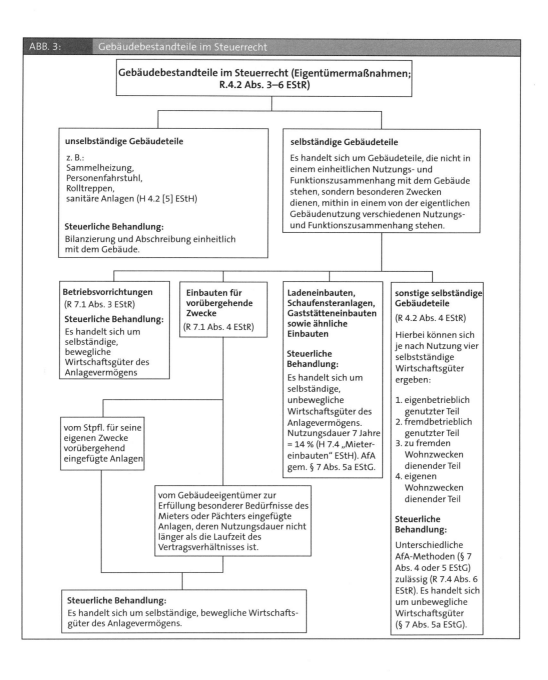

ABB. 3:   Gebäudebestandteile im Steuerrecht

Gebäudebestandteile im Steuerrecht (Eigentümermaßnahmen; R.4.2 Abs. 3–6 EStR)

unselbständige Gebäudeteile

z. B.:
Sammelheizung,
Personenfahrstuhl,
Rolltreppen,
sanitäre Anlagen (H 4.2 [5] EStH)

Steuerliche Behandlung:
Bilanzierung und Abschreibung einheitlich mit dem Gebäude.

selbständige Gebäudeteile

Es handelt sich um Gebäudeteile, die nicht in einem einheitlichen Nutzungs- und Funktionszusammenhang mit dem Gebäude stehen, sondern besonderen Zwecken dienen, mithin in einem von der eigentlichen Gebäudenutzung verschiedenen Nutzungs- und Funktionszusammenhang stehen.

Betriebsvorrichtungen
(R 7.1 Abs. 3 EStR)
Steuerliche Behandlung:
Es handelt sich um selbständige, bewegliche Wirtschaftsgüter des Anlagevermögens

Einbauten für vorübergehende Zwecke
(R 7.1 Abs. 4 EStR)

Ladeneinbauten, Schaufensteranlagen, Gaststätteneinbauten sowie ähnliche Einbauten

Steuerliche Behandlung:
Es handelt sich um selbständige, unbewegliche Wirtschaftsgüter des Anlagevermögens. Nutzungsdauer 7 Jahre = 14 % (H 7.4 „Mieter-einbauten" EStH). AfA gem. § 7 Abs. 5a EStG.

sonstige selbständige Gebäudeteile
(R 4.2 Abs. 4 EStR)

Hierbei können sich je nach Nutzung vier selbstständige Wirtschaftsgüter ergeben:

1. eigenbetrieblich genutzter Teil
2. fremdbetrieblich genutzter Teil
3. zu fremden Wohnzwecken dienender Teil
4. eigenen Wohnzwecken dienender Teil

Steuerliche Behandlung:
Unterschiedliche AfA-Methoden (§ 7 Abs. 4 oder 5 EStG) zulässig (R 7.4 Abs. 6 EStR). Es handelt sich um unbewegliche Wirtschaftsgüter (§ 7 Abs. 5a EStG).

vom Stpfl. für seine eigenen Zwecke vorübergehend eingefügte Anlagen

vom Gebäudeeigentümer zur Erfüllung besonderer Bedürfnisse des Mieters oder Pächters eingefügte Anlagen, deren Nutzungsdauer nicht länger als die Laufzeit des Vertragsverhältnisses ist.

Steuerliche Behandlung:
Es handelt sich um selbständige, bewegliche Wirtschaftsgüter des Anlagevermögens.

ABB. 4:   Drittaufwand und Eigenaufwand

Drittaufwand und Eigenaufwand
(H 4.7 EStH)

echter Drittaufwand	unechter Drittaufwand (Eigenaufwand)
= ein Dritter trägt unentgeltlich Kosten zugunsten des Stpfl.	= ein Dritter bezahlt Rechnungen zugunsten des Stpfl., oder der Stpfl. trägt Kosten für das WG eines Dritten, der dieses WG wiederum dem Stpfl. unentgeltlich überlässt.
Steuerliche Behandlung: Keine BA beim Stpfl.	**Steuerliche Behandlung:** BA beim Stpfl. (ggf. AfA)

Beispiele:

1. Vater V (Rentner) überlässt Sohn (Betriebsinhaber) unentgeltlich Pkw für betriebliche Fahrten.
   Lösung: echter Drittaufwand: keine BA beim Sohn.
   Ausweg: Mietvertrag

2. Ehefrau überlässt Ehemann (Betriebsinhaber) das Dachgeschoss ihres Einfamilienhauses für betriebliche Zwecke des Ehemanns
   Lösung: echter Drittaufwand; keine BA beim Ehemann
   Ausweg: Mietvertrag.

3a. Sohn S ist Betriebsinhaber. Das Dach des Betriebsgebäudes ist zu reparieren. Vater V (Rentner) zahlt die auf den Sohn lautende Rechnung.
   Lösung: Hier liegt ein abgekürzter Zahlungsweg vor und damit ergibt sich unechter Drittaufwand. Der Sohn erhält die Geldmittel geschenkt und hat sodann (eigene) BA.

3b. Wie 3a, jedoch bestellt V den Dachdecker und bezahlt die auf V ausgestellte Rechnung.
   Lösung: Hier liegt ein abgekürzter Vertragsweg vor und damit ebenfalls unechter Drittaufwand. S hat BA (BMF v. 7. 7. 2008, BStBl 2008 I 717). Im Innenverhältnis schenkt V dem S das Geld für die Reparatur. Wirtschaftlich betrachtet erstattet S dem V den Geldbetrag und V schenkt anschließend dem S das Geld.

4. Ehemann (Betriebsinhaber) baut auf seine Kosten das Dachgeschoss des Einfamilienhauses seiner Ehefrau aus, um Büroräume für seinen Betrieb zu gewinnen.
   Hier liegt unechter Drittaufwand vor: Der Ehemann aktiviert seine HK als „Bauten auf fremdem Grundstück" und nimmt AfA nach Gebäudegrundsätzen in Anspruch (BFH v. 25. 2. 2010 IV R 2/07, BStBl 2010 II 670).

FALL 27

Eigenbetriebliche und anderweitige Nutzung

Sachverhalt

Ein seinen Gewinn durch Betriebsvermögensvergleich nach § 5 EStG ermittelnder selbständiger Versicherungsvertreter hat Anfang 01 ein bebautes Grundstück erworben. Die steuerlichen Anschaffungskosten betragen 400 000 € und entfallen zu 25 % auf den Grund und Boden und zu 75 % auf das Gebäude (Baujahr 1930). Der Steuerpflichtige nutzt das Gebäude, das eine Nutzfläche von insgesamt 300 qm hat, wie folgt:

70 qm	vermietetes Ladenlokal (Mieteinnahmen 01: 9 400 €)
30 qm	eigenes Büro
100 qm	vermietete Wohnung (Mieteinnahmen 01: 9 600 €)
100 qm	eigene Wohnung

In 01 haben die laufenden Kosten einschließlich nicht verrechenbarer Vorsteuer 2 250 € betragen. Ein Antrag nach § 9 UStG ist nicht gestellt.

Frage

Welche steuerlichen Bilanzierungsmöglichkeiten hat der Steuerpflichtige bezüglich des Grundstücks, wenn gewillkürtes Betriebsvermögen zulässigerweise gebildet werden kann?

LITERATURHINWEIS

Blödtner/Bilke/Heining, Lehrbuch Buchführung und Bilanzsteuerrecht, 10. Aufl., Teil B Kapitel 5.3.1.

LÖSUNG

Möglichkeit 1

Das eigene Büro gehört zum notwendigen Betriebsvermögen des Versicherungsvertreters (R 4.2 Abs. 7 EStR). Es umfasst 10 % der Nutzfläche des Gebäudes, was betragsmäßig 40 000 € vom Gesamtwert des Grundstücks ausmacht. Damit ist es nicht von untergeordneter Bedeutung und muss aktiviert werden.

Der Steuerpflichtige bilanziert nur den eigenbetrieblich genutzten Grundstücksteil. Bei diesem Gebäudeteil handelt es sich um ein selbständiges Wirtschaftsgut (R 4.2 Abs. 4 EStR).

Grund und Boden

31. 12. 01 (10 % von 100 000 €)	10 000 €

Gebäude

Zugang 10 % von 300 000 €	30 000 €
AfA 01 (2 %)	./. 600 €
31. 12. 01	29 400 €
Einlage Grundstücksaufwendungen 01: 10 % von 2 250 €	225 €

Möglichkeit 2

Der Steuerpflichtige kann als Gewerbetreibender den Gründstücksteil, der sich aus dem eigenen Büro und dem vermieteten Ladenlokal zusammensetzt, bilanzieren (R 4.2 Abs. 9 EStR, H 4.2 [9] „Beispiele für zulässigerweise gebildetes Betriebsvermögen:" EStH). In diesem Fall liegen für das Gebäude, soweit es bilanziert ist, zwei selbständige Wirtschaftsgüter vor (R 4.2 Abs. 4 EStR), und es ergeben sich per 31. 12. 01 folgende Bilanzansätze:

Grund und Boden

$^1/_3$ von 100 000 €	33 333 €

Gebäude

Zugang ($^1/_3$ von 300 000 €)	100 000 €
AfA (2 %)	./. 2 000 €
31. 12. 01	98 000 €

Der Gewinn 01 wird wie folgt beeinflusst:

Mieterträge	9 400 €

Grundstücksaufwendungen:

AfA	2 000 €	
Sonst. Aufwendungen ($^1/_3$ von 2 250 €)	750 €	./. 2 750 €
		+ 6 650 €

Möglichkeit 3

Es ist ferner zulässig, das vermietete Ladenlokal, das eigene Büro und die zu Wohnzwecken vermieteten Räume zu bilanzieren (R 4.2 Abs. 9 EStR). In diesem Fall liegen – soweit das Gebäude betroffen ist – drei selbständige Wirtschaftsgüter vor, und es ergeben sich zum 31. 12. 01 folgende Bilanzansätze:

Grund und Boden

31. 12. 01 ($^2/_3$ von 100 000 € =)	66 666 €

Gebäude

Zugang 01 ($^2/_3$ von 300 000 € =)	200 000 €
AfA 01 (2 %)	4 000 €
31. 12. 01	196 000 €

Der Gewinn 01 wird wie folgt beeinflusst:

Mieterträge	19 000 €
AfA	./. 4 000 €
Sonstige Aufwendungen ($^2/_3$ von 2 250 €)	./. 1 500 €
	+ 13 500 €

Der eigenen Wohnzwecken dienende Teil kann nicht bilanziert werden (vgl. R 4.2 Abs. 9 Satz 1 EStR).

FALL 28

Nutzungsänderung bei Vollbilanzierung

Sachverhalt

Ein Gewerbetreibender rechnet sein bebautes Grundstück ganz zum Betriebsvermögen, weil er es seit Jahren zu 100 % eigengewerblich nutzt. Nach einer auf Dauer ab dem 31. 12. 01 eingetretenen Nutzungsänderung beträgt die eigengewerbliche Nutzung nur noch 40 %, die private Nutzung dagegen 60 %. Der Teilwert des Grund und Bodens beträgt zum 31. 12. 01 64 000 €, der des Gebäudes 256 000 €. Die Steuerbilanz weist das Grundstück wie folgt aus:

Grund und Boden

Buchwert 31. 12. 01	16 000 €

Gebäude

Buchwert 31. 12. 00	56 000 €
AfA 01	./. 2 000 €
Buchwert 31. 12. 01	54 000 €

Frage

Was ist aus Anlass der Nutzungsänderung ertragsteuerlich zu veranlassen?

LÖSUNG

Infolge der Nutzungsänderung müssen 60 % des Grundstücks als entnommen angesehen werden (R 4.3 Abs. 3 EStR). Die Entnahme ist mit dem Teilwert zu bewerten (§ 6 Abs. 1 Nr. 4 EStG); bei der dadurch bedingten Auflösung der stillen Reserven entsteht laufender Gewinn.

Grund und Boden

Buchwert 31. 12. 01		16 000 €
Entnahmen		
Buchwert (60 %)	9 600 €	./. 9 600 €
Teilwert (60 %)	38 400 €	
Gewinn	28 800 €	
Buchwert 31. 12. 01		6 400 €

Gebäude

Buchwert 31. 12. 01		54 000 €
Entnahmen		
Buchwert (60 %)	32 400 €	./. 32 400 €
Teilwert (60 %)	153 600 €	
Gewinn	121 200 €	
Buchwert 31. 12. 01		21 600 €
AfA 02 (40 % von 2 000 €)		./. 800 €
Buchwert 31. 12. 02		20 800 €

Die gesamte Gewinnrealisierung beträgt (28 800 € + 121 200 € =) 150 000 €. Es handelt sich um laufenden, voll steuerpflichtigen Gewinn.

FALL 29

Nutzungsänderung bei Teilbilanzierung

Sachverhalt

Ein bilanzierender Gewerbetreibender nutzt sein Anfang Januar 01 fertig gestelltes Gebäude nach dem Verhältnis der Nutzflächen von der Fertigstellung an wie folgt:

10 %   eigengewerbliche Zwecke

90 %   private Wohnzwecke

Die Herstellungskosten haben netto 400 000 € betragen. Der Teilwert und gemeine Wert des seit 10 Jahren dem Privatvermögen zugerechneten Grund und Bodens beträgt seit Anfang Januar 01 bis heute 50 000 €.

Seit dem 2. 1. 02 wird das Gebäude auf Dauer in folgender Weise genutzt:

5 %   eigengewerbliche Zwecke,

95 %   private Wohnzwecke.

Am 2. 1. 02 entsprechen Teilwert und gemeiner Wert des Gebäudes dem Buchwert.

Fragen

Wie ist das Grundstück in der Steuerbilanz per 31. 12. 01 zu erfassen, wenn von einem jährlichen AfA-Satz von 3 % ausgegangen wird?

Welche bilanzsteuerrechtlichen Konsequenzen ergeben sich aus der am 2. 1. 02 eingetretenen Nutzungsänderung?

LÖSUNG

Grundstücke oder Grundstücksteile, die ausschließlich und unmittelbar für Zwecke des Betriebs des Steuerpflichtigen genutzt werden, gehören regelmäßig zum notwendigen Betriebsvermögen (R 4.2 Abs. 7 EStR). Eigenbetrieblich genutzte Grundstücksteile brauchen jedoch nicht zum notwendigen Betriebsvermögen gerechnet zu werden, wenn ihr Wert im Verhältnis zum Wert des ganzen Grundstücks von untergeordneter Bedeutung ist. Das ist in der Regel der Fall, wenn der Wert des eigenbetrieblich genutzten Grundstücksteils weder mehr als ein Fünftel des Wertes des ganzen Grundstücks noch mehr als 20 500 € beträgt (§ 8 EStDV). Bei der Prüfung, ob der Wert eines Grundstücksteils mehr als ein Fünftel des Wertes des ganzen Grundstücks beträgt, ist in der Regel das Verhältnis der Nutzflächen zugrunde zu legen. Ein Grundstücksteil ist mehr als 20 500 € wert, wenn der Teil des gemeinen Wertes des ganzen Grundstücks, der nach dem Verhältnis der Nutzflächen auf den Grundstücksteil entfällt, 20 500 € übersteigt (R 4.2 Abs. 8 EStR).

Im vorliegenden Fall beträgt der eigenbetrieblich genutzte Grundstücksteil nur ein Zehntel des Wertes des ganzen Grundstücks. Er übersteigt jedoch den Betrag von 20 500 € um 24 500 €

(10 % von 450 000 €). Der eigenbetrieblich genutzte Grundstücksteil ist folglich in die Steuer-bilanz aufzunehmen; es handelt sich um eine Einlage (§ 4 Abs. 1 Satz 7 EStG). Die Bewertung der Einlage geschieht mit dem Teilwert (§ 6 Abs. 1 Nr. 5 EStG), der bezüglich des Gebäudes den anteiligen Herstellungskosten entspricht.

StB   **31. 12. 01**

Grund und Boden

Einlage Januar 01	5 000 €

Gebäude

Einlage Januar 01	40 000 €
AfA (§ 7 Abs. 4 EStG: 3 % von 40 000 €)	1 200 €
	38 800 €

Durch die am 2. 1. 02 eingetretene Nutzungsänderung ist der eigenbetrieblich genutzte Grund-stücksteil nicht von untergeordneter Bedeutung geworden: er beträgt 21 900 € (50 % von 43 800 €). Der Steuerpflichtige muss den Grundstücksteil, der ab 2. 1. 02 der privaten Nutzung zugeführt worden ist, mit dem Teilwert entnehmen (§ 4 Abs. 1 Satz 2 EStG, R 14 Abs. 3 EStR, § 6 Abs. 1 Nr. 4 EStG). In diesem Fall ergibt sich folgende Bilanzpostenentwicklung:

StB   **31. 12. 02**

Grund und Boden

31. 12. 01	5 000 €
Entnahme Januar 02	./. 2 500 €
	2 500 €

Gebäude

31. 12. 01	38 800 €
Entnahme Januar 02	./. 19 400 €
	19 400 €
AfA (3 % von 20 000 €)	./. 600 €
31. 12. 02	18 800 €

FALL 30

AfA für selbständige Gebäudeteile

Sachverhalt

Ein Kaufmann erstellte am 1. 10. 01 auf eigenem, bilanziertem Grundstück ein Gebäude mit Herstellungskosten von 1 200 000 €. Der Antrag auf Baugenehmigung datiert vom 5. 2. 01. Das Gebäude wird zunächst wie folgt genutzt:

a) Erdgeschoss (250 qm Nutzfläche) – eigenbetriebliche Nutzung;

b) 1. Etage (250 qm Nutzfläche) – zu fremdbetrieblichen Zwecken vermietet;

c) 2. Etage (250 qm Nutzfläche) – zu Wohnzwecken vermietet.

Der Kaufmann rechnet das ganze Gebäude zu seinem Betriebsvermögen. Er möchte das Gebäude jährlich wie folgt abschreiben:

Erdgeschoss:	2 % der Herstellungskosten
1. Etage:	3 % der Herstellungskosten
2. Etage:	5 % der Herstellungskosten

Ab 1. 1. 03 wird das Gebäude wie folgt genutzt:

a) Erdgeschoss und 1. Etage – eigenbetriebliche Nutzung;

b) 2. Etage – zu eigenen Wohnzwecke des Betriebsinhabers.

Am 1. 1. 03 beträgt der Teilwert des Gebäudes 1 200 000 €.

Fragen

1. Ist die gewünschte unterschiedliche Abschreibung zulässig und bejahendenfalls, welche Buchwerte ergeben sich für das Gebäude zum 31. 12. 01 und 02?

2. Welche Buchwerte ergeben sich für das Gebäude zum 31. 12. 03?

3. Kann die ab 1. 1. 03 eigenen Wohnzwecken des Steuerpflichtigen dienende 2. Etage weiter bilanziert werden?

LÖSUNG

Zu 1.: Das dem Kaufmann zuzurechnende Gebäude besteht ertragsteuerlich aus drei selbständigen Wirtschaftsgütern (R 4.2 Abs. 4 EStR), für die unterschiedliche Abschreibungen beansprucht werden können (R 7.4 Abs. 6 Satz 2 EStR). Der eigenbetrieblich genutzte Teil muss nach § 7 Abs. 4 Satz 1 Nr. 1 EStG jährlich mit 3 % abgeschrieben werden. Das Gleiche gilt für die 1. Etage. Für die 2. Etage kommt nach § 7 Abs. 4 Satz 1 Nr. 2 EStG nur eine AfA von 2 % jährlich in Betracht. Es ergeben sich folgende Bilanzansätze:

Erdgeschoss

Zugang 1. 10. 01	400 000 €
AfA 3 % = 12 000 €, für 3 Monate	./. 3 000 €
Buchwert 31. 12. 01	397 000 €
AfA 02	./. 12 000 €
Buchwert 31. 12. 02	385 000 €

1. Etage

Zugang 1. 10. 06	400 000 €
AfA 3 % und zeitanteilig für 3 Monate	./. 3 000 €
Buchwert 31. 12. 01	397 000 €
AfA 02	./. 12 000 €
Buchwert 31. 12. 02	385 000 €

2. Etage

Zugang 1.10.01	400 000 €
AfA 2 % = 8 000 €, $^3/_{12}$ =	./. 2 000 €
Buchwert 31.12.01	398 000 €
AfA 02	./. 8 000 €
Buchwert 31.12.02	390 000 €

Zu 2: Ob ein Gebäudeteil als selbständiges Wirtschaftsgut gilt, hängt von seiner Nutzung ab (R 4.2 Abs. 4 EStR). Nach der Nutzungsänderung ab 1.1.08 bestehen deshalb im vorliegenden Fall nur noch zwei Wirtschaftsgüter, da das Erdgeschoss und die 1. Etage durch die gemeinsame eigenbetriebliche Nutzung zu einem einzigen Wirtschaftsgut verschmolzen sind. Eine Änderung der AfA-Methode ist jedoch damit für keinen der bisher als selbständig geltenden Gebäudeteile verbunden (R 7.4 Abs. 7 EStR).

Zu 3: Im Übrigen ergibt sich für die ab 1.1.03 eigenen Wohnzwecken dienende 2. Etage, die bis dahin fremden Wohnzwecken diente, eine Entnahme; sie ist nicht mehr bilanzierbar (R 4.2 Abs. 9 i.V. mit R 4.3 Abs. 3 EStR). Weiterentwicklung der Bilanzansätze:

Erdgeschoss und 1. Etage

Stand 1.1.03 (385 000 € + 385 000 €)	770 000 €
AfA 03 (12 000 € + 12 000 €)	./. 24 000 €
Buchwert 31.12.03	746 000 €

2. Etage

Buchwert 31.12.02	390 000 €
Entnahme 1.1.03 Buchwert 390 000 €	390 000 €
Teilwert	400 000 €
Gewinn 03	10 000 €
Bilanzansatz 31.12.03	– €

FALL 31

Grundstück im Eigentum mehrerer Personen

Sachverhalt

Ein bebautes Grundstück hat am 31.12.01 einen gemeinen Wert (= Teilwert) von 200 000 €. Das Grundstück gehört A und B je zur Hälfte. A betreibt auf 20 % der Gebäudefläche einen Gewerbebetrieb, 50 % der Gebäudenutzungsfläche sind fremdvermietet, und 30 % dienen Wohnzwecken von A.

Frage

In welchem Umfang muss A das Grundstück bilanzieren?

LÖSUNG

Sind neben dem Betriebsinhaber noch andere Personen an einem Grundstück beteiligt, so kann nur der dem Betriebsinhaber gehörende Teil des Grundstücks Betriebsvermögen sein (H 4.2 Abs. 7 „Miteigentum" EStH). Auf A entfallen 50 % von 200 000 € = 100 000 €. Nutzung durch A:

20 % eigengewerblich	20 000 €
50 % sind fremdvermietet	50 000 €
30 % dienen privaten Wohnzwecken des A	30 000 €

Für die Frage, ob ein betrieblich genutzter Grundstücksteil von untergeordneter Bedeutung ist (R 4.2 Abs. 8 EStR), kommt es auf den Wert dieses Grundstücksteils (hier 20 000 €) im Verhältnis zum **Wert des ganzen Grundstücks** (hier 200 000 €) an. Damit erweist sich der zu bilanzierende Grundstücksteil, der eigengewerblichen Zwecken des A dient, im vorliegenden Fall als von untergeordneter Bedeutung; er beträgt nur $^1/_{10}$ des Wertes des ganzen Grundstücks und übersteigt auch nicht 20 500 €. A braucht folglich nichts zu bilanzieren (§ 8 EStDV); als Betriebsausgaben kann er gleichwohl 10 % der gesamten Grundstückskosten einschließlich AfA beanspruchen (R 4.7 Abs. 2 EStR).

A ist berechtigt, 20 % des Grundstückswerts (seinen gewerblichen Nutzungsanteil) zu bilanzieren: 20 000 €. Er kann darüber hinaus als Gewerbetreibender den ihm gehörenden vermieteten Grundstücksanteil als gewillkürtes Betriebsvermögen behandeln (50 000 €), das ergibt zusammen mit dem notwendigen Betriebsvermögen 70 000 €. Er kann jedoch nicht den privaten Wohnzwecken dienenden Grundstücksteil bilanzieren (30 000 €); dieser bleibt notwendiges Privatvermögen und kann auch nicht aus Vereinfachungsgründen bilanziert werden (vgl. R 4.2 Abs. 9 EStR).

FALL 32

Aufstockung zu privaten Zwecken

Sachverhalt

A betreibt auf eigenem Geschäftsgrundstück einen Gewerbebetrieb. Das zu 100 % gewerblich genutzte Grundstück ist wie folgt bilanziert:

Grund und Boden 31. 12. 01	120 000 €
Gebäude 31. 12. 01	280 000 €

Im Laufe des Jahres 02 stockt A das Gebäude auf und nutzt den neu gewonnenen Gebäudeteil zu eigenen Wohnzwecken. Die Herstellungskosten des aufgestockten Gebäudeteils haben 320 000 € betragen und wurden privat bezahlt. Nach Fertigstellung der Aufstockung im Juli 02 wird das Gebäude zu 50 % gewerblich und zu 50 % privat genutzt. Der Grund und Boden hat in 02 einen Teilwert von 300 000 €.

Frage

Was ist aus Anlass der Aufstockung in 02 bilanzsteuerrechtlich zu veranlassen?

LÖSUNG

Bei einem bebauten Grundstück teilt der Grund und Boden das Schicksal des Gebäudes; er wird deshalb insoweit bilanziert, als auch das Gebäude bilanziert ist (R 4.2 Abs. 7 EStR). Bei Aufstockung eines Betriebsgebäudes um einen dem Privatvermögen zugeordneten Gebäudeteil wird der anteilige Grund und Boden zwangsläufig entnommen (H 4.3 [2 – 4] „Grundstücke oder Grundstücksteile" EStH).

Entnahme Grund und Boden zum Buchwert
($^1/_2$ von 120 000 € =) .... 60 000 €

Entnahme Grund und Boden zum Teilwert
($^1/_2$ von 300 000 € =) .... 150 000 €

Aufgedeckte stille Reserve .... 90 000 €

FALL 33

Nutzungsänderung unterschiedlich genutzter Gebäudeteile

Sachverhalt

Ein Gebäude wird bis zum 30. 6. 01 wie folgt genutzt:

60 % eigengewerblich

40 % fremdgewerblich

Bilanziert ist lediglich der eigengewerblich genutzte Grundstücksteil (= 60 %). Ab 1. 7. 01 wird das Gebäude wie folgt genutzt:

30 % eigengewerblich

70 % fremdgewerblich

Frage

In welchem Umfang kann das Grundstück nach der Nutzungsänderung weiterbilanziert werden?

LÖSUNG

Selbständige Wirtschaftsgüter können nur in vollem Umfang Betriebsvermögen oder in vollem Umfang Privatvermögen sein. Das gilt auch für Gebäudeteile, die wegen ihres unterschiedlichen Nutzungs- und Funktionszusammenhangs selbständige Wirtschaftsgüter sind. Ein zum Teil eigengewerblich und zum Teil fremdgewerblich genutztes Gebäude besteht grundsätzlich aus zwei Wirtschaftsgütern, von denen das eigengewerblich genutzte notwendiges Betriebsvermögen ist und das fremdgewerblich genutzte gewillkürtes Betriebsvermögen sein kann. Dies ist in jedem Fall bei der erstmaligen Bilanzierung zu beachten (Einheitlichkeitsgrundsatz, BFH v. 26. 11. 1973 GrS 5/71, BStBl 1974 II 132). Ein bereits zum Betriebsvermögen gehörender Gebäudeteil kann seine Betriebsvermögenseigenschaft nur durch (willentliche) Entnahme (oder

Veräußerung) oder dadurch, dass er zu notwendigem Privatvermögen wird (z. B. infolge einer Nutzungsänderung), verlieren (BFH v. 8. 3. 1990 IV R 60/89, BStBl 1994 II 559). Die Grundsätze über die Entnahme (und Einlage) von Wirtschaftsgütern sind insoweit vorrangig zu beachten. Der Grundsatz zur einheitlichen steuerlichen Behandlung von Gebäudeteilen, die in einem gleichartigen Nutzungs- und Funktionszusammenhang stehen (Einheitlichkeitsgrundsatz), kann die Regelungen über die Entnahme und Einlage von Wirtschaftsgütern jedenfalls nicht außer Kraft setzen (BFH v. 10. 11. 2004 XI R 31/03, BStBl 2005 II 334).

Der Steuerpflichtige kann im vorliegenden Fall alles beim Alten lassen, indem er den umgewidmeten Gebäudeteil als gewillkürtes Betriebsvermögen behandelt, wenn die Entnahme vermieden werden soll. In diesem Fall sind dann wie bisher 60 % bilanziert. Er könnte das Gebäude auch zu 100 % bilanzieren (Einlage) oder auch mit 30 % (Entnahme).

FALL 34

Schallschluckende Tür in einer Arztpraxis

Sachverhalt

Es handelt sich um einen Arzt, der seine Praxis im eigenen Einfamilienhaus ausübt. Im Mai 01 ließ er zwischen Wartezimmer und Sprechzimmer zusätzlich zur bereits vorhandenen Tür eine Schallschlucktür anbringen.

Frage

Handelt es sich bei der Schallschlucktür um eine Betriebsvorrichtung?

LÖSUNG

Eine Tür dient in aller Regel dem Raumabschluss und damit der Nutzung des Gebäudes (§ 94 Abs. 2 BGB). Dies gilt auch für zum Lärmschutz besonders geeignete Türen. Eine zusätzlich angebrachte Schallschlucktür ist zur üblichen Benutzung eines Raumes nicht erforderlich. Wenn sie allein durch die Ausübung des Berufs notwendig wird, steht sie in besonderer Beziehung zum ausgeübten Beruf, der durch sie mit ausgeübt wird. Demzufolge ist sie eine Betriebsvorrichtung und damit ein bewegliches Wirtschaftsgut (BFH v. 29. 10. 1974 ???, BStBl 1975 II 68). Vgl. auch R 7.1 Abs. 3 EStR und § 68 Abs. 2 Nr. 2 BewG.

FALL 35

Verschiedene Gebäudeteile in einem Warenhaus

Sachverhalt

Das Warenhaus eines Einzelhändlers wurde Anfang 01 fertig gestellt. Die Herstellungskosten betrugen 3 000 000 €. Darin sind unter anderem enthalten:

1.	Herstellungskosten für 3 Rolltreppen	200 000 €
2.	Herstellungskosten für 1 Lastenaufzug	90 000 €
3.	Herstellungskosten für die Schaufensteranlage	60 000 €

4.   Herstellungskosten für die Beleuchtungsanlage in allen Stockwerken des Gebäudes (Neonlichtbänder; 30 % der Kosten entfallen auf die der Stromzuführung dienenden Kabel)   40 000 €

5.   Herstellungskosten für die Sammelheizungsanlage   50 000 €

6.   Herstellungskosten für die baupolizeilich aus Gründen des Brandschutzes angeordnete Einfügung einer Sprinkleranlage   30 000 €

Summe   470 000 €

Fragen

Wie sind das Gebäude und die Gebäudeteile bilanzsteuerlich zu beurteilen? Welche Bilanzansätze ergeben sich im Einzelnen zum 31. 12. 01?

HINWEIS

Für das Gebäude wird höchstzulässige AfA beantragt. Für die genannten Gebäudeteile kann aus Vereinfachungsgründen von einer Nutzungsdauer von 7 Jahren ausgegangen werden, sie sind – soweit zulässig – degressiv abzuschreiben.

LÖSUNG

Unselbständige Gebäudeteile sind einheitlich mit dem Gebäude abzuschreiben, zu dem sie gehören. Ein Gebäudeteil ist unselbständig, wenn er in einem einheitlichen Nutzungs- und Funktionszusammenhang mit dem Gebäude steht (R 4.2 Abs. 5 EStR). Das ist der Fall bei

► den drei Rolltreppen,

► den Beleuchtungsanlagen (BFH v. 5. 3. 1974 I R 160/72, BStBl 1974 II 353),

► der Sammelheizungsanlage,

► der Sprinkleranlage.

Gebäudeteile, die nicht in einem einheitlichen Nutzungs- und Funktionszusammenhang mit dem Gebäude stehen, sind selbständige Wirtschaftsgüter und deshalb gesondert vom Gebäude abzuschreiben. Ein Gebäudeteil ist selbständig, wenn er besonderen Zwecken dient, mithin in einem von der eigentlichen Gebäudenutzung verschiedenen Nutzungs- und Funktionszusammenhang steht (R 4.2 Abs. 3 EStR). Selbständiger Gebäudeteil in diesem Sinn ist die Schaufensteranlage (R 4.2 Abs. 3 Nr. 3 EStR), deren Nutzungsdauer mit sieben Jahren angenommen werden kann (BMF v. 30. 5. 1996, BStBl 1996 I 643).

Selbständige Gebäudeteile sind auch die Betriebsvorrichtungen (R 4.2 Abs. 3 Nr. 1 i.V. mit R 7.1 Abs. 3 EStR). Zu den Betriebsvorrichtungen gehört der Lastenaufzug.

Im Einzelnen ergeben sich folgende Bilanzansätze:

Gebäude

Herstellungskosten insgesamt	3 000 000 €	
Lastenaufzug	./. 90 000 €	
Schaufensteranlage	./. 60 000 €	2 850 000 €

AfA (§ 7 Abs. 4 Nr. 1 EStG):

3 % von 2 850 000 € =   ./. 85 500 €

Buchwert 31. 12. 01   2 764 500 €

Lastenaufzug

Herstellungskosten   90 000 €

AfA (§ 7 Abs. 2 EStG):

25 % von 90 000 € =   ./. 22 500 €

Buchwert 31. 12. 01   67 500 €

Schaufensteranlage

Herstellungskosten   60 000 €

AfA: 14 % von 60 000 €   ./. 8 400 €

Buchwert 31. 12. 01   51 600 €

Da die Schaufensteranlage ein unbewegliches Wirtschaftsgut ist, kann AfA nur linear (§ 7 Abs. 4 Satz 2 EStG) gewährt werden.

FALL 36

Betriebsvorrichtung und Außenanlage

Sachverhalt

Auf einem Betriebsgrundstück des Einzelunternehmers A befindet sich ein Gebäude mit einem Buchwert zum 31. 12. 00 in Höhe von 240 000 €. Die jährliche AfA beträgt 7 200 €.

Im Februar 01 wurde in diesem Gebäude ein mit dem Grundstück untrennbar verbundenes Förderband mit elektronisch gesteuertem Verteilersystem für 30 000 € (netto) eingebaut. Die betriebsgewöhnliche Nutzungsdauer beträgt zehn Jahre.

Im August 01 wurde auf diesem Grundstück außerdem ein Teil der Freifläche mit Schotter eingedeckt sowie anschließend asphaltiert und der so entstandene Kundenparkplatz zur Straßenseite hin durch einen Zaun abgeschlossen. Die Kosten betrugen für den Parkplatz 20 000 € (netto) und für den Zaun 4 000 € (netto). Die betriebsgewöhnliche Nutzungsdauer beträgt jeweils zehn Jahre.

Der Gesamtbetrag von 54 000 € (30 000 € + 20 000 € + 4 000 €) wurde dem Grund und Boden hinzu aktiviert. Die Umsatzsteuer ist zutreffend verbucht worden. Das Wirtschaftsjahr entspricht dem Kalenderjahr.

Frage

Wie ist bilanzsteuerlich in 01 vorzugehen? Wie lautet der Korrekturbuchungssatz und welche Gewinnauswirkungen ergeben sich?

LÖSUNG

Mit dem Förderband wird das Gewerbe unmittelbar betrieben; es steht in einem Nutzungs- und Funktionszusammenhang mit dem Betrieb und nicht mit dem Grundstück. Es stellt eine Betriebsvorrichtung i. S. von § 68 Abs. 2 Nr. 1 BewG und damit ein selbständiges, bewegliches Wirtschaftsgut dar, auch wenn es zivilrechtlich wesentlicher Bestandteil des Grundstücks ist (R 7.1 Abs. 3 EStR, H 7.1 „Betriebsvorrichtung" EStH). Das Förderband ist deshalb mit seinen Anschaffungskosten zu aktivieren (§ 255 Abs. 1 Satz 1 HGB) und auf zehn Jahre abzuschreiben. Die Abschreibung erfolgt nach § 7 Abs. 1 EStG. Unter Beachtung von § 7 Abs. 1 Satz 4 EStG ergibt sich eine zeitanteilige AfA von 11/12 von 10 % von 30 000 € = 2 750 €, sodass sich zum 31. 12. 01 ein Buchwert von 27 250 € ergibt.

Außenanlagen (hier Platzbefestigung und Zaun) stellen ebenfalls selbständige Wirtschaftsgüter dar (H 6.4 „Außenanlagen" und „Umzäunung" EStH, H 7.1 „Unbewegliche Wirtschaftsgüter, die keine Gebäude oder Gebäudeteile sind" EStH). Sie sind entsprechend ihrer Nutzungsdauer abzuschreiben (R 7.1 Abs. 1 Nr. 2 EStR). Da sie unbeweglich sind, ergibt sich die AfA ausschließlich nach § 7 Abs. 1 Satz 1 und 4 EStG: 5/12 von 10 % von 24 000 € = 1 000 €. Zum 30. 9. 2009 verbleibt für die Außenanlagen ein Buchwert von 23 000 €.

Korrekturbuchungssatz:

Technische Anlagen und Maschinen	27 250 €	
Außenanlagen	23 000 €	
AfA	3 750 €	
an Grund und Boden		54 000 €

Gewinnauswirkungen 01

Bilanzpostenmethode

Grund und Boden	./. 54 000 €
Technische Anlagen und Maschinen	+ 27 250 €
Außenanlagen	+ 23 000 €
Gewinnauswirkung	./. 3 750 €

GuV-Methode

AfA	./. 3 750 €
Gewinnauswirkung	./. 3 750 €

FALL 37

Betriebsgebäude des Ehemannes auf einem gemeinsamen Ehegattengrundstück

Sachverhalt

Zum 1. 6. 01 hat ein Kaufmann auf einem ihm und seiner Ehefrau je zur Hälfte gehörenden unbebauten Grundstück mit Zustimmung seiner Ehefrau, jedoch im eigenen Namen und für eigene Rechnung ein Werkstattgebäude errichtet, das er nach Fertigstellung unentgeltlich und unbegrenzt für seinen Betrieb, dessen Alleininhaber er ist, nutzen kann. Die Herstellungskosten haben 500 000 € betragen. Besondere schriftliche Vereinbarungen zwischen den Ehegatten bestehen nicht.

Frage

Wie sind die Herstellungskosten des Betriebsinhabers in Höhe von 500 000 € bilanzsteuerrechtlich zu behandeln?

Welche Wirtschaftsgüter einem Steuerpflichtigen einkommensteuerlich zuzurechnen sind, ergibt sich aus § 39 AO. In § 39 Abs. 2 Nr. 2 AO ist bestimmt, dass Wirtschaftsgüter, die bürgerlichrechtlich im Miteigentum mehrerer Personen stehen, den Miteigentümern steuerrechtlich anteilig zuzurechnen sind. Ein Kaufmann, der auf einem Grundstück, das im hälftigen Miteigentum seiner Ehefrau steht, auf eigene Rechnung und Gefahr mit Einverständnis seiner Ehefrau für seine betrieblichen Zwecke ein Gebäude errichtet, ist rechtlicher und wirtschaftlicher Eigentümer der auf ihn entfallenden Gebäudehälfte. Er hat die von ihm getragenen Herstellungskosten, die auf die der Ehefrau zustehenden Gebäudehälfte entfallen, bilanztechnisch „wie ein materielles Wirtschaftsgut" zu behandeln und nach den für Gebäude geltenden AfA-Regeln abzuschreiben (BFH v. 25. 2. 2010 IV R 2/07, BStBl 2010 II 670).

Zweckmäßigerweise richtet man in der HB zwei Konten ein („Gebäude" und „Gebäude auf fremdem Grund und Boden"), um der unterschiedlichen rechtlichen Qualität der Gebäudeteile Ausdruck zu verleihen. Die AfA richtet sich nach § 7 Abs. 4 EStG.

	Eigener Gebäudeanteil Konto: Gebäude	Fremder Gebäudeanteil Konto: Gebäude auf fremdem Grund und Boden
Zugang HK 1. 6. 01	250 000 €	250 000 €
AfA 3 % für 7 Monate	./. 4 375 €	./. 4 375 €
Buchwert 31. 12. 01	245 625 €	245 625 €

Gebäude auf gepachtetem Grundstück

Sachverhalt

Ein Fabrikant hat auf einem von ihm gepachteten Grundstück nur für seine eigenen Zwecke eine Fabrikhalle in Massivbauweise errichtet. Die Herstellungskosten betrugen ohne Umsatzsteuer 270 000 €. Die Halle wurde Anfang 01 fertig gestellt und hat eine Nutzungsdauer von 50 Jahren. Die Pachtdauer beträgt vom Zeitpunkt der Fertigstellung des Gebäudes an gerechnet noch 35 Jahre. Nach Ablauf der Pachtdauer ist durch den Pächter der alte Zustand wieder herzustellen.

Fragen

Wem ist das Gebäude zuzurechnen? Welche AfA ergibt sich für 01 und 02?

Abwandlung

Auch der Verpächter des Grund und Bodens ist an dem Gebäude interessiert; er will es nach Ablauf der Pachtdauer entgeltlich erwerben.

Fragen

Wem ist das Gebäude während der Pachtdauer zuzurechnen? Welche AfA ergibt sich für 01 und 02?

LITERATURHINWEIS

Blödtner/Bilke/Heining, Lehrbuch Buchführung und Bilanzsteuerrecht, 10. Aufl., Teil B Kapitel 5.6.13.

LÖSUNG

Bürgerlich-rechtlich ist das Gebäude in diesem Fall als Scheinbestandteil des Grund und Bodens anzusehen und dem Pächter zuzurechnen. Zu den Scheinbestandteilen gehören Sachen, die nur zu einem vorübergehenden Zweck mit dem Grund und Boden verbunden sind (§ 95 Abs. 1 Satz 1 BGB). Der Wille zur vorübergehenden Einfügung ergibt sich hier aus der zeitlich begrenzten Dauer der schuldrechtlichen Berechtigung (Pacht) und der Pflicht zur Wiederherstellung des alten Zustands nach Ablauf der Pachtdauer. Da Scheinbestandteile nicht Grundstücksbestandteile sind, rechnen sie bürgerlich-rechtlich zu den beweglichen Sachen. Dem folgt das Steuerrecht nicht; einkommensteuerlich rechnet das Gebäude zum unbeweglichen Vermögen des Pächters (BFH v. 1. 12. 1970 VI R 170/69, BStBl 1971 II 159). Es ist mit den Herstellungskosten abzüglich der AfA zu bilanzieren (§ 6 Abs. 1 Nr. 1 i.V. mit § 7 Abs. 4 Satz 1 Nr. 1 EStG). Das Konto „Gebäude auf fremdem Grundstück" entwickelt sich beim Pächter wie folgt:

Herstellungskosten Januar 01	270 000 €
AfA 3 %	./. 8 100 €
Bilanzansatz 31. 12. 01	261 900 €
AfA 02	./. 8 100 €
31. 12. 02	253 800 €
	usw.

Abwandlung

In diesem Fall rechnet das Bauwerk nicht zu den Scheinbestandteilen; es ist vielmehr wesentlicher Bestandteil des Grundstücks, da es nicht zu einem nur vorübergehenden Zweck mit dem Grund und Boden verbunden ist (§§ 93, 94 BGB). Rechtlicher Eigentümer des Gebäudes ist folglich der Verpächter. Gleichwohl ist das Gebäude beim Pächter zu bilanzieren, weil er infolge des Anspruches auf Entschädigung dessen wirtschaftlicher Eigentümer ist (§ 39 Abs. 2 Nr. 1 AO) und die Zurechnung von Wirtschaftsgütern sich nach dem wirtschaftlichen Eigentum richtet. Die AfA bestimmt sich nach § 7 Abs. 4 Satz 1 Nr. 1 EStG.

Gebäude auf fremdem Grundstück

Herstellungskosten Januar 01	270 000 €
AfA 3 %	./. 8 100 €

Bilanzsatz 31.12.02	261 900 €
AfA 02	./. 8 100 €
Bilanzansatz 31.12.02	253 800 €
	usw.

3.3 Mietereinbauten und -umbauten

Für die Behandlung von **Mietereinbauten und -umbauten** gilt zunächst das Schreiben des BMF v. 15.1.1976, BStBl 1976 I 66. Danach hat der Mieter seine Aufwendungen auf die Mietsache grundsätzlich zu aktivieren, sofern es sich nicht um Erhaltungsaufwand (R 21.1 EStR) oder um die Schaffung eines immateriellen Wirtschaftsgutes handelt. Die Aktivierung erfolgt entweder als Scheinbestandteil, Betriebsvorrichtung, sonstiger Mieteinbau oder als aktiver Rechnungs-abgrenzungsposten. Die Aktivierung als sonstiger Mietereinbau kann darauf beruhen, dass der Mieter entweder wirtschaftlicher Eigentümer der Baumaßnahme ist oder die Baumaßnahme in einem Nutzungs- und Funktionszusammenhang mit dem Betrieb des Mieters steht. Wirtschaft-liches Eigentum setzt die Befugnis zur ausschließlichen Nutzung und einen Anspruch auf Wert-ersatz bei vorzeitiger Beendigung der Nutzung voraus (BFH v. 20.11.2003 III R 4/02, BStBl 2004 II 305). Die Aktivierung als Rechnungsabgrenzungsposten ist erforderlich, wenn die Kosten des Mieters mit der geschuldeten Miete verrechnet werden. Erfolgt die Aktivierung als sonstiger Mietereinbau, richtet sich die AfA nach den für Gebäude geltenden Grundsätzen, d.h. nach § 7 Abs. 5a i.V. mit Abs. 4 EStG (BFH v. 15.10.1996 VIII R 44/94, BStBl 1997 II 533, v. 11.6.1997 XI R 77/96, BStBl 1997 II 774). Siehe auch H 4.2 (3) „Mietereinbauten" EStH, H 7.4 „Mieterein-bauten" EStH und Engelhardt, in NWB 38/2011, S. 3220).

FALL 39

Umbauten des Mieters in gemietetem Gebäude

Sachverhalt

Eine KG baute Anfang 01 in einem gemieteten Gebäude ein Lager in Büroräume um. Die dafür angefallenen Kosten betrugen netto 80 000 €. Der Mietvertrag hat am 1.1.01 noch eine Lauf-zeit von 10 Jahren. Es steht fest, dass die KG nach 10 Jahren den alten Zustand wieder herstellen muss. Die eingebauten Sachen werden danach wertlos sein. Die Umbaumaßnahme selbst hat technisch eine Nutzungsdauer von 20 Jahren.

Frage

Sind die Kosten als sofort abziehbare Betriebsausgaben zu behandeln oder als Herstellungskos-ten für ein Wirtschaftsgut zu aktivieren und entsprechend der Nutzungsdauer abzuschreiben?

LÖSUNG

Es kann dahingestellt bleiben, ob der Umbauaufwand bei der KG zu einem immateriellen Wirt-schaftsgut geführt hat. Eine Aktivierung dieses Aufwandes als immaterielles Wirtschaftsgut kommt ohnehin nicht in Betracht, weil es an dem Merkmal des entgeltlichen Erwerbs fehlt (§ 5 Abs. 2 EStG). Ein entgeltlicher Erwerb liegt nicht schon dann vor, wenn dem Mieter im Zusammenhang mit dem Erwerb des immateriellen Wirtschaftsgutes Aufwendungen entstanden sind. Das Entgelt muss vielmehr auf den Vorgang des Erwerbs (BFH v. 3. 2. 1969 GrS 2/68, BStBl 1969 II 291) des immateriellen Wirtschaftsgutes als solchen bezogen sein (R 5.5 Abs. 2 EStR). Diese Voraussetzung fehlt bei Mieterumbauten. Die durch Umbauten veranlassten Aufwendungen bilden die Gegenleistung z. B. für die Materialien und die Handwerkerleistungen, nicht aber für ein von dritter Seite erworbenes immaterielles Wirtschaftsgut.

Da die eingebauten Sachen nach Wiederherstellung des alten Zustands wertlos sind, ergibt sich kein Scheinbestandteil. Auch wirtschaftliches Eigentum liegt bei der KG nicht vor, da sie keinen Entschädigungsanspruch hat.

Eine Aktivierung des Aufwandes bei der KG kommt dann nur in Betracht, wenn durch den Aufwand ein der KG zuzurechnendes **materielles** Wirtschaftsgut geschaffen worden ist. Gebäudebestandteile können dann als gegenüber der Gebäudeeinheit selbständige Wirtschaftsgüter angesehen werden, wenn sie unmittelbar besonderen Zwecken dienen und in diesem Sinne in einem von der eigentlichen Gebäudenutzung verschiedenen Funktionszusammenhang stehen (BFH v. 3. 2. 1969 GrS 2/68, BStBl 1974 II 132). Der Umbau erfüllt diese Voraussetzungen für die Annahme eines selbständigen Wirtschaftsgutes. Die Büroräume stehen in einem besonderen Nutzungs- und Funktionszusammenhang mit dem Gewerbebetrieb der KG, wodurch die Eigenschaft eines selbständigen Wirtschaftsgutes begründet wird (BFH v. 26. 2. 1975 I R 184/73, BStBl 1975 II 443, v. 26. 2. 1975 I R 32/73, BStBl 1975 II 443). Handelsrechtlich handelt es sich um Bauten auf fremdem Grundstück (§ 266 Abs. 2 A II 1 HGB).

Bei einer Nutzungsdauer von 10 Jahren ergibt sich für 01 eine AfA von 8 000 €. Der Buchwert für das materielle Wirtschaftsgut „Mietereinbauten" oder „Bauten auf fremdem Grundstück" beträgt zum 31. 12. 01 72 000 €. Die AfA beruht hierbei auf § 7 Abs. 5a i.V. mit Abs. 4 Satz 2 EStG: die tatsächliche Nutzungsdauer beträgt zehn Jahre.

FALL 40

Anlagen des Mieters im gemieteten Gebäude

Sachverhalt

Der Steuerpflichtige betreibt in gemieteten Räumen eine Buchhandlung. Er ließ Anfang 01 neben den bereits vorhandenen Kachelöfen eine Gasheizungsanlage (Nutzungsdauer zehn Jahre) installieren. Die Kosten haben 12 000 € netto betragen. Die Anlage ist nach den mit dem Vermieter getroffenen schriftlichen Vereinbarungen ausdrücklich nur für die Restmietdauer von 15 Jahren zugelassen worden. Nach Beendigung des Mietverhältnisses ist der Mieter verpflichtet, die Anlage zu entfernen und den alten Zustand wieder herzustellen.

Frage

Wie sind die Aufwendungen bilanzmäßig zu behandeln?

ABB. 5:   Mietereinbauten und Mieterumbauten

─── **Mietereinbauten und Mieterumbauten** ───

(Begriff: Mietereinbauten und Mieterumbauten sind solche Baumaßnahmen, die der Mieter eines Gebäudes oder Gebäudeteils auf seine Rechnung an dem gemieteten Gebäude oder Gebäudeteil vornehmen lässt, wenn die Aufwendungen nicht Erhaltungsaufwand sind.) Ob Erhaltungsaufwand vorliegt, ergibt sich aus R 21.1 EStR.

Scheinbestandteile

Begriff: Ein Scheinbestandteil entsteht, wenn durch die Baumaßnahmen des Mieters Sachen „zu einem vorübergehenden Zweck" in das Gebäude eingefügt werden (§ 95 BGB). Dies ist anzunehmen, wenn

1. die Nutzungsdauer der eingefügten Sachen länger als die voraussichtliche Mietdauer ist **und**
2. die eingefügten Sachen nach ihrem Ausbau nicht nur einen Schrottwert, sondern auch einen beachtlichen Wiederverwendungswert repräsentieren **und**
3. nach den gesamten Umständen, insbesondere nach Art und Zweck der Verbindung damit gerechnet werden kann, dass die eingebauten Sachen später wieder entfernt werden.

Zurechnung: Der Mieter ist rechtlicher und wirtschaftlicher Eigentümer des Scheinbestandteils.

Steuerliche Behandlung: Es handelt sich um bewegliche Wirtschaftsgüter des Anlagevermögens

Betriebsvorrichtungen

Begriff: Vgl. R 7.1 Abs. 3 EStR

Zurechnung: Der Mieter ist, wenn nicht rechtlicher, so stets wirtschaftlicher Eigentümer der Betriebsvorrichtungen

Steuerliche Behandlung: Es handelt sich um bewegliche Wirtschaftsgüter des Anlagevermögens

AfA bei Mietereinbauten und Mieterumbauten
Handelt es sich um Scheinbestandteile oder um Betriebsvorrichtungen, so richten sich die Absetzungen für Abnutzungen nach der voraussichtlichen Mietdauer; ist die voraussichtliche betriebsgewöhnliche Nutzungsdauer kürzer, so ist diese maßgebend. Handelt es sich um sonstige Miterein- und -umbauten, richtet sich die AfA nach § 7 Abs. 4 EStG (H 7.4 „Mietereinbauten" EStH)

Hinweis: Der Übersicht liegt der Erlass des BMF v. 15. 1. 1976 (BStBl 1976 I 66) zugrunde.

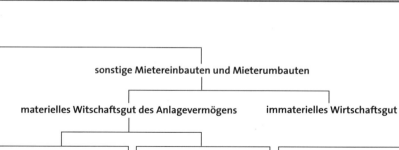

sonstige Mietereinbauten und Mieterumbauten

materielles Witschaftsgut des Anlagevermögens

immaterielles Wirtschaftsgut

Dies liegt vor, wenn der Mieter wirtschaftlicher Eigentümer der von ihm geschaffenen sonstigen Mietereinbauten und Mieterumbauten ist. Er ist wirtschaftlicher Eigentümer, wenn der mit Beendigung des Mietvertrages entstehende Herausgabeanspruch des Eigentümers zwar auch die durch den Einbau oder Umbau geschaffene Substanz umfasst, dieser Anspruch jedoch keine wirtschaftliche Bedeutung hat. Das ist der Fall, wenn

1. die eingebauten Sachen während der voraussichtlichen Mietdauer technisch oder wirtschaftlich verbraucht werden oder
2. der Mieter bei Beendigung des Mietvertrags eine Erstattung verlangen kann (BFH v. 28. 7. 1993 I R 88/92, BStBl 1994 II 164).

Zurechnung:
Mieter

Steuerliche Behandlung:
Es handelt sich um ein unbewegliches Wirtschaftsgut des Anlagevermögens. AfA gem. § 7 Abs. 5a i. V. m. Abs. 4 EStG.

Dies liegt auch vor, wenn die Mietereinbauten oder Mieterumbauten den besonderen betrieblichen oder beruflichen Zwecken des Mieters dienen und mit dem Gebäude nicht in einem einheitlichen Nutzungs- und Funktionszusammenhang stehen (BFH v. 26. 2. 1975 I R 32/73, BStBl 1975 II 443).

Zurechnung:
Obwohl der Mieter weder rechtlicher noch wirtschaftlicher Eigentümer ist, Erfassung beim Mieter als materielles Wirtschaftsgut gem. § 266 Abs. 2 HGB: Bauten auf fremden Grundstücken.

Steuerliche Behandlung:
Es handelt sich um ein unbewegliches Wirtschaftsgut des Anlagevermögens. AfA gem. § 7 Abs. 5a i. V. m. Abs. 4 EStG.

Begriff: Eine Baumaßnahme, die auch unabhängig von der vom Mieter vorgesehenen betrieblichen oder beruflichen Nutzung hätte vorgenommen werden müssen.

Zurechnung und steuerliche Behandlung:
Der Mieter darf gem. § 5 Abs. 2 EStG in seiner Bilanz keinen Aktivposten ausweisen, es sei denn, es ist wegen vereinbarter Verrechnung mit der Miete ein Rechnungsabgrenzungsposten zu bilden.

LÖSUNG

Die Heizungsanlage gehört ihrer Natur nach zu den wesentlichen Grundstücksbestandteilen. Sie ist auch keine Betriebsvorrichtung, weil sie nicht unmittelbar und ausschließlich auf den in den Räumen betriebenen Gewerbebetrieb bezogen ist, sondern in erster Linie die Funktion hat, die Räume als solche besser nutzbar zu machen (R 4.2 Abs. 5 EStR). Allerdings gehören Sachen, die nur zu einem vorübergehenden Zwecke in ein Gebäude eingefügt sind, nicht zu den Bestandteilen des Gebäudes (Scheinbestandteile, § 95 Abs. 2 BGB). Derartige Sachen werden bürgerlich-rechtlich vielmehr als bewegliche Sachen beurteilt. Diese Beurteilung gilt grundsätzlich auch für das Einkommensteuerrecht. Da im vorliegenden Fall jedoch die Nutzungsdauer der Heizungsanlage kürzer ist als die voraussichtliche Mietdauer, liegt keine Einfügung für einen vorübergehenden Zweck vor (BFH v. 4. 12. 1970 VI R 157/68, BStBl 1971 II 165) Eine Zurechnung der Heizungsanlage beim Mieter mit der Begründung, er sei sachenrechtlicher Eigentümer der Anlage, scheidet folglich aus.

Der Mieter ist aber wirtschaftlicher Eigentümer des materiellen Wirtschaftsgutes „Heizungsanlage", weil die Mietdauer länger ist als die Nutzungsdauer der Anlage, sodass die Anlage während der Mietdauer verschleißt. Die Heizungsanlage ist vom Mieter mit den Anschaffungs- oder Herstellungskosten, vermindert um die AfA nach § 7 Abs. 5a und Abs. 4 Satz 2 EStG, anzusetzen (§ 6 Abs. 1 Nr. 1 EStG). Die AfA beträgt 1 200 € für 01; der Bilanzansatz der Heizungsanlage am 31. 12. 01: 10 800 €.

FALL 41

Baumaßnahmen in einem gepachteten Gebäude

Sachverhalt

Der Steuerpflichtige ist Pächter eines Hotelbetriebs. Am 1. 10. 01 läuft der Pachtvertrag noch 20 Jahre. Bis zum 1. 10. 01 nahm der Steuerpflichtige in dem Gebäude des Verpächters folgende Baumaßnahmen vor:

1. Einbau eines Personenfahrstuhls, Herstellungskosten ohne USt 60 000 €, betriebsgewöhnliche Nutzungsdauer 15 Jahre. Ein Personenfahrstuhl war bislang nicht vorhanden.

2. Einbau von neuen Waschtischen, Toiletten und Badewannen oder Duschen in allen Zimmern, Herstellungskosten ohne USt 40 000 €, betriebsgewöhnliche Nutzungsdauer zehn Jahre. 50 % der Aufwendungen entfielen auf verbrauchte sanitäre Anlagen, die dringend ausgewechselt werden mussten. Bei den übrigen Aufwendungen handelt es sich um Erstausstattungen.

3. Erstmaliger Einbau einer Dunstabsaugvorrichtung für die Küche, Herstellungskosten ohne USt 15 000 €, betriebsgewöhnliche Nutzungsdauer zehn Jahre.

4. Dachgeschossausbau zur Gewinnung weiterer Hotelzimmer, Herstellungskosten 160 000 €. Nutzungsdauer 40 Jahre. Nach Beendigung des Pachtverhältnisses erhält der Pächter hierfür eine angemessene Entschädigung.

5. Verlegung von Parkettfußböden in den Konferenzzimmern, die bis dahin mit mittlerweile verbrauchtem Linoleumbelag ausgestattet waren. Kosten ohne USt 7 200 €, Nutzungsdauer zwölf Jahre.

Frage

Bilanzsteuerrechtliche Behandlung zum 31. 12. 01? Es ist lineare AfA in Anspruch zu nehmen.

LÖSUNG

Der Personenfahrstuhl, die Erstausstattung von Gästezimmern mit Waschtischen, Toiletten und Badewannen oder Duschen stellen materielle Wirtschaftsgüter des Anlagevermögens dar, die dem Pächter als dem wirtschaftlichen Eigentümer zuzurechnen sind, weil die eingebauten Sachen während der Pachtdauer technisch oder wirtschaftlich verbraucht werden.

Da es sich um unbewegliche Wirtschaftsgüter des Anlagevermögens handelt, kommt AfA nach § 7 Abs. 2 EStG nicht in Betracht. Die AfA richtet sich vielmehr nach § 7 Abs. 5a und Abs. 4 EStG. Der Aufwand für das Auswechseln der verbrauchten sanitären Anlagen und für den Parkettfußboden ist Erhaltungsaufwand, der begrifflich nicht zu Mietereinbauten und Mieterumbauten führt (R 21.1 EStR). Die Bilanzansätze entwickeln sich wie folgt:

Personenfahrstuhl

Herstellungskosten bis 1. 10. 01	60 000 €
AfA: 6 $^2/_3$ % von 60 000 € = 4 000 €, für 3 Monate =	./. 1 000 €
31. 12. 01	59 000 €

Sanitäre Anlagen

Herstellungskosten bis 1. 10. 01	20 000 €
AfA: 10 % von 20 000 € = 2 000 €, für 3 Monate =	./. 500 €
31. 12. 01	19 500 €

Bei der Dunstabsaugvorrichtung liegt eine Betriebsvorrichtung vor, da sie in spezieller Beziehung zu dem Hotelbetrieb steht und nicht der Benutzung des Gebäudes als solchem dient (R 7.1 Abs. 3 EStR). Es handelt sich um ein bewegliches Anlagegut des Mieters.

Dunstabsaugvorrichtung

Herstellungskosten bis 1. 10. 01	15 000 €
AfA: 10 % = 1 500 €, für 3 Monate =	./. 375 €
31. 12. 01	14 625 €

Der Dachausbau hat zu einem materiellen Wirtschaftsgut des Anlagevermögens geführt. Der Pächter ist wirtschaftlicher Eigentümer, weil er bei Beendigung des Pachtvertrags die Erstattung des noch verbliebenen Wertes des Ausbaus verlangen kann. Es handelt sich um unbewegliches Anlagevermögen. Die AfA richtet sich nach § 7 Abs. 5a und Abs. 4 Satz 1 Nr. 1 EStG: 3 %. Denn für den Dachausbau bestimmt sich die AfA entgegen Nr. 10 des BMF-Schreibens v. 15. 1. 1976 (BStBl 1976 I 66) nach den für Gebäude geltenden Grundsätzen (H 7.4 „Mietereinbauten" EStH).

Dachausbau

Herstellungskosten bis 1. 10. 01	160 000 €
AfA: 3 % von 160 000 €, für 3 Monate =	./. 1 200 €
31. 12. 01	158 800 €

FALL 42

Ladeneinrichtung und Einbauschrank

Sachverhalt

Der Steuerpflichtige betreibt in gemieteten Räumen (Mietdauer 01 noch 15 Jahre) einen Einzelhandel mit Damenoberbekleidung. Im April 01 mietete er zusätzliche Räume an (Mietdauer ebenfalls 15 Jahre) und ließ in sie eine dafür besonders konstruierte Ladeneinrichtung, bestehend aus vorgefertigten und innenarchitektonisch aufeinander abgestimmten Elementen, unter fester Verbindung mit dem Gebäude einbauen (Kosten netto 40 000 €, Nutzungsdauer zehn Jahre). Es handelt sich nicht um Ladeneinbauten. Gleichzeitig schaffte er für sein Chefzimmer einen ebenfalls fest mit dem Gebäude verbundenen Einbauschrank für netto 12 000 € an (Nutzungsdauer 25 Jahre). Beim Auszug erhält er für den Einbauschrank eine Entschädigung.

Frage

Wie sind die Anschaffungen des Mieters bilanzsteuerrechtlich in 01 zu behandeln? Es ist lineare AfA in Anspruch zu nehmen.

LÖSUNG

Bei der Ladeneinrichtung und dem Einbauschrank handelt es sich um selbständige Wirtschaftsgüter. Als selbständige Wirtschaftsgüter gelten – auch einkommensteuerlich – stets die Betriebsvorrichtungen im bewertungsrechtlichen Sinn (vgl. § 68 Abs. 2 Nr. 2 BewG). Dabei ist es ohne Belang, ob die Vorrichtung durch ihre feste Verbindung mit dem Mauerwerk die Eigenschaft einer selbständigen Sache im bürgerlich-rechtlichen Sinne verloren hat (§ 93 i. V. mit § 94 Abs. 2 BGB) oder als Scheinbestandteil (§ 95 BGB) anzusehen ist. Unter den Begriff „Betriebsvorrichtungen" fallen im weiteren Sinn auch Anlagen, die in Bezug auf die Ausübung eines Gewerbebetriebs eine ähnliche Funktion wie Maschinen erfüllen (BFH v. 5. 3. 1971 III R 90/69, BStBl 1971 II 455). Das ist bei der Ladeneinrichtung der Fall, denn sie dient dazu, Waren zu lagern und griffbereit auszustellen. Die Betriebsvorrichtungen gelten als bewegliche Wirtschaftsgüter.

Auch der Einbauschrank ist ein selbständiges Wirtschaftsgut. Es handelt sich hierbei zwar nicht um eine Betriebsvorrichtung, und er hat möglicherweise durch seine Verbindung mit dem Gebäude den Charakter einer selbständigen Sache im bürgerlich-rechtlichen Sinne verloren, jedoch sind nach der Rechtsprechung – unabhängig von der bürgerlich-rechtlichen Betrachtung – Gebäudebestandteile dann selbständige Wirtschaftsgüter, wenn sie nicht in einem Nutzungs- und Funktionszusammenhang mit dem Gebäude stehen, sondern unmittelbar anderen Zwecken dienen (BFH v. 28. 7. 1993 I R 88/92, BStBl 1994 II 164). Das ist hier der Fall, denn der Einbauschrank dient in erster Linie dazu, dem Chefzimmer ein besonderes Gepräge zu geben; er ist somit kein Gegenstand, ohne den das Gebäude als solches nicht nutzbar wäre. Außerdem ist der Mieter wirtschaftlicher Eigentümer des Einbauschranks, da er einen Entschädigungsanspruch im Fall des Auszugs hat.

Da der Einbauschrank durch seine feste Verbindung mit dem Gebäude seine Beweglichkeit eingebüßt hat, kann er nur linear nach § 7 Abs. 5a und Abs. 4 Satz 2 EStG abgeschrieben werden (Nutzungsdauer 25 Jahre = 4 %):

Ladeneinrichtung

Zugang April 01	40 000 €
AfA (§ 7 Abs. 1 EStG: 10 %), 9 Monate	./. 3 000 €
Bilanzansatz 31. 12. 01	37 000 €

Einbauschrank

Zugang April 01	12 000 €
AfA (§ 7 Abs. 4 EStG: 4 % für 9 Monate)	./. 360 €
Bilanzansatz 31. 12. 01	11 640 €

3.4 Immaterielle Wirtschaftsgüter

Als immaterielle Wirtschaftsgüter kommen in Betracht: Rechte, rechtsähnliche Werte und sonstige greifbare, längerfristige Vorteile, z. B. Firmenwert, Praxiswert, Patente, Urheberrechte, Konzessionen, Belieferungsrechte, dingliche Nutzungsrechte wie Nießbrauch, aber auch lediglich schuldrechtliche Nutzungsrechte und -möglichkeiten (R 5.5 Abs. 1 EStR). Bei Nutzungsrechten an Gebäuden vgl. H 4.7 „Eigenaufwand für ein fremdes Wirtschaftsgut" EStH.

Wie bei materiellen Wirtschaftsgütern, kann es sich um Anlagevermögen (z. B. Patente, Nutzungsrechte, Firmenwert, Konzessionen) oder um Umlaufvermögen (z. B. in Auftragsforschung entwickeltes Know-how, auf Vorrat hergestellte Anzeigen- und Plakatentwürfe einer Werbeagentur) handeln.

Immaterielle Wirtschaftsgüter des Anlagevermögens dürfen steuerlich nur bilanziert werden, wenn sie entgeltlich erworben wurden (§ 5 Abs. 2 EStG). Entgeltlicher Erwerb setzt den Erwerb von einem anderen (aus dessen Vermögen) gegen eine Gegenleistung voraus (abgeleiteter Erwerb). Im Gegensatz dazu stehen die selbst geschaffenen immateriellen Wirtschaftsgüter. Der Annahme eines Erwerbs aus dem Vermögen eines anderen steht nicht entgegen, dass das Wirtschaftsgut erst durch Rechtsgeschäft geschaffen wird wie z. B. bei Einräumung eines Belieferungsrechts (R 5.5 Abs. 2 EStR).

Das Aktivierungsverbot des § 5 Abs. 2 EStG gilt nicht bei Einlage eines immateriellen Wirtschaftsgutes (R 5.5 Abs. 3 Satz 3 und EStR).

Immaterielle Wirtschaftsgüter des Umlaufvermögens sind auch dann zu aktivieren, wenn sie (vom Steuerpflichtigen) selbst geschaffen wurden.

Neben dem Vorhandensein von Anschaffungskosten (bei immateriellen Wirtschaftsgütern des Anlagevermögens) bzw. von Anschaffungs- oder Herstellungskosten (bei immateriellen Wirtschaftsgütern des Umlaufvermögens) ist Voraussetzung für die Bilanzierung, dass überhaupt ein **Wirtschaftsgut** vorliegt. Kriterien für die Annahme eines **immateriellen Wirtschaftsgutes** sind:

1. Bestehen eines konkreten betrieblichen Vorteils, der einen länger als ein Jahr währenden greifbaren Vorteil bringt (BFH v. 28. 8. 1974 I R 66/72, BStBl 1975 II 56),

2. realisierbarer Vermögenswert im Fall der Geschäftsveräußerung im Ganzen,

3. Abgrenzbarkeit gegenüber anderen Wirtschaftsgütern.

Liegen diese drei Voraussetzungen vor, so sind die zur Erlangung dieses Vorteils getätigten Aufwendungen als Anschaffungskosten für ein immaterielles Wirtschaftsgut zu aktivieren.

Beim Erwerb eines kompletten Betriebs bereitet die Abgrenzung immaterieller Einzelwirtschaftsgüter vom Firmenwert häufig Schwierigkeiten. Der **Firmenwert** beinhaltet u. a. künftige Gewinnchancen, vorteilhafte Geschäftsbeziehungen, guten Ruf, Kundenstamm, günstigen Standort, optimale Betriebsabläufe, Kreditwürdigkeit, also Werte, die nicht einzeln, d. h. losgelöst vom Betrieb, veräußerbar sind. Demgegenüber sind **immaterielle Einzelwirtschaftsgüter** dadurch gekennzeichnet, dass sie auch einzeln, d. h. losgelöst vom Betrieb, veräußerbar sind. Die praktische Bedeutung der Abgrenzung liegt insbesondere in der Möglichkeit der Zugrundelegung einer kürzeren Nutzungsdauer sowie der leichteren Begründbarkeit einer Teilwertabschreibung für immaterielle Einzelwirtschaftsgüter.

3.4.1 Handelsrechtliche Besonderheiten

3.4.1.1 Selbst geschaffene immaterielle Vermögensgegenstände des Anlagevermögens

Durch das BilMoG wurde § 248 Abs. 2 HGB geändert. Die Änderung besteht in der Aufhebung des Verbots der Aktivierung selbst geschaffener immaterieller Vermögensgegenstände des Anlagevermögens. Damit soll der zunehmenden Bedeutung der immateriellen Vermögensgegenstände im Wirtschaftsleben Rechnung getragen werden. Insbesondere innovative mittelständische Unternehmen sowie Unternehmen, die erst am Beginn ihrer wirtschaftlichen Entwicklung stehen („start up's"), erhalten so die Möglichkeit, ihre Außendarstellung zu verbessern.

Bei der Inanspruchnahme des Aktivierungswahlrechts sind die Vermögensgegenstände mit den Herstellungskosten für ihre Entwicklung anzusetzen. Einzelheiten ergeben sich aus § 255 Abs. 2a HGB. Forschungskosten dürfen nicht aktiviert werden. Sofern Forschung und Entwicklung nicht verlässlich voneinander unterschieden werden können, ist eine Aktivierung ausgeschlossen. Für selbst geschaffene Marken, Drucktitel, Verlagsrechte, Kundenlisten oder vergleichbare immaterielle Vermögensgegenstände des Anlagevermögens verbleibt es beim Aktivierungsverbot (§ 248 Abs. 2 Satz 2 HGB).

Die Inanspruchnahme des Aktivierungswahlrechts ist bei Kapitalgesellschaften und Gesellschaften i. S. von § 264a HGB mit Ausschüttungsbeschränkungen verbunden (§ 268 Abs. 8 HGB).

Die Neuregelung ist erstmals auf solche Vermögensgegenstände anzuwenden, mit deren Entwicklung in Geschäftsjahren begonnen wird, die nach dem 31. 12. 2009 beginnen (Art. 66. Abs. 7 EGHGB). Wird das BilMoG freiwillig im Ganzen ein Jahr früher angewendet (vgl. Art. 66 Abs. 3 letzter Satz EGHGB), gilt dies m. E. auch für die Ausübung des Aktivierungswahlrechts bei immateriellen Vermögensgegenständen des Anlagevermögens. **Steuerlich bleibt es beim Aktivierungsverbot gem. § 5 Abs. 2 EStG.**

3.4.1.2 Geschäfts- oder Firmenwert

Ein originärer Geschäfts- oder Firmenwert darf wie bisher weder handelsrechtlich noch steuerrechtlich angesetzt werden (§ 5 Abs. 2 EStG, § 248 Abs. 2 Satz 2 HGB). Ein entgeltlich erworbener (derivativer) Geschäfts- oder Firmenwert gilt handelsrechtlich nunmehr als zeitlich begrenzt nutzbarer Vermögensgegenstand (§ 246 Abs. 1 Satz 4 HGB i. d. F. BilMoG). Er ist hiernach zwingend auf der Aktivseite beim Anlagevermögen im Rahmen der immateriellen Vermögensgegenstände gesondert auszuweisen (§ 266 Abs. 2 A. I. 3. HGB). Die Abschreibung erfolgt nach den Regeln des § 253 Abs. 1 und 3 HGB ohne gesetzliche Vorgaben der Nutzungsdauer. Da Kapitalgesellschaften es im Anhang begründen müssen, wenn sie von einer Nutzungsdauer von mehr als fünf Jahren ausgehen (§ 285 Nr. 13 HGB), kann m. E. im Regelfall eine Nutzungsdauer von fünf Jahren unterstellt werden.

Steuerlich bleibt es beim Aktivierungsgebot als Wirtschaftsgut und einer Nutzungsdauer von 15 Jahren (§ 7 Abs. 1 Satz 3 EStG).

3.4.2 Absetzung für Abnutzung

Immaterielle Wirtschaftsgüter können zum abnutzbaren oder zum nichtabnutzbaren Anlagevermögen gehören. Die AfA richtet sich nach der betriebsgewöhnlichen Nutzungsdauer (§ 7 Abs. 1 EStG). Degressive AfA ist nicht zulässig, da es sich nicht um „bewegliche" Wirtschaftsgüter handelt. Im Einzelnen gilt Folgendes:

3.4.2.1 Firmenwert

Die Folgebewertung des Geschäftswerts folgt den allgemeinen Regeln des § 253 Abs. 3 HGB. Für die Nutzungsdauer kommt es handelsrechtlich nicht auf die gesetzlich festgeschriebene steuerliche Nutzungsdauer von 15 Jahren (vgl. § 7 Abs. 1 Satz 3 EStG), sondern auf die geschätzte Nutzungsdauer an. Sollte die Nutzungsdauer auf mehr als fünf Jahre geschätzt werden, sind die Gründe für diese Annahme von offenlegungspflichtigen Unternehmen im Anhang anzugeben (§ 285 Nr. 13 HGB). Daraus folgt, dass allgemein handelsrechtlich von einer Nutzungsdauer von fünf Jahren ausgegangen werden kann. Steuerlich ist die AfA gem. § 7 Abs. 1 Satz 3 EStG nur linear über einen Zeitraum von 15 Jahren möglich. Diese gesetzlich festgelegte Nutzungsdauer gilt auch dann, wenn tatsächliche Anhaltspunkte für eine kürzere Nutzungsdauer vorhanden sind und in der Handelsbilanz aus diesem Grund schneller abgeschrieben wird (BMF v. 20. 11. 1986, BStBl I 1986, 532). Bei Erwerb des Geschäftswerts im Verlauf des Jahres ist die AfA zeitanteilig mit 1/12 für jeden begonnenen Monat anzusetzen (§ 7 Abs. 1 Satz 2 EStG).

Neben der planmäßigen Abschreibung ist bei voraussichtlich dauernder Wertminderung eine außerplanmäßige Abschreibung gem. § 253 Abs. 3 Satz 3 HGB auf den niedrigeren beizulegenden Wert bzw. Teilwert vorzunehmen. Hierfür muss der beizulegende Wert/Teilwert niedriger sein als der sich aus der planmäßigen Abschreibung ergebende Buchwert.

Die Zulässigkeit einer Teilwertabschreibung des Geschäftswerts wird steuerlich aus dem in § 6 Abs. 1 Nr. 1 Satz 2 EStG verankerten Wahlrecht zum Ansatz des niedrigeren Teilwerts abgeleitet („kann"). Die Teilwertabschreibung des Geschäftswerts ist nach der Rechtsprechung nur eingeschränkt möglich. Nach der (umstrittenen) Einheitstheorie darf keine Aufteilung in einen entgeltlichen, sich verflüchtigenden und einen neu geschaffenen Geschäftswert erfolgen (BFH v.

13. 4. 1983 I R 63/79, BStBl II 1983 II 667, v. 16. 5. 2002 III R 45/98, BStBl 2003 II 10). Die Teilwertabschreibung eines entgeltlich erworbenen Geschäftswerts ist zulässig, wenn die wirtschaftliche Entwicklung seit der erstmaligen Aktivierung des Geschäftswerts zeigt, dass die (erhoffte) Rentabilität des (erworbenen) Unternehmens nachhaltig gesunken ist. Dies ist der Fall, wenn

► der Erwerb von Anfang eine Fehlmaßnahme war,

► der Teilwert des Geschäftswerts in seiner Gesamtheit – bei Anwendung der Einheitstheorie – einschließlich der zwischenzeitlich nachgewachsenen originären Bestandteile – unter den Buchwert gefallen ist (BFH v. 28. 5. 1998 IV R 48/97, BStBl 1998 II 775).

Der Teilwert kann nach folgenden zwei Methoden ermittelt werden:

3.4.2.2 Indirekte Methode

Sie wird angewendet bei kapitalintensiven Unternehmen.

Formel: $\dfrac{\text{Ertragswert ./. Substanzwert}}{2}$ = Teilwert des Firmenwertes

Dabei ergibt sich der Ertragswert durch Kapitalisierung des nachhaltig erzielbaren Jahresgewinns auf der Basis der branchenüblichen Rendite. Der Jahresgewinn ist um einen angemessenen Unternehmerlohn zu kürzen. Zur Ermittlung des Substanzwerts sind die Wirtschaftsgüter mit dem Teilwert zu bewerten. Der Abschlag von 50 % erfolgt wegen der Risiken der Schätzung.

3.4.2.3 Direkte Methode

Sie wird bevorzugt angewendet bei kleinen und mittleren Handwerksbetrieben. Der Firmenwert ergibt sich bei dieser Methode durch Kapitalisierung des Übergewinns.

Formel:

	Nachhaltig erzielbarer Jahresgewinn
./.	Marktübliche Zinsen (z. B. für langlaufende Euro-Anleihen) für den eingesetzten Substanzwert (Kapital zum Teilwert)
./.	Angemessener Unternehmerlohn
=	Übergewinn

	Übergewinn × Kapitalisierungsfaktor
=	Teilwert des Firmenwerts

Kapitalisierungsfaktor: 100/Zinssatz (branchenübliche Rendite)

3.4.2.4 Praxiswert

AfA sind auf den entgeltlich erworbenen Wert eines freiberuflichen Unternehmens nach der im Einzelfall zu schätzenden Nutzungsdauer zu bemessen. Diese kann in der Regel mit drei bis fünf Jahren angenommen werden (BFH v. 15. 4. 1958 I 61/57 U, BStBl 1958 III 330). In den Fällen, in denen sich nach der Rechtsprechung des BFH der erworbene Praxiswert nicht abnutzt, weil der Praxisinhaber weiterhin entscheidenden Einfluss im Unternehmen ausübt (z. B. im Fall einer Sozietät), beanstandet es die Finanzverwaltung nicht, wenn von einer Nutzungsdauer von sechs bis zehn Jahren ausgegangen wird (BMF v. 15. 1. 1995, BStBl 1995 I 14). Scheidet der Praxisinhaber (später) aus der Sozietät aus, kann der Praxiswert anschließend in drei bis fünf Jahren abgeschrieben werden. Siehe auch H 6.1 „Praxiswert" EStH.

3.4.2.5 Computer-Software

Computerprogramme jedweder Art sind grundsätzlich auch dann, wenn sie auf einem Datenträger gespeichert und demnach aus materiellen und immateriellen Elementen zusammengesetzt sind, unkörperlicher Natur und daher immaterielle Wirtschaftsgüter (BFH v. 18. 5. 2011 X R 26/09, BStBl 2011 II 865). Die **Systemsoftware** (z. B. Betriebssystem) ist in der Regel einheitlich mit dem Computer abzuschreiben, wenn sie zusammen mit ihm angeschafft wurde. Separat angeschaffte Software (sog. **Anwendersoftware**) gehört zu den immateriellen Wirtschaftsgütern und ist entsprechend der betriebsgewöhnlichen Nutzungsdauer abzuschreiben, sofern es sich nicht um **Trivialprogramme** (AK bis 410 €) handelt (R 5.5 Abs. 1 EStR), die von der Finanzverwaltung aus Vereinfachungsgründen als abnutzbare bewegliche und selbständig nutzbare Wirtschaftsgüter angesehen werden und demzufolge nach § 6 Abs. 2, 2a EStG zu behandeln sind. Betriebswirtschaftliche ERP-Software ist ein immaterielles Wirtschaftsgut und gem. § 7 Abs. 1 Satz 1 EStG linear abzuschreiben. Als betriebsgewöhnliche Nutzungsdauer wird grundsätzlich ein Zeitraum von fünf Jahren angenommen (BMF v. 18. 11. 2005, BStBl 2005 I 1025).

Bei **Updates** für separat aktivierte Software muss wie folgt unterschieden werden: Ist das Update ein selbständig lauffähiges Programm, sind die Anschaffungskosten zu aktivieren, der Buchwert der Vorgängerversion ist abzuschreiben. Werden hingegen nur einige Dateien neu geliefert (sog. **Upgrades**), ergibt sich Erhaltungsaufwand; die alte Version wird weiterhin planmäßig abgeschrieben.

3.4.2.6 Verlagswerte

Für Verlagswerte sind steuerlich die für den Firmenwert geltenden Vorschriften über Nutzungsdauer und AfA-Beginn entsprechend anzuwenden, da es sich um ein firmenwertähnliches Wirtschaftsgut handelt (BFH v. 24. 11. 1982 I R 123/78, BStBl 1983 II 113).

Einzelfälle

1. Von der Kommune erhobener Beitrag der Grundstückseigentümer zum Ausbau von Fußgängerzonen.

   Lösung: Da grundstücksbezogen, Teil der AK für den Grund und Boden (BFH v. 26. 1. 1984 IV R 30/80, BStBl 1984 II 480).

2. Beitrag zum Ausbau einer öffentlichen Straße, die der Steuerpflichtige mitbenutzt.

   Lösung: Sofort abziehbare Betriebsausgabe (H 5.5 „Kein entgeltlicher Erwerb" EStH).

3. Zuschuss zur Renovierung gegen Einräumung eines Belieferungsrechts.

   Lösung: Das Belieferungsrecht ist ein entgeltlich erworbenes IWG (H 5.5 „Immaterielle Wirtschaftsgüter sind u. a." EStH).

4. Zuschuss für Bau eines Hotels gegen Einräumung eines Belegungsrechts.

   Lösung: Das Belegungsrecht ist ein entgeltlich erworbenes IWG (R 5.5 Abs. 2 Satz 4 EStR).

5. Abstandszahlungen an weichende Mieter/Pächter für vorzeitigen Nutzungsverzicht

   a) um bauen zu können;

   Lösung: Teil der HK des Neubaus (H 6.4 „Entschädigungs- oder Abfindungszahlungen" EStH).

   b) um Grundstück nutzen zu können;

   Lösung: Entgeltlich erworbenes IWG (BFH v. 2. 3. 1970 GrS 1/69, BStBl 1970 II 382).

6. Ausgleichszahlungen nach § 89b HGB.

   Lösung: Sofortiger Aufwand, da kein WG erworben wird (Kundenstamm bestand schon vorher) (BFH v. 31. 10. 1974 III R 135/73, BStBl 1975 II 85).

7. Zahlung für befristetes Wettbewerbsverbot.

   Lösung: Entgeltlich erworbenes IWG (BFH v. 14. 2. 1973 I R 89/71, BStBl 1973 II 580).

8. Zahlung für ein Wettbewerbsverbot, das anlässlich einer Unternehmensübernahme erworben wird und keine selbständige Bedeutung hat.

   Lösung: Teil der AK für den Firmenwert (BFH v. 24. 3. 1983 IV R 138/80, BStBl 1984 II 233).

9. Entgeltlich erworbene problemorientierte Computer-Individual- und -Standard-Programme (z. B. Softwareprogramm „Steuerberater-Kanzleipaket").

   Lösung: Aktivierungspflichtige IWG (BFH v. 3. 7. 1987 III R 147/86, BStBl 1987 II 787). § 6 Abs. 2 EStG und § 7 Abs. 2 EStG sind nicht anwendbar. Lediglich Programme, die keine Funktionsabläufe steuern und nur Daten speichern, sortieren, zählen, sind materielle WG (BFH v. 5. 2. 1988 III R 49/83, BStBl 1988 II 737), ebenso Trivialprogramme (AK bis 410 €, R 5.5 Abs. 1 EStR).

   Systemsoftware, die im Rahmen des sog. Bundling erworben wird, bildet mit der Hardware ein einheitliches WG (BFH v. 16. 2. 1990 III B 90/88, BStBl 1990 II 794).

10. Nutzungsrechte an Wirtschaftsgütern.

    Lösung: Nur bei entgeltlichem Erwerb aktivierungspflichtiges IWG, vgl. R 5.5 Abs. 2 EStR. Bei Gebäuden vgl. H 4.7 „Eigenaufwand für ein fremdes Wirtschaftsgut" EStH.

11. Ein Filmhersteller, der Filme in Auftragsproduktion (z. B. für eine Fernsehanstalt) herstellt, hat diese als immaterielle Wirtschaftsgüter des Umlaufvermögens zu aktivieren (BFH 20. 9. 1995 X R 225, BStBl 1997 II 320).

12. Emissionsberechtigungen sind immaterielle Wirtschaftsgüter des Umlaufvermögens (BMF v. 6. 12. 2005, BStBl 2005 I 1047).

13. Abfindungszahlungen eines Handelsvertreters an den Geschäftsherrn wegen der Übernahme des Gebiets eines weichenden Handelsvertreters führen beim zahlenden Handelsverteter zu einem immateriellen Wirtschaftsgut „Vertreterrecht", das nach der im Schätzungswege zu bestimmenden betriebsgewöhnlichen Nutzungsdauer abzuschreiben ist; die typisierende Regelung des § 7 Abs. 1 Satz 3 für den Firmen- oder Geschäftswert findet keine Anwendung (BFH v. 12. 7. 2007 X R 5/05, BStBl 2007 II 959).

14. Eine Rückverkaufsoption führt beim dafür zahlenden Käufer (Optionsberechtigter) zu einem nichtabnutzbaren immateriellen Wirtschaftsgut, das gemäß § 6 Abs. 1 Nr. 2 EStG grundsätz-

lich mit den Anschaffungskosten anzusetzen ist. Diese entsprechen dem Wert der beim Kraftfahrzeughändler passivierten Verbindlichkeit aus der Rückverkaufsoption; in dieser Höhe sind die Anschaffungskosten des erworbenen Kraftfahrzeugs gemindert. Das immaterielle Wirtschaftsgut ist erfolgswirksam auszubuchen, wenn der optionsberechtigte Käufer von seinem Recht Gebrauch macht und den Rückverkauf einfordert oder wenn das Recht, den Rückkauf von dem Kraftfahrzeughändler zu verlangen, verfallen ist (BMF v. 12.10.2011, BStBl 2011 I 967).

FALL 43

Forschungs- und Entwicklungskosten als immaterielle Vermögensgegenstände

Sachverhalt

Die Forschungsabteilung eines Pharmaunternehmens hat nach zwei Jahren intensiver Forschung ein neues blutdrucksenkendes Mittel entdeckt und sich dieses patentieren lassen. Auch die Zulassung durch die Arzneimittelbehörde liegt vor. Die Aufwendungen bis zu Entdeckung haben 5 Mio. € betragen. In der Zeit vom 1.10.01 – 30.9.03 wird ein Medikament bis zur Serienreife entwickelt. Die Nutzungsphase kann ab Beginn der Medikamentenherstellung mit zehn Jahren angenommen werden. Die Herstellungskosten für die Entwicklung ergaben sich wie folgt:

01:	1 Mio. €
02:	0,9 Mio. €
03:	0,5 Mio. €

Schon während der Entwicklungsphase lagen Angebote von konkurrierenden Unternehmen vor, die für die Abtretung des Patents und die Überlassung der Entwicklungserkenntnisse und -unterlagen hohe Beträge zu zahlen bereit waren.

Am 31.12.03 befinden sich im Bestand 50 000 handelsübliche Packungen des Mittels, deren Herstellungskosten 6 € pro Stück betrugen. Das Wirtschaftsjahr entspricht dem Kalenderjahr.

Frage

Wie sind die Kosten handelsrechtlich und steuerrechtlich zu behandeln, wenn ein möglichst hoher Gewinn gewünscht wird? Wie lauten die erforderlichen Buchungssätze?

LÖSUNG

Die handelsrechtliche Lösung ergibt sich aus § 248 Abs. 2 i.V. mit § 255 Abs. 2a HGB. Die Forschungskosten von 5 Mio. € sind bei Entstehung in vollem Umfang aufwandswirksam zu erfassen. Am 31.12.01 kann das Unternehmen die bis dahin entstandenen Entwicklungskosten wahlweise aktivieren, da nach dem Sachverhalt eine Einzelveräußerung möglich gewesen wäre. Für die Handelsbilanz ergeben sich folgende Auswirkungen: Ansatz 1 Mio. €. Dasselbe gilt für den 31.12.02: Ansatz 1,9 Mio. €. Sodann betragen die endgültigen Herstellungskosten des selbst geschaffenen immateriellen Vermögensgegenstandes bis zum 30.9.03 2,4 Mio. €. Die jährliche AfA beträgt bei zehn Jahren Nutzungsdauer 240 000 €. Auf 03 entfallen anteilig für drei Monate 60 000 €. Bilanzansatz 31. 12. 03: 2 340 000 €. Für die Steuerbilanz bleibt es beim Aktivierungsverbot (§ 5 Abs. 2 EStG).

Buchungen 01:

Immaterielle Vermögensgegenstände an aktivierte Eigenleistungen 1 Mio. €

Buchungen 02:

Immaterielle Vermögensgegenstände an aktivierte Eigenleistungen 0,9 Mio. €

Buchungen 03:

Immaterielle Vermögensgegenstände an aktivierte Eigenleistungen 0,5 Mio. €

AfA an Immaterielle Vermögensgegenstände 60 000 €

Die fertiggestellten Medikamente sind zum 31. 12. 03 sowohl in der Handels- als auch in der Steuerbilanz unter den Vorräten als „fertige Erzeugnisse" zu erfassen: 300 000 €.

Buchung: Fertige Erzeugnisse an Bestandsänderung fertige Erzeugnisse 300 000 €

FALL 44A

Originärer Firmenwert

Sachverhalt

Der Steuerpflichtige, ein Kaufmann, übt seinen Gewerbebetrieb seit über 20 Jahren aus. Seine Firma besitzt einen erstklassigen Ruf, verfügt über eine hervorragend eingespielte Belegschaft, befindet sich in ausgezeichneter Geschäftslage, hat die Organisation des Ein- und Verkaufs optimal gestaltet und kann auf einen soliden Kundenstamm blicken. Die zu erwartenden zukünftigen hohen Gewinnchancen können als gesichert angesehen werden. Würde der Steuerpflichtige dieses Unternehmen veräußern, wäre ein Erwerber bereit, über den Substanzwert des Betriebs hinaus 500 000 € für die genannten besonderen Vorteile aufzuwenden.

Frage

Ist dieser immaterielle Mehrwert aktivierbar?

LÖSUNG

Unter Firmenwert (Geschäftswert, good will) versteht man den Mehrwert, der durch einen über den Substanzwert eines Betriebs hinausgehenden Ertragswert begründet wird und der insbesondere durch die zu erwartenden künftigen Gewinnchancen bestimmt wird. Bilanzierbar ist allerdings nur der entgeltlich erworbene, sog. „derivative" Firmenwert. Die Bilanzierung des im Betrieb gewachsenen, sog. „originären" Firmenwerts ist unzulässig (§ 5 Abs. 2 EStG, § 248 Abs. 2 Satz 2 HGB). Im Beispielsfall kommt eine Aktivierung des Firmenwerts nicht in Betracht.

FALL 44B

Derivativer Firmenwert

Sachverhalt

Wie Fall 44a, jedoch ist der Betrieb im Ganzen veräußert worden. Der Erwerber hat für den Firmenwert 500 000 € aufgewendet.

Frage

Wie ist die auf den Firmenwert entfallende Zahlung des Erwerbers bei diesem bilanziell unter Beachtung des BilMoG zu behandeln?

LÖSUNG

Handelsrechtlich (§ 246 Abs. 1 Satz 4 HGB) und steuerrechtlich muss (§ 5 Abs. 2 EStG) der Firmenwert im Zeitpunkt des Erwerbs mit den Anschaffungskosten angesetzt werden. Steuerrechtlich sind die Anschaffungskosten für den Firmenwert mit jährlich $6^2/_3$ % abzuschreiben (§ 7 Abs. 1 Satz 3 EStG). Handelsrechtlich richtet sich die Abschreibung nach § 253 Abs. 3 HGB.

FALL 45

Praxiswert

Sachverhalt

a) Ein Rechtsanwalt verkauft mit Wirkung vom 1.1.01 seine Praxis für 500 000 € an einen Berufskollegen B. Vom Kaufpreis entfallen 400 000 € auf den Praxiswert, der Rest auf Praxisinventar und Fachliteratur. B verliert keine Mandanten, sodass sich der Praxiswert objektiv nicht verringert. Es wird in den ersten Jahren ein möglichst hoher Gewinn gewünscht.

b) A betreibt eine Hautarztpraxis. Er nimmt den Hautarzt B in seine Praxis als Gesellschafter auf und begründet mit ihm eine GbR, an der A und B je zur Hälfte beteiligt sind. B zahlt 200 000 € für den Praxiswert.

c) Wirtschaftsprüfer W überträgt seinen Praxiswert auf eine von ihm mitgegründete Wirtschaftsprüfer-GmbH. Für den Praxiswert wendet die GmbH 600 000 € auf. In der GmbH arbeitet W voll mit.

Frage

Wie sind die Aufwendungen für den Praxiswert zu behandeln?

LÖSUNG

zu a): B muss den erworbenen Praxiswert gem. § 7 Abs. 1 EStG in drei bis fünf Jahren linear abschreiben, denn der sich verflüchtigende (abschreibungspflichtige) Praxiswert wird durch einen nachwachsenden, selbst geschaffenen (und damit nicht ansetzbaren) Praxiswert ersetzt. Bei einer Abschreibungsdauer von fünf Jahren sind pro Jahr 80 000 € als Betriebsausgaben abzugsfähig.

zu b): B kann seine Aufwendungen in Höhe von insgesamt 200 000 € als derivativen Praxiswert innerhalb von sechs bis zehn Jahren abschreiben (BMF v. 15.1.1995, BStBl 1995 I 14).

zu c): Die Grundsätze für die steuerliche Behandlung eines Sozietätspraxiswerts gelten entsprechend für den Erwerb eines Praxiswerts durch eine Wirtschaftsprüfer- oder Steuerberater-GmbH (BMF v. 15.1.1995, a.a.O.); somit ist von einer Nutzungsdauer von sechs bis zehn Jahren auszugehen.

Für die Bemessung der Nutzungsdauer ist es bedeutsam, welche Stellung der übertragende Gesellschafter in der Kapitalgesellschaft innehat. Bei fehlender oder unbedeutender Tätigkeit ist die Nutzungsdauer geringer (BFH v. 30.3.1994 I R 52/93, BStBl 1994 II 903).

Die GmbH erwirbt somit vorliegend ein abnutzbares immaterielles Wirtschaftsgut „Praxiswert" (und nicht Geschäfts- oder Firmenwert), das sie in Höhe von 600 000 € zu aktivieren hat. Die Abschreibungsdauer beträgt (entsprechend dem Sozietätspraxiswert und dem Umstand, dass W voll mitarbeitet) sechs bis zehn Jahre. Bei angenommenen sechs Jahren Nutzungsdauer ergibt sich eine jährliche AfA nach § 7 Abs. 1 EStG in Höhe von 100 000 €.

FALL 46

Firmenwert und immaterielles Einzelwirtschaftsgut

Sachverhalt

Bauunternehmer A hat Anfang 01 das Hoch- und Tiefbauunternehmen des B käuflich erworben. Über den Substanzwert (Grundstücke, Maschinen usw.) hinaus zahlt er zusätzlich (ohne USt) an B:

- für den guten Ruf des Unternehmens	250 000 €
- für den Kundenstamm	500 000 €
- Gewinnerwartungen aus schwebenden Geschäften	300 000 €
- für ein von B selbst geschaffenes Patent	200 000 €
Summe	1 250 000 €

Gebucht wurde in 01:

Firmenwert an Bank 1 250 000 €

Planmäßige Abschreibung an Firmenwert 250 000 €

Das Patent hat eine Nutzungsdauer von zehn Jahren. Die Hälfte der schwebenden Geschäfte wurde noch in 01 mit Erfolg erfüllt. Der Rest erfolgt in 02; Verluste drohen nicht.

Frage

Wie sind die Zahlungen in den Bilanzen des Erwerbers zu behandeln?

LITERATURHINWEIS

Blödtner/Bilke/Heining, Lehrbuch Buchführung und Bilanzsteuerrecht, 10. Aufl., Teil B Kapitel 5.4.7.

LÖSUNG

a) Handelsrechtliche Lösung

Guter Ruf und Kundenstamm bei einem Bauunternehmer sind firmenwertbildende Komponenten; sie sind nicht losgelöst von der Bauunternehmung veräußerbar. Die Aktivierungspflicht ergibt sich aus § 246 Abs. 2 Satz 4 HGB, da ein entgeltlicher Erwerb vorliegt. Die Anschaffungskosten (§ 255 Abs. 1 HGB) betragen 750 000 €. Die planmäßigen Abschreibungen erfolgen nach Maßgabe des § 253 Abs. 3 Satz 1 HGB und – bei nicht mehr vorhandener Werthaltigkeit – außerplanmäßig nach § 253 Abs. 3 Satz 3 HGB. Nach einer außerplanmäßigen Abschreibung ist eine Wertaufholung ausgeschlossen (§ 255 Abs. 5 Satz 2 HGB).

Für die planmäßige Abschreibung ist die betriebsgewöhnliche Nutzungsdauer maßgebend, die zu schätzen ist. A hat eine Nutzungsdauer von fünf Jahren angenommen. Das ist handelsrechtlich nicht zu beanstanden (siehe hierzu die für Kapitalgesellschaften geltende Regelung in § 285 Nr. 13 HGB). Die jährliche Abschreibung beträgt sodann 150 000 €.

Die Übernahme des Patents durch A hat zu einem immateriellen Vermögensgegenstand des Anlagevermögens geführt, dessen Aktivierungspflicht sich aus dem Vollständigkeitsgebot nach § 246 Abs. 1 HGB ergibt. Der Ansatz erfolgt mit den Anschaffungskosten (§ 255 Abs. 1 HGB) in Höhe von 200 000 €. Die Folgebewertung ergibt sich nach § 253 Abs. 3 HGB und führt zu einer jährlichen Abschreibung in Höhe von 20 000 €.

Die Gewinnerwartungen aus schwebenden Geschäften stellen einen immateriellen Vermögensgegenstand des Umlaufvermögens dar, dessen Aktivierungspflicht sich ebenfalls aus dem Vollständigkeitsgebot nach § 246 Abs. 1 HGB ergibt. Der Ansatz erfolgt mit den Anschaffungskosten (§ 255 Abs. 1 HGB) in Höhe von 300 000 €. Soweit die schwebenden Geschäfte erfüllt werden, ist der Bilanzposten gewinnwirksam aufzulösen, hier in Höhe von 150 000 €.

Kontenentwicklungen (SVG – UV = sonstiger Vermögensgegenstand des UV):

	Firmenwert bisher €	Firmenwert zutreffend €	Gewinn €
Zugang 1.1.01	1 250 000	750 000	
Abschreibung	250 000	150 000	+ 100 000
Stand 31.12.01	1 000 000	600 000	

	Gewerbl. Schutzrechte bisher	Gewerbl. Schutzrechte zutreffend	
Zugang 1.1.01		200 000	
Abschreibung		20 000	./. 20 000
Stand 31.12.01		180 000	

103

	SVG-UV bisher	SVG-UV zutreffend	
Zugang 1.1.01		300 000	
Auflösung		150 000	./. 150 000
Stand 31.12.01		150 000	
Gewinnauswirkung insgesamt			./. 70 000

Korrekturbuchungen:

Gewerbl. Schutzrechte 180 000 € und SVG-UV 150 000 € und sonstiger betrieblicher Aufwand 150 000 €

an Firmenwert 400 000 € und Abschreibungen 80 000 €

b) Steuerrechtliche Lösung

Die steuerrechtliche Behandlung unterscheidet sich von der handelsrechtlichen nur hinsichtlich der Abschreibung des Firmenwerts. Dieser ist nach § 7 Abs. 1 Satz 3 EStG auf 15 Jahre abzuschreiben; die jährliche AfA beträgt 50 000 € (statt 150 000 €).

FALL 47

Firmenwert und Teilwertabschreibung

Sachverhalt

a) Kaufmann A betreibt einen Handwerksbetrieb und hat hat im Rahmen einer Geschäftsübernahme im Ganzen im Jahr 01 für den übernommenen Firmenwert 900 000 € bezahlt und den Betrag in den Steuerbilanzen als abnutzbares Anlagevermögen behandelt und mit $6^2/_3$ % jährlich abgeschrieben. Zum 31.12.06 schreibt er den Firmenwert auf 250 000 € ab (Buchwert vor Teilwertabschreibung 540 000 €), weil er der Ansicht ist, dass sich der Teilwert des Firmenwerts infolge nicht eingetretener Gewinnerwartungen auf diesen Betrag verringert habe. Hierzu können folgende Feststellungen getroffen werden: Der Substanzwert beträgt beim Teilwertansatz 2 Mio. €, der durchschnittliche auch künftig zu erwartende Reingewinn 416 000 €. Der Unternehmer arbeitet mit; es ist von einem Unternehmerlohn von 180 000 € jährlich auszugehen. Der Basiszinssatz unter Berücksichtigung einer angemessenen Risikoprämie beträgt 10 %.

Frage

Wie hoch ist der Teilwert/beizulegende Wert des Firmenwerts bei Anwendung der direkten Methode?

b) Der Substanzwert eines Großbetriebs beträgt beim Teilwertansatz 7 Mio. €, der durchschnittliche auch künftig zu erwartende Reingewinn 900 000 €. Die Geschäftsführung wird ausschließlich von Angestellten besorgt. Der Basiszinssatz unter Berücksichtigung einer angemessenen Risikoprämie beträgt 10 %.

Frage

Wie hoch ist der Firmenwert bei Anwendung der indirekten Methode?

LÖSUNG

Vorbemerkung

Zur Ermittlung des beizulegenden Werts/Teilwerts bedient man sich der direkten oder der indirekten Methode (auch Mittelwert-Methode genannt). Bei der direkten Methode (BFH v. 20. 4. 1977 I R 234/75, BStBl 1977 II 607) werden vom künftig nachhaltig zu erwartenden Gewinn der Unternehmerlohn und die (fiktive) Verzinsung des Substanzwerts abgezogen. Der verbleibende Übergewinn wird kapitalisiert und ergibt den beizulegenden Wert/Teilwert des Firmenwerts. Bei der indirekten Methode (BFH v. 13. 4. 1983 I R 63/79, BStBl 1983 II 667) wird unter Berücksichtigung des Unternehmerlohns der Ertragswert des Unternehmens durch die Gewinnkapitalisierung ermittelt und davon der Substanzwert des Unternehmens abgezogen. Die Differenz wird – aus Vorsichtsgründen – halbiert und stellt den beizulegenden Wert/Teilwert dar. Problematisch ist der Ansatz eines angemessenen Zinssatzes für die Kapitalisierung des künftig voraussichtlich erzielbaren Gewinns. Denn: Je höher der Zinssatz, desto niedriger der Geschäftswert. Ein Zinssatz von 10 % und damit ein Kapitalisierungsfaktor von 10 gelten allgemein als angemessen (BFH v. 13. 4. 1983, a. a. O.).

Lösung

a) jährlicher Reingewinn	416 000 €
Zinsen für Substanzwert	
10 % von 2 Mio. €	./. 200 000 €
Unternehmerlohn	./. 180 000 €
Übergewinn	36 000 €
Firmenwert: 36 000 € x 100/10	360 000 €

Im vorliegenden Fall könnte eine Teilwertabschreibung allenfalls auf 360 000 € vorgenommen werden, wenn zusätzlich Anhaltspunkte feststellbar sind, dass der aktivierte Firmenwert durch die Minderung aller oder einzelner firmenwertbildender Faktoren insgesamt gesunken und die Wertminderung von Dauer ist.

b) jährlicher Reingewinn	900 000 €
Ertragswert: 900 000 € x 100/10	9 000 000 €
Substanzwert	7 000 000 €
Verbleiben	2 000 000 €
$^1/_2$ = Firmenwert	1 000 000 €

HINWEIS

Sofern der beizulegende Wert/Teilwert des Geschäftswerts zwischenzeitlich wieder steigt, kommt handelsrechtlich eine Zuschreibung nicht in Betracht (§ 253 Abs. 5 Satz 2 HGB). Diesem Wertaufholungsverbot liegt die Überlegung zugrunde, dass eintretende Werterholungen auf der laufenden Geschäfts- und Betriebstätigkeit beruhen müssen und nicht darauf, dass die Gründe der außerplanmäßigen Abschreibung/Teilwertabschreibung nachträglich weggefallen sind. Die Wertaufholung würde sich dann als (verbotene) Aktivierung eines selbst geschaffenen

Geschäfts-oder Firmenwerts darstellen. Bei dieser Sichtweise scheidet eine Zuschreibung auch in der Steuerbilanz aus (§ 5 Abs. 1 Satz 1 und Abs. 2 HGB).

In der Gewinn- und Verlustrechnung sind die Abschreibungen auf den Geschäftswert bei Anwendung des Gesamtkostenverfahrens unter den „Abschreibungen auf immaterielle Vermögensgegenstände des Anlagevermögens" (§ 275 Abs. 2 Nr. 7a HGB) auszuweisen. Wird das Umsatzkostenverfahren angewendet, erfolgt der Ausweis unter den „Herstellungskosten der zur Erzielung der Umsatzerlöse erbrachten Leistungen" (§ 275 Abs. 3 Nr. 2 HGB).

3.5   Leasing

3.5.1   Vertragstypen

Leasing ist das Vermieten von Anlagegütern über eine bestimmte Mietzeit gegen eine meist feste monatliche Gebühr. Leasingverträge lassen sich in zwei Gruppen einteilen:

1. Non-pay-out-Verträge (Operate-Leasing)
2. Full-pay-out-Verträge (Finanzierungsleasing)

Ein Non-pay-out-Vertrag liegt vor, wenn die Gesamtkosten des Leasinggebers (tatsächliche Anschaffungskosten des vermieteten Gegenstandes, Finanzierungs- und Verwaltungskosten, Instandhaltungskosten, kalkulatorischer Gewinn) durch die während der Grundmietzeit vom Leasingnehmer aufzubringenden Gesamtzahlungen nicht gedeckt sind. Werden hingegen die Gesamtkosten des Leasinggebers durch die Zahlungen des Leasingnehmers gedeckt, handelt es sich um einen Full-pay-out-Vertrag.

3.5.2   Wirtschaftliches Eigentum

Kennzeichnend für alle Leasingverträge ist die entgeltliche Nutzungseinräumung auf Zeit. Das zivilrechtliche Eigentum verbleibt dabei beim Leasinggeber. Für die Zurechnung eines Wirtschaftsgutes ist jedoch nicht das zivilrechtliche Eigentum entscheidend, sondern das wirtschaftliche Eigentum, und zwar sowohl für das Steuerrecht (§ 39 AO) als auch für das Handelsrecht (§ 246 Abs. 1 HGB).

3.5.2.1   Zurechnung bei Non-pay-out-Verträgen

Bei Non-pay-out-Verträgen kommen in der Praxis 3 Vertragsmodelle vor, die zu unterschiedlichen Zurechnungen führen (vgl. BMF v. 22. 12. 1975, Anh. 21 III ESt-Handbuch).

3.5.2.1.1   Vertragsmodell mit Andienungsrecht des Leasinggebers, jedoch ohne Optionsrecht des Leasingnehmers

Der Leasingnehmer ist auf Verlangen des Leasinggebers verpflichtet, den Leasinggegenstand zu kaufen. Der Leasingnehmer hat keinen Anspruch auf käuflichen Erwerb des Gegenstandes. Rechtlicher und wirtschaftlicher Eigentümer des Gegenstandes ist der Leasinggeber.

3.5.2.1.2   Vertragsmodell mit Aufteilung des Mehrerlöses

Nach Ablauf der Grundmietzeit wird der Leasinggegenstand durch den Leasinggeber veräußert. Ist dann der Veräußerungserlös abzüglich USt niedriger als die Restamortisation, muss der Leasingnehmer eine Abschlusszahlung in Höhe des Fehlbetrages zahlen. Ist der Erlös höher, teilen Leasinggeber und Leasingnehmer den Mehrbetrag unter sich auf. Erhält der Leasinggeber mindestens 25 % des die Restamortisation übersteigenden Teils des Veräußerungserlöses, ist ihm der Gegenstand als wirtschaftlichem Eigentümer zuzurechnen; erhält er weniger als 25 %, ist der Gegenstand dem Leasingnehmer zuzurechnen.

3.5.2.1.3 Kündbarer Mietvertrag mit Anrechnung des Veräußerungserlöses auf die vom Leasingnehmer zu leistende Schlusszahlung

Der Leasingnehmer kann den Leasingvertrag nach Ablauf einer bestimmten Grundmietzeit kündigen. Bei Kündigung ist eine Abschlusszahlung fällig, auf die bis zu 90 % des vom Leasinggeber erzielten Veräußerungserlöses angerechnet werden können. Entfällt dabei eine Abschlusszahlung, weil der Anrechnungsbetrag höher ist, behält der Leasinggeber auch den Mehrbetrag. In diesen Fällen ist der Leasinggeber wirtschaftlicher Eigentümer des Leasinggegenstandes.

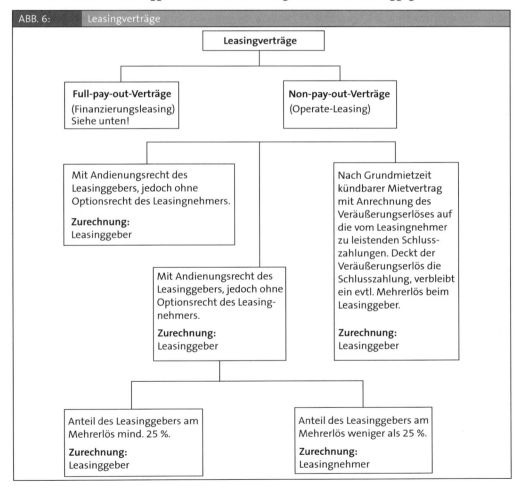

ABB. 6:   Leasingverträge

3.5.2.2 Zurechnung bei Full-pay-out-Verträgen über bewegliche Wirtschaftsgüter und Betriebsvorrichtungen

Die Zurechnungskriterien ergeben sich aus dem Schreiben des BMF v. 19.4.1971, BStBl 1971 I 264 (Anh. 21 I ESt-Handbuch). Zunächst lässt sich folgende Einteilung treffen:

a) Allgemeines Leasing

b) Spezialleasing

Beim Spezialleasing kann der Gegenstand nur vom Leasingnehmer genutzt werden, weil er speziell auf seine betrieblichen Verhältnisse zugeschnitten ist. Der Gegenstand ist stets dem Leasingnehmer zuzurechnen.

Für das allgemeine Leasing ist folgende Unterteilung erforderlich:

Grundmietzeit 40–90 % der betriebsgewöhnlichen Nutzungsdauer;

Grundmietzeit weniger als 40 % oder mehr als 90 % der betriebsgewöhnlichen Nutzungsdauer

Beträgt die Grundmietzeit weniger als 40 % oder mehr als 90 % der betriebsgewöhnlichen Nutzungsdauer, ist der Gegenstand dem Leasingnehmer zuzurechnen, weil der Leasingnehmer den Gegenstand nach Ablauf der Grundmietzeit in der Regel behalten darf, da er ihn durch seine Leasingraten voll bezahlt hat (sonst läge andererseits kein Finanzierungsleasing vor).

Beträgt die Grundmietzeit zwischen 40 % und 90 % der betriebsgewöhnlichen Nutzungsdauer, kommt es für die Zurechnung darauf an, ob der Vertrag ausgestattet ist

a) mit Kauf- oder Mietverlängerungsoption des Leasingnehmers oder

b) ohne Kauf- oder Mietverlängerungsoption.

Besteht keine Kauf- oder Mietverlängerungsoption zu Gunsten des Leasingnehmers, ist der Gegenstand dem Leasinggeber zuzurechnen.

Bei Vertragstypen mit Kauf- oder Mietverlängerungsoption ergeben sich die beiden folgenden Fälle:

a) Kaufpreis oder Anschlussmiete decken mindestens den Buchwert bei linearer AfA-Methode bzw. den niedrigeren gemeinen Wert,

b) Kaufpreis oder Anschlussmiete decken nicht mindestens den Buchwert bei linearer AfA-Methode bzw. den geringeren gemeinen Wert.

Im Fall a) liegt das wirtschaftliche Eigentum beim Leasinggeber, im Fall b) beim Leasingnehmer.

Übersicht hierzu: siehe folgende Seite.

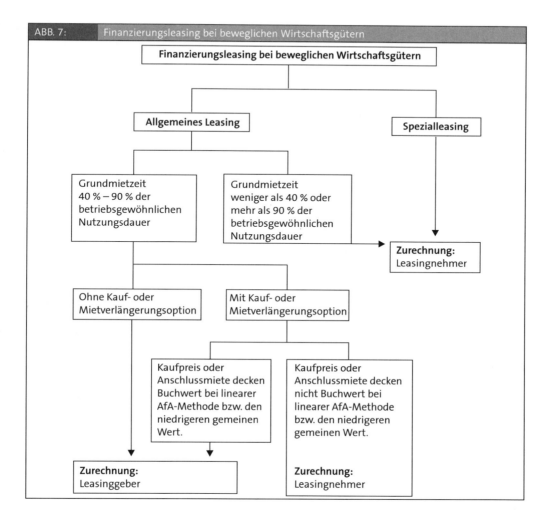

ABB. 7: Finanzierungsleasing bei beweglichen Wirtschaftsgütern

3.5.2.3   Zurechnung bei Full-pay-out-Verträgen über unbewegliche Wirtschaftsgüter

Die Zurechnungskriterien ergeben sich aus dem Schreiben des BMF v. 21.3.1972, BStBl 1972 I 188 (Anh 21 II ESt-Handbuch).

3.5.2.3.1   Leasingvertrag über unbebautes Grundstück

Eine Zurechnung des Grund und Bodens beim Leasingnehmer kann nur bei Verträgen mit Kaufoptionsrecht des Leasingnehmers in Betracht kommen und auch nur dann, wenn der Kaufpreis kleiner ist als der Buchwert oder der niedrigere gemeine Wert des Grund und Bodens.

3.5.2.3.2 Leasingvertrag über bebautes Grundstück

3.5.2.3.2.1 Gebäude

Ist die Grundmietzeit kürzer als 40 % oder länger als 90 % der betriebsgewöhnlichen Nutzungsdauer des Gebäudes oder handelt es sich um Spezialleasing, ist das Gebäude stets dem Leasingnehmer zuzurechnen.

Beträgt die Grundmietzeit mindestens 40 % und höchstens 90 % der betriebsgewöhnlichen Nutzungsdauer, so ist bei Verträgen ohne Kauf- oder Mietverlängerungsoption das Gebäude regelmäßig dem Leasinggeber zuzurechnen.

Bei Verträgen mit Kaufoption kann das Gebäude nur dann dem Leasinggeber zugerechnet werden, wenn der für den Fall der Ausübung des Optionsrechts vorgesehene Gesamtkaufpreis nicht niedriger ist als der unter Anwendung der linearen AfA ermittelte Buchwert des Gebäudes zuzüglich des Buchwerts für den Grund und Boden oder der niedrigere gemeine Wert des Grundstücks im Zeitpunkt der Veräußerung.

Bei Verträgen mit Mietverlängerungsoption kann das Gebäude nur dann dem Leasinggeber zugerechnet werden, wenn die Anschlussmiete mehr als 75 % des Mietentgelts beträgt, das für ein nach Art, Lage und Ausstattung vergleichbares Grundstück üblicherweise gezahlt wird.

Als betriebsgewöhnliche Nutzungsdauer gilt bei neu erstellten Wirtschaftsgebäuden die gesetzliche Nutzungsdauer nach § 7 Abs. 4 EStG (BMF v. 9. 6. 1987, BStBl 1987 I 440).

3.5.2.3.2.2 Grund und Boden

Da die Zurechnungskriterien für Grund und Boden und Gebäude getrennt zu prüfen sind, kann zunächst auf die unter a) gemachten Ausführungen verwiesen werden. Sofern allerdings bei Full-pay-out-Verträgen mit Kaufoption das Gebäude dem Leasingnehmer zugerechnet wird, ist ihm auch der Grund und Boden zuzurechnen.

3.5.2.3.3 Ertragsteuerliche Behandlung

Wegen der ertragsteuerlichen Behandlung von Teilamortisations-Leasingverträgen über unbewegliche WG vgl. BMF v. 23. 12. 1991, BStBl 1992 I 13 (Anh 21 IV ESt-Handbuch).

FALL 48

Leasing

Sachverhalt

Ein Fuhrunternehmer mietet ab 1. 1. 01 einen Lkw für eine beidseitig unkündbare Grundmietzeit von 36 Monaten. Der Lkw hat eine betriebsgewöhnliche Nutzungsdauer von 48 Monaten. Die vermietende Firma übernimmt den Kundendienst, die Reparaturen und den Reifenersatz. Für Diebstahl, unfallbedingte Reparaturen u. Ä. muss jedoch der Leasingnehmer einstehen. Eine Kaufoption ist vereinbart. Der Kaufpreis nach Ablauf der Grundmietzeit beträgt 40 000 € zzgl. USt. Die Jahresmiete während der Grundmietzeit ist auf 96 000 € zzgl. USt festgelegt. Die Anschaffungskosten des Lkw, die der Ermittlung der Jahresraten von 96 000 € zugrunde gelegt worden sind, betragen 200 000 €. Der sich nach Inanspruchnahme der linearen AfA ergebende Restwert nach Ablauf der Grundmietzeit und der gemeine Wert zu diesem Zeitpunkt sind identisch.

Fragen

1. Wem ist der Lkw steuerlich zuzurechnen?

2. Wie ist die bilanzmäßige Darstellung des Leasingvertrages beim Leasingnehmer?

3. Wie sind die Zahlungen des Leasingnehmers ertragsteuerlich während der Jahre 01 – 03 zu behandeln?

LITERATURHINWEIS

Blödtner/Bilke/Heining, Lehrbuch Buchführung und Bilanzsteuerrecht, 10. Aufl., Teil A Kapitel 12.8.

LÖSUNG

Im vorliegenden Fall gelten die folgenden Überlegungen:

Zu 1:

Der Lkw ist dem Fuhrunternehmer (Leasingnehmer) zuzurechnen. Nach dem BMF-Schreiben v. 19. 4. 1971 (a. a. O.) ist bei Leasingverträgen mit Kaufoptionsrecht der Leasinggegenstand dem Leasingnehmer als dem wirtschaftlichen Eigentümer zuzurechnen, wenn bei einer Grundmietzeit von mindestens 40 % und höchstens 90 % der betriebsgewöhnlichen Nutzungsdauer der Kaufpreis niedriger ist als der sich unter Berücksichtigung der linearen AfA nach der amtlichen AfA-Tabelle ergebende Buchwert oder der noch niedrigere gemeine Wert. Das ist hier der Fall.

Die betriebsgewöhnliche Nutzungsdauer des Lkw beträgt 48 Monate. Die Grundmietzeit macht 36 Monate aus, das entspricht 75 % der betriebsgewöhnlichen Nutzungsdauer. Der Buchwert (und gemeine Wert) nach Ablauf der Grundmietzeit beträgt 50 000 €:

Anschaffungskosten	200 000 €
AfA 25 % jährlich, für 3 Jahre	./. 150 000 €
Buchwert	50 000 €

Der Kaufpreis beträgt 40 000 € zzgl. USt.

Zu 2:

Der Fuhrunternehmer hat den Lkw mit den Anschaffungskosten von 200 000 € zu aktivieren. Als Anschaffungskosten gelten nach dem o. g. Erlass die Anschaffungskosten des Leasinggebers, die der Berechnung der Leasingraten zugrunde gelegt worden sind. Diese betrugen 200 000 €. Dem Fuhrunternehmer steht die AfA nach der betriebsgewöhnlichen Nutzungsdauer des Lkw zu (jährlich 50 000 €). In Höhe der dem Leasinggeber geschuldeten Anschaffungskosten ist eine Verbindlichkeit zu passivieren.

3. Die Leasingraten sind in einen Zins- und Kostenanteil sowie einen Tilgungsanteil aufzuteilen. Der jeweilige Tilgungsanteil ist erfolgsneutral mit der Verbindlichkeit gegenüber dem Leasinggeber zu verrechnen. Der Zins- und Kostenanteil stellt eine sofort abziehbare Betriebsausgabe dar. Hierbei kann der Leasingnehmer den in den einzelnen Leasingraten enthaltenen Zins- und Kostenanteil in der Weise ermitteln, dass er die Summe der auf das Wirtschaftsjahr entfallen-

den Leasingraten um die Differenz zwischen den Barwerten der zu passivierenden Verbindlichkeit gegenüber dem Leasinggeber am Beginn und am Ende des Wirtschaftsjahrs (Tilgungsanteil) verringert (Barwertvergleichsmethode). Statt der Barwertvergleichsmethode kann der Zins- und Kostenanteil auch nach der Zinsstaffelmethode ermittelt werden.

Die Formel hierfür lautet:

$$\text{Zins- und Kostenanteil einer Leasingrate} = \frac{\text{Summe der Zins- und Kostenanteile aller Leasingraten}}{\text{Summe der Zahlenreihe aller Raten}} \times \text{Anzahl der restlichen Raten} + 1$$

Dabei ist die Summe der Zins- und Kostenanteile aller Leasingraten die Differenz zwischen der Summe aller Leasingraten einerseits und den Anschaffungskosten oder Herstellungskosten für den Leasinggegenstand, die bei der Ermittlung der Leasingraten zugrunde gelegt worden sind, andererseits.

Summe der Zins- und Kostenanteile aller Leasingraten einschließlich Kaufpreis		128 000 €
(3 Raten à 96 000 € + 40 000 €)	328 000 €	
Anschaffungskosten	./. 200 000 €	
	128 000 €	

Summe der Zahlenreihe aller Raten: 6

1 + 2 + 3 = 6

Für die erste Leasingrate ergibt sich ein Zins- und Kostenanteil von 64 000 €, der Tilgungsanteil beträgt 32 000 €:

$$\frac{128\,000}{6} \times (2 + 1) = \qquad \underline{\underline{64\,000\,€}}$$

Rate	96 000 €
Zins- und Kostenanteil	./. 64 000 €
Tilgungsanteil	32 000 €

Für die zweite Leasingrate ergibt sich ein Zins- und Kostenanteil von 42 667 € und ein Tilgungsanteil von 53 333 €:

$$\frac{128\,000}{6} \times (1 + 1) = \qquad \underline{\underline{42\,667\,€}}$$

Rate	96 000 €
Zins- und Kostenanteil	./. 42 667 €
Tilgungsanteil	53 333 €

Für die dritte Leasingrate ergibt sich ein Zins- und Kostenanteil von 21 333 € und ein Tilgungsanteil von 74 667 €:

$$\frac{128\,000}{6} \times (1 + 0) = \qquad \underline{\underline{21\,333\,€}}$$

Rate	96 000 €
Zins- und Kostenanteil	./. 21 333 €
Tilgungsanteil	74 667 €

Die Addition der Tilgungsanteile ergibt wieder die Anschaffungskosten von 200 000 €:

Tilgungsanteil 1. Jahr	32 000 €
Tilgungsanteil 2. Jahr	53 333 €
Tilgungsanteil 3. Jahr	74 667 €
Kaufpreis 4. Jahr	40 000 €
	200 000 €

HINWEIS

1. Für degressive Raten beim Leasing beweglicher Wirtschaftsgüter des Anlagevermögens ist kein aktiver Rechnungsabgrenzunsposten zu bilden (BFH v. 28. 2. 2001 I R 51/00, BStBl 2001 II 645). Etwas Anderes gilt beim Immobilienleasing mit degressiven Leasingraten (BFH v. 12. 8. 1992 IV R 184/79, BStBl 1992 II 696). Siehe auch H 5.6 „Leasingvertrag mit degressiven Leasingraten – Behandlung beim Leasingnehmer" EStH.

2. Einnahmen aus der Forfaitierung von Leasingraten (d. h. Veräußerung der Forderungen auf Zahlung künftiger Leasingraten zum Barwert) sind passiv abzugrenzen. Dieser Passsivposten ist linear aufzulösen, wenn der Leasinggeber zu gleich bleibenden Leistungen gegenüber dem Leasingnehmer verpflichtet bleibt. Dabei ist die Gleichmäßigkeit der Leasingrate grundsätzlich Ausdruck einer solchen gleichmäßigen Leistungsverpflichtung (BFH v. 24. 7. 1996 I R 94/95, BStBl 1997 II 122). Beachte ferner H 5.6 „Forfaitierung von Forderungen aus Leasing-Verträgen" EStH.

3.6 Behandlung von Schulden

Bei Schulden gibt es kein gewillkürtes Betriebsvermögen. Maßgebend ist immer, wodurch die Schuldaufnahme wirtschaftlich verursacht wurde. Dient die Schuldaufnahme der Anschaffung von (auch gewillkürtem) Betriebsvermögen oder der Begleichung betrieblicher Aufwendungen, so ist die Schuld notwendiges Betriebsvermögen. Die Zinsaufwendungen sind dann Betriebsausgaben.

Ist die Schuld hingegen durch Anschaffungen oder Ausgaben im privaten Bereich verursacht, gehört sie zum notwendigen Privatvermögen. Das gilt auch dann, wenn die Schuld an Gegenständen des Betriebsvermögens abgesichert ist. Umgekehrt bleibt eine Schuld, die betrieblich veranlasst wurde, auch dann Betriebsvermögen, wenn sie durch einen Gegenstand des Privatvermögens abgesichert wird. Der Gegenstand wird dadurch auch nicht Betriebsvermögen, es sei denn, er wird als gewillkürtes Betriebsvermögen behandelt (R 4.2 Abs. 15 EStR).

Unterhält der Betriebsinhaber nur ein einziges Bankkonto, über das sowohl der betriebliche als auch der private Zahlungsverkehr abgewickelt werden, spricht man von einem gemischten Konto. Entsteht durch Entnahmen ein Sollsaldo, ergibt sich insoweit eine Privatschuld (privates Unterkonto). Die anteiligen Zinsen sind keine Betriebsausgaben; sie sind nach der Zinsstaffelmethode zu ermitteln (Beispiel siehe BMF v. 10. 11. 1993, BStBl I 1993 930). In Einzelfällen kann auch geschätzt werden.

Zweckmäßiger werden getrennte Kontokorrentkonten geführt: eines für den privaten und eines für den betrieblichen Bereich. In diesem Fall ergeben sich keine Probleme, auch wenn das betriebliche Konto ständig negativ ist, sofern der private und betriebliche Bereich strikt getrennt sind. Werden allerdings vom (negativen) betrieblichen Bankkonto Entnahmen getätigt, ergibt sich insoweit wieder ein privat veranlasster Sollsaldo, dessen Zinsanteile keine Betriebsausgaben sind. Um dem zu entgehen, hat die Praxis das **Drei-Konten-Modell** erfunden.

Beim **Drei-Konten-Modell** werden drei getrennte Kontokorrentkonten geführt: ein Privatkonto, ein betriebliches Konto für Betriebsausgaben und ein zweites betriebliches Konto für Betriebseinnahmen. Dann können vom Betriebseinnahmenkonto Entnahmen getätigt werden, ohne dass ein privat veranlasster Sollsaldo entsteht. Das Drei-Konten-Modell ist steuerrechtlich anerkannt (BFH v. 8. 12. 1997 GrS 1-2/95, BStBl 1998 II 193).

Eine **Privatschuld** kann nicht durch eine schlichte Buchung in eine **Betriebsschuld umgewidmet** werden. Allerdings kann eine Privatschuld mittels Betriebseinnahmen getilgt werden; müssen **anschließend** Betriebsausgaben kreditfinanziert werden, ergeben sich insoweit Betriebsschulden (BMF v. 22. 5. 2000, BStBl 2000 I 588 Tz 4). Verwendet ein Unternehmer in fremden Namen und für fremde Rechnung vereinnahmte Geldbeträge zunächst für private Zwecke und nimmt er sodann Darlehen auf, mit denen er die Geldbeträge ersetzt, entnimmt er weder Betriebseinnahmen noch finanziert er Betriebsausgaben (BFH v. 4. 11. 2004 III R 5/03, BStBl 2005 II 277). Das Darlehen ist Privatschuld, die Zinsen sind privat veranlasst.

Wird durch einen einheitlichen Kaufvertrag ein gemischt genutztes Grundstück erworben und die Kaufpreisschuld teils mit Fremd-, teils mit Eigenmitteln beglichen, so sind die Zinszahlungen nur im Verhältnis des betrieblich zum privat genutzten Anteils als Betriebsausgaben abziehbar. Einen Grundsatz, dass vorrangig der auf privater Veranlassung beruhende Teil der Schuld als getilgt gilt, gibt es nicht. Auch die notwendige Aufteilung der Kaufpreisschuld in verschiedene AfA-Bemessungsgrundlagen führt nicht dazu, dass es sich im Verhältnis zum Gläubiger um gesonderte Schuldverhältnisse handelt (BFH v. 7. 11. 1991 IV R 57/90, BStBl 1992 II 14). Etwas anderes gilt, wenn der Steuerpflichtige selbst Bauherr ist (BMF v. 10. 12. 1999, BStBl 1999 I 1130) oder durch entspechende Finanzierungsentscheidungen eine gesonderte Zuordnung der Darlehensmittel herbeiführt (BFH v. 9. 7. 2002 IX R 95/00, BStBl 2003 II 389, BMF v. 24. 4. 2003, BStBl 2003 I 287, H 4.2 [15] „Gemischt genutztes Grundstück" EStH).

Eine Verbindlichkeit darf dann nicht mehr passiviert werden, wenn anzunehmen ist, dass der Schuldner sich auf deren Verjährung berufen wird (BFH v. 9. 2. 1993 VIII R 21/92, BStBl 1993 II 543).

Verpflichtungen, die nur aus künftigen Gewinnen oder Einnahmen zu tilgen sind, sind steuerlich nicht passivierbar (§ 5 Abs. 2a EStG). Auch eine Verbindlichkeit, die nur aus einem etwaigen Liquidationsüberschuss erfüllt zu werden braucht, kann mangels gegenwärtiger wirtschaftlicher Belastung nicht ausgewiesen werden (BFH v. 30. 11. 2011 I R 100/10, BStBl 2012 II 332). Das gilt nicht für Kredite, die aus künftigen Verwertungserlösen zu tilgen sind. Für Verbindlichkeiten und Rückstellungen, für die ein einfacher oder qualifizierter Rangrücktritt vereinbart wurde, gilt § 5 Abs. 2a EStG nicht; sie sind weiter zu passivieren (BFH v. 10. 11. 2006 IV R 13/04, BStBl 2006 II 618, BMF v. 8. 9. 2006, BStBl 2006 I 497).

Im Erbfall übernimmt der Erbe das Betriebsvermögen des Erblassers einschließlich der Betriebs-schulden zum Buchwert (§ 6 Abs. 3 EStG). Aufwendungen für die Stundung bzw. Finanzierung von

► Pflichtteilsverbindlichkeiten (BFH v. 2. 3. 1995 IV R 62/93, BStBl 1995 II 413),

► Vermächtnisschulden,

► Erbersatzverbindlichkeiten,

► Zugewinnausgleichsschulden,

► Abfindungsschulden nach der Höfeordnung,

► Abfindungsschulden im Zusammenhang mit der Vererbung eines Anteils an einer Personen-gesellschaft im Wege der qualifizierten Nachfolgeklausel oder im Wege der qualifizierten Eintrittsklausel

sind **privat veranlasst** und führen weder zu Betriebsschulden noch zu Betriebsausgaben (BMF v. 11. 8. 1994, BStBl 1994 I 603).

Ein **Damnum** ist auf die Laufzeit des Darlehens zu verteilen (H 6.10 „Damnum" EStH). Bei Fällig-keitsdarlehen geschieht dies linear; bei Tilgungsdarlehen kann es auch degressiv nach der Zins-staffelmethode geschehen.

Schuldzinsen für betrieblich begründete Verbindlichkeiten sind auch nach Übergang des Gewer-bebetriebs zur Liebhaberei als nachträgliche Betriebsausgaben abziehbar, wenn und soweit die zugrunde liegenden Verbindlichkeiten nicht durch eine mögliche Verwertung von Aktivvermö-gen beglichen werden können (BFH v. 15. 5. 2002 X R 3/99, BStBl 2002 II 809).

Werden anlässlich einer Betriebsveräußerung vom Käufer Rückstellungen übernommen, deren Passivierung steuerrechtlich verboten ist (z. B. Drohverlustrückstellung, § 5 Abs. 4a EStG), gehö-ren diese Schuldübernahmen zu den Anschaffungskosten der aktiven Bilanzansätze. Derartige Rückstellungen sind nach Auffassung der Finanzverwaltung in der folgenden Schlussbilanz des Käufers gewinnerhöhend aufzulösen (BMF v. 24. 6. 2011, BStBl 2011 I 627), anders BFH, wonach betriebliche Verbindlichkeiten, welche beim Veräußerer aufgrund steuerlicher Rückstellungsver-bote in der Steuerbilanz nicht bilanziert worden sind, bei demjenigen Erwerber, der die Verbind-lichkeit im Zuge eines Betriebserwerbs übernommen hat, keinem Passivierungsverbot unter-worfen, sondern als ungewisse Verbindlichkeit auszuweisen und von ihm auch an den nachfol-genden Bilanzstichtagen nach § 6 Abs. 1 Nr. 3 EStG 1990 mit ihren Anschaffungskosten oder ih-rem höheren Teilwert zu bewerten (BFH v. 16. 12. 2009 I R 102/08, BStBl 2011 II 566 und v. 14. 12. 2011 I R 72/10, DStR 2012, S. 452).

FALL 49

Damnum (Disagio)

Sachverhalt

Eine OHG nimmt Anfang Januar 01 ein Darlehen von 100 000 € zu einem jährlichen Zinssatz von 7 % auf. Die Auszahlung beträgt nach Abzug eines Damnums in Höhe von 6 000 € 94 000 €. Der Darlehensbetrag von 100 000 € ist in einer Summe am 31. 12. 04 zurückzuzahlen; die Zin-sen sind jeweils am Ende eines Jahres in Höhe von 7 000 € fällig.

Fragen

1. Wie ist das Damnum bilanzsteuerrechtlich zu behandeln?
2. Wie ist das Damnum zu behandeln, wenn es sich um ein Tilgungsdarlehen handelt, das jährlich mit 25 000 € zu tilgen ist?

LÖSUNG

Verbindlichkeiten sind gem. § 253 Abs. 1 Satz 2 HGB mit dem Erfüllungsbetrag zu bewerten (= Nennwert).

Der Unterschiedsbetrag zwischen dem Nennwert und dem Verfügungsbetrag (Agio, Damnum, Disagio, Zuteilungsgebühren, Abschlussgebühren) ist zu aktivieren und auf die Laufzeit des Darlehens bzw. des Zinsfestschreibungszeitraums zu verteilen (BFH v. 21. 4. 1988 IV R 47/85, BStBl 1989 II 722). Bei Tilgungsdarlehen ist der Rechnungsabgrenzungsposten degressiv aufzulösen. Bei 4 Raten beträgt der Nenner 10 (1 + 2 + 3 + 4).

	Zu 1.			Zu 2.
	Verbindlichkeit			**Verbindlichkeit**
Zugang Jan. 01	100 000 €			100 000 €
31. 12. 01 – 03	100 000 €	Tilgung 01		./. 25 000 €
		Tilgung 02		./. 25 000 €
		Tilgung 03		./. 25 000 €
		Tilgung 04		./. 25 000 €
	Damnum (akt. RAP)			**Damnum (akt. RAP)**
Zugang Jan. 01	6 000 €			6 000 €
Aufwand 01	./. 1 500 €	$^4/_{10}$ v. 6 000		./. 2 400 €
31. 12. 01	4 500 €			3 600 €
Aufwand 02	./. 1 500 €	$^3/_{10}$ v. 6 000 (für 02)		./. 1 800 €
31. 12. 02	3 000 €	$^2/_{10}$ v. 6 000 (für 03)		./. 1 200 €
	usw.	31. 12. 03		600 €
		$^1/_{10}$ v. 6 000 €		./. 600 €
		31. 12. 04		0 €

FALL 50

Rentenverpflichtung

Sachverhalt

Ein Kaufmann hat am 2.1.01 ein unbebautes Grundstück für seinen Betrieb auf Rentenbasis erworben. Er ist verpflichtet, dem Veräußerer bis zu dessen Lebensende monatlich im Voraus 1 000 € zu zahlen. Die Rentenbarwerte betragen:

2. 01. 01	123 060 €
31. 12. 01	119 760 €
31. 12. 02	116 460 €

Am 27. 01. 03 ist der Veräußerer verstorben.

Fragen

1. Mit welchem Wert ist das Grundstück in den Bilanzen 31.12.02 bis 31.12.03 auszuweisen, wenn die Erwerbsnebenkosten des Erwerbers 9 940 € betragen haben?

2. Wie ist die Rentenverpflichtung steuerlich zu behandeln und welche Gewinnauswirkungen ergeben sich im Zusammenhang mit den Rentenzahlungen und dem Wegfall der Rentenverpflichtung am 27.1.03 durch den Tod des Veräußerers?

LÖSUNG

Rentenverbindlichkeiten sind mit ihrem jeweiligen Barwert anzusetzen (BFH v. 31.1.1980 IV R 126/76, BStBl 1980 II 491). Der Barwert stellt gleichzeitig Anschaffungskosten für den Grund und Boden dar (R 6.2 EStR). In Höhe des Unterschiedsbetrages zwischen dem Barwert vom 2.1.01 und dem vom 31.12.01 ist die Rentenverbindlichkeit für 01 gewinnerhöhend aufzulösen. Entsprechendes gilt für den Unterschiedsbetrag zwischen dem Barwert vom 31.12.01 und dem vom 31.12.02 usw. Die einzelnen Rentenzahlungen sind dabei als Betriebsausgaben abzusetzen. Der Wegfall der Rentenverbindlichkeiten am 27.1.03 führt zu einem Ertrag in Höhe von 116 460 €; eine Änderung der Anschaffungskosten für den Grund und Boden tritt hierdurch nicht ein (H 4.2 [15] „Fortfall der Rentenverpflichtung" EStH).

Anschaffungskosten Grund und Boden

Rentenbarwert vom 2.1.01	123 060 €
Erwerbsnebenkosten	9 940 €
	133 000 €

Entwicklung des Passivpostens „Verbindlichkeiten"

		Aufwand	Ertrag
Zuführung	123 060 €		
Auflösung	3 300 €	12 000 €	3 300 €
31.12.01	119 760 €		
Auflösung	3 300 €	12 000 €	3 300 €
31.12.02	116 460 €		
Auflösung	116 460 €	1 000 €	116 460 €
31.12.03	€		

Der „Aufwand" betrifft die monatlichen Rentenzahlungen von 1 000 €, wobei unterstellt wurde, dass für den Monat des Todes des Veräußerers noch eine Zahlung erfolgt ist.

FALL 51

Valutaverbindlichkeiten

Sachverhalt

Ein Kaufmann in Köln, der seinen Gewinn nach § 5 EStG ermittelt, bezieht im November 01 Waren aus den USA. Für die erhaltene Ware schuldet er seinem amerikanischen Lieferanten 10 000 US-Dollar. Im Zeitpunkt der Lieferung beträgt der Devisenbriefkurs des US-Dollar

a) 0,85 €

b) 0,75 €

Die Bezahlung der Verbindlichkeit erledigt der Kaufmann im Februar 02. Am 31. 12. 01 (Abschlusszeitpunkt) beträgt der Devisenkassamittelkurs an der Frankfurter Börse für 1 US-Dollar = 0,80 €, im Februar 02 0,83 €.

Siehe hierzu § 256a HGB.

Frage

Wie ist die Verbindlichkeit in der StB 31. 12. 01 zu bewerten?

LÖSUNG

Verbindlichkeiten in ausländischer Währung werden wie Schulden in inländischer Währung bewertet, d. h. sie sind mit den Anschaffungskosten oder dem höheren Teilwert anzusetzen (§ 6 Abs. 1 Nr. 3 EStG). Für Schulden gilt also statt des Niederstwertprinzips das Höchstwertprinzip mit der Folge, dass nichtrealisierte Verluste gewinnmindernd zu berücksichtigen sind, wenn sie dauerhaft sind.

a) Im Zeitpunkt der Lieferung ist die Verbindlichkeit gegenüber dem amerikanischen Lieferanten mit den Anschaffungskosten von 8 500 € zu bewerten. Da die Schuld am 31. 12. 01 infolge Kurssenkung einen niedrigeren Teilwert hat (8 000 €), ist sie weiterhin mit 8 500 € zu bewerten. Als Ausfluss des Realisationsprinzips (Verbot des Ausweises nichtrealisierter Gewinne) kommt eine Bewertung unter den Anschaffungskosten nicht in Betracht.

b) Ist der Kurs der ausländischen Währung am Bilanzstichtag gestiegen, müssen Steuerpflichtige, die den Gewinn nach § 5 EStG ermitteln, den höheren Teilwert der Schuld ansetzen. Dies folgt aus dem Imparitätsprinzip (Niederstwertprinzip; Gebot des Ausweises nichtrealisierter Verluste). Im Zeitpunkt der Lieferung betrug die Verbindlichkeit 7 500 €. Zum 31. 12. 01 ist sie mit 8 000 € zu passivieren, wodurch sich ein Aufwand von 500 € ergibt. Da sich die Wechselkurserhöhung bis zum Zahlungstag im Februar 02 fortsetzte, konnte am 31. 12. 01 von einer dauernden Werterhöhung ausgegangen werden (BMF v. 12. 8. 2002, BStBl 2002 I 793).

Kontokorrentschulden und -zinsen

Sachverhalt

Ein betriebliches Girokonto entwickelt sich wie folgt:

Stand 1. 1. 01	+ 5 000 €
Privatentnahme 1. 4. 01	./. 15 000 €
Betriebseinnahme 1. 7. 01	+ 2 000 €
Bezahlung von Betriebsausgaben 1. 10. 01	./. 10 000 €
Zinsbelastung 31. 12. 01 (als Aufwand gebucht)	./. 1 080 €
Stand 31. 12. 01	./. 19 080 €

Die Sollzinsen haben gleich bleibend 12 % p. a. betragen; sie werden am Schluss des Jahres für das abgelaufene Jahr berechnet.

Frage

In welchem Umfang liegen eine Betriebsschuld und betrieblich veranlasste Zinsen vor?

LITERATURHINWEIS

Blödtner/Bilke/Heining, Lehrbuch Buchführung und Bilanzsteuerrecht, 10. Aufl., Teil B Kapitel 5.4.7.

LÖSUNG

Das Kontokorrentkonto ist in einen privaten und betrieblichen Teil aufzuspalten. Die Zinsen sind entsprechend zu behandeln (BMF v. 10. 11. 1993, BStBl 1993 I 930, Anh. 16 I ESt-Handbuch).

	Bankkonto	
	betrieblich	privat
Stand 1. 1. 01	+ 5 000 €	
Privatentnahme	./. 5 000 €	./. 10 000 €
Zinsanteil (1. 4 – 1. 7.)		./. 300 €
Betriebseinnahme 1. 7. 01		+ 2 000 €
Zinsanteil (1. 7. – 1. 10. für 8 000 €)		./. 240 €
Bezahlung Betriebsausgaben 1. 10.	./. 10 000 €	
Zinsanteil (1. 10. – 31. 12.)	./. 300 €	./. 240 €
Stand 31. 12.	./. 10 300 €	./. 8 780 €

Von den Zinsen stellen hiernach 300 € Betriebsausgaben dar. Die restlichen Zinsen sind privat veranlasst. Als Betriebsschuld kann nur ein Betrag von 10 300 € passiviert werden. Sollten nicht von vornherein entsprechende Unterkonten gebildet worden sein, müssten spätestens am Schluss des Wirtschaftsjahres folgende Umbuchungen vorgenommen werden:

1. Entnahmen an Zinsaufwendungen	780 €
2. Bank an Einlagen	8 780 €

FALL 53

Unterkonten für betriebliches Bankkontokorrentkonto

Sachverhalt

Am 1.1.01 hat A ein negatives Bankkonto in Höhe von 10 000 €, das wie folgt aufzuteilen ist:

Privater Anteil:	./. 6 000 €
Betrieblicher Anteil:	./. 4 000 €

Am 1.3.01 gehen Betriebseinnahmen in Höhe von 3 000 € ein. Am 1.6.01 tätigt A Betriebsausgaben in Höhe von 5 000 €. Am 1.7.01 leistet A eine Einlage von 2 000 €. Sämtliche Geldbewegungen erfolgen über dieses (eine) Bankkonto.

Frage

Mit welchem Unterkonto sind die Zahlungen zu verrechnen?

LITERATURHINWEIS

Blödtner/Bilke/Heining, Lehrbuch Buchführung und Bilanzsteuerrecht, 10. Aufl., Teil B Kapitel 5.4.5.

LÖSUNG

Muss ein negatives Bankkontokorrentkonto in ein betriebliches und ein privates Unterkonto aufgeteilt werden, so sind Betriebseinnahmen vorab dem privaten Unterkonto gutzuschreiben, gleichzeitig zu verbuchende Betriebsausgaben aber dem betrieblichen Unterkonto zu belasten; Einlagen des Betriebsinhabers werden dem privaten Unterkonto gutgeschrieben (BMF v. 10.11.1993, a.a.O.). Hiernach entwickeln sich die Unterkonten wie folgt:

	Bankkonto	
	betrieblich	privat
Stand 1.1.01	./. 4 000 €	./. 6 000 €
Betriebseinnahmen 1.3.01		+ 3 000 €
Betriebsausgaben 1.6.01	./. 5 000 €	
Einlage 1.7.01		+ 2 000 €
Zwischenstand	./. 9 000 €	./. 1 000 €

3.7 Rückstellungen

3.7.1 Allgemeines

3.7.1.1 Abgrenzung zu den Verbindlichkeiten und Rücklagen

Verbindlichkeiten stellen Schulden (Fremdkapital) dar, deren Grund und Höhe feststehen, die also „gewiss" sind. Auch die Rückstellungen gehören zum Fremdkapital. Sie werden allerdings erfolgswirksam für „ungewisse" Verbindlichkeiten und bestimmte andere Belastungen gebildet. Dadurch unterscheiden sie sich gleichzeitig von den Rücklagen, die Teile des Eigenkapitals darstellen und erfolgsneutral aus Gewinnen und Einlagen generiert werden.

3.7.1.2 Generelle Voraussetzungen für die Rückstellungsbildung

§ 249 Abs. 1 HGB bestimmt für die Handelsbilanz, dass Rückstellungen nur zu bilden sind für

1. ungewisse Verbindlichkeiten

2. drohende Verluste aus schwebenden Geschäften

3. im Geschäftsjahr unterlassene Aufwendungen für Instandhaltung, die im folgenden Geschäftsjahr innerhalb von drei Monaten nachgeholt werden

4. Abraumbeseitigung, die im folgenden Geschäftsjahr nachgeholt wird

5. Gewährleistungen, die ohne rechtliche Verpflichtung erbracht werden.

Für andere als die vorgenannten Zwecke dürfen Rückstellungen nicht gebildet werden (§ 249 Abs. 2 HGB). Eine Ausnahme besteht für Pensionsrückstellungen für Pensionszusagen, die vor dem 1.1.1987 gegeben wurden (Art. 28 Abs. 1 EGHGB); für diese gilt ein Passivierungswahlrecht.

Das Vorstehende gilt gemäß § 5 Abs. 1 Satz 1 EStG grundsätzlich auch für die Steuerbilanz. Allerdings ist die Rückstellungsbildung in der Steuerbilanz durch Sonderbestimmungen teilweise eingeschränkt (vgl. § 5 Abs. 2a–4b, § 6a EStG).

3.7.1.3 Bewertung der Rückstellungen in der Handelsbilanz

Wie Rückstellungen zu bewerten sind, ergibt sich für das Handelsrecht aus § 253 Abs. 1 und 2 HGB, für das Steuerrecht aus § 6 Abs. 1 Nr. 3a EStG i.V. mit R 6.11 EStR.

Handelsrechtlich erfolgt die Bewertung mit dem nach kaufmännischer Beurteilung notwendigen Erfüllungsbetrag (§ 253 Abs. 1 Satz 2 HGB), das ist bei Sachleistungs- und Sachwertverpflichtungen der im Erfüllungszeitpunkt voraussichtlich aufzuwendende Geldbetrag und bei Geldleistungsverpflichtungen der Rückzahlungsbetrag (= Nennwert). Durch die Verwendung des Begriffs „Erfüllungsbetrag" wird klargestellt, dass bei der Rückstellungsbewertung künftige Preis- und Kostensteigerungen unter Vernachlässigung des Stichtagsprinzips zu berücksichtigen sind.

BEISPIEL Der Grund und Boden eines Unternehmens ist mit Chemikalien verseucht. Die zuständige Behörde hat das Unternehmen verpflichtet, in spätestens fünf Jahren die Altlasten zu beseitigen. Zum Bilanzstichtag betragen die Kosten für den einzusetzenden Bagger 100 €/Stunde. In fünf Jahren werden diese 125 €/Stunde betragen. Es ist von 80 Baggerstunden auszugehen. Bei der Bewertung der Rückstellung ist in der HB von (80 x 125 € =) 10 000 € auszugehen. Außerdem ist der Betrag nach Maßgabe des § 253 Abs. 2 HGB abzuzinsen.

Ferner besteht nach § 253 Abs. 2 HGB seit dem 1. 1. 2010 für Rückstellungen mit einer Restlaufzeit von mehr als einem Jahr eine **Abzinsungspflicht**. Derartige Rückstellungen sind mit dem ihrer Restlaufzeit entsprechenden durchschnittlichen Marktzinssatz der vergangenen sieben Geschäftsjahre abzuzinsen. Abweichend davon dürfen Altersversorgungsverpflichtungen oder vergleichbare langfristig fällige Verbindlichkeiten unter Abkehr vom Grundsatz der Einzelbewertung pauschal mit dem durchschnittlichen Marktzinssatz abgezinst werden, der sich bei einer angenommenen Restlaufzeit von 15 Jahren ergibt. Entsprechendes gilt für auf Rentenverpflichtungen beruhende Verbindlichkeiten, für die eine Gegenleistung nicht mehr zu erwarten ist. Der anzuwendende Abzinsungssatz wird durch die Deutsche Bundesbank nach Maßgabe einer Rechtsverordnung ermittelt und monatlich bekannt gegeben (siehe www.bundesbank.de). Für die Überleitung auf das neue Recht sieht Art. 67 Abs. 1 EGHGB eine großzügige Übergangsregelung vor.

Ist, wie im Fall von Mietereinbauten, der Entfernungs- und Wiederherstellungsaufwand durch mehrere Wirtschaftsjahre verursacht, sind alle betroffenen Wirtschaftsjahre anteilig zu belasten (sog. ratierliche Ansammlung). Für das Steuerrecht ist dies explizit in § 6 Abs. 1 Nr. 3a Buchst. d EStG klargestellt. Für das Handelsrecht lässt sich dies aus dem Grundsatz der periodengerechten Gewinnermittlung ableiten (§ 251 Abs. 1 Nr. 5 HGB), da die Aufwendungen die gesamte Mietzeit betreffen. Außerdem sind die Rückstellungsbeträge nach Maßgabe des § 253 Abs. 2 HGB abzuzinsen.

BEISPIEL ► A schließt im Januar 05 einen Mietvertrag über zehn Jahre ab. Er verpflichtet sich darin die von ihm vorgenommenen Mietereinbauten nach Ablauf der Mietzeit (31. 12. 14) zu beseitigen. Nach den Wertverhältnissen im Erfüllungszeitpunkt fallen hierfür ca. 10 000 € Aufwendungen an. Der nach § 253 Abs. 2 HGB maßgebliche Zinssatz beträgt am 31. 12. 05 4 % und am 31. 12. 06 4,5 %. Wie ist in der HB vorzugehen?

LÖSUNG ► Die Verpflichtung betrifft wirtschaftlich gesehen die gesamte Mietdauer. Die Verursachung liegt somit nicht ausschließlich im Jahr 05, sondern in den Jahren 05 bis 14. Dies hat für den Ausweis einer Rückstellung zur Folge, dass in der zum 31. 12. 05 aufzustellenden Bilanz lediglich 1/10 von 10 000 € (= 1 000 €) auszuweisen ist. In den folgenden Jahren ist die Rückstellung jährlich um jeweils weitere 1/10 der zu erwartenden Kosten aufzustocken (31. 12. 06 = 2 000 € usw.).

Zusätzlich müssen die Rückstellungsbeträge abgezinst werden. Bei einem Zinssatz von 4 % kann der maßgebende Divisor je nach Restlaufzeit wie folgt berechnete werden: $1,04^{\text{Restnutzungsdauer}}$ Am 31. 12. 05 beträgt die Restlaufzeit noch neun Jahre, so dass sich bei 4 % ein Divisor von $1,04^9$ (= 1,423315) und ein Rückstellungsbetrag in Höhe von 703 € (1 000 €/1,423315) ergibt. Zum 31. 12. 06 beträgt bei acht Jahren Restlaufzeit und 4,5 % Zinsen der Divisor $1,045^8$ (= 1,4221002), so dass sich eine Rückstellung in der HB von 1 406 € (2 000 €/1,4221002) ergibt.

Die Bewertung von Rückstellungen für **wertpapiergebundene Altersversorgungsverpflichtungen** ergibt sich aus § 253 Abs. 1 Satz 3 HGB. Ist bei Altersversorgungszusagen der Umfang der Verpflichtung vom beizulegenden Zeitwert bestimmter Wertpapiere abhängig und übersteigt der Zeitwert dieser Wertpapiere einen (von den Versorgungsberechtigten) garantierten Mindestbetrag, ist auch die Rückstellung mit dem beizulegenden Zeitwert dieser Wertpapiere zu bewerten.

3.7.1.4 Bewertung der Rückstellungen in der Steuerbilanz

Die handelsrechtlichen Bewertungsregeln für Rückstellungen gelten nicht für die Aufstellung der Steuerbilanz. Das Steuerrecht verfügt über eigenständige Bewertungsregelungen, die die handelsrechtlichen Regelungen verdrängen (§ 5 Abs. 6 EStG). Insbesondere dürfen durch die ausdrückliche Ergänzung in § 6 Abs. 1 Nr. 3a Buchst. f EStG künftige Preis- und Kostensteigerungen nicht berücksichtigt werden. Auch der Abzinsungssatz von 5,5 % ist unverändert anzuwenden. Unverändert bleibt auch § 6a EStG zur Bildung und Bewertung von Pensionsrückstellungen (Teilwertverfahren, Zinssatz 6 %, keine Erfassung von künftigen Gehaltserhöhungen und Rentensteigerungen).

Ist für dieselbe Rückstellung handelsrechtlich ein geringerer Betrag als nach Steuerrecht ermittelt worden, bildet der Rückstellungsbetrag lt. HB auch die Obergrenze für die Rückstellung in der StB. Denn nach R 6.11 Abs. 3 EStR darf mit Ausnahme der Pensionsrückstellungen die Höhe der Rückstellung in der Steuerbilanz den zulässigen Ansatz in der Handelsbilanz nicht überschreiten.

Steuerrechtlich erfolgt die Bewertung von Rückstellungen nach folgenden Grundsätzen (§ 6 Abs. 1 Nr. 3a EStG):

3.7.1.4.1 Rückstellungen für gleichartige Verpflichtungen

Beruht eine Rückstellung auf gleichartigen Verpflichtungen, ist die Wahrscheinlichkeit der Inanspruchnahme von den in der Vergangenheit im Betrieb gemachten Erfahrungssätzen abzuleiten (§ 6 Abs. 1 Nr. 3a Buchst. a EStG). Betroffen sind in erster Linie Schadens-, Garantie- und Kulanzrückstellungen.

3.7.1.4.2 Rückstellungen für Sachleistungsverpflichtungen

Rückstellungen für Sachleistungsverpflichtungen (= Rückstellungen, die keine Geldleistungsverpflichtungen darstellen) sind nach § 6 Abs. 1 Nr. 3a Buchst. b EStG lediglich mit den Einzelkosten und den angemessenen Teilen der notwendigen Gemeinkosten zu bewerten. Das entspricht der Untergrenze der einkommensteuerlichen Herstellungskosten (vgl. R 6.3 EStR).

Nicht zu den notwendigen Gemeinkosten rechnen insbesondere der Wertverzehr des Anlagevermögens, die Kosten der allgemeinen Verwaltung, Aufwendungen für soziale Einrichtungen des Betriebs, für freiwillige soziale Leistungen, für die betriebliche Altersversorgung sowie für Fremdkapitalzinsen.

3.7.1.4.3 Gegenrechnung künftiger Vorteile

Nach der Vorschrift des § 6 Abs. 1 Nr. 3a Buchst. c EStG sind nicht als Forderung zu aktivierende künftige Vorteile, die mit der Erfüllung der Verpflichtung voraussichtlich verbunden sein werden, bei der Rückstellungsbewertung wertmindernd zu berücksichtigen.

Auf der Grundlage dieser Vorschrift ist z. B. beim Ausweis einer Rekultivierungsrückstellung zu berücksichtigen, dass der Unternehmer in diesem Zusammenhang von dritter Seite Kippentgelte vereinnahmen wird. Eine Einbeziehung setzt jedoch voraus, dass am Bilanzstichtag bereits Verträge mit Dritten über das Abkippen von Verfüllmaterial abgeschlossen worden sind.

3.7.1.4.4 Ansammlungsrückstellung

Ist der laufende Betrieb ursächlich für die Entstehung einer Verpflichtung, ist der Rückstellungsbetrag durch jährliche gleiche Zuführungsraten anzusammeln (§ 6 Abs. 1 Nr. 3a Buchst. d EStG).

BEISPIEL ▸ A errichtet in einem angemieteten Gebäude diverse Mietereinbauten. Er ist verpflichtet, diese nach zehn Jahren wieder zu entfernen.

LÖSUNG ▸ Für die Verpflichtung muss eine Rückstellung ausgewiesen werden. Der voraussichtliche Aufwand ist dabei sowohl in der HB (mit dem in zehn Jahren erwarteten Erfüllungsbetrag) wie auch in der StB (mit dem Aufwand nach den Wertverhältnissen am Bilanzstichtag) auf zehn Jahre verteilt in gleichen Jahresraten anzusammeln und zusätzlich abzuzinsen. Da in der StB mit 5,5 % abzuzinsen ist und in der HB mit dem nach § 253 Abs. 2 HGB von der Bundesbank festgestellten Zinssatz, ergeben sich insofern unterschiedliche Wertansätze.

Die Verpflichtung zur Stilllegung eines Kernkraftwerks ist ab dem Zeitpunkt der erstmaligen Nutzung bis zum Zeitpunkt, in dem mit der Stilllegung begonnen werden muss, ebenfalls in gleichen Jahresraten anzusammeln. Steht der Zeitpunkt der Stilllegung nicht fest, ist für die Steuerbilanz ein Ansammlungszeitraum von 25 Jahren ab der erstmaligen Nutzung zugrunde zu legen (§ 6 Abs. 1 Nr. 3a Buchst. d Satz 3 EStG).

3.7.1.4.5 Abzinsung

In der Steuerbilanz sind Rückstellungen für Geld- und Sachleistungsverpflichtungen generell mit 5,5 % abzuzinsen, wenn deren voraussichtliche Restlaufzeit am Bilanzstichtag mindestens zwölf Monate beträgt. Keine Abzinsung ist vorzunehmen bei einer Restlaufzeit von weniger als zwölf Monaten und bei Rückstellungen, die auf einer Anzahlung oder Vorausleistung beruhen.

Bei den meisten Rückstellungsarten (z. B. Rückstellung für Abschlusskosten, für Boni, für Tantieme) wird es im Hinblick auf deren geringe Laufzeit zu keiner Abzinsung kommen. Einzelheiten zur Abzinsung von Rückstellungen sind dem **BMF-Schreiben v. 26. 5. 2005** (BStBl 2005 I 699) zu entnehmen. Die nachfolgend angegebenen Randnummern beziehen sich auf dieses Schreiben.

In folgenden Fällen unterbleibt aus Vereinfachungsgründen eine Abzinsung:

▶ Rückstellungen für Steuerschulden wie z. B. die Gewerbesteuerrückstellung (Rn. 33)

▶ Pauschalrückstellungen für Garantie- und Gewährleistungsansprüche (Rn. 27)

Die Abzinsungsverpflichtung in der Steuerbilanz betrifft in erster Linie Rückstellungen für eine Abbruch-, Rekultivierungsverpflichtung, für Produkthaftung, für eine Instandhaltungs- und Ersatzbeschaffungsverpflichtung.

3.7.1.4.5.1 Maßgebende Laufzeit bei Geldleistungsverpflichtungen

Die Restlaufzeit am Bilanzstichtag ist nach den Umständen des Einzelfalles zu schätzen. Besteht die Verpflichtung in einer Geldzahlung, kommt es darauf an, wann die Zahlung voraussichtlich erfolgen wird (= **Erfüllungszeitpunkt**). Bei einer Begleichung in mehreren Teilbeträgen, ist für jeden Teilbetrag die Restlaufzeit zu ermitteln und eine jeweils gesonderte Abzinsung vorzunehmen (Rn. 25).

3.7.1.4.5.2 Maßgebende Laufzeit für Sachleistungsverpflichtungen

Bei Rückstellungen i. Z. mit Sachleistungsverpflichtungen (z. B. Rückstellung für die Aufbewahrung von Geschäftsunterlagen, Einzelrückstellungen i. Z. mit Garantie- und Gewährleistungsverpflichtungen) ist der Zeitraum vom Bilanzstichtag bis zum voraussichtlichen **Beginn der Erfüllung** der Verpflichtung maßgebend. Wird die Verpflichtung in Teilleistungen erfüllt, ist der Beginn der ersten Teilleistung maßgebend, sofern die Verpflichtung als „Einheit" anzusehen ist (Rn. 26).

BEISPIEL ► Der Geschäftsinhaber M hat i. Z. mit der gesetzlichen Verpflichtung bestimmte Geschäftsunterlagen sechs bzw. zehn Jahre aufzubewahren eine Rückstellung gebildet (Rückstellung zur Aufbewahrung von Geschäftsunterlagen).

LÖSUNG ► Die Aufbewahrungsverpflichtung nach § 257 HGB und § 147 AO beginnt, sobald die entsprechenden Geschäftsunterlagen existent sind, also bereits während des laufenden Geschäftsjahres. Es fehlt somit an einer Laufzeit von mindestens zwölf Monaten. Eine Abzinsung ist somit nicht vorzunehmen.

Bei Einzelrückstellungen für Garantie- und Gewährleistungsansprüche ist für den jeweiligen Einzelfall die (Rest-Laufzeit am Bilanzstichtag zu schätzen (Rn. 27).

3.7.1.4.5.3 Abzinsung von Rückstellungen im Allgemeinen

Bei Anwendung der vereinfachten Berechnung ist der für die Abzinsung maßgebende Vervielfältiger (VV) aus der Anlage 2 BMF v. 26. 5. 2005 a. a. O.) zu entnehmen.

BEISPIEL ► Ein Unternehmer rechnet in 05 damit, dass er im Zusammenhang mit einem geltend gemachten Garantieanspruch am 31. 12. 07 insgesamt 10 000 € aufwenden muss.

LÖSUNG ► Am 31. 12. 05 beträgt die Laufzeit noch zwei Jahre. Die Rückstellung beträgt: 10 000 € x 0,898 = 8 980 €. Am 31. 12. 06 beträgt die Laufzeit noch ein Jahr. Die Rückstellung beträgt: 10 000 € x 0,948 = 9 480 €. Am 31. 12. 06 beträgt der Steuerbilanzansatz (10 000 € × 0,948) = 9 480 €.

3.7.1.4.5.4 Abzinsung von Ansammlungsrückstellungen

Soweit der laufende Betrieb des Unternehmens ursächlich für die Entstehung der Verpflichtung ist, muss die Rückstellung durch jährliche gleiche Zuführungsraten in den einzelnen Wirtschaftsjahren ratierlich angesammelt werden (= Ansammlungsrückstellung i. S. des § 6 Abs. 1 Nr. 3a Buchst. e EStG). Davon betroffen sind in erster Linie Rückstellungen für Abbruchverpflichtungen und zur Entfernung/Erneuerung von Betriebsanlagen (Rn. 29). Steuerlich bestimmt sich die Höhe der Rückstellung nach den Wertverhältnissen am Bilanzstichtag, handelsrechtlich nach den Wertverhältnissen im Erfüllungszeitpunkt. Ferner ist in der StB mit 5,5 % abzuzinsen, in der HB mit dem von der Bundesbank festgestellten Zinssatz (§ 253 Abs. 2 HGB).

Zeigt sich während der Ansammlungsphase, dass der in früheren Jahren geschätzte Gesamtaufwand z. B. infolge von zwischenzeitlich eingetretenen Preissteigerungen nicht ausreichend ist, ist in der StB die Summe der in früheren Wirtschaftsjahren angesammelten Rückstellungsraten am Bilanzstichtag auf das Preisniveau des Stichtags anzuheben. Die Aufstockung geschieht in Form eines Einmalbetrags. Das gleiche gilt für die HB, wenn der Erfüllungsbetrag zu niedrig geschätzt wurde.

3.7.1.4.5.5 Künftige Preis- und Kostensteigerungen

Diese dürfen im Gegensatz zur handelsrechtlichen Regelung (§ 253 Abs. 1 Satz 2 HGB) nicht be-rücksichtigt werden (§ 6 Abs. 1 Nr. 3a Buchst. f EStG). Für die Bewertung von Rückstellungen in der Steuerbilanz ist allein auf die Wert- und Preisverhältnisse am Bilanzstichtag abzustellen.

3.7.1.5 Bilanzmäßiger Ausweis

Rückstellungen sind nach § 266 Abs. 3 HGB (verbindlich für Kapitalgesellschaften) in der Bilanz unter „B. Rückstellungen" auszuweisen. Der Bilanzausweis untergliedert sich in drei Rückstel-lungsarten:

▶ Rückstellungen für Pensionen und ähnliche Verpflichtungen,

▶ Steuerrückstellungen,

▶ sonstige Rückstellungen.

Kapitalgesellschaften müssen ggf. darüber hinaus nach § 274 Abs. 1 HGB in der Handelsbilanz einen (rückstellungsähnlichen) Passivposten für latente Steuern bilden.

3.7.1.6 Buchtechnische Behandlung

Die Bildung und die Auflösung der Rückstellungen haben erfolgswirksam zu erfolgen. Falls kein besonderes Aufwandskonto genutzt wird, bedient man sich des Kontos „sonstiger betrieblicher Aufwand". Die Auflösung einer Rückstellung geschieht in der Regel über das Konto „sonstiger betrieblicher Ertrag", soweit nicht Bestandskonten involviert sind (z. B. bei Bezahlung des zu-rückgestellten Betrags). Steueraufwendungen und Steuererstattungen werden auf speziellen Steuerkonten innerhalb der Gewinn- und Verlustrechnung erfasst (§ 275 Abs. 2 Nr. 18 und 19 HGB beim Gesamtkostenverfahren sowie § 275 Abs. 3 Nr. 17 und 18 HGB beim Umsatzkosten-verfahren). Zuführungen und Auflösung von Pensionsrückstellungen erfolgen über das Konto „Aufwendungen für Altersversorgung".

Soweit Rückstellungen abzuzinsen sind, sind Erträge aus der Abzinsung in der Gewinn- und Ver-lustrechnung gesondert unter dem Posten „sonstige Zinsen und ähnliche Erträge" und Aufwen-dungen gesondert unter dem Posten „Zinsen und ähnliche Aufwendungen" auszuweisen (§ 277 Abs. 5 HGB).

Die Rückstellungen sind an jedem Bilanzstichtag aufs Neue zu überprüfen. Dabei kann sich er-geben, dass diese aufzulösen, zu erhöhen oder in unveränderter Höhe weiterhin anzusetzen sind. Rückstellungen für ungewisse Verbindlichkeiten sind in der Regel gewinnerhöhend auf-zulösen, wenn die Voraussetzungen für ihre Beibehaltung weggefallen sind (R 5.7 Abs. 13). Sie sind ausnahmsweise erfolgsneutral aufzulösen, wenn der Wegfall der Voraussetzungen für ihre Bildung und Beibehaltung auf Umständen beruht, die als Einlage i. S. des § 4 Abs. 1 Satz 7 EStG zu beurteilen sind und deshalb die Rechtsfolge des § 4 Abs. 1 Satz 1 EStG auslösen (BFH v. 12. 4. 1989 I R 41/85, BStBl 1989 II 612).

BEISPIEL: ▶ Ist ein Pächter verpflichtet, die gepachteten Gegenstände dem Verpächter nach Ablauf der Pachtzeit in neuwertigem Zustand zurückzugeben, und erlässt der Verpächter dem Pächter diese Ver-bindlichkeit aus Schenkungsgründen, so ist die gebildete Pachterneuerungsrückstellung vom Pächter er-folgsneutral aufzulösen.

3.7.2 Rückstellungen für ungewisse Verbindlichkeiten

3.7.2.1 Gemeinsame handels- und steuerrechtliche Voraussetzungen

Die nach den handelsrechtlichen Grundsätzen ordnungsmäßiger Buchführung gemäß § 249 Abs. 1 HGB anzusetzenden Rückstellungen für ungewisse Verbindlichkeiten sind auch in der steuerlichen Gewinnermittlung (Steuerbilanz) zu übernehmen. Vgl. hierzu R 5.7 EStR.

Eine Rückstellung für ungewisse Verbindlichkeiten ist danach nur zu bilden, wenn

1. es sich um eine Verbindlichkeit gegenüber einem anderen oder eine öffentlich-rechtliche Verpflichtung handelt,

2. die Verpflichtung vor dem Bilanzstichtag wirtschaftlich verursacht ist,

3. mit einer Inanspruchnahme aus einer nach ihrer Entstehung oder Höhe ungewissen Verbindlichkeit ernsthaft zu rechnen ist und

4. die Aufwendungen in künftigen Wirtschaftsjahren nicht zu Anschaffungs- oder Herstellungskosten für ein Wirtschaftsgut führen (§ 5 Abs. 4b EStG).

3.7.2.1.1 Verpflichtung gegenüber einem anderen

Die Bildung einer Rückstellung für ungewisse Verbindlichkeiten setzt – als Abgrenzung zur Aufwandsrückstellung – eine Verpflichtung gegenüber einem anderen voraus. Die Verpflichtung muss den Verpflichteten wirtschaftlich wesentlich belasten. Die Frage, ob eine Verpflichtung den Steuerpflichtigen wesentlich belastet, ist nicht nach dem Aufwand für das einzelne Vertragsverhältnis, sondern nach der Bedeutung der Verpflichtung für das Unternehmen zu beurteilen. Wegen der Ausgabe von Gutscheinen, die einen Anspruch auf Preisermäßigung von Frisör-Dienstleistungen im Folgejahr gewähren, sind im Ausgabejahr weder Verbindlichkeiten noch Rückstellungen zu bilden (BFH v. 19. 9. 2012 IV R 45/09, BStBl 2013 II 123).

3.7.2.1.2 Öffentlich-rechtliche Verpflichtung

Auch eine öffentlich-rechtliche Verpflichtung kann Grundlage für eine Rückstellung für ungewisse Verbindlichkeiten sein; zur Abgrenzung von unzulässigen reinen Aufwandsrückstellungen ist jedoch Voraussetzung, dass die Verpflichtung hinreichend konkretisiert ist, d. h. es muss ein inhaltlich bestimmtes Handeln durch Gesetz oder Verwaltungsakt innerhalb eines bestimmbaren Zeitraums vorgeschrieben und an die Verletzung der Verpflichtung müssen Sanktionen geknüpft sein. Ergibt sich eine öffentlich-rechtliche Verpflichtung nicht unmittelbar aus einem Gesetz, sondern setzt sie den Erlass einer behördlichen Verfügung (Verwaltungsakt) voraus, ist eine Rückstellung für ungewisse Verbindlichkeiten erst zu bilden, wenn die zuständige Behörde einen vollziehbaren Verwaltungsakt erlassen hat, der ein bestimmtes Handeln vorschreibt.

Rückstellungen für öffentlich-rechtliche Verpflichtungen kommen nach H 5.7 (4) EStH in Betracht für:

► Verpflichtung zur Aufstellung der Jahresabschlüsse (BFH v. 20. 3. 1980 IV R 89/70, BStBl 1980 II 297).

► Verpflichtung zur Buchung laufender Geschäftsvorfälle des Vorjahres (BFH v. 25. 3. 1992 I R 69/91, BStBl II 1010).

- Gesetzliche Verpflichtung zur Prüfung der Jahresabschlüsse, zur Veröffentlichung des Jahresabschlusses im Bundesanzeiger, zur Erstellung des Geschäfts- und Lageberichts und zur Erstellung der die Betriebssteuern des abgelaufenen Jahres betreffenden Steuererklärungen (BFH v. 23. 7. 1980 I R 28/77, BStBl 1981 II 62).

- Verpflichtung zur Aufbewahrung von Geschäftsunterlagen gem. § 257 HGB und § 147 AO (BFH v. 19. 8. 2002 VIII R 30/01, BStBl 2003 II 131 und v. 18. 1. 11 X R 14/09, BStBl 2011 II 496).

- Verpflichtungen zur Wiederaufbereitung (Recycling) und Entsorgung von Bauschutt (BFH v. 25. 3. 2004 IV R 35/02, BStBl 2006 II 644 und v. 21. 9. 2005 X R 29/03, BStBl 2006 II 647). Siehe hierzu Wolfgang Söhl, in NWB 51/2012, S. 4175).

- In der Steuerbilanz einer als Großbetrieb i. S. von § 3 BpO eingestuften Kapitalgesellschaft sind Rückstellungen für die im Zusammenhang mit einer Außenprüfung bestehenden Mitwirkungspflichten gemäß § 200 AO, soweit diese die am jeweiligen Bilanzstichtag bereits abgelaufenen Wirtschaftsjahre (Prüfungsjahre) betreffen, grundsätzlich auch vor Erlass einer Prüfungsanordnung zu bilden (BFH v. 6. 6. 2012 I R 99/10, BStBl 2013 II 196; BMF v. 7. 3. 2013, BStBl 2013 I 274).

Sie sind nicht zulässig für:

- Verpflichtung zur Durchführung der Hauptversammlung (BFH v. 23. 7. 1980 I R 28/77, BStBl 1981 II 62).

- Künftige Betriebsprüfungskosten, solange es an einer Prüfungsanordnung fehlt (BFH v. 24. 8. 1972 VIII R 21/69, BStBl 1973 II 55). Anders bei als Großbetriebe eingestuften Kapitalgesellschaften: BFH v. 6. 6. 2012 I R 99/10 (BStBl 2013 II 196).

- Künftige Beitragszahlungen an den Pensionssicherungsverein (BFH v. 6. 12. 1995 I R 14/95, BStBl 1996 II 406).

- Verpflichtung zur Erstellung der Einkommensteuererklärung und der Erklärung zur gesonderten und einheitlichen Feststellung des Gewinns einer Personengesellschaft (BFH v. 24. 11. 1983 IV R 22/81. BStBl 1984 II 301).

- Verpflichtung zur Entsorgung eigenen Abfalls (BFH v. 8. 11. 2000 I R 6/96, BStBl 2001 II 570).

- Anpassungsverpflichtungen – nach der Technischen Anleitung zur Reinhaltung der Luft – TA Luft – (BMF v. 21. 1. 2003, BStBl 2003 I 125).

- Gesetzliche Verpflichtungen, wenn die Rechtsnorm eine Frist für die Erfüllung enthält und diese am Bilanzstichtag noch nicht abgelaufen ist (BFH v. 13. 12. 2007 IV R 85/05, BStBl 2008 II 516).

3.7.2.1.3 Wirtschaftliche Verursachung

Rückstellungen für ungewisse Verbindlichkeiten sind erstmals im Jahresabschluss des Wirtschaftsjahres zu bilden, in dem sie wirtschaftlich verursacht sind. Dies ist dem Stichtagsprinzip geschuldet (§ 252 Abs. 1 Nr. 4 HGB). Die Annahme einer wirtschaftlichen Verursachung setzt voraus, dass der Tatbestand, an den das Gesetz oder der Vertrag die Verpflichtung knüpft, im Wesentlichen verwirklicht ist. Die Erfüllung der Verpflichtung darf nicht nur an Vergangenes anknüpfen, sondern muss auch Vergangenes abgelten.

Die rechtliche Entstehung vor dem Bilanzstichtag ist im Hinblick auf das Bilanzierungsverbot für schwebende Geschäfte prinzipiell unbeachtlich (BFH v. 19. 8. 2002 VIII R 30/01, BStBl 2003 II 131 und v. 13. 12. 2007 IV R 85/05, BStBl 2008 II 516). Der I. Senat des BFH lässt demgegenüber im Bereich öffentlich-rechtlicher Verpflichtungen eine rechtliche Entstehung genügen, wenn ein entsprechender Bescheid einer Behörde vorliegt, auch wenn die wirtschaftliche Verursachung in der Zukunft liegt (BFH v. 27. 6. 2001 I R 45/97, BStBl 2003 II 121; Nichtanwendung BMF v. 21. 1. 2003, BStBl 2003 I 125).

3.7.2.1.4 Wahrscheinlichkeit der Inanspruchnahme

Rückstellungen für ungewisse Verbindlichkeiten setzen in tatsächlicher Hinsicht voraus, dass die Verbindlichkeiten, die den Rückstellungen zugrunde liegen, bis zum Bilanzstichtag entstanden sind oder, aus Sicht am Bilanzstichtag, mit einiger Wahrscheinlichkeit entstehen werden und der Steuerpflichtige spätestens bei Bilanzaufstellung ernsthaft damit rechnen muss, hieraus in Anspruch genommen zu werden. Die Wahrscheinlichkeit der Inanspruchnahme ist aufgrund objektiver, am Bilanzstichtag vorliegender und spätestens bei Aufstellung der Bilanz erkennbarer Tatsachen aus der Sicht eines sorgfältigen und gewissenhaften Kaufmanns zu beurteilen; es müssen mehr Gründe für als gegen die Inanspruchnahme sprechen.

3.7.3 Rückstellungen für drohende Verluste aus schwebenden Geschäften

3.7.3.1 Begriff

Ein zweiseitig verpflichtendes Rechtsgeschäft (z. B. Kaufvertrag) ist vom Zeitpunkt der Abgabe eines verbindlichen Vertragsangebots, des Abschlusses eines Vorvertrags oder eines Vertragsabschlusses bis zur Erfüllung durch Lieferung oder Leistung ein schwebendes Geschäft.

In der Steuerbilanz dürfen Rückstellungen für drohende Verluste aus schwebenden Geschäften nicht gebildet werden (§ 5 Abs. 4a EStG). In der Handelsbilanz muss dagegen eine Rückstellung ausgewiesen werden.

3.7.3.2 Buchung von „schwebenden Geschäften"

Grundsatz: Schwebende Geschäfte werden buchmäßig nicht erfasst.

BEISPIEL ▸ A (Verkäufer) schließt mit B am 30. 12. 01 einen Kaufvertrag über eine Maschine ab. Der Kaufpreis beträgt 20 000 € zzgl. Umsatzsteuer. A hat die Maschine für 15 000 € gekauft. Die Maschine wird in 02 ausgeliefert.

LÖSUNG ▸ Bis zur Lieferung darf keine Buchung erfolgen, weil davon auszugehen ist, dass sich gleichwertige Ansprüche gegenüberstehen. A verwirklicht den im Zusammenhang mit dem Geschäft gemachten Gewinn erst im Zeitpunkt der Lieferung, sodass in 01 ein nicht zu buchender nicht realisierter Gewinn vorliegt. Auch der Käufer bucht bis zum Erhalt der Maschine nichts.

Droht jedoch im Zusammenhang mit einem schwebenden Geschäft ein Verlust, ist in entsprechender Höhe in der Handelsbilanz (§ 249 Abs. 1 Satz 1 HGB) eine gewinnmindernde Rückstellung zu bilden. Ein Verlust droht immer dann, wenn der Wert der vom Unternehmer zu erbringenden Verpflichtung über dem Wert seines Anspruchs liegt.

Der bewusste Abschluss eines verlustbringenden Geschäfts schließt die Bildung einer Rückstellung nicht aus. Etwaige Gewinne aus Folgegeschäften sind nicht zu berücksichtigen.

Nimmt die Abwicklung eines Geschäfts einen längeren Zeitraum in Anspruch, kann die Rückstellung ggf. über mehrere Bilanzstichtage auszuweisen sein. Sie ist in diesem Fall an jedem Bilanzstichtag neu zu bewerten und ggf. aufzustocken oder (teilweise) aufzulösen.

Droht an einem Bilanzstichtag kein Verlust mehr (z. B. weil das Geschäft inzwischen abgewickelt ist und kein „schwebendes Geschäft" mehr vorliegt oder weil bei einem Beschaffungsgeschäft die Wiederbeschaffungskosten zwischenzeitlich den vereinbarten Einkaufspreis übersteigen), ist die Rückstellung in voller Höhe gewinnerhöhend aufzulösen.

3.7.4   Aufwandsrückstellungen

3.7.4.1   Begriff

Aufwandsrückstellungen dienen zur Abgrenzung eigener Aufwendungen. Es liegen keine (ungewissen) Verbindlichkeiten gegenüber Dritten und keine öffentlich-rechtlichen Verpflichtungen vor.

3.7.4.2   Einzelfälle

3.7.4.2.1   Rückstellung für unterlassene Instandhaltung

Für am Bilanzstichtag unterlassene Instandhaltungen (z. B. überfällige Inspektion, Wartungsarbeiten, Reparaturen) muss unter den in § 249 Abs. 1 Nr. 1 HGB genannten Voraussetzungen (Drei-Monats-Frist) eine Rückstellung gebildet werden. Auf die Gründe, weshalb die Reparaturarbeiten noch nicht durchgeführt worden sind (z. B. Terminprobleme mit den Handwerkern, finanzieller Engpass), kommt es nicht an.

> **BEISPIEL** Im Dezember 01 (Wirtschaftsjahr = Kalenderjahr) zeigen sich an der Hof- und Platzbefestigung Risse. Die notwendig werdende Reparatur wird im Januar 02 (bzw. im April 02) durchgeführt.

> **LÖSUNG** Sowohl handels- (§ 249 Abs. 1 Nr. 1 HGB) als auch steuerrechtlich (§ 5 Abs. 1 Satz 1 EStG) ist in der zum 31. 12. 01 zu erstellenden Bilanz eine Rückstellung in Höhe der zu erwartenden Reparaturkosten auszuweisen. Wird die Reparatur nicht innerhalb der ersten drei Monate nach Ablauf des Wirtschaftsjahres durchgeführt (Variante), kann weder in der Handelsbilanz noch in der Steuerbilanz eine Rückstellung ausgewiesen werden (§ 249 Abs. 2 HGB).

Sind die in Zusammenhang mit der „Reparaturausführung" anfallenden Aufwendungen als Herstellungsaufwendungen einzustufen, ist eine Rückstellung nicht möglich (§ 5 Abs. 4b EStG).

Erhaltungsaufwendungen sind am Bilanzstichtag rückständig, wenn deren Vornahme aus betriebswirtschaftlicher Sicht notwendig gewesen wäre. Bei unterlassener Instandhaltung muss es sich um Erhaltungsarbeiten handeln, die bis zum Bilanzstichtag bereits erforderlich gewesen wären, aber erst nach dem Bilanzstichtag durchgeführt werden. Bei Erhaltungsarbeiten, die erfahrungsgemäß in ungefähr gleichem Umfang und in gleichen Zeitabständen anfallen und turnusgemäß durchgeführt werden, liegt in der Regel keine unterlassene Instandhaltung vor (BFH v. 15. 2. 1955 I 54/54 U, BStBl 1955 III 172). Für sog. **Schönheitsreparaturen** scheidet deshalb eine Rückstellungsbildung aus.

Völlig ohne Bedeutung ist, ob der Reparaturauftrag im alten oder neuen Jahr erteilt worden ist. Eine Rückstellung kommt nur dann in Betracht, wenn die Arbeiten innerhalb von drei Monaten nach Ablauf des Wirtschaftsjahres **abgeschlossen** sind. Stehen lediglich unbedeutende, die Funktionsfähigkeit nicht beeinträchtigende Restarbeiten aus, ist dies unbeachtlich.

3.7.4.2.2 Rückstellung für Abraumbeseitigung

Abraumarbeiten kommen vor allem in Steinbrüchen und bei Gruben, die im Tagebau betrieben werden, vor. Vor dem Ausbrechen des Gesteins müssen zunächst die aufliegende Erdschicht und sonstige sich ggf. beim Abbau lösenden Schichten abgeräumt werden. Werden diese Arbeiten vor dem einsetzenden Winter auf das Nötigste beschränkt, und kommt es im Frühjahr zur Nachholung der Abraumarbeiten, sind die zur Beseitigung des Abraumrückstands erforderlichen Aufwendungen zurückzustellen. Sowohl in der Handels- (§ 249 Abs. 1 Nr. 1 HGB) als auch in der Steuerbilanz (§ 5 Abs. 1 Satz 1 EStG) besteht eine Passivierungspflicht. Der Ausweis einer Rückstellung ist davon abhängig, dass die rückständigen Abraumarbeiten im folgenden Geschäftsjahr binnen Jahresfrist nachgeholt werden.

In der Steuerbilanz erfolgt die Bewertung mit den Einzelkosten und den angemessenen Teilen der notwendigen Gemeinkosten (§ 6 Abs. 1 Nr. 3a Buchst. b EStG). In der Handelsbilanz ist mit dem Erfüllungsbetrag zu bewerten (§ 253 Abs. 1 HGB).

Besteht eine öffentlich-rechtliche Verpflichtung, ist eine Rückstellung (für ungewisse Verbindlichkeiten) auch dann zu bilden, wenn die Arbeiten erst zu einem späteren Zeitpunkt nachgeholt werden.

3.7.4.2.3 Rückstellung für Gewährleistungen ohne rechtliche Verpflichtung (Kulanz)

Rückstellungen nach § 249 Abs. 1 Satz 2 Nr. 2 HGB für Gewährleistungen, die ohne rechtliche Verpflichtungen erbracht werden, sind zulässig, wenn sich der Kaufmann den Gewährleistungen aus geschäftlichen Erwägungen nicht entziehen kann. Geschäftliche Erwägungen sind anzunehmen, wenn am Bilanzstichtag unter Berücksichtigung des pflichtgemäßen Ermessens des vorsichtigen Kaufmanns damit zu rechnen ist, dass Kulanzleistungen auch in Zukunft bewilligt werden müssen (BFH v. 6. 4. 1965 I 23/63 U, BStBl 1965 III 383).

Freiwillige Kulanzleistungen zur Kundenpflege, Werbung usw. rechtfertigen keine faktische Verpflichtung und dürfen nicht in der Handels- und Steuerbilanz berücksichtigt werden. Zurückstellbar sind nur Kosten, die der Mängelbeseitigung an vom Unternehmen gelieferten Gegenständen dienen.

In der Steuerbilanz erfolgt die Bewertung mit den Einzelkosten und den angemessenen Teilen der notwendigen Gemeinkosten (§ 6 Abs. 1 Nr. 3a Buchst. b EStG). In der Handelsbilanz ist mit dem Erfüllungsbetrag zu bewerten (§ 253 Abs. 1 HGB). Da die Mängelbeseitigung in der Regel kurzfristig erfolgt, kommt eine Abzinsung nicht in Betracht.

3.7.5 Steuerrechtliche Besonderheiten

Nach Auffassung der Finanzverwaltung ist erforderlich, dass die künftigen, zur Tilgung der ungewissen Verbindlichkeit zu leistenden Ausgaben wesentlich in der Zeit vor dem Bilanzstichtag wirtschaftlich verursacht sind (so auch BFH v. 6. 12. 1995 I R 14/95, BStBl 1996 II 406). Nach BFH

v. 27. 6. 2001 I R 45/97 (BStBl 2003 II 121) und v. 24. 1. 2001 I R 39/00 (BStBl 2005 II 465) sind Rückstellungen für rechtlich entstandene Verbindlichkeiten jedoch unabhängig vom Zeitpunkt ihrer wirtschaftlichen Verursachung sowohl handels- als auch steuerrechtlich zu berücksichtigen. Die Finanzverwaltung wendet die Rechtsprechung nicht an (BMF v. 21. 1. 2003, BStBl 2003 I 125 und v. 21. 6. 2005, BStBl 2005 I 802). Dem widerspricht die neuere höchstrichterliche Rechtsprechung: Eine im Gewinnermittlungszeitraum dem Grunde nach rechtlich entstandene Verbindlichkeit ist auch wirtschaftlich vor dem Bilanzstichtag verursacht, wenn sie unabhängig davon zu erfüllen ist, ob der Unternehmer seine Tätigkeit in Zukunft fortführt oder den Betrieb zum jeweiligen Bilanzstichtag beendet (BFH v. 8. 9. 2011 IV R 5/09, BStBl 2012 II 122). Nach Auffassung des BFH ist eine öffentlich-rechtliche Verpflichtung noch nicht rechtlich entstanden, wenn die Rechtsnorm, in der sie enthalten ist, eine Frist für ihre Erfüllung enthält, die am maßgeblichen Bilanzstichtag noch nicht abgelaufen ist (BFH v. 13. 12. 2007 IV R 85/05, BStBl 2008 II 516).

Bei der Rückstellungsbildung wird steuerrechtlich unterschieden zwischen passivierungspflichtigen Rückstellungen, Rückstellungen mit Passivierungswahlrecht und Rückstellungen, deren Passivierung verboten ist. Rückstellungen, für die handelsrechtlich ein Passivierungswahlrecht besteht, sind von der steuerrechtlichen Passivierung ausgeschlossen (BFH v. 3. 2. 1969 GrS 2/68, BStBl 1969 II 291, v. 24. 6. 1969 I R 15/68, BStBl 1969 II 581 und v. 28. 4. 1971 I R 39,40/70, BStBl 1971 II 601).

3.7.5.1 Passivierungspflicht in der Steuerbilanz

Für die Passivierungspflicht kommen im Wesentlichen folgende Fälle in Betracht:

► Gewerbesteuerrückstellung:. Für die Gewerbesteuer ab Erhebungszeitraum 2008 ist die Vorschrift des § 4 Abs. 5b EStG („Die Gewerbesteuer und die darauf entfallenden Nebenleistungen sind keine Betriebsausgaben") zu beachten. Die Gewerbesteuer hat steuerrechtlich den Charakter einer „nicht abzugsfähigen Betriebsausgabe". Handelsrechtlich ist die Gewerbesteuer als Aufwand zu behandeln. In der Handelsbilanz ist deshalb eine Gewerbesteuerrückstellung in Höhe der voraussichtlichen Abschlusszahlung auszuweisen. Dies gilt auch für die Steuerbilanz (R 5.7 Abs. 1 Satz 2 EStR). Ist im Rahmen der Gewinnermittlung die Gewerbesteuer für Wirtschaftsjahre ab 2008 als Aufwand behandelt worden, ist sie außerbilanziell hinzuzurechnen. Gewerbesteueraufwand für Erhebungszeiträume vor 2008 (z. B. Differenz zwischen tatsächlichem Nachzahlungsbetrag der GewSt 2007 und der entsprechenden GewSt-Rückstellung, stellt auch steuerrechtlich Betriebsausgabe dar und darf deshalb nicht zugerechnet werden.

► Rückstellungen aufgrund von Altersteilzeitvereinbarungen (BMF v. 28. 3. 2007, BStBl 2007 I 297 und v. 11. 3. 2008, BStBl 2008 I 496),

► Pensionsrückstellung für Pensionszusagen die nach dem 31. 12. 1986 gegeben wurden (Art. 28 Abs. 1 EGHGB, § 6a EStG),

► Garantierückstellung,

► Rückstellung wegen Verletzung fremder Schutzrechte (§ 5 Abs. 3 EStG),

► Prozesskostenrückstellung,

► Rückstellung für Mietanlagen- und Pachtanlagenbeseitigung,

▶ Rückstellung für Urlaubs- und Weihnachtsgeldansprüche (vgl. BFH v. 6.12.1995 I R 14/95, BStBl 1996 II 406),

▶ Rückstellung für Jahresabschlusskosten (vgl. BFH v. 24.11.1983 IV R 22/81, BStBl 1984 II 301),

▶ Rückstellung für Tantiemezusagen,

▶ Rückstellung für Wechselobligo,

▶ Rückstellung für Instandhaltungsverpflichtung des Mieters/Pächters,

▶ Rückstellung für zugesagte Jubiläumszuwendungen (§ 5 Abs. 4 EStG, BMF v. 8.12.2008, BStBl 2008 II 1013).

▶ Rückstellung für Mehrsteuern aufgrund erfolgter Außenprüfungen, und zwar zulasten jener Wirtschaftsjahre, zu denen sie wirtschaftlich gehören. Es handelt sich um Bilanzberichtigungen.

▶ Rückstellung für Verpflichtung zur Aufbewahrung von Geschäftsunterlagen gem. § 257 HGB (BFH v. 19.8.2002 VIII R 30/01 BStBl 2003 II 131). Für die Berechnung der Rückstellung sind nur diejenigen Unterlagen zu berücksichtigen, die zum betreffenden Bilanzstichtag entstanden sind. Die voraussichtliche Aufbewahrungsdauer bemisst sich grundsätzlich nach § 147 Abs. 3 Satz 1 AO. Wer sich auf eine voraussichtliche Verlängerung der Aufbewahrungsfrist beruft, hat die tatsächlichen Voraussetzungen dafür darzulegen (BFH v. 18.1.2011 X R 14/09, BStBl 2011 II 496),

▶ Rückstellung für Verpflichtung zur Beihilfegewährung in Krankheits-, Geburts- und Todesfällen an (künftige) Pensionäre (BFH v. 30.1.2002 I R 71/00, BStBl 2003 II 279),

▶ Rückstellung für Kulanzleistungen (§ 249 Abs. 1 Nr. 2 HGB und R 5.7 Abs. 12 EStR).

▶ Rückstellung für unterlassene Instandhaltung bei Nachholung innerhalb von 3 Monaten ab Bilanzstichtag (§ 249 Abs. 1 Nr. 1 HGB und R 5.7 Abs. 11 EStR).

▶ Rückstellung für Abraumbeseitigung, die im folgenden Geschäftsjahr nachgeholt wird (§ 249 Abs. 1 Nr. 2 HGB und R 5.7 Abs. 11 EStR).

▶ Rückstellung für Erfüllungsrückstände bei Dauerschuldverhältnissen (z. B. Mietverhältnissen), wenn sich der Verpflichtete mit seinen Leistungen gegenüber seinem Vertragspartner im Rückstand befindet (BFH v. 5.4.2006 I R 43/05, BStBl 2006 II 593).

▶ Rückstellung für Wiederaufbereitung (Recycling) und Entsorgung von Bauschutt, wenn die Verpflichtung gesetzlich hinreichend konkretisiert ist (BFH v. 25.3.2004 IV R 35/02, BStBl 2006 II 644).

▶ Rückstellung für die gesetzliche Verpflichtung zur Aufbereitung und Entsorgung von aufgekauften Bauabfällen, soweit die Aufwendungen nicht mit künftigen Erlösen aus der Wiederverwertung im Zusammenhang stehen (BFH v. 21.9.2005 X R 29/03, BStBl 2006 II 647).

▶ Rückstellung für vertragliche Schadenersatzverpflichtungen (hier unvollständige Leergutrückgabe), wenn der Verpflichtete von den den Schadenersatz begründenden Umständen Kenntnis hat oder zumindest eine derartige Kenntniserlangung unmittelbar bevorsteht (BFH v. 25.4.2006 VIII R 40/04, BStBl 2006 II 749).

▶ Für die Verpflichtung eines Kraftfahrzeughändlers, verkaufte Kraftfahrzeuge auf Verlangen des Käufers zurückzukaufen, ist eine Verbindlichkeit in Höhe des dafür vereinnahmten, ggf.

zu schätzenden, Entgelts auszuweisen (BFH v. 17. 11. 2010 I R 83/09, BStBl 2011 II 812; zur Anwendung BMF v. 12. 10. 2011, BStBl 2011 I 967).

► Verpflichtet sich der Vermieter von Kraftfahrzeugen gegenüber den Mietern, das Fahrzeug zum Ende der Mietzeit zu veräußern und den Veräußerungserlös insoweit an den Mieter auszuzahlen, als er einen vertraglich vereinbarten, unter dem Buchwert der Fahrzeuge zum Vertragsende liegenden Restwert übersteigt, kann er für diese Pflicht ratierlich eine Rückstellung in der Höhe bilden, in der der vereinbarte Restwert unter dem Buchwert der Fahrzeuge liegt. Diese Verpflichtungen aus einem Erfüllungsrückstand sind abzuzinsen (BFH v. 21. 9. 2011 I R 50/10, BStBl 2012 II 197).

► Rückstellung für die Nachbetreuung bereits abgeschlossener Lebensversicherungen bei einem Versicherungsvertreter (BFH v. 19. 7. 2011 X R 26/10, BStBl 2012 II 856; BMF v. 20. 11. 2012, BStBl 2012 I 1100).

3.7.5.2 Passivierungswahlrecht in der Steuerbilanz

Es handelt sich hierbei um Pensionsrückstellung für Pensionszusagen, die vor dem 1. 1. 1987 gegeben wurden (Art. 28 Abs. 1 EGHGB, § 6a EStG). Das Wahlrecht gilt auch für die HB.

3.7.5.3 Passivierungsverbot in der Steuerbilanz

► Rückstellung für künftige Hauptversammlungskosten (BFH v. 23. 7. 1980 I R 28/77, BStBl 1981 II 62).

► Rückstellung für Ausgleichsansprüche nach § 89b HGB vor Beendigung des Vertragsverhältnisses (BFH v. 20. 1. 1983 IV R 168/81, BStBl 1983 II 375).

► Rückstellung für künftige Ausbildungskosten im Rahmen von Berufsausbildungsverträgen (BFH v. 25. 1. 1984 I R 7/80, BStBl 1984 II 344).

► Rückstellung für Mehrsteuern aufgrund künftiger Außenprüfungen oder künftiger Steuerfahndungsprüfungen (H 4.9 „Rückstellung für künftige Steuernachforderungen" EStH).

► Rückstellung für künftige Beiträge an den Pensionssicherungsverein (BFH v. 13. 11. 1991 I R 102/88, BStBl 1992 II 336).

► Rückstellung für Umweltschutzmaßnahmen, bevor die Arbeiten tatsächlich erforderlich sind (BFH v. 19. 10. 1993 VIII R 14/92, BStBl 1993 II 891).

► Drohverlustrückstellungen (§ 5 Abs. 4a EStG).

► Rückstellungen für aktivierungspflichtige Wirtschaftsgüter (§ 5 Abs. 4b EStG).

► Rückstellungen für Verpflichtungen, die nur zu erfüllen sind, soweit künftige Einnahmen oder Gewinne anfallen, dürfen erst gebildet werden, wenn die Einnahmen oder Gewinne angefallen sind (§ 5 Abs. 2a EStG).

► Rückstellungen für nicht abziehbare Betriebsausgaben (z. B. Geldbußen): BFH v. 9. 6. 1999 I R 64/97, BStBl 1999 II 656 und v. 15. 3. 2000 VIII R 34/96, BFH/NV 2001, 297.

► Hat ein Getränkehändler einerseits an seinen Lieferanten Pfandgelder für die an ihn gelieferten Kästen und Flaschen gezahlt und andererseits von seinen Kunden Pfandgelder in gleicher Höhe vereinnahmt, so gleichen sich diese Vorgänge in der Regel bilanziell aus. Der Händler ist nur bei Vorliegen besonderer Umstände berechtigt, in seiner Bilanz insoweit ein Verlustgeschäft auszuweisen (BFH v. 6. 10. 2009 I R 36/07, BStBl 2010 II 232).

HINWEIS:

Betriebliche Verbindlichkeiten, welche beim Veräußerer aufgrund steuerlicher Rückstellungsverbote (z. B. für Jubiläumszuwendungen, für Beiträge an den Pensionssicherungsverein oder für drohende Verluste aus schwebenden Geschäften) in der Steuerbilanz nicht bilanziert worden sind, sind bei demjenigen Erwerber, der die Verbindlichkeit im Zuge eines Betriebserwerbs übernommen hat, keinem Passivierungsverbot unterworfen sondern als ungewisse Verbindlichkeit auszuweisen und von ihm auch an den nachfolgenden Bilanzstichtagen nach § 6 Abs. 1 Nr. 3 EStG 1990 mit ihren Anschaffungskosten oder ihrem höheren Teilwert zu bewerten (BFH v. 16. 12. 2009 I R 102/08, BStBl 2011 II 566 und v. 14. 12. 2011 I R 72/10, DStR 2012 S. 452; anders BMF v. 24. 6. 2011, BStBl 2011 I 627).

3.7.6 Änderungen der handelsrechtlichen Rückstellungsregelungen durch das BilMoG

Die bisherigen Wahlrechte zur Bildung von **Aufwandsrückstellungen** nach § 249 Abs. 1 Satz 3 und Abs. 2 HGB, die im Gegensatz zu den „echten" Rückstellungen keinen Schuldcharakter haben, wurden durch das BilMoG aufgehoben. Es handelte sich um

► Rückstellungen für unterlassene Aufwendungen für Instandhaltungen bei Nachholung innerhalb von 3 – 12 Monaten ab Bilanzstichtag,

► Rückstellungen für genau umschriebene, dem Geschäftsjahr oder einem früheren Geschäftsjahr zuzuordnende Aufwendungen.

Derartige Rückstellungen, die steuerrechtlich schon immer verboten waren, können nach Maßgabe des Art. 67 Abs. 3 EGHGB im handelsrechtlichen Jahresabschluss bis zum Erfüllungszeitpunkt oder bis zum Wegfall des Anlasses ihrer Bildung beibehalten werden. Wird von dem Beibehaltungswahlrecht kein Gebrauch gemacht, sind sie aufzulösen und (bei Kapitalgesellschaften) den Gewinnrücklagen und im Übrigen dem Kapital zuzuführen.

Die genannten Aufwandsrückstellungen können letztmals in Jahresabschlüssen gebildet werden, deren Geschäftsjahr vor dem 1. 1. 2010 begonnen hat (Art. 66 Abs. 5 EGHGB).

Rückstellungen für latente Steuern sind nur noch von mittelgroßen und großen Kapitalgesellschaften sowie von Gesellschaften i. S. von § 264a HGB zu bilden (§ 274 Abs. 1 HGB). Kleine Kapitalgesellschaften können von der Steuerabgrenzung ganz absehen (§ 274a Nr. 5 HGB). Im Jahresabschluss von Personenunternehmen sind durch den Wegfall des § 247 Abs. 3 Satz 3 HGB a. F. latente Steuern nicht mehr auszuweisen.

Ferner wurde durch § 253 Abs. 2 HGB für Rückstellungen mit einer Restlaufzeit von mehr als einem Jahr eine **Abzinsungspflicht** eingeführt. Für die Überleitung auf das neue Recht sieht Art. 67 Abs. 1 EGHGB eine großzügige Übergangsregelung vor. Denn die Abzinsungspflicht führt bei den Rückstellungen im Zuge der Erstanwendung des BilMoG in der Regel zu niedrigeren Rückstellungswerten und damit zu Gewinnerhöhungen in der HB. Führt die Erstanwendung des BilMoG zu niedrigeren Rückstellungen einschließlich der Pensionsrückstellungen können die bisherigen (höheren) Rückstellungen beibehalten werden, soweit diese höheren Werte voraussichtlich bis zum 31. 12. 2024 erreicht werden (Art. 67 Abs. 1 Satz 2 EGHGB, BR-Drucksache 270/09 zu Art. 2 Nr. 4-neu [29. Abschnitt EGHGB]). Wird von diesem Wahlrecht kein Gebrauch gemacht, sind die aus der Auflösung resultierenden Erträge (bei Kapitalgesellschaften) unmittelbar in die Gewinnrücklagen und im Übrigen ins Kapital einzustellen.

Führt die Erstanwendung des BilMoG zu höheren **Pensionsrückstellungen**, ist der erforderliche Zuführungsbetrag bis spätestens zum 31. 12. 2024 in jedem Geschäftsjahr zu **mindestens** 1/15 anzusammeln (Art. 67 Abs. 1 Satz 1 EGHGB); es können auch höhere Beträge zugeführt werden, um die Ansammlung zu beschleunigen. Für die anderen Rückstellungen ist eine derartige Streckung nicht gestattet; dies wäre auch unvereinbar mit dem Vorsichtsprinzip.

Auswirkungen für das **Steuerrecht** ergeben sich im Rückstellungsbereich nicht. Insbesondere dürfen durch die ausdrückliche Ergänzung in § 6 Abs. 1 Nr. 3a Buchst. f EStG i. d. F. BilMoG künftige Preis- und Kostensteigerungen nicht berücksichtigt werden. Auch der Abzinsungssatz von 5,5 % ist unverändert anzuwenden. Unverändert bleibt auch § 6a EStG zur Bildung und Bewertung von Pensionsrückstellungen (Teilwertverfahren, Zinssatz 6 %, keine Erfassung von künftigen Gehaltserhöhungen und Rentensteigerungen).

3.7.7 Einzelfälle

3.7.7.1 Mehrsteuern aufgrund von Außenprüfungen

Mehrsteuern, die sich nach Außenprüfungen ergeben und Betriebsausgaben darstellen, sind für die Wirtschaftsjahre gewinnmindernd zu berücksichtigen, zu denen sie wirtschaftlich gehören. Etwas anderes gilt für Mehrsteuern aufgrund von Steuerfahndungsprüfungen (H 4.9 „Rückstellung für künftige Steuernachforderungen" EStH). Für hinterzogene Mehrsteuern kann eine Rückstellung erst zu dem Bilanzstichtag gebildet werden, zu dem der Steuerpflichtige mit der Aufdeckung der Steuerhinterziehung rechnen musste (BFH v. 22. 10. 2012 X R 23/10, BStBl 2013 II 76).

3.7.7.2 Garantierückstellung

Grundlage für die Bemessung der Rückstellung sind der am Bilanzstichtag garantiebehaftete Sollumsatz und ein Erfahrungsprozentsatz, der sich aus früheren Inanspruchnahmen ergibt (§ 6 Abs. 3a Buchst. a EStG). Auszuscheiden sind dabei Umsätze, für die Rückgriffsrechte bestehen (H 6.11 „Rückgriffsansprüche" EStH). Soweit Garantieleistungen bereits erbracht wurden, mindern sie den Rückstellungsbetrag. Auf Pauschalrückstellungen findet das Abzinsungsgebot gem. § 6 Abs. 1 Nr. 3a Buchst. e EStG aus Vereinfachungsgründen keine Anwendung (BMF v. 26. 5. 2005, BStBl 2005 I 699, Rz. 27). Handelsrechtlich ist die Rückstellung mit den Vollkosten zu bewerten (§ 253 Abs. 1 Satz 2 HGB), steuerlich mit den Einzelkosten und den angemessenen Teilen der notwendigen Gemeinkosten (§ 6 Abs. 1 Nr. 3a Buchst. b EStG).

3.7.7.3 Rückstellung wegen Verletzung fremder Patent-, Urheber- und ähnlicher Schutzrechte

Es besteht ein Passivierungsgebot, wenn

a) der Rechtsinhaber Ansprüche wegen der Rechtsverletzung geltend gemacht hat oder

b) ernsthaft mit einer Inanspruchnahme wegen der Rechtsverletzung zu rechnen ist. Dabei ist nicht Voraussetzung, dass der Patentinhaber von der Rechtsverletzung Kenntnis erlangt hat (BFH v. 9. 2. 2006, BStBl 2006 II 517). In diesen Fällen besteht unter Umständen eine Auflösungspflicht nach drei Jahren (vgl. § 5 Abs. 3 Nr. 2 EStG und R 5.7 Abs. 10 EStR). Wird ein und dasselbe Schutzrecht in mehreren Jahren verletzt, bestimmt sich der Ablauf der dreijährigen Auflösungsfrist nach der erstmaligen Rechtsverletzung (BFH v. 9. 2. 2006, a. a. O.).

Für betriebliche Schadenersatzverpflichtungen aus strafbaren Handlungen sind Rückstellungen zu bilden, wenn mit einiger Wahrscheinlichkeit damit zu rechnen ist, dass der Steuerpflichtige in Anspruch genommen wird. Diese Wahrscheinlichkeit ist gegeben, wenn bis zum Tag der Bilanzaufstellung die den Anspruch begründenden Tatsachen durch Aufdeckung der Tat bekannt geworden sind (BFH v. 2. 10. 1992 III R 54/91, BStBl 1993 II 153).

3.7.7.4 Rückstellung für Prozesskosten

Sie sind ab Rechtshängigkeit eines Prozesses zu bilden. Dabei spielt es keine Rolle, ob es sich um Aktiv- oder Passivprozesse handelt. Nicht zu berücksichtigen sind die Kosten zukünftiger Instanzen, auch wenn deren Anrufung bei Unterliegen geplant ist (BFH v. 6. 12. 1995 I R 14/95, BStBl 1996 II 406).

3.7.7.5 Rückstellung für Miet- und Pachtanlagenbeseitigung

Der Aufwand für die spätere Beseitigung muss durch entsprechende Rückstellungszuführungen auf die Miet- bzw. Pachtdauer verteilt werden. Dabei sind Preissteigerungen vom Jahr der Steigerung an zu berücksichtigen. Für vergangene Jahre ist der anteilige Betrag im Jahr der Preissteigerung nachzuholen (H 6.11 „Preisänderungen" EStH). Die Zuführungen müssen linear vorgenommen werden; zusätzlich ist in der Steuerbilanz mit 5,5 % jährlich abzuzinsen (R 6.11 Abs. 2 EStR, § 6 Abs. 3a Buchst. e EStG). Die Abzinsung kann nach im dem BMF-Schreiben vom 26. 5. 2005 (BStBl 2005 I 699 Rz. 2, 8, 24 und 28 i.V. mit Tab. 2) dargelegten Grundsätzen vorgenommen werden.

3.7.7.6 Rückstellung für unterlassene Instandhaltung

Es besteht Passivierungspflicht, wenn die Instandhaltung innerhalb von 3 Monaten nach dem Bilanzstichtag nachgeholt wird (§ 249 Abs. 1 Nr. 1 HGB, R 5.7 Abs. 11 EStR). Die Rückstellungsbildung ist nur zulässig für aufgestauten Reparaturaufwand, nicht für laufenden Erhaltungsaufwand.

Ist ein Mieter/Pächter zur Instandhaltung der gemieteten Sache verpflichtet und dieser Verpflichtung am Bilanzstichtag (noch) nicht nachgekommen, so ist der voraussichtliche Reparaturaufwand durch eine Rückstellung zu berücksichtigen. Hierbei handelt es sich nicht um einen Fall des § 249 Abs. 1 Nr. 1 HGB, sondern um eine Rückstellung für ungewisse Verbindlichkeiten (§ 249 Abs. 1 Satz 1 HGB).

3.7.7.7 Rückstellung für drohende Verluste aus schwebenden Geschäften

Nach § 5 Abs. 4a EStG dürfen Rückstellungen für drohende Verluste aus schwebenden Geschäften nicht gebildet werden (anders in der Handelsbilanz: § 249 Abs. 1 Satz 1 HGB).

3.7.7.8 Rückstellung für Jahresabschlusskosten

Passivierungspflicht besteht für Jahresabschlusskosten, ferner soweit Betriebssteuer-Erklärungen betroffen sind: USt, GewSt (§ 4 Abs. 5b EStG bezieht sich nur auf die GewSt entfallende Nebenleistungen wie Säumniszuschläge), KSt, **nicht** ESt, Gewinnfeststellungen, Vermögensaufstellungen. Vgl. H 5.7 (3) „Rückstellungen für öffentlich-rechtliche Verpflichtungen..." EStH.

Die Verpflichtung zur Buchung laufender Geschäftsvorfälle des Vorjahres berechtigt und ver- pflichtet ebenfalls zur Bildung einer Rückstellung (BFH v. 25.3.1992 I R 69/91, BStBl 1992 II 1010).

3.7.7.9 Rückstellung für Wechselobligo

Es besteht Passivierungspflicht. Die Höhe der Rückstellung kann durch Einzelbewertung oder pauschal ermittelt werden. Die pauschale Bewertung beruht dabei auf § 240 Abs. 4 HGB, Wert- aufhellende Erkenntnisse sind bis zur Bilanzerstellung auszuwerten; dabei darf der Rückstel- lungsbetrag die Gesamtsumme der am Bilanzerstellungstag nicht eingelösten Wechsel nicht übersteigen.

3.7.7.10 Rückstellung für Handelsvertreteransprüche

Für den Ausgleichsanspruch des Handelsvertreters nach § 89b HGB darf vor Beendigung des Ver- tragsverhältnisses keine Rückstellung gebildet werden (H 5.7 Abs. 4 „Ausgleichsanspruch Han- delsvertreter" EStH).

3.7.7.11 Rückstellung für rückständige Urlaubsverpflichtungen

Rückständige Urlaubsverpflichtungen sind als sog. Erfüllungsrückstand (R 5.7 Abs. 8 EStR) zu- rückzustellen. Die Höhe der Rückstellung bestimmt sich nach dem Urlaubsentgelt, das der Ar- beitgeber hätte aufwenden müssen, wenn er seine Zahlungsverpflichtung bereits am Bilanz- stichtag erfüllt hätte (BFH v. 6.12.1995 I R 14/95, BStBl 1996 II 406). Ausgleichsansprüche ge- gen Urlaubskassen sind bei der Bewertung zu berücksichtigen (BFH v. 8.2.1995 I R 72/94, BStBl 1995 II 412). Siehe auch H 6.11 „Urlaubsverpflichtung" EStH.

3.7.7.12 Jubiläumsrückstellung

Wegen der Grundsätze bei der Bewertung von Rückstellung für Dienstjubiläen vgl. § 5 Abs. 4 EStG i.V. mit BMF v. 8.12.2008, BStBl 2008 I 1013.

3.7.7.13 Rückstellung für die Abgabeverpflichtung von Emissionsberechtigungen

Siehe hierzu ausführlich BMF v. 6.12.2005, BStBl 2005 I 1047.

3.7.7.14 Rückstellung für Schadstoffbeseitigung

Hat die zuständige Behörde von einer Schadstoffbelastung und einer dadurch bedingten Siche- rungs- und Sanierungsbedürftigkeit eines Grundstücks Kenntnis erlangt, muss der Zustands- oder Handlungsstörer im Regelfall ernsthaft mit seiner Inanspruchnahme aus der ihn treffen- den Sanierungsverpflichtung rechnen (BFH v. 19.11.2003 I R 77/01, BStBl 2010 II 482). Wenn sich die öffentlich-rechtliche Verpflichtung nicht unmittelbar aus dem Gesetz ergibt, sondern den Erlass einer behördlichen Verfügung (Verwaltungsakt) voraussetzt, ist nach Auffassung der Finanzverwaltung eine Rückstellung für ungewisse Verbindlichkeiten erst zu bilden, wenn die zuständige Behörde einen vollziehbaren Verwaltungsakt erlassen hat, der ein bestimmtes Han- deln innerhalb eines bestimmbaren Zeitraums vorschreibt (R 5.7 Abs. 4 Satz 2 EStR, BMF v. 11.5.2010, BStBl 2010 I 495).

3.7.7.15　Bürgschaftsverpflichtung

In Betracht kommt eine Rückstellung für ungewisse Verbindlichkeiten (§ 249 Abs. 1 Satz 1 HGB). Diese darf aber erst gebildet werden, wenn mit einer Inanspruchnahme ernsthaft zu rechnen ist (R 5.7 Abs. 2 Nr. 3 EStR). Das ist bei Bürgschaftsverpflichtungen nicht der Fall, solange der Schuldner seinen Zahlungsverpflichtungen nachkommt.

Im handelsrechtlichen Jahresabschluss ist gem. § 251 HGB auf die Bürgschaftsverpflichtung hinzuweisen („unter" der Bilanz).

Ist am Bilanzstichtag mit einer Inanspruchnahme zu rechnen (z. B. weil der Schuldner seine Zahlungen eingestellt und der Gläubiger sich an den Bürgen gewandt hat), ist die Rückstellung zwingend. Werthaltige Rückgriffsansprüche gegenüber dem Schuldner sind zu berücksichtigen; sie sind als eigenständige Forderungen zu aktivieren (H 6.11 „Rückgriffsansprüche" EStH).

3.7.7.16　Pensionsrückstellungen

3.7.7.16.1　Altersversorgung durch Direktzusagen (= interne Versorgung)

Hierbei verpflichtet sich der Arbeitgeber, dem Arbeitnehmer oder dessen Angehörigen ab Eintritt des Versorgungsfalls Leistungen in bestimmter Höhe zu zahlen. Für diese Verpflichtung erfolgt die **Bildung von Pensionsrückstellungen (ggf. mit Rückdeckungsversicherung durch den Arbeitgeber)**. Die Ansprüche des Arbeitnehmers sind außerdem durch den Pensionssicherungsverein geschützt. Denn Betriebe, die unverfallbare Pensionszusagen gewähren, müssen Beiträge an den Pensionssicherungsverein a. G. leisten (§§ 7 bis 15 BetrAVG). Der Verein wurde zur Insolvenzsicherung der unverfallbaren Ansprüche ins Leben gerufen. Im Falle eines Konkurses der pensionsverpflichteten Firma übernimmt der Verein die Pensionszahlungen. Die jährliche Beitragsumlage an den Pensionssicherungsverein gehört zu den Betriebsausgaben des Jahres, für das sie geleistet werden. Da die Umlagen erst nach Ablauf des Geschäftsjahres erhoben werden, muss in der Handels- (§ 249 Abs. 1 Satz 1 HGB) und Steuerbilanz (§ 5 Abs. 1 Satz 1 EStG) für den Beitrag des abgelaufenen Jahres eine Rückstellung für ungewisse Verbindlichkeiten ausgewiesen werden. Bei der Bemessung kann man sich an den Beitragszahlungen des Vorjahres orientieren. Eine Rückstellung für die in künftigen Jahren zu zahlenden Beiträge ist nicht zulässig (BFH v. 13. 11. 1991 I R 102/88, BStBl 1992 II 336).

Steuerrechtliche Voraussetzungen für die Bildung von Pensionsrückstellungen (vgl. § 6a EStG, R 6a EStR):

a)　rechtsverbindlicher Anspruch;

b)　kein schädlicher Vorbehalt über Widerruf, Entzug oder Abfindung zum Teilwert (BFH v. 10. 11. 1998 I R 49/97, BStBl 2005 II 261, hierzu siehe auch BMF v. 6. 4. 2005, BStBl 2005 I 619 und 1. 9. 2005, BStBl 2005 I 860 jeweils mit Übergangsregelung);

c)　Schriftlichkeit der Zusage (in Einzelvertrag, Tarifvertrag oder Betriebsvereinbarung). Zur Annahme der Zusage genügt eine mündliche Erklärung des Pensionsberechtigten (BFH v. 27. 4. 2005 I R 75/04, BStBl 2005 II 702).

Werden die künftigen Pensionsleistungen aus einer Versorgungszusage voraussichtlich von einem externen Versorgungsträger erbracht, scheidet die Bildung einer Rückstellung nach § 6a EStG aus (BFH v. 5. 4. 2006 I R 46/04, BStBl 2006 II 688).

Bewertung: Teilwert mit Rechnungszinsfuß von 6 % (§ 6a Abs. 3 Satz 3 EStG).

Die Berechnung der Rückstellung erfolgt nach versicherungsmathematischen Grundsätzen (hierzu ausführlich BMF v. 16. 12. 2005, BStBl 2005 I 1054). Jede Pensionsverpflichtung ist einzeln zu bewerten. Begünstigt können nicht nur Arbeitnehmer sein, sondern auch andere Personen (z. B. Handelsvertreter, vgl. § 6a Abs. 5 EStG). Ansprüche aus Rückdeckungsversicherungen sind in Höhe der verzinslichen Ansammlung der vom Versicherungsnehmer geleisteten Sparanteile der Versicherungsprämien (zuzüglich etwa vorhandener Guthaben aus Überschussbeteiligungen) zu aktivieren (R 6a Abs. 23 EStR). Siehe hierzu auch BFH v. 6. 12. 1995 I R 14/95 (BStBl 1996 II 406), v. 17. 5. 1995 I R 16/94 (BStBl 1996 II 420), v. 17. 8. 1995 I R 105/94 (BStBl 1996 II 423). Eine Saldierung von Rückdeckungsanspruch und Pensionsverpflichtung ist wegen des Grundsatzes der Einzelbewertung nicht gestattet (BFH v. 25. 2. 2004 I R 54/02, BStBl 2004 II 654). Das gilt auch für den Anspruch aus der Rückdeckung einer Zusage auf Witwenversorgung; dieser Anspruch ist mit dem vom Versicherer nachgewiesenen Deckungskapital zu aktivieren (BFH v. 9. 8. 2006 I R 11/06, BStBl 2006 II 762). Bei hohen Versorgungsanwartschaften (Überversorgung) beachte BMF v. 3. 11. 2004 (BStBl 2004 I 1045) und bei Nur-Pensionszusagen BMF v. 16. 6. 2008, BStBl 2008 I 681). Eine Überversorgung ist regelmäßig anzunehmen, wenn die Versorgungsanwartschaft zusammen mit der Rentenanwartschaft aus der gesetzlichen Rentenversicherung 75 % der am Bilanzstichtag bezogenen Aktivbezüge übersteigt. Eine Überversorgung ist aus steuerrechtlicher Sicht regelmäßig auch dann gegeben, wenn die Versorgungsanwartschaft trotz dauerhaft abgesenkter Aktivbezüge unverändert beibehalten und nicht ihrerseits gekürzt wird. Darauf, ob die Kürzung der Anwartschaft nach arbeitsrechtlichen Maßgaben zulässig ist, kommt es nicht an. Liegt eine Überversorgung vor, ist die nach § 6a EStG zulässige Rückstellung für Pensionsanwartschaften nach Maßgabe von § 6a Abs. 3 Satz 2 Nr. 1 Satz 4 EStG unter Zugrundelegung eines angemessenen Prozentsatzes der jeweiligen letzten Aktivbezüge zu ermitteln (BFH v. 27. 3. 2012 I R 56/11; BStBl 2012 II 665).

Wegen der bilanzsteuerlichen Behandlung der Übernahme von Pensionsverpflichtungen gegen Entgelt oder des Schuldbeitritts eines Dritten in eine Pensionsverpflichtung siehe BMF v. 16. 12. 2005, BStBl 2005 I 1052. Wegen der Bewertung von Rückstellungen nach § 6a EStG aufgrund der Anhebung der Altersgrenzen in der gesetzlichen Rentenversicherung nach dem RV-Altersgrenzenanpassungsgesetzes vgl. BMF v. 5. 5. 2008, BStBl I 569. Wegen der Bewertung von Rückstellungen für Pensionszusagen mit Anrechnung gesetzlicher Renten vgl. BMF v. 15. 3. 2007, BStBl 2007 I 290 und v. 5. 5. 2008, BStBl 2008 I 569, 570. Für beherrschende Gesellschafter-Geschäftsführer von Kapitalgesellschaften gelten – gestaffelt nach Geburtsjahrgängen folgende Mindest-Pensionsalter (R 6a Abs. 8 EStR), sofern keine anerkannte Schwerbehinderung vorliegt:

Geburtsjahrgänge bis 1952: Pensionierungsalter 65 Jahre

Geburtsjahrgänge ab 1953–1961: Pensionierungsalter 66 Jahre

Geburtsjahrgänge ab 1962: Pensionierungsalter 67 Jahre

Für die **Rückstellungszuführung** gilt Folgendes:

Gemäß § 6a Abs. 4 EStG darf die Rückstellung in einem Wirtschaftsjahr höchstens um den Differenzbetrag zwischen dem Teilwert am Schluss des Wirtschaftsjahres und dem Teilwert am Schluss des vorangegangenen Wirtschaftsjahres erhöht werden (Nachholverbot). Bei Erhöhung um mehr als 25 % ist Verteilung auf drei Jahre zulässig. Das Nachholverbot gilt nicht für den Schluss des Erstjahres, in dem mit der Rückstellungsbildung frühestens begonnen werden darf.

Es gilt ferner nicht für den Schluss des Wirtschaftsjahres, in dem das Dienstverhältnis unter Aufrechterhaltung der Anwartschaft endet oder der Versorgungsfall eingetreten ist. In diesen beiden Fällen ist eine Rückstellung bis zur Höhe des Teilwertes möglich, wobei wahlweise eine Verteilung auf dieses Jahr und die beiden folgenden Jahre zulässig ist. Wurde in der Vergangenheit auf die Passivierung von Pensionsrückstellungen rechtsirrtümlich verzichtet, so können diese unterbliebenen Rückstellungsansätze nicht im ersten offenen Jahr nachgeholt werden; dem steht das Nachholverbot des § 6a Abs. 4 Satz 1 EStG entgegen (BFH v. 13. 2. 2008 I R 44/07, BStBl 2008 II 673). Dasselbe gilt für Berechnungsfehler (BFH v. 14. 1. 2009 I R 5/08, BStBl 2009 II 457).

Bei der **Rückstellungsauflösung** ist nach der versicherungsmathematischen Auflösungsmethode vorzugehen (R 6a Abs. 22 EStR).

Hinweis zur handelsrechtlichen Behandlung von Altersvorsorgeverpflichtungen nach dem BilMoG

§ 246 Abs. 2 Satz 2 HGB schreibt vor, dass Vermögensgegenstände, die dem Gläubigerzugriff entzogen sind (vgl. hierzu § 7e Abs. 2 SGB IV) und ausschließlich der Erfüllung von Altersversorgungsverpflichtungen oder vergleichbaren langfristig fälligen Verpflichtungen dienen (sog. insolvenzgesichertes Vermögen), mit diesen Schulden zu verrechnen sind. Entsprechend ist mit den zugehörigen Aufwendungen und Erträgen aus der Abzinsung und aus dem zu verrechnenden Vermögen zu verfahren. Übersteigt der beizulegende Zeitwert der Vermögensgegenstände (§ 253 Abs. 1 Satz 4 HGB) den Betrag der Schulden, ist der übersteigende Betrag unter einem gesonderten Posten zu aktivieren (§ 266 Abs. 2 E. HGB: Aktiver Unterschiedsbetrag aus der Vermögensverrechnung). Übersteigt der nach § 253 Abs. 1 Satz 4 HGB zu bilanzierende beizulegende Zeitwert der insolvenzgesicherten Vermögensgegenstände außerdem deren Anschaffungskosten, ist der (nicht realisierte) Gewinn unter Verstoß gegen das Realisationsprinzip auszuweisen; der Gewinn unterliegt bei Kapitalgesellschaften abzüglich latenter Steuern einer Ausschüttungssperre (§ 268 Abs. 8 Satz 3 HGB).

Bei den in Betracht kommenden Vermögensgegenständen muss es sich um solche handeln, die jederzeit zur Verwertung von Schulden dienen können. Dies ist bei Vermögensgegenständen des Anlagevermögens, die zum Betrieb des Unternehmens notwendig sind, grundsätzlich nicht der Fall. Soweit ein aktivierungspflichtiger Anspruch gegen Rückversicherer dem Zugriff sämtlicher Gläubiger entzogen ist und dieser ausschließlich zur Erfüllung von Altersversorgungsverpflichtungen dient, ist auch dieser Anspruch m. E. mit den korrespondierenden Schulden zu verrechnen. Zu den zu verrechnenden. Schulden gehören im wesentlichen Pensionsverpflichtungen, Altersteilzeitverpflichtungen, Verpflichtungen aus Lebensarbeitszeitmodellen und andere vergleichbare langfristig fällige Verpflichtungen, die gegenüber Arbeitnehmern bestehen. **Das Verrechnungsgebot gilt nach ausdrücklicher Regelung nicht für die steuerliche Bilanzierung (§ 5 Abs. 1a Satz 1 EStG).**

Soweit sich die Höhe von Altersversorgungsverpflichtungen ausschließlich nach dem beizulegenden Zeitwert von Wertpapieren des Anlagevermögens bestimmt, sind Rückstellungen hierfür zum beizulegenden Zeitwert dieser Wertpapiere anzusetzen, soweit der beizulegende Zeitwert einen garantierten Mindestbetrag übersteigt (§ 253 Abs. 1 Satz 3 HGB). Die Regelung ist vor dem Hintergrund zu sehen, dass heute Altersversorgungsverträge abgeschlossen werden, bei denen sich der Umfang der Altersversorgungsverpflichtung nach dem beizulegenden Zeitwert bestimmter Wertpapiere – Aktien, Fondsanteile, Schuldverschreibungen – richtet (sog.

wertpapiergebundene Pensionszusagen). In diesen Fällen sind Rückstellungen, soweit sie eine Mindestverpflichtung übersteigen, mit dem beizulegenden Zeitwert der Wertpapiere zu bewerten. Auf diese Weise ist es für derartige Rückstellungen nicht erforderlich, ein Pensionsgutachten erstellen zu lassen.

3.7.7.16.2 Altersversorgung durch externe Versorgungsträger (Pensionsfonds, Pensionskassen, Unterstützungskassen, Direktversicherungen).

In den vorgenannten Fällen werden keine Pensionsrückstellungen gebildet. Vielmehr richtet sich die steuerrechtliche Behandlung nach den folgenden Vorschriften:

§ 4b EStG: Zahlungen an Direktversicherungen sind Betriebsausgaben (gleichzeitig Arbeitslohn beim Arbeitnehmer). Der Versicherungsanspruch gehört grundsätzlich nicht zum Betriebsvermögen des Arbeitgebers (R 4b Abs. 3 EStR).

§ 4c EStG: Zuwendungen an Pensionskassen sind Betriebsausgaben unter den gesetzlichen Voraussetzungen. In diesen Fällen hat der Arbeitnehmer einen unmittelbaren Rechtsanspruch gegenüber der Pensionskasse. Einzelheiten s. R 4c EStR.

§ 4d EStG: Zuwendungen an Unterstützungskassen sind ebenfalls Betriebsausgaben unter den gesetzlichen Voraussetzungen. Rechtsansprüche des Arbeitnehmers gegenüber der Unterstützungskasse bestehen nicht. Einzelheiten siehe R 4d EStR und H 4d EStH und BMF v. 16.12.2005, BStBl 2005 I 1056). Die von der Rechtsprechung entwickelten sog. Überversorgungsgrundsätze sind auch auf Zuwendungen an eine Unterstützungskasse anzuwenden (BFH v. 19.6.2007 VIII R 100/04, BStBl 2007 II 930)

§ 4e EStG: Beiträge an Pensionsfonds dürfen unter den gesetzlichen Voraussetzungen als Betriebsausgaben abgezogen werden. Siehe hierzu H 4e „Pensionsfonds" EStH.

Die Zusage einer Hinterbliebenenversorgung in den Fällen der §§ 4c, 4d, 4e, 6a EStG gilt auch bei eheähnlichen Lebensgemeinschaften, wenn bestimmte Kriterien vorliegen, z. B. eine gemeinsame Haushaltsführung. Für eingetragene, gleichgeschlechtliche Lebenspartnerschaften gilt dies ohnehin, da bei diesen eine gesetzliche Unterhaltspflicht nach § 5 LPartG besteht und insoweit eine mit der zivilrechtlichen Ehe vergleichbare Partnerschaft vorliegt (BMF v. 20.1.2009 Rz 186, BStBl 2009 I 273).

3.7.7.16.3 Die betriebliche Altersversorgung aus Sicht des Arbeitnehmers

Der Arbeitnehmer kann vom Arbeitgeber verlangen, dass von seinen künftigen Entgeltansprüchen bis zu 4 % der jeweiligen Beitragsbemessungsgrenze in der allgemeinen Rentenversicherung durch **Entgeltumwandlung** für seine betriebliche Altersversorgung verwendet werden. Um durch Entgeltumwandlung finanzierte betriebliche Altersversorgung handelt es sich, wenn Arbeitgeber und Arbeitnehmer vereinbaren, künftige Arbeitslohnansprüche zugunsten einer betrieblichen Altersversorgung herabzusetzen (BMF v. 31.3.2010, Rn. 254, 266, BStBl 2010 I 270).

Ist der Arbeitgeber zu einer Durchführung über einen Pensionsfonds oder eine Pensionskasse (§ 1b Abs. 3 BetrAVG) bereit, ist die betriebliche Altersversorgung dort durchzuführen; andernfalls kann der Arbeitnehmer verlangen, dass der Arbeitgeber für ihn eine Direktversicherung (§ 1b Abs. 2 BetrAVG) abschließt. Soweit der Anspruch geltend gemacht wird, muss der Arbeitnehmer jährlich einen Betrag in Höhe von mindestens einem Hundertsechzigstel der Bezugsgröße nach § 18 Abs. 1 SGB IV für seine betriebliche Altersversorgung verwenden. Soweit der Arbeitnehmer Teile seines regelmäßigen Entgelts für betriebliche Altersversorgung verwendet, kann der Arbeitgeber verlangen, dass während eines laufenden Kalenderjahres gleich bleibende monatliche Beträge verwendet werden (§ 1a Abs. 1 BetrAVG).

Dabei sind steuerfrei nach § 3 Nr. 63 EStG sowohl die Beiträge des Arbeitgebers, die zusätzlich zum ohnehin geschuldeten Arbeitslohn erbracht werden (rein arbeitgeberfinanzierte Beiträge) als auch die Beiträge des Arbeitgebers, die durch Entgeltumwandlung finanziert werden. Die umgewandelten Beträge unterliegen nicht der Sozialversicherungspflicht; sie bleiben für den Arbeitgeber Personalkosten.

BEISPIEL ▶ Arbeitnehmer A, ledig, kein Kirchenmitglied, hat ein monatliches Bruttogehalt von 3 000 €. Er vereinbart mit seinem Arbeitgeber eine Entgeltumwandlung für eine vom Arbeitgeber zugunsten des Arbeitnehmers abgeschlossenen Direktversicherung in Höhe von monatlich 200 €. Ergebnis:

	Ohne Entgeltumwandlung	Mit Entgeltumwandlung
Bruttogehalt	3 000 €	2 800 €
Lohnsteuer, Solidaritätszuschlag	- 492 €	- 435 €
Gesetzliche Sozialversicherung	- 596 €	- 557 €
Nettogehalt	1 912 €	1 808 €
Nettogehalt ohne Entgeltumwandlung		1 912 €
Unterschied monatlich		104 €
Jährliche Ersparnis (104 € x 12)		1 248 €

3.7.7.16.4　Zusammenfassung

Gestaltung der betrieblichen Altersversorgung aus steuerlicher Sicht

	Direkte Pensionszusage	Pensionskasse	Unterstützungskasse	Pensionsfond	Direktversicherung
Rechtsgrundlage	§ 6a EStG:	§ 4c EStG	§ 4d EStG	§ 4e EStG	§ 4b EStG
Hintergrund	Unmittelbare Verpflichtung des Arbeitgebers gegenüber dem Arbeitnehmer oder Hinterbliebenen auf Altersversorgung	Rechtsfähige Versorgungseinrichtung, die der Versicherungsaufsicht unterliegt und auf deren Leistungen Rechtsansprüche bestehen.	Rechtsfähige Versorgungseinrichtung, die keinen Rechtsanspruch auf ihre Leistungen gewährt.	Rechtsfähige Versorgungseinrichtung, die von der BaFin überwacht wird. Im Übrigen wie Pensionskasse.	Abschluss einer Versicherung durch den Arbeitgeber zugunsten des Arbeitnehmers
Absicherung durch Pensionssicherungsverein	ja	nein	ja	ja	nein
Entgeltumwandlung	nein	ja	nein	ja	ja

Bilanzierung	Ja: Passivierung Pensionsrückstellung. Bei Bestehen einer Rückdeckungsversicherung Aktivierung des Werts der Rückdeckungsversicherung am Bilanzstichtag.	Nein, Einzahlungen sind Betriebsausgaben	Nein, Einzahlungen sind Betriebsausgaben	Nein, Einzahlungen sind Betriebsausgaben	Nein
Behandlung der Versorgungsleistungen beim Empfänger nach Eintritt des Versorgungsfalls	§ 19 Abs. 1 Nr. 2 EStG	§ 22 Nr. 5 ESG	§ 19 Abs. 1 Nr. 2 EStG	§ 22 Nr. 5 EStG	§ 22 Nr. 1 Buchst. a Doppelbuchst. bb EStG

FALL 54

Gewerbesteuer-Rückstellung in der Handelsbilanz

Sachverhalt

Laut vorläufigem nach Handelsrecht erstellten Jahresabschluss ergibt sich für 01 ein Gewinn in Höhe von 533 600 €. Darauf haben sich gewinnmindernd ausgewirkt:

a) Gewerbesteuer-Vorauszahlungen für 01 in Höhe von 50 000 €

b) Zinsen 280 000 €

c) Leasingraten für Lkw 56 000

d) Miete für Geschäftsräume 223 600 €

e) Entgelte für zeitliche befristete Lizenzen 120 000 €

Zinsaufwendungen in Höhe von 1 500 € sind nach § 4 Abs. 4a EStG nicht abziehbar. Sie sind in dem Betrag von 280 000 € enthalten. Zum Betriebsvermögen gehört ein unbebautes Grundstück mit einem Einheitswert von 50 000 €. Der Hebesatz beträgt 400 %. Es handelt sich um einen von einem Einzelunternehmer geführten Fabrikationsbetrieb.

Frage

Wie hoch ist die Gewerbesteuer-Rückstellung?

LITERATURHINWEIS

Blödtner/Bilke/Heining, Lehrbuch Buchführung und Bilanzsteuerrecht, 10. Aufl., Teil B Kapitel 6.8.

Für die Gewerbesteuer, die **handelsrechtlich** zu den abzugsfähigen Betriebssteuern gehört, ist für eine sich ergebende Abschlusszahlung in der **Handelsbilanz** eine Rückstellung einzustellen (§ 249 Abs. 1 Satz 1 HGB). Die Höhe der Rückstellung bestimmt sich nach dem kaufmännisch für notwendig erachteten Erfüllungsbetrag (§ 253 Abs. 1 Satz 2 HGB). Steuerlich ist die Gewerbesteuer keine Betriebsausgabe (§ 4 Abs. 5b EStG). Dies hat zur Folge, dass zur Rückstellungsberechnung die Gewerbesteuer-Vorauszahlungen hinzuzurechnen sind; dasselbe gilt für die Zinsaufwendungen, die gem. § 4 Abs. 4a EStG außerbilanziell dem Gewinn hinzuzurechnen sind (§ 7 Abs. 1 GewStG). Die weiteren Hinzurechnungen ergeben sich aus § 8 Nr. 1 GewStG, die Abrechnungen aus § 9 Nr. 1 GewStG. § 8 Nr. 1 GewStG ist mit dem Grundgesetz vereinbar (BFH v. 16. 10. 2012 I B 128/12, BStBl 2013 II 30). Beim BVerfG ist allerdings noch ein Verfahren zur Verfassungswidrigkeit des § 8 Nr. 1 Buchst. a, d und e GewStG anhängig. Dabei geht es um Entgelte für Schulden sowie Miet- und Pachtzinsen, deren Hinzurechnung möglicherweise gegen das Leistungsfähigkeitsprinzip und gegen das Gebot hinreichender Rechtfertigung verstößt (Vorinstanz FG Hamburg v. 29. 2. 2012 1 K 138/10, EFG 2012, S. 960; BVerfG 1 BvL 8/12).

Ausgangsbetrag		533 600 €
GewSt-Vorauszahlungen		+ 50 000 €
Außerbilanzielle Hinzurechnung		+ 1 500 €
Zinsen	280 000 €	
Bereits außerbilanziell hinzugerechnet	./. 1 500 €	278 500 €
Leasingraten Lkw 20 % von 56 000 €		11 200 €
Miete Geschäftsräume 50 % v. 223 600 €		111 800 €
Lizenzgebühren 25 % von 120 000 €		30 000 €
Summe		431 500 €
Freibetrag		./. 100 000 €
Verbleiben		331 500 €
Davon 25 %		82 875 €
		+ 82 875 €

Abrechnung für Grundstück

1,2 % von 70 000 € (§ 121a BewG)	./. 840 €
Gewerbeertrag	667 135 €
Abrundung (§ 11 Abs. 1 Satz 2 GewStG)	667 100 €
Freibetrag (§ 11 Abs. 1 Nr. 1 GewStG)	./. 24 500 €
Steuerpflichtiger Gewerbeertrag	642 600 €
GewSt-Messbetrag (§ 11 Abs. 2 GewStG) 3,5 %	22 491 €
Hebesatz 400 % (§ 16 Abs. 1 GewStG)	89 964 €
Vorauszahlungen	./. 50 000 €
GewSt-Rückstellung	39 964 €

Ungeachtet des Abzugsverbots des § 4 Abs. 5b EStG ist auch in der StB eine GewSt-Rückstellung zu bilden; dadurch verursachte Gewinnauswirkungen sind außerbilanziell zu neutralisieren (R 5.7 Abs. 1 Satz 2 EStR).

FALL 55

Gewerbesteuer-Rückstellung und Zinsschranke nach § 4h EStG

Sachverhalt

Aus dem vorläufigen Jahresabschluss einer konzerngebundenen GmbH mit Sitz im Inland, deren Wirtschaftsjahr dem Kalenderjahr entspricht, ergeben sich folgende Beträge:

Zinserträge	500 000 €
Zinsaufwendungen	4 000 000 €
Abschreibungen	2 000 000 €

Das steuerlich maßgebliche Einkommen der GmbH vor Anwendung des § 4h EStG beträgt 3 000 000 €. Die Voraussetzungen für die Anwendung des § 4h EStG sind erfüllt. Der Hebesatz beträgt 400 %. Die GmbH hat Vorauszahlungen auf die Gewerbesteuer für 01 in Höhe von 600 000 € geleistet; dieser Betrag ist als Hinzurechnung im vorstehenden Einkommen enthalten (§ 4 Abs. 5b EStG).

Frage

In welcher Höhe muss die GmbH **in ihrer Handels- und Steuerbilanz** eine Rückstellung für Gewerbesteuer passivieren?

LÖSUNG

Ausgangsbetrag für die Gewerbesteuer-Rückstellung bei einer GmbH ist deren zu versteuerndes Einkommen, das nach den einkommen- und körperschaftsteuerlichen Regelungen zu ermitteln ist (§ 7 Abs. 1 GewStG). Ein Abzug der Gewerbesteuer als Betriebsausgabe kommt dabei nicht in Betracht (§ 4 Abs. 5b EStG); die Vorauszahlungen waren deshalb dem Einkommen hinzuzurechnen.

Da die Voraussetzungen für die Anwendung des § 4h EStG lt. Sachverhalt erfüllt sind und auch die Freigrenze von 1 Mio. € (4 Mio. € ./. 0,5 Mio. € = 3,5 Mio. €) offensichtlich überschritten ist (§ 4h Abs. 2 Satz 1 Buchst. a EStG), kommt die Zinsschranke für die GmbH zur Anwendung (§ 8a Abs. 1 KStG i. V. mit § 4h Abs. 1 EStG).

Zunächst ist das steuerliche EBITDA zu berechnen:

Einkommen der GmbH vor Anwendung des § 4h EStG:	3 000 000 €
./. Zinserträge	500 000 €
+ Zinsaufwendungen	4 000 000 €
+ Abschreibungen	2 000 000 €
Steuerliches EBITDA	8 500 000 €
Davon 30 % = sofort abziehbare Zinsaufwendungen	2 550 000 €
Zusätzlich sind sofort abziehbar die auf Zinserträge entfallenden Zinsaufwendungen, hier	500 000 €
Insgesamt sofort abziehbare Zinsaufwendungen	3 050 000 €

Nicht sofort abziehbar sind (4 000 000 € ./. 3 050 000 €) 950 000 €

HINWEIS

Es ergeben sich vortragsfähige Zinsaufwendungen in Höhe von 950 000 €, die mit künftigen Zinserträgen verrechnet werden können (§ 4h Abs. 1 Satz 2 EStG).

Das zu versteuernde Einkommen der GmbH beträgt:

Vorläufiges Einkommen lt. Sachverhalt	3 000 000 €
Außerbilanzielle Hinzurechnung gem. § 4h EStG	950 000 €
Zu versteuerndes Einkommen	3 950 000 €

Die GewSt-Rückstellung kann sodann wie folgt berechnet werden:

Ausgangsbetrag (Einkommen)		3 950 000 €
Hinzurechnung gem. § 8 Nr. 1a GewStG		
Einkommensmindernde Zinsaufwendungen	3 050 000 €	
Freibetrag	./. 100 000 €	
Verbleiben	2 950 000 €	
Davon 25 %	737 500 €	
		737 500 €
Steuerpflichtiger Gewerbeertrag (kein Freibetrag für GmbH)		4 687 500 €
GewSt-Messbetrag 3,5 %		164 062,50 €
Hebesatz 400 %		656 250 €
Vorauszahlungen		./. 600 000 €
GewSt-Rückstellung		56 250 €

FALL 56

Garantierückstellung

Sachverhalt

Der Steuerpflichtige ist Handwerker. Er gewährt für seine Arbeiten entsprechend § 634a BGB eine Garantiezeit von zwei Jahren. Nach den Erfahrungen der Vergangenheit entsteht an Aufwendungen für Garantieleistungen in Gestalt von Einzel- und angemessenen Teilen der notwendigen Gemeinkosten durchschnittlich ca. 1 % des garantiebehafteten Sollumsatzes. Die garantiebehafteten Sollumsätze betrugen:

01	900 000 €
02	1 000 000 €
03	800 000 €
04	1 200 000 €

Es kann davon ausgegangen werden, dass vom gesamten rechnerischen Garantieaufwand die Hälfte am jeweiligen Bilanzstichtag ausgeführt worden ist.

Frage

In welcher Höhe ist eine Garantierückstellung für den 31. 12. 03 und den 31. 12. 04 steuerlich anzusetzen?

LÖSUNG

Der Stpfl. ist nach Abschluss der Werkleistung zur Gewährleistung innerhalb der Garantiezeit rechtlich verpflichtet, wenn seine Leistung sich als mit Mängeln behaftet erweist. Es handelt sich hierbei um ungewisse Verbindlichkeiten. Die Ungewissheit erstreckt sich in diesen Fällen auf das Bestehen und (oder) die Höhe der Verbindlichkeiten. Die Pauschalbewertung ist zulässig (§ 240 Abs. 4 HGB).

Ferner spielen die Erfahrungen der Vergangenheit eine entscheidende Rolle (H 5.7 Abs. 4 „Garantierückstellungen" EStH). Unter Berücksichtigung der Erfahrungen der Vergangenheit kommt eine Rückstellung für Garantiearbeiten nur in folgender Höhe in Betracht:

	31. 12. 03
Sollumsatz 03:	1 000 000 €
Sollumsatz 03:	800 000 €
Garantiebehafteter Sollumsatz insgesamt	1 800 000 €
1 %	18 000 €
Bereits erbracht $^{1}/_{2}$	./. 9 000 €
Rückstellung für Garantiearbeiten	9 000 €

	31. 12. 04
Sollumsatz 03:	800 000 €
Sollumsatz 04:	1 200 000 €

Garantiebehafteter Sollumsatz insgesamt	2 000 000 €
1 %	20 000 €
Bereits erbracht ½	./. 10 000 €
Rückstellung für Garantiearbeiten	10 000 €

HINWEIS

Auf Pauschalrückstellungen findet das Abzinsungsgebot gem. § 6 Abs. 1 Nr. 3 a Buchst. e EStG aus Vereinfachungsgründen keine Anwendung (BMF v. 26. 5. 2005, BStBl 2005 I 699, Rz. 27). Handelsrechtlich ist die Rückstellung mit den Vollkosten zu bewerten und abzuzinsen (§ 253 Abs. 1 und 2 HGB).

FALL 57

Rückstellung für Urlaubsverpflichtung

Sachverhalt

Am 31. 12. hat Arbeitnehmer A noch 10 Tage Resturlaub zu bekommen. Für A gelten folgende Verhältnisse:

Bruttogehalt, monatlich	4 000 €
Arbeitgeberanteil Sozialversicherung	800 €
Weihnachtsgeld	2 000 €
Tantieme, jährlich	1 000 €

A wird für 240 Tage im Jahr bezahlt (einschließlich Urlaub). Krankheitsbedingt hat er im abgelaufenen Jahr an 20 Arbeitstagen gefehlt.

Frage

Kommt eine Rückstellung in Betracht?

LÖSUNG

Rückständige Urlaubsverpflichtungen sind in Höhe des Urlaubsentgelts zu passivieren, das der Arbeitgeber hätte aufwenden müssen, wenn er seine Zahlungsverpflichtung bereits am Bilanzstichtag erfüllt hätte. Nicht zu berücksichtigen sind jährlich vereinbarte Sondervergütungen, wie z. B. Weihnachtsgeld, Tantiemen oder Zuführungen zu Pensions- und Jubiläumsrückstellungen (BFH v. 6. 12. 1995 I R 14/95, BStBl 1996 II 406 und H 6.11 „Urlaubsverpflichtung" EStH).

Auszugehen ist im vorliegenden Fall von einem Jahresaufwand für den Arbeitgeber in Höhe von (4 800 € × 12 =) 57 600 €. Die Rückstellung berechnet sich mit 57 600 € × $^{10}/_{240}$ = 2 400 €. Dabei war von den regulären Arbeitstagen auszugehen und nicht von den tatsächlichen (FG München v. 7. 5. 2007 7 K 2505/05, EFG 2007, 1423).

Pfandrückstellung

Sachverhalt

Lebensmitteleinzelhändler G hat in 01 aus vereinnahmten Pfandgeldern für Flaschen und Dosen netto 80 000 € als Betriebseinnahmen erfasst. Bis zum Bilanzstichtag hat er davon netto 70 000 € an die Kunden zurückgezahlt. Erfahrungsgemäß werden 2 % der Pfandgelder nicht von den Kunden zurückgefordert. Ansonsten wird das Pfandgut in der Regel nach ca. 4 Wochen zurückgebracht.

Frage

Kommt eine Rückstellung in Betracht?

LÖSUNG

Pfandgelder, die ein Händler von seinen Abnehmern verlangt, um einen Anreiz zu geben, dass diese die mit Pfand belegten Flaschen und Dosen zurückgeben, stellen Betriebseinnahmen dar. Für die Verpflichtung, die Pfandgelder zurückzuzahlen, wenn die bepfandeten Gegenstände zurückgegeben werden, ist eine Pfandrückstellung zu bilden (BMF v. 13. 6. 2005, BStBl 2005 I 715). Die Höhe der Rückstellung richtet sich handelsrechtlich nach dem „notwendigen Erfüllungsbetrag" (§ 253 Abs. 1 Satz 2 HGB), der hier auch steuerlich übernommen werden kann (§ 5 Abs. 1 EStG), sofern er nicht gegen § 6 Abs. 1 Nr. 3a EStG verstößt. Im vorliegenden Fall ist mit einer Inanspruchnahme des G in Höhe des Saldos aus 98 % der vereinnahmten Pfandgelder zu rechnen: (98 % von 80 000 € =) 78 400 € ./. bereits erstattet 70 000 € = 8 400 €. Eine Abzinsung kommt weder nach § 253 Abs. 2 HGB noch nach § 6 Abs. 1 Nr. 3a Buchst. e EStG in Betracht, da die Pfandgelder nach dem Sachverhalt im Durchschnitt nach 4 Wochen fällig sind.

Buchung:

Sonstiger betrieblicher Aufwand an Rückstellungen 8 400 €

HINWEIS

Hat ein Getränkehändler einerseits an seinen Lieferanten Pfandgelder für die an ihn gelieferten Kästen und Flaschen gezahlt und andererseits von seinen Kunden Pfandgelder in gleicher Höhe vereinnahmt, gleichen sich diese Vorgänge in der Regel bilanziell aus. Der Händler ist nur bei Vorliegen besonderer Umstände berechtigt, in seiner Bilanz insoweit ein Verlustgeschäft auszuweisen (BFH v. 6. 10. 2009 I R 36/07, BStBl 2010 II 232).

Rückstellung für Abbruchverpflichtung

Sachverhalt 1

Einzelkaufmann A hat auf gepachtetem Grundstück im Januar 01 eine Halle fertig gestellt. Nach Ablauf des Pachtvertrages am 31. 12. 20 muss er die Halle abreißen und den alten Zustand wiederherstellen. Die geschätzten Abbruchkosten werden nach den jeweiligen Preisverhältnissen am Bilanzstichtag insgesamt betragen:

am 31. 12. 01: 70 000 €

am 31. 12. 02: 76 000 €

am 31. 12. 03: 80 000 €

usw.

Die Preissteigerungen sind jeweils inflationsbedingt.

Frage

Wie ist in den Steuerbilanzen 01 – 03 vorzugehen?

Sachverhalt 2

Ein Mieter hat Anfang 01 in der Mietsache Einbauten vorgenommen, die er unmittelbar nach Ablauf der Mietzeit von fünf Jahren beseitigen muss. Die Mietzeit endet am 31. 12. 05. Hiernach muss er die Einbauten also Anfang 06 beseitigen. Die Kosten der Beseitigung werden infolge von Preissteigerungen und inflationsbedingt betragen:

31. 12. 01: 50 000 €

31. 12. 02: 52 500 €

31. 12. 03: 55 000 €

31. 12. 04: 57 500 €

31. 12. 05: 60 000 €

Der von der Bundesbank gemäß § 253 Abs. 2 HGB festgestellte Zinssatz beträgt (aus Vereinfachungsgründen) an allen Bilanzstichtagen 4 %.

Frage

Wie ist in HB und StB zu bewerten?

Wegen der Abbruchverpflichtung ist eine Rückstellung zu bilden (§ 249 Abs. 1 Satz 1 HGB). Das gilt auch für die Steuerbilanz (§ 5 Abs. 1 Satz 1 EStG). In Fällen, in denen der laufende Betrieb des Unternehmens ursächlich ist für die Entstehung der Verpflichtung, ist der Rückstellungsbetrag durch jährliche Zuführungsraten in den einzelnen Wirtschaftsjahren anzusammeln (R 6.11 Abs. 2 EStR). Zusätzlich ist eine Abzinsung nach § 6 Abs. 1 Nr. 3a Buchst. e EStG mit 5,5 % vorzunehmen. (Hier Tab. 2 im BMF-Schreiben v. 26. 5. 2005, BStBl 2005 I 699, Anh. 9 V EStR.)

Rückstellung 31. 12. 01

Bedarf: $^1/_{20}$ von 70 000 € =	3 500 €
Restlaufzeit 19 Jahre: 3 500 € × 0,362 =	1 267 €
Rückstellung somit	1 267 €

Buchung gem § 277 Abs. 5 HGB:
S. b. Aufwand 3 500 € an RS 1 267 € und Zinserträge 2 233 €

Rückstellung 31. 12. 02

Bedarf: $^2/_{20}$ von 76 000 € =	7 600 €
Restlaufzeit 18 Jahre: 7 600 € × 0,381 =	2 896 €
Rückstellung somit	2 896 €

Buchung:
S. b. Aufwand 4 100 € an RS 1 629 € und Zinserträge 2 471 €

Rückstellung 31. 12. 03

Bedarf: $^3/_{20}$ von 80 000 € =	12 000 €
Restlaufzeit 17 Jahre: 12 000 € × 0,402 =	4 824 €
Rückstellung somit	4 824 €

Buchung:
S. b. Aufwand 4 400 € an RS 1 928 € und Zinserträge 2 472 €

LÖSUNG SACHVERHALT 2

In der StB sind rückstellungsfähig nur die Kosten aus Sicht des Bilanzstichtags. Danach eintretende Preiserhöhungen wirken sich erst zum nächsten Bilanzstichtag aus. Außerdem ist abzuzinsen. Nach den Regeln der Finanzmathematik erfolgt bei einem Zinssatz von 5,5 % die Abzinsung für die StB nach folgender Formel:

Beseitigungskosten am Stichtag

$1,055^{Restlaufzeit}$

Stichtag	Kosten	Anteil	Restlaufzeit	Divisor	Rückstellung
31. 12. 01	50 000 €	1/5 = 10 000 €	4 Jahre	1,2388245	8 072 €
31. 12. 02	52 500 €	2/5 = 21 000 €	3 Jahre	1,1742413	17 883 €
31. 12. 03	55 000 €	3/5 = 33 000 €	2 Jahre	1,113025	29 649 €
31. 12. 04	57 500 €	4/5 = 46 000 €	1 Jahr	1,055	43 602 €
31. 12. 05	60 000 €	5/5 = 60 000 €	keine		60 000 €

In der HB ist von Anfang an rückstellungsfähig der Erfüllungsbetrag. Bei 4 % kann mittels folgender Formel wie folgt abgezinst werden:

$$\frac{\text{Erfüllungsbetrag}}{1,04^{\text{Restlaufzueit}}}$$

Stichtag	Erfüllungsbetrag	Anteil	Restlaufzeit	Divisor	Rückstellung
31.12.01	60 000 €	1/5 = 12 000 €	4 Jahre	1,1698585	10 258 €
31.12.02	60 000 €	2/5 = 24 000 €	3 Jahre	1,124864	21 336 €
31.12.03	60 000 €	3/5 = 36 000 €	2 Jahre	1,0816	33 284 €
31.12.04	60 000 €	4/5 = 48 000 €	1 Jahr	1,04	46 153 €
31.12.05	60 000 €	5/5 = 60 000 €	keine		60 000 €

FALL 60

Rückstellung für die Verpflichtung zur Aufstellung des Jahresabschlusses

Sachverhalt

Ein Kaufmann hat in seiner Bilanz zum 31.12.03 eine Rückstellung für die Jahresabschlusskosten 03 in Höhe von 4 000 € ausgewiesen. Diesen Betrag stellte der Steuerberater in der Vergangenheit üblicherweise in Rechnung. Der Steuerberater führte die Jahresabschlussarbeiten 03 im Juni 04 durch und stellte wegen unerwarteter Mehrarbeit 4 400 € zzgl. USt in Rechnung. Die Gründe für die Mehrarbeit ergaben sich aus einer ungeordneten Ablage der Belege für 03.

Im Folgejahr 04 besorgt die Jahresabschlussarbeiten im Februar 05 nicht ein besonders beauftragter Steuerberater, sondern ein qualifizierter, im Betrieb angestellter Mitarbeiterstamm. Unter Berücksichtigung der sog. Vollkosten beträgt der Aufwand 3 500 €. Bei Ansatz der Einzelkosten (Gehälter zzgl. der Personalnebenkosten, soweit dieser Personenkreis zeitanteilig mit dem Jahresabschluss befasst ist, Materialeinzelkosten) und der notwendigen Gemeinkosten (z. B. Abschreibung auf Gebäude, Betriebs- und Geschäftsausstattung) beträgt der Aufwand 3 000 €.

Frage

In welcher Höhe sind Rückstellungen im Jahresabschluss 03 und 04 steuerlich anzuerkennen?

LÖSUNG

Rückstellungen für ungewisse Verbindlichkeiten (§ 249 Abs. 1 HGB) setzen grundsätzlich eine Verpflichtung gegenüber einem anderen voraus. Der „andere" kann auch der Staat sein. Die gesetzliche Verpflichtung zur Aufstellung des Jahresabschlusses eines bestimmten Wirtschaftsjahres ist eine ausreichende Grundlage hierfür (vgl. §§ 140, 141 AO). Diese Verpflichtung ist in dem Wirtschaftsjahr verursacht, für das der Jahresabschluss zu erstellen ist; das genügt für die Rückstellungsbildung (H 5.7 [3] „Rückstellungen für öffentlich-rechtliche Verpflichtungen ..." EStH).

Daraus folgt, dass im Jahresabschluss 03 die Rückstellung für die Verpflichtung zur Aufstellung des Jahresabschlusses 03 gebildet werden muss. Ihre Höhe richtet sich nach dem Erfüllungsbetrag (§ 253 Abs. 1 HGB): 4 400 €. Die Gründe für die Mehrarbeit lagen bereits am 31. 12. 03 vor, so dass von einer Wertaufhellung i. S. von § 252 Abs. 1 Nr. 4 HGB auszugehen war.

Rückstellung zum 31. 12. 03

Jahresabschlussarbeiten 03   4 400 €

Für den Jahresabschluss 04 gilt Folgendes: Für die öffentlich-rechtliche Verpflichtung zur Erstellung des Jahresabschlusses können die im Unternehmen selbst anfallenden Kosten des Jahresabschlusses ebenfalls berücksichtigt werden. Dies gilt steuerlich sowohl für die Einzelkosten als auch für die angemessenen notwendigen Gemeinkosten (§ 6 Abs. 1 Nr. 3a Buchst. b EStG), nicht hingegen für die Vollkosten. Zum 31. 12 04 ist im steuerlichen Jahresabschluss eine Rückstellung in Höhe von 3 000 € zu bilden.

Rückstellung zum 31. 12. 04

Jahresabschlussarbeiten 04   3 000 €

FALL 61

Rückstellung für unterlassene Instandhaltung

Sachverhalt

Ein Kaufmann beauftragte im Herbst 01 eine Firma, seine Getreideansauganlage zu reparieren. Die beauftragte Firma erklärte in ihrer Auftragsbestätigung vom 19. 12. 01, dass die Reparatur in etwa 3 Monaten erfolgen könne. Am 20. 2. 02 teilte die Firma mit, dass der Termin wegen fehlender Ersatzteile nicht eingehalten werden könne. Die Reparatur wurde dann in den Monaten April bis Juli 02 durchgeführt. .

Frage

Kann zum 31. 12. 01 eine Rückstellung gebildet werden?

LÖSUNG

Den Rückstellungen für unterlassene Instandhaltung liegen keine rechtlichen Verpflichtungen gegenüber Dritten zugrunde, sondern betriebswirtschaftliche Verpflichtungen des Unternehmers gegen sich selbst. Folglich handelt es sich nicht um eine Rückstellung für ungewisse Verbindlichkeiten. Der Gesetzgeber hat deshalb für diese Rückstellung einen eigenständigen Gesetzestatbestand geschaffen.

Nach § 249 Abs. 1 HGB sind Rückstellungen für im Geschäftsjahr unterlassene Aufwendungen für Instandhaltung, die im folgenden Geschäftsjahr innerhalb von drei Monaten nachgeholt werden, zu bilden. Für diese Rückstellung besteht kein Wahlrecht.

Der Steuerpflichtige hat die Instandsetzungsarbeiten erst innerhalb von vier bis sieben Monaten nach dem Bilanzstichtag durchgeführt. Die Rückstellung für unterlassene Instandhaltung hätte allenfalls unter der Voraussetzung gebildet werden können, dass die Instandsetzungsarbeiten innerhalb von drei Monaten nach dem Bilanzstichtag nicht nur begonnen, sondern vollständig ausgeführt worden wären. Eine Rückstellung darf weder in der Handels- noch in der Steuerbilanz gebildet werden

Die Einhaltung der Drei-Monats-Frist ist als **gesetzliches Tatbestandsmerkmal** gemäß § 249 Abs. 1 Satz 2 Nr. 1 HGB unverzichtbare Voraussetzung für die Rückstellung für unterlassene Instandhaltung (anders bei den Rückstellungen für ungewisse Verbindlichkeiten, hier kommt es auf die Verhältnisse am Bilanzstichtag an). Wird die Bilanz innerhalb der Drei-Monats-Frist erstellt und beim Finanzamt eingereicht, die Reparatur aber außerhalb der Drei-Monats-Frist vorgenommen, ist die Bilanz objektiv falsch und muss vom Steuerpflichtigen gegenüber dem Finanzamt nach § 153 AO berichtigt werden.

FALL 62

Pensionsrückstellungen

Sachverhalt

Eine KG hat für rechtsverbindliche Pensionszusagen nach versicherungsmathematischen Grundsätzen folgende Teilwerte i. S. von § 6a Abs. 3 Nr. 1 EStG ermittelt:

31. 12. 01	268 300 €
31. 12. 02	318 600 €

An ehemalige Arbeitnehmer, bei denen der Versorgungsfall bereits eingetreten ist, leistet sie in Erfüllung ihrer Pensionszusage folgende Zahlungen:

01	98 310 €
02	101 790 €

Die diesen laufenden Pensionszahlungen zugrunde liegenden Teilwerte i. S. von § 6a Abs. 3 Nr. 2 EStG betragen:

31. 12. 00	645 000 €
31. 12. 01	615 000 €
31. 12. 02	588 000 €

Fragen

1. Können in der Steuerbilanz für die Pensionsverpflichtungen Rückstellungen gebildet werden?

2. Wie sind die Pensionszahlungen ertragsteuerlich zu behandeln?

LÖSUNG

Zu 1: Pensionsrückstellungen sind zu unterteilen in

a. Rückstellungen für Pensionsanwartschaften,

b. Rückstellungen für laufende Pensionszahlungen.

Die Rückstellungen für Pensionsanwartschaften betreffen aktive Arbeitnehmer, denen eine Pensionszusage gegeben wurde und bei denen der Versorgungsfall (z. B. planmäßige Pensionierung bei Erreichung des 65. Lebensjahres, Invalidität) noch nicht eingetreten ist, während die Rückstellungen für laufende Pensionszahlungen auf Arbeitnehmer abzielen, bei denen der Versorgungsfall bereits vorliegt (z. B. Rentner).

Steuerliche Höchstgrenze für die jeweilige Rückstellung ist der Teilwert i. S. von § 6a Abs. 3 EStG. Bei der Rückstellung für Pensionsanwartschaften ist der Unterschiedsbetrag zwischen dem Teilwert am Schluss des Wirtschaftsjahres und dem Teilwert am Schluss des vorangegangenen Wirtschaftsjahres Aufwand (R 6a Abs. 20 EStR). Dieser Aufwand beträgt im vorliegenden Fall für das Jahr 01 50 300 €:

Rückstellung für Pensionsanwartschaften 31. 12. 01	268 300 €
Rückstellung für Pensionsanwartschaften 31. 12. 02	318 600 €
Zuführung (Aufwand) 02	50 300 €

Zu 2: Die Rückstellungen für laufende Pensionszahlungen sind in jedem Wirtschaftsjahr in Höhe des Unterschiedsbetrags zwischen dem versicherungsmathematischen Barwert der künftigen Pensionsleistungen am Schluss des Wirtschaftsjahres und am Schluss des vorangegangenen Wirtschaftsjahres gewinnerhöhend aufzulösen; die laufenden Pensionszahlungen sind dabei als Betriebsausgaben abzusetzen (R 6a Abs. 22 EStR). Im vorliegenden Fall ergeben sich hierbei die folgenden Auswirkungen:

	Kto. Rückstellungen für laufende Pensionszahlungen	Aufwand (Pensionsleistungen)
Bestand 31. 12. 00	645 000 €	
Auflösung (Ertrag) 01	30 000 €	98 310 €
Bestand 31. 12. 01	615 000 €	
Auflösung (Ertrag) 02	27 000 €	101 790 €
Bestand 31. 12. 02	588 000 €	

Die endgültigen Gewinnauswirkungen betragen:

	01	02
Ertrag	30 000 €	27 000 €
Aufwand	98 310 €	101 790 €
Gewinnauswirkung	./. 68 310 €	./. 74 790 €

FALL 63

Substanzerhaltung

Sachverhalt

Der Pächter eines Gewerbebetriebs im Ganzen hat bei Pachtbeginn am 1. 1. 01 u. a. eine drei Jahre alte Maschine übernommen mit einem Teilwert (= Buchwert) in Höhe von 21 000 €. Die Maschine hat noch eine Nutzungsdauer von sieben Jahren. Die Wiederbeschaffungskosten einer gleichartigen, drei Jahre alten Maschine betragen **unter Berücksichtigung des Abzinsungsgebots** am

31. 12. 01 und 02	21 000 €
31. 12. 03	23 100 €
31. 12. 04 und 05	24 500 €

Der Pächter ist verpflichtet, bei Pachtende (frühestens in 15 Jahren) eine gleichartige Maschine zurückzugeben. Der Verpächter hat keine Betriebsaufgabe erklärt.

Fragen

1. Welche Rückstellungen für Substanzerhaltung ergeben sich steuerlich in den Jahren 01 – 05 beim Pächter?

2. In welcher Höhe muss der Verpächter seine Substanzerhaltungsansprüche steuerlich in den Jahren 01 – 05 aktivieren?

LITERATURHINWEIS

Blödtner/Bilke/Heining, Lehrbuch Buchführung und Bilanzsteuerrecht, 10. Aufl., Teil B Kapitel 3.3.9.

LÖSUNG

Der Verpächter eines Gewerbebetriebs im Ganzen bleibt in der Regel rechtlicher und wirtschaftlicher Eigentümer des verpachteten Anlagevermögens. Übernimmt der Pächter die Verpflichtung, das gepachtete Anlagevermögen oder Teile davon laufend zu erneuern und bei Pachtende einen gleichartigen Bestand wie bei Pachtbeginn zurückzugeben, so hat er hierfür eine Rückstellung zu bilden (BFH v. 3. 12. 1991 VIII R 88/87, BStBl 1993 II 89). Die Ersatzbeschaffungen, die der Pächter vornimmt, werden nicht Eigentum des Pächters, sondern gehen durch antizipiertes Besitzkonstitut (§ 930 BGB) in das rechtliche Eigentum des Verpächters über; dem folgt auch das wirtschaftliche Eigentum (BFH v. 2. 11. 1965 I 51/61 S, BStBl 1966 III 61). Aufwendungen für Ersatzbeschaffungen verrechnet der Pächter mit der Rückstellung für Substanzerhaltung.

Der Verpächter aktiviert nicht nur das von ihm angeschaffte verpachtete Anlagevermögen, sondern auch die vom Pächter angeschafften Ersatzbeschaffungen. Er hat außerdem den Substanzerhaltungsanspruch, soweit dieser nicht durch Pächter-Ersatzbeschaffungen erloschen ist, mit dem jeweiligen Teilwert vom Bilanzstichtag zu aktivieren, sodass es bei ihm bei Teilwerterhöhungen gegenüber den Buchwerten zu Gewinnrealisierungen kommt (BFH v. 21. 12. 1965 IV 228/64 S, BStBl 1966 III 147, 23. 6. 1966 IV 75/64, BStBl 1966 III 589, v. 26. 6. 1975 IV R 59/73, BStBl 1975 II 700, v. 17. 2. 1998 VIII R 28/95, BStBl 1998 II 505).

Der Substanzerhaltungsanspruch des Verpächters deckt sich in der Regel wertmäßig mit der Rückstellung für Substanzerhaltung des Pächters. Rückstellung für Substanzerhaltung und Substanzerhaltungsanspruch können nach folgender Formel ermittelt werden.

Wiederbeschaffungskosten am Stichtag	x	Abgelaufene Nutzungsdauer seit Pachtbeginn

Nutzungsdauer ab Pachtbeginn

			Rückstellung für Substanzerhaltung	Substanzerhaltungsanspruch
31.12.01	$\dfrac{21\,000 \times 1}{7}$	=	3 000 €	3 000 €
31.12.02	$\dfrac{21\,000 \times 2}{7}$	=	6 000 €	6 000 €
31.12.03	$\dfrac{23\,100 \times 3}{7}$	=	9 900 €	9 900 €
31.12.04	$\dfrac{24\,500 \times 4}{7}$	=	14 000 €	14 000 €
31.12.05	$\dfrac{24\,500 \times 5}{7}$	=	17 500 €	17 500 €

Siehe hierzu ausführlich BMF v. 21. 2. 2002, BStBl 2002 I 262.

FALL 64

Rückstellung für Schadenersatz und Prozesskosten

Sachverhalt

Eine OHG hat als Abschlusszeitpunkt den 30. 9. Sie hat am 30. 11. 07 die Bilanz zum 30. 9. 07 erstellt. Darin hat sie eine Rückstellung für Schadenersatz in Höhe von 1 Million € ausgewiesen sowie eine Prozesskostenrückstellung in Höhe von 50 000 €. Zur Erläuterung gibt die OHG folgende Hintergrundinformationen:

a) Rückstellung für Schadenersatz wegen Patentverletzung

Die OHG hat ein Verfahren entwickelt zur kostengünstigen Herstellung von platinbeschichteten Katalysatoren. Im Rahmen dieser Technik hat sie bereits zahlreiche Katalysatoren an die Autoindustrie ausgeliefert. Am 1. 3. 07 wurde sie von der „Essener Platin GmbH" auf Schadenersatz in Höhe von 1 Million € verklagt, da diese Technik zu Gunsten der GmbH patentrechtlich geschützt sei (wie die GmbH behauptete). Die OHG bestritt dies zunächst, da ihr Verfahren technisch von dem der GmbH abweicht (gravierend, wie die OHG meint). Am 15. 12. 07 einigte sich die OHG jedoch mit der GmbH im Rahmen eines gerichtlichen Vergleichs auf einen Schadenersatz von 500 000 €, um sich nicht einem jahrelangen Prozessrisiko auszusetzen.

b) Rückstellung für Prozesskosten

Für die Prozesskosten anlässlich des vorstehenden Patentrechtsstreits mit der „Essener Platin GmbH" wurden die eigenen wie die fremden Prozesskosten – der Höhe nach zutreffend – mit 50 000 € passiviert. In dem gerichtlichen Vergleich vom 15. 12. 07 kamen die Prozessbeteiligten überein, dass jede Partei die Hälfte der Kosten trägt. Auf die OHG entfielen somit 25 000 €.

Fragen

Sind die Rückstellungen in zutreffender Höhe ausgewiesen? Welche Rückstellungen könnten/ müssten gebildet werden, wenn der Vergleich am 10.11.07 geschlossen würde (oder ein Gerichtsurteil entsprechend dem Vergleich am 10.11.07 bestandskräftig würde)?

LÖSUNG

Bei Verletzung fremder Schutzrechte ist gem. § 5 Abs. 1 EStG i.V. mit § 249 Abs. 1 HGB eine Rückstellung zu bilden. Da der angeblich Geschädigte vor dem Bilanzstichtag seine Ansprüche geltend gemacht hat, steht auch § 5 Abs. 3 EStG der Rückstellung nicht entgegen (vgl. auch R 5.7 Abs. 10 EStR). Die Höhe der Rückstellung richtet sich nach dem Erfüllungsbetrag, der nach vernünftiger kaufmännischer Beurteilung notwendig ist (§ 253 Abs. 1 HGB). Im vorliegenden Fall musste die OHG im Zeitpunkt der Bilanzaufstellung (30.11.07) von einer Schadensersatzschuld in Höhe von 1 Million € ausgehen. Die zum 30.9.07 gebildete Rückstellung ist nicht zu beanstanden.

Für die Kosten von Zivilprozessen, die am Bilanzstichtag rechtsanhängig sind, erfolgt die Rückstellungsbildung ebenfalls gem. § 5 Abs. 1 EStG i.V. mit § 249 HGB. Bei der Bewertung der Rückstellung sind die eigenen wie die fremden Kosten zu berücksichtigen. Nicht in die Rückstellung einfließen dürfen die Kosten künftiger höherer Instanzen, die bei Unterliegen angerufen werden sollen (BFH v. 6.12.1995 I R 14/95, BStBl 1996 II 406). Da im Zeitpunkt der Bilanzerstellung noch mit den vollen Prozesskosten gerechnet werden musste, ist die Rückstellung der Höhe nach (50 000 €) zutreffend.

Wird der Vergleich am 10.11.07 geschlossen (oder wird ein Gerichtsurteil entsprechend dem Vergleich am 10.11.07 rechtskräftig), steht bei Bilanzerstellung (30.11.07) fest, dass der Schaden auf 500 000 € begrenzt ist und die Prozesskosten nur 25 000 € betragen. Dies beruht jedoch auf dem Vergleich bzw. dem bestandskräftig gewordenen Urteil. Dieses jeweilige Ereignis ist keine auf den Bilanzstichtag zurückwirkende, sondern den Wert der Rückstellung erst später beeinflussende Tatsache. Deshalb ist eine Rückstellung wegen eines gerichtlich geltend gemachten Schadensersatzanspruches erst zum Schluss des Wirtschaftsjahres aufzulösen, in dem über den Anspruch endgültig und rechtskräftig entschieden ist (BFH v. 27.11.1997 IV R 95/96, BStBl 1998 II 375, v. 30.1.2002 I R 68/00, BStBl 2002 II 688)). Dies gilt auch für die Prozesskostenrückstellung. Es bleibt deshalb im Abschluss 30.9.07 bei den gewählten Ansätzen in Höhe von 1 000 000 € für Schadenersatz und 50 000 € für Prozesskosten.

FALL 65

Rückstellung für Aufbewahrung von Geschäftsunterlagen

Sachverhalt

Für die Aufbewahrung (vgl. § 147 Abs. 3 AO, § 257 Abs. 4 HGB) der bis zum Bilanzstichtag 31.12.02 angefallenen

a) Handels- und Geschäftsbriefe (Dauer der Aufbewahrungspflicht: 6 Jahre) sind jährlich 500 € und für

b) Bücher, Buchungsbelege, Inventare usw. (Dauer der Aufbewahrungspflicht: 10 Jahre) sind jährlich 300 € zu veranschlagen.

Der Betrieb besteht seit 20 Jahren.

Frage

Wie hoch ist die Rückstellung für die StB 31. 12. 02, wenn unterstellt werden kann, dass die Rückstellung in der HB infolge von jährlichen Kostensteigerungen höher ausfällt?

LÖSUNG

Bei zehnjähriger Aufbewahrungsdauer beträgt die durchschnittliche Restaufbewahrungsdauer 5,5 Jahre ([10 + 1] : 2), bei sechsjähriger Aufbewahrungsdauer 3,5 Jahre ([6 + 1] : 2). Vgl. hierzu BFH v. 18. 1. 2011 X R 14/09 (BStBl 2011 II 496). Zum 31. 12. 02 ergibt sich für die Rückstellung in der StB ein Betrag von 27 000 €, der sich wie folgt berechnet:

a) 500 € x 6 x 3,5 = 10 500 €

b) 300 € x 10 x 5,5 = <u>16 500 €</u>

Summe   27 000 €

Eine Abzinsung kommt steuerrechtlich nicht in Betracht, da bei Sachleistungsverpflichtungen (wie hier) gemäß § 6 Abs. 1 Nr. 3a Buchst. e Satz 2 EStG die Abzinsung nur bis zum Beginn der Erfüllung der Verpflichtung stattfindet (BMF v. 26. 5. 2005, Rn. 26, BStBl 2005 I 699). Das ist hier jeweils der Beginn des Folgejahres, so dass die Laufzeit stets weniger als ein Jahr beträgt.

3.8 Rücklagen

3.8.1 Vorbemerkung

Rücklagen haben im Allgemeinen die Eigenschaft von Eigenkapital. Auf den Gewinn nehmen sie jedoch Einfluss als **steuerfreie Rücklagen,** die gewinnmindernd gebildet und gewinnerhöhend aufgelöst werden. Im Rahmen des Betriebsvermögensvergleichs (§ 4 Abs. 1 EStG) werden diese deshalb **technisch** wie Fremdkapital behandelt.

Steuerpflichtige Rücklagen sind solche, die aus versteuerten Gewinnen stammen. Bei Kapitalgesellschaften treten sie in der Regel als sog. **Gewinnrücklagen** in Erscheinung (§ 272 Abs. 3 HGB). Die von Kapitalgesellschaften gebildeten **Kapitalrücklagen** stammen in der Regel aus Einlagen der Anteilseigener (§ 272 Abs. 2 HGB).

Von den Rücklagen sind die Rückstellungen zu unterscheiden. Rückstellungen sind Teile des Fremdkapitals (vgl. § 249 HGB).

Handels- und steuerrechtlich wird zusätzlich unterschieden zwischen

► offenen Rücklagen,

► stillen Rücklagen (stille Reserven).

Offene Rücklagen werden auf der Passivseite der Bilanz ausgewiesen. Zu ihnen gehören die steuerfreien Rücklagen, die auf bestimmten steuerrechtlichen Vorschriften beruhen. Stille Rücklagen (stille Reserven) sind hingegen nicht aus der Bilanz ersichtlich. Sie beruhen auf unterlassenen Aktivierungen, Unterbewertungen auf der Aktivseite der Bilanz, Überbewertungen auf der Passivseite der Bilanz, nicht ausgewiesenen Wertsteigerungen. Es handelt sich um **verborgenes Eigenkapital.**

Die steuerfreien Rücklagen beruhen im Wesentlichen auf folgenden Vorschriften:

- ▶ § 6b EStG (Gewinne aus der Veräußerung bestimmter Anlagegüter),
- ▶ R 6.6 EStR (Rücklage für Ersatzbeschaffung),
- ▶ R 6.5 Abs. 4 EStR (Zuschussrücklage),
- ▶ § 6 UmwStG (Rücklage für Einbringungsfolgegewinn),
- ▶ R 6.11 Abs. 3 EStR (Gewinne aus RS-Auflösung infolge BilMoG).

3.8.2　Rücklage gem. § 6b EStG

§ 6b EStG gestattet die (gewinnneutrale) Übertragung von Gewinnen, die bei der Veräußerung bestimmter Wirtschaftsgüter (Grundbesitz, Binnenschiffe und Anteile an Kapitalgesellschaften) entstehen, auf bestimmte Reinvestitionsgüter. Die R 6b.1 – 6b.3 EStR erläutern ausführlich die Voraussetzungen und die Übertragungsmöglichkeiten.

Unter **Veräußerung** i. S. von § 6b Abs. 1 EStG ist nur die entgeltliche Übertragung des wirtschaftlichen Eigentums auf eine andere Person zu verstehen (R 6b.1 Abs. 1 EStR). Dazu gehören neben der freiwilligen Veräußerung auch die Veräußerung unter Zwang (z. B. drohende oder erfolgte Beschlagnahme, Enteignung, Zwangsversteigerung) sowie der Tausch. Der Tausch zum Erwerb eines Wirtschaftsguts des notwendigen Privatvermögens oder zur Begleichung einer privaten Verbindlichkeit fällt jedoch nicht darunter, da es sich dabei um eine Entnahme des hingetauschten Wirtschaftsguts handelt (H 6b.1 „Entnahme" EStH; anders bei der Rücklage für Ersatzbeschaffung, H 6.6 [1] „Entschädigung" EStH). Begünstigt sind auch nicht die Überführung eines Wirtschaftsguts in einen anderen Betrieb desselben Steuerpflichtigen sowie das Ausscheiden infolge höherer Gewalt (hier ist jedoch die Bildung einer Rücklage für Ersatzbeschaffung möglich, R 6.6 EStR).

Ist der Anlass für die Veräußerung eines Wirtschaftsgutes ein betrieblicher, z. B. zur Abwendung einer Enteignung, so kann in Höhe der aufgedeckten stillen Reserven selbst dann eine Rücklage nach § 6b Abs. 3 EStG gebildet werden, wenn das erhaltene Wirtschaftsgut später in das Privatvermögen übertragen wird (BFH v. 29. 6. 1995 VIII R 2/94, BStBl 1996 II 60). Eine i. S. von § 6b EStG schädliche Entnahme liegt somit nur vor, wenn das weggegebene Wirtschaftsgut nur deshalb veräußert wird, um **Privatvermögen** zu erwerben.

Weitere Voraussetzung ist, dass das veräußerte Wirtschaftsgut mindestens **sechs Jahre** zum Anlagevermögen gehört hat (§ 6b Abs. 4 Nr. 2 EStG, R 6b.3 EStR). In den Fällen des § 6b Abs. 8 EStG (Übertragung im Rahmen städtebaulicher Sanierungsmaßnahmen) genügt eine zweijährige Zugehörigkeit (§ 6b Abs. 8 Nr. 2 EStG). Die Frist ist auch eingehalten bei Zugehörigkeit zu verschiedenen inländischen Betrieben des Steuerpflichtigen (R 6b.3 Abs. 1 EStR) sowie bei Betriebsübergang mit Buchwertfortführung (z. B. gem. § 24 UmwStG, § 6 Abs. 3 EStG); in diesen Fällen genügt es, wenn die Besitzzeit des Rechtsvorgängers und Rechtsnachfolgers zusammen sechs Jahre ausmachen (R 6b.3 Abs. 5 EStR). Wird ein seit mehr als sechs Jahren zum Anlagevermögen gehörendes (unbebautes) Betriebsgrundstück mit einer Wohnanlage bebaut, dessen Wohnungen anschließend als Wohnungseigentum verkauft werden sollen, so hat sich das bis dahin unbebaute Grundstück vor dem Verkauf in Umlaufvermögen verwandelt. Der Verkauf des Wohnungseigentums fällt nicht unter § 6b EStG. Ausweg: Das unbebaute Grundstück wird zuvor an einen anderen Rechtsträger, z. B. den Ehegatten oder an eine (ggf. neu zu gründende) GmbH, veräußert (DStR 2007, 1599).

Begünstigt sind nur bestimmte Reinvestitionsmaßnahmen (vgl. § 6b Abs. 1 Satz 2 EStG), die zudem innerhalb bestimmter Fristen vorgenommen werden müssen (§ 6b Abs. 3 EStG). Die **Regelfrist beträgt vier Jahre** nach erstmaliger Bildung der Rücklage. Bei Gebäuden verlängert sie sich auf sechs Jahre, soweit mit der Herstellung in den ersten vier Folgejahren begonnen wurde. Für den Beginn der Herstellung genügt die Einreichung des Bauantrags (H 6b.2 „Herstellungsbeginn" EStH). In den Fällen des § 6b Abs. 8 EStG beträgt die Frist sieben bzw. neun Jahre nach erstmaliger Bildung der Rücklage (§ 6b Abs. 8 Nr. 1 EStG). Einlagen sind keine begünstigten Reinvestitionsmaßnahmen (H 6b.2 „Einlage" EStH). Die von der Rechtsprechung entwickelten Grundsätze zur mittelbaren Grundstücksschenkung gelten auch im Rahmen des § 6b EStG. Eine § 6b-Rücklage kann daher nicht auf ein im Wege der mittelbaren Grundstücksschenkung erworbenes Grundstück übertragen werden (BFH v. 23. 4. 2009 IV R 9/06, BStBl 2010 II 664).

Unschädlich ist es, wenn das Reinvestitionsgut bereits im Vorjahr angeschafft oder hergestellt wurde.

Weitere Voraussetzungen:

a) Die Reinvestition muss ins Anlagevermögen einer inländischen Betriebsstätte erfolgen (§ 6b Abs. 4 Nr. 3 EStG).

b) Der Veräußerungsgewinn darf bei der Ermittlung des steuerpflichtigen Inlandgewinns nicht außer Ansatz bleiben (§ 6b Abs. 4 Nr. 4 EStG). Ein Veräußerungsgewinn, der aufgrund eines DBA im Inland nicht steuerpflichtig ist, ist somit nicht nach § 6b EStG begünstigt.

c) Bildung und Auflösung der Rücklage müssen in der Buchführung verfolgt werden können (§ 6b Abs. 4 Nr. 5 EStG).

Die Inanspruchnahme der § 6b-Rücklage ist nicht betriebs-, sondern personengebunden (R 6b.2 Abs. 6 und 7 EStR). Die Übertragung der Rücklage ist deshalb auf Wirtschaftsgüter im selben Betrieb oder in einem anderen Betrieb des Steuerpflichtigen zulässig. Anderer Betrieb in diesem Sinn kann auch die Beteiligung an einer Personengesellschaft sein. Umgekehrt kann eine bei einer Personengesellschaft entstandene § 6b-Rücklage vom anteilig betroffenen Mitunternehmer auf Wirtschaftsgüter seines einzelunternehmerischen oder eines anderen mitunternehmerischen Betriebsvermögens übertragen werden. Eine von einer Kapitalgesellschaft gebildete Rücklage nach § 6b EStG kann auf ein Wirtschaftsgut einer Personengesellschaft übertragen werden, an der die Kapitalgesellschaft beteiligt ist (zur bilanztechnischen Darstellung siehe BMF v. 29. 2. 2008, BStBl 2008 I 495).

Auch im Rahmen von Sonderbetriebsvermögen können sich § 6b-Rücklagen ergeben: das gilt auch bei ausgeschiedenen Gesellschaftern (BFH v. 25. 1. 2006 IV R 14/04, BStBl 200 II 418). Hat in diesem Zusammenhang ein Kommanditist ein veräußertes Grundstück von einem anderen Kommanditisten zuvor durch Schenkung erhalten und mit dem Buchwert fortgeführt, so ist auf die Sechsjahresfrist des § 6b Abs. 4 Nr. 2 EStG auch die Besitzzeit des Rechtsvorgängers anzurechnen (BFH v. 24. 3. 1992 VIII R 48/90, BStBl 1993 II 93).

Personenunternehmen dürfen **Gewinne aus der Veräußerung von Anteilen an Kapitalgesell-schaften,** die seit **mindestens sechs Jahren** zum BV gehörten, bis zu einem Betrag von **500 000 €** im Wirtschaftsjahr der Veräußerung oder in den folgenden zwei bzw. vier Wirtschaftsjahren auf die AK von **neu angeschafften Anteilen an Kapitalgesellschaften, Gebäuden oder abnutzbaren beweglichen Wirtschaftsgütern** übertragen oder durch Bildung einer Rücklage neutralisieren (§ 6b Abs. 10 Satz 1 EStG). Bei Mitunternehmerschaften vertritt die Finanzverwaltung die Auffassung, dass der Höchstbetrag von 500 000 € für jeden Mitunternehmer zur Anwendung kommt, vorausgesetzt es handelt sich um eine natürliche Person (R 6b.2 Abs. 12 EStR). Wird der Gewinn im Jahr der Veräußerung auf **Gebäude oder abnutzbare bewegliche Wirtschaftsgüter** übertragen, so kann **nur der stpfl. Teil** des Gewinns übertragen werden (weil der andere Teil nach § 3 Nr. 40 Satz 1 Buchst. a und b EStG steuerfrei ist). Wird der Gewinn im Jahr der Veräußerung auf **neu angeschaffte Anteile an Kapitalgesellschaften** übertragen, mindern sich die AK der neu er-worbenen Anteile in Höhe des Veräußerungsgewinns einschließlich des nach § 3 Nr. 40 Satz 1 Buchst. a und b EStG **steuerbefreiten Betrages.** Soll die Übertragung erst **in späteren Wirt-schaftsjahren** vorgenommen werden, kann eine **Rücklage** in Höhe von 500 000 € einschließlich des steuerbefreiten Betrages gebildet werden. Die Auflösung der Rücklage erfolgt sinngemäß wie oben beschrieben. Ist die Rücklage am **Schluss des vierten Jahres** nach Bildung noch vorhan-den, muss sie aufgelöst werden. Dabei ist bezüglich **des nicht steuerbefreiten Teils** ein **Zuschlag** zu machen von **6 %** pro Jahr (§ 6b Abs. 7 EStG).

Besonderheiten

a) Für die Berechnung der Sechsjahresfrist gelten die Vorschriften des BGB (§§ 187, 188 BGB). Da es sich um eine sog. **Ereignisfrist** handelt, wird der Tag des Ereignisses (hier Anschaffung oder Herstellung des veräußerten Wirtschaftsguts) nicht mitgezählt.

b) Verbleiben nach Abzug der § 6b-Rücklage AK von bis zu 1 000 € für das erworbene Wirt-schaftsgut, ist von § 6 Abs. 2, 2a EStG Gebrauch zu machen, soweit es sich um abnutzbares Anlagevermögen bei dem erworbenen Wirtschaftsgut handelt (R 6.13 Abs. 2 Nr. 1 EStR).

Gewinnzuschlag

Ist eine § 6b-Rücklage wegen Ablaufs der Reinvestitionsfrist gewinnerhöhend aufzulösen, ist der Gewinn im Jahr der Auflösung der Rücklage für jedes volle Wirtschaftsjahr, in dem die Rücklage bestanden hat, um 6 % zu erhöhen (§ 6b Abs. 7 EStG, R 6b.2 Abs. 5 EStR). Der Gewinnzuschlag ist auch vorzunehmen, wenn die Rücklage (freiwillig) vorzeitig aufgelöst wird (R 6b.2 Abs. 5 Satz 2 EStR). Der Gewinnzuschlag erfolgt außerhalb der Buchführung.

3.8.3 Rücklage für Ersatzbeschaffung (R 6.6 EStR)

Normalerweise werden stille Reserven steuerpflichtig durch Veräußerung oder Entnahme reali-siert. R 6.6 EStR enthält eine Billigkeitsregelung bei **unfreiwilliger Realisierung** stiller Reserven durch Ausscheiden von Wirtschaftsgütern aus dem Betriebsvermögen infolge höherer Gewalt (z. B. Brand, Diebstahl) oder infolge oder zur Vermeidung eines behördlichen Eingriffs (z. B. dro-hende oder erfolgte Enteignung, Beschlagnahme); vgl. R 6.6 Abs. 2 EStR. In derartigen Fällen kann die aufgedeckte stille Reserve (Entschädigung ./. Buchwert) im Ergebnis erfolgsneutral von den AK/HK eines Ersatzwirtschaftsgutes abgezogen werden.

Höhere Gewalt liegt nicht vor bei Ausscheiden wegen wirtschaftlicher Zwangslage, infolge Entnahme oder infolge eines Material- oder Bedienungsfehlers (H 6.6 [2] „Höhere Gewalt" EStH).

Eine Rücklage für Ersatzbeschaffung kann jedoch bei Ausscheiden eines Wirtschaftsguts infolge eines unverschuldet erlittenen Verkehrsunfalls gebildet werden (BFH v. 14.10.1999 IV R 15/99, BStBl 2001 II S 130). Es ist unschädlich, wenn das Ersatzwirtschaftsgut vor dem Ausscheiden eines Wirtschaftsgut angeschafft wird, sofern zwischen beiden Vorgängen ein ursächlicher Zusammenhang besteht (BFH v. 12.6.2002 XI R 5/00, BStBl 2001 II 830).

Nicht begünstigt sind Entschädigungsleistungen für Folgeschäden (z. B. Aufräumungskosten, entgangener Gewinn, Umzugskosten). Soweit eine Betriebsunterbrechungsversicherung Mehrkosten für die beschleunigte Wiederbeschaffung eines durch Brand zerstörten Wirtschaftsguts übernimmt, gehören diese zur begünstigten Entschädigungsleistung (H 6.6 [1] „Entschädigung" EStH). Das Ersatzwirtschaftsgut muss die Lücke schließen, die das ausgeschiedene Wirtschaftsgut hinterlassen hat (Funktionsidentität, R 6.6 Abs. 1 Nr. 2 EStR). Lediglich für Grund und Boden und Gebäude gilt eine wechselseitige Übertragungsmöglichkeit (R 6.6 Abs. 3 EStR).

Für die Höhe der Rücklage für Ersatzbeschaffung ist maßgeblich der **Buchwert** des ausgeschiedenen Wirtschaftsguts im Zeitpunkt des Ausscheidens (H 6.6 [3] „Buchwert" EStH). Die AfA muss deshalb zeitanteilig berücksichtigt werden.

Soweit die Ersatzbeschaffung nicht im selben Wirtschaftsjahr erfolgt, kann eine entsprechende Rücklage gebildet werden (R 6.6 Abs. 4 EStR). Die Ersatzbeschaffung muss innerhalb bestimmter Fristen erfolgen, die je nach Art des Wirtschaftsguts bis zu sechs Jahre nach erstmaliger Bildung der Rücklage betragen können (R 6.6 Abs. 4 EStR). In Reparaturfällen gelten Fristen von einem bzw. vier Jahren (R 6.6 Abs. 7 EStR).

Soweit keine Übertragung innerhalb der vorstehenden Fristen erfolgt, ist die Rücklage gewinnerhöhend aufzulösen. Dies ist ferner der Fall bei Aufgabe der Absicht zur Ersatzbeschaffung (R 6.6 Abs. 4 Satz 1 EStR) sowie bei Betriebsaufgabe oder Betriebsveräußerung. In den Fällen der Betriebsaufgabe oder -veräußerung gehört die Rücklage für Ersatzbeschaffung zum tarifbegünstigten Gewinn (H 16 Abs. 9 „Rücklage" EStH).

Wird die Entschädigung nur teilweise für die Ersatzbeschaffung verwendet, so darf die Rücklage für Ersatzbeschaffung nur anteilig, d. h. im Verhältnis der verwendeten Entschädigung zu ihrem Gesamtbetrag, übertragen werden; der Rest ist steuerpflichtig (H 6.6 [3] „Mehrentschädigung" EStH).

Im Ergebnis wird die Rücklage für Ersatzbeschaffung von den AK/HK des Ersatzwirtschaftsgutes abgezogen; der verbleibende Betrag bildet die AfA-Bemessungsgrundlage (R 7.3 Abs. 4 EStR). Das gilt entsprechend für die Anwendung des § 6 Abs. 2, 2a EStG (R 6.13 Abs. 2 Nr. 4 EStR).

Besonderheiten

Die Anschaffung eines Ersatzwirtschaftsgutes vor drohender Enteignung ist für die Anwendung von R 6.6 EStR unschädlich (H 6.6 [3] „Vorherige Anschaffung" EStH). Auf ein eingelegtes Wirtschaftsgut kann eine Rücklage für Ersatzbeschaffung allerdings nicht übertragen werden (H 6.6 [1] „Einlage" EStH). Die Übertragung einer Rücklage für Erstzbeschaffung beim Tausch, insbesondere bei Tauschgrundstücken, die Privatvermögen werden, ist zulässig (H 6.6 [1] „Entschädigung" EStH; anders bei § 6b EStG, vgl. H 6b.1 „Entnahme" und „Tausch" EStH).

Die für die Bildung einer Rücklage für Ersatzbeschaffung erforderlich Funktionsgleichheit des Ersatzwirtschaftsguts ist grundsätzlich nur erfüllt, wenn das neue Wirtschaftsgut in demselben Betrieb hergestellt oder angeschafft wird, dem das entzogene Wirtschaftsgut diente. Nur ausnahmsweise kommt eine Übertragung der aufgedeckten stillen Reserven in einen anderen Betrieb in Betracht (BFH v. 22. 1. 2004, BStBl 2004 II 421).

Beschädigung von Wirtschaftsgütern

R 6.6 EStR ist auch anwendbar, wenn ein Wirtschaftsgut infolge höherer Gewalt oder eines behördlichen Eingriffs beschädigt wird und die Reparatur erst später erfolgt (R 6.6 Abs. 7 EStR).

Gewinnermittlung nach § 4 Abs. 3 EStG

R 6.6 EStR ist auch anwendbar bei Gewinnermittlung nach § 4 Abs. 3 EStG (R 6.6 Abs. 5 EStR).

3.8.4 Zuschussrücklage

Werden zur Anschaffung eines Anlagegutes Zuschüsse gewährt, die erfolgsneutral behandelt werden sollen (vgl. R 6.5 Abs. 2 EStR), wird aber das Anlagegut erst in dem auf die Gewährung des Zuschusses folgenden Wirtschaftsjahr angeschafft oder hergestellt, so kann in Höhe der – noch – nicht verwendeten Zuschussbeträge eine steuerfreie Rücklage gebildet werden, die im Wirtschaftsjahr der Anschaffung oder Herstellung auf das Anlagegut zu übertragen ist.

3.8.5 Buchführungstechnische Rücklagenbildung und -auflösung

a) Mehrere Rücklagen können in einem Posten zusammengefasst werden. Dabei ist die Angabe der steuerrechtlichen Vorschriften, nach denen der Posten gebildet wurde, nicht vorgeschrieben. Für die § 6b-Rücklage ist aber § 6b Abs. 4 Nr. 5 EStG zu beachten (R 6b.2 Abs. 3 EStR).

b) Die Bildung und Auflösung der steuerfreien Rücklagen erfolgt über das Konto „sonstiger betrieblicher Aufwand" bzw. „sonstiger betrieblicher Ertrag".

c) Zur Erfüllung der Aufzeichnungspflichten nach § 5 Abs. 1 Satz 2 EStG ist bei der Bildung der steuerfreien Rücklage der Ansatz in der StB ausreichend. Die Aufnahme in das Verzeichnis ist erst bei Übertragung der Rücklage erforderlich (R 6b.2 Abs. 2 EStR).

FALL 66

Ausscheiden eines Wirtschaftsgutes durch höhere Gewalt

Sachverhalt

Der Steuerpflichtige betreibt ein Fuhrgeschäft. Durch einen Diebstahl ging ein Lkw des Steuerpflichtigen am 15. 11. 01 verloren. Der Lkw stand am 31. 12. 00 mit 192 000 € zu Buche; die jährliche AfA beträgt 96 000 €. Da das Fahrzeug gegen derartige Schäden versichert war, meldete der Steuerpflichtige den Schaden seiner Versicherungsgesellschaft, die am 16. 12. 01 eine Versicherungsleistung von 156 000 € ankündigte und den Betrag am 10. 1. 02 überwies. Am 2. 1. 02

erwarb der Steuerpflichtige einen Ersatz-Lkw (betriebsgewöhnliche Nutzungsdauer vier Jahre) für Anschaffungskosten von

a) 200 000 €

b) 140 400 €.

Der Steuerpflichtige erstrebt möglichst niedrige Gewinne! AfA soll linear beansprucht werden.

Frage

Wie sind die Vorgänge steuerlich zu behandeln?

LÖSUNG

Der Anspruch auf die Versicherungsleistung ist zum 31. 12. 01 als sonstige Forderung zu aktivieren. Hierdurch werden die in dem gestohlenen Lkw steckenden verdeckten Reserven aufgelöst, wodurch eine Gewinnrealisierung eintritt. Die Auflösung derartiger stiller Rücklagen soll jedoch dann nicht zu einem steuerpflichtigen Gewinn führen, wenn das Wirtschaftsgut infolge höherer Gewalt gegen Entschädigung aus dem Betriebsvermögen ausscheidet und ein Ersatzwirtschaftsgut angeschafft wird (R 6.6 Abs. 1 EStR).

Buchführende Gewerbetreibende, die den Gewinn durch Vermögensvergleich ermitteln, können am Schluss des Wirtschaftsjahres, in dem ein Wirtschaftsgut infolge höherer Gewalt aus dem Betriebsvermögen ausgeschieden ist, eine steuerfreie Rücklage für Ersatzbeschaffung bilden, wenn sie zu diesem Zeitpunkt eine Ersatzbeschaffung ernstlich geplant, aber noch nicht vorgenommen haben (R 6.6 Abs. 4 EStR). Die Rücklage für Ersatzbeschaffung kann in Höhe des Unterschieds zwischen dem Buchwert des ausgeschiedenen Wirtschaftsgutes und der Entschädigung (dem Entschädigungsanspruch) gebildet werden. Buchwert ist der Wert, der sich für das Wirtschaftsgut im Zeitpunkt seines Ausscheidens aus dem Betriebsvermögen ergeben würde, wenn für diesen Zeitpunkt eine Bilanz aufzustellen wäre (H 6.6 [3] „Buchwert" EStH). Das bedeutet, dass bei abnutzbaren Anlagegütern die AfA bis zum Ausscheidenszeitpunkt vorgenommen werden kann. Zum 15. 11. 01 ergibt sich folgender Buchwert:

Bilanzansatz 31. 12. 00		192 000 €
AfA bis 15. 11. 01: $\dfrac{96\,000 \times 10{,}5}{12}$ (oder 315/360) =		./. 84 000 €
Buchwert 15. 11. 01		108 000 €

Die Rücklage für Ersatzbeschaffung zum 31. 12. 01 errechnet sich wie folgt:

Buchwert 15. 11. 01	108 000 €
Entschädigungsanspruch	156 000 €
Rücklage für Ersatzbeschaffung 31. 12. 01	48 000 €

Die Rücklage für Ersatzbeschaffung ist im Zeitpunkt der Ersatzbeschaffung gewinnerhöhend aufzulösen. Das Ersatzwirtschaftsgut ist in der Bilanz mit den Anschaffungskosten abzüglich einer Abschreibung in Höhe des Betrags der aufgelösten Rücklage für Ersatzbeschaffung anzusetzen. Der verbleibende Betrag ist bei abnutzbaren Anlagegütern die Bemessungsgrundlage für die AfA (R 7.3 Abs. 4 EStR).

Im **Fall a)** ergibt sich folgende Lösung:

Fuhrpark

Zugang 2. 1. 02	200 000 €
Außerplanmäßige Abschreibung	./. 48 000 €
Verbleibende Anschaffungskosten	152 000 €
AfA: 25 % von 152 000 € gem. § 7 Abs. 1 EStG	./. 38 000 €
Buchwert 31. 12. 02	114 000 €

Die Auflösung der Rücklage führt zu einem sonstigen betrieblichen Ertrag in Höhe von 48 000 €.

Fall b)

Wird die Entschädigung nicht in voller Höhe für die Ersatzbeschaffung verwendet, darf die Rücklage für Ersatzbeschaffung nur anteilig auf das Ersatzwirtschaftsgut übertragen werden (H 6.6 [3] „Mehrentschädigung" EStH).

Entschädigungsanspruch	156 000 €
Anschaffungskosten Ersatz-Lkw	140 400 €
Nicht zur Ersatzbeschaffung verwendet	15 600 €

15 600 € entsprechen 10 % des Entschädigungsanspruchs.

10 % der Rücklage für Ersatzbeschaffung sind steuerpflichtig in 02: 4 800 €. Nur der Restbetrag kann von den Anschaffungskosten des Ersatz-Lkw abgesetzt werden.

Fuhrpark

Zugang 2. 1. 02	140 400 €
Außerplanmäßige Abschreibung	./. 43 200 €
Verbleibende Anschaffungskosten	97 200 €
AfA: 25 % von 97 200 € =	./. 24 300 €
Buchwert 31. 12. 02	72 900 €

Gewinnerhöhung durch Auflösung der Rücklage für Ersatzbeschaffung 48 000 €.

FALL 67

Behördlicher Eingriff

Sachverhalt

Wegen drohender Enteignung veräußert ein Kaufmann am 1. 10. 01 ein bebautes Grundstück, das seit vier Jahren zu seinem Betriebsvermögen gehört, für 490 000 € (davon entfallen 240 000 € auf den Grund und Boden und 250 000 € auf das Gebäude). Die Buchwerte zum 31. 12. 00 betrugen:

Grund und Boden	90 000 €
Gebäude (Jahres-AfA 4 800 €)	203 600 €

Am 1. 8. 03 erwirbt der Kaufmann ein Ersatzgrundstück. Die Anschaffungskosten von 600 000 € entfallen zu 250 000 € auf den Grund und Boden und zu 350 000 € auf das Gebäude (30 Jahre alt). Der Kaufmann wünscht für 01 einen möglichst niedrigen Gewinn.

Frage

Wie ist 01 – 03 in den Bilanzen steuerlich zu verfahren?

LITERATURHINWEIS

Blödtner/Bilke/Heining, Lehrbuch Buchführung und Bilanzsteuerrecht, 10. Aufl., Teil B Kapitel 6.9.2.

LÖSUNG

Die Auflösung der in dem Grund und Boden und Gebäude steckenden stillen Rücklagen braucht nicht zu einem steuerpflichtigen Gewinn des Jahres 01 zu führen, da das Grundstück „zur Vermeidung eines behördlichen Eingriffs" aus dem Betriebsvermögen ausgeschieden ist (R 6.6 Abs. 1 EStR). Der durch die Veräußerung realisierte Gewinn kann bis zur Ersatzbeschaffung einer steuerfreien Rücklage zugeführt werden (R 6.6 Abs. 4 EStR). Für die Ersatzbeschaffung kann sich der Steuerpflichtige allerdings nicht unbegrenzt Zeit lassen. Vielmehr ist die Rücklage für Ersatzbeschaffung bei einem Grundstück am Schluss des zweiten auf ihre Bildung folgenden Wirtschaftsjahres gewinnerhöhend aufzulösen, wenn bis dahin ein Ersatzwirtschaftsgut weder angeschafft oder hergestellt noch bestellt worden ist (R 6.6 Abs. 4 Satz 4 EStR). Diese Frist ist jedoch im Beispielsfall gewahrt. Es ergeben sich zunächst folgende Auswirkungen:

		Buchwert 1. 10. 01	Erlös	Aufgedeckte stille Rücklage
Grund und Boden		90 000 €	240 000 €	150 000 €
Gebäude				
BW 31. 12. 00	203 600			
AfA für 9 Mon.	./. 3 600	200 000 €	250 000 €	50 000 €

Rücklage für Ersatzbeschaffung 31. 12. 01/02   200 000 €

Da die Anschaffungskosten für den erworbenen Grund und Boden 250 000 € betragen und die aufgedeckten stillen Reserven beim ausgeschiedenen Grund und Boden 150 000 € ausmachen, ergibt sich beim neuen Grund und Boden eine Abschreibung in Höhe von 150 000 €.

Kontenentwicklung:

Grund und Boden

Zugang 1. 8. 03	250 000 €
Abschreibung	./. 150 000 €
Buchwert 31. 12. 03	100 000 €

Gebäude

Zugang 1. 8. 03	350 000 €
Außerplanmäßige Abschreibung	./. 50 000 €
Verbleibende Anschaffungskosten	300 000 €
AfA gem. § 7 Abs. 4 EStG 2 % von 300 000 € = 6 000 €, für 5 Monate =	./. 2 500 €
Buchwert 31. 12. 03	297 500 €

Die Auflösung der Rücklage für Ersatzbeschaffung führt zu einem Gewinn von 200 000 €.

FALL 68

Beschädigtes Gebäude

Sachverhalt

Bei einem betrieblichen Gebäude ist im Dezember 03 ein Schaden durch Brand eingetreten. Aus der Gebäudeversicherung erhielt der Betriebsinhaber unmittelbar danach eine Entschädigung in Höhe von 100 000 €. Die Wiederherstellung der verloren gegangenen Substanz verursachte im Folgejahr (Juni) Aufwand in Höhe von 80 000 € (Abwandlung 120 000 €).

Gebäude

Bilanzansatz 31. 12. 01	520 000 €
AfA 2 % von 1 000 000 €	./. 20 000 €
Bilanzansatz 31. 12. 02	500 000 €

Frage

Wie sind die Vorgänge in den Bilanzen zum 31. 12. 03 – 06 steuerlich zu behandeln?

Zusatzfrage

Wie wäre vorzugehen, wenn die Schadensbeseitigung ohne vernünftigen Grund erst in 08 erfolgte?

LÖSUNG

Die Grundsätze für die Bildung auf Auflösung einer Rücklage für Ersatzbeschaffung gelten auch, wenn ein Wirtschaftsgut infolge höherer Gewalt oder eines behördlichen Eingriffs beschädigt wird und die Reparatur in einem späteren Jahr stattfindet (R 6.6 Abs. 7 EStR). Erfolgt die Reparatur in einem späteren Jahr als dem Schadensjahr, kann in Höhe der Entschädigung eine Rücklage gebildet werden. Die Rücklage ist im Zeitpunkt der Reparatur in voller Höhe aufzulösen.

Buchungen in 03:

Finanzkonto	an	sonst. betr. Erträge	100 000 € (Entschädigung)
Sonst. betr. Aufwand	an	Rücklage	100 000 €

Buchungen in 04:

Reparaturkosten	an	Finanzkonto	80 000 €
Rücklage	an	sonst. betr. Erträge	100 000 €

Buchungen in 04 bei der Abwandlung:

Reparaturkosten	an	Finanzkonto	120 000 €
Rücklage	an	sonst. betr. Erträge	100 000 €

Zusatzfrage

Ist die Reparatur am Ende des vierten auf die Bildung der Rücklage folgenden Wirtschaftsjahres noch nicht erfolgt, so ist die Rücklage zu diesem Zeitpunkt aufzulösen. Die Frist kann nur verlängert werden, wenn glaubhaft gemacht wird, dass die Reparatur noch ernstlich geplant und zu erwarten ist, aber aus besonderen Gründen noch nicht durchgeführt werden konnte (R 6.6 Abs. 7 EStR). Laut Sachverhalt gab es für die Verzögerung aber keine vernünftigen Gründe, deshalb ist die Rücklage in 07 aufzulösen.

Buchung in 07:

Rücklage	100 000 €	an	s. b. Erträge	100 000 €

Erfolgt die Reparatur in 08, stellen die Reparaturkosten Aufwand des Jahres 08 dar.

Die Bildung einer Rückstellung für unterlassene Instandhaltung kam in 03 für die StB nicht in Betracht, da die Instandhaltung nicht im folgenden Wirtschaftsjahr innerhalb von 3 Monaten erfolgte (§ 249 Abs. 1 Satz 2 Nr. 1 HGB, R 5.7 Abs. 11 EStR).

FALL 69

Zuschussrücklage

Sachverhalt

Juwelier J erhält von seiner Einbruch- und Diebstahlversicherung einen Zuschuss zur Installation einer Alarmanlage. Im Dezember 01 überweist die Versicherung einen Betrag von 2 000 €. Anfang 02 wird die Alarmanlage installiert: Preis 20 000 € zzgl. USt. Nutzungsdauer zehn Jahre.

Für 01 wird ein möglichst niedriger Gewinn gewünscht.

Frage

Wie ist bilanzsteuerrechtlich bei linearer AfA vorzugehen?

LÖSUNG

Juwelier J hat ein Wahlrecht. Er kann den Zuschuss in 01 als Betriebseinnahme erfassen und versteuern oder von den Anschaffungskosten der Alarmanlage absetzen (R 6.5 Abs. 2 EStR). Werden Zuschüsse **vor der Anschaffung** gewährt und ist beabsichtigt, von der Möglichkeit einer Kürzung der künftigen Anschaffungskosten Gebrauch zu machen (sog. erfolgsneutrale Behandlung), kann der Zuschuss in eine steuerfreie **Zuschussrücklage** eingestellt werden (R 6.5 Abs. 4 EStR).

Zuschussrücklage 31.12.01	2 000 €
Alarmanlage Zugang Anfang 02	20 000 €
Zuschussübertragung	./. 2 000 €
Verbleiben als Anschaffungskosten	18 000 €
AfA (§ 7 Abs. 1 EStG) 10 %	./. 1 800 €
Buchwert 31.12.02	16 200 €

FALL 70

Veräußerung eines unbebauten Grundstücks

Sachverhalt

Zum Betriebsvermögen eines Steuerpflichtigen gehört seit acht Jahren ein unbebautes Grundstück (Buchwert 31.12.00 400 000 €). Der Steuerpflichtige veräußert dieses Grundstück am 1.12.01 für 1 000 000 €. Am 1.2.02 erwirbt er ein unbebautes Grundstück für 300 000 €, auf dem er bis Anfang 03 ein Gebäude errichtet, dessen Herstellungskosten 700 000 € betragen. Grund und Boden und Gebäude dienen zu 100 % dem Betrieb des Steuerpflichtigen.

Frage

Wie sind die Geschäftsvorfälle 01, 02 und 03 zu behandeln, wenn der Steuerpflichtige einen möglichst niedrigen steuerlichen Gewinn wünscht?

LÖSUNG

Der bei der Veräußerung erzielte Gewinn von 60.000 € kann zunächst einer steuerfreien „Rücklage gem. § 6b EStG" zugeführt werden (§ 6b Abs. 1 Satz 1 und Abs. 3 EStG). Er ist sodann auf die Anschaffungskosten des erworbenen Grundstücks übertragbar, soweit dessen Anschaffungskosten hierfür ausreichen (§ 6b Abs. 1 Satz 2 Nr. 1 EStG). Der verbleibende Betrag kann von den Herstellungskosten des Gebäudes abgesetzt werden (§ 6b Abs. 1 Satz 2 Nr. 3 EStG). Im Einzelnen ergeben sich folgende Auswirkungen:

Konto „Rücklage gem. § 6b EStG" 31.12.01	600 000 €
Übertragung auf Grund und Boden 02 (Ertrag)	./. 300 000 €
Konto „Rücklage gem. § 6b EStG" 31.12.02	300 000 €
Übertragung auf Gebäude 03 (Ertrag)	./. 300 000 €
	0 €

Grund und Boden

Zugang 1.2.02	300 000 €
Außerplanmäßige Abschreibung	./. 300 000 €
Bilanzansatz 31.12.02	0 €

Gebäude

Zugang Anfang 03	700 000 €
Außerplanmäßige Abschreibung	./. 300 000 €
Verbleibende Herstellungskosten	400 000 €
AfA gem. § 7 Abs. 4 EStG 3 % von 400 000 = 12 000 €	./. 12 000 €
Bilanzansatz 31. 12. 03	388 000 €

HINWEIS

Mit der Herstellung eines Gebäudes ist i. S. von § 6b Abs. 3 Satz 3 EStG auch dann begonnen worden, wenn vor dem Schluss des vierten auf die Bildung der Rücklage folgenden Wirtschaftsjahres der Bauantrag gestellt wurde und das Gebäude bis zum Schluss des sechsten Wirtschaftsjahres nach Bildung der Rücklage fertig gestellt wird (H 6b.2 „Herstellungsbeginn" EStH).

FALL 71

Veräußerung eines bebauten Grundstücks

Sachverhalt

Ein seit zehn Jahren zum Betriebsvermögen gehörendes bebautes Grundstück wird am 1. 2. 01 für 650 000 € veräußert:

	Buchwert 1. 2. 01	Erlös	Aufgedeckte stille Reserven
Grund und Boden	200 000 €	250 000 €	50 000 €
Gebäude	100 000 €	400 000 €	300 000 €
Summe	300 000 €	650 000 €	350 000 €

Am 1. 12. 01 wird ein bebautes Grundstück für den Betrieb angeschafft:

Anschaffungskosten

Grund und Boden	220 000 €
Gebäude	300 000 €

Frage

Wie ist in der Bilanz zu verfahren?

LÖSUNG

Gewinne aus der Veräußerung von Grund und Boden können u. a. übertragen werden auf Anschaffungskosten von

a) Grund und Boden,

b) Gebäuden (einschließlich Erweiterung, Ausbau, Umbau).

Im Gegensatz dazu können Gewinne aus der Veräußerung von Gebäuden nur auf AK von Gebäuden (einschließlich Erweiterung, Ausbau, Umbau) übertragen werden (§ 6 Abs. 1 Satz 2 EStG). Im Einzelnen ergeben sich folgende Bilanzansätze:

Grund und Boden

Zugang 1.12.01	220 000 €
Gewinn aus der Veräußerung von Grund und Boden	./. 50 000 €
Bilanzansatz 31.12.01	170 000 €

Gebäude

Zugang 1.12.01	300 000 €
Gewinn aus der Veräußerung des Gebäudes	./. 300 000 €
Bilanzansatz 31.12.01	0 €

FALL 72

Veräußerung eines Aktienpakets

Sachverhalt

Aus dem Verkauf eines seit acht Jahren zum Betriebsvermögen gehörenden Aktienpakets erzielte ein Kaufmann K am 1.4.01 einen Gewinn in Höhe von insgesamt 400 000 €. Den gesamten Gewinn führte er zum 31.12.01 einer Rücklage nach § 6b Abs. 10 EStG zu. Am 10.11.04 begann er mit der Herstellung eines Fabrikgebäudes (Herstellungskosten 1 200 000 €) auf einem Grundstück, das seit vier Jahren zum Betriebsvermögen gehörte. Die Fertigstellung des Gebäudes erfolgte am

a) 1.12.05

b) 1.2.06.

Abwandlung

Das Aktienpaket gehörte erst seit drei Jahren zum Betriebsvermögen des Kaufmanns.

Frage

Wie ist unter Anwendung von § 6b Abs. 10 EStG vorzugehen?

LITERATURHINWEIS

Blödtner/Bilke/Heining, Lehrbuch Buchführung und Bilanzsteuerrecht, 10. Aufl., Teil B Kapitel 6.9.3.

LÖSUNG

K ist nach § 6b Abs. 10 EStG berechtigt, den Veräußerungsgewinn aus dem Verkauf des Aktienpaketes einer den steuerlichen Gewinn mindernden Rücklage zuzuführen. Der Höchstbetrag beträgt 500 000 € pro Jahr und ist hier nicht überschritten.

Erfolgt die Reinvestition innerhalb von vier Jahren nach Bildung der Rücklage in ein neu ange-schafftes Gebäude, kann die Rücklage in Höhe von 60 % der Rücklage von den Anschaffungskos-ten des Gebäudes abgezogen werden. 40 % der Rücklage sind zwar auch gewinnerhöhend auf-zulösen; sie bleiben aber wegen des Teileinkünfteverfahrens (vgl. § 3 Nr. 40 EStG) steuerfrei und werden außerhalb der Buchführung vom Gewinn abgezogen.

Im Fall a) ist die Frist eingehalten, denn sie endete am 31. 12. 05 (§ 6b Abs. 10 Satz 1 EStG). Für das Gebäude ergibt sich folgende Lösung:

Gebäude

Zugang 1. 12. 05	1 200 000 €
Außerplanmäßige Abschreibung	./. 240 000 €
Verbleibende AK und AfA-Bemessungsgrundlage	960 000 €
AfA 3 % = 28 800 €, für 1 Monat	./. 2 400 €
Bilanzansatz 31. 12. 05	957 600 €

In 05 ist noch zu buchen:

Rücklage an sonst. betriebl. Erträge 400 000 €.

Außerhalb der Buchführung ist der Gewinn des Jahres 05 um 160 000 € zu kürzen.

Im Fall b) ist das Gebäude für die Übertragung der § 6b-Rücklage zu spät fertig gestellt worden. Die Frist lief am 31. 12. 05 ab, das Gebäude war erst am 1. 2. 06 fertig. Die Rücklage ist zum 31. 12. 05 gewinnerhöhend aufzulösen (§ 6b Abs. 10 Satz 8 EStG). Außerdem ist für jedes Wirt-schaftsjahr des Bestehens der Rücklage ein Gewinnzuschlag in Höhe von 6 % **von 60 % des Rück-lagebetrags** vorzunehmen (§ 6b Abs. 10 Satz 9 EStG). Der Gewinnzuschlag wird nicht gebucht, sondern außerhalb der Buchführung berücksichtigt. Die AfA-Bemessungsgrundlage für das Ge-bäude beträgt hierbei 1 200 000 € (AfA ab 06). In 05 ist zu buchen:

Rücklage an sonstige betriebliche Erträge 400 000 €.

Außerhalb der Buchführung sind für 05 folgende Gewinnanpassungen vorzunehmen:

Anwendung von § 3 Nr. 40 EStG	./. 160 000 €
Zuschlag nach § 6b EStG (6 % von 240 000 € = 14 400 €).	
14 400 × 4 =	+ 57 600 €

Abwandlung

§ 6b Abs. 10 EStG ist nur anwendbar, wenn die veräußerten Anteile an Kapitalgesellschaften mindestens sechs Jahre zum Betriebsvermögen gehört haben (§ 6b Abs. 10 Satz 4 i.V. mit Abs. 4 Satz 1 Nr. 2 EStG). Das war hier nicht der Fall. In 01 war ein Ertrag in Höhe von 400 000 € zu buchen. Außerhalb der Buchführung war der Gewinn um 160 000 € zu kürzen (Teileinkünftever-fahren, § 3 Nr. 40 EStG).

FALL 73

§ 6b-Rücklage bei Mitunternehmerschaft

Sachverhalt

Die ABC-OHG hat in 01 eine § 6b-Rücklage (§ 6b Abs. 1 – 3 EStG) gebildet in Höhe von 600 000 €. Sie entfiel mit je 200 000 € auf A, B und C. Mit Wirkung vom 1. 1. 02 ist D zusätzlich in die OHG eingetreten. Neues Beteiligungsverhältnis A, B, C und D je $^1/_4$. In 03 erwirbt die OHG ein Gebäude (Baujahr 1980) mit AK in Höhe von 1 200 000 €, auf das sie die § 6b-Rücklage voll überträgt.

Frage

Wie ist die Übertragung steuerbilanztechnisch zu lösen und welche Auswirkungen ergeben sich für die Gewinnverteilung?

LÖSUNG

§ 6b EStG ist eine personenbezogene Steuerbegünstigung in dem Sinne, dass bei der Veräußerung von Wirtschaftsgütern, die zum Gesellschaftsvermögen einer Personengesellschaft gehören, auch die Sechsjahresfrist personenbezogen erfüllt sein muss. Gesellschafter, die innerhalb der letzten sechs Jahre in die Personengesellschaft eingetreten sind, können Veräußerungen durch die Personengesellschaft während dieser Zeit nicht nach § 6b EStG behandeln. Die Sechsjahresfrist ist ebenfalls insoweit nicht gewahrt, als von der Gesellschaft veräußerte Wirtschaftsgüter infolge einer entgeltlichen Änderung der personellen Zusammensetzung oder der Beteiligungsverhältnisse anteilig Gegenstand entgeltlicher Veräußerungs- oder Anschaffungsgeschäfte während der sechs Jahre vor der Veräußerung waren (BFH v. 13. 8. 1987 VIII B 179/86, BStBl 1987 II 782, v. 30. 3. 1989 IV R 81/87, BStBl 1989 II 558).

Tritt ein Gesellschafter in eine Gesellschaft ein, die bereits vorher eine § 6b-Rücklage gebildet hat, so kann die Übertragung der § 6b-Rücklage auf Reinvestitionsgüter nur von den „Alt"-Gesellschaftern vorgenommen werden.

Sind nicht alle Gesellschafter zur Übertragung einer § 6b-Rücklage berechtigt, erfolgt die Inanspruchnahme des Abzugs der § 6b-Rücklage sowie die Erfassung der damit ggf. verbundenen Weniger-AfA technisch zweckmäßigerweise mittels der Bildung von Wertberichtigungsposten in Ergänzungsbilanzen für die berechtigten Gesellschafter. Diese Ergänzungsbilanzen dienen lediglich der richtigen steuerlichen Gewinnermittlung und -verteilung. Auf ihre Erstellung kann verzichtet werden, wenn anderweitig sichergestellt ist, dass die durch die Inanspruchnahme der Rücklagenübertragung bedingte Weniger-AfA korrekt verteilt wird bzw. die gebildeten stillen Reserven personenbezogen festgehalten werden. Allerdings bleibt die Einrichtung von Ergänzungsbilanzen unter dem Gesichtspunkt der Praktikabilität unübertroffen.

StB OHG			Ergänzungsbilanz A, B, C		
Gebäude		Kapital	Kapital		Wertberichtigung
1 200.000 €	A	300 000 €	A	200 000 €	Gebäude
AfA	B	300 000 €	B	200 000 €	600 000 €
./. 24 000 €	C	300 000 €	C	200 000 €	AfA
	D	300 000 €			./. 12 000 €

Gewinnverteilung

	A	B	C	D
HB-Gewinn	./. 6 000	./. 6 000	./. 6 000	./. 6 000
AfA-Korrektur	+ 4 000	+ 4 000	+ 4 000	

FALL 74

Übertragung einer § 6b-Rücklage von Kapital- auf Personengesellschaft

Sachverhalt

Die A-GmbH ist zu einem Drittel am Gewinn und Vermögen der ABC-OHG beteiligt. Das Kapital-konto der GmbH bei der OHG beträgt 600 000 €. Die GmbH hat ihrerseits die OHG-Beteiligung mit 600 000 € aktiviert. Zum steuerlichen Betriebsvermögen der GmbH gehört eine § 6b-Rück-lage aus dem Verkauf von unbebauten Grundstücken in Höhe von 500 000 €. Die GmbH plant keine Investitionen, auf die die Rücklage übertragen werden könnte. Allerdings hat die OHG ein Grundstück mit AK von 900 000 € erworben.

Frage

Kann die GmbH Anschaffungen der OHG nutzen, um ihre § 6b-Rücklage dorthin zu übertragen?

LÖSUNG

Die Regelung in R 6b.2 Abs. 6 Satz 1 Nr. 2 EStR, wonach eine in einem Einzelunternehmen ent-standene § 6b-Rücklage auf Wirtschaftsgüter übertragen werden kann, die zum Betriebsver-mögen einer Personengesellschaft gehören, an der der Einzelunternehmer als Mitunternehmer beteiligt ist, gilt auch für Kapitalgesellschaften, die an einer Personengesellschaft beteiligt sind (§ 8 Abs. 1 KStG, R 32 Abs. 1 KStR). Eine Übertragung ist zulässig, soweit die Wirtschaftsgüter der Kapitalgesellschaft zuzurechnen sind. Im vorliegenden Fall entfällt von den Anschaffungen der OHG in Höhe von 900 000 € ein Drittel auf die GmbH: 300 000 €. In dieser Höhe ist eine Rück-lagenübertragung zulässig.

Buchungen bei der GmbH:

Um die Übertragung vorzunehmen, muss die Rücklage in Höhe von 300 000 € erfolgsneutral aufgelöst werden. Technisch geschieht das in der Weise, dass die GmbH in ihrer Steuerbilanz den Aktivposten „OHG-Beteiligung" aufgrund der spiegelbildlichen Darstellungsweise um 300 000 € erhöht und die § 6b-Rücklage um 300 000 € mindert. Dies gilt unabhängig von der Bewertung der Beteiligung in der Handelsbilanz der GmbH.

Buchung

Rücklage	300 000 €	an	OHG-Beteiligung	300 000 €

HINWEIS

Den Restbetrag der § 6b-Rücklage in Höhe von 200 000 € muss die GmbH nach Fristablauf gewinnerhöhend auflösen und zuzüglich Zinszuschlag versteuern, falls bis dahin keine begünstigten Reinvestitionen erfolgen.

Buchungen bei der OHG:

Wird eine § 6b-Rücklage auf ein Wirtschaftsgut einer Personengesellschaft übertragen, sind die Anschaffungs- oder Herstellungskosten dieses Wirtschaftsguts zu mindern. Die Übertragung wird durch eine erfolgsneutrale Umbuchung vom Kapitalkonto der GmbH in der Steuerbilanz der OHG auf das betreffende Wirtschaftsgut vollzogen. Dabei handelt es sich um die Ausübung eines steuerlichen Wahlrechts.

Buchungen

Kapitalkonto GmbH	300 000 €	an	§ 6b-Rücklage	300 000 €
§ 6b-Rücklage	300 000 €	an	s. b. Erträge	300 000 €
Abschreibung	300 000 €	an	Grundbesitz	300 000 €

Hiernach sind vom Grundbesitz mit Anschaffungskosten von 900 000 € nur noch 600 000 € bilanziert, die auf die A-GmbH und B und C zu jeweils 200 000 € entfallen.

Dies ändert nichts daran, dass im Fall der Realisierung der im Grundstück befindlichen stillen Reserven der GmbH im Rahmen der Gewinnverteilung vorab 300 000 € zustehen. Soweit abnutzbare Wirtschaftsgüter (z. B. Gebäude) involviert sind, steht B und C ein höheres AfA-Volumen zu als der A-GmbH. Dies alles erfordert für eine korrekte Gewinnverteilung die Einrichtung positiver Ergänzungsbilanzen für die Mitunternehmer B und C, die jeweils 300 000 € für die Grundbesitzanschaffung aufgewendet haben (= 600 000 €), die aber laut Handelsbilanz nur auf zwei Drittel von 600 000 € = 400 000 € blicken. Die positiven Ergänzungsbilanzen könnten folgendes Bild haben:

Aktiva		Passiva	
MehrwertGrundbesitz	200 000 €	Mehrkapital B	100 000 €
		Mehrkapital C	100 000 €
Summe	200 000 €	Summe	200 000 €

FALL 75

Übertragung einer § 6b-Rücklage von Personen- auf Kapitalgesellschaft

Sachverhalt

Die A-GmbH ist zu einem Drittel am Gewinn und Vermögen der ABC-OHG beteiligt. Das Kapitalkonto der GmbH bei der OHG beträgt 1 000 000 €. Die GmbH hat ihrerseits die OHG-Beteiligung mit 1 000 000 € aktiviert. Zum steuerlichen Betriebsvermögen der OHG gehört eine § 6b-Rücklage aus dem Verkauf von unbebauten Grundstücken in Höhe von 900 000 €. Die OHG plant aufgrund von Umsatzrückgängen keine Investitionen, auf die die Rücklage übertragen werden könnte. Allerdings hat die GmbH ein Grundstück mit AK von 800 000 € erworben.

Frage

Kann die GmbH die § 6b-Rücklage auf ihre Grundbesitzanschaffung übertragen?

LÖSUNG

Die Regelung in R 6b.2 Abs. 7 Satz 1 Nr. 3 EStR, wonach eine in einem Gesamthandsvermögen einer Personengesellschaft entstandene § 6b-Rücklage auf Wirtschaftsgüter übertragen werden kann, die zum Betriebsvermögen eines Einzelunternehmens gehören, dessen Inhaber an einer solchen Personengesellschaft als Mitunternehmer beteiligt ist, gilt m. E. auch für Kapitalgesellschaften, die an einer Personengesellschaft beteiligt sind (§ 8 Abs. 1 KStG, R 32 Abs. 1 KStR). Eine Übertragung ist dann zulässig, soweit die § 6b-Rücklage der Kapitalgesellschaft zuzurechnen ist. Im vorliegenden Fall entfällt von der § 6b-Rücklage ein Drittel auf die GmbH: 300 000 €. In dieser Höhe ist eine Rücklagenübertragung zulässig.

Buchungen bei der OHG:

Um die Übertragung vorzunehmen, muss die § 6b-Rücklage in Höhe von 300 000 € erfolgsneutral ausgebucht werden. Technisch geschieht das in der Weise, dass die OHG in ihrer Steuerbilanz das Kapitalkonto der GmbH aufgrund der spiegelbildlichen Darstellungsweise um 300 000 € erhöht und die § 6b-Rücklage um 300 000 € mindert.

Buchung

§ 6b-Rücklage	300 000 € an	Kapitalkonto GmbH	300 000 €

Buchungen bei der GmbH:

Zunächst ist die Rücklage erfolgsneutral in das Betriebsvermögen der GmbH einzubuchen. Sodann sind die Anschaffungs- oder Herstellungskosten der Reinvestitionsmaßnahme zu mindern.

Buchungen

OHG-Beteiligung	300 000 € an	§ 6b-Rücklage	300 000 €
§ 6b-Rücklage	300 000 € an	s. b. Erträge	300 000 €
Abschreibung	300 000 € an	Grundbesitz	300 000 €

Kapitel 4: Steuerliche Bewertung des Betriebsvermögens

4.1 Anschaffungskosten

4.1.1 Allgemeines

Der Begriff „Anschaffungskosten" wird sowohl im Handelsrecht als auch im Steuerrecht verwendet. Eine auch für die steuerliche Bewertung gültige Definition findet sich in § 255 Abs. 1 HGB. Vgl. auch R 6.2 EStR und H 6.2 EStH. Anschaffungskosten eines Wirtschaftsguts können nur solche Kosten sein, die nach wirtschaftlichen Gesichtspunkten dessen Beschaffung tatsächlich zuzuordnen sind. Hierzu genügt ein bloßer kausaler oder zeitlicher Zusammenhang mit der Anschaffung nicht. Vielmehr kommt es auf die Zweckbestimmung der Aufwendungen an („finaler Begriff" der Anschaffungskosten). Dieser Zweck muss auf die beabsichtigte Funktion und Eigenschaft des angeschafften Wirtschaftsguts als Teil des Betriebsvermögens gerichtet sein, und die Aufwendungen müssen dem Wirtschaftsgut selbst zugute kommen (BFH v. 3. 8. 2005 I R 36/04, BStBl 2006 II 369). Beim Ratenkauf ohne Zinsvereinbarung ergeben sich die AK aus dem nach § 12 ff. BewG ermittelten Barwert (R 6.2 Satz 2 EStR).

Als **Erwerbsnebenkosten** sind zu berücksichtigen: Verpackungs-, Transport-, Frachtkosten (einschließlich Speditions- und Lagerkosten sowie Rollgelder), Zölle, Provisionen, Maklergebühren, Grunderwerbsteuer, Beurkundungskosten, Grundbuchkosten, Gutachterkosten, Vermessungskosten, Reisekosten anlässlich der Besichtigung und des anschließenden Erwerbs eines Wirtschaftsgutes. Trägt der Käufer die Grunderwerbsteuer, erhöht die Grunderwerbsteuer nicht – auch nicht hälftig – die Bemessungsgrundlage (Entgelt) für die Umsatzsteuer (BFH v. 20. 12. 2005 V R 14/04, BFH/NV 2006, 1233, BFH v. 9. 11. 2006 V R 9/04, BStBl 2007 II 285, BMF v. 25. 9. 2007, BStBl 2007 I 716). Die infolge einer Sacheinlage von Gesellschaftsanteilen aufgrund Anteilsvereinigung ausgelösten Grunderwerbsteuern (vgl. § 1 Abs. 3 GrEStG) sind von der aufnehmenden Gesellschaft jedoch nicht als Anschaffungs(neben)kosten der eingebrachten Anteile zu aktivieren, sondern als Betriebsausgaben zu behandeln (BFH v. 20. 4. 2011 I R 2/10, BStBl 2011 II 761).

Zu den Aufwendungen für die Herbeiführung des **betriebsbereiten Zustands** i. S. von § 255 Abs. 1 Satz 1 HGB gehören z. B. Fundamentierungskosten, die der Standsicherheit einer Maschine dienen. Bei Gebäuden handelt es sich um Aufwendungen, die die objektive und subjektive Funktionstüchtigkeit des Gebäudes ermöglichen. Ein Gebäude ist objektiv funktionsuntüchtig, wenn z. B. Türen und Fenster fehlen. Es ist subjektiv funktionsunfähig, wenn es für die konkrete Zweckbestimmung seitens des Käufers nicht nutzbar ist, weil z. B. nach einer Umwidmung durch den Käufer die vorhandenen sanitären Anlagen für intensiven Publikumsverkehr nicht ausreichen. In diesen Fällen führt der Mehraufwand des Käufers zu Anschaffungskosten für das Gebäude.

Nicht zu den Anschaffungskosten gehören die **Gemeinkosten des Beschaffungsbereichs,** z. B. Kosten der Einkaufsabteilung, Kosten für Geschäftsreisen. Entstehen im Zusammenhang mit der Herbeiführung der Betriebsbereitschaft Herstellungskosten (z. B. Montage- und Fundamentierungskosten) durch Einsatz eigener Arbeitskräfte, sind nur die anteiligen Einzelkosten aktivierungspflichtig (*Schmidt/Weber-Grellet,* EStG § 6 Anm. 87). Stückzinsen (vgl. H 20.2 „Stückzinsen" EStH) sind nicht Anschaffungskosten der zugrunde liegenden Wertpapiere, sondern Anschaffungskosten für den Zinsanspruch. Finanzierungskosten und Aufwendungen für Vertragsstrafen (Konventionalstrafen, § 339 BGB) stellen ebenfalls keine Anschaffungskosten dar.

Als Minderungen der Anschaffungskosten kommen Preisnachlässe aller Art in Betracht: Skonti, Boni, Rabatte usw. Voraussetzung der Berücksichtigung ist bei Skontiabzug die Bezahlung vor dem Bilanzstichtag, da es sich bei Zahlung nach dem Bilanzstichtag um ein wertbeeinflussendes Ereignis handelt (BFH v. 27. 2. 1991 I R 176/84, BStBl 1991 II 456). Etwas Anderes gilt bei Bonusansprüchen, auf die zum Bilanzstichtag ein Rechtsanspruch besteht.

Werden mehrere Wirtschaftsgüter gegen Zahlung eines Gesamtkaufpreises erworben, sind die Anschaffungskosten nach dem Verhältnis der Teilwerte der einzelnen Wirtschaftsgüter aufzuteilen (BFH v. 15. 2. 1989 X R 97/87, BStBl 1989 II 604, v. 10. 10. 2000 IX R 86/97, BStBl 2001 II 183).

Bei Darlehensforderungen entsprechen die Anschaffungskosten auch dann ihrem Nennwert, wenn das Darlehen unverzinslich ist (BFH v. 23. 4. 1975 I R 236/72, BStBl 1975 II 875, v. 30. 11. 1988 I R 114/84, BStBl 1990 II 117 und v. 19. 5. 1998 I R 54/97, BStBl 1999 II 277).

4.1.2 Vorsteuer

Verrechenbare **Vorsteuer** gehört nicht zu den Anschaffungskosten des Wirtschaftsgutes, auf dessen Anschaffung sie entfällt (§ 9b Abs. 1 EStG). Nicht verrechenbare Vorsteuer gehört zu den Anschaffungskosten. Ändert sich der Vorsteuerabzug gem. § 15a UStG mit Wirkung für die Zukunft, sind die umsatzsteuerlichen Mehr- oder Minderbeträge als Einnahmen oder Ausgaben zu behandeln (§ 9b Abs. 2 EStG).

Beabsichtigt der Unternehmer bei Bezug der Leistung, diese teilweise für unternehmerische und nichtunternehmerische Tätigkeiten zu verwenden (teilunternehmerische Verwendung), ist er grundsätzlich nur im Umfang der beabsichtigten Verwendung für seine unternehmerische Tätigkeit zum Vorsteuerabzug berechtigt (BFH v. 3. 3. 2011 V R 23/10, BStBl 2012 II 74). Eine weitergehende Berechtigung zum Vorsteuerabzug besteht bei einer teilunternehmerischen Verwendung nur, wenn es sich bei der nichtunternehmerischen Tätigkeit um die Verwendung für Privatentnahmen i. S. des § 3 Abs. 1b oder 9a UStG, also um Entnahmen für den privaten Bedarf des Unternehmers als natürliche Person und für den privaten Bedarf seines Personals (unternehmensfremde Tätigkeiten), handelt (Abschn. 15.2 Abs. 15a UStAE). Wird ein Eingangsumsatz sowohl für das Unternehmen als auch für den privaten Bedarf des Unternehmers als natürliche Person oder für den privaten Bedarf seines Personals (unternehmensfremde Tätigkeiten) bezogen, ist hinsichtlich des Vorsteuerabzugs wie folgt zu verfahren (vgl. Abschn. 15.2 Abs. 21 UStAE):

1. Bei der Lieferung vertretbarer Sachen sowie bei sonstigen Leistungen ist die darauf entfallende Steuer entsprechend dem Verwendungszweck in einen abziehbaren und einen nicht abziehbaren Anteil aufzuteilen. Telefondienstleistungen bezieht ein Unternehmer in diesem Zusammenhang nur insoweit für sein Unternehmen, als er das Telefon unternehmerisch nutzt.

2. Ein Unternehmer, der einen Gegenstand zur teils unternehmerischen und teils nichtunternehmerischen Nutzung (z. B. Pkw oder Grundstück) erwirbt, hat ein Wahlrecht. Er kann den Gegenstand insgesamt seinem Unternehmen zuordnen; er kann ihn aber auch insgesamt seinem nichtunternehmerischen Bereich zuordnen (Abschn. 15.2 Abs. 21 UStAE). Voraussetzung für die Anwendung dieses Wahlrechts ist, dass der Gegenstand zu mindestens 10 % für unternehmerische Zwecke genutzt wird (§ 15 Abs. 1 Satz 2 UStG). Verwendet allerdings der Unternehmer ein Grundstück sowohl für Zwecke seines Unternehmens als auch für Zwecke,

die außerhalb des Unternehmens liegen, oder für den privaten Bedarf seines Personals, ist die Steuer für die Lieferungen, die Einfuhr und den innergemeinschaftlichen Erwerb sowie für die sonstigen Leistungen im Zusammenhang mit diesem Grundstück vom Vorsteuerabzug ausgeschlossen, soweit sie nicht auf die Verwendung des Grundstücks für Zwecke des Unternehmens entfällt (§ 15 Abs. 1b UStG).

Umsatzsteuerbeträge, die durch den Erwerb, die Herstellung sowie die Verwendung oder Nutzung eines solchen Gegenstands anfallen (z. B. durch den Kauf oder die Miete sowie den laufenden Unterhalt eines Computers oder Kraftfahrzeugs), können grundsätzlich in vollem Umfang abgezogen werden, wenn der Gegenstand dem Unternehmen insgesamt zugeordnet wird; zum Ausgleich dafür unterliegt die Verwendung des Gegenstands für unternehmensfremde Tätigkeiten nach § 3 Abs. 9a Nr. 1 UStG der Umsatzsteuer. Eine Wertabgabe i. S. von § 3 Abs. 9a Nr. 1 UStG setzt voraus, dass der verwendete Gegenstand dem Unternehmen zugeordnet ist und die unternehmerische Nutzung des Gegenstands zum vollen oder teilweisen Vorsteuerabzug berechtigt hat. Wird ein dem Unternehmen zugeordneter Gegenstand, bei dem kein Recht zum Vorsteuerabzug bestand (z. B. ein von einer Privatperson erworbener Computer), für nichtunternehmerische Zwecke genutzt, liegt eine sonstige Leistung i. S. von § 3 Abs. 9a Nr. 1 UStG nicht vor (Abschn. 3.4 Abs. 2 UStAE).

Wegen weiterer Einzelheiten vgl. ausführlich BMF v. 2. 1. 2012, BStBl 2012 I 60 sowie Rondorf, in NWB 11/2012, S. 891.

4.1.3 Abgrenzung Anschaffungskosten, Herstellungskosten, Erhaltungsaufwand

Siehe hierzu ausführlich BMF v. 18. 7. 2003, BStBl 2003 I 386.

Nachträgliche Anschaffungskosten i. S. von § 255 Abs. 1 Satz 2 HGB setzen einen wirtschaftlichen Zusammenhang mit der Anschaffung voraus. Dazu gehören z. B. nachträgliche Preiskorrekturen nach oben aufgrund eines gerichtlichen Urteils, Vergleichs oder einer Vereinbarung im Kaufvertrag, derzufolge der endgültige Kaufpreis von späteren Ereignissen oder Erkenntnissen abhängig gemacht wird. Die Kosten der erstmaligen **Erschließung** eines Grundstücks rechnet die Rechtsprechung zu den nachträglichen Anschaffungskosten eines Grundstücks (BFH v. 6. 7. 1989 IV R 27/87, BStBl 1990 II 126), die der Zweiterschließung nur ausnahmsweise (BFH v. 12. 1. 1995 IV R 3/93, BStBl 1995 II 632, v. 7. 11. 1995 IX R 54/94, BStBl 1996 II 190). Nachträglich auftauchende Neben- oder Zusatzkosten sind den Anschaffungskosten zuzuschlagen, wenn sie eine Folge der Anschaffung sind. Inwieweit nach der Anschaffung stattfindende **Ergänzungsbeschaffungen** (z. B. nachträglicher Einbau eines Autoradios oder eines Zählwerks) zu den nachträglichen Anschaffungskosten gehören, ist fraglich. Hierbei handelt es sich m. E. eher um nachträgliche Herstellungskosten i. S. von § 255 Abs. 2 Satz 1 HGB, da sie mit einer substanziellen Verbesserung des Wirtschaftsgutes einhergehen und mit dem Anschaffungsvorgang selbst nichts mehr zu tun haben.

Bei Baumaßnahmen, die nach dem 31. 12. 2003 beginnen, ist von anschaffungsnahen Herstellungskosten auszugehen, wenn die Aufwendungen für Instandsetzungs- und Modernisierungsmaßnahmen, die innerhalb von drei Jahren nach der Anschaffung eines Gebäudes durchgeführt werden, ohne USt 15 % der Anschaffungskosten des Gebäudes übersteigen (§ 6 Abs. 1 Nr. 1a Satz 1 EStG). Aufwendungen im Zusammenhang mit der Anschaffung eines Gebäudes sind –

unabhängig davon, ob sie auf jährlich üblicherweise anfallenden Erhaltungsarbeiten i. S. von § 6 Abs. 1 Nr. 1 a Satz 2 EStG beruhen – nicht als Erhaltungsaufwand sofort abziehbar, wenn sie im Rahmen einheitlich zu würdigender Instandsetzungs- und Modernisierungsmaßnahmen i. S. des § 6 Abs. 1 Nr. 1a Satz 1 EStG anfallen (BFH v. 25. 8. 2009 IX R 20/08, BStBl 2010 II 125). Das gilt auch für Aufwendungen für die Beseitigung versteckter Mängel (R 6.4 Abs. 1 EStR). Ausgenommen von dieser Regelung sind Aufwendungen für Erweiterung, die einer Herstellung i. S. von § 255 Abs. 2 Satz 1 HGB gleichstehen, sowie Aufwendungen für jährlich üblicherweise anfallende Erhaltungsarbeiten (§ 6 Abs. 1 Nr. 1 Satz 2 EStG). Ob eine wesentliche Verbesserung eines Wirtschaftsguts i. S. des § 255 Abs. 2 HGB erreicht wird, richtet sich danach, ob die durch die Baumaßnahmen bewirkten Veränderungen vor dem Hintergrund der betrieblichen Zielsetzung zu einen höherwertigen (verbesserten) Nutzbarkeit des Vermögensgegenstandes führen (BFH v. 25. 9. 2007 IX R 28/07, BStBl 2008 II 218). Aufwendungen für den Umbau eines Großraumbüros in vier Einzelbüros unter Verwendung von Rigips-Ständerwerk sowie für die Anpassung der Elektroinstallation im hierdurch notwendigen Umfang sind sofort abziehbare Erhaltungsaufwendungen, da die Voraussetzungen für die Anwendung von § 255 Abs. 2 HGB nicht vorliegen (BFH v. 16. 1. 2007 IX R 39/05, BStBl 2007 II 922).

Sofern nach dem Zeitpunkt der Anschaffung bis zum Bilanzstichtag AK entstehen oder sich diese mindern, sind die Veränderungen in die Bewertung auf diesen Bilanzstichtag einzubeziehen. Ergeben sich nach dem Jahr der Anschaffung nachträgliche Änderungen, so ist der Wertansatz des Wirtschaftsguts im Wirtschaftsjahr der Änderung anzupassen.

4.1.4 Erwerb auf Rentenbasis

Beim Erwerb auf Rentenbasis gehört der versicherungsmathematische oder der nach § 12 ff. BewG ermittelte Barwert im Zeitpunkt des Erwerbs zu den Anschaffungskosten (R 6.2 EStR). Fällt die Rentenverpflichtung später weg, so berührt das nicht mehr die Anschaffungskosten für das Wirtschaftsgut; in diesem Fall ist der Barwert gewinnerhöhend aufzulösen. Spätere Änderungen der Rentenverpflichtung aufgrund einer Wertsicherungsklausel berühren nicht die auf den Zeitpunkt der Anschaffung des Wirtschaftsgutes ermittelten Anschaffungskosten. Eine Erhöhung des Barwerts wird erfolgswirksam passiviert. Technisch werden die einzelnen Rentenzahlungen als Aufwand gebucht; die durch Zeitablauf jährlich eintretende Minderung des Barwerts wird als Ertrag behandelt, wenn nicht ausnahmsweise eine Erhöhung des Barwerts eingetreten ist.

4.1.5 Tausch

In Tauschfällen ergeben sich die Anschaffungskosten aus dem gemeinen Wert des hingegebenen Wirtschaftsgutes (§ 6 Abs. 6 Satz 1 EStG). Werden Wertunterschiede der getauschten Wirtschaftsgüter durch Zuzahlung ausgeglichen, so ist die Zuzahlung nach allgemeinen Grundsätzen zu behandeln. Formel:

	Gemeiner Wert des hingegebenen Wirtschaftsgutes
+	Zuzahlung oder ./. erhaltene Barzahlung
./.	verrechenbare Vorsteuer
=	**Anschaffungskosten**

Beim Tausch von Wirtschaftsgütern treten die gleichen Folgen ein wie bei einer Veräußerung gegen Geld. Eine Gewinnauswirkung tritt deshalb auch beim Tausch ein, wenn der gemeine Wert des hingegebenen Wirtschaftsgutes (./. USt) von dessen Buchwert abweicht. Auch der Tausch von Mitunternehmeranteilen führt grundsätzlich zur Gewinnrealisierung (BFH v. 8. 7. 1992 XI R 51/89, BStBl 1992 II 946). Von dem Grundsatz der sofortigen Versteuerung wird ausnahmsweise abgesehen:

► Beim Ausscheiden von Wirtschaftsgütern infolge höherer Gewalt (R 6.6 EStR);

► bei Anwendung von § 6b EStG;

► beim Tausch von Grundstücken im Rahmen von Flurbereinigungsmaßnahmen (H 6b.1 „Umlegungs- und Flurbereinigungsverfahren" EStH).

4.1.6 Fiktive Anschaffungskosten

Wird ein einzelnes Wirtschaftsgut aus betrieblicher Veranlassung aus dem Betriebsvermögen eines Steuerpflichtigen in das Betriebsvermögen eines anderen Steuerpflichtigen unentgeltlich übertragen, gilt sein gemeiner Wert als Anschaffungskosten für das aufnehmende Betriebsvermögen (§ 6 Abs. 4 EStG). Gemeiner Wert (§ 9 BewG) ist der Verkehrswert einschl. USt. Für den abgebenden Betrieb liegt in der Regel eine abzugsfähige Betriebsausgabe vor. Es handelt sich nicht um Fälle des § 4 Abs. 5 Nr. 1 EStG, da der Gegenstand „für den Betrieb des Empfängers" bestimmt ist (R 4.10 Abs. 2 letzter Satz EStR).

Liegt **keine betriebliche Veranlassung** vor, ergibt sich für den schenkenden Betrieb eine Entnahme und für den beschenkten Betrieb eine Einlage. Solche Fälle ergeben sich im Allgemeinen nur bei Schenkungen zwischen Familienbetrieben.

4.1.7 Anschaffungskosten bei Anteilen an Kapitalgesellschaften

a) Setzt eine Kapitalgesellschaft ihr Nennkapital zum Zweck der Kapitalrückzahlung herab (§ 222 AktG, § 58 GmbHG), so mindern die Rückzahlungsbeträge nachträglich die Anschaffungskosten der Anteile. Die Bezüge sind insoweit vom Buchwert der Anteile abzusetzen; der Teilwert der Anteile ist dabei ohne Bedeutung. Soweit derartige Bezüge den Buchwert übersteigen, handelt es sich um gewinnerhöhende Betriebseinnahmen (BMF v. 9. 1. 1987, BStBl 1987 I 171).

b) Erhöht eine Kapitalgesellschaft ihr Nennkapital durch Umwandlung von Rücklagen in Nennkapital und erhalten die Anteilseigner aus diesem Anlass unentgeltlich neue Anteilsrechte, so unterliegen diese neuen Anteilsrechte bei den Anteilseignern nicht der ESt (§ 1 KapErhStG). Als Anschaffungskosten der vor der Erhöhung des Nennkapitals erworbenen Anteilsrechte und der auf sie entfallenden neuen Anteilsrechte gelten die Beträge, die sich für die einzelnen Anteilsrechte ergeben, wenn die Anschaffungskosten der vor der Erhöhung des Nennkapitals erworbenen Anteilsrechte auf diese und auf die auf sie entfallenden neuen Anteilsrechte nach dem Verhältnis der Nennbeträge verteilt werden (§ 3 KapErhStG, R 17 Abs. 5 EStR).

c) Die beim Erwerb eines GmbH-Anteils während des laufenden Geschäftsjahres der GmbH geleistete Zuzahlung für den bis dahin bei der GmbH entstandenen Gewinn entfällt nicht auf ein neben dem Anteil bestehendes Wirtschaftsgut „Gewinnbezugsrecht", sondern gehört zu den Anschaffungskosten für den GmbH-Anteil (BFH v. 21.5.1986 I R 190/81, BStBl 1986 II 815).

d) Der Erlös aus der Veräußerung von Bezugsrechten gehört zu den steuerpflichtigen Betriebseinnahmen. Durch die Ausgabe neuer Aktien aus Anlass einer Kapitalerhöhung erleiden die Altaktien allerdings eine Wertminderung; hierfür ist vom Buchwert der Altaktien ein sog. Bezugsrechtsabschlag vorzunehmen. Dieser Abschlag ist nach der Gesamtwertmethode zu ermitteln. Dabei wird das Verhältnis des Börsenkurses des Bezugsrechts zum Börsenkurs der alten Aktie auf das Verhältnis der Buchwerte übertragen. Der zu ermittelnde Buchwertanteil des Bezugsrechts verhält sich zu dem bisherigen Buchwert der Altaktie wie der Börsenkurs des Bezugsrechts zum Börsenkurs der Altaktie unmittelbar vor der Kapitalerhöhung (BFH v. 6.12.1968 IV R 174/67, BStBl 1969 II 105, v. 21.1.1999 IV R 27/97, BStBl 1999 II 638). Der Abschlag kann nach folgender Formel ermittelt werden:

$$\frac{\text{Buchwert der alten Aktien} \times \text{Kurswert des Bezugsrechts}}{\text{Kurswert der alten Aktien vor Kapitalerhöhung}}$$

Der Bezugsrechtserlös stellt also, soweit er auf den Buchwert entfällt, wirtschaftlich eine nachträgliche Minderung der Anschaffungskosten dar.

4.1.8 Zuschüsse

Erhält ein Steuerpflichtiger anlässlich der Anschaffung oder Herstellung eines Wirtschaftsgutes einen Zuschuss (Kapitalzuschuss), so hat er grundsätzlich ein Wahlrecht. Er kann den Zuschuss von den AK/HK des bezuschussten Wirtschaftsgutes absetzen (sog. erfolgsneutrale Behandlung) oder den Zuschuss als Betriebseinnahme behandeln (R 6.5 Abs. 2 EStR). Voraussetzung ist, dass in der Handelsbilanz entsprechend verfahren wird (R 6.5 Abs. 2 Satz 4 EStR).

Nicht unter die Regelung von R 6.5 EStR fallen Ertragszuschüsse. Sie werden gegeben, um die Ertragskraft des bezuschussten Unternehmens zu verbessern. In Betracht kommen Gasölbeihilfen in der Landwirtschaft, Schlachtprämien, Zuschüsse wegen Sturm- und Ernteschäden. Ertragszuschüsse stellen Betriebseinnahmen dar.

Ebenfalls nicht unter die Regelung von R 6.5 EStR fallen Investitionszulagen nach dem InvZulG. Sie mindern nicht die AK/HK (H 6.5 „Investitionszulagen sind keine Zuschüsse" EStH) und sind im Übrigen ertragsteuerlich steuerfrei (§ 12 InvZulG 2007, BStBl 2006 I 427).

Von den Ertrags- und Kapitalzuschüssen sind die unechten Zuschüsse zu unterscheiden. Ein unechter Zuschuss liegt vor, wenn die Leistung des Zuschussgebers mit einer Gegenleistung des Zuschussempfängers korrespondiert. Unechte Zuschüsse sind Erträge. Ist ein unechter Zuschuss Gegenleistung für eine auf bestimmte Zeit begrenzte Leistung des Empfängers, ist von diesem ein passiver Rechnungsabgrenzungsposten zu bilden (z.B. Mieterzuschuss als Vorauszahlung, die mit der Miete verrechnet wird).

Enthält ein Kapitalzuschuss auch Elemente eines unechten Zuschusses (weil der Zuschussempfänger gleichzeitig eine Gegenleistung bewirkt), so geht dadurch das Wahlrecht nach R 6.5 Abs. 2 EStR nicht verloren (z. B. verlorene Zuschüsse von Mineralölgesellschaften an Tankstelleninhaber, H 6.5 „Verlorene Zuschüsse" EStH).

HINWEIS

Bei privaten Mieterzuschüssen ist R 21.5 Abs. 3 EStR zu beachten: Der Vermieter muss von stpfl. Einnahmen ausgehen; er darf die Herstellungskosten nicht kürzen. Die Versteuerung des Mieterzuschusses kann auf die Jahre verteilt werden, für die der Zuschuss geleistet wurde (§ 11 Abs. 1 Satz 3 EStG, R 21.5 Abs. 3 Satz 2 EStR).

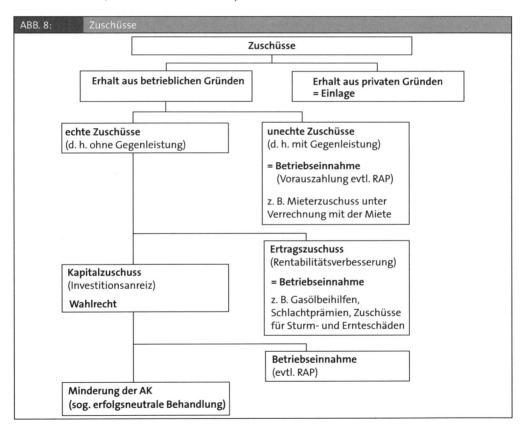

ABB. 8:   Zuschüsse

4.1.9 Retrograde Berechnung der Anschaffungskosten

Bei Waren können die Anschaffungskosten nach dem Verkaufswertverfahren durch retrograde Berechnung ermittelt werden: Verkaufspreis ./. Bruttohandelsspanne (H 6.2 „Waren" EStH).

4.1.10 Mietkauf

Macht der Mieter in Mietkauffällen von seinem Kaufrecht Gebrauch, sind die Anschaffungskosten wie folgt zu ermitteln:

	Restzahlung
+	Geleistete Mietzahlungen
./.	Zeitanteilige AfA während der Mietzeit
=	**Anschaffungskosten**

4.1.11 Ermittlung der Anschaffungskosten in sonstigen Fällen

4.1.11.1 Durchschnittsbewertung

Sie wird angewendet bei schwankenden Einkaufspreisen zur Ermittlung der Anschaffungskosten (R 6.8 Abs. 3 EStR). Dabei erfolgt die Bewertung nach dem gewogenen Mittel der Einkaufspreise der im Laufe des Wirtschaftsjahres erworbenen und zu Beginn des Wirtschaftsjahres vorhandenen Wirtschaftsgüter.

4.1.11.2 Andere anerkannte Verfahren bei schwankenden Einkaufspreisen

Für den Wertansatz gleichartiger Vermögensgegenstände des Vorratsvermögens können bestimmte Verbrauchsfolgeverfahren unterstellt werden (§ 256 HGB). Handelsrechtlich zulässig sind folgende Methoden: Lifo (last in, first out), Fifo (first in, first out).

Steuerrechtlich anerkannt ist nur das Lifo-Verfahren (§ 6 Abs. 1 Nr. 2a EStG). Diese Bewertungsmethode unterstellt, dass die zuletzt angeschafften oder hergestellten Wirtschaftsgüter zuerst wieder veräußert oder verbraucht werden. Voraussetzung ist, dass

► es sich um gleichartige Wirtschaftsgüter handelt,

► die handelsrechtlichen GoB nicht verletzt werden (BFH v. 20. 6. 2000 VIII R 32/98, BStBl 2001 II 636),

► die Verbrauchs- oder Veräußerungsfolge nicht völlig unvereinbar mit dem betrieblichen Geschehensablauf ist (R 6.9 Abs. 2 EStR).

Ein Wechsel zu einem anderen Bewertungsverfahren ist nur mit Zustimmung des Finanzamts möglich (vgl. R 6.9 Abs. 5 EStR).

4.1.11.3 Verbindlichkeiten

Als Anschaffungskosten einer Verbindlichkeit (§ 6 Abs. 1 Nr. 3 EStG) gilt der Nennwert (Rückzahlungsbetrag) der Verbindlichkeit (H 6.10 „Anschaffungskosten" EStH). Bei Schulden in ausländischer Währung ist der Briefkurs im Zeitpunkt der Schuldaufnahme zugrunde zu legen (bei Währungsforderungen der Geldkurs); erst bei der weiteren Bewertung ist vom Devisenkassamittelkurs auszugehen (§ 256a HGB).

Ist der Auszahlungsbetrag niedriger als der Rückzahlungsbetrag, ist die Differenz (Damnum, Disagio) handelsrechtlich wahlweise (§ 250 Abs. 3 HGB), steuerrechtlich zwingend zu aktivieren und auf die Laufzeit zu verteilen (H 6.10 „Damnum" EStH). Bei Fälligkeitsdarlehen erfolgt dies linear, bei Tilgungsdarlehen degressiv entsprechend der Zinsstaffelmethode.

Bei der degressiven Auflösung kann technisch wie folgt vorgegangen werden: Man ermittelt zunächst die Summe der Zahlenreihe aller Raten und berücksichtigt sodann als Aufwand einen entsprechenden Bruchteil.

BEISPIEL ▶ Ein Darlehen ist in sechs gleichen Jahresraten zu tilgen. Die Summe der Zahlenreihe aller Raten beträgt hierbei 21 (1 + 2 + 3 + 4 + 5 + 6). Im ersten Jahr ist das Damnum mit $^6/_{21}$, im zweiten Jahr mit $^5/_{21}$ usw. erfolgswirksam aufzulösen.

Bei Rentenverpflichtungen ist stets der Barwert zugrunde zu legen (H 6.10 „Rentenverpflichtungen" EStH). Änderungen infolge des Inkrafttretens von Wertsicherungsklauseln sind Aufwand bzw. Ertrag; sie berühren nicht die AK der auf Rentenbasis erworbenen Wirtschaftsgüter. Der Wegfall einer betrieblichen Rentenverpflichtung ist erfolgswirksam zu erfassen (BFH v. 26. 6. 1996 XI R 41/95, BStBl 1996 II 601).

Bei unverzinslichen Verbindlichkeiten mit einer Laufzeit von **mindestens zwölf Monaten,** die nicht auf einer Anzahlung oder Vorausleistung beruhen, besteht ein Abzinsungsgebot mit einem Zinssatz von 5,5 % (§ 6 Abs. 1 Nr. 3 EStG). Ein entsprechendes Abzinsungsgebot gilt auch für unverzinsliche Rückstellungen für Geld- und Sachleistungsverpflichtungen. Die Regelung betrifft nur unverzinsliche, nicht hingegen verzinsliche Verbindlichkeiten und Rückstellungen, auch wenn der Zinsfuß deutlich unter 5,5 % liegen sollte. Das Abzinsungsgebot greift m. E. auch nicht, wenn die Unverzinslichkeit durch andere wirtschaftliche Leistungen kompensiert wird (z. B. durch eine Abnahmeverpflichtung oder ein Konkurrenzverbot).

Auch unverzinsliche Gesellschafterdarlehen sind abzuzinsen, selbst wenn sie kapitalersetzenden Charakter haben. Sind die Darlehen von unbestimmter Dauer, ist die Laufzeit entsprechend § 13 Abs. 2 BewG zu bestimmen (BFH v. 25. 8. 2010 I R 102/09, BStBl 2011 II 169).

Da der Gesetzgeber einen Zinssatz von 5,5 % vorschreibt, kann auch auf die Tabellen des BewG zurückgegriffen werden (siehe hierzu die Tabellen zu § 12 Abs. 1 und 3 BewG). Weitere Einzelheiten ergeben sich aus dem BMF-Schreiben v. 26. 5. 2005 und den dazu gehörenden Tabellen (BStBl 2005 I 699).

Die Bewertung unverzinslicher Tilgungsdarlehen ist im BMF-Schreiben v. 26. 5. 2005, a. a. O., missglückt. Denn deren Laufzeit soll sich aus der Fälligkeit der letzten Rate ergeben (Rz. 9 sowie Beispiele 3 und 4). Diese Vorgehensweise verkennt, dass die Vervielfältiger der Tabelle 3 (= Anl. 9a BewG) des BMF-Schreibens v. 26. 5. 2005, a. a. O., nicht nur eine zeitliche Komponente beinhalten, sondern auch einen Ratenanteil. In den vorgenannten Beispielen 3 und 4 wird bei einem Bewertungsstichtag am 31. 12. 01 aus 20 jeweils am 1. eines Monats fälligen Raten, deren letzte Rate am 1. 7. 02 fällig wird, eine Laufzeit von einem Jahr, sieben Monaten und einem Tag. Wird mit dieser Laufzeit interpoliert, wird die letzte Rate vom 1. 8. 02 nur mit 1/30 = 16,67 € erfasst statt mit 500 €. Richtig beträgt die Laufzeit bei 20 Monatsraten ein Jahr und acht Monate (so auch gleich lautende Ländererlasse v. 10. 10. 2010, BStBl 2010 I 810, Tz. 2.1.2). Gegenüberstellung:

	BMF v. 26. 5. 2005, a. a. O. (m. E. falsch)	Gleich lautende Ländererlasse v. 10. 10. 2010, a. a. O. (m. E. zutreffend)
Vervielfältiger für 1 Jahr	0,974	0,974
Vervielfältiger für 2 Jahre	1,897	1,897
Unterschied	0,923	0,923

7 Monate und 1 Tag (211/360 von 0,923)	0,541	
8/12 von 0,923		0,615
Vervielfältiger für 1 Jahr	+ 0,974	+ 0,974
Anzuwendender Vervielfältiger	1,515	1,589
x Jahreswert von 6 000 € = Gegenwartswert	9 090	9 534

Das nachfolgende Beispiel lässt die Unterschiede noch deutlicher zu Tage treten: Bewertungs-stichtag 31. 12. 01, Kapitalforderung 20 000 €, zu tilgen in zwei Raten jeweils am 31. 1. 01 und 31. 01. 02.

Nach BMF v. 26. 5. 2005, a. a. O., beträgt die Laufzeit ein Jahr und einen Monat (Vervielfältiger 1,051), nach gleich lautenden Ländererlassen v. 10. 10. 2010 (20 000/10 000) zwei Jahre (Verviel-fältiger 1,897). Gegenüberstellung:

Unterschied (wie oben)	0,923	
1/12	0,077	
Vervielfältiger für 1 Jahr	+ 0,974	
Anzuwendender Vervielfältiger	1,051	1,897
x Jahreswert von 10 000 €	10 051	18 987

4. 1. 11.4 Dingliche Lasten

Wird ein Grundstück gegen eine Barzahlung angeschafft, die nicht den Verkehrswert deckt, weil sich der Verkäufer das Wohn- oder Nießbrauchsrecht an einer Wohnung vorbehalten hat, so er-geben sich Anschaffungskosten nur in Höhe der Barzahlung. Das vorbehaltene Wohn- oder Nießbrauchsrecht stellt begrifflich keine Anschaffungskosten dar, weil es vom Käufer nicht „auf-gewendet" wird i. S. von § 255 Abs. 1 HGB. Demzufolge kann das Wohnrecht beim Käufer auch nicht passiviert werden (BFH v. 17. 11. 2004 I R 96/02, BStBl 2008 II 296).

4. 1. 11.5 Handelsrechtliche Bewertung von Verbindlichkeiten

Nach § 253 Abs. 1 Satz 2 HGB sind Verbindlichkeiten mit dem Erfüllungsbetrag zu bewerten. Das ist bei Geldleistungsverpflichtungen der Rückzahlungsbetrag (= Nennwert) und bei Sach-leistungs- oder Sachwertverpflichtungen der im Erfüllungszeitpunkt voraussichtlich aufzuwen-dende Geldbetrag. Für letztere gilt das Stichtagsprinzip nicht, da künftige Preis- und Kostenstei-gerungen antizipiert werden; außerdem sind sie nach Maßgabe des § 253 Abs. 2 HGB abzuzin-sen. Die Regelungen sind mit § 6 Abs. 1 Nr. 3 und 3a EStG nicht kompatibel: Steuerlich sind län-ger laufende unverzinsliche Geldleistungsverpflichtungen abzuzinsen; der Abzinsungssatz be-trägt generell 5,5 %; das Stichtagsprinzip darf nicht verletzt werden. Übereinstimmung besteht damit nur bei kurz laufenden verzinslichen und unverzinslichen Geldschulden.

Erwerbsnebenkosten, Naturalrabatt

Sachverhalt

Der Steuerpflichtige ist Buchhändler. Im Warenbestand vom 31.12.01 sind 4 Bildbände enthalten, die mit insgesamt 204 € bewertet wurden. Der Steuerpflichtige hatte am 3.12.01 10 dieser Bildbände bestellt und am 10.12.01 folgende Rechnung erhalten:

10 Bildbände à 100 €	*1 000,00 €*
50 % Rabatt	*./. 500,00 €*
Reiner Warenwert	*500,00 €*
Porto und Verpackung	*+ 10,00 €*
	510,00 €
USt (7 %)	*+ 35,70 €*
	545,70 €

Außerdem fügen wir vereinbarungsgemäß bei Bestellungen ab 10 Bänden zusätzlich 2 Freiexemplare bei.

Bis zum 31.12.01 wurden 8 Bildbände verkauft.

Frage

Sind die am Bilanzstichtag vorhandenen Bildbände zutreffend bewertet?

Die am 31.12.01 noch vorhandenen 4 Bildbände sind mit den Anschaffungskosten zu bewerten (§ 6 Abs. 1 Nr. 2 EStG). Unter Anschaffungskosten versteht man alle Aufwendungen, die notwendig sind, um die wirtschaftliche Verfügungsmacht über ein Wirtschaftsgut zu erlangen (§ 255 Abs. 1 HGB).

Zu den Anschaffungskosten gehören folglich auch die Erwerbsnebenkosten (z. B. Porto und Verpackung). Die Anschaffungskosten für 12 Bildbände haben 510 € betragen, sodass pro Bildband 42,50 € angefallen sind. Die vorhandenen 4 Bildbände sind mit 170 € zu bewerten. Hierdurch tritt eine Minderung des Warenbestandswertes zum 31.12.01 um 34 € sowie eine entsprechende Gewinnminderung für 01 ein.

Tausch

Sachverhalt

Ein Fuhrunternehmer erwirbt am 1.3.01 einen neuen Lkw für 180 000 € zzgl. 34 200 € USt. Der Lkw-Lieferant ist an einem Grundstück für seinen Betrieb interessiert, das zum Betriebsvermögen des Fuhrunternehmers gehört (Buchwert 120 000 €, Verkehrswert 237 400 €). Man verständigt sich deshalb dahingehend, dass der Fuhrunternehmer das Grundstück umsatzsteuerfrei

(§ 4 Nr. 9a UStG) an den Lkw-Lieferanten übereignet. Wegen des Wertunterschiedes leistet der Lkw-Lieferant eine zusätzliche Geldzahlung in Höhe von (237 400 € ./. 214 200 € =) 23 200 €.

Frage

Bilanzsteuerrechtliche Auswirkungen für Fuhrunternehmer und Lkw-Lieferant?

LITERATURHINWEIS

Blödtner/Bilke/Heining, Lehrbuch Buchführung und Bilanzsteuerrecht, 10. Aufl., Teil A Kapitel 12.9.

LÖSUNG

Fuhrunternehmer

Zunächst sind für diesen die Anschaffungkosten für den Lkw zu ermitteln. Rechtsgrundlage ist § 255 Abs. 1 HGB. Beim **Tausch** von Wirtschaftsgütern bemessen sich die AK nach dem gemeinen Wert der **hingegebenen (geopferten) Wirtschaftsgüter** (§ 6 Abs. 6 EStG). Geldzahlungen sind dabei ebenso zu berücksichtigen wie abziehbare Vorsteuerbeträge. Im Einzelnen ist wie folgt zu rechnen:

Verkehrswert Grundstück	237 400 €
Erhaltene Zahlung	./. 23 200 €
Verbleiben	214 200 €
Abziehbare Vorsteuer	./. 34 200 €
Anschaffungskosten Lkw	180 000 €

Buchungen:

Fuhrpark (Lkw)	180 000 € an	Grundstück	120 000 €
und Kasse/Bank	23 200 €	s. b. Erträge	117 400 €
und Vorsteuer	34 200 €		

Lkw-Lieferant

Für diesen sind die AK für das Grundstück entsprechend den vorstehenden Ausführungen zu ermitteln:

Gemeiner Wert Lkw	214 200 €
Geleistete Zahlung	+ 23 200 €
Summe	237 400 €
Verrechenbare Vorsteuer	0 €
Anschaffungskosten Grundstück	237 400 €

Buchungen:

Grundstück	237 400 € an	Warenverkauf	180 000 €
		Kasse/Bank	23 200 €
		USt	34 200 €

Zusätzlich sind noch die Nebenkosten (GrESt, Gerichts- und Notarkosten) zu berücksichtigen, soweit der Käufer sie trägt. Sie gehören ebenfalls zu den AK (§ 255 Abs. 1 HGB).

FALL 78

Grundstückserwerb, Rentenverpflichtung

Sachverhalt

Kaufmann A hat mit Wirkung vom 1.10.01 für seinen Betrieb ein bebautes Grundstück erworben. Er schuldet dem Verkäufer eine lebenslängliche Rente von monatlich 4 000 €. Der Verkäufer (ein Privatmann) ist 59 Jahre alt. Vom Kaufpreis entfallen 20 % auf den Grund und Boden, 5 % auf die Außenanlagen und 75 % auf das Gebäude. Die Nebenkosten (GrESt, Gerichts- und Notarkosten) betragen 22 000 € zzgl. 320 € USt und sind vom Käufer zu tragen.

Frage

Wie hoch sind die AK für das Grundstück?

LÖSUNG

Beim Erwerb auf Rentenbasis ergeben sich die Anschaffungskosten (§ 255 Abs. 1 HGB) aus dem Rentenbarwert zum Zeitpunkt des Eigentumsübergangs. Der Rentenbarwert kann nach § 14 BewG oder nach versicherungsmathematischen Grundsätzen ermittelt werden (R 6.2 EStR). Der Verkäufer ist lt. Sachverhalt 59 Jahre alt. Gemäß § 14 BewG i.V. mit BMF v. 8.11.2010 (BStBl 2010 I 1288) ergibt sich ein Barwert von (12,88 × 48 000 € =) 618 240 €. Hinzu kommen die Nebenkosten von netto 22 000 €. Die Anschaffungskosten betragen somit insgesamt 640 240 €. Sie sind wie folgt zu verteilen:

Grund und Boden (20 %)	128 048 €
Gebäude (75 %)	480 180 €
Außenanlagen (5 %)	32 012 €

FALL 79

Inanspruchnahme von Skonti im Folgejahr

Sachverhalt

Der Steuerpflichtige betreibt einen Möbelfachhandel. Er hat Ende Dezember 01 3 Wohnzimmerschränke erworben. Die Rechnung des Herstellers vom 27.12.01 lautet:

3 Schränke à 3 000 €	*9 000 €*
USt 19 %	*1 710 €*
	10 710 €

Bei Zahlung innerhalb von 14 Tagen gewähren wir 3 % Skonti.

Am 5.1.02 beglich der Steuerpflichtige die Rechnung wie folgt:

Kaufpreisschuld	10 710,00 €
3 % Skonti	./. 321,30 €
Zahlung	10 388,70 €

Die Schränke wurden erst in 03 verkauft.

Frage

Wie sind die Schränke steuerlich zum 31. 12. 01 und 31. 12. 02 zu bewerten?

LÖSUNG

Die Schränke sind mit den Anschaffungskosten zu bewerten (§ 255 Abs. 1 HGB). Die Anschaffungskosten umfassen die tatsächlichen Ausgaben, die getätigt werden, um ein Wirtschaftsgut zu erlangen. Folglich sind Skonti vom Anschaffungspreis abzusetzen (§ 255 Abs. 1 Satz 3 HGB). Das gilt jedoch nur, wenn die erhaltene Ware unter Inanspruchnahme von Skonti bezahlt ist. Solange die Ware nicht bezahlt ist, liegt eine Minderung der Anschaffungskosten nicht vor (H 6.2 „Skonto" EStH).

Die Schränke sind folglich zum 31. 12. 01 mit 9 000 € zu bewerten. Zum 31. 12. 02 sind sie mit 8 730 € anzusetzen:

Netto-Kaufpreis	9 000 €
3 % Skonti	./. 270 €
Anschaffungskosten 31. 12. 02	8 730 €

FALL 80

Nicht abziehbare Vorsteuer

Sachverhalt

Kaufmann K erwarb in 01 gegen Banküberweisung folgende Wirtschaftsgüter für seinen Betrieb bzw. für sein Unternehmen:

1. Einen Pkw, der zu 60 % privat genutzt wird, für 50 000 € zzgl. 9 500 € USt.

2. Ein Geschäftshaus für 6 Mio. € zzgl. 1 140 000 € USt. 50 % der Gebäudenutzfläche werden an einen Lebensmittel-Supermarkt umsatzsteuerpflichtig vermietet (monatliche Mieteinnahmen 10 400 €). Die restlichen 50 % sind zu privaten Wohnzwecken vermietet (monatliche Mieteinnahmen 2 600 €). Nach dem Rauminhalt gemessen entfallen allerdings 3 000 cbm auf den gewerblich genutzten Teil, 2 000 cbm auf den Wohnteil und 500 cbm auf gemeinschaftlich genutzte Bestandteile (Treppenhaus, Keller, Heizungsraum, nicht ausgebautes Dachgeschoss, Außenanlagen). K wünscht einen möglichst hohen Vorsteuerabzug.

Frage

In welchem Umfang ergeben sich verrechenbare Vorsteuern, und wie hoch sind die AK für die vorgenannten WG?

LÖSUNG

Für die umsatzsteuerliche Behandlung von Gegenständen (hier: Pkw), die zu 10 % oder mehr unternehmerisch genutzt werden, bestimmt § 15 Abs. 1 UStG, dass die Vorsteuer in voller Höhe,

d. h. zu 100 % abziehbar und damit erstattungsfähig ist. Insofern ergeben sich keine Anschaffungskosten für den Pkw (§ 9b Abs. 1 EStG). Die Anschaffungskosten für den Pkw betragen somit 50 000 €.

Buchungssatz:

Fuhrpark	50 000 € an	Bank	59 500 €
VoSt	9 500 €		

Die private Mitbenutzung stellt eine steuerbare und steuerpflichtige unentgeltliche Wertabgabe i. S. von § 3 Abs. 9a Nr. 1 UStG dar.

Für das Geschäftshaus gilt umsatzsteuerlich Folgendes: Erwirbt ein Unternehmer ein Gebäude mit Wohn- und Gewerbefläche, ist die Vorsteuer, die auf den steuerfrei vermieteten Teil (Wohnräume) und jene Vorsteuer, die auf den steuerpflichtig vermieteten Teil (Supermarkt) entfällt, durch den Unternehmer im Wege einer sachgerechten Schätzung zu ermitteln (§ 15 Abs. 4 Satz 2 UStG). Die Aufteilung unter Zugrundelegung der Rauminhalte ist dabei eine zulässige Schätzungsmethode (hier also im Verhältnis 3000 cbm zu 2000 cbm) und führt im vorliegenden Fall zu einer höheren abziehbaren Vorsteuer als bei Zugrundelegung der Nutzflächen (Abschn. 15.2 Abs. 21 i.V. mit Abschn. 15.17 Abs. 7 Satz 6 UStAE). Dieser Schlüssel gilt dann auch für die gemeinschaftlich genutzten Teile (BMF v. 30. 9. 2008, BStBl 2008 I 896). Im vorliegenden Fall ergeben sich sodann folgende verrechenbare bzw. nicht verrechenbare Vorsteuerbeträge:

	Gewerbeteil	Wohnteil
60 % (3 000 cbm) bzw. 40 % (2000 cbm)	684 000 €	456 000 €
Verrechenbare Vorsteuer	684 000 €	
Nicht verrrechenbare Vorsteuer		456 000 €

Die nicht abziehbare Vorsteuer (456 000 €) gehört zu den Anschaffungskosten für das Grundstück.

Buchungssatz:

Grundstück	6 456 000 € an	Bank	7 140 000 €
VoSt	684 000 €		

FALL 81

Bestandsbewertung bei schwankenden Einkaufspreisen

Sachverhalt

Kohlenhändler A hat am 31. 12. 01 500 Ztr. Koks auf seinem Lager, der in 01 wie folgt eingekauft wurde:

28. 03. 01	300 Ztr. à 20,00 €
02. 07. 01	200 Ztr. à 24,00 €
20. 09. 01	150 Ztr. à 22,50 €
03. 11. 01	300 Ztr. à 20,80 €

Am 31. 12. 00 war ein Bestand von 400 Ztr. vorhanden, der mit 21,00 € pro Ztr. bewertet wurde. Der Steuerpflichtige hat den Bestand vom 31. 12. 01 auf der Grundlage des Fifo-Verfahrens wie folgt bewertet:

300 Ztr. à 20,80 € (Preis vom 3. 11. 01) =	6 240,00 €
150 Ztr. à 22,50 € (Preis vom 20. 09. 01) =	3 375,00 €
50 Ztr. à 24,00 € (Preis vom 2. 07. 01) =	1 200,00 €
	10 815,00 €

Am 31. 12. 01 betrugen die Wiederbeschaffungskosten (= Teilwert) für 1 Ztr. Koks 21,70 €

Frage

Ist diese Bewertung steuerrechtlich zulässig? Welche Werte ergeben sich, wenn

a) der Steuerpflichtige beantragt, zu unterstellen, dass die zuletzt gekauften Waren zuerst verbraucht werden (last in – first out; Lifo-Verfahren),

b) der Steuerpflichtige eine Durchschnittsbewertung wünscht?

Enthält das Vorratsvermögen am Bilanzstichtag Wirtschaftsgüter, die im Verkehr nach Maß, Zahl oder Gewicht bestimmt werden (vertretbare Wirtschaftsgüter) und bei denen die Anschaffungskosten wegen Schwankungen der Einstandspreise im Laufe des Wirtschaftsjahres im Einzelnen nicht mehr einwandfrei feststellbar sind, so ist der Wert dieser Wirtschaftsgüter im Schätzungswege zu ermitteln (R 6.8 Abs. 3 EStR). Dabei gilt allenfalls der Grundsatz, dass die zuletzt beschafften Wirtschaftsgüter zuerst verbraucht worden sind („last in – first out"), nicht der Grundsatz, dass die zuerst beschafften Wirtschaftsgüter zuerst verbraucht worden sind („first in – first out"). Die vom Steuerpflichtigen vorgenommene Bewertung auf der Grundlage des Fifo-Verfahrens ist demnach nicht zulässig.

a) Allerdings kann das Lifo-Verfahren angewandt werden (§ 6 Abs. 1 Nr. 2a EStG). Es ergibt sich dann folgender Wert für 500 Ztr.:

400 Ztr. à 21,00 € (Preis vom 31. 12. 00)	8 400 €
100 Ztr. à 20,00 € (Preis vom 28. 03. 01)	2 000 €
	10 400 €

b) Ferner ist die Durchschnittsbewertung (Bewertung nach dem gewogenen Mittel der im Laufe des Wirtschaftsjahres erworbenen und gegebenenfalls zu Beginn des Wirtschaftsjahres vorhandenen Wirtschaftsgüter) ein zweckentsprechendes Schätzungsverfahren (R 6.8 Abs. 3 EStR).

400 Ztr. à 21,00 € =	8 400,00 €
300 Ztr. à 20,00 € =	6 000,00 €
200 Ztr. à 24,00 € =	4 800,00 €
150 Ztr. à 22,50 € =	3 375,00 €
300 Ztr. à 20,80 € =	6 240,00 €
1 350 Ztr.	28 815,00 €
28 815/1 350 =	21,34 €
500 Ztr. × 21,34 € =	10 670,00 €

Bezugsrechtsabschlag

Sachverhalt

Kaufmann A rechnet seit 5 Jahren zu seinem Betriebsvermögen 100 Aktien der Westfalia AG, Buchwert 31. 12. 00 30 000 €. Nennwert 50 €/St. Anlässlich einer Erhöhung ihres Nennkapitals zum 1. 7. 01 bot die Westfalia AG ihren Aktionären für 8 Altaktien 1 junge Aktie zum Preis von 300 € an. Der Kurswert der Altaktien betrug am 30. 6. 01 400 €/St. Kaufmann A veräußerte seine Bezugsrechte am 30. 6. 01 für insgesamt 1 200 €. Er buchte:

Bank	1 200 € an	s. b. Erträge	1 200 €

Frage

Ist die erfolgswirksame Behandlung der Bezugsrechtserlöse zutreffend, und welche weiteren Konsequenzen ergeben sich ggf. aus der Bezugsrechtsveräußerung?

Der Erlös aus der Veräußerung der Bezugsrechte bildet eine Betriebseinnahme; die Buchung ist insoweit nicht zu beanstanden. Durch die Ausgabe neuer Aktien aus Anlass einer Kapitalerhöhung erleiden die Altaktien eine Wertminderung; hierfür ist vom Buchwert der Altaktien ein sog. Bezugsrechtsabschlag vorzunehmen.

Im vorliegenden Fall betragen:

Buchwert der alten Aktien:	30 000 €
Kurswert des Bezugsrechts:	1 200 €
Kurswert der alten Aktien vor Kapitalerhöhung:	
100 St. × 400 €	40 000 €

$$\frac{30\,000 \times 1\,200}{40\,000} = 900\,€$$

Der Bezugsrechtsabschlag beträgt folglich 900 €.

Buchung:

Abschreibungen an Wertpapiere Westfalia AG	900 €

Unechter Zuschuss

Sachverhalt

Der Steuerpflichtige hat auf eigenem Grundstück eine Tankstelle errichtet. Die Herstellungskosten haben 100 000 € betragen. Am 1. 7. 01 wurde die Tankstelle eröffnet. Am 20. 3. 01 erhielt der Steuerpflichtige von der Mineralölgesellschaft, deren Produkte er vertreibt, einen „Sonderkostenzuschuss" über 20 000 € zzgl. USt. An die Zuschussgewährung ist lediglich die Verpflichtung geknüpft, 10 Jahre lang nur Produkte dieser Gesellschaft zu vertreiben.

Frage

Wie ist der Zuschuss beim Tankstelleninhaber 01 und 02 bilanzsteuerrechtlich zu behandeln?

LITERATURHINWEIS

Blödtner/Bilke/Heining, Lehrbuch Buchführung und Bilanzsteuerrecht, 10. Aufl., Teil B Kapitel 6.9.1.

LÖSUNG

Da sich der Zuschuss als Gegenleistung für die 10-jährige Abnahmeverpflichtung des Tankstelleninhabers darstellt, handelt es sich dabei um eine Betriebseinnahme (BFH v. 16. 5. 1957 IV 82/56 U, BStBl 1957 III 342). Dieser Zuschuss ist auf die Laufzeit der Abnahmeverpflichtung durch Bildung eines passiven Rechnungsabgrenzungspostens zu verteilen:

Betriebseinnahme 01 netto	20 000 €
Zuführung pass. RAP	./. 19 000 €
Gewinn 01	./. 1 000 €
Pass. RAP 31. 12. 01	19 000 €
Gewinn 02	./. 2 000 €
Pass. RAP 31. 12. 02	17 000 €

Da der Zuschuss Entgelt für eine steuerpflichtige Leistung des Tankstelleninhabers ist, unterliegt er der USt (BFH v. 10. 9. 1957 V 131/57 U, BStBl 1957 III 381).

FALL 84

Echter Zuschuss

Sachverhalt

Ein Tiefkühlkost-Hersteller leistet an einen Lebensmittelhändler einen Zuschuss von 1 000 € zur Anschaffung einer Gefrieranlage (Anschaffung durch den Einzelhändler am 10. 12. 01; betriebsgewöhnliche Nutzungsdauer 10 Jahre). Die Anschaffungskosten der Gefrieranlage haben 10 000 € betragen. Konkrete Verpflichtungen seitens des Einzelhändlers sind mit der Annahme des Zuschusses nicht verbunden.

Fragen

Wie ist der Zuschuss vom Einzelhändler zu behandeln, wenn der Zuschuss am

a) 15. 12. 01

b) 5. 1. 02

geleistet wird und der Steuerpflichtige im Fall a) einen möglichst niedrigen steuerlichen Gewinn wünscht? AfA soll linear beansprucht werden, § 7g EStG ist nicht anzuwenden.

LÖSUNG

Werden Anlagegüter mit Zuschüssen aus öffentlichen oder privaten Mitteln angeschafft, so hat der Steuerpflichtige ein Wahlrecht (BFH v. 22. 1. 1992 X R 23/89, BStBl 1992 II 488).

Er kann die Zuschüsse als Betriebseinnahmen ansetzen; in diesem Fall werden die Anschaffungskosten des betreffenden Wirtschaftsgutes durch die Zuschüsse nicht berührt. Er kann die Zuschüsse aber auch erfolgsneutral behandeln; in diesem Fall mindert der Zuschuss die Anschaffungskosten des betreffenden Wirtschaftsgutes (R 6.5 Abs. 2 EStR).

a) Wenn der Steuerpflichtige einen möglichst niedrigen steuerlichen Gewinn anstrebt, ist der Zuschuss erfolgsneutral zu behandeln (vgl. auch R 7.3 Abs. 4 EStR)

Kaufpreis (netto)	10 000 €
Zuschuss	./. 1 000 €
Anschaffungskosten	9 000 €
AfA (§ 7 Abs. 1 EStG: 10 %, für 1 Monat)	75 €
Bilanzansatz 31. 12. 01	8 925 €

b) Werden Zuschüsse, die erfolgsneutral behandelt werden, erst nach der Anschaffung des Wirtschaftsgutes gewährt, so sind sie nachträglich von den Anschaffungskosten abzusetzen. Eine Berichtigung des Buchansatzes wegen der vorher vorgenommenen AfA ist nicht zulässig. Nach Gewährung des Zuschusses sind die AfA nach den eigenen Aufwendungen des Steuerpflichtigen zu bemessen (R 6.5 Abs. 3 i.V. mit R 7.3 Abs. 4 EStR):

Kaufpreis (netto) 10. 12. 01	10 000 €
AfA (§ 7 Abs. 1 EStG: 10 %, für 1 Monat)	./. 84 €
Bilanzansatz 31. 12. 01	9 916 €
Zuschuss 5. 1. 02	./. 1 000 €
	8 916 €

Anfang 02 beträgt die Restnutzungsdauer noch 119 Monate

AfA (§ 7 Abs. 1 EStG: 8 916 € x 12/119)	./. 899 €
Bilanzansatz 31. 12. 02	8 017 €

FALL 85

Erwerb durch Zwangsversteigerung

Sachverhalt

Kaufmann K hatte eine betriebliche Darlehensforderung in Höhe von 150 000 €, die durch eine nachrangige Grundschuld auf dem Grundstück des Schuldners gesichert war. Im Grundbuch waren vorrangige Belastungen in Höhe von 160 000 € eingetragen. Zinsrückstände bestanden nicht.

In 01 betrieb K die Zwangsversteigerung dieses Grundstücks, dessen Verkehrswert nach einem von dem Vollstreckungsgericht eingeholten Gutachten zu diesem Zeitpunkt 400 000 € (Abwandlung 290 000 €) betrug. K bot im Versteigerungstermin mit und erwarb das Grundstück mit einem Gebot von 250 000 € (einschließlich Verfahrenskosten), sodass sich für ihn eine Barzahlung von 90 000 € ergab (250 000 € abzüglich von K zu übernehmende vorrangige Belastung im Betrag von 160 000 €). Für GrESt entstanden weitere 8 750 €.

K behandelt das erworbene Grundstück als Betriebsvermögen.

Frage

Wie hoch sind die Anschaffungskosten?

LÖSUNG

Zu den Anschaffungskosten eines ersteigerten Grundstücks gehören nicht nur das Bargebot, die bestehenbleibenden Rechte, die Nebenkosten, sondern auch die nicht ausgebotenen nachrangigen Grundpfandrechte des Ersteigerers, soweit ihr Wert durch den Verkehrswert des ersteigerten Grundstücks gedeckt ist (BFH v. 11. 11. 1987 I R 7/84, BStBl 1988 II 424). Zu beachten ist in diesem Zusammenhang, dass dem betreibenden Gläubiger (hier K) im Grundbuchrang vorgehende Rechte (hier vorrangige Belastungen im Betrag von 160 000 €) nicht beeinträchtigt werden dürfen, sondern vom **Ersteigerer** zu übernehmen sind. Deshalb ergab sich für K eine Barzahlung von 90 000 €. Im vorliegenden Fall ist wie folgt zu rechnen:

Barzahlung		90 000 €
Bestehenbleibende Rechte		+ 160 000 €
		250 000 €
Wegfallendes Grundpfandrecht des K	150 000 €	
Davon ausgeboten	90 000 €	
Nicht ausgeboten	60 000 €	+ 60 000 €
Summe		310 000 €
Verkehrswert des Grundstücks		400 000 €

Im vorliegenden Fall deckt der Verkehrswert des Grundstücks die gesamte Forderung des K. Ihr nicht ausgebotener Teil (hier 60 000 €) gehört deshalb zu den Anschaffungskosten. Die Anschaffungskosten betragen somit 318 750 € (310 000 € zzgl. GrESt in Höhe von 8 750 €).

Bei einem Grundstücks-Verkehrswert von 290 000 € würden sich Anschaffungskosten in Höhe von 298 750 € ergeben (290 000 € zzgl. GrESt in Höhe von 8 750 €), denn in diesem Fall blieben vom nicht ausgebotenen Teil der Forderung 20 000 € ungedeckt. Bei dieser Sachlage könnte K eine Forderungsabschreibung in Höhe von 20 000 € geltend machen, wenn der Schuldner völlig zahlungsunfähig ist.

Unentgeltlicher, teilentgeltlicher Erwerb

Sachverhalt

Kaufmann A erhält anlässlich der Geschäftseröffnung im Januar 01 von einem Lieferanten zur Herstellung und Pflege künftiger Geschäftsbeziehungen unentgeltlich einen Laserdrucker im gemeinen Wert von 1 190 € (Teilwert 1 000 €).

Außerdem erhält A von diesem Lieferanten aus den gleichen Gründen einen Computer „zum halben Preis". Der gemeine Wert des Computers beträgt 2 380 € (Teilwert 2 000 €); A zahlt hierfür 1 000 € zzgl. 190 € USt.

Beide Gegenstände gehören bei A zum Anlagevermögen und haben eine Nutzungsdauer von 3 Jahren.

Frage

Wie hat Kaufmann A die Vorgänge bilanzsteuerrechtlich zu behandeln?

Blödtner/Bilke/Heining, Lehrbuch Buchführung und Bilanzsteuerrecht, 10. Aufl., Teil B Kapitel 6.4.

Den Laserdrucker hat A unentgeltlich aus betrieblichem Anlass erworben. Insofern gilt § 6 Abs. 4 EStG. Hiernach ergeben sich bei A Anschaffungskosten in Höhe des gemeinen Werts des Wirtschaftsguts: 1 190 €. Für das 1. Jahr ergibt sich sodann eine AfA nach § 7 Abs. 1 EStG in Höhe von ($1/_3$ von 1 190 € =) 397 €.

Buchungen bei A in 01:

Geschäftsausstattung	1 190 € an	s. b. Erträge	1 190 €
AfA	397 € an	Geschäftsausstattung	397 €

Für den Erwerb des Computers durch A gilt Folgendes: Bei einem teilentgeltlichen Erwerb einzelner Wirtschaftsgüter ist der Vorgang in einen entgeltlichen und einen unentgeltlichen Teil aufzuspalten (Aufteilungsmethode). A hat deshalb in Höhe von 1 000 € tatsächliche Anschaffungskosten (= entgeltlicher Erwerb); für den übrigen Teil gilt allerdings wiederum § 6 Abs. 4 EStG, sodass insoweit von fiktiven Anschaffungskosten von weiteren 1 190 € (= unentgeltlicher Teil) auszugehen ist. Die jährliche AfA beträgt (2 190/3 =) 730 €.

Buchungen bei A:

Geschäftsausstattung	2 190 € an	s. b. Erträge	1 190 €
VoSt	190 €	Finanzkonto	1 190 €
AfA	730 € an	Geschäftsaustattung	730 €

4.2 Herstellungskosten

Produktionsbetriebe müssen ihre fertigen und unfertigen Erzeugnisse, Handwerksbetriebe ihre unfertigen Arbeiten mit den Herstellungskosten bewerten. Außerdem spielt der Begriff „Herstellungskosten" eine Rolle bei Errichtung von Gebäuden. Der Umfang der Herstellungskosten ergibt sich für das Steuerrecht aus R 6.3 EStR, für das Handelsrecht aus § 255 Abs. 2 bis 3 HGB. Bspw. sind die Kosten für die Zulassung eines neu entwickelten Pflanzenschutzmittels nach dem Pflanzenschutzgesetz Bestandteil der Herstellungskosten für die Rezeptur des Pflanzenschutzmittels (BFH v. 8. 9. 2011 IV R 5/09, BStBl 2012 II 122). Nach § 255 Abs. 2 Satz 3 HGB ist der Kaufmann nicht verpflichtet, sondern berechtigt, angemessene Teile der Kosten der allgemeinen Verwaltung sowie angemessene Aufwendungen für soziale Einrichtungen des Betriebs, für freiwillige soziale Leistungen und für die betriebliche Altersversorgung bei der Berechnung der Herstellungskosten einzubeziehen. Bei der steuerlichen Gewinnermittlung sind nach § 6 Abs. 1 Nr. 2 Satz 1 EStG die Herstellungskosten anzusetzen, also alle Aufwendungen, die ihrer Art nach Herstellungskosten sind (BFH v. 21. 10. 1993 IV R 87/92, BStBl 1994 II 176). Dazu gehören auch die in § 255 Abs. 2 Satz 3 HGB aufgeführten Kosten (R 6.3 Abs. 1 EStR). Derzeit wird es allerdings nicht beanstandet, wenn bis zur Verifizierung des damit verbundenen Erfüllungsaufwandes, spätestens aber bis zu einer Neufassung der Einkommensteuerrichtlinien bei der Ermittlung der Herstellungskosten nach der Richtlinie R 6.3 Absatz 4 EStR 2008 verfahren wird (also wahlweise Einbeziehung der genannten Kosten in die steuerlichen Herstellungskosten; BMF v. 25. 3. 2013, BStBl 2013 I 296). Hiernach bestehen folgende Unterschiede zwischen Steuer- und Handelsrecht:

Bestandteile der HK	Steuerrecht	Handelsrecht
Materialeinzelkosten (MEK)	Pflicht	Pflicht
Materialgemeinkosten (MGK)	Pflicht	Pflicht
Fertigungseinzelkosten (FEK)	Pflicht	Pflicht
Fertigungsgemeinkosten (FGK)	Pflicht	Pflicht
Sonderkosten der Fertigung	Pflicht	Pflicht
Allgemeine Verwaltungsgemeinkosten	Pflicht*	Wahl
Vertriebskosten	Verbot	Verbot
Fremdkapitalzinsen	Verbot	Verbot
	(ausnahmsw. Wahl)	(ausnahmsw. Wahl)
Kalkulatorische Kosten (Unternehmerlohn, Eigenkapitalzinsen)	Verbot	Verbot
Forschungskosten	Verbot	Verbot
Weiterentwicklungskosten (für bestehende Herstellungsverfahren und Produkte) = FGK	Pflicht	Pflicht
Degressive AfA beim AV	Wahl	Wahl
TW-Abschreibungen beim AV	Verbot	Wahl
Lineare AfA (ohne Sonderabschreibungen und erhöhte AfA z. B. nach § 7g EStG)	Pflicht	Pflicht
Aufwand nach § 6 Abs. 2, 2a EStG	Verbot	m. E. Wahl
Freiwillige soziale Leistungen	Pflicht	Wahl
Betriebliche Altersversorgung	Pflicht	Wahl
Gewerbesteuer	Verbot	Verbot
Entwicklungskosten für bestimmte IWG	Verbot	Wahl

*suspendiert gem. BMF v. 25. 3. 2013

Wegen des Umfangs der HK bei Gebäude vgl. H 6.4 „ABC der Aufwendungen im Zusammenhang mit einem Grundstück" EStH sowie R 21.1 EStR und BMF v. 18. 7. 2003, BStBl 2003 I 386.

Bauhandwerker müssen ihre Leistungen als Werklohnforderungen bilanzieren. Solange das Werk nicht abgenommen ist, erfolgt die Bewertung mit den Herstellungskosten. Nach Abnahme des Werks durch den Auftraggeber tritt Gewinnrealisierung ein; die Werklohnforderung ist sodann mit dem Nennwert zu bewerten.

Zuschlagskalkulation

Um auch die auf die Herstellung entfallenden Gemeinkosten zu erfassen, ist es notwendig, den Betrieb in Kostenstellen aufzuteilen. Die Gemeinkosten (z. B. AfA, Energiekosten) werden über diese Kostenstellen geschleust. Es gibt folgende Kostenstellen:

▶ Materialstelle

▶ Fertigungsstelle

▶ Verwaltungsstelle

▶ Vertriebsstelle

Die Kostenstellenrechnung erfolgt mit Hilfe des Betriebsabrechnungsbogen (BAB). BAB-Muster:

Betriebsabrechnungsbogen (Auszug)

Gemeinkosten Kostenarten	Zahlen der Buchführung	Verteiler	Fertigung	Material	Verwaltung	Vertrieb
	€		€	€	€	€
Gehälter	300 000	Liste	190 000	10 000	40 000	60 000
Hilfslöhne	76 500	Liste	52 300	11 700		12 500
Soziale Aufw.	77 400	Liste	66 500	1 850	3 200	5 800
Energie	35 400	Zähler	25 900	2 000	4 000	3 500
Steuern	70 000	Steuerart	35 000	25 000	5 000	5 000
Abschreibung	51 600	Kartei	34 900	5 100	10 000	1 600
. . .						
. . .						
Summe	1 012 000		613.950	36 550	157 700	203 800

Fertigungslöhne (FEK)	570 000	
Fertigungskosten	1 183 950	
Fertigungszuschlag (in % der FEK)	107,71 %	
Fertigungsmaterial (MEK)		800 000
Materialkosten		836 550
Materialzuschlag (in % der MEK)		4,56 %
Pflicht-Herstellungskosten nach HGB (1 183 950 + 836 550) 2 020 500		2 020 500
Verwaltungs- und Vertriebskostenzuschlag (in % der vorg. HK) 7,8 %		10,08 %

▎ **BEISPIEL** ▶

Für ein Produkt haben sich ergeben:

Materialeinzelkosten	1 000 €
Fertigungseinzelkosten	5 000 €

Wie hoch sind die Herstellungskosten und die Selbstkosten (Teilwert)?

LÖSUNG ▶

Materialeinzelkosten	1 000 €	
Materialzuschlag 4,56 %	46 €	
Materialkosten		1 046 €
Fertigungseinzelkosten	5 000 €	
Fertigungszuschlag 107,71 %	5 386 €	
Fertigungskosten		10 386 €
Pflicht-Herstellungskosten nach HGB		11 432 €
Verwaltungskosten (7,8 %der Pflicht-Herstellungskosten nach HGB)		892 €
Herstellungskosten inkl. Verwaltungskosten		12 324 €
Vertriebskosten (10,08 %der Pflicht-Herstellungskosten nach HGB)		1 152 €
Selbstkosten/Teilwert		13 476 €

Muster für Zuschlagskalkulation:

	Materialeinzelkosten
+	Materialgemeinkosten (lt. BAB)
+	Fertigungseinzelkosten
+	Fertigungsgemeinkosten (lt. BAB)
+	Sonderkosten der Fertigung
=	**Herstellungskosten nach HGB**
+	Verwaltungskosten
=	**Herstellungskosten** inkl. Verwaltungskosten
+	Vertriebskosten
=	**Teilwert/Selbstkosten**
+	Gewinnzuschlag
=	Verkaufspreis (netto)

Divisionskalkulation

Stellt ein Betrieb nur ein Produkt oder mehrere gleichartige Produkte her, lassen sich die Herstellungskosten auch durch die sog. Divisionskalkulation ermitteln. Dabei werden die gesamten Herstellungskosten (Einzel- und Gemeinkosten lt. GuV) durch die Anzahl der in der Rechnungsperiode hergestellten Wirtschaftsgüter geteilt, wodurch man die Herstellungskosten für das einzelne Wirtschaftsgut erhält. Werden verschiedene, jedoch gleichartige Produkte hergestellt, lässt sich die Divisionskalkulation durch Verwendung von Äquivalenzziffern verfeinern.

FALL 87

Divisionskalkulation

Sachverhalt

Eine KG stellt Scharniere für Möbel her. Es wird lediglich ein Scharniertyp produziert. In 01 sind folgende Aufwendungen entstanden:

Materialeinsatz	600 000 €
Fertigungslohneinsatz	800 000 €
Materialgemeinkosten	200 000 €
Fertigungsgemeinkosten	300 000 €
Zwischensumme	1 900 000 €
Verwaltungskosten	150 000 €
Vertriebskosten	50 000 €
Summe	2 100 000 €

Hergestellt wurden in 01 820 000 Stück Scharniere. Am 31.12.01 war ein Bestand an fertigen Scharnieren von 20 000 Stück vorhanden.

Frage

Wie ist der Bestand in der Steuerbilanz zu bewerten, wenn hoch bewertet werden soll?

LÖSUNG

Die fertigen und unfertigen Erzeugnisse eines Produktionsbetriebs sind mit den Herstellungskosten zu bewerten (§ 6 Abs. 1 Nr. 2 EStG, § 255 Abs. 2 HGB). Herstellungskosten sind danach die Aufwendungen, die durch den Verbrauch von Gütern und die Inanspruchnahme von Diensten für die Herstellung eines Erzeugnisses entstehen. Sie setzen sich zusammen aus den Materialkosten einschließlich der notwendigen Materialgemeinkosten und den Fertigungskosten (insbesondere den Fertigungslöhnen) einschließlich der notwendigen Fertigungsgemeinkosten (R 6.3 EStR). Ebenso wie die Anschaffungskosten werden auch die Herstellungskosten von den tatsächlichen Ausgaben abgeleitet. Nicht zu den Herstellungskosten gehören die Vertriebskosten. Für die Aufnahme der Verwaltungskosten in die Herstellungskosten besteht steuerlich derzeit kein Wahlrecht. Nach der Divisionskalkulation ergeben sich folgende Herstellungskosten pro Stück:

Materialeinsatz	600 000 €
Fertigungslohneinsatz	800 000 €
Materialgemeinkosten	200 000 €
Fertigungsgemeinkosten	300 000 €
Verwaltungskosten	150 000 €
Herstellungskosten für 820 000 Stück	2 050 000 €
Herstellungskosten für 1 Stück: 2 050 000 : 820 000 =	2,50 €
Herstellungskosten für 20 000 Stück: 20 000 × 2,50 € =	50 000 €

Der Bestand vom 31. 12. 01 ist mit 50 000 € zu bewerten.

FALL 88

Divisionskalkulation mit Äquivalenzziffern

Sachverhalt

Wie Fall 87. Die KG stellt jedoch drei Scharniertypen her. Die Herstellungskosten der Scharnier-typen stehen im Verhältnis 1 : 1,2 : 1,7 zueinander. Hergestellt wurden in 01:

Typ I (= 1)	260 000 Stück
Typ II (= 1,2)	200 000 Stück
Typ III (= 1,7)	347 309 Stück

Am 31. 12. 01 ist folgender Bestand vorhanden:

Typ I	20 000 Stück
Typ II	30 000 Stück
Typ III	40 000 Stück

Frage

Wie ist der Bestand zu bewerten, wenn ein möglichst hoher Gewinn für 01 angestrebt wird?

LÖSUNG

Da die KG für 01 einen möglichst niedrigen Gewinn wünscht, ist von Gesamtherstellungskosten von 2 050 000 € auszugehen. Unter Verwendung der Äquivalenzziffern errechnen sich die Herstellungskosten für den einzelnen Scharniertyp wie folgt:

Typ	Kostenver-hältnis	Hergestellte Menge	Rechnungseinheit	Aufwand pro Rechnungseinheit	
I	1	260 000 Stück	260 000		
II	1,2	200 000 Stück	240 000	2 050 000	= 1,88
III	1,7	347 309 Stück	590 425	1 090 425	
			1 090 425		

Typ	Herstellungskosten pro Stück
I	$1 \times 1,88 = 1,88$ €
II	$1,2 \times 1,88 = 2,25$ €
III	$1,7 \times 1,88 = 3,20$ €

Typ	Bewertung des Bestandes vom 31. 12. 01	
I	20 000 Stück × 1,88 €	37 600 €
II	30 000 Stück × 2,25 €	67 500 €
III	40 000 Stück × 3,20 €	128 000 €
		233 100 €

Zuschlagskalkulation

Sachverhalt

Der Steuerpflichtige ist Möbelhersteller. Bei der Bewertung der am Bilanzstichtag (31. 12.) fertig gestellten 8 Wohnzimmerschränke Typ „Brabant" ging er wie folgt vor:

Materialeinzelkosten	250 €	
Materialgemeinkosten 50 %	125 €	375 €
Fertigungseinzelkosten	300 €	
Fertigungsgemeinkosten 90 %	270 €	570 €
Aufwand pro Stück		945 €
8 Stück × 945 €		7 560 €

Die anteiligen allgemeinen Verwaltungskosten betragen 25 % des vorgenannten „Aufwands pro Stück", die anteiligen Vertriebskosten 10 %. Als Gewinnzuschlag werden 33 $^1/_3$ % der Selbstkosten berechnet.

Die Gemeinkostenzuschläge enthalten nicht die Grundsteuer und die Raumkosten für Materiallager und Fertigungsabteilung. Unter Berücksichtigung dieser Kosten beträgt der Materialgemeinkostenzuschlag 52 %, der Fertigungsgemeinkostenzuschlag 92 %.

Im Fertigungsbereich sind Maschinen eingesetzt, die mit kreditierten Mitteln angeschafft wurden. Die hierfür aufgewendeten Zinsen würden den Fertigungsgemeinkostenzuschlag um einen weiteren Prozentpunkt auf 93 % erhöhen.

Am Bilanzstichtag sind neben den 8 fertigen Wohnzimmerschränken des Typs „Brabant" 4 Stück erst zu 60 % fertig gestellt. Die unfertigen Stücke wurden inventurmäßig nicht erfasst.

Frage

Wie ist der Bestand der fertigen und unfertigen Erzeugnisse in der Steuerbilanz zu erfassen und zu bewerten? Es wird ein möglichst hoher Ansatz gewünscht.

LITERATURHINWEIS

Blödtner/Bilke/Heining, Lehrbuch Buchführung und Bilanzsteuerrecht, 10. Aufl., Teil B Kapitel 6.4.2.

LÖSUNG

Die fertigen und unfertigen Erzeugnisse sind mit den Herstellungskosten zu bewerten (§ 6 Abs. 1 Nr. 2 EStG). Zu diesen gehören auch die Materialgemeinkosten und die Fertigungsgemeinkosten (R 6.3 EStR). Zu den Materialgemeinkosten und den Fertigungsgemeinkosten gehören auch die Grundsteuer und die Raumkosten. Finanzierungskosten gehören im Allgemeinen nicht zu den Herstellungskosten (§ 255 Abs. 3 HGB). Für die Einrechnung der allgemeinen Verwaltungskosten in den Herstellungsaufwand hat der Steuerpflichtige steuerlich derzeit kein Wahlrecht (ebenso § 255 Abs. 2 Satz 3 HGB). Unberücksichtigt bleibtder Gewinnzuschlag, weil sonst ein unrealisierter Gewinn ausgewiesen würde, was nach den Grundsätzen ordnungsmäßiger Buchführung und § 252 Abs. 1 Nr. 4 HGB unzulässig ist. Es ist wie folgt zu rechnen:

Materialeinsatzkosten	250 €	
Materialgemeinkosten 52 %	130 €	380 €
Fertigungseinzelkosten	300 €	
Fertigungsgemeinkosten 92 %	276 €	576 €
Pflicht-Herstellungskosten nach HGB		956 €
Verwaltungskosten 25 % von 956 €		239 €
Herstellungskosten nach Steuerrecht		1 195 €

Inventurmäßig hätten auch die unfertigen Erzeugnisbestände erfasst werden müssen (vgl. insofern § 246 Abs. 1 i.V. mit § 266 Abs. 2 HGB). Sie werden entsprechend dem Grad ihrer Fertigstellung am Bilanzstichtag mit den Herstellungskosten (hier einschließlich der Verwaltungskosten) angesetzt.

Fertigerzeugnisse:	8 × 1 195 € =			9 560 €
Unfertige Erzeugnisse:	4 × 1 195 € =	4 780 €	davon 60 % =	2 868 €
				12 428 €

Unfertige Leistungen

Sachverhalt

Ein Bauunternehmer weist in seiner Schlussbilanz zum 31. 12. 01 folgende Wirtschaftsgüter aus:

Unfertige Leistungen auf fremdem Grund und Boden	500 000 €
Forderungen	200 000 €

Bei den unfertigen Leistungen handelt es sich um Bauaufträge, die am Bilanzstichtag begonnen, aber noch nicht zu Ende geführt sind. Sie werden auch als unfertige Arbeiten bezeichnet. Der Bauunternehmer bewertet sie mit den bis zum Stichtag angefallenen Selbstkosten von 500 000 €. In den Selbstkosten sind die allgemeinen Verwaltungskosten mit 40 000 € und die Vertriebskosten mit 20 000 € enthalten. Unberücksichtigt bleibt der anteilige Gewinnzuschlag von 40 % der Selbstkosten. Unter den Forderungen ist eine Rohbaumaßnahme auf fremdem Grund und Boden aktiviert, die zum 27. 12. 01 abgeschlossen und vom Auftraggeber am 27. 12. 01 abgenommen wurde. Dieses Projekt auf fremdem Grund und Boden ist mit den Selbstkosten von 120 000 € im Forderungsbestand von 200 000 € enthalten. Die Rechnungserteilung hierüber erfolgte am 20. 1. 02, die Rechnung lautete:

Rohbauerstellung	168 000 €
USt 19 %	+ 31 920 €
	199 920 €
vorausgezahlt	./. 140 000 €
noch zu zahlen	59 920 €

Die Rechnungserteilung wurde buch- und inventurmäßig in 01 nicht berücksichtigt. Passiviert unter den „Erhaltenen Anzahlungen" vom 31.12.01 sind 140 000 €.

Frage

Hat der Bauunternehmer die unfertigen Arbeiten und die Forderungen in seiner Schlussbilanz auf den 31.12.01 zutreffend angesetzt, wenn er einen möglichst hohen Gewinn wünscht?

LÖSUNG

Bei unfertigen Bauten auf fremdem Grund und Boden handelt es sich für den Bauunternehmer nicht um Sachwerte, sondern um Forderungen. Dies ergibt sich aus dem BGB, wonach Sachen, die mit dem Grundstück verbunden werden, sofort Eigentum des Grundstückseigentümers werden (§§ 93, 94, 946 BGB). Solche „Forderungen besonderer Art" sind allerdings bis zur Abnahme des Werks durch den Auftraggeber lediglich mit den Herstellungskosten oder ggf. mit dem niedrigeren Teilwert zu bewerten (§ 6 Abs. 1 Nr. 2 EStG, § 253 Abs. 4 HGB). Dabei gehören die Verwaltungskosten wahlweise steuerlich zu den Herstellungskosten. Hat der Bauherr das Werk abgenommen, so sind die Bilanzierungsgrundsätze für „unfertige Leistungen" nicht mehr anzuwenden, sondern die Bilanzierungsgrundsätze für Forderungen (aufgrund von Werklieferungen), die den Ansatz des Nennwertes gebieten, wodurch die Gewinnrealisierung eintritt. Das Gleiche gilt für Werkleistungen. Auf den Zeitpunkt der Rechnungserteilung kommt es nicht an.

Berichtigungen: Unfertige Leistungen

Ansatz zu Selbstkosten	500 000 €
Vertriebskosten	./. 20 000 €
Herstellungskosten	480 000 €

Forderungen

Bisheriger Ansatz	200 000 €
Fertiges Werk zu Selbstkosten	./. 120 000 €
Fertiges Werk zum Nennwert	+ 199 920 €
Anzahlung	./. 140 000 €
Anschaffungskosten (= Nennwert)	139 920 €

Der Passivposten „Erhaltene Anzahlungen" ist um 140 000 € zu kürzen.

4.3 Teilwert (TW) und beizulegender Wert

4.3.1 Ermittlung des Teilwerts

Neben den Anschaffungs- und Herstellungskosten kennt das Steuerrecht als dritten Wertmaßstab den **Teilwert (TW)**. Die gesetzliche Definition findet sich in § 6 Abs. 1 Nr. 1 Satz 3 EStG. Vereinfacht ausgedrückt entspricht der Teilwert den Wiederbeschaffungskosten (WBK).

Ist der Teilwert niedriger als der Buchwert (BW), besteht die Möglichkeit einer Abschreibung auf den TW (TW-Abschreibung) mit entsprechender und nicht selten signifikanter Gewinnminderung.

Der TW spielt ferner eine Rolle bei der Bewertung von Entnahmen und Einlagen (§ 6 Abs. 1 Nr. 4 und 5 EStG).

Während die TW-Bestimmung im Einzelfall schwierig ist, insbesondere bei Grundstücken sowie Sachen und Rechten, die keinen Börsen- oder Marktpreis haben, lassen sich die TW-Grenzen relativ leicht bestimmen. **Obere Grenze** für den Teilwert sind die WBK bzw. die Selbstkosten. **Untere Grenze** ist der Einzelveräußerungspreis (ohne USt) abzüglich Veräußerungskosten; handelsrechtlich ist dies zugleich der „beizulegende Wert" i. S. von § 253 Abs. 3 und 4 HGB. Diese untere TW-Grenze wird allerdings nur in Betracht kommen bei Fehlmaßnahmen, bevorstehender Stilllegung sowie bei nutzlosen Wirtschaftsgütern.

Für die TW-Ermittlung im Einzelfall gelten bestimmte TW-Vermutungen, also Unterstellungen im Hinblick auf die Höhe des TW (R 6.7 EStR und H 6.7 „Teilwertvermutungen" EStH). Hiernach entspricht z. B. beim abnutzbaren Anlagevermögen der TW den um die **lineare AfA** verminderten Anschaffungs- oder Herstellungskosten. Die TW-Vermutung ist widerlegt bei Nachweis einer **Fehlmaßnahme** sowie beim Nachweis **niedrigerer WBK** (R 6.7 EStR).

Im Einzelfall lässt sich der TW wie folgt bestimmen:

4.3.1.1 Im Betrieb genutztes Anlagevermögen

	WBK bzw. Selbstkosten am Bilanzstichtag
./.	lineare AfA (soweit abnutzbar)
=	Teilwert

4.3.1.2 Überflüssiges Anlagevermögen

	Einzelveräußerungspreis (ohne USt)
./.	Veräußerungskosten
=	Teilwert

Bei Investmentanteilen, die schon längere Zeit zum Betriebsvermögen gehören und die für den Betrieb entbehrlich sind, entspricht der TW dem Rücknahmepreis (BFH v. 5. 10. 1972 IV R 118/70, BStBl 1973 II 207).

4.3.1.3 Vorräte

Im Bereich der fertigen und unfertigen Erzeugnisse entspricht der TW den **Selbstkosten.**

Für unmodern gewordene Ware, für die keine WBK feststellbar sind (z. B. weil die Ware gar nicht mehr hergestellt wird) und die nur zu herabgesetzten Preisen absetzbar ist, bieten die EStR zwei Formeln zur Ermittlung des TW (R 6.8 Abs. 2 ff. EStR, H 6.8 „Subtraktionsmethode" und „Formelmethode" EStH).

Zu den beiden Formeln im Einzelnen:

▶ Subtraktionsmethode nach R 6.8 Abs. 2 Satz 3 EStR:

	Voraussichtlich erzielbarer Veräußerungserlös (netto)
./.	durchschnittlicher Unternehmergewinn
./.	nach dem Bilanzstichtag noch anfallender betrieblicher Aufwand
=	Teilwert

► Formelmethode nach R 6.8 Abs. 2 Satz 5 und 6 EStR.

Teilwert = Z : (1 + Y1 + Y2 x W)

Dabei sind:

Z: der erzielbare Verkaufspreis

Y1:   der Durchschnittsunternehmehrgewinnprozentsatz (bezogen auf die Anschaffungskosten)

Y2:   der Rohgewinnaufschlagsrest

W: der Prozentsatz an Kosten, der noch nach Abzug des durchschnittlichen Unternehmergewinnprozentsatzes vom Rohgewinnaufschlagsatz nach dem Bilanzstichtag anfällt.

Demgegenüber ermittelt sich der **handelsrechtliche „beizulegende Wert"** (§ 253 Abs. 4 HGB) aus Sicht des Absatzmarktes bei der **sog. verlustfreien Bewertung** m. E. wie folgt:

    (Herabgesetzter) Verkaufspreis ohne USt

./.   Künftige Veräußerungskosten

=   Beizulegender Wert i. S. von § 253 Abs. 4 HGB

Dieser beizulegende Wert kann bei Ware, die keinen Börsen- oder Marktpreis hat, auch in die StB übernommen werden (R 6.8 Abs. 1 Satz 4 EStR).

4.3.1.4   Forderungen und Schulden

Bei den **Forderungen** sind zur TW-Ermittlung zu berücksichtigen:

► Ausfallrisiko,

► Möglichkeit der Skonti-Inanspruchnahme,

► Zinsverlust,

► Künftige Mahn- und Beitreibungskosten.

Forderungen und Schulden in ausländischer Währung sind am Bilanzstichtag zum Devisenkassamittelkurs umzurechnen (§ 256a HGB). Sich dabei ergebende Aufwendungen und Erträge sind in der Gewinn- und Verlustrechnung gesondert als sonstige betriebliche Aufwendungen und sonstige betriebliche Erträge auszuweisen.

HINWEIS

Handelsrechtlich erfolgt die Bilanzierung mit dem Devisenkassamittelkurs bei Restlaufzeiten von einem Jahr oder weniger unter Außerachtlassung des Anschaffungskostenprinzips (Realisationsprinzip) und des Imparitätsprinzips (§ 256a Satz 2 HGB).

4.3.1.5   Bewertung von Unternehmen und Anteilen an Kapitalgesellschaften

Die gleich lautenden Erlasse der obersten Finanzbehörden der Länder v. 17. 5. 2011 (BStBl 2011 I 606) zur Anwendung der §§ 11, 95 bis 109 und 199 ff. BewG i. d. F. des ErbStRG sind für ertragsteuerliche Zwecke bei der Bewertung von Unternehmen und Anteilen an Kapitalgesellschaften entsprechend anzuwenden (BMF v. 22. 9. 2011, BStBl 2011 I 859).

4.3.1.6 Teilwertabschreibung und Rückstellung für drohende Verluste

Das Verbot der Rückstellungen für drohende Verluste (§ 5 Abs. 4a EStG) begrenzt eine mögliche Teilwertabschreibung nicht. Die Teilwertabschreibung auf unfertige Bauten auf fremdem Grund und Boden ist nicht nur hinsichtlich des dem jeweiligen Stand der Fertigstellung entsprechenden, auf die Bauten entfallenden Anteils der vereinbarten Vergütung, sondern hinsichtlich des gesamten Verlusts einschließlich des kalkulierten Gewinnzuschlags aus dem noch nicht abgewickelten Bauauftrag zulässig (BFH v. 7. 9. 2005 VIII R 1/03, BStBl 2006 II 298).

4.3.2 Allgemeines zum Ansatz des Teilwerts

Für den **Ansatz des Teilwerts** gelten folgende Regelungen:

Teilwertabschreibungen sind nur zulässig bei nachgewiesener **voraussichtlich dauernder Wertminderung** (§ 6 Abs. 1 Nr. 1 und 2 EStG). Der Begriff „voraussichtlich dauernde Wertminderung" ist weder im HGB noch im Steuerrecht definiert. Er bezeichnet im Grundsatz eine Minderung des Teilwerts (handelsrechtlich: Des beizulegenden Werts), die einerseits nicht endgültig sein muss, andererseits aber nicht nur vorübergehend sein darf. Ob eine Wertminderung „voraussichtlich dauernd" ist, muss unter Berücksichtigung der Eigenart des jeweils in Rede stehenden Wirtschaftsguts beurteilt werden (BFH v. 27. 11. 1974 I R 123/73, BStBl 1975 II 294). Bei festverzinslichen Wertpapieren, die eine Forderung in Höhe des Nominalwerts der Forderung verbriefen, ist eine Teilwertabschreibung unter ihren Nennwert allein wegen gesunkener Kurse regelmäßig nicht zulässig. Dies gilt auch dann, wenn die Wertpapiere zum Umlaufvermögen gehören (BFH v. 8. 6. 2011 I R 98/10, BStBl 2012 II 716; BMF v. 10. 9. 2012, BStBl I 939). Bei Forderungen aus Lieferungen und Leistungen ist ein bloß kalkulatorischer Zinsverlust nur vorübergehender Natur und stellt somit keine dauernde Wertminderung dar; eine Teilwertabschreibung kommt insoweit nicht in Betracht. Bei Unverzinslichkeit einer Forderung ist zwar der aktuelle Wert der Forderung zu den Bilanzstichtagen, die vor dem Fälligkeitszeitpunkt liegen, gemindert. Jedoch steigt der Wert in der Folge zwangsläufig sukzessive an und erreicht im Fälligkeitszeitpunkt den Nominalbetrag der Forderung. Der Forderungsinhaber hat mithin auch in diesem Fall die gesicherte Aussicht, zum Fälligkeitszeitpunkt den Nominalwert der Forderung zu erhalten. Die mit dem Fehlen der Fälligkeit einer unverzinslichen Forderung verbundene Wertminderung erweist sich somit unter dem zeitlichen Blickwinkel jedenfalls dann als nur vorübergehend und folglich als nicht dauerhaft (BFH v. 24. 10. 2012 I R 43/11, BStBl 2013 II 162), wenn sich darin nicht ein Risiko hinsichtlich der Rückzahlung widerspiegelt.

Von einer voraussichtlich dauernden Wertminderung ist bei börsennotierten Aktien grundsätzlich dann auszugehen, wenn der Börsenwert zum Bilanzstichtag unter denjenigen im Zeitpunkt des Aktienerwerbs gesunken ist und der Kursverlust die Bagatellgrenze von 5 % der Notierung bei Erwerb überschreitet. Auf die Kursentwicklung nach dem Bilanzstichtag kommt es hierbei nicht an (BFH v. 21. 9. 2011 I R 89/10, BStBl 2012 II 21). Ob Investmentanteile aufgrund einer voraussichtlich dauernden Minderung ihres Werts auf den niedrigeren Teilwert abgeschrieben werden können, ist bei der gebotenen typisierenden Gesetzesauslegung nach den für börsennotierte Aktien geltenden Grundsätzen zu entscheiden, wenn das Vermögen des Investmentfonds überwiegend in an Börsen gehandelten Aktien angelegt ist (BFH v. 21. 9. 2011 I R 7/11, NJW 2012, S. 415). Anders BMF v. 26. 3. 2009, BStBl 2009 I 514 und v. 5. 7. 2011, BStBl 2011 I 735: Von einer voraussichtlich dauernden Wertminderung ist nur dann auszugehen, wenn der Börsenkurs von börsennotierten Aktien zu dem jeweils aktuellen Bilanzstichtag um mehr als 40 % unter die Anschaffungskosten gesunken ist oder zum jeweils aktuellen und vorangegangenen Bilanzstichtag um mehr als 25 % unter die Anschaffungskosten gesunken ist.

Für die Inanspruchnahme einer Teilwertabschreibung besteht steuerlich ein Wahlrecht. Ist zu nachfolgenden Bilanzstichtagen der Teilwert wieder gestiegen, **muss zugeschrieben werden**. Die Nachweispflicht, dass der Teilwert nicht wieder gestiegen ist, trifft ebenfalls den Steuerpflichtigen. Das Wertaufholungsgebot verstößt auch insoweit nicht gegen die Verfassung, als davon Teilwertabschreibungen erfasst werden, die mehr als zehn Jahre vor Einführung des Wertaufholungsgebots vorgenommen worden waren (BFH 25. 2. 2010 IV R 37/07, BStBl 2010 II 784). Die Finanzverwaltung hat Grundzüge zur Anwendung von § 6 Abs. 1 Nr. 1 und 2 EStG und zu den Voraussetzungen für eine Teilwertabschreibung sowie zum Wertaufholungsgebot erstellt (BMF v. 25. 2. 2000, BStBl 2000 I 372). Die Zuschreibungspflicht gilt auch für die Handelsbilanz (§ 253 Abs. 5 HGB).

Bei **abnutzbarem Anlagevermögen** kann von einer dauernden Wertminderung ausgegangen werden, wenn der Wert des jeweiligen Wirtschaftsguts zum Bilanzstichtag **mindestens für die halbe Restnutzungsdauer unter dem planmäßigen Restbuchwert liegt** (BFH v. 14. 3. 2006 I R 22/05, BStBl 2006 II 680).

BEISPIEL

Anschaffungskosten einer Maschine Anfang 01:	40 000 €
Jährliche AfA 4 000 €, Buchwert 31. 12. 01 somit	36 000 €
Teilwert Ende 01:	16 000 €
(Abwandlung 20 000 €)	

LÖSUNG Die Wertminderung ist von Dauer, da der Teilwert vom 31. 12. 01 (16 000 €) bei planmäßiger Abschreibung erst nach fünf Jahren, das ist nach mehr als der Hälfte der Restnutzungsdauer (= 4 $^1/_2$ Jahre) erreicht wird.

LÖSUNG DER ABWANDLUNG Die Wertminderung ist nicht von Dauer, da der Teilwert vom 31. 12. 01 (20 000 €) bei planmäßiger Abschreibung schon nach vier Jahren und damit früher als nach mehr als der Hälfte der Restnutzungsdauer erreicht wird.

TIPP Einfacher kann wie folgt gerechnet werden: Ist der Teilwert niedriger als der halbe Buchwert, ist die Wertminderung von Dauer. Halber Buchwert im obigen Fall: 18 000 €. TW 16 000 € = Wertminderung von Dauer. TW 20 000 € = Wertminderung nicht von Dauer.

Beim **Umlaufvermögen** liegt eine dauernde Wertminderung vor, wenn die Wertminderung bis zum **Zeitpunkt der Aufstellung der Bilanz** oder dem vorangegangenen Verkaufs- oder Verbrauchszeitpunkt anhält.

Auf den Devisenmärkten übliche Wechselkursschwankungen berechtigen nicht zu einem höheren Ansatz einer **Verbindlichkeit**. Etwas anderes gilt bei Verbindlichkeiten des laufenden Geschäftsverkehrs. Hält bei diesen eine Wechselkurserhöhung bis zum Zeitpunkt der Tilgung oder bis zum Tag der Bilanzaufstellung an, ist davon auszugehen, dass die Werterhöhung voraussichtlich von Dauer ist (BMF v. 12. 8. 2002, BStBl 2002 I 793).

Vermögensgegenstände des Anlagevermögens sind **handelsrechtlich** bei voraussichtlich dauernder Wertminderung außerplanmäßig abzuschreiben; beim Umlaufvermögen ist jede Wertminderung zu Abschreibungen zu nutzen (§ 253 Abs. 3 Satz 3, Abs. 4 HGB). Nach § 6 Abs. 1 Nr. 1

Satz 2 und Nr. 2 Satz 2 EStG **kann** bei einer voraussichtlich dauernden Wertminderung der Teilwert angesetzt werden. **Die Vornahme einer außerplanmäßigen Abschreibung in der Handelsbilanz ist nicht zwingend in der Steuerbilanz durch eine Teilwertabschreibung nachzuvollziehen; der Steuerpflichtige kann darauf auch verzichten** (BMF v. 12. 3. 2010, BStBl 2010 I 239, Rz. 15).

Eine wegen der Schadstoffbelastung eines Grundstücks erfolgte Teilwertberichtigung hindert nicht die Bewertung einer bestehenden Sanierungsverpflichtung mit dem Erfüllungsbetrag. Dieser Erfüllungsbetrag ist allerdings im Hinblick auf § 5 Abs. 4b EStG um den bei der Erfüllung der Verpflichtung anfallenden und als Anschaffungs- oder Herstellungskosten zu aktivierenden Aufwand zu mindern (BFH v. 19. 11. 2003 I R 77/01, BStBl 2010 II 482; zur Anwendung BMF v. 11. 5. 2010, BStBl 2010 I 495).

4.3.3 Beizulegender Wert und beizulegender Zeitwert

Das Handelsrecht kennt den steuerlichen Begriff „Teilwert" nicht. Teilwert und handelsrechtlicher beizulegender Wert sind jedoch in der Regel identisch. Außerplanmäßige Abschreibungen beim Anlagevermögen und Abschreibungen beim Umlaufvermögen setzen handelsrechtlich einen niedrigeren beizulegenden Wert voraus, soweit kein Börsen- oder Marktpreis bekannt ist (§ 253 Abs. 3 und 4 HGB). Der beizulegende Wert kann sowohl aus dem Beschaffungsmarkt als auch aus dem Absatzmarkt abgeleitet werden. Für Roh-, Hilfs- und Betriebsstoffe eines Fabrikationsbetriebs ergibt sich der beizulegende Wert aus dem Beschaffungsmarkt; Überbestände sind aus Sicht des Absatzmarktes zu bewerten. Eine Orientierung am Absatzmarkt ist ferner sachgerecht, wenn mit einiger Sicherheit von einer Veräußerung auszugehen ist. Handelsware kann sowohl aus Sicht des Beschaffungsmarktes als auch des Absatzmarktes bewertet werden. Erfolgt die Bewertung aus Sicht des Absatzmarktes sind vom noch zu erwartenden Erlös die künftigen Herstellungs-, Verwaltungs- und Vertriebskosten abzuziehen.

Ist ein Verkaufspreis bewusst nicht kostentendeckend kalkuliert (Dumping-Preis), um einen Vermögensgegenstand des Umlaufvermögens als „Lockvogel" zu benutzen, um mit dessen Verkauf wirtschaftliche Vorteile für das Unternehmen im Ganzen zu erlangen, hat dieser Vermögensgegenstand allein dadurch keinen unter den Anschaffungs- oder Herstellungskosten liegenden beizulegenden Wert. Das gilt jedenfalls dann, wenn das Unternehmen Gewinne erzielt (so BFH v. 29. 4. 1999 IV R 14/98, BStBl 1999 II 681 zum Teilwertbegriff).

Vom beizulegenden Wert i. S. von § 253 Abs. 3 und 4 HGB ist der **beizulegende Zeitwert** nach § 255 Abs. 4 HGB zu unterscheiden. Der beizulegende Zeitwert entspricht dem Betrag, der in einem aktiven Markt bei Veräußerung einer Finanzanlage erzielbar ist (Marktpreis). Im Ergebnis ist das der Betrag, zu dem ein Vermögenswert zwischen sachverständigen, vertragswilligen und voneinander unabhängigen Geschäftspartnern getauscht werden könnte (Fair value). Er ist auch anzusetzen, wenn er höher ist als die Anschaffungskosten. Dies widerspricht dem Verbot des Ausweises nichtrealisierter Gewinne. Deshalb werden mit dem beizulegenden Zeitwert nur bewertet:

▶ Zu Handelszwecken erworbene Finanzanlagen und -instrumente wie Aktien, Optionen, Futures, soweit diese im Bestand von Kredit- und Finanzdienstleistungsinstituten sind (§ 340e Abs. 3 HGB). Das gilt auch für das Steuerrecht (§ 6 Abs. 1 Nr. 2b EStG).

► Vermögensgegenstände, die nach Maßgabe des § 246 Abs. 2 HGB mit Altersversorgungsverpflichtungen verrechnet werden (§ 253 Abs. 1 Satz 4 HGB). Übersteigt in diesem Fall der beizulegende Zeitwert der Vermögensgegenstände den Betrag der Schulden, ist der übersteigende Betrag unter einem gesonderten Posten zu aktivieren. Der Betrag ist abzüglich latenter Steuern ausschüttungsgesperrt (§ 268 Abs. 8 Satz 3 HGB).

► Rückstellungen für wertpapiergebundene Pensionszusagen nach Maßgabe des § 253 Abs. 1 Satz 3 HGB.

BEISPIEL ► Die Pensionsverpflichtungen einer GmbH sind mit 700 000 € passiviert. Es bestehen entsprechende zweckgebundene Wertpapierbestände mit Anschaffungskosten und Buchwert in Höhe von 600 000 €, deren Zeitwert am Bilanzstichtag 950 000 € beträgt.

LÖSUNG ► Gemäß § 246 Abs. 2 HGB hat eine Saldierung stattzufinden. Im Ergebnis erscheint auf der Aktivseite der Bilanz unter der Bezeichnung „Aktiver Unterschiedsbetrag aus der Vermögensverrechung" ein Betrag von 250 000 € (950 000 € ./. 700 000 €). Auf den „Mehrwert" von 350 000 € (950 000 € ./. 600 000 €) entfallen passive latente Steuern (§ 274 Abs. 1 HGB). Außerdem ist die Ausschüttungssperre zu beachten (§ 268 Abs. 8 Satz 3 HGB). Eine Übernahme in die Steuerbilanz erfolgt nicht (§ 5 Abs. 1a Satz 1 EStG).

FALL 91

Gesunkene Wiederbeschaffungskosten

Sachverhalt

Die Anschaffungskosten der Holzbearbeitungsmaschine einer Möbelfabrik haben Anfang 01 270 000 € betragen. Die Firma ging zutreffend von einer betriebsgewöhnlichen Nutzungsdauer von 9 Jahren aus; die AfA wurde linear vorgenommen:

Anschaffungskosten Anfang 01	270 000 €
AfA 01 – 02 jeweils 30 000 €	./. 60 000 €
Bilanzansatz 31. 12. 02	210 000 €

Im Laufe des Jahres 03 hat der Hersteller die Preise für diesen Maschinentyp auf netto 240 000 € gesenkt. Außerdem weist die neue Maschine technische und wirtschaftliche Verbesserungen auf.

Frage

Wie hoch ist der Teilwert der gebrauchten Maschine am 31. 12. 03, und wie entwickelt sich das Maschinenkonto in 03 und 04?

LITERATURHINWEIS

Blödtner/Bilke/Heining, Lehrbuch Buchführung und Bilanzsteuerrecht, 10. Aufl., Teil B Kapitel 6.4.3.

LÖSUNG

Der Teilwert wird in § 6 Abs. 1 Nr. 1 Satz 3 EStG definiert. Zwar wird in dieser Definition nur vom gedachten Erwerber gesprochen, dessen Preisvorstellung den Teilwert bestimmen soll. Hiernach wäre der Teilwert ein subjektiver, vom fiktiven Käufer des Betriebs diktierter Wert. Die höchstrichterliche Rechtsprechung hat jedoch ausdrücklich klargestellt, dass bei der Teilwert-Findung auch die Höhe des vom Verkäufer wahrscheinlich geforderten Preises zu berücksichtigen ist, weil Verkäufer und Käufer im Wirtschaftsleben die gleichen Wertvorstellungen haben. Es genügt also nicht zu fragen, was der gedachte Erwerber für ein einzelnes Wirtschaftsgut im Rahmen des Gesamtkaufpreises aufzuwenden bereit wäre, sondern man muss auch feststellen, was der Verkäufer als Preis fordern würde. So gesehen stellt sich der Teilwert als objektiver Wert dar (BFH v. 31. 1. 1991 IV R 91/90, BStBl 1991 II 627).

Beim abnutzbaren Anlagevermögen entspricht der Teilwert in der Regel den Anschaffungs- oder Herstellungskosten abzüglich der linearen AfA (sog. Teilwert-Vermutung). Diese Teilwert-Vermutung ist z. B. durch gesunkene Wiederbeschaffungskosten widerlegbar. Das ist hier der Fall, zumal die neue Maschine technisch und wirtschaftlich verbessert ist. Der Teilwert der gebrauchten Maschine beträgt zum 31. 12. 03:

Aktuelle Anschaffungskosten	240 000 €
AfA 01 – 03 jeweils 26 666 €	./. 80 000 €
	160 000 €

Zum 31. 12. 03 ergibt sich für die Maschine folgender Buchwert:

Bilanzansatz 31. 12. 02	210 000 €
AfA 03	./. 30 000 €
Buchwert 31. 12. 03	180 000 €
Demgegenüber beträgt der TW zum 31. 12. 03	160 000 €

Voraussetzung für eine TW-Abschreibung ist, dass die Wertminderung von Dauer ist (§ 6 Abs. 1 Nr. 1 Satz 2 EStG). Nach Auffassung der Finanzverwaltung (BMF v. 25. 2. 2000, BStBl 2000 I 372) ist das beim abnutzbaren Anlagevermögen nur der Fall, wenn der TW am Bilanzstichtag mindestens für die halbe Restnutzungsdauer unter dem planmäßigen Restbuchwert liegt. Das ist hier nicht der Fall, da der Teilwert (160 000 €) bei planmäßiger Abschreibung schon nach einem Jahr erreicht wird. Eine dauernde Wertminderung liegt somit nicht vor. Die Maschine ist in 03 und 04 weiter planmäßig (jährlich 30 000 € AfA) abzuschreiben.

FALL 92

Beteiligung an Kapitalgesellschaften

Sachverhalt

Zum Betriebsvermögen des Kaufmanns K gehören Aktien, die er 01 wie folgt angeschafft hat:

100 Stück für 150 €/Stück	15 000 €
Nebenkosten (Maklergebühren, Bankspesen)	300 €
Anschaffungskosten und Buchwert 31. 12. 01	15 300 €

Am 31.12.02 beträgt der Kurswert 120 €/Stück. Es handelt sich um einen dauerhaften Kursrückgang.

K ist außerdem an einer GmbH beteiligt. Er hat die Beteiligung mit den AK von 500 000 € aktiviert. Außerdem hat er eine Darlehensforderung gegen die GmbH im Nennwert von 100 000 € zu fremdüblichen Bedingungen. In 01 erhält er eine Gewinnausschüttung von brutto 200 000 € abzüglich Kapitalertragsteuer und Solidaritätszuschlag (netto 147 250 €), weil die GmbH ihre gesamten Gewinnrücklagen an die Anteilseigner ausgekehrt hat. Hierdurch sinkt der Teilwert der Beteiligung zum 31.12.02 dauerhaft auf 300 000 €. In 02 gehen die Geschäfte der GmbH schlecht, sodass zum 31.12.02 auch steuerlich eine Abschreibung der Forderung auf 50 000 € geboten ist.

Fragen

Wie hoch ist der Teilwert der Aktien zum 31.12.02? Kommt eine Teilwertabschreibung in Betracht?

Was sind die ertragsteuerlichen Konsequenzen bezüglich der GmbH-Beteiligung in 01 und 02 und wie ist zu buchen?

Es wird ein möglichst niedriger Gewinn gewünscht.

LÖSUNG

Die Nebenkosten gehören zu den Anschaffungskosten (§ 5 Abs. 1 EStG i.V. mit § 255 Abs. 1 Satz 2 HGB) und sind auch bei der Ermittlung des Teilwerts zu berücksichtigen. Das EStG stellt mit dem Teilwertbegriff darauf ab, was ein Erwerber des Betriebs aufwenden würde (und müsste), um das Wirtschaftsgut zu erlangen (§ 6 Abs. 1 Nr. 1 Satz 3 EStG, BFH v. 15.7.1966 VI 226/64, BStBl 1966 III 643). Die Abschreibung der Nebenkosten erfolgt entsprechend dem Kursrückgang bei den Wertpapieren. Im vorliegenden Fall beträgt der Kursrückgang 20 %. Die Nebenkosten sind folglich weiterhin mit 80 % zu aktivieren. Der Teilwert beträgt:

Kurswert	12 000 €
Nebenkosten	240 €
Teilwert 31.12.02	12 240 €

Da nach dem Sachverhalt eine dauernde Wertminderung vorliegt, ist – unabhängig davon, ob es sich um Anlage- oder um Umlaufvermögen handelt – handelsrechtlich eine Abschreibung auf den gesunkenen Wert vorzunehmen (§ 253 Abs. 3 und 4 HGB). Steuerrechtlich besteht ein Wahlrecht (§ 6 Abs. 1 Nr. 1 Satz 2 EStG). Da ein möglichst niedriger Gewinn gewünscht wird, ist dem HB-Ansatz zu folgen.

Hierdurch ergibt sich in der Buchführung eine Gewinnminderung in Höhe von 3 060 €.

Außerhalb der Buchführung ist der Gewinn um (40 % von 3 060 € =) 1 224 € zu erhöhen, damit 60 % abziehbar bleiben (§ 3c Abs. 2 Satz 1 EStG).

Bezüglich der GmbH-Beteiligung gilt Folgendes:

Die Gewinnausschüttung in 01 ist zu buchen:

Bank	147 250 € an	Beteiligungserträge	200 000 €
Entnahmen	52 750 €		

Außerbilanziell sind 80 000 € abzuziehen, da das Teileinkünfteverfahren nach § 3 Nr. 40 Buchst. d EStG 40 % steuerfrei stellt (§ 3 Nr. 40 Satz 2 i.V. mit § 20 Abs. 8 EStG). Kapitalertragsteuer und Solidaritätszuschlag sind bei der ESt-Veranlagung von K anzurechnen.

Ausschüttungsbedingte TW-Abschreibungen werden bei Personenunternehmen anerkannt, allerdings wird ihre Höhe durch § 3c Abs. 2 EStG eingeschränkt (bei Kapitalgesellschaften gilt § 8b Abs. 3 Satz 3 KStG: derartige Gewinnminderungen bleiben körperschaftsteuerlich unberücksichtigt). Auch die Forderungsabschreibung ist bei Personenunternehmen grundsätzlich anzuerkennen, wenn die Forderung nicht mehr voll werthaltig ist (wovon hier ausgegangen wird. Wäre sie werthaltig, würde ein Forderungsverzicht zu nachträglichen AK führen, und bei der GmbH ergäbe sich eine Einlage). Fraglich ist, ob § 3c Abs. 2 EStG auch auf die Forderungsabschreibung anzuwenden ist.

Die Beteiligung an der Kapitalgesellschaft und die Darlehensforderung stellen jeweils selbstständige Wirtschaftsgüter dar, die getrennt auszuweisen und einzeln zu bewerten sind. Ob der durch das Darlehen eines Gesellschafters veranlasste Aufwand (Teilwertabschreibung) in den Anwendungsbereich des § 3c Abs. 2 EStG fällt, ist nach dem Veranlassungszusammenhang im Hinblick auf die zukünftigen Erträge zu beurteilen. Die Gewährung von Darlehen ist damit im Ergebnis genauso wie die Überlassung von anderen (physischen) Wirtschaftsgütern zu behandeln. Erfolgt danach eine Darlehensgewährung zu fremdüblichen Konditionen (wie hier), steht das gewährte Darlehen mit vollumfänglich steuerpflichtigen Zinserträgen in einem Veranlassungszusammenhang, sodass der Anwendungsbereich des § **3c Abs. 2 EStG nicht eröffnet** ist. Erfolgt die Darlehensüberlassung hingegen unentgeltlich oder teilentgeltlich oder verzinslich, aber unbesichert, d.h. zu nicht fremdüblichen Konditionen, steht das Darlehen mit nach § 3 Nr. 40 EStG teilweise steuerfreien Beteiligungserträgen (Gewinnausschüttungen/Dividenden und Gewinnen aus einer zukünftigen Veräußerung oder Entnahme des Anteils) in einem wirtschaftlichen Zusammenhang, sodass insoweit § 3c Abs. 2 EStG zur Anwendung kommt. Ist die Darlehensüberlassung teilentgeltlich erfolgt, ist einkommensteuerrechtlich eine Aufteilung in eine voll entgeltliche und eine unentgeltliche Überlassung vorzunehmen (BFH v. 25. 7. 2000 VIII R 35/99, BStBl 2001 II 698). Das ausschließlich zum Bereich der Körperschaftsteuer (§ 8 b Abs. 3 KStG) ergangene Urteil des BFH v. 14. 1. 2009 I R 52/08 (BStBl 2009 II 674) hat keine Auswirkungen auf die Anwendung von § 3c Abs. 2 EStG, da es für Kapitalgesellschaften gilt, die untereinander beteiligt sind (BMF v. 8. 11. 2010, BStBl 2010 I 1292). Bei Kapitalgesellschaften gilt in diesen Fällen § 8b Abs. 3 Sätze 4 ff. KStG.

Da ein möglichst niedriger Gewinn gewünscht wird, ist in 02 zu buchen:

Abschreibungen	250 000 €	an	GmbH-Beteiligung	200 000 €
			Forderungen	50 000 €

Außerbilanziell ist der Gewinn um 40 % von 200 000 € = 80 000 € zu erhöhen, damit sich im Ergebnis 60 % steuerlich auswirken (§ 3c Abs. 2 Satz 1 EStG).

Teilwertabschreibung bei gesunkenen Verkaufspreisen

Sachverhalt

Zum Warenbestand eines Herrenausstatters gehören am 31.12.01 100 Herrenanzüge, die nur zu erheblich herabgesetzten Verkaufspreisen verkauft werden können und für die auch keine Wiederbeschaffungskosten bekannt sind. Es handelt sich um zwei Gruppen, für die folgende Wert- und Preisverhältnisse gelten (alle Beträge ohne USt):

	Gruppe I	Gruppe II
Anschaffungskosten	200 €	200 €
Ursprünglicher Verkaufspreis	300 €	400 €
Voraussichtlich noch erzielbar	220 €	300 €

Aus der Gewinn- und Verlustrechnung des abgelaufenen Jahres ergibt sich:

Wirtschaftlicher Umsatz (Erlös)		2 000 000 €
Wareneinsatz	1 300 000 €	
Sonstiger betrieblicher Aufwand	400 000 €	1 700 000 €
Reingewinn (Unternehmergewinn)		300 000 €

Nach dem Bilanzstichtag fallen ausweislich der Betriebsabrechnung noch 40 % der betrieblichen Kosten an.

Fragen

1. Welcher Teilwert ergibt sich für die Anzüge der Gruppe I und II (jeweils pro Stück)?

2. Wie hoch ist der Teilwert, wenn die nach dem Stichtag noch anfallenden betrieblichen Kosten nur geschätzt werden können und dabei von 40 % auszugehen ist?

3. Wie hoch ist der jeweilige „beizulegende Wert" i. S. § 253 Abs. 4 HGB, wenn die künftigen Veräußerungskosten mit 5 € pro Stück angenommen werden können?

LITERATURHINWEIS

Blödtner/Bilke/Heining, Lehrbuch Buchführung und Bilanzsteuerrecht, 9. Aufl., Teil B Abschn. 6 VI. 2.c.

LÖSUNG

Im vorliegenden Fall ist nach R 6.8 Abs. 2 EStR vorzugehen. Dabei ist zunächst der durchschnittliche Unternehmergewinn lt. GuV zu ermitteln:

Wirtschaftlicher Umsatz (Erlöse)	2 000 000 € =	100 %
Reingewinn (Unternehmergewinn)	300 000 € =	15 %

Zu 1:

	Warengruppe I	Warengruppe II
Substraktionsmethode (R 6.8 Abs. 2 Satz 3 und 4 EStR)	€	€
Erzielbarer Veräußerungserlös	220	300
./. 15 % Unternehmergewinn	./. 33	./. 45
./. noch anfallender betrieblicher Aufwand: 40 % von (300 € ./. 200 € ./. 45 €)	./. 22	
./. noch anfallender betrieblicher Aufwand: 40 % von (400 € ./. 200 € ./. 60 €)		./. 56
Teilwert somit	165	199

Zu 2:

Formelmethode (R 6.8 Abs. 2 Satz 5 und 6 EStR)

Dabei ist der Durchschnittsunternehmergewinnprozentsatz wie folgt zu ermitteln: Der durchschnittliche Unternehmergewinn beträgt lt. GuV 15 % der Erlöse (siehe einleitende Berechnung). Bei einem Netto-Verkaufspreis von 300 € sind das 45 € (bei einem Netto-Verkaufspreis von 400 € entsprechend 60 €). 45 € bezogen auf die Anschaffungskosten von 200 € entsprechen dann 22,5 % (Warengruppe I). 60 € bezogen auf die Anschaffungskosten von 200 € entsprechen dann 30 % (Warengruppe II).

Der Rohgewinnaufschlagsrest berechnet sich wie folgt. Der ursprüngliche Rohgewinnaufschlagssatz für Warengruppe I beträgt 50 % (Anschaffungskosten 200 €, regulärer Verkaufspreis netto 300 €, Rohgewinn somit 100 € = 50 % von 200 €). Bei Warengruppe II beträgt der Rohgewinnaufschlagssatz 100 % (Anschaffungskosten 200 €, Verkaufspreis netto 400 €, Rohgewinn somit 200 € = 100 % von den Anschaffungskosten in Höhe von 200 €). Um zum Rohgewinnaufschlagsrest zu gelangen, sind die Rohgewinnaufschlagssätze jeweils um den darin enthaltenen Gewinnanteil zu kürzen. Bei Warengruppe I ergeben sich dann (50 ./. 22,5 =) 27,5 % und bei Warengruppe II (100 ./. 30 =) 70 %

Es betragen sodann:

Z:	220 €	300 €
Y1:	22,5 %	30 %
Y2:	27,5 %	70 %
W: Lt. Sachverhalt	40 %	40 %

Warengruppe I

Teilwert: 220 € : (1 + 22,5 % + 27,5 % x 40 %)

Teilwert: 220 € : (1 + 0,225 + 0,11)

Teilwert: 220 : 1,335

Teilwert: 164,79 € (gerundet 165 €)

Warengruppe II

Teilwert: 300 € : (1 + 30 %+ 70 % x 40 %)

Teilwert: 300 € : (1 + 0,3 + 0,28)

Teilwert: 300 : 1,58

Teilwert: 189,87 € (gerundet 190 €)

Zu 3: Wirtschaftsgüter des Vorratsvermögens, die keinen Börsen- oder Marktpreis haben, können mit den AK/HK oder mit einem zwischen diesen Kosten und dem niedrigeren TW liegenden Wert angesetzt werden, wenn und soweit bei vorsichtiger Beurteilung aller Umstände damit gerechnet werden kann, dass bei einer späteren Veräußerung der angesetzte Wert zzgl. der Veräußerungskosten zu erlösen ist (R 6.8 Abs. 1 Satz 4 EStR).

Marktpreis ist der auf einem Markt (Produktenbörse, Effektenbörse, Wochenmarkt u. Ä.) entsprechend dem durchschnittlichen Angebot und der allgemeinen Nachfrage **während der Marktzeit** erzielte Preis (*Dr. Gablers Wirtschafts-Lexikon* „Marktpreis"). Es kann im vorliegenden Fall davon ausgegangen werden, dass es für unmodern gewordene Herrenanzüge einen solchen Marktpreis nicht gibt. Der Wert nach R 6.8 Abs. 1 Satz 4 EStR beträgt bei Warengruppe I 215 € (220 € ./. Veräußerungskosten von 5 €) und bei Warengruppe II 295 € (300 € ./. Veräußerungskosten von 5 €). Das ist m. E. gleichzeitig der handelsrechtlich beizulegende Wert bei der sog. verlustfreien Bewertung (§ 253 Abs. 4 Satz 2 HGB). Vorliegend bilden allerdings die AK von jeweils 200 € die Bewertungsobergrenze (§ 253 Abs. 1 Satz 1 HGB).

FALL 94

Einzel- und Pauschalbewertung

Sachverhalt

Büromöbelhändler B weist in seiner Bilanz zum 31. 12. 01 Forderungen in Höhe von 476 000 € aus. Der Bestand setzt sich wie folgt zusammen:

1.	Forderungen aus **erstmaligen** Lieferungen an Behörden	249 900 €
2.	Forderungen aus Lieferungen an Privatkundschaft	226 100 €

Unter den Forderungen gegenüber Privatkunden ist eine im Betrag von brutto 59 500 €, die voraussichtlich zu 50 % ausfallen wird.

Das allgemeine Ausfallrisiko beträgt nach den Erfahrungen aus der Vergangenheit ca. 5 %. Der Prozentsatz beruht auf dem Vergleich von wirtschaftlichem Umsatz (Erlöse) und tatsächlich eingetretenen Forderungsausfällen.

Die Möglichkeit und voraussichtliche Inanspruchnahme von Skonti besteht am Bilanzstichtag bei Forderungen über brutto 119 000 € (2 %).

Frage

Welchen Teilwert haben die Forderungen zum 31. 12. 01?

LITERATURHINWEIS

Blödtner/Bilke/Heining, Lehrbuch Buchführung und Bilanzsteuerrecht, 9. Aufl., Teil B Abschn. 6 VI.3.

LÖSUNG

Forderungen sind mit den Anschaffungskosten zu bewerten (§ 6 Abs. 1 Nr. 2 EStG). Die Anschaffungskosten entsprechen dem Nennwert (alternativ: dem gemeinen Wert der hingegebenen Wirtschaftsgüter, § 6 Abs. 6 Satz 1 EStG). Ist der TW bzw. beizulegende Wert niedriger, muss dieser handelsrechtlich angesetzt werden (§ 253 Abs. 4 HBG, Niederstwertprinzip). Die Forderungsbewertung kann bzw. muss

► einzelfallbezogen (Großforderungen),

► pauschal (viele Kleinforderungen) oder

► in einem gemischten Verfahren (teils einzelfallbezogen, im Übrigen pauschal)

erfolgen.

Für die Forderungen an Behörden findet eine Einzelbewertung statt. Da ein Ausfallrisiko nicht besteht und andere wertmindernde Umstände nicht erkennbar sind, erfolgt der Ansatz mit dem Nennwert in Höhe von 249 900 €.

Die Forderungen an die Privatkundschaft müssen zum Teil einzeln, im Übrigen können sie pauschal bewertet werden.

Ausgangsbetrag		226 100 €
Umsatzsteuer		./. 36 100 €
Einzelbewertung	50 000 €	./. 50 000 €
Abschreibung 50 %	./. 25 000 €	
Verbleiben für Pauschalbewertung		140 000 €
Ausfallrisiko 5 % =	7 000 €	
Skonti-Inanspruchnahme 2 % =	2 000 €	
Abschreibung insgesamt	34 000 €	

Der Teilwert der Forderungen beträgt hiernach (476 000 € ./. 34 000 € =) 442 000 €. Für die Handelsbilanz ist dieser Ansatz zwingend (§ 253 Abs. 4 HGB). Steuerrechtlich ist er wahlweise zulässig, wenn die Wertminderung von Dauer ist (§ 6 Abs. 1 Nr. 2 Satz 2 EStG). Sind die berechneten Wertminderungen bis zum **Bilanzaufstellungstag** eingetreten, sind die gesetzlichen Voraussetzungen für eine auch steuerrechtlich wirksame Teilwert-Abschreibung erfüllt. Buchung dann im Abschluss 31. 12. 01: Abschreibung an Forderungen 34 000 €.

FALL 95

Unfertige Arbeiten

Sachverhalt

Bauunternehmer B hat sich aufgrund eines Werkvertrages vom 1. 9. 01 verpflichtet, ein Gebäude bis zum 30. 4. 02 für 2 000 000 € zzgl. USt fertig zu stellen. Dabei hat er wie folgt kalkuliert:

Materialkosten	700 000 €
Fertigungskosten	800 000 €
Verwaltungskosten	100 000 €
Durchschnittlicher Unternehmergewinn	400 000 €
Summe	2 000 000 €

Am 31.12.01 sind 40 % der Baumaßnahme fertig gestellt. Bis dahin sind HK einschließlich Verwaltungskosten in Höhe von 1 000 000 € entstanden.

Frage

Wie sind die unfertigen Arbeiten zum 31.12.01 in der StB zu bewerten, wenn ein möglichst niedriger Gewinn gewünscht wird?

LÖSUNG

Die Bewertung halbfertiger Arbeiten (besser „unfertiger" oder „teilfertiger" Arbeiten) erfolgt grundsätzlich mit den Herstellungskosten (hier lt. Sachverhalt 1 000 000 €). Ist der Teilwert auf Dauer niedriger, kann dieser angesetzt werden (vgl. H 6.7 „Halbfertige Bauten auf fremdem Grund und Boden" EStH).

Dabei ist es zulässig, mittels der retrograden Bewertungsmethode den gesamten aus dem Bauauftrag drohenden Verlust einschließlich des Unternehmergewinns zu berücksichtigen, begrenzt auf die Höhe der aktivierungspflichtigen Herstellungskosten (BFH v. 7.9.2005 VIII R 1/03, BStBl 2006 II 298). Hiernach ist wie folgt zu rechnen:

Erzielbarer Erlös (hier lt. Vertrag)	2 000 000 €
Gesamte Herstellungskosten bis zur Fertigstellung	
$^{100}/_{40}$ x 1 000 000 € = 2 500 000 € + Gewinn 400 000 €	2 900 000 €
Verlust	900 000 €
Herstellungskosten bisher	1 000 000 €
Verlust (= Abschreibung)	./. 900 000 €
Teilwert und Bilanzansatz der unfertigen Arbeiten	100 000 €
Vereinfacht kann auch wie folgt gerechnet werden:	
Vereinbarter Erlös	2 000 000 €
Noch anfallende Herstellungskosten	./. 1 500 000 €
Unternehmergewinn	./. 400 000 €
Teilwert	100 000 €

Buchung:

Unfertige Arbeiten	100 000 € an	Aktivierte Eigenleistungen	100 000 €

FALL 96

Bewertung von Wertpapieren in der StB

Sachverhalt

Kaufmann A, ein Bauunternehmer, hatte im Januar 01 börsennotierte Aktien zur langfristigen Stärkung seines Betriebsvermögens erworben und mit den Anschaffungskosten wie folgt gebucht:

Wertpapiere des Anlagevermögens (Y-Aktien) an Bank 50 000 €

Zum 31.12.01 wurden die Aktien sowohl in der HB wie auch in der StB mit den Anschaffungskosten bewertet. Die Y-Aktien verloren im Jahr 02 an Wert. Bis zur Bilanzaufstellung im März 03 blieben die Kurse im Jahr 03 zunächst unverändert. Im Herbst 03 erholten sie sich jedoch überraschend deutlich und stiegen seitdem stetig leicht an. Die Anschaffungskosten im Januar 01 wurden aber bisher noch nicht wieder erreicht. Die Teilwerte der bilanzierten Aktien entwickelten sich wie folgt:

	31.12.02 Bilanzstichtag	31.3.03 Bilanzerstellung	31.12.03 Bilanzstichtag	31.3.04 Bilanzerstellung
Y-Aktien	26 000 €	26 000 €	40 000 €	41 000 €

Im Jahresabschluss zum 31.12.02 hat A die Aktien in der StB mit 26 000 € angesetzt. Für den Jahresabschluss 31.12.03 ist bisher noch keine Entscheidung getroffen. Es soll aber in der StB möglichst niedrig bewertet werden.

Frage

Wie ist steuerrechtlich vorzugehen?

LÖSUNG

Die Y-Aktien gehören nicht zum abnutzbaren Anlagevermögen, da sie erkennbar dazu bestimmt sind, dem Geschäftsbetrieb dauernd zu dienen (§ 247 Abs. 2 HGB). Sie sind grundsätzlich mit den Anschaffungskosten zu bewerten (§ 253 Abs. 1 HGB): 50 000 €.

Die steuerrechtlichen Bewertungsregeln sind mit den handelsrechtlichen nahezu vergleichbar (§ 253 Abs. 1 und 3 HGB, § 6 Abs. 1 Nr. 2 EStG). Es gelten zunächst die Anschaffungskosten und sodann der Teilwert, der steuerrechtlich allerdings nur bei voraussichtlich dauernder Wertminderung angesetzt werden darf (Wahlrecht gem. BMF v. 12.3.2010, BStBl 2010 I 239). Von einer voraussichtlich dauernden Wertminderung ist nach derzeitiger Auffassung der Finanzverwaltung nur dann auszugehen, wenn der Börsenkurs von börsennotierten Aktien zu dem jeweils aktuellen Bilanzstichtag um mehr als 40 % unter die Anschaffungskosten gesunken ist oder zu dem jeweils aktuellen Bilanzstichtag und dem vorangegangenen Bilanzstichtag um mehr als 25 % unter die Anschaffungskosten gesunken ist (BMF v. 26.3.2009, BStBl 2009 I 514). Vor diesem Hintergrund ergibt sich hier Folgendes:

	Y-Aktien
Anschaffungskosten 01	50 000 €
Teilwert 31.12.02	26 000 €
Tatsächliche Abweichung gegenüber AK	24 000 € (48 %)
Ansatz StB 31.12.02 somit	26 000 €

Bei den Y-Aktien war zum 31.12.02 von einer dauernden Wertminderung auszugehen (Abweichung mehr als 40 % der Anschaffungskosten), so dass diese bei steuerlich möglichst niedriger Bewertung mit 26 000 € angesetzt werden konnten. Steuerlich wirksam ist die Abschreibung allerdings nur in Höhe von 60 %; es findet gem. § 3c Abs. 2 Satz 1 zweiter Halbsatz EStG eine außerbilanzielle Hinzurechnung von 9 600 € statt (40 % von 24 000 €).

Teilwert 31. 12. 03	40 000 €
Tatsächliche Abweichung gegenüber AK	10 000 € (20 %)
Ansatz StB 31. 12. 03 somit	50 000 €

Bei den Y-Aktien war zum 31. 12. 03 nicht mehr von einer dauernden Wertminderung auszuge-hen (Abweichung weniger als 40 % und auch weniger als 25 % der Anschaffungskosten), so dass diese mangels dauernder Wertminderung wieder mit 50 000 € anzusetzen sind (§ 6 Abs. 1 Nr. 2 i.V. mit Nr. 1 Satz 4 EStG).

Zutreffende Kontenentwicklung der Y-Aktien:

	HB	StB (BMF v. 26. 3. 2009)	StB* (BFH v. 21. 9. 2011)
Zugang 01	50 000 €	50 000 €	50 000 €
31. 12. 01	50 000 €	50 000 €	50 000 €
Abschreibung/TW-Abschreibung	./. 24 000 €	./. 24 000 €	./. 24 000 €
31. 12. 02	26 000 €	26 000 €	26 000 €
Zuschreibung	+ 15 000 €	+ 24 000 €	+ 14 000 €
31. 12. 03	41 000 €	50 000 €	40 000 €

Die steuerliche Zuschreibung bei den Y-Aktien in 03 in Höhe von 24 000 € berechtigt die An-wendung des § 3 Nr. 40 Satz 1 Buchst. a Satz 1 EStG: Es ist eine außerbilanzielle Abrechnung in Höhe von 40 % von 24 000 € = 9 600 € vorzunehmen.

HINWEIS

*Mit zwei neueren Urteilen hat der BFH seine bisherige Rechtsprechung zur Teilwertabschrei-bung bei börsennotierten Aktien und Aktienfonds präzisiert. Danach ist von einer voraussicht-lich dauernden Wertminderung bei an der Börse gehandelten Aktien typisierend bereits dann auszugehen, wenn der Kurs am Bilanzstichtag unter den Kurs im Zeitpunkt des Aktienerwerbs gesunken ist und die **Kursdifferenz** eine **Bagatellgrenze von 5 % überschreitet**. Auf die Kursent-wicklung nach dem Bilanzstichtag kommt es grundsätzlich nicht an (BFH v. 21. 9. 2011 I R 89/10, NWB DokID: FAAAD-98629, DStR 2012, 21).

FALL 97

Unverzinsliche Verbindlichkeiten

Sachverhalt

Großhändler G erwirbt am 1. 7. 01 vom Hersteller H fünf neue Gabelstapler zum Gesamtpreis von 77 983 € zzgl. 14 817 € USt. Es ist vereinbart, dass der Brutto-Kaufpreis von 92 800 € in ei-ner Summe am 30. 6. 03 fällig und dann zu zahlen ist. Eine konkrete Verzinsung ist nicht verein-bart.

Großhändler G erhält ferner Ende 01 von seinem Lieferanten L, mit dem eine jahrzehntelange Geschäftsbeziehung besteht, ein unverzinsliches Darlehen in Höhe von 500 000 € für eine Betriebserweiterung. Der Betrag geht in Höhe von 500 000 € am 31. 12. 01 auf dem Bankkonto des G ein. Das Darlehen ist am 31. 12. 06 in einer Summe zurückzuzahlen.

Fragen

Wie hoch sind die Anschaffungskosten für die Gabelstapler? Wie ist der gestundete Kaufpreis in den Abschlüssen 01 – 03 auszuweisen? Wie ist das unverzinsliche Darlehen von L in den steuerlichen Abschlüssen des G zu behandeln?

LITERATURHINWEIS

Blödtner/Bilke/Heining, Lehrbuch Buchführung und Bilanzsteuerrecht, 10. Aufl., Teil B Kapitel 6.6.5.

LÖSUNG

Verbindlichkeiten aus Liefergeschäften, die erst nach längerer Zeit zu tilgen sind, enthalten auch bei vereinbarter Unverzinslichkeit verdeckt einen kalkulierten Zinsanteil und sind abzuzinsen (BFH v. 25. 2. 1975 VIII R 19/70, BStBl 1975 II 647, BFH v. 30. 11. 2005 I R 1/05, BStBl 2006 II 471). Dabei ist das verdeckte Darlehensgeschäft als schwebendes Geschäft (R 5.7 Abs. 7 EStR) anzusehen mit der Folge, dass der Zinsanteil zunächst nicht zusätzlich passiviert werden darf, sondern nur pro rata temporis. Die Verbindlichkeit selbst ist somit mit dem abgezinsten Wert anzusetzen; für einen aktiven Rechnungsabgrenzungsposten fehlt die gesetzliche Grundlage. Nachfolgend wird auch auf den 31. 12. 02 noch eine Abzinsung durchgeführt, obwohl die Restlaufzeit nur noch $1/2$ Jahr beträgt. Denn die Bewertung der Verbindlichkeit erfolgt hier gerade nicht nach § 6 Abs. 1 Nr. 3 EStG, weil im vorliegenden Fall von einer Verzinsung ausgegangen wird. Die Abzinsung zum 31. 12. 02 dient der Ermittlung des auf Jahr 02 entfallenden Zinsanteils. Der abgezinste Betrag (Gegenwartswert oder Barwert) stellt gleichzeitig die Anschaffungskosten für das angeschaffte Wirtschaftsgut dar (hier 83 334 ./. 14 817 Vorsteuer = 68 517 €). Gemäß § 12 Abs. 3 BewG ergeben sich folgende Gegenwartswerte:

		Zinsanteil
1. 7. 01 (Laufzeit 2 Jahre): 92 800 × 0,898 =	83 334 €	
31. 12. 01 (Laufzeit 1 $1/2$ Jahre): 92 800 × 0,923 =	85 654 €	2 320 €
31. 12. 02 (Laufzeit $1/2$ Jahr): 92 800 × 0,974 =	90 387 €	4 733 €
30. 6. 03 (Fälligkeit) =	92 800 €	2 413 €

Buchungen 01

Betriebs- und Geschäftsausstattung	68 517 €	an	Verbindlichkeiten	83 334 €
VoSt	14 817 €			
Zinsaufwand	2 320 €	an	Verbindlichkeiten	2 320 €

Buchungen 02

Zinsaufwand	4 733 €	an	Verbindlichkeiten	4 733 €

Buchungen 03

| Zinsaufwand | 2 413 € an | Verbindlichkeiten | 2 413 € |
| Verbindlichkeiten | 92 800 € an | Bank | 92 800 € |

Bei dem **Darlehen von L** besteht offensichtlich Unverzinslichkeit. Die Laufzeit beträgt am Bilanz-stichtag noch mindestens ein Jahr. Für solche Darlehen besteht nach § 6 Abs. 1 Nr. 3 ein Abzin-sungsgebot. Am 31.12.01 beträgt die Laufzeit noch 5 Jahre. Gemäß § 12 Abs. 3 BewG ergibt sich ein Gegenwartswert von (500 000 € × 0,765 =) 382 500 €. Der Ansatz dieses Werts (statt des Rückzahlungsbetrages von 500 000 €) führt zum Ausweis eines nicht realisierten Gewinns in Höhe von 117 500 €. In den Folgejahren wird dieser Gewinn wieder rückgängig gemacht. Denn am 31.12.02 beträgt bei vier Jahren Restlaufzeit der Gegenwartswert (500 000 € × 0,807 =) 403 500 €, sodass sich ein Aufwand in Höhe von (403 500 € ./. 382 500 € =) 21 000 € ergibt, ohne dass wirtschaftlich ein Aufwand vorliegt. Zum 31.12.03 beträgt der Gegenwartswert (500 000 € × 0,852 =) 426 000 €, der zu einem weiteren Zinsaufwand von 22 500 € führt usw.

Buchung 01:

| Bank | 500 000 € an | Verbindlichkeiten | 382 500 € |
| | | und Zinserträge | 117 500 € |

Buchung 02:

| Zinsaufwand | 21 000 € an | Verbindlichkeiten | 21 000 € |

Buchung 03:

| Zinsaufwand | 22 500 € an | Verbindlichkeiten | 22 500 € |

Die höchstrichterliche Finanzrechtsprechung hat hiergegen keine verfassungsrechtlichen Beden-ken (BFH v. 6.10.2009 I R 4/08, BStBl 2010 II 177, v. 27.1.2010 I R 35/09, BStBl 2010 II 478).

Auf den jährlichen Zinsaufwand ist § 8 Nr. 1 Buchst. a GewStG (Hinzurechnung von Dauer-schuldzinsen) nicht anzuwenden (BMF v. 26.5.2005, BStBl 2005 I 699, Rz 39). Anders verhält es sich bei der Zinsschranke (§ 4h Abs. 3 Satz 4 EStG); die jährlichen Aufzinsungen führen z. B. zu berücksichtigungsfähigem Zinsaufwand (BMF v. 4.7.2008, BStBl 2008 I 718).

Zur Abzinsungstechnik siehe BMF v. 26.5.2005, BStBl 2005 I 699. Handelsrechtlich findet für unverzinsliche Verbindlichkeiten keine Abzinsung statt (anders bei Rückstellungen und Renten-verpflichtungen, § 253 Abs. 2 HGB).

4.4 Absetzung für Abnutzung (§ 7 EStG)

4.4.1 Begriff

Der Begriff **Abschreibung** ist ein Oberbegriff; er umfasst

1. Absetzungen für Abnutzung (AfA) gem. § 7 EStG in Gestalt von

   a) linearer AfA (§ 7 Abs. 1 und 4 EStG),

   b) AfA nach Maßgabe der Leistung (§ 7 Abs. 1 Satz 6 EStG),

   c) degressiver AfA (§ 7 Abs. 2 und 5 EStG),

d) Absetzung für außergewöhnliche Abnutzung (§ 7 Abs. 1 Satz 7 EStG).

e) Absetzungen für Substanzverringerung (§ 7 Abs. 6 EStG)

2. Teilwertabschreibungen gem. § 6 Abs. 1 Nr. 1 und 2 EStG

3. Sonderabschreibungen (zusätzlich zur normalen AfA), z. B. gem.

a) § 7f EStG (private Krankenhäuser),

b) § 7g Abs. 5 EStG,

4. Erhöhte Absetzungen (an Stelle der normalen AfA)

Zweck der **AfA** ist die Verteilung der Anschaffungs- oder Herstellungskosten eines abnutzbaren Wirtschaftsguts des Anlagevermögens (R 6.1 Abs. 1 EStR) auf die betriebsgewöhnliche Nutzungsdauer. Die **betriebsgewöhnliche Nutzungsdauer** ist der Zeitraum, in dem das Wirtschaftsgut unter Berücksichtigung der Verhältnisse seines Einsatzes durch den Steuerpflichtigen zur Erzielung steuerpflichtiger Einnahmen verwendet oder genutzt werden kann. Unbeachtlich ist, ob das Wirtschaftsgut voraussichtlich vor seiner technischen oder wirtschaftlichen Abnutzung veräußert oder beseitigt wird (BFH v. 19. 11. 1997 X R 78/94, BStBl 1998 II 59).

Als Hilfsmittel zur Schätzung der Nutzungsdauer sind vom BMF unter Beteiligung der Fachverbände der Wirtschaft **AfA-Tabellen** (BStBl 2000 I 1532) für allgemein verwendbare Anlagegüter und für verschiedene Wirtschaftszweige herausgegeben worden. Die dort aufgeführten linearen AfA-Sätze gelten für Einschichten-Nutzung.

Für Pkw wird im Allgemeinen von einer Nutzungsdauer von sechs Jahren ausgegangen.

Ein in einen Pkw eingebautes Autotelefon (kein Mobiltelefon) ist ein selbständig bewertbares Wirtschaftsgut, das entsprechend seiner eigenen Nutzungsdauer abzuschreiben ist (BFH v. 20. 2. 1997 III B 98/96, BStBl 1997 II 360).Die Grenzen zwischen Teilwert-Abschreibung und Absetzung für außergewöhnliche Abnutzung (AfaA) sind nicht immer eindeutig zu ziehen. Eine Teilwert-Abschreibung kommt immer in Betracht, wenn die Wiederbeschaffungskosten gesunken sind oder die Investition eine Fehlmaßnahme war (R 6.7 EStR). Eine AfaA kann sich aus **technischen** Gründen (Beschädigung, Bruch, Zerstörung) oder aus **wirtschaftlichen** Gründen ergeben. Eine AfaA setzt voraus, dass die wirtschaftliche Nutzbarkeit eines Wirtschaftsguts durch **außergewöhnliche Umstände** gesunken ist (BFH v. 8. 7. 1980 VIII R 176/78, BStBl 1980 II 743). Das ist m. E. der Fall, wenn Wirtschaftsgüter des Anlagevermögens z. B. durch Auftragsrückgänge langfristig nicht mehr voll ausgelastet sein werden. Da die untere Grenze für den Teilwert der Einzelverkaufspreis abzüglich Veräußerungskosten ist, muss dieser nicht unbedingt unter dem Buchwert liegen. In diesen Fällen kann der Buchwert gleichwohl durch eine AfaA unterschritten werden, wenn die Voraussetzungen dafür vorliegen. Mängel eines Gebäudes im Zeitpunkt seiner Anschaffung rechtfertigen keine AfaA (BFH v. 14. 1. 2004 IX R 30/02, BStBl 2004 II 592)

Die Unterscheidung zwischen Teilwertabschreibung und AfaA ist aus einem anderen Grund ebenfalls wichtig: Bei der Gewinnermittlung nach § 4 Abs. 3 EStG kommen Teilwertabschreibungen, die auf § 6 EStG beruhen, nicht in Betracht, wohl aber AfaA, die auf § 7 EStG beruhen. Auch bei den Überschusseinkünften sind AfaA zulässig.

4.4.2 Kreis der abnutzbaren Wirtschaftsgüter

Als abnutzbare Witschaftsgüter kommen Sachen (körperliche Gegenstände), Rechte und immaterielle Wirtschaftsgüter in Betracht. Nichtabnutzbare Wirtschaftsgüter sind demgegenüber der Grund und Boden, Beteiligungen, Umlaufvermögen. AfA gibt es nur für Wirtschaftsgüter, deren **Verwendung oder Nutzung sich auf einen Zeitraum von mehr als einem Jahr erstreckt** (§ 7 Abs. 1 Satz 1 EStG) und die zum Anlagevermögen gehören (§ 247 Abs. 2 HGB, R 6.1 Abs. 1 EStR).

Wirtschaftsgüter, die zum Zwecke der dauerhaften Einbindung in einen bereits bestehenden Geschäftsbetrieb erworben werden, sind – vorbehaltlich eines Gestaltungsmissbrauchs – auch dann im Anlagevermögen auszuweisen, wenn die gesamte organisatorische Einheit (Betrieb einschließlich erworbener Wirtschaftsgüter) kurze Zeit später mit der Absicht ihrer Weiterführung veräußert wird (BFH v. 10. 8. 2005 VIII R 78/02, BStBl 2006 II 58).

Ersatzteile (für Anlagevermögen) **auf Vorrat** (z. B. Reifen, Austauschmotoren) sind zunächst Umlaufvermögen, da sie zum Verbrauch bestimmt sind; kommen sie zum Einsatz, handelt es sich um Reparaturaufwand.

Vorführwagen gehören zum Anlagevermögen, da sie am Stichtag **nicht zum Verkauf** bestimmt sind. Sammlungs- und Anschauungsobjekte sind nicht abnutzbar (BFH v. 9. 8. 1989 X R 131-133/87, BStBl 1990 II 50).

4.4.3 Absetzungsberechtigter

Das Recht auf AfA hat, wer die Abnutzung **wirtschaftlich** trägt. Das ist im Regelfall der rechtliche Eigentümer. Fallen rechtliches und wirtschaftliches Eigentum (§ 39 AO) auseinander, steht die AfA dem wirtschaftlichen Eigentümer zu. Nießbraucher einschließlich Vermächtnisnießbraucher sind im Regelfall nicht zur AfA berechtigt (BFH v. 28. 9. 1995 IV R 7/94, BStBl 1996 II 440).

Hat ein Steuerpflichtiger Herstellungskosten für ein im Miteigentum stehendes Wirtschaftsgut getragen und darf er das Wirtschaftsgut für seine betrieblichen Zwecke ohne Entgelt nutzen, so kann er diese Herstellungskosten als eigenen Aufwand durch AfA (ggf. auch durch erhöhte Absetzungen) als Betriebsausgaben abziehen (BFH v. 30. 1. 1995 GrS 4/92, BStBl 1995 II 281). Zur Vornahme von AfA ist somit der befugt, der die AK/HK für das zur Einkunftserzielung bestimmte Wirtschaftsgut getragen hat. In einem solchen Fall ist es nicht erforderlich, dass der Steuerpflichtige bürgerlich-rechtlicher oder wirtschaftlicher Eigentümer ist (BFH v. 28. 3. 1995 IX R 126/89, BStBl 1997 II 121). Deshalb steht einem Vorbehalts-Nießbraucher die AfA zu, soweit er eigene AK/HK gehabt hat, wenn er in Ausübung seines Nießbrauchsrechtes das Wirtschaftsgut weiter zur Einkunftserzielung nutzt. Das gilt auch dann, wenn es sich nur um ein vorbehaltenes **schuldrechtliches Nutzungsrecht** handelt (BFH v. 28. 3. 1995 IX R 126/89, BStBl 1997 II 121). Siehe auch H 4.7 „Eigenaufwand" EStH.

Die vom Steuerpflichtigen getragenen Herstellungskosten eines fremden Gebäudes, das er zu betrieblichen Zwecken nutzen darf, sind bilanztechnisch „wie ein materielles Wirtschaftsgut" zu behandeln und nach den für Gebäude geltenden AfA-Regeln abzuschreiben. Für die Behandlung von Herstellungskosten eines fremden Gebäudes „wie ein materielles Wirtschaftsgut" ist ohne Bedeutung, ob

a) die Nutzungsbefugnis des Steuerpflichtigen auf einem unentgeltlichen oder auf einem entgeltlichen Rechtsverhältnis beruht,

b) dem Steuerpflichtigen zivilrechtliche Ersatzansprüche gegen den Eigentümer des Grundstücks zustehen oder ob er von vornherein auf solche Ansprüche verzichtet, und

c) die Übernahme der Herstellungskosten durch den Steuerpflichtigen eine unentgeltliche Zuwendung an den Eigentümer des Grundstücks oder Entgelt für die Nutzungsüberlassung des Grundstücks ist (BFH v. 25. 2. 2010 IV R 2/07, BStBl 2010 II 670).

4.4.4 Pflicht zur Vornahme der AfA

Gemäß der ausdrücklichen Regelung in § 7 Abs. 1 Satz 1 EStG **muss** AfA in Anspruch genommen werden (z. B. auch bei zwischenzeitlich gestiegenem Teilwert). Die bewusste Unterlassung zur Erlangung unberechtigter Steuervorteile führt allerdings zum Verlust der AfA (H 7.4 „Unterlassene oder überhöhte AfA" EStH).

4.4.5 AfA bei beweglichen Wirtschaftsgütern

Die AfA beginnt ab dem Zeitpunkt der Anschaffung/Herstellung. Als Anschaffung gilt die Lieferung, als Herstellung die Fertigstellung (§ 9a EStDV). Auf den Zeitpunkt der Ingebrauchnahme kommt es nicht an.

Wird degressiv abgeschrieben (§ 7 Abs. 2 EStG, letztmals für Anschaffungen in 2010), sind Absetzungen für außergewöhnliche technische oder wirtschaftliche Abnutzung nicht zulässig (§ 7 Abs. 2 Satz 4 EStG). Da der Wechsel von der degressiven zur linearen AfA-Methode zulässig ist (§ 7 Abs. 3 EStG), kann durch entsprechenden Wechsel dieses Verbot umgangen werden. Der Methodenwechsel ist ebenfalls erforderlich zur Abschreibung des Restwertes.

Für Anschaffungen oder Herstellungen oder Einlagen im Laufe des Wirtschaftsjahres vermindert sich für dieses Jahr der Jahresbetrag um jeweils ein Zwölftel für jeden vollen Monat, der dem Monat der Anschaffung oder Herstellung vorangeht (§ 7 Abs. 1 Satz 4 EStG R 7.4 Abs. 2 Satz 2 RStR). Sind AfA versehentlich unterblieben, können sie nachgeholt werden (H 7.4 „Unterlassene oder überhöhe AfA" EStH).

Nachträgliche Herstellungskosten sind so zu berücksichtigen, als seien sie zu Beginn des Jahres entstanden (R 7.4 Abs. 9 Satz 3 EStR). In diesen Fällen ist die Restnutzungsdauer unter Berücksichtigung des Zustandes des Wirtschaftsguts im Zeitpunkt der Beendigung der Herstellungsmaßnahme neu zu schätzen (R 7.4 Abs. 9 Satz 1 EStR). Ergibt sich durch die Herstellungsmaßnahme keine Verlängerung der ursprünglich angenommenen Nutzungsdauer, berechnet sich die Restnutzungsdauer wie folgt: Ursprünglich angenommen Nutzungsdauer ./. abgelaufene Nutzungsdauer.

Die Anschaffungs- oder Herstellungskosten von Wirtschaftsgütern des Anlagevermögens, deren Nutzungsdauer zwölf Monate nicht übersteigt (kurzlebige Wirtschaftsgüter), sind auch dann in voller Höhe im Wirtschaftsjahr der Anschaffung oder Herstellung abzuziehen, wenn sie in der zweiten Hälfte des Wirtschaftsjahres angeschafft oder hergestellt wurden und ihre Nutzungsdauer über den Bilanzstichtag hinausreicht (BFH v. 26. 8. 1993 IV R 127/91, BStBl 1994 II 232).

4.4.6 Sonderabschreibung nach § 7g Abs. 5 und 6 EStG

Nach § 7g Abs. 5 EStG kann für neue oder gebrauchte abnutzbare bewegliche Wirtschaftsgüter des Anlagevermögens neben der linearen AfA nach § 7 Abs. 1 oder (auslaufend) Abs. 2 EStG innerhalb von fünf Jahren eine Sonderabschreibung von bis zu 20 % der Anschaffungs- oder Herstellungskosten in Anspruch genommen werden. Voraussetzung hierfür ist, dass der Betrieb die

▶ Größenmerkmale des § 7g Abs. 1 Satz 2 Nr. 1 EStG einhält (die Zahlen in Klammern ergeben sich aus § 52 Abs. 23 EStG):

   a) bei bilanzierenden Gewerbetreibenden und Freiberuflern darf das Betriebsvermögen nicht größer als 235 000 € (1. 1. 2009 – 31. 12. 2010: 335 000 €) sein,

   b) bei Betrieben der Land- und Forstwirtschaft darf der Wirtschaftswert oder Ersatzwirtschaftswert 125 000 € (1. 1. 2009 – 31. 12. 2010: 175 000 €) nicht überschreiten,

   c) bei Gewinnermittlung durch Einnahmenüberschussrechnung darf der Gewinn ohne Berücksichtigung des Investitionsabzugsbetrages nicht mehr als 100 000 € (1. 1. 2009 – 31. 12. 2010: 200 000 €) betragen und

▶ das Wirtschaftsgut im Jahr der Anschaffung oder Herstellung und im darauf folgenden Wirtschaftsjahr in einer inländischen Betriebsstätte des Betriebs des Steuerpflichtigen ausschließlich oder fast ausschließlich (mindestens 90 %) betrieblich genutzt wird (§ 7g Abs. 6 EStG). Bei Verstößen hiergegen werden die betroffenen Veranlagungen ggf. **rückwirkend** geändert (§ 7g Abs. 6 Nr. 2 letzter Halbsatz EStG).

Voraussetzung für die Inanspruchnahme der Sonderabschreibung ist nicht, dass für das Wirtschaftsgut zuvor ein Investitionsabzugsbetrag geltend gemacht wurde.

Da die Vergünstigung **betriebsbezogen** ist, steht die Vergünstigung auch zu, wenn der Steuerpflichtige mehrere Betriebe hat, sofern das Betriebsvermögen des einzelnen Betriebs nicht mehr als 235 000 € bzw. 335 000 € beträgt.

4.4.7 AfA bei Gebäuden

Rechtsgrundlage ist § 7 Abs. 4 und 5 EStG; die Regelungen gelten auch für Gebäudeteile (§ 7 Abs. 5a EStG), z. B. für unterschiedlich genutzte Gebäudeteile, für aktivierungspflichtige Mietereinbauten und -umbauten, die keine Betriebsvorrichtungen oder Scheinbestandteile sind (H 7.4 „Mietereinbauten" EStH).

Zu unterscheiden ist bei § 7 Abs. 4 EStG zwischen der AfA nach § 7 Abs. 4 Satz 1 EStG (Antrag auf Baugenehmigung nach dem 31. 3. 1985: AfA 3 %, Antrag auf Baugenehmigung vor dem 1. 4. 1985: AfA 2 % bzw. 2,5 %) und der AfA nach § 7 Abs. 4 Satz 2 EStG (tatsächliche **kürzere** Nutzungsdauer).

Die degressive AfA für **Wirtschaftsgebäude** (§ 7 Abs. 5 Nr. 1 und 2 EStG) spielt nur noch eine Rolle zur Abwicklung von Altfällen (Antrag auf Baugenehmigung vor dem 1. 1. 1994 bei Wirtschaftsgebäuden im Betriebsvermögen bzw. Antrag auf Baugenehmigung vor dem 1. 1. 1995 bei Wirtschaftsgebäuden im Privatvermögen). Bei Wohngebäuden kommen degressive Absetzungen für Abnutzungen nach Maßgabe des § 7 Abs. 5 Nr. 3 EStG in Betracht; hierbei steht die AfA im Jahr der Anschaffung oder Herstellung mit dem vollen Jahresbetrag zu (§ 7 Abs. 5 Satz 3 EStG). Die Regelung läuft aus.

Ein **Wechsel der AfA-Methode** ist grundsätzlich nicht zulässig. Lediglich bei Umwidmungen (z. B. von gewerblichen zu Wohnzwecken) kommt ein Methodenwechsel in Betracht (R 7.4 Abs. 7 EStR).

Absetzungen für **außergewöhnliche Abnutzung** sind auch bei Gebäuden zulässig, die degressiv abgeschrieben werden (R 7.4 Abs. 11 EStR), z. B. bei einem Teilabbruch.

Die AfA nach § 7 Abs. 4 EStG kann nur **pro rata temporis** in Anspruch genommen werden (§ 7 Abs. 1 Satz 4 EStG).

Auch bei Gebäuden kann **versehentlich unterlassene AfA** nachgeholt werden, allerdings in der Weise, dass der Abschreibungssatz unverändert bleibt. Dadurch verlängert sich der Abschreibungszeitraum. Absichtlich unterlassene AfA kann nicht nachgeholt werden; sie ist verloren (H 7.4 „Unterlassene oder überhöhte AfA" EStH).

Für die Abgrenzung von **Erhaltungs- und Herstellungsaufwand bei Gebäuden** sind die Ausführungen in R 21.1 EStR und BMF v. 18. 7. 2003, BStBl 2003 I 386 zu beachten. Bei Aufwendungen bis 4 000 € netto je Baumaßnahme erkennt die Finanzverwaltung ohne Prüfung Erhaltungsaufwand an (R 21.1 Abs. 2 EStR). Werden innerhalb von drei Jahren nach Anschaffung eines Gebäudes hohe Reparatur- und Modernisierungsmaßnahmen getätigt, liegt darin **anschaffungsnaher Herstellungsaufwand**, wenn die Aufwendungen ohne die Umsatzsteuer 15 % der Anschaffungskosten des Gebäudes übersteigen (§ 6 Abs. 1 Nr. 1a Satz 1 EStG).

Im Übrigen ist Herstellungsaufwand immer dann anzunehmen, wenn hierdurch das Gebäude **erweitert** oder **über seinen ursprünglichen Zustand hinaus wesentlich verbessert wird** (§ 255 Abs. 2 Satz 1 HGB). Dabei kann eine wesentliche Verbesserung auch in einer Veränderung mit dem Ziel einer neuen betrieblichen Gebrauchs- oder Verwendungsmöglichkeit begründet sein, z. B. wenn eine betriebliche Halle umgebaut wird (BFH v. 25. 1. 2006 I R 58/04, BStBl 2006 II 707).

In Abgrenzung dazu liegt Erhaltungsaufwand vor, wenn Vorhandenes lediglich ausgetauscht wird (neue Fenster für alte Fenster, neue Dachpfannen für alte Dachpfannen usw.).

Die bilanzielle Behandlung von nachträglichen Herstellungskosten bei Gebäuden ist wie folgt geregelt:

Abschreibung des Gebäudes nach § 7 Abs. 4 Satz 1 oder Abs. 5 EStG (H 7.3 „Nachträgliche Anschaffungs- oder Herstellungskosten" EStH).

Formel:

	Bisherige Bemessungsgrundlage
+	nachträgliche Herstellungskosten
=	Neue Bemessungsgrundlage × bisheriger AfA-Satz

Wird in diesen Fällen die volle Absetzung nicht innerhalb der **tatsächlichen** Nutzungsdauer erreicht, kann die AfA nach der Restnutzungsdauer bemessen werden (H 7.4 „Nachträgliche Anschaffungs- oder Herstellungskosten" EStH).

BEISPIEL ▸ Herstellungskosten eines Fabrikgebäudes Anfang 00 500 000 €.
AfA 3 %
Nachträgliche Herstellungskosten 11: 100 000 €.
Kontenentwicklung:

HK 00		500 000 €
AfA 00 – 10		./. 165 000 €
Buchwert 31. 12. 10		335 000 €
Nachträgliche HK 11		+ 100 000 €
AfA 11		
Alte Bemessungsgrundlage	500 000 €	
Nachträgliche HK	+ 100 000 €	
Neue Bemessungsgrundlage	600 000 €	
AfA 3 %		./. 18 000 €
Buchwert 31. 12. 11		417 000 €
AfA 12		./. 18 000 €

BEISPIEL ▸ Herstellungskosten eines Fabrikgebäudes in 01 500 000 € und **tatsächliche Nutzungsdauer** von Anfang an 50 Jahre. Nachträgliche Herstellungskosten 100 000 € im Jahr 21 (also 20 Jahre später). Eine Verlängerung der Nutzungsdauer ist durch die Herstellungsmaßnahme im Jahr 21 nicht eingetreten, sodass die **tatsächliche Restnutzungsdauer** ab dem Jahr 21 30 Jahre beträgt. AfA bisher 2 % jährlich.
Kontenentwicklung:

HK 01		500 000 €
AfA 2 % für 01 – 20		./. 200 000 €
Buchwert 31. 12. 20		300 000 €
Nachträgliche HK 21		+ 100 000 €
AfA 21		
Alte Bemessungsgrundlage	500 000 €	
Nachträgliche HK 21	+ 100 000 €	
AfA 2 % von	600 000 €	./. 12 000 €
Buchwert 31. 12. 21		388 000 €

In diesem Fall wird die volle Absetzung nicht innerhalb der tatsächlichen Restnutzungsdauer von 30 Jahren erreicht. Denn 400 000 €/12 000 € ergeben eine Abschreibungsdauer von $33^1/_3$ Jahren. Wahlweise kann deshalb auch wie folgt abgeschrieben werden:

Buchwert 31. 12. 20	300 000 €
Nachträgliche HK 21	+ 100 000 €
AfA 21: 400 000 €/30 Jahre	./. 13 333 €
Buchwert 31. 12. 2001	386 667 €

Abschreibung des Gebäudes nach § 7 Abs. 4 Satz 2 EStG (Wahlrecht nach R 7.4 Abs. 9 Satz 2 EStR).

	Alte Bemessungsgrundlage
+	Nachträgliche Herstellungskosten
=	Neue Bemessungsgrundlage × bisheriger AfA-Prozentsatz

Oder

	Buchwert
+	Nachträgliche Herstellungskosten = Neuer Buchwert
=	AfA: Neuer Buchwert/**tatsächliche** Restnutzungsdauer

Bei **Teilwertabschreibungen** oder **AfaA** ist § 11c Abs. 2 EStDV zu beachten. Danach ist wie folgt vorzugehen:

	Buchwert
./.	reguläre AfA
./.	Teilwertabschreibung oder AfaA
=	Buchwert/Teilwert

Die AfA-Bemessungsgrundlage ändert sich erst ab dem **Folgejahr** wie folgt:

	Ursprüngliche Bemessungsgrundlage
./.	Betrag der Teilwertabschreibung oder AfaA
=	neue Bemessungsgrundlage × bisheriger AfA-Prozentsatz

4.4.8 AfA nach Einlage

Bei einer Einlage aus dem Privatvermögen in ein Betriebsvermögen tritt an die Stelle der Anschaffungs- oder Herstellungskosten der Einlagewert (§ 6 Abs. 1 Nr. 5 Satz 1 EStG). Einlagewert ist grundsätzlich der Teilwert (§ 6 Abs. 1 Nr. 5 Satz 1 erster Halbsatz EStG). Bei der Einlage eines abnutzbaren Wirtschaftsguts in ein Betriebsvermögen innerhalb von drei Jahren nach Anschaffung oder Herstellung (§ 6 Abs. 1 Nr. 5 Satz 1 zweiter Halbsatz Buchst. a i. V. mit Satz 2 EStG) ermittelt sich der Einlagewert nach den Anschaffungs- oder Herstellungskosten abzüglich der AfA nach § 7 EStG, den erhöhten Absetzungen (außerplanmäßige AfA) sowie etwaigen Sonderabschreibungen, die auf den Zeitraum zwischen der Anschaffung oder Herstellung des Wirtschaftsguts und der Einlage entfallen, unabhängig davon, ob das Wirtschaftsgut vor der Einlage zur Einkünfteerzielung genutzt worden ist (R 6.12 Abs. 1 EStR).

Werden hingegen Wirtschaftsgüter nach einer Verwendung zur Erzielung von Einkünften i. S. des § 2 Abs. 1 Satz 1 Nr. 4 bis 7 EStG in ein Betriebsvermögen eingelegt, ist nach § 7 Abs. 1 Satz 5 EStG eine vom Einlagewert nach § 6 Abs. 1 Nr. 5 Satz 1 EStG **abweichende AfA-Bemessungsgrundlage** zu ermitteln. Die Abschreibung des eingelegten Wirtschaftsguts nach § 7 Abs. 1 EStG bemisst sich in diesem Fall nach folgenden Grundsätzen (vgl. BMF v. 27. 10. 2010, BStBl 2010 I 1204):

Fallgruppe 1: Ist der Einlagewert des Wirtschaftsguts höher als oder gleich den historischen Anschaffungs- oder Herstellungskosten, ist die AfA ab dem Zeitpunkt der Einlage nach dem um die bereits in Anspruch genommenen AfA oder Substanzverringerungen (planmäßige AfA), Sonderabschreibungen oder erhöhten Absetzungen geminderten Einlagewert zu bemessen.

Fallgruppe 2: Ist der Einlagewert des Wirtschaftsguts geringer als die historischen Anschaffungs- oder Herstellungskosten, aber nicht geringer als die fortgeführten Anschaffungs- oder Herstellungskosten, ist die AfA ab dem Zeitpunkt der Einlage nach den fortgeführten Anschaffungs- oder Herstellungskosten zu bemessen.

Fallgruppe 3: Ist der Einlagewert des Wirtschaftsguts geringer als die fortgeführten Anschaffungs- oder Herstellungskosten, bemisst sich die weitere AfA nach diesem **ungeminderten** Einlagewert.

Fallgruppe 4: Der Einlagewert eines Wirtschaftsguts nach § 6 Abs. 1 Nr. 5 Satz 1 zweiter Halbsatz Buchst. a i.V. mit Satz 2 EStG (Einlage innerhalb von drei Jahren nach privater Anschaffung) gilt gleichzeitig auch als AfA-Bemessungsgrundlage gem. § 7 Abs. 1 Satz 5 EStG.

BEISPIEL ▶ Die AK eines Bürogebäudes betrugen vor zehn Jahren 2 000 000 €. Mit ihm wurden Einkünfte aus Vermietung und Verpachtung nach § 21 EStG erzielt. Das Gebäude wurde jährlich mit 2 % abgeschrieben, sodass sich am Ende des zehnten Jahres fortgeführte Anschaffungskosten von 1 600 000 € ergaben. Zu Beginn des elften Jahres wird es in ein Betriebsvermögen eingelegt. Zu diesem Zeitpunkt beträgt der Teilwert:

a) 2 200 000 €

b) 1 800 000 €

c) 1 500 000 €

LÖSUNG ▶

	a)	b)	c)
Einlagewert	2 200 000 €	1 800 000 €	1 500 000 €
AfA-Bemesssungsgrundlage	1 800 000 €*	1 600 000 €**	1 500 000 €
AfA 3 % (1. – 33. Jahr)	54 000 €	48 000 €	45 000 €
AfA 34. Jahr	18 000 €	16 000 €	15 000 €
Restbuchwert (Betriebsausgabe bei Veräußerung)	400 000 €	200 000 €	0 €

*Einlagewert 2 200 000 € ./. AfA 400 000 €

**Fortgeführte AK

Der in den Fällen a) und b) eingefrorene Restbuchwert soll sicherstellen, dass die im Privatvermögen entstandenen stillen Reserven im Veräußerungsfall nicht nachträglich besteuert werden.

Im Fall c) beträgt das insgesamt geltend gemachte AfA-Volumen 1 900 000 € (400 000 € + 1 500 000 €). Von den ursprünglichen AK von 2 000 000 € wirken sich steuerlich 100 000 € nicht aus; es handelt sich um einen unbeachtlichen Wertverlust im Privatvermögen.

FALL 98

AfA-Methoden, Sonderabschreibung gem. § 7g EStG

Sachverhalt

Ein Fuhrunternehmer (Gewinnermittlung durch Betriebsvermögensvergleich gem. § 4 Abs. 1 i.V. mit § 5 EStG, Wirtschaftsjahr = Kalenderjahr) erwirbt Anfang Juli 01 einen neuen Lkw. Die Anschaffungskosten betragen 200 000 €. Die betriebsgewöhnliche Nutzungsdauer beträgt 9 Jahre. Es kann mit einer Gesamtleistung von 500 000 km gerechnet werden. Nach dem Kilometerzähler ergeben sich folgende Fahrleistungen:

01:	5 000 km
02:	70 000 km
03:	90 000 km

Der Betrieb befindet sich in Dortmund, der Wert des Betriebsvermögens beträgt 160 000 €.

Frage

Welche Absetzungsmöglichkeiten bestehen?

LITERATURHINWEIS

Blödtner/Bilke/Heining, Lehrbuch Buchführung und Bilanzsteuerrecht, 10. Aufl., Teil B Kapitel 6.5.

LÖSUNG

Rechtsgrundlage für die lineare Abschreibung ist § 7 Abs. 1 Satz 1 und 2 EStG. Hiernach ergeben sich folgende AfA-Beträge und Buchwerte (zunächst ohne Anwendung von § 7g Abs. 5 EStG):

Anschaffungskosten Juli 01	200 000 €
AfA 01 ($^1/_9$ von 200 000 = 22 222 €, davon die Hälfte)	./. 11 111 €
Buchwert 31. 12. 01	188 889 €
AfA 02	./. 22 222 €
Buchwert 31. 12. 02	166 667 €

Rechtsgrundlage für die Leistungsabschreibung ist § 7 Abs. 1 Satz 6 EStG. Hiernach ergeben sich folgende AfA-Beträge und Buchwerte (zunächst ohne Anwendung von § 7g EStG):

Anschaffungskosten Dezember 01			200 000 €
AfA 01	$\dfrac{(5\,000 \times 200\,000)}{500\,000}$	=	./. 2 000 €
Buchwert 31. 12. 01			198 000 €
AfA 02	$\dfrac{(70\,000 \times 200\,000)}{500\,000}$	=	./. 28 000 €
Buchwert 31. 12. 02			170 000 €
AfA 03	$\dfrac{(90\,000 \times 200\,000)}{500\,000}$	=	./. 36 000 €
Buchwert 31. 12. 03			134 000 €

Bei Inanspruchnahme degressiver AfA (§ 7 Abs. 2 EStG; letztmals für Anschaffungen vor 2011) ergeben sich folgende AfA-Beträge und Buchwerte (zunächst ohne Anwendung von § 7g EStG):

Anschaffungskosten Juli 01	200 000 €
AfA 01: $^1/_2$ von 25 % von 200 000 €	./. 25 000 €
Buchwert 31. 12. 01	175 000 €
AfA 02: 25 % von 175 000 €	./. 43 750 €
Buchwert 31. 12. 02	131 250 €
AfA 03: 25 % von 131 250 €	./. 32 813 €
Buchwert 31. 12. 03	98 437 €

Bei Inanspruchnahme von § 7g Abs. 5 EStG gestaltet sich die Abschreibung wie folgt:

Lineare AfA

Anschaffungskosten Juli 01	200 000 €
Sonderabschreibung gem. § 7g EStG (20 %)	./. 40 000 €
AfA gem. § 7 Abs. 1 EStG ($^1/_2$ von 11,11 %)	./. 11 111 €
Buchwert 31. 12. 01	148 889 €
AfA 02: 11,11 % von 200 000 €	22 222 €
AfA 03:	22 222 €

Leistungs-AfA

Anschaffungskosten Juli 01	200 000 €
Sonderabschreibung gem. § 7g EStG (20 %)	./. 40 000 €
Leistungs-AfA gem. § 7 Abs. 1 Satz 6 EStG	./. 2 000 €
Buchwert 31. 12. 01	158 000 €

AfA 02: $\dfrac{70\,000 \times 200\,000}{500\,000} = 28\,000\,€$

AfA 03: $\dfrac{90\,000 \times 200\,000}{500\,000} = 36\,000\,€$

Degressive AfA (letztmals für Anschaffungen vor dem 1. 1. 2011)

Anschaffungskosten Juli 01	200 000 €
Sonderabschreibung gem. § 7g EStG (20 %)	./. 40 000 €
AfA gem. § 7 Abs. 2 EStG ($^1/_2$ von 25 %)	./. 25 000 €
Buchwert 31. 12. 01	135 000 €
AfA 02: 25 % von 135 000 €	33 750 €
AfA 03: 25 % von 101 250 €	25 313 €

FALL 99

AfA bei neu hergestelltem Gebäude

Sachverhalt

Ein Gebäude mit einer Nutzungsdauer von 75 Jahren ist in 01 mit einem Herstellungsaufwand von 600 000 € errichtet worden. Fertigstellung 1. 11. 01. Das Gebäude dient zu 80 % gewerblichen Zwecken des Eigentümers und ist zu 20 % zu fremden Wohnzwecken vermietet. Die Voraussetzungen für die Anwendung von § 7 Abs. 5 EStG sind nicht erfüllt.

Frage

Welche Absetzungsmöglichkeiten bestehen für 01 und 02?

LÖSUNG

Der eigengewerblich genutzte Gebäudeteil und der zu Wohnzwecken vermietete Gebäudeteil bilden jeweils ein selbständiges Wirtschaftsgut (§ 7 Abs. 5a EStG, R 4.2 Abs. 4 EStR). Für jeden einzelnen Gebäudeteil sind unterschiedliche AfA-Methoden und AfA-Sätze zulässig (R 7.4 Abs. 6 EStR). Die Herstellungskosten des eigengewerblich genutzten Gebäudeteils sind gem. § 7 Abs. 4 Nr. 1 EStG mit 3 % jährlich abzuschreiben. Die Herstellungskosten des Wohnzwecken dienenden Teils können gem. § 7 Abs. 4 Nr. 2a EStG nur mit 2 % jährlich abgeschrieben werden (§ 7 Abs. 5a EStG).

In den Fällen des § 7 Abs. 4 EStG kann die AfA nur zeitanteilig vom Zeitpunkt der Fertigstellung an in Anspruch genommen werden (§ 11c Abs. 1 Nr. 2 EStG).

AfA nach § 7 Abs. 4 EStG ist steuerlich (nicht handelsrechtlich) mindestens in Anspruch zu nehmen, auch wenn die tatsächliche Nutzungsdauer länger als $33^1/_3$ Jahre ist.

Eigengewerblicher Teil	**§ 7 Abs. 4 EStG**
Herstellungskosten (80 %)	480 000 €
AfA für 01 (3 % für 2 Monate)	./. 2 400 €
Buchwert 31.12.01	477 600 €
AfA 02	./. 14 400 €
Buchwert 31.12.02	463 200 €
	usw.

Wohnzwecken dienender Teil	**§ 7 Abs. 4 EStG**
Herstellungskosten (20 %)	120 000 €
AfA für 01 (2 %) für 2 Monate	./. 400 €
Buchwert 31.12.02	119 600 €
AfA 02	./. 2 400 €
Buchwert 31.12.02	117 200 €
	usw.

FALL 100

Wechsel der AfA-Methode

Sachverhalt

Eine zu Beginn des Wirtschaftsjahres angeschaffte Maschine mit einer betriebsgewöhnlichen Nutzungsdauer von 6 Jahren wurde zutreffend nach § 7 Abs. 2 EStdG mit dem degressiven AfA-Satz von 25 % abgeschrieben. Die Anschaffungskosten haben 50 000 € betragen. § 7g EStG war nicht anzuwenden.

Frage

Wie ist die Maschine höchstmöglich abzuschreiben?

LÖSUNG

Bei der degressiven Abschreibungsmethode wird die AfA nach einem unveränderlichen Prozentsatz vom jeweiligen Buchwert (Restwert) berechnet. Nach Ablauf des 3. Wirtschaftsjahres beträgt die AfA nach der degressiven Methode (25 % von 21 093 € =) 6 328 €. Nun empfiehlt sich der Übergang zur linearen Abschreibungsmethode. Dieser Wechsel ist ausdrücklich für zulässig erklärt worden (§ 7 Abs. 3 EStG). Bei einer Restnutzungsdauer von 3 Jahren (= 33 $\frac{1}{3}$ %) ergibt sich ein jährlicher AfA-Betrag von 7 031 €.

StB

Anschaffungskosten	50 000 €
AfA 01: 25 % von 50 000 €	./. 12 500 €
AfA 02: 25 % von 37 500 €	./. 9 375 €
AfA 03: 25 % von 28 125 €	./. 7 032 €
Buchwert am Ende des 3. Wj.	21 093 €
AfA 33 $\frac{1}{3}$ % von 17 150 €	./. 7 031 €
Buchwert am Ende des 4. Jahres	14 062 €
AfA	./. 7 031 €
Buchwert am Ende des 5. Jahres	7 031 €
AfA	./. 7 030 €
Erinnerungswert am Ende des 6. Jahres	1 €

FALL 101

AfA nach Teilwertabschreibung

Sachverhalt

Eine im Januar 01 angeschaffte Maschine mit einer Nutzungsdauer von 12 Jahren wird linear abgeschrieben. Ende 03 beträgt der Teilwert dieser Maschine aufgrund einer dauernden Wertminderung 80 000 €; eine entsprechende Teilwertabschreibung wurde vorgenommen. In den Folgejahren kommen keine Zuschreibungen in Betracht.

Kontenentwicklung:

Anschaffungskosten Januar 01	240 000 €
AfA (8,333 % von 240 000 €)	./. 20 000 €
Buchwert 31.12.01	220 000 €
AfA	./. 20 000 €
Buchwert 31.12.02	200 000 €
AfA	./. 20 000 €
Teilwertabschreibung	./. 100 000 €
Buchwert 31.12.03	80 000 €

Frage

Wonach bemisst sich die AfA ab 04?

LÖSUNG

Nach einer Teilwertabschreibung bemisst sich die AfA nach dem dann noch vorhandenen Restwert (= Buchwert) und der Restnutzungsdauer (= ursprüngliche Nutzungsdauer abzüglich abgelaufene Nutzungsdauer):

80 000 € : 9 = 8 889 €. Das Konto entwickelt sich ab 04 wie folgt:

Buchwert 31.12.03	80 000 €
AfA	./. 8 889 €
Buchwert 31.12.04	71 111 €
AfA	./. 8 889 €
Buchwert 31.12.05	62 222 €
AfA	./. 8 889 €
	usw.

FALL 102

Wertaufholung nach erfolgter Teilwertabschreibung

Sachverhalt

Zunächst wie Fall 101, jedoch ist – anders als im Fall 101 – der Teilwert zwischenzeitlich wieder gestiegen. Er beträgt am 31.12.05:

a) 90 000 € (statt Buchwert 62 222 €)

b) 150 000 € (ebenfalls statt Buchwert 62 222 €)

Frage

In welchem Umfang kommt zum 31.12.05 eine Zuschreibung (Wertaufholung) in Betracht, und wie ist im Fall einer Zuschreibung ab 06 abzuschreiben?

LÖSUNG

Hat sich der Wert eines Wirtschaftsguts nach einer vorangegangenen Teilwert-Abschreibung wieder erhöht, so ist diese BV-Mehrung bis zum Erreichen der Bewertungsobergrenze steuerlich zu erfassen (§ 6 Abs. 1 Nr. 1 Satz 4 EStG). Dabei wird die Bewertungsobergrenze von den Anschaffungskosten abzüglich der AfA und ähnlicher Abzüge gebildet (vgl. § 6 Abs. 1 Nr. 1 Satz 1 EStG).

Ohne die in 03 vorgenommene Teilwert-Abschreibung ergäbe sich zum 31.12.05 ein Buchwert von (240 000 × $^7/_{12}$ =) 140 000 €. Das ist hier die Obergrenze für die Zuschreibung. Im Fall a) findet somit eine Zuschreibung auf 90 000 € statt, im Fall b) eine Zuschreibung auf 140 000 €. Nach einer Zuschreibung bemisst sich die weitere AfA nach dem neuen Buchwert und der Restnutzungsdauer; im vorliegenden Fall beträgt die Restnutzungsdauer ab dem 31.12.05 noch sieben Jahre.

	Fall a)	Fall b)
	€	€
Vorläufiger Stand 31.12.05	62 222	62 222
Zuschreibung 05	+ 27 778	+ 77 778
Endgültiger BW 31.12.05	90 000	140 000
AfA 06		
$^{90\,000}/_{7}$	./. 12 857	
$^{140\,000}/_{7}$		./. 20 000

Das Zuschreibungsgebot gilt auch für die HB (§ 253 Abs. 5 HGB).

FALL 103

Nachträgliche Herstellungskosten und Teilwertabschreibung bei einem Gebäude

Sachverhalt

Für ein am 1.12.02 fertig gestelltes Fabrikgebäude (HK 600 000 €, AfA-Satz gem. § 7 Abs. 4 Satz 1 Nr. 1 EStG 3 %) fallen vom 1.3.03 – 30.6.03 nachträgliche HK in Höhe von 100 000 € an. Ende 04 beträgt der Teilwert des Gebäudes 300 000 €. Es handelt sich um eine dauernde Wertminderung.

Frage

Welche AfA ergibt sich für 02 – 05?

LÖSUNG

Sind für ein Gebäude nachträgliche Herstellungskosten aufgewendet worden, so sind diese zur Ermittlung der Bemessungsgrundlage für die AfA den ursprünglichen Herstellungskosten hinzuzurechnen und die weiteren AfA einheitlich für das gesamte Gebäude nach dem sich danach ergebenden Betrag und dem für das Gebäude maßgebenden Hundertsatz zu bemessen (H 7.4 „Nachträgliche Anschaffungs- oder Herstellungskosten" EStH). Das führt ab 03 zu einer jährlichen AfA von 21 000 € (3 % von 700 000 €). Hierbei werden die Kosten so berücksichtigt, als wären sie zu Beginn des Entstehungsjahres entstanden (R 7.4 Abs. 9 Satz 3 EStR).

Ist bei einem Gebäude eine Bewertung mit dem niedrigeren Teilwert vorgenommen worden, so bemessen sich die AfA von dem folgenden Jahr an nach den Herstellungskosten des Gebäudes abzüglich des Betrages für die TW-Abschreibung (§ 11c Abs. 2 EStDV). Das ergibt ab 05 eine AfA von 3 % von (700 000 ./. 356 500 =) 10 305 €.

Kontenentwicklung	€
Zugang 1.12.02	600 000
AfA 02: 3 % = 18 000, für 1 Monat	./. 1 500
Buchwert 31.12.02	598 500
Nachträgliche HK 03	+ 100 000

AfA 03: 3 % von 700 000	./. 21 000
Buchwert 31. 12. 03	677 500
AfA 04	./. 21 000
TW-Abschreibung 04	./. 356 500
Buchwert 31. 12. 04	300 000
AfA 05	./. 10 305
Buchwert 31. 12. 05	289 695
AfA 06	./. 10 305

FALL 104

Nachträgliche Herstellungskosten und Gebäude-AfA nach § 7 Abs. 4 Satz 2 EStG

Sachverhalt

Ein 30 Jahre altes Gebäude wurde im Januar 06 von einem bilanzierenden Gewerbetreibenden angeschafft und entsprechend seiner betriebsgewöhnlichen Nutzungsdauer von 40 Jahren wie folgt abgeschrieben:

Anschaffungskosten Januar 06	300 000 €
AfA 06 – 15 jeweils 2,5 %	./. 75 000 €
Bilanzansatz 31. 12. 15	225 000 €

Im Jahr 16 fielen nachträgliche Herstellungskosten in Höhe von 60 000 € an. Die Nutzungsdauer ändert sich hierdurch nicht. Ab dem Jahr 16 beträgt die Restnutzungsdauer folglich 30 Jahre.

Frage

Wie ist die bilanzielle Behandlung des Gebäudes ab dem Jahr 16?

LÖSUNG

Wird ein Gebäude nach § 7 Abs. 4 Satz 2 EStG abgeschrieben und sind nachträgliche Herstellungskosten angefallen, so bemessen sich die weiteren Absetzungen für Abnutzung nach dem um die nachträglichen Herstellungskosten vermehrten Restwert und der Restnutzungsdauer des Gebäudes (R 7.4 Abs. 9 EStR).

Bilanzansatz (Restwert) 31. 12. 15	225 000 €
Nachträgliche Herstellungskosten 16	+ 60 000 €
Zwischensumme	285 000 €
AfA 16: $\dfrac{285\,000}{30}$	./. 9 500 €
Bilanzansatz 31. 12. 16	275 500 €
AfA 17	./. 9 500 €

Die Restnutzungsdauer beträgt ab dem Jahr 16 noch 30 Jahre; zur Ermittlung des AfA-Betrags wird die Zwischensumme durch die Restnutzungsdauer geteilt.

Aus Vereinfachungsgründen wird es nicht beanstandet, wenn auch in den Fällen des § 7 Abs. 4 Satz 2 EStG die weiteren Absetzungen für Abnutzung nach dem bisherigen %-Satz bemessen werden (R 7.4 Abs. 9 Satz 2 EStR). Hierbei wird die ursprüngliche AfA-Bemessungsgrundlage um den Betrag der nachträglichen Herstellungskosten erhöht und darauf der für das Gebäude maßgebende Hundertsatz angewendet. Wählt der Steuerpflichtige diese Methode, ergibt sich folgende Kontenentwicklung:

Bilanzansatz 31. 12. 15		225 000 €
Nachträgliche Herstellungskosten		+ 60 000 €
Zwischensumme		285 000 €
AfA 16		
Bisherige Bemessungsgrundlage	300 000 €	
Nachträgliche Herstellungskosten	60 000 €	
2,5 % von	360 000 €	./. 9 000 €
Buchwert 31. 12. 16		276 000 €
AfA 17		./. 9 000 €

AfA nach Gebäude-Einlage

Sachverhalt

Ein Gebäude gehörte bis zum 31. 12. 06 zum Privatvermögen eines Kaufmanns; es handelte sich bis dahin um ein vermietetes Bürogebäude (Einkünfte nach § 21 EStG). Am 1. 1. 07 führt der Kaufmann es durch eine Einlage seinem Betriebsvermögen zu, um es für seinen Betrieb zu nutzen. Bis dahin wurde das Gebäude wie folgt abgeschrieben (AfA = Werbungskosten):

HK 00	500 000 €
AfA 00 – 06 gem. § 7 Abs. 4 Satz 1 Nr. 1 EStG (2 %)	./. 70 000 €
Verbleiben	430 000 €

Am 1. 1. 07 betragt der Teilwert des Gebäudes 450 000 €.

Frage

Wie ist die Einlage zu bewerten, und welche AfA steht ab 07 zu?

LÖSUNG

Einlagen sind mit grundsätzlich dem Teilwert zu bewerten (§ 6 Abs. 1 Nr. 5 EStG): 450 000 €. Ist dabei der Einlagewert des Wirtschaftsguts geringer als die historischen Anschaffungs- oder Herstellungskosten, aber nicht geringer als die fortgeführten Anschaffungs- oder Herstellungskosten, ist die AfA ab dem Zeitpunkt der Einlage nach den fortgeführten Anschaffungs- oder Herstellungskosten zu bemessen.

Vorliegend beträgt die Bemessungsgrundlage für die AfA des Gebäudes im Betriebsvermögen 430 000 €. Die AfA wird nach den fortgeführten Anschaffungskosten bemessen, weil der Einlagewert (450 000 €) geringer als die historischen Anschaffungskosten (500 000 €), jedoch nicht geringer als die fortgeführten Anschaffungskosten (430 000 €) ist. Nach § 7 Abs. 4 Satz 1 Nr. 1 EStG ist von der nach § 7 Abs. 1 Satz 5 ermittelten Bemessungsgrundlage das Gebäude jährlich mit einem Betrag von 12 900 € (= 3 % von 430 000 €) abzusetzen. Von dem nach 33 $1/_3$ Jahren verbleibenden Restbuchwert in Höhe von 20 000 € darf keine AfA vorgenommen werden. Bei einer Veräußerung ist dieser Restbuchwert gewinnmindernd zu berücksichtigen. § 6 Abs. 1 Nr. 1 Satz 2 und § 7 Abs. 1 Satz 7 EStG bleiben unberührt (BMF v. 27. 10. 2010, BStBl 2010 I 1204).

Kontenentwicklung

Zugang 1. 1. 07	450 000 €
AfA 3 % von 430 000 €	./. 12 900 €
Buchwert 31. 12. 07	437 100 €

FALL 106

Rumpfwirtschaftsjahr

Sachverhalt

Im ersten Wirtschaftsjahr seiner gewerblichen Tätigkeit (1. 5. – 31. 12. 01) erwirbt ein Kaufmann eine Maschine zu Anschaffungskosten von 80 000 €, Nutzungsdauer 20 Jahre. Die Maschine soll linear abgeschrieben werden.

Fragen

Welche AfA ergibt sich für 01, wenn die Maschine angeschafft wurde

a) am 1. 8. 01

b) am 1. 10. 01?

LÖSUNG

AfA kann grundsätzlich nur zeitanteilig beansprucht werden (§ 7 Abs. 1 Satz 1 EStG). Angefangene Monate zählen dabei als volle Monate (§ 7 Abs. 4 Satz 4 EStG).

Im vorliegenden Fall beträgt die jährliche AfA für ein volles Wirtschaftsjahr 4 000 € (5 % von 80 000 €).

Im Fall a) (Anschaffung am 1. 8. 01) beträgt die AfA deshalb $5/_{12}$ von 4 000 € = 1 667 €.

Im Fall b) (Anschaffung am 1. 10. 01) beträgt die AfA $3/_{12}$ von 4 000 € = 1 000 €.

FALL 107

Absetzung für außergewöhnliche wirtschaftliche Abnutzung

Sachverhalt

Der Steuerpflichtige betreibt eine Hotelkette. Im Jahr 01 hatte er im Feriengebiet in X ein Hotelgebäude angeschafft, dessen Buchwert zum 31.12.10 800 000 € beträgt (Anschaffungskosten Anfang 01 1 000 000 €, AfA-Satz 2 %). Durch einen unerwarteten Wandel der Ansprüche der Touristen (Änderung der Reiseziele) ist das Haus seit Mitte 10 um ein Viertel des Buchwertes vom 31.12.10 in seiner Rentabilität gemindert.

Frage

Wie kann dieser Rentabilitätsminderung ertragsteuerlich Rechnung getragen werden, und welche AfA ergibt sich ab dem Jahr 11?

LÖSUNG

Die Nutzungsdauer eines Wirtschaftsgutes hängt von der Dauer seiner Nutzbarkeit für den Steuerpflichtigen ab. Hierbei kommt es auf die wirtschaftliche oder die technische Nutzungsdauer an. Unter technischer Abnutzung versteht man den materiellen Verschleiß des Wirtschaftsgutes. Wirtschaftliche Abnutzung ist die Verminderung oder der Wegfall der Verwendungsmöglichkeit des Wirtschaftsgutes für den Steuerpflichtigen. Bei der Bemessung der AfA ist der jeweils kürzere Zeitraum der technischen bzw. wirtschaftlichen Nutzbarkeit maßgebend. Neben der normalen AfA kann eine außergewöhnliche technische oder wirtschaftliche Abnutzung eintreten. Eine außergewöhnliche technische Abnutzung liegt vor, wenn durch besondere Umstände ein erhöhter Substanzverbrauch eingetreten ist (z. B. durch Beschädigung oder Zerstörung durch Brand, Hochwasser, Unfall). Eine außergewöhnliche wirtschaftliche Abnutzung ist gegeben, wenn die wirtschaftliche Verwertbarkeit eines Anlagegutes durch außergewöhnliche Umstände beeinträchtigt ist (z. B. durch neue Erfindungen, Modewechsel). Im vorliegenden Fall liegt eine solche außergewöhnliche wirtschaftliche Abnutzung vor, der durch eine AfaA Rechnung getragen werden kann (§ 7 Abs. 1 letzter Satz und Abs. 4 Satz 3 EStG). Die AfaA beträgt für das Jahr 10 200 000 € (25 % von 800 000 €). Ab dem Jahr 11 bemisst sich die AfA nach den Anschaffungskosten des Gebäudes abzüglich des Betrags der AfaA (§ 11c Abs. 2 EStDV). Vgl. auch H 7.4 „AfaA" EStH.

Kontenentwicklung Hotelgebäude

Anschaffungskosten	1 000 000 €
AfA 01 – 10: (10 x 2 % =)	./. 200 000 €
AfaA 10	./. 200 000 €
Buchwert 31.12.10	600 000 €
AfA 11	
ursprüngliche Bemessungsgrundlage für die	
AfA	1 000 000 €
AfaA 10	./. 200 000 €
Neue Bemessungsgrundlage	800 000 €

2 % von 800 000 € =	./. 16 000 €
Buchwert 31.12.11	584 000 €

FALL 108

Teilabbruch eines Gebäudes

Sachverhalt

Eine KG wandte für die Herstellung eines Betriebsgebäudes im Januar 01 400 000 € auf. Sie ging zu Recht von einer Nutzungsdauer von 20 Jahren aus. Ende 10 wurde das Gebäude zur Hälfte abgerissen. Für Abbruchkosten wandte die KG 4 000 € zuzüglich USt auf.

Frage

Welche ertragsteuerlichen Auswirkungen zieht der Abbruch für die Jahre 10 und 11 nach sich?

LÖSUNG

Der Abbruch erfüllt die Voraussetzung für eine außergewöhnliche technische Abnutzung. Sie liegt vor, wenn durch besondere Umstände ein gegenüber der gewöhnlichen Abnutzung erhöhter Substanzverbrauch eines abnutzbaren Wirtschaftsgutes eingetreten ist. Die AfaA muss in diesem Fall vorgenommen werden; die Abbruchkosten sind als Betriebsausgaben abzugsfähig (H 6.4 „Abbruchkosten" EStH).

Für die AfA-Bemessung nach einer AfaA gilt § 11c Abs. 2 EStDV. Danach bemessen sich die AfA von dem folgenden Wirtschaftsjahr oder Kalenderjahr an nach den Anschaffungs- oder Herstellungskosten des Gebäudes abzüglich des Betrags der AfaA.

Kontenentwicklung

Gebäude

Herstellungskosten 01		400 000 €
AfA 01 – 10 (10 x 5 % =)		./. 200 000 €
AfaA 10 (50 % des Restwertes)		./. 100 000 €
Buchwert 31.12.10		100 000 €
AfA 11		
Ursprüngliche Bemessungsgrundlage	400 000 €	
AfaA 10	./. 100 000 €	
Neue Bemessungsgrundlage	300 000 €	
5 % von 300 000 € =		./. 15 000 €
Buchwert 31.12.11		85 000 €

HINWEIS:

Wäre der Abbruch am 1.10.10 erfolgt, ergäbe sich folgende Rechnung:

Buchwert 31.12.09	220 000 €
AfA bis 30.9.10	./. 15 000 €
AfaA (50 % von 205 000 €)	./. 102 500 €
Rest-AfA für 10 (20 000 € ./. 15 000 €)	./. 5 000 €
Buchwert 31.12.10	97 500 €
AfA 11: 5 % von (400 000 € ./. 102 500 €)	./. 14 875 €
Buchwert 31.12.11	82 625 €

FALL 109

Vorführwagen

Sachverhalt

Autohändler Schnelle hat am 1.7.01 einen Vorführwagen angeschafft. Anschaffungskosten 15 000 €, Netto-Verkaufspreis als Neuwagen 18 000 €. Das Fahrzeug hat eine wirtschaftliche und technische Nutzungsdauer von 6 Jahren. Schnelle veräußert Vorführwagen im Allgemeinen nach 8 – 12 Monaten bei einem km-Stand von 5 000. Zur Ermittlung des dann erzielbaren Netto-Verkaufspreises nimmt er pro gefahrene 500 km einen Abschlag von 1 % vom Neuwagen-Verkaufspreis vor. Am 31.12.01 hat der Vorführwagen 1 500 km gelaufen.

Frage

Wie ist das Fahrzeug steuerlich zum 31.12.01 zu bewerten, wenn für 01 ein möglichst niedriger Gewinn erstrebt wird? Falls AfA zusteht, ist nach linearer Methode abzuschreiben.

LÖSUNG

Der Vorführwagen gehört zum Anlagevermögen des Autohändlers (H 6.1 „Vorführ- und Dienstwagen" EStH). Seine Zweckbestimmung liegt nicht in der Veräußerung, sondern in der wiederholten Verwendung als Vorführ- und Mustergegenstand. Dabei kommt es nicht darauf an, dass diese Zweckbestimmung vor Ablauf der wirtschaftlichen und technischen Nutzungsdauer durch Veräußerung endet. Auch im Handelsrecht (§ 247 Abs. 2 HGB) richtet sich die Zugehörigkeit eines Wirtschaftsgutes zum Anlage- oder Umlaufvermögen nach der vorgesehenen Art des Dienens für den Betrieb und nicht nach der Dauer des Dienens (R 6.1 Abs. 1 EStR).

Als Teil des abnutzbaren Anlagevermögens ist der Vorführwagen gem. § 7 EStG abzuschreiben. Für 01 ergibt sich bei Zugrundelegung eines linearen AfA-Satzes von $16\,^2/_3$ % als Halbjahres-AfA ein Betrag von 1 250 € ($16\,^2/_3$ % von 15 000 € = 2 500 €; $^1/_2$ von 2 500 € = 1 250 €).

FALL 110

Sandgrube

Sachverhalt

Am 3.2.01 erwarb ein Bauunternehmer als Anlagevermögen für sein Baugeschäft eine aufgeschlossene Sandgrube. Für das Grundstück wendet er 50 000 €, für das Sandvorkommen 180 000 € auf. Das Sandvorkommen wurde hierbei auf 90 000 cbm geschätzt. 01 wurden 5 000 cbm und 02 8 000 cbm Sand abgebaut.

Frage

Wie ist die ertragsteuerliche Behandlung der Anschaffungskosten für das Sandvorkommen 01 und 02?

LÖSUNG

Bodenschätze, zu denen Sand- und Kiesvorkommen (sog. Grundeigentümermineralien) gehören, bilden, solange sie im Boden lagern und nicht abgebaut werden, bürgerlich-rechtlich und steuerrechtlich mit dem Grund und Boden eine Einheit. Sie stellen kein vom Grund und Boden getrenntes Wirtschaftsgut dar. Solange der Eigentümer den zum Grund und Boden gehörenden Bodenschatz nicht selbst nutzt oder durch einen anderen nutzen lässt, ist dieser einer selbständigen Bewertung nicht zugänglich und damit ertragsteuerlich ohne Bedeutung. Als Wirtschaftsgut greifbar und damit zum Wirtschaftsgut im einkommensteuerlichen Sinn wird der Bodenschatz erst dann, wenn z. B. mit seiner Aufschließung begonnen wird (BFH v. 26.11.1993 III R 58/89, BStBl 1994 II 293). Das war hier der Fall.

Sandvorkommen und Grundstück sind hier steuerlich zwei selbständige Wirtschaftsgüter. Das Grundstück ist mit den Anschaffungskosten von 50 000 € zu aktivieren (§ 6 Abs. 1 Nr. 2 EStG). Die auf das Sandvorkommen entfallenden Anschaffungskosten von 180 000 € sind ebenfalls zu aktivieren (§ 6 Abs. 1 Nr. 1 EStG). Dieser Wert verringert sich jedoch durch den fortschreitenden Abbau der Substanz. Eine lineare AfA nach § 7 Abs. 1 EStG wäre möglich. Das setzt aber Kenntnis der betriebsgewöhnlichen Nutzungsdauer voraus. Die übliche AfA erfolgt nach Maßgabe des Substanzverbrauchs (§ 7 Abs. 6 EStG und R 7.5 EStR). Der jährliche Betrag der Absetzung für Substanzverringerung (AfS) kann nach folgender Formel ermittelt werden:

$$\text{AfS} = \frac{\text{Anschaffungskosten x Jahresförderung}}{\text{Substanzmenge}}$$

Im vorliegenden Fall beträgt die AfS für 01 10 000 €:

$$\frac{180\,000\,\text{€ x } 5\,000\,\text{cbm}}{90\,000\,\text{cbm}} = 10\,000\,\text{€.}$$

Die AfS beträgt für 02 16 000 €:

$$\frac{180\,000\,\text{€ x } 8\,000\,\text{cbm}}{90\,000\,\text{cbm}} = 16\,000\,\text{€.}$$

Ein im Privatvermögen entdecktes Kiesvorkommen ist bei Zuführung zum Betriebsvermögen gem. § 6 Abs. 1 Nr. 5 Satz 1 erster Halbsatz EStG mit dem Teilwert anzusetzen. Bei dem Abbau des Kiesvorkommens dürfen Absetzungen für Substanzverringerung nicht vorgenommen werden (BFH v. 4. 12. 2006, GrS 1/05 BStBl 2007 II 508).

4.5 Geringwertige Wirtschaftsgüter (GWG) und Sammelposten (§ 6 Abs. 2 und 2a EStG)

Nach § 6 Abs. 2 EStG können die Anschaffungs- oder Herstellungskosten von abnutzbaren, beweglichen und einer selbständigen Nutzung fähigen Wirtschaftsgütern des Anlagevermögens in voller Höhe als Betriebsausgaben abgezogen werden, wenn die Anschaffungs- oder Herstellungskosten für das einzelne Wirtschaftsgut 410 € nicht übersteigen. Für Wirtschaftsgüter dieser Art, deren Anschaffungs- oder Herstellungskosten 150 €, aber nicht 1 000 € übersteigen, kann im Wirtschaftsjahr der Anschaffung oder Herstellung ein Sammelposten gebildet werden (§ 6 Abs. 2 a EStG). Die Regelungen gem. § 6 Abs. 2 und 2 a EStG gelten auch bei Einlagen und im Falle der Betriebseröffnung (§ 6 Abs. 1 Nr. 5 bis 6 EStG). Somit ergeben sich folgende Wahlrechte:

4.5.1 Aufwendungen bis 150 €

Aufwendungen bis 150 € können im maßgebenden Wirtschaftsjahr in voller Höhe gem. § 6 Abs. 2 EStG als Betriebsausgaben abgezogen werden. Das Wahlrecht kann für jedes Wirtschaftsgut individuell in Anspruch genommen werden (wirtschaftsgutbezogenes Wahlrecht). Bei Anwendung des § 6 Abs. 2 EStG bestehen mit Ausnahme der buchmäßigen Erfassung des Zugangs des Wirtschaftsguts keine weiteren Aufzeichnungspflichten; aus steuerlichen Gründen ist eine Aufnahme in ein Inventar i. S. des § 240 HGB nicht erforderlich. Die Anwendung der Einzelbewertung nach § 6 Abs. 1 Satz 1 EStG und die Abschreibung nach § 7 Abs. 1 EStG entsprechend der betriebsgewöhnlichen Nutzungsdauer bleiben dem Steuerpflichtigen unbenommen.

4.5.2 Aufwendungen von mehr als 150 € und nicht mehr als 410 €

Die Anwendung der Einzelbewertung nach § 6 Abs. 1 Satz 1 EStG und die Abschreibung nach § 7 Abs. 1 EStG entsprechend der betriebsgewöhnlichen Nutzungsdauer bleiben dem Steuerpflichtigen unbenommen.

Daneben bestehen folgende Wahlrechte:

4.5.2.1 Erstes Wahlrecht

Aufwendungen von mehr als 150 € und nicht mehr als 410 € können im maßgebenden Wirtschaftsjahr ebenfalls in voller Höhe gem. § 6 Abs. 2 EStG als Betriebsausgaben abgezogen werden. Nach § 6 Abs. 2 Satz 4 und 5 EStG ist das Wirtschaftsgut unter Angabe des Tages der

Anschaffung, Herstellung oder Einlage sowie der Anschaffungs- oder Herstellungskosten oder des Einlagewerts in ein besonderes, laufend zu führendes Verzeichnis aufzunehmen. Das Verzeichnis braucht nicht geführt zu werden, wenn diese Angaben aus der Buchführung ersichtlich sind.

4.5.2.2 Zweites Wahlrecht

Die Aufwendungen können im maßgebenden Wirtschaftsjahr gem. § 6 Abs. 2 a EStG in einem Sammelposten erfasst werden. Dieses Wahlrecht kann nach § 6 Abs. 2 a Satz 5 EStG nur einheitlich für alle Wirtschaftsgüter des Wirtschaftsjahres mit Aufwendungen von mehr als 150 € und nicht mehr als 1 000 € in Anspruch genommen werden (wirtschaftsjahrbezogenes Wahlrecht).

4.5.3 Aufwendungen von mehr als 410 € und nicht mehr als 1 000 €

Aufwendungen von mehr als 410 € und nicht mehr als 1 000 € können im maßgebenden Wirtschaftsjahr gem. § 6 Abs. 2 a EStG in einem Sammelposten erfasst werden. Dieses Wahlrecht kann nur einheitlich für alle Wirtschaftsgüter des Wirtschaftsjahres mit Aufwendungen von mehr als 150 € und nicht mehr als 1 000 € in Anspruch genommen werden (wirtschaftsjahrbezogenes Wahlrecht). Die Anwendung der Einzelbewertung nach § 6 Abs. 1 Satz 1 EStG und die Abschreibung nach § 7 Abs. 1 EStG entsprechend der betriebsgewöhnlichen Nutzungsdauer bleiben dem Steuerpflichtigen als Alternative unbenommen.

Der Sammelposten ist kein Wirtschaftsgut, sondern eine Rechengröße (R 6.13 Abs. 6 Satz 1 EStR). Abgesehen von der buchmäßigen Erfassung des Zugangs der Wirtschaftsgüter in den Sammelposten bestehen keine weiteren Aufzeichnungspflichten. Nachträgliche Anschaffungs- oder Herstellungskosten von Wirtschaftsgütern i. S. des § 6 Abs. 2 a EStG erhöhen den Sammelposten des Wirtschaftsjahres, in dem die Aufwendungen entstehen (R 6.13 Abs. 5 Satz 2 EStR). Fallen die nachträglichen Anschaffungs- oder Herstellungskosten bereits im Wirtschaftsjahr der Investition an und übersteigt die Summe der Gesamtkosten in diesem Wirtschaftsjahr die Betragsgrenze von 1 000 €, kann § 6 Abs. 2 a EStG nicht angewendet werden; das Wirtschaftsgut ist nach § 6 Abs. 1 Nr. 1 EStG einzeln zu bewerten. Scheidet ein Wirtschaftsgut im Jahr der Anschaffung, Herstellung oder Einlage aus dem Betriebsvermögen aus, liegen die Voraussetzungen für die Berücksichtigung des Wirtschaftsguts im Sammelposten zum Schluss dieses Wirtschaftsjahres nicht vor. Anschaffungs- oder Herstellungskosten von nicht selbständig nutzbaren Wirtschaftsgütern sind, sofern sie keine nachträglichen Anschaffungs- oder Herstellungskosten darstellen, nicht im Sammelposten zu erfassen.

Der Sammelposten ist im Wirtschaftsjahr der Bildung und den folgenden vier Wirtschaftsjahren mit jeweils einem Fünftel gewinnmindernd aufzulösen (§ 6 Abs. 2a Satz 2 EStG). Der Gesetzgeber geht somit bei derartigen Wirtschaftsgütern von einer pauschalen Nutzungsdauer von fünf Jahren aus. Scheidet ein derartiges Wirtschaftsgut durch Veräußerung oder Entnahme oder Zerstörung aus dem Betriebsvermögen aus, so berührt das den Bilanzansatz des Sammelpostens nicht. Allerdings ist ein Veräußerungserlös bzw. im Fall der Entnahme der Entnahmewert als Betriebseinnahme zu erfassen. Teilwertabschreibungen auf den Sammelposten sind nicht zulässig.

Für die 150-€-, 410-€- und 1 000-€-Grenze spielt es keine Rolle, ob die Vorsteuer tatsächlich verrechenbar ist oder nicht (R 9b Abs. 2 EStR). Wegen der selbständigen bzw. nicht selbständigen Nutzungsfähigkeit vgl. R 6.13 Abs. 1 EStR und H 6.13 „ABC" EStH mit zahlreichen Beispielen.

Die vorstehenden Regelungen gelten auch, wenn der Gewinn durch Einnahmenüberschussrechnung nach § 4 Abs. 3 EStG ermittelt wird (§ 4 Abs. 3 Satz 3 EStG).

Übersicht

Behandlung von abnutzbaren beweglichen und **selbständig nutzbaren** Wirtschaftsgütern des Anlagevermögens (Rechtslage ab 1. 1. 2011)

AK bis 150 €	Wahlrecht:
	1. Sofortabzug nach § 6 Abs. 2 EStG
	2. Lineare AfA nach § 7 Abs. 1 EStG
AK 150,01 € – 410 €	Wahlrecht:
	1. Sofortabschreibung nach § 6 Abs. 2 EStG
	2. Lineare AfA nach § 7 Abs. 1 EStG
	3. Einstellung in den Sammelposten nach § 6 Abs. 2a EStG
AK ab 410,01 €	Wahlrecht:
	1. Lineare AfA nach § 7 Abs. 1 EStG
	2. Einstellung in den Sammelposten nach § 6 Abs. 2a EStG

Zu weiteren Einzelheiten vgl. R 6.13 EStR.

FALL 111

Bücherschrank und Einlegeböden

Sachverhalt

Ein Buchhändler erhält im Dezember 01 einen Bücherschrank (Nutzungsdauer 10 Jahre) für seinen Betrieb. Er lässt sich vom Lieferanten zwei Rechnungen folgenden Inhalts ausstellen:

Rechnung vom 2. 12. 01

1 Bücherschrank ohne Einlegeböden	300 €
Umsatzsteuer 19 %	57 €
	357 €

Rechnung vom 20. 12. 01

6 Einlegeböden für 1 Bücherschrank	200 €
Umsatzsteuer 19 %	38 €
	238 €

Zum 31. 12. 01 wurden der Schrank und die Böden im Hinblick auf § 6 Abs. 2 EStG mit 0 € bewertet.

Frage

Ist diese Behandlung durch den Steuerpflichtigen richtig?

LÖSUNG

Die Regelung nach § 6 Abs. 2 EStG kann für Wirtschaftsgüter, die nicht selbständig nutzbar sind, nicht in Anspruch genommen werden (R 6.13 Abs. 1 EStR). Ein Bücherschrank ist ohne Einlegeböden nicht selbständig nutzbar. Ebenso können die Einlegeböden ohne den Schrank nicht ihrem Zweck entsprechend verwendet werden. Schrank und Böden bilden eine Sacheinheit, deren Anschaffungskosten 500 € betragen haben und die in den Sammelposten nach § 6 Abs. 2a EStG eingestellt und darin mit 20 % jährlich abgeschrieben werden können. Alternativ kann linear nach § 7 Abs. 1 EStG abgeschrieben werden. Bei zehn Jahren Nutzungsdauer ergibt sich eine jährliche AfA von 50 € (in 01 zeitanteilig 1/12 von 50 € = 4,17 €).

Kontenentwicklung:

Sammelposten GWG aus 01

Anschaffungskosten Dezember 01:	500 €
Auflösung 20 %	./. 100 €
Buchwert 31. 12. 01	400 €

FALL 112

Gaststätteneinrichtung

Sachverhalt

Der Steuerpflichtige eröffnet im Dezember 10 die Gaststätte »Jägerstube«. Er hat unter anderem Folgendes angeschafft:

8 Tische (Eiche) à 300 € =	2 400 €
32 Stühle (Eiche) à 100 € =	3 200 €

Frage

Kann der Gastwirt die Regelung nach § 6 Abs. 2 EStG in Anspruch nehmen?

LÖSUNG

Der Gastwirt kann § 6 Abs. 2 EStG für die Tische und Stühle in Anspruch nehmen. Die einzelnen Gegenstände behalten ihre selbständige Nutzbarkeit, obwohl sie in einheitlichem Stil gehalten sind (H 6.13 „ABC: Beispiele für selbständig nutzungsfähige Wirtschaftsgüter" EStH). Die Tische könnten in den Sammelposten nach § 6 Abs. 2a EStG eingestellt und mit jährlich 20 % abgeschrieben werden. Alle Gegenstände könnten auch nach § 7 Abs. 1 EStG abgeschrieben werden.

FALL 113

Autoradio

Sachverhalt

Ein Handelsvertreter erwarb im Januar 01 einen Pkw für seinen Betrieb. Der Pkw hat eine betriebsgewöhnliche Nutzungsdauer von 6 Jahren. Die Anschaffungskosten betrugen 18 000 € und wurden linear abgeschrieben. Im Januar 02 lässt der Handelsvertreter nachträglich ein Autoradio fest einbauen. Die Werkstatt erteilt folgende Rechnung:

Autoradio	300 €
Antenne	40 €
Montage	60 €
	400 €
19 % USt	76 €
	476 €

Außerdem schaffte der Handelsvertreter im Januar 02 vier Winterreifen auf Felgen an. Die Anschaffungskosten betrugen insgesamt 500 €. Die Winterreifen wurden sofort montiert; die Sommerreifen wurden bis zum Frühjahr eingelagert und sodann gegen die Winterreifen ausgetauscht. Für die Winterreifen auf Felgen kann von einer Nutzungsdauer von fünf Jahren ausgegangen werden.

Frage

Wie sind das Autoradio und die Winterreifen bilanzsteuerrechtlich zu behandeln?

LÖSUNG

Ein in ein Kfz fest eingebautes Autoradio bildet zusammen mit dem Kfz ein einheitliches Wirtschaftsgut (BFH v. 24. 10. 1972 VIII R 201/71, BStBl 1973 II 78). Der Aufwand ist nach den Grundsätzen zu behandeln, die für **nachträgliche Herstellungskosten** gelten, d. h. er ist dem Buchwert des Pkw hinzuzurechnen und sodann einheitlich mit dem Pkw nach der verbleibenden Restnutzungsdauer abzuschreiben (R 7.4 Abs. 9 EStR).

Kontenentwicklung:

Fuhrpark

Buchwert 31. 12. 01	15 000 €
Autoradio, Zugang Januar 02	+ 400 €
	15 400 €
AfA: 15 400 € : 5 =	./. 3 080 €
Buchwert 31. 12. 02	12 320 €

Die Winterreifen erfüllen nicht die Voraussetzungen, um nach § 6 Abs. 2 oder 2a EStG behandelt werden zu können, da sie einer selbständigen Nutzung nicht fähig sind. Sie sind nur in montiertem Zustand gebrauchsfähig. Da sie zudem nur vorübergehend montiert sind, ergeben sich einerseits keine nachträglichen Herstellungskosten wie etwa beim fest eingebauten Auto-radio, andererseits bleiben sie vom Fahrzeug unabhängige und selbständige Wirtschaftsgüter (FG Berlin v. 23. 2. 1972 II 20/71, EFG 1972, 271 zur Investitionszulage). Die Winterreifen sind als Zugang im Anlagevermögen (Fuhrpark) zu erfassen und nach § 7 Abs. 1 EStG abzuschreiben.

FALL 114

Computer und Software

Sachverhalt

Kaufmann K erwirbt für seinen Betrieb einen Computer nebst Monitor und Drucker wie folgt:

Computer (Zentraleinheit)	2 900 €
Monitor	300 €
Drucker	400 €
Textverarbeitungsprogramm	150 €
Kalkulationsprogramm	1 250 €
Summe	5 000 €
Zuzüglich USt	950 €
Summe	5 950 €

Die Nutzungsdauer für alle Positionen kann mit drei Jahren angenommen werden.

Frage

Wie gestaltet sich die steuerliche Behandlung in Buchführung und Bilanz?

LÖSUNG

Zentraleinheit, Bildschirm (Monitor), Tastatur und ggf. Maus sind ein einheitliches Wirtschafts-gut. Peripheriegeräte (z. B. Drucker, Scanner) sind zwar selbständige Wirtschaftsgüter, jedoch keine GWG, da sie nicht selbständig nutzbar sind (BFH v. 19. 2. 2004 VI R 135/01, BStBl 2004 II 958). Die Nutzungsdauer beträgt ebenfalls 3 Jahre.

Die **Systemsoftware** (z. B. Betriebssystem MS-Dos, WINDOWS) ist in der Regel einheitlich mit dem Computer abzuschreiben, wenn sie zusammen mit ihm angeschafft wurde. Andere Soft-ware (sog. **Anwendersoftware**) gehört zu den immateriellen Wirtschaftsgütern (H 5.5 „Immate-rielle Wirtschaftsgüter des Anlagevermögens" EStH) und ist entsprechend der Nutzungdauer abzuschreiben, sofern es sich nicht um **Trivialprogramme** handelt (AK bis 410 €), die als abnutz-bare bewegliche und selbständig nutzbare Wirtschaftsgüter behandelt werden (R 5.5 Abs. 1 EStR). Trivialprogramme fallen damit unter § 6 Abs. 2, 2a EStG.

Im Konto Betriebs- und Geschäftsausstattung erfolgt ein Zugang von zwei Wirtschaftsgütern (Computer mit AK von 3 200 € und Drucker mit AK von 400 €); die jährliche AfA beträgt jeweils 33 $\frac{1}{3}$ %. Das Textverarbeitungsprogramm kann als Trivialprogramm nach § 6 Abs. 2 EStG sofort abgeschrieben werden. Das Kalkulationsprogramm ist unter den immateriellen Wirtschafts-gütern auszuweisen und dort ebenfalls mit 33 $\frac{1}{3}$ % Jahres-AfA abzuschreiben.

Einlage eines geringwertigen Wirtschaftsgutes

Sachverhalt

Ein Gewerbetreibender, der seinen Gewinn durch Betriebsvermögensvergleich ermittelt, führt im Dezember 01 seinem Betriebsvermögen ein Kopiergerät zu, das er im Dezember 00 für 1 000 € einschließlich USt privat angeschafft und zunächst für ein Jahr privat genutzt hat. Im Zeitpunkt der Einlage beträgt der Teilwert des Kopiergerätes 400 €. Die Nutzungsdauer beträgt insgesamt 7 Jahre; hieran ändert auch nichts die im Dezember 01 beginnende betriebliche Nutzung.

Frage

Wie ist das Kopiergerät bilanzsteuerlich zu behandeln, wenn ein möglichst niedriger Gewinn gewünscht wird?

Wirtschaftsgüter, die aus dem Privatvermögen in das Betriebsvermögen überführt werden, können nach § 6 Abs. 2, Abs. 2a oder § 7 Abs. 1 EStG behandelt werden, wenn der Einlagewert 1 000 € nicht übersteigt. Die Einlage ist mit dem Teilwert von 400 € zu bewerten (§ 6 Abs. 1 Nr. 5 EStG), da die (fortgeführten) Anschaffungskosten 857 € betragen:

Anschaffungskosten Dezember 00	1 000 €
AfA: $^1/_7$ von 1 000 €	./. 143 €
Fortgeführte Anschaffungskosten	857 €

Im vorliegenden Fall ist das Kopiergerät mit 400 € einzulegen und nach § 6 Abs. 2 EStG sofort in voller Höhe abzuschreiben, wenn ein möglichst niedriger Gewinn gewünscht wrid.

Buchung

GWG	400 € an		Einlagen	400 €

Überwachungskameras

Sachverhalt

Ein Hotelbetrieb lässt am Hotelgebäude drei Video-Überwachungskameras fest installieren, um das Betriebsgebäude zum Schutz der Gäste und deren Eigentum (insbesondere deren Kraftfahrzeuge) ständig unter Kontrolle zu halten. Die Kameras sind an jedem Fernsehgerät/Videorekorder anschließbar. Dementsprechend befindet sich in der Rezeption ein normales Fernsehgerät, das nun zusätzlich mit den Kameras verbunden ist und auf Knopfdruck Bilder aus dem Außenbereich des Hotels anzeigt. Die drei Videokameras haben insgesamt 900 € zzgl. USt gekostet.

Frage

Welche Abschreibungsmöglichkeiten kommen in Betracht?

LÖSUNG

§ 6 Abs. 2, 2a EStG gilt nur für bewegliche abnutzbare Wirtschaftsgüter des Anlagevermögens. Nicht darunter fallen unbewegliche Wirtschaftsgüter, d. h. solche, die mit einem Grundstück fest verbunden sind, es sei denn, es handelt sich um Betriebsvorrichtungen. Bei den Betriebsvorrichtungen handelt es sich um Anlagen, mit denen das Gewerbe unmittelbar ausgeübt wird (§ 68 Abs. 2 Nr. 2 BewG, R 7.1 Abs. 3 EStR). Da die Videokameras **zum Schutz der Gäste und deren Eigentum** angeschafft wurden, kann m. E. von Betriebsvorrichtungen ausgegangen werden. Da die Anschaffungskosten pro Stück 300 € betrugen, können die Überwachungskameras sofort in voller Höhe abgeschrieben werden (§ 6 Abs. 2 EStG) oder dem Sammelposten nach § 6 Abs. 2a EStG zugeführt und mit 20 % abgeschrieben werden. Auch die Inanspruchnahme linearer AfA nach § 7 Abs. 1 EStG kommt in Betracht.

FALL 117

GWG und Rücklagenübertragung

Sachverhalt

Kaufmann K hatte Ende 02 eine Rücklage nach § 6b Abs. 10 EStG in Höhe von 3 000 € aus dem Verkauf von zum BV gehörenden Aktien gebildet. In 04 schaffte er aus betrieblichen Gründen einen Laptop an für 2 200 € zzgl. USt. Er möchte die § 6b-Rücklage im zulässigen Umfang wegen Ablaufs der Investitionsfrist von den AK des Laptops absetzen. Der Laptop hat eine Nutzungsdauer von drei Jahren.

Frage

In welcher Höhe ist eine Übertragung der § 6b-Rücklage möglich, und kommt anschließend § 6 Abs. 2 EStG zur Anwendung?

LÖSUNG

Eine Rücklage nach § 6b Abs. 10 EStG kann auf die Anschaffungskosten von abnutzbaren beweglichen Wirtschaftsgütern übertragen werden (§ 6b Abs. 10 Satz 1 EStG). Die Übertragung auf abnutzbare bewegliche Wirtschaftsgüter (und Gebäude) ist aber nur in Höhe von 60 % des Rücklagebetrages gestattet; der Rest von 40 % wird steuerfrei aufgelöst (§ 6b Abs. 10 Satz 6 i. V. mit Satz 2 EStG). Im vorliegenden Fall können somit 1 800 € übertragen werden.

Hiernach verbleibt für den Laptop ein Betrag von 400 €. Fraglich ist, ob hierauf § 6 Abs. 2 EStG angewendet werden kann. In § 6b Abs. 6 EStG ist bestimmt, dass für die Frage der Anwendung von § 6 Abs. 2 oder 2a EStG von den um die übertragene Rücklage gekürzten Anschaffungskosten auszugehen ist (hier also von 400 €). Allerdings erklärt § 6b Abs. 10 den Abs. 6 nicht für anwendbar (§ 6b Abs. 10 Satz 4 EStG). Demzufolge kommt m. E. § 6 Abs. 2 EStG auch bei verbleibenden AK von 400 € nicht zur Anwendung. Der Laptop ist mit $33^1/_3$ % jährlich abzuschreiben.

FALL 118

Behandlung der Sammelposten

Sachverhalt

Kaufmann K hat in 01 verschiedene Wirtschaftsgüter i. S. des § 6 Abs. 2a Satz 1 EStG angeschafft und zutreffend einem Sammelposten in Höhe von 6 000 € zugeführt. Zu den Anschaffungen gehörte auch ein Laptop mit Anschaffungskosten von 950 €. Im Jahr 02 erfolgen weitere Anschaffungen für 4 000 €, für die ein Sammelposten nach § 6 Abs. 2a Satz 1 EStG eingerichtet wurde. Im selben Jahr (02) veräußert K den Laptop aus 01 für 400 € zuzüglich USt.

Frage

Wie ist in 01 und 02 steuerlich zu bilanzieren und zu buchen?

LÖSUNG

Für jedes Wirtschaftsjahr, in dem Wirtschaftsgüter i. S. von § 6 Abs. 2a EStG angeschafft, hergestellt oder eingelegt werden, kann ein eigenständiger Sammelposten gebildet werden. Die Zugänge eines jeden Jahres werden separat von den Zugängen folgender Jahre erfasst und abgeschrieben. Der Sammelposten aus 01 ist in 01 und den folgenden vier Jahren mit jeweils 1 200 € gewinnmindernd aufzulösen. Auf die tatsächliche Nutzungsdauer der einzelnen Wirtschaftsgüter im Sammelposten kommt es nicht an. Der Sammelposten aus 02 ist in 02 und den folgenden vier Jahren mit jeweils 800 € gewinnmindernd aufzulösen. Die Veräußerung des Laptops wirkt sich auf den Bilanzansatz der Sammelposten nicht aus. Allerdings ist der Erlös von 400 € gewinnerhöhend zu erfassen.

	GWG aus 01	GWG aus 02
Zugang 01	6 000 €	
Abschreibung	./. 1 200 €	
Stand 31. 12. 01	4 800 €	
Zugang 02		4 000 €
Abschreibung	./. 1 200 €	800 €
Stand 31. 12. 02	3 600 €	3 200 €

Die Veräußerung des Laptops in 02 ist zu buchen:

Bank	476 € an	s. b. Erträge	400 €
		USt	76 €

4.6   Gebäudeabbruch

Wie bei einem Gebäudeabbruch der Gebäudewert und die Abbruchkosten zu behandeln sind, ist ausführlich in H 6.4 „Abbruchkosten" EStH dargestellt.

Beim **Erwerb ohne Abbruchabsicht** und bei **Altbesitz** (Betriebsvermögen seit mehr als drei Jahren) sind der Gebäudewert und die Abbruchkosten sofort abzugsfähige Betriebsausgaben.

Beim **Erwerb mit Abbruchabsicht** sind der Gebäudewert und die Abbruchkosten zu aktivieren, und zwar – je nach Sachverhalt – als Herstellungskosten für den Neubau oder als Anschaffungskosten für den Grund und Boden.

4.6.1   Abbruchmaterial

Der Erlös aus dem Verkauf des Abbruchmaterials mindert die Abbruchkosten. Der Buchwert des im Rahmen einer Neubauerrichtung wieder verwendeten Abbruchmaterials erhöht die Herstellungskosten des Neubaus.

4.6.2   Einlage mit Abbruchabsicht

Soll ein Gebäude des Privatvermögens zu Gunsten eines Betriebsgebäudes abgerissen werden, so gehören der Gebäudewert und die Abbruchkosten zu den Herstellungskosten des Neubaus.

4.6.3   Abfindungen an weichende Mieter, Pächter und Erbbauberechtigte

Erfolgen die Ablösezahlungen, um alsbald mit der Herstellung eines Neubaus beginnen zu können, handelt es sich um Herstellungskosten des Neubaus. Aufwendungen eines erbbauverpflichteten Grundstückseigentümers zur Ablösung des Erbbaurechts zählen zu den Herstellungskosten des anschließend auf dem Grundstück nach dem Abriss der vorhandenen Bebauung neu errichteten Gebäudes (BFH v. 13.12.2005 IX R 24/03, BStBl 2006 II 461). In anderen Fällen führen Abfindungen zu einem immateriellen Wirtschaftsgut, das entsprechend der Restlaufzeit des Nutzungsverzichts des Mieters/Pächters abzuschreiben ist (BFH v. 2.3.1970 GrS 1/69, BStBl 1970 II 382). Auf keinen Fall stellen sie AK für den Grund und Boden dar.

4.6.4   AfA bei Erwerb mit Abbruchabsicht

Für die Zeit der Zwischennutzung (z.B. Vermietung bis zum Abbruch) ist AfA nach § 7 Abs. 4 EStG zu beanspruchen. Eine Kürzung der Nutzungsdauer auf die Zeit bis zum Abbruch ist nicht zulässig (BFH v. 15.12.1981 VIII R 116/79, BStBl 1982 II 385).

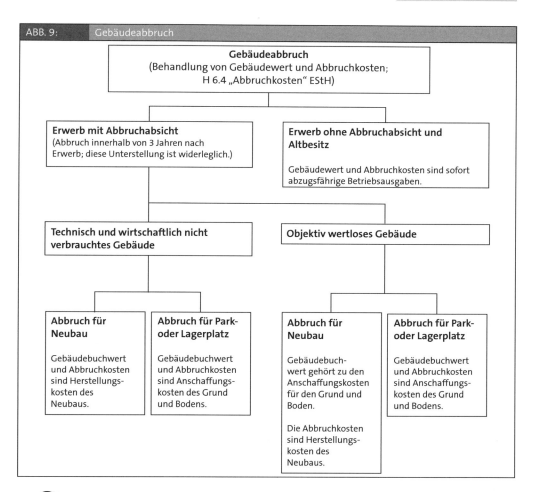

ABB. 9: Gebäudeabbruch

Gebäudeabbruch
(Behandlung von Gebäudewert und Abbruchkosten;
H 6.4 „Abbruchkosten" EStH)

Erwerb mit Abbruchabsicht
(Abbruch innerhalb von 3 Jahren nach
Erwerb; diese Unterstellung ist widerleglich.)

Erwerb ohne Abbruchabsicht und Altbesitz

Gebäudewert und Abbruchkosten sind sofort
abzugsfähige Betriebsausgaben.

Technisch und wirtschaftlich nicht verbrauchtes Gebäude

Objektiv wertloses Gebäude

Abbruch für Neubau

Gebäudebuchwert
und Abbruchkosten
sind Herstellungs-
kosten des
Neubaus.

Abbruch für Park- oder Lagerplatz

Gebäudebuchwert
und Abbruchkosten
sind Anschaffungs-
kosten des Grund
und Bodens.

Abbruch für Neubau

Gebäudebuch-
wert gehört zu den
Anschaffungskosten
für den Grund und
Boden.

Die Abbruchkosten
sind Herstellungs-
kosten des
Neubaus.

Abbruch für Park- oder Lagerplatz

Gebäudebuchwert
und Abbruchkosten
sind Anschaffungs-
kosten des Grund
und Bodens.

FALL 119

Abbruch erfolgt zum Zweck des Erhalts eines Parkplatzes

Sachverhalt

Ein Gewerbetreibender erwirbt am 1. 2. 01 ein unbewohntes bebautes Grundstück. Die Anschaffungskosten von 1 000 000 € entfallen zu 70 % auf den Grund und Boden und zu 30 % auf das noch gut erhaltene und 20 Jahre alte Gebäude. Da der Steuerpflichtige das Grundstück jedoch erwarb, um es ausschließlich als Park- und Lagerplatz zu nutzen, lässt er das Gebäude noch im Juli 01 abreißen. Die Abbruchkosten betragen netto 20 000 €.

Frage

Welche steuerlichen Auswirkungen ziehen Anschaffung und Abbruch in der Bilanz 31. 12. 01 nach sich?

LÖSUNG

Da der Abbruch des Gebäudes zur Freimachung des Grund und Bodens erfolgt, um diesen als Park- und Lagerplatz zu nutzen, gehören die gesamten Anschaffungskosten und die Abbruchkosten zu den Anschaffungskosten für den Grund und Boden. Hierbei spielt es keine Rolle, ob das abgerissene Gebäude im Zeitpunkt des Erwerbs objektiv noch einen Wert hatte oder bereits wirtschaftlich und technisch verbraucht war (BFH v. 6.11.1968 I 64/65, BStBl 1969 II 35, v. 15.2.1989 X R 97/87, BStBl 1989 II 604). In der Bilanz zum 31.12.01 erscheint deshalb das Wirtschaftsgut „Grund und Boden" mit einem Ansatz von 1 020 000 €.

FALL 120

Abbruch und anschließender Neubau

Sachverhalt

Wie Fall 119, jedoch erfolgt der Abbruch zum Zweck des anschließenden Neubaus. Die Herstellungskosten für den Neubau betragen 400 000 €; der Neubau wird am 1.12.01 bezugsfertig. Das Gebäude dient nicht Wohnzwecken.

Frage

Welche steuerlichen Auswirkungen ziehen Anschaffung, Abbruch und Neubau in der Bilanz 31.12.01 nach sich?

LÖSUNG

Wird ein Gebäude zum Zwecke des Abbruchs und der Herstellung eines neuen Gebäudes erworben, so gehören der Buchwert des abgebrochenen Gebäudes und die Abbruchkosten zu den Herstellungskosten des neuen Gebäudes, wenn das abgebrochene Gebäude im Zeitpunkt des Erwerbs weder technisch verbraucht noch wirtschaftlich veraltet war. Laut Sachverhalt war das abgebrochene Gebäude noch „gut erhalten und brauchbar", sodass die auf dieses Gebäude entfallenen Anschaffungskosten von 300 000 € und die Abbruchkosten von 20 000 € zu den Herstellungskosten des Neubaus gehören. Der Grund und Boden ist in der Bilanz vom 31.12.01 mit 700 000 € auszuweisen. Das Konto „Gebäude" entwickelt sich wie folgt:

Gebäude

Baukosten Neubau	400 000 €
Buchwert abgebrochenes Gebäude	+300 000 €
Abbruchkosten	+ 20 000 €
Herstellungskosten insgesamt	720 000 €

Bei Inanspruchnahme der linearen AfA (§ 7 Abs. 4 Nr. 1 EStG) ergibt sich folgende Rechnung:

Herstellungskosten	720 000 €
AfA 3 % = 21 600 €, $^1/_{12}$ =	./. 1 800 €
31.12.01	718 200 €
AfA 02	./. 21 600 €

FALL 121

Erwerb ohne Abbruchabsicht

Sachverhalt

Wie Fall 119, jedoch erfolgt der Erwerb des Gebäudes nachweislich nicht in Abbruchabsicht. Trotzdem wird das Gebäude nach ca. $2^1/_2$ Jahren abgebrochen zu Gunsten eines Neubaus.

Frage

Wie sind der Buchwert des abgebrochenen Gebäudes, die Abbruchkosten und die Herstellungskosten des Neubaus bilanzsteuerrechtlich zu beurteilen?

LÖSUNG

In diesem Fall sind im Jahr des Abbruchs die Abbruchkosten und der Restbuchwert des abgebrochenen Gebäudes sofort absetzbare Betriebsausgaben. Die Herstellungskosten des Neubaus betragen 400 000 €; sie bilden die Bemessungsgrundlage für die AfA.

FALL 122

Abbruch eines erworbenen Gebäudes, Abfindungszahlungen, Abbruchkosten

Sachverhalt

Im Januar 01 erwarb ein Kaufmann für sein Betriebsvermögen ein bebautes Grundstück für Anschaffungskosten in Höhe von 500 000 €. Von den Anschaffungskosten entfielen auf den Grund und Boden 100 000 € und auf das Gebäude 400 000 €. Das 100 Jahre alte Gebäude war zu Wohnzwecken vermietet. Da es nur unter Einsatz hoher Renovierungskosten erhaltenswert gewesen wäre, gab der Erwerber dem Gebäudeabbruch und der Herstellung eines Neubaus den Vorzug. Um die Mieter zur vorzeitigen Räumung zu bewegen, honorierte er in 02 deren zügige Wohnungsräumung mit Zahlungen von insgesamt 50 000 €. Der Abbruch des Gebäudes erfolgte im Dezember 02; die Abbruchkosten betrugen 30 000 € zzgl. USt. Der Neubau konnte am 1.12.03 mit weiteren Herstellungskosten von 800 000 € fertig gestellt werden. Der Neubau dient nicht Wohnzwecken.

Abwandlung

Das übernommene Gebäude war technisch und wirtschaftlich verbraucht. Abfindungszahlungen an weichende Mieter entfielen, weil das Gebäude im Erwerbszeitpunkt bereits unbewohnt war.

Frage

Wie schlagen sich Anschaffungskosten, Abbruch und Abfindungszahlungen sowie die Herstellungskosten für den Neubau in den steuerlichen Bilanzen 31.12.01 – 03 nieder?

LÖSUNG

Es muss davon ausgegangen werden, dass der Steuerpflichtige das Gebäude mit Abbruch-absicht erworben hat, weil ihm im Erwerbszeitpunkt die fehlende Renovierungswürdigkeit be-kannt gewesen sein dürfte und der Abbruch innerhalb von 3 Jahren nach dem Erwerb erfolgte. Da der Abbruch des Gebäudes mit der Herstellung eines neuen Wirtschaftsgutes in einem en-gen wirtschaftlichen Zusammenhang steht, gehören der Buchwert des Gebäudes, die Abfin-dungszahlungen und die Abbruchkosten zu den Herstellungskosten des Neubaus. Bis zum Ab-bruch ist AfA nach § 7 Abs. 4 Satz 1 EStG abzuziehen; eine Verkürzung der Nutzungsdauer we-gen des beabsichtigten Abbruchs ist nicht zulässig (BFH v. 15. 12. 1981 VIII R 116/79, in BStBl 1982 II 385).

Grund und Boden

31. 12. 01	100 000 €

Gebäude

Zugang 01	400 000 €
AfA 01 2,5 % (100 Jahre altes Gebäude)	./. 10 000 €
31. 12. 01	390 000 €
AfA 02 bis zum Abbruch im Dezember 02	./. 10 000 €
Buchwert vor Abbruch = Herstellungskosten für Neubau	380 000 €
Abbruchkosten	+ 30 000 €
Abfindungszahlungen	+ 50 000 €
Gebäude im Bau 31. 12. 02	460 000 €
Weitere Herstellungskosten in 03	800 000 €
Herstellungskosten insgesamt	1 260 000 €
AfA gem. § 7 Abs. 4 Nr. 1 EStG (3 % für einen Monat)	./. 3 150 €
31. 12. 03	1 256 850 €

Lösung der Abwandlung

Die gesamten Anschaffungskosten für das bebaute Grundstück in Höhe von 500 000 € entfallen auf den Grund und Boden, da das Gebäude im Zeitpunkt des Erwerbs objektiv wertlos war. Die Abbruchkosten gehören zu den Herstellungskosten für den Neubau, da der Abbruch des Altbaus bereits eine Maßnahme ist, die im Zusammenhang mit der Herstellung des Neubaus steht. Die Bilanzen haben folgendes Bild:

	31. 12. 01	31. 12. 02	31. 12. 03
Grund und Boden	500 000 €	500 000 €	500 000 €
Im Bau befindliche Anlagen (Abbruchkosten)		30 000 €	
Gebäude Zugang 1. 12. 03			+ 830 000 €
AfA 3 % (1 Monat)			./. 2 075 €
Gebäude			827 925 €

4.7 Forfaitierung/Factoring

Erfolgt eine Forderungsabtretung in der Weise, dass alle Rechte aus der Forderung einschließlich des Risikos der Zahlungsunfähigkeit des Schuldners auf den Forderungskäufer übergehen, wobei beim Forderungsverkäufer lediglich das Risiko des rechtlichen Bestands der Forderung (z. B. mangelfrei gelieferte Maschinen) verbleibt, spricht man von (echter) Forfaitierung bzw. von (echtem) Factoring. Verbleibt das Risiko der Zahlungsunfähigkeit ebenfalls beim Forderungsverkäufer, spricht man von unechter Forfaitierung bzw. unechtem Factoring. Die Begriffe Forfaitierung und Factoring werden bilanzrechtlich synonym verwandt. Handelt es sich um **unechtes Factoring,** weil alle Risiken beim Forderungsverkäufer verbleiben, ist die Abtretung als Darlehensgeschäft zu qualifizieren und zu behandeln; insbesondere sind die Zinsanteile periodengerecht zu behandeln, siehe hierzu auch H 5.6 „Forfaitierung von Forderungen aus Leasingverträgen" EStH.

Eine **echte Forfaitierung** liegt vor, wenn das Bonitätsrisiko auf den Forderungskäufer übergegangen ist und die Haftung des Forderungsverkäufers auf den rechtlichen Bestand der Forderung beschränkt ist. In diesem Fall liegt kein Darlehensgeschäft vor. Vielmehr hat der Forderungsverkäufer bei endfälliger Forderung diese auszubuchen und den Erlös aus der Abtretung einzubuchen. In Höhe der Differenz entsteht ein sofort zu erfassender Zinsaufwand oder -ertrag. Bei Dauerschuldverhältnissen sind bezüglich der vorweg genommenen Zahlungen auf künftige Raten Rechnungsabgrenzungsposten zu bilden.

Umsatzsteuerlich gilt Folgendes: Tritt ein Unternehmer eine Forderung aus einem Umsatzgeschäft gegen einen unter dem Nennwert der Forderung liegenden Forderungskaufpreis ab, mindert sich hierdurch nicht die Bemessungsgrundlage für die an den Schuldner des Entgelts ausgeführte Leistung. Das Entgelt bestimmt sich nach den Zahlungen der Kunden des Unternehmers an den Forderungserwerber (BFH v. 6. 5. 2010 V R 15/09, BStBl 2010 II 142).

FALL 123

Forfaitierung/Factoring bei endfälliger Forderung

Sachverhalt

Aus dem Verkauf von Maschinen zum Preis von netto 5 Mio. € an die S-AG am 30. 12. 01 hat Kaufmann V eine entsprechende Geldforderung von 5 Mio. €, die vereinbarungsgemäß am 31. 12. 06 fällig ist. Die USt wurde zutreffend gesondert abgerechnet und vergütet. V verkauft diese Nettoforderung im Nennwert von 5 Mio. € am 31. 12. 01 an die F-KG und tritt sie mit sofortiger Wirkung ab. Der Kaufpreis beträgt 4 Mio. € und wird sofort gezahlt. Das Risiko der Zahlungsunfähigkeit der S-AG trägt weiterhin V.

Abwandlung

Das Risiko der Zahlungsunfähigkeit der S-AG geht auf die F-KG über. Die S-AG überweist 5 Mio. € am 31. 12. 06 an die F-KG.

Frage

Wie müssen die S-AG, V und die F-KG steuerlich buchen und bilanzieren?

LÖSUNG

Die S-AG hat die Maschinen zum Barwert der Kaufpreisverpflichtung angeschafft. Zum Zweck der Ermittlung des Barwerts auf den 31. 12. 01 kann der Viervielfältiger 0,765 nach Tabelle 2 des BMF-Schreibens v. 26. 5. 2005 (BStBl 2005 I 699) verwendet werden: 0,765 x 5 Mio. € = 3 825 000 €. Dieser Betrag stellt die Anschaffungskosten für die Maschinen dar und bildet die Bemessungsgrundlage für die AfA. Die Differenz zum Nennwert der Verbindlichkeit ist der Zinsanteil. Durch die Neubewertung der Verbindlichkeit zu den nachfolgenden Stichtagen erhöht sich diese sukzessive je näher der Endfälligkeitstag heranrückt; der Zuwachs ist der jährliche anteilige Zinsaufwand. Am 31. 12. 02 ergibt sich ein Barwert von (0,807 x 5 Mio. € =) 4 035 000 €. Im Wirtschaftjahr 02 errechnet sich sodann folgender Zinsaufwand:

Barwert 31. 12. 01	3 825 000 €
Barwert 31. 12. 02	4 035 000 €
Zinsaufwand 02	210 000 €

Buchungen bei der S-AG:

01

Maschinen	3 825 000 €	an	Verbindlichkeiten	3 825 000 €

02

Zinsaufwand	210 000 €	an	Verbindlichkeiten	210 000 €

Vorliegend handelt es sich um **unechtes Factoring,** weil alle Risiken bei V verbleiben. Die Abtretung ist als Darlehensgeschäft zu qualifizieren. Die Differenz zwischen dem Nennwert des Verkaufspreises (hier 5 Mio. €) und dem Barwert der Forderung (hier 3 825 000 €) stellt bei V Zinsertrag dar, der auf fünf Jahre verteilt den Forderungsansatz (spiegelbildlich zur Verbindlichkeit bei der S-AG) erhöht. Die aus der Abtretung resultierende Differenz zwischen Zahlung (4 Mio. €) und Nennwert (5 Mio. €) führt zu Zinsaufwendungen bzw. -erträgen und ist in einen entsprechenden Rechnungsabgrenzungsposten einzustellen, der linear (Fälligkeitsdarlehen) aufzulösen ist (hier $1/_5$ von 1 Mio. € = 200 000 €).

Buchungen bei V:

01

Forderungen (ggü. S-AG)	3 825 000 €	an	Erlöse	3 825 000 €
Bank	4 000 000 €	an	Verbindlichkeiten (ggü. F-KG)	5 000 000 €
aRAP	1 000 000 €			

02

Forderungen	210 000 €	an	Zinserträge	210 000 €
Zinsaufwand	200 000 €	an	aRAP	200 000 €

Buchungen bei F-KG:

01

Forderungen (ggü. V)	5 000 000 €	an	Bank	4 000 000 €
			pRAP	1 000 000 €

02

| pRAP | 200 000 € an | Zinserträge | 200 000 € |

Abwandlung

Hier liegt eine **echte Forfaitierung** vor. V hat die Forderung gegenüber der S-AG auszubuchen und den Erlös aus der Abtretung einzubuchen. In Höhe der Differenz entsteht ein sofort zu erfassender Zinsaufwand oder -ertrag.

Bei der F-KG ergeben sich Anschaffungskosten in Höhe von 4 Mio. € für den Erwerb einer Forderung (gegen die S-AG), an denen zu den nachfolgenden Bilanzstichtagen grundsätzlich festzuhalten ist. Erst bei Erfüllung der Forderung im Wirtschaftsjahr 06 realisiert sie einen Ertrag von 1 Mio. €.

Die S-AG bucht wie im Ausgangsfall angegeben.

Buchungen bei V:

01

Forderungen (ggü. S-AG)	3 825 000 € an	Erlöse	3 825 000 €
Bank	4 000 000 € an	Forderungen (ggü. S-AG)	3 825 000 €
		Zinserträge	175 000 €

Buchungen bei F-KG:

01

| Forderungen (ggü. S-AG) | 4 000 000 € an | Bank | 4 000 000 € |

06

| Bank | 5 000 000 € an | Forderungen (ggü. S-AG) | 4 000 000 € |
| | | Zinserträge | 1 000 000 € |

HINWEIS

Auf gemeinsamen Antrag von V und der F-KG kann für Zwecke der Zinsschrankenregelung (§ 4h EStG) die echte Forfaitierung bzw. das echte Factoring als Überlassung von Fremdkapital behandelt werden (BMF v. 4. 7. 2008, BStBl 2008 I 718, Rz. 14).

FALL 124

Forfaitierung/Factoring bei Dauerschuldverhältnissen

Sachverhalt

Der gewerbliche Vermieter V überlässt der M-KG ab dem 1. 1. 01 ein Grundstück zur Miete. Der Mietvertrag ist bis zum 31. 12. 10 befristet. Der jährlich im Voraus zu entrichtende Mietzins beträgt 100 000 €. V verkauft sämtliche noch offenen Mietansprüche im Nennwert von 900 000 € am 31. 12. 01 an die Z-GmbH und tritt sie mit sofortiger Wirkung ab. Der Kaufpreis beträgt 750 000 € und wird sofort gezahlt. Das Risiko der Zahlungsunfähigkeit der M-KG trägt lt. Vertrag die Z-GmbH.

Abwandlung

Das Risiko der Zahlungsunfähigkeit der M-KG verbleibt lt. Vertrag bei V.

Frage

Wie müssen die Beteiligten in 01 – 03 buchen und bilanzieren?

LÖSUNG

Im Ausgangsfall handelt es sich um einen Fall der **echten Forfaitierung,** weil das Risiko der Zahlungsunfähigkeit des Schuldners auf den Käufer der Mietzinsforderung (hier die Z-GmbH) übergeht. Es ist nicht von einem Darlehensgeschäft auszugehen. V erhält den Betrag der Mietzinsraten als Erlös, den er wegen seiner Verpflichtungen aus dem Mietvertrag (Nutzungsüberlassung des Grundstücks) in einen passiven Rechnungsabgrenzungsposten einzustellen und linear gewinnerhöhend aufzulösen hat (BMF v. 9.1.1996, BStBl 1996 I 9). Die Z-GmbH erwirbt demgegenüber eine Forderung, für die sie Anschaffungskosten von 750 000 € aufwendet. Zinsaufwendungen bzw. Zinserträge ergeben sich für beide nicht.

M-GmbH: Sie bilanziert als Mieterin ihre Verbindlichkeiten aus dem Mietvertrag nicht. Vielmehr führt der von ihr entrichtete Mietzins unmittelbar zu Betriebsausgaben. Lediglich Mietzinsrückstände wären zu passivieren.

Buchungen bei V:

01

Bank	750 000 € an	pRAP		750 000 €

02

pRAP	83 333 € an	Mieterträge		83 333 €
		($^1/_9$ von 750 000 €)		

Buchungen bei der Z-GmbH:

Bei der Z-GmbH ergibt sich m. E. erst ein Ertrag, wenn mehr als 750 000 € bei ihr eingegangen sind. Bis dahin trägt sie das Risiko des Totalausfalls der Forderung und kann nicht von einer Gewinnrealisierung ausgehen.

01

Forderungen	750 000 € an	Bank		750 000 €

02

Bank	100 000 € an	Forderungen		100 000 €

03

Bank	100 000 € an	Forderungen		100 000 €

Für Zwecke der Zinsschranke (§ 4h EStG) kann hier auf gemeinsamen Antrag von V und der Z-GmbH abweichend von der vorstehenden Lösung von Zinsaufwand und Zinsertrag von jeweils 150 000 € ausgegangen werden. Zu weiteren Details siehe BMF v. 4. 7. 2008, BStBl 2008 I 718.

Abwandlung

Es handelt sich um einen Fall der **unechten Forfaitierung,** weil das Risiko der Zahlungsunfähigkeit des Schuldners (hier die M-KG) beim Zedenten (Verkäufer der Forderung, hier V) verbleibt. Der Vorgang ist bilanziell als Darlehensgeschäft darzustellen.

M-GmbH: Es ergeben sich keine Änderungen gegenüber der Ausgangslösung.

Vermieter V: Er hat der Z-GmbH gegenüber eine Darlehensverbindlichkeit in Höhe des Nennwerts der veräußerten Mietzinsansprüche zu passivieren. Er vereinnahmt den Mietzins bei Zahlung durch die M-KG erfolgswirksam als Mietertrag, der in voller Höhe als sofort an die Z-GmbH weitergeleitet gilt. Die Darlehensverbindlichkeit mindert sich um den jeweiligen Mietzins. In Höhe der Differenz zwischen dem Nennwert der abgetretenen Mietzinsansprüche (hier 900 000 €) und dem Kaufpreis (hier 750 000 €) ist ein aktiver Rechnungsabgrenzungsposten einzurichten, der entsprechend der Zinsstaffelmethode aufzulösen ist.

Zur Anwendung der Zinsstaffelmethode ermittelt man zunächst die Summe der Zahlenreihe der Jahresraten (hier 9): 1+2+3+4+5+6+7+8+9 = 45. Auf das 1. Jahr entfallen dann 9/45 (von 150 000 € = 30 000 €, auf das 2. Jahr 8/45 (von 150 000 € = 26 667 €) usw. Damit wird dem Umstand Rechnung getragen, dass durch Tilgungen der Zinsanteil geringer wird.

Buchungen bei V:

01

Bank	750 000 € an	Darlehensverbindlichkeit		900 000 €
aRAP	150 000 €			

02

Darlehensverbindlichkeit		100 000 € an	Mieterträge	100 000 €
Zinsaufwand		30 000 € an	aRAP	30 000 €

03

Darlehensverbindlichkeit		100 000 € an	Mieterträge	100 000 €
Zinsaufwand		26 667 € an	aRAP	26 667 €

Z-GmbH: Sie aktiviert eine Darlehensforderung in Höhe des Nennwerts der Mietzinsansprüche gegen V und passiviert einen passiven Rechnungsabgrenzungsposten in Höhe der Differenz zwischen Nennwert und Kaufpreis. Die Vereinnahmung des Mietzinses dient der Tilgung der Forderung und ist somit erfolgsneutral. Der Rechnungsabgrenzungsposten ist entsprechend der Zinsstaffelmethode aufzulösen.

Buchungen bei der Z-GmbH:

01

Darlehensforderung	900 000 €	an	Bank	750 000 €
			pRAP	150 000 €

02

Bank	100 000 €	an	Darlehensforderung	100 000 €
pRAP	30 000 €	an	Zinserträge	30 000 €

03

Bank	100 000 €	an	Darlehensforderung	100 000 €
pRAP	26 667 €	an	Zinserträge	26 667 €

Kapitel 5: Entnahmen und Einlagen

5.1 Entnahmen

Gemäß § 4 Abs. 1 Satz 2 EStG sind Entnahmen alle Wirtschaftsgüter (Barentnahmen, Waren, Erzeugnisse, Nutzungen und Leistungen), die der Steuerpflichtige dem Betrieb für sich, für seinen Haushalt oder für andere betriebsfremde Zwecke im Laufe des Wirtschaftsjahres entnommen hat. Eine Entnahme ergibt sich somit bei Wertabgaben aus dem betrieblichen Bereich in den privaten oder betriebsfremden Bereich. Für nicht entnommene Gewinne kommt gem. § 34a EStG eine Tarifbegünstigung in Betracht. Einzelheiten hierzu ergeben sich aus dem BMF-Schreiben v. 11. 8. 2008, BStBl 2008 I 838.

Der Entnahmebegriff war nach der bisherigen höchstrichterlichen Rechtsprechung final auszulegen. Nach diesem finalen Entnahmebegriff, der seine Grundlage in der verfassungsrechtlich gebotenen Vermeidung einer übermäßigen oder zu früh einsetzenden Besteuerung hat, liegt eine Entnahme noch nicht vor, solange die Realisierung der im Bilanzansatz des jeweiligen Wirtschaftsguts vorhandenen stillen Reserven gesichert ist (BFH v. 7. 10. 1974 GrS 1/73, BStBl 1975 II 168, v. 25. 6. 2003 X R 72/98, BStBl 2004 II 403). Deshalb liegt **keine** Entnahme vor, wenn ein Wirtschaftsgut von einem Betrieb in einen anderen Betrieb oder Betriebsteil derselben oder einer anderen Einkunftsart überführt wird **und eine spätere einkommensteuerliche Erfassung** der im Buchwert des Wirtschaftsguts enthaltenen **stillen Reserven** gewährleistet ist (§ 6 Abs. 5 Satz 1 EStG). Ein Wirtschaftsgut, das bisher in einem Betrieb der Land- und Forstwirtschaft des Steuerpflichtigen eingesetzt war und in einen Gewerbebetrieb des Steuerpflichtigen überführt wird, ist hiernach zum Buchwert zu übertragen.

Einer Entnahme für betriebsfremde Zwecke gleichgestellt ist die Überführung eines Wirtschaftsguts in eine Betriebsstätte im Ausland, wenn dadurch das Besteuerungsrecht der Bundesrepublik Deutschland hinsichtlich des Gewinns aus der Veräußerung oder der Nutzung ausgeschlossen ist (sog. Entstrickung, § 4 Abs. 1 Satz 3 EStG). Ein Ausschluss oder eine Beschränkung des Besteuerungsrechts hinsichtlich des Gewinns aus der Veräußerung eines Wirtschaftsguts, also eine Entstrickung, liegt insbesondere vor, wenn ein bisher einer inländischen Betriebsstätte des Steuerpflichtigen zuzuordnendes Wirtschaftsgut einer ausländischen Betriebsstätte zuzuordnen ist (§ 4 Abs. 1 Satz 4 EStG). Derartige Entnahmen sind mit dem gemeinen Wert zu bewerten (§ 6 Abs. 1 Nr. 4 Satz 1 EStG). Die Buchwertfortführung ist in diesen Fällen ausgeschlossen (§ 6 Abs. 5 Satz 1, letzter Halbsatz EStG). Erfolgt die Überführung in einen EU-Mitgliedstaat, können unbeschränkt Steuerpflichtige nach Maßgabe des § 4g EStG einen den Gewinn mindernden Ausgleichsposten bilden. Dieser Ausgleichsposten ist im Wirtschaftsjahr der Bildung und in den vier folgenden Wirtschaftsjahren zu jeweils einem Fünftel gewinnerhöhend aufzulösen. Unter den Voraussetzungen des § 4g Abs. 2 Satz 2 EStG kann auch eine vorzeitige Auflösung des Ausgleichspostens in Betracht kommen. Wird dasselbe Wirtschaftsgut innerhalb des Auflösungszeitraums zurück überführt, ist ein zu diesem Zeitpunkt bestehender Ausgleichsposten gewinnneutral aufzulösen; der neuerliche Wertansatz für das Wirtschaftsgut ist dabei wie folgt zu berechnen (§ 4g Abs. 3 EStG):

> Fortgeführte Anschaffungskosten

+   Gewinnerhöhend berücksichtigte Auflösungsbeträge nach § 4g Abs. 2 EStG und § 4g Abs. 5 Satz 2 EStG

+   Unterschiedsbetrag zwischen dem Rückführungswert nach ausländischem Recht und dem Buchwert nach ausländischem Recht im Zeitpunkt der Rücküberführung

=   Wertansatz i. Sinn der Formel des § 4g Abs. 3 EStG, höchstens gemeiner Wert

Eine Entnahme setzt grundsätzlich eine **willentliche Entnahmehandlung** voraus (BFH v. 9. 8. 1989 X R 20/86, BStBl 1990 II 128). Diese kann sich durch eine Nutzungsänderung ergeben (Betriebsvermögen wird notwendiges Privatvermögen) oder durch eine Ausbuchung (gewillkürtes Betriebsvermögen wird Privatvermögen). Vermindert sich der Umfang der betrieblichen Nutzung eines Kfz, das dem gewillkürten Betriebsvermögen eines Unternehmens in einem früheren Veranlagungszeitraum wegen einer mehr als zehn prozentigen betrieblichen Nutzung zugeordnet wurde, in einem Folgejahr auf unter 10 %, ändert dies an der Zuordnung zum gewillkürten Betriebsvermögen nichts, weil eine solche Nutzungsänderung allein keine Entnahme darstellt (BFH v. 21. 8. 2012 VIII R 11/11, BStBl 2013 II 7). Erfolgt durch eine **privat verursachte Schädigung** ein **betrieblicher Wertverlust,** ist darin ebenfalls keine willentliche Entnahmehandlung zu sehen. Rechtlich ergibt sich keine Entnahme. Ein betriebliches Fahrzeug, das während einer Privatfahrt zerstört oder gestohlen wird, **ist erfolgsneutral** zum Buchwert auszubuchen (R 4.7 Abs. 1 Satz 3 EStR). Der Vermögensverlust ist der privaten Nutzung zuzurechnen und nicht gewinnmindernd zu berücksichtigen (BFH v. 18. 4. 2007 XI R 60/04, BStBl 2007 II 762).

Aufwendungen für die Hin- und Rückreise bei **gemischt beruflich (betrieblich) und privat veranlassten Reisen** können grundsätzlich in abziehbare Werbungskosten oder Betriebsausgaben und nicht abziehbare Aufwendungen für die private Lebensführung nach Maßgabe der beruflich und privat veranlassten Zeitanteile der Reise aufgeteilt werden, wenn die beruflich veranlassten Zeitanteile feststehen und nicht von untergeordneter Bedeutung sind. Das unterschiedliche Gewicht der verschiedenen Veranlassungsbeiträge kann es jedoch im Einzelfall erfordern, einen anderen Aufteilungsmaßstab heranzuziehen oder ganz von einer Aufteilung abzusehen (BFH v. 21. 9. 2009 GrS 1/06, BStBl 2010 II 672, zur Anwendung BMF v. 6. 7. 2010, BStBl 2010 I 614).

Wird ein kreditfinanziertes Wirtschaftsgut entnommen, wird aus der betrieblichen Schuld eine Privatschuld (R 4.2 Abs. 15 EStR).

Die verdeckte Einlage von Wirtschaftsgütern des bisherigen Einzelunternehmers und jetzigen Besitzunternehmers in das Betriebsvermögen einer zuvor zwischen dem Besitzunternehmer und einem nahen Angehörigen im Wege der Bargründung errichteten GmbH (Betriebsgesellschaft) führt zu einer **Entnahme** der betreffenden Wirtschaftsgüter durch den Besitzunternehmer gem. § 4 Abs. 1 Satz 2, § 6 Abs. 1 Nr. 4 Satz 1 EStG und damit zu einer Gewinnrealisierung in Höhe des Bruchteils, welcher der Beteiligungsquote des nahen Angehörigen (Nur-Betriebsgesellschafter) an der Betriebs-GmbH entspricht (BFH v. 16. 6. 2004 X R 346/03, BStBl 2005 II 378).

Die **private Mitbenutzung** eines **betrieblichen Pkw** stellt eine Nutzungsentnahme dar. Ihre ertragsteuerliche Bewertung ergibt sich aus § 6 Abs. 1 Nr. 4 Satz 2 und 3 EStG. Die Anwendung der 1 %-Regelung ist auf Fahrzeuge begrenzt, die zu mehr als 50 % betrieblich genutzt werden. Dabei sind zur Feststellung des Umfangs der betrieblichen Nutzung Fahrten zwischen Wohnung und Betrieb oder Familienheimfahrten der betrieblichen Nutzung zuzurechnen. Eine Sonderausstattung i. S. der 1 %-Regelung liegt nur dann vor, wenn das Fahrzeug bereits werksseitig im Zeitpunkt der Erstzulassung damit ausgestattet ist (BFH v. 13. 10. 2010 VI R 12/09, BStBl 2011 II 361). Verfassungsrechtliche Bedenken gegen die 1 %-Regelung bestehen nicht (BFH v. 13. 12. 2012 VI R 51/11, NWB 12/2013, S. 816).

Der pauschale Nutzungswert nach § 6 Abs. 1 Nr. 4 Satz 2 EStG sowie die nicht abziehbaren Betriebsausgaben für Fahrten zwischen Wohnung und Betriebsstätte und Familienheimfahrten nach § 4 Abs. 5 Satz 1 Nr. 6 EStG können die für das genutzte Kraftfahrzeug insgesamt tatsächlich entstandenen Aufwendungen übersteigen. Wird das im Einzelfall nachgewiesen, sind diese Beträge höchstens mit den Gesamtkosten des Kraftfahrzeugs anzusetzen. Solche Gesamtkosten des Kfz sind bei entgeltlicher Überlassung durch einen Gesellschafter an die Gesellschaft nur deren Aufwendungen für das Fahrzeug, nicht aber die Aufwendungen des Gesellschafters (BFH v. 18. 9. 2012 VIII R 28/10, BStBl 2013 II 120). Bei mehreren privat genutzten Kraftfahrzeugen können die zusammengefassten pauschal ermittelten Wertansätze auf die nachgewiesenen tatsächlichen Gesamtaufwendungen dieser Kraftfahrzeuge begrenzt werden; eine fahrzeugbezogene „Kostendeckelung" ist zulässig. (BMF v. 18. 11. 2009, BStBl 2009 I 1326). Beträgt die betriebliche Nutzung zwischen 10 % und 50 %, ist der private Nutzungsanteil mit den anteiligen Kosten einschließlich AfA zu bewerten (Fahrtenbuch-Methode). Dabei muss ein ordnungsgemäßes Fahrtenbuch zeitnah und in geschlossener Form geführt werden und die zu erfassenden Fahrten einschließlich des an ihrem Ende erreichten Gesamtkilometerstandes vollständig und in ihrem fortlaufenden Zusammenhang wiedergeben (BFH v. 9. 11. 2005 VI R 27/05, BStBl 2006 II 408, BFH v. 16. 3. 2006 VI R 87/04, BStBl 2006 II 625). Eine mit Hilfe eines Computerprogramms erzeugte Datei genügt diesen Anforderungen nur ausnahmsweise (BFH v. 16. 11. 2005 VI R 64/04, BStBl 2006 II 410). Fehlt ein ordnungsgemäßes Fahrtenbuch, wird geschätzt. Weitere Einzelheiten ergeben sich aus dem Schreiben des BMF v. 18. 11. 2009, a. a. O.. Ein werksseitig eingebautes Satellitennavigationsgerät gehört zur 1-%-Bemessungsgrundlage (BFH v. 16. 2. 2005 VI R 37/04, BStBl 2005 II 563).

Gehören mehrere Kraftfahrzeuge zu einem Betriebsvermögen, ist § 6 Abs. 1 Nr. 4 Satz 2 EStG grundsätzlich auch dann fahrzeugbezogen, also mehrfach anzuwenden, wenn in tatsächlicher Hinsicht feststeht, dass ausschließlich eine Person die Fahrzeuge auch privat genutzt hat (BFH v. 9. 3. 2010 VIII R 24/08, BStBl 2010 II 903).

Durch die Bewertung der privaten Nutzung nach der 1-%-Regelung ist die Nutzung eines betrieblichen Kraftfahrzeugs zur Erzielung von Überschusseinkünften (z. B. aus Vermietung und Verpachtung) nicht mit abgegolten. Eine solche Nutzung ist vielmehr mit den auf sie entfallenden tatsächlichen Selbstkosten als Entnahme zu erfassen und führt in gleicher Weise bei den Überschusseinkunftsarten zu Werbungskosten (BFH v. 26. 4. 2006 X R 35/05, BStBl 2007 II 445).

Für verdeckte Gewinnausschüttungen gilt die 1-%-Regelung nicht, vielmehr ist hier nach Fremdvergleichsmaßstäben zu bewerten (BFH v. 23. 2. 2005 I R 70/04, BStBl 2005 II 882).

Wegen weiterer Einzelheiten vgl. BMF v. 18. 11. 2009, BStBl 2009 I 132 und v. 15. 11. 2012, BStBl 2012 I 1099.

Umsatzsteuerlich ist die Verwendung eines Gegenstands mit vollem oder teilweisem Vorsteuerabzug für außerunternehmerische Zwecke einer sonstigen Leistung gegen Entgelt gleichgestellt (§ 3 Abs. 9a Nr. 1 UStG). Gemäß § 10 Abs. 4 Satz 1 Nr. 2 UStG wird in diesen Fällen der Umsatz nach den bei der Ausführung dieser Umsätze entstandenen Ausgaben, soweit sie zum vollen oder teilweisen Vorsteuerabzug berechtigt haben, bemessen. Zu den zu berücksichtigenden laufenden Ausgaben gehören auch die AK/HK eines Gegenstandes. Sie sind dabei abweichend von den ertragsteuerlichen Grundsätzen gleichmäßig auf den nach § 15a UStG für diesen Gegenstand jeweils maßgeblichen Berichtigungszeitraum zu verteilen (Neutralitätsgrundsatz). Nach Ablauf dieses Berichtigungszeitraums von fünf bzw. zehn Jahren sind die auf den Gegenstand entfallenden Kosten nicht mehr als Bemessungsgrundlage zu berücksichtigen (BMF v. 13. 4. 2004, BStBl 2004 I 468, Abschn. 10.6 Abs. 3 UStAE). Zur Ermittlung der Kosten, die auf die nichtunternehmerische Nutzung eines dem Unternehmen zugeordneten Fahrzeugs entfallen, hat der Unternehmer umsatzsteuerlich folgende Möglichkeiten (BMF v. 18. 11. 2009, BStBl 2009 I 1326):

► **1 %-Regelung**

Der zulässigerweise (d. h. betriebliche Nutzung über 50 %) ertragsteuerlich nach der 1 %-Regelung ermittelte Betrag kann aus Vereinfachungsgründen für die Umsatzsteuer übernommen werden. Für die nicht mit Vorsteuer belasteten Kosten kann ein pauschaler Abschlag von 20 % vorgenommen werden. Der so ermittelte Betrag ist ein Nettowert, auf den die USt aufzuschlagen ist. Diese Vereinfachungsregelung ist eine einheitliche Schätzung, die von einem Unternehmer nur insgesamt oder gar nicht in Anspruch genommen werden kann. Der Unternehmer darf deshalb nicht von dem ertragsteuerrechtlichen Wert der Nutzungsentnahme nach der sog. 1 %-Regelung des § 6 Abs. 1 Nr. 4 Satz 2 EStG ausgehen und sodann den prozentualen Abschlag für die nicht mit Vorsteuern belasteten Kosten anhand der tatsächlichen Kosten ermitteln (BFH v. 19. 5. 2010 XI R 32/08, BStBl II 2010 1079).

► **Fahrtenbuchregelung**

Auch hier ist zunächst vom ertragsteuerlichen Wert auszugehen. Als Nutzungsdauer für das Fahrzeug ist allerdings von fünf Jahren auszugehen. Zudem sind die nicht mit Vorsteuer belasteten Kosten in der belegmäßig nachgewiesenen Höhe auszuscheiden; ein pauschales Ausscheiden in Höhe von 20 % der Kosten ist nicht zulässig (BFH v 15. 5. 2010 XI R 32/08, a. a. O.)

► **Schätzung**

Macht der Unternehmer von der 1 %-Regelung keinen Gebrauch oder werden die pauschalen Wertansätze durch die sog. Kostendeckelung auf die nachgewiesenen tatsächlichen Kosten begrenzt und liegen die Voraussetzungen der sog. Fahrtenbuchregelung (z. B. mangels ordnungsgemäßen Fahrtenbuchs) nicht vor, ist der private Nutzungsanteil für Umsatzsteuerzwecke anhand geeigneter Unterlagen im Wege einer sachgerechten Schätzung zu ermitteln. Fehlen geeignete Unterlagen für die Schätzung, ist der private Nutzungsanteil mit mindestens 50 % zu veranschlagen, soweit sich aus den besonderen Verhältnissen des Einzelfalles nichts Gegenteiliges ergibt; aus den Gesamtaufwendungen sind die nicht mit Vorsteuern belasteten Kosten in der belegmäßig nachgewiesenen Höhe auszuscheiden (BMF v. 27. 8. 2004, BStBl 2004 I 864, v. 18. 11. 2009, BStBl 2009 I 1326; BFH v. 11. 3. 1999 V R 78/98, BFHE 188, 160, BFH v. 28. 4. 2010 VIII R 54/07, BStBl 2010 II 798). Im Übrigen ist wie bei b) zu verfahren.

Siehe auch Wagner, in NWB 35/2011, S. 2930.

Für die steuerliche Behandlung der privaten Benutzung **betrieblicher Telefoneinrichtungen** und Internetzugänge gilt Folgendes:

1. Ertragsteuerlich handelt es sich um Entnahmen, die mit dem Teilwert (= Selbstkosten) zu bewerten sind. Zu berücksichtigen sind die anteiligen Grund- und Gesprächsgebühren sowie die auf die Gerätenutzung entfallenden Mietkosten bzw. die AfA.

2. Umsatzsteuerlich ist die auf die Grund- und Gesprächsgebühren entfallende USt entsprechend dem Verwendungszweck in einen abziehbaren und nichtabziehbaren Vorsteuerbetrag aufzuteilen. Denn Telefondienstleistungen bezieht ein Unternehmer nur insoweit für sein

Unternehmen, als er das Telefon unternehmerisch nutzt (Abschn. 15.2 Abs. 21 Nr. 1 Satz 2 UStAE). USt aus der Anschaffung eigener Geräte **kann** in voller Höhe als Vorsteuer geltend gemacht werden. Die nichtunternehmerische (private) Nutzung dieser Geräte unterliegt dann nach § 3 Abs. 9a Satz 1 Nr. 1 UStG der USt; Bemessungsgrundlage sind die nach Abschn. 10.6 Abs. 3 UStAE zu bestimmenden Ausgaben (Abschn. 3.4 Abs. 4 UStAE).

Die Entnahme eines Grundstücks ist nach § 3 Abs. 1b Satz 1 Nr. 1 und Satz 2 UStG steuerbar, wenn für das Grundstück ein Vorsteuerabzug erfolgte. Nach Art. 16 MwStSystRL ist die Entnahme eines Gegenstandes durch einen Steuerpflichtigen aus seinem Unternehmen für seinen privaten Bedarf umsatzsteuerlich einer Lieferung gegen Entgelt gleichgestellt. Durch die Gleichstellungsfiktion des Art. 16 MwStSystRL sind deshalb auch die Befreiungsvorschriften auf Entnahmen grundsätzlich anwendbar. Das bedeutet, dass die Entnahme eines Grundstücks gem. § 4 Nr. 9a UStG umsatzsteuerfrei ist (BMF v. 22. 9. 2008, BStBl 2008 I 895). Erfolgt dabei die Entnahme vor Ablauf von zehn Jahren seit Zuführung zum Unternehmensvermögen, ist § 15a UStG zu beachten.

Bewertung

Entnahmen sind grundsätzlich mit dem Teilwert, bei Entstrickung (§ 4 Abs. 1 Satz 3 und 4 EStG) mit dem gemeinen Wert (= Fremdvergleichspreis, R 6.12 Abs. 2 EStR), zu bewerten (§ 6 Abs. 1 Nr. 4 Satz 1 EStG), ausnahmsweise kann der Buchwert angesetzt werden (§ 6 Abs. 1 Nr. 4 Satz 5 und 6 EStG). Bei Nutzungsentnahmen entspricht der Teilwert den tatsächlichen Selbstkosten des Steuerpflichtigen (H 6.12 „Nutzungen" EStH). Für bestimmte Branchen gibt es jährlich veröffentlichte Pauschbeträge (zuletzt BMF v. 8. 12. 2010, BStBl 2010 I 1344). Soweit eine Entnahme umsatzsteuerlich zu einem steuerpflichtigen Vorgang (§ 3 Abs. 1b oder Abs. 9a UStG) führt, stellt die dabei entstehende USt ebenfalls eine Entnahme dar (§ 12 Nr. 3 EStG).

Veräußert ein i. S. des § 17 EStG qualifiziert beteiligter Gesellschafter Anteile an der Kapitalgesellschaft, die er zuvor aus seinem Betriebsvermögen in sein Privatvermögen ohne Versteuerung der bis zur Entnahme entstandenen stillen Reserven überführt hat, so tritt zur Ermittlung des Veräußerungsgewinns der Teilwert oder der gemeine Wert dieser Anteile nur dann an die Stelle der (historischen) Anschaffungskosten, wenn durch die Entnahme die stillen Reserven tatsächlich aufgedeckt und bis zur Höhe des Teilwerts oder gemeinen Werts steuerrechtlich erfasst sind oder noch erfasst werden können (BFH v. 13. 4. 2010 IX R 22/09, BStBl 2010 II 790).

Erbfall und Erbauseinandersetzung

▶ **Gegenstand des Erbfalls ist ein Einzelunternehmen**

Erbfall und Erbauseinandersetzung stellen sich ertragsteuerlich nicht als einheitlicher Vorgang dar (BFH v. 5. 7. 1990 GrS 2/89, BStBl 1990 II 837). Vielmehr ist davon auszugehen, dass dem Erbfall die Erbauseinandersetzung als selbständiger Rechtsvorgang nachfolgt.

Daraus folgt, dass der oder die Erben das geerbte Vermögen des Rechtsvorgängers mit der Eigenschaft „Betriebsvermögen" behaftet erhalten. Auf den oder die Erben geht das Betriebsvermögen (einschließlich der Verbindlichkeiten) zum Buchwert über (§ 6 Abs. 3 EStG); es handelt sich um eine voll unentgeltliche Übertragung trotz der auf den oder die Erben übergehenden Passiva (Betriebsschulden). Denn die Regelung des § 6 Abs. 3 EStG schließt aus, im Übergang der betrieblichen Verbindlichkeiten ein Entgelt zu sehen (BFH v. 5. 7. 1990 GrS 4 – 6/89 ???, BStBl 1990 II 847). Werden andere (private) Verbindlichkeiten übernommen oder sog. Gleichstellungsgelder und Abstandszahlungen an Dritte (z. B. Angehörige) gezahlt, ergibt sich auch insoweit kein entgeltlicher Erwerb (BFH v. 2. 3. 1993 VIII R 47/90, BStBl 1994 II 619, v. 25. 11. 1993 IV R 66/93, BStBl 1994 II 623, v. 27. 7. 1993 VIII R 72/90, BStBl 1994 II 625). Derartige Schulden stellen für den oder die Erben keine Betriebsschulden dar, eventuelle Zinsen hierfür sind keine Betriebsausgaben.

Soweit der oder die Erben das Gewerbe nicht fortführen, ergibt sich für den oder die Beteiligten eine Betriebsaufgabe (§ 16 Abs. 3 EStG) oder eine Betriebsveräußerung (§ 16 Abs. 1 EStG) mit entsprechenden Einkünften aus Gewerbebetrieb.

Ist nur ein Erbe vorhanden und führt er das Gewerbe fort, erzielt er Einkünfte aus Gewerbebetrieb. Sind mehrere Erben vorhanden, die das Gewerbe fortführen, werden sie als Mitunternehmer behandelt. Scheiden anschließend Erben aus (auch im Rahmen einer Erbauseinandersetzung), liegt eine normale Auseinandersetzung vor wie bei einer OHG oder KG, bei der ein Mitunternehmer z. B. durch Kündigung ausscheidet.

▶ **Gegenstand des Erbfalls ist ein Mitunternehmeranteil**

Treten alle Erben in die Personengesellschaft, gilt § 6 Abs. 3 EStG.

Tritt kein Erbe ein (weil dies z. B. gesellschaftsvertraglich ausgeschlossen ist), wird der Aufgabegewinn, der sich aus dem Auseinandersetzungsguthaben ergibt, in der Person des Erblassers realisiert. Das Gleiche gilt für Entnahmegewinne aus dem Bereich des Sonderbetriebsvermögens.

Treten nur bestimmte Erben ein (z. B. aufgrund gesellschaftsvertraglicher qualifizierter Nachfolgeklausel) und müssen weichende Erben vom eintretenden Erben abgefunden werden, gelten nur die eintretenden Erben (BMF v. 14. 3. 2006 Rand-Nr. 72, BStBl 2006 I 253) als Mitunternehmer. Für die eintretenden, qualifizierten Miterben gilt § 6 Abs. 3 EStG. Werden von den qualifizierten Miterben an die nicht qualifizierten Miterben Abfindungen geleistet, entstehen dabei weder Veräußerungsgewinne noch Anschaffungskosten. Werden die weichenden Erben mit Wirtschaftsgütern des Gesamthandsvermögens der Gesellschaft abgefunden, liegt eine Entnahme des oder der eintretenden Erben vor. Werden sie mit Wirtschaftsgütern des Sonderbetriebsvermögens abgefunden, liegt insoweit beim Erblasser eine Entnahme vor (BMF v. 14. 3. 2006 Rdn. 73 und 74, BStBl 2006 I 253).

▶ **Verlustabzug nach § 10d EStG**

Der Erbe kann einen vom Erblasser nicht ausgenutzten **Verlustabzug nach § 10 d EStG** nicht bei seiner eigenen Veranlagung zur Einkommensteuer geltend machen (BFH v. 17. 12. 2007 GrS 2/04, BStBl 2008 II 608).

Warenentnahme

Sachverhalt

Der Steuerpflichtige ist Radio-Einzelhändler. Am 24. 12. 01 schenkte er seinem Sohn ein Farbfernsehgerät, das er am Tag zuvor seinem Warenlager entnommen hatte. Der Anschaffungspreis dieses Gerätes betrug im August 01 2 000 € zzgl. USt, der Brutto-Verkaufspreis 3 000 €

zzgl. USt. Anfang Dezember 01 änderte der Lieferant die Preise für dieses Gerät, wodurch sich auch der Einzelhandels-Verkaufspreis verschob:

Preise ab 1.12.01

	Einkaufspreis	Verkaufspreis
a)	2 200 € zzgl. USt	3 300 € zzgl. USt
b)	1 800 € zzgl. USt	2 900 € zzgl. USt

Fragen

Wie ist der Vorgang ertragsteuerlich (und umsatzsteuerlich) zu beurteilen? Welche Gewinnauswirkung löst die Schenkung aus?

LITERATURHINWEIS

Blödtner/Bilke/Heining, Lehrbuch Buchführung und Bilanzsteuerrecht, 10. Aufl., Teil B Kapitel 6.7.1.

LÖSUNG

Ertragsteuerlich liegt eine Entnahme vor (§ 4 Abs. 1 Satz 2 EStG). Diese ist mit dem Teilwert zu bewerten (§ 6 Abs. 1 Nr. 4 EStG). Teilwert ist der Betrag, den ein Erwerber des ganzen Betriebs im Rahmen des Gesamtkaufpreises für das einzelne Wirtschaftsgut ansetzen würde; dabei ist davon auszugehen, dass der Erwerber den Betrieb fortführt (§ 6 Abs. 1 Nr. 1 Satz 3 EStG). Der Teilwert entspricht in der Regel den Wiederbeschaffungskosten, also dem Netto-Einkaufspreis. Maßgeblich ist der Teilwert im Zeitpunkt der Entnahme.

Umsatzsteuerlich handelt es sich bei der Schenkung um eine unentgeltliche Wertabgabe i. S. von § 3 Abs. 1b UStG, die mit dem Einkaufspreis zum Zeitpunkt des Umsatzes zu bewerten ist (§ 10 Abs. 4 Nr. 1 UStG).

Entnahme und unentgeltliche Wertabgabe sind im **Fall a)** mit 2 200 € zu bewerten. Dies führt zu einer Gewinnerhöhung für 01 von 200 € und zu einer USt- Schuld von (19 % von 2 200 € =) 418 €.

Im **Fall b)** ist mit 1 800 € zu bewerten, wodurch eine Gewinnminderung von 200 € eintritt und eine USt-Schuld von (19 % von 1 800 € =) 342 € entsteht.

FALL 126

Entnahme eines hergestellten Wirtschaftsguts

Sachverhalt

Fahrradfabrikant F stellt hochwertige Damen- und Herrenfahrräder her. Er schenkt seinem Neffen ein Herrenfahrrad, dessen regulärer Verkaufspreis an den Handel 800 € zzgl. USt beträgt. Im Einzelhandel ist dieses Fahrrad für ca. 1 500 € zzgl. USt erhältlich. Aus den Kalkulationsunterlagen ergibt sich Folgendes:

Materialkosten	200 €
Fertigungskosten	150 €
Verwaltungskosten	50 €
Vertriebskosten	50 €
Summe	450 €
Gewinnzuschlag	350 €
Verkaufspreis netto	800 €

Frage

Wie ist der Vorgang ertragsteuerlich und umsatzsteuerlich zu beurteilen und zu bewerten?

LÖSUNG

Ertragsteuerlich handelt es sich um die Entnahme eines Gegenstandes, die mit dem Teilwert zu bewerten ist (§ 4 Abs. 1 Satz 2 i.V. mit § 6 Abs. 1 Nr. 4 EStG). Bei fertigen Erzeugnissen entspricht der Teilwert den Selbstkosten, das sind im vorliegenden Fall 450 €.

Umsatzsteuerlich liegt eine unentgeltliche Wertabgabe vor i. S. von § 3 Abs. 1b UStG, die ebenfalls mit den Selbstkosten zu bewerten ist (§ 10 Abs. 4 Nr. 1 UStG): 450 €. Die USt beträgt 19 % von 450 € = 85,50 €

Buchungssatz:

Entnahmen	535,50 € an	unentgeltliche Wertabgaben	450 €
		USt	85,50 €

FALL 127

Private Pkw-Nutzung

Sachverhalt

Ein Gewerbetreibender erwirbt einen Pkw am 20. 1. 01 von einem Händler wie folgt:

Listenpreis	45 000 €
Klimaanlage	3 000 €
Autoradio	2 000 €
Schiebedach	3 500 €
Sonderlackierung	2 000 €
Summe	55 500 €
Rabatt	./. 5 500 €
Verbleiben	50 000 €
USt 19 %	+ 9 500 €
Rechnungsbetrag	59 500 €

Für Überführung und Zulassung sind zusätzlich 500 € zzgl. USt entstanden. Die Nutzungsdauer beträgt 5 Jahre. Der Wagen gehört zum Betriebsvermögen.

Der Pkw wird vom Betriebsinhaber auch privat genutzt. Die betriebliche Nutzung beträgt mehr als 50 %. Ein Fahrtenbuch wurde in 01 nicht geführt. Für das ganze Jahr 02 liegt ein Fahrtenbuch vor; aus diesem ergibt sich ausnahmsweise nur ein privat gefahrener Kilometeranteil von 30 % der Gesamtkilometerleistung des Jahres 02.

Die Gesamtkosten für diesen Pkw betragen einschließlich AfA jährlich (01 und 02 aus Vereinfachungsgründen identisch) 22 500 €. In dem Betrag von 22 500 € sind Steuern und Versicherungen enthalten in Höhe von 4 500 €.

Umsatzsteuerlich ergab sich anlässlich der Anschaffung der volle Vorsteuerabzug (§ 15 Abs. 1 UStG).

Frage

Was ist im Hinblick auf die private Mitbenutzung im steuerlichen Jahresabschluss für 01 und 02 zu beachten?

Blödtner/Bilke/Heining, Lehrbuch Buchführung und Bilanzsteuerrecht, 10. Aufl., Teil A Kapitel 10.3.1.

Die private Mitbenutzung des betrieblichen Pkw stellt eine Nutzungsentnahme dar (§ 4 Abs. 1 Satz 2 EStG). Für die Bewertung ist § 6 Abs. 1 Nr. 4 Satz 2 und 3 EStG zu beachten. In Betracht kommt die pauschale Regelung oder die Fahrtenbuchregelung. Da in 01 kein Fahrtenbuch geführt wurde, ist für dieses Jahr nach der pauschalen Regelung vorzugehen. Dabei zählen auch angefangene Kalendermonate voll. Erst bei einer Anschaffung im Februar kämen nur elf Monate zum Ansatz.

Berechnungen für 01

Listenpreis einschl. Sonderausstattungen	55 500 €
USt hierauf 19 %	10 545 €
Summe	66 045 €
Abgerundet (BMF v. 21. 1. 2009 Tz. 10, BStBl 2009 I 1326)	66 000 €
1 %	660 €
x 12 Monate	7 920 €

Außerdem findet eine Besteuerung nach dem UStG für die private Mitbenutzung statt (§ 3 Abs. 9a Nr. 1 UStG). Bemessungsgrundlage sind die anteiligen Ausgaben, soweit sie zum Vorsteuerabzug berechtigt haben (§ 10 Abs. 4 Satz 1 Nr. 2 UStG). Ermittelt der Unternehmer für Ertragsteuerzwecke den Wert der Nutzungsentnahme nach der sog. 1 %-Regelung des § 6 Abs. 1 Nr. 4 Satz 2 EStG, kann er von diesem Wert aus Vereinfachungsgründen bei der Bemessungsgrundlage für die Besteuerung der nichtunternehmerischen Nutzung ausgehen. Für die nicht mit Vorsteuern belasteten Kosten ist dann ein pauschaler Abschlag von 20 % vorzunehmen (BMF v. 27. 8. 2004, BStBl 2004 I 864, Tz. 2.1.1), hier also ergeben sie sich i. H. v. 20 % von

7 920 € = 1 584 €. Die USt beträgt sodann 19 % von (7 920 € ./. 1 584 €) 1 203,84 €. Die vorstehende Lösung kann nur mit Zustimmung des Unternehmers erfolgen. Andernfalls ist nach der Fahrtenbuch-Methode vorzugehen oder eine sachgerechte Schätzung vorzunehmen (BFH v. 7. 12. 2010 VIII R 54/07, BStBl 2011 II 451).

Buchung:

Entnahmen	9 123,84 € an	unentgeltliche Wertabgaben (19 %)	6 336,00 €
		unentgeltliche Wertabgaben (nicht steuerbar)	1 584,00 €
		USt	1 203,84 €

Berechnungen für 02

Ein Methodenwechsel innerhalb eines Wirtschaftsjahres ist nicht zulässig, es sei denn, es hat ein Fahrzeugwechsel stattgefunden. Dagegen kann von Wirtschaftsjahr zu Wirtschaftsjahr die Methode gewechselt werden (BMF v. 21. 1. 2002, a. a. O., Tz. 2,).

Bei der pauschalen Methode ergeben sich für 02 die gleichen Werte wie für 01. Da in 02 ein Fahrtenbuch geführt wurde, kann zu Vergleichszwecken die sog. Fahrtenbuch-Methode, also die Ermittlung der tatsachlich privat angefallenen Kosten in Betracht kommen.

Gesamtkosten lt. Sachverhalt	22 500 €
Privater Anteil 30 %	6 750 €

Auch hier findet eine Besteuerung nach dem UStG für die private Mitbenutzung statt (§ 3 Abs. 9a Nr. 1 UStG). Da die Nutzungsdauer fünf Jahre beträgt, entspricht sie dem Berichtigungszeitraum i. S. von § 15a Abs. 1 UStG, sodass von den Gesamtkosten einschließlich AfA lt. Sachverhalt ausgegangen werden kann. Steuern und Versicherungen sind nicht in die Bemessungsgrundlage für die USt einzubeziehen, hier 30 % von 4 500 € = 1 350 €. Die USt beträgt sodann 19 % von (6 750 € ./. 1 350 €) 1 026 €.

Hier empfiehlt sich also für 02 die Fahrtenbuchmethode. Sie führt zu einem Wenigergewinn von 1 170 € (7 920 € ./. 6 750 €) und zu einem Weniger an USt in Höhe von 177,84 €.

Buchung:

Entnahmen	7 776 € an	unentgeltliche Wertabgaben	5 400 €
		unentgeltliche Wertabgaben (nicht steuerbar)	1 350 €
		USt	1 026 €

HINWEISE

Zu den Gesamtaufwendungen gehören nicht die Sonderabschreibungen (BMF v. 21. 1. 2002, Tz. 27, a. a. O.). Ein Autotelefon einschließlich Freisprecheinrichtung bleibt außer Ansatz; Satellitennavigationsgeräte und Diebstahlsicherungssysteme sind jedoch einzubeziehen (R 8.1 Abs. 9 Satz 6 LStR).

FALL 128

Unfall mit Pkw

Sachverhalt

Während einer Privatfahrt erleidet Kaufmann K mit einem Betriebs-Pkw einen Unfall (Totalschaden). Wegen groben Verschuldens des K bestehen keinerlei Versicherungs- oder Schadensersatzansprüche. Im Unfallzeitpunkt hatte der Pkw einen Buchwert von 4 000 €. Der Teilwert betrug zu diesem Zeitpunkt 10 000 €. Die private Mitbenutzung wird nach der pauschalen Methode abgerechnet. Abwandlung: Von seiner Kaskoversicherung erhält K 6 000 €.

Frage

Welche ertragsteuerlichen Konsequenzen sind zu ziehen?

LÖSUNG

Ertragsteuerlich wird der Pkw **nicht** entnommen. Zu einer Entnahme gehört, dass sie mit **Wissen und Wollen** des Steuerpflichtigen stattfindet. Das war hier nicht der Fall. In Höhe des Restbuchwertes liegt eine Nutzungsentnahme vor (R 4.7 Abs. 1 Satz 4 EStR). Es erfolgt somit im Ergebnis eine erfolgsneutrale Ausbuchung: Entnahmen an Fuhrpark 4 000 €.

Umsatzsteuerlich ergibt sich keine unentgeltliche Wertabgabe, da der Untergang einer Sache qualitativ etwas Anderes ist (Abschn. 3.3 Abs. 6 UStAE).

Im Fall b) gilt: Eine Schadensersatzleistung ist als Ertrag zu erfassen, wenn und soweit sie über den Restbuchwert hinausgeht (R 4.7 Abs. 1 Satz 5 EStR). Es handelt sich hierbei um das „stellvertretende commodum" (vgl. § 281 BGB), das im Betriebsvermögen insoweit an die Stelle des zerstörten Pkw tritt (BFH v. 24. 5. 1989 I R 213/85, BStBl 1990 II 8). In diesem Fall ist also zu buchen:

Sonst. Forderungen	6 000 € an	Fuhrpark	4 000 €
		s. b. Erträge	2 000 €

Umsatzsteuerlich liegt ein nichtsteuerbarer Schadenersatz vor (Abschn. 1.3 UStAE).

HINWEIS

Die Leistung der Kaskoversicherung wegen Diebstahls eines zum Betriebsvermögen gehörenden Pkw ist nach Maßgabe von R 4.7 Abs. 1 Sätze 6 und 7 EStR als Betriebseinnahme zu erfassen.

FALL 129

Leistungsentnahme

Sachverhalt

Gewerbetreibender A beschäftigt in seinem Betrieb die Raumpflegerin R. Diese arbeitet 40 Stunden pro Woche, davon allerdings 8 Stunden im Haushalt des A als Haushaltshilfe. R wird jährlich wie folgt entlohnt:

Bruttolohn	15 000 €
Arbeitgeberanteil zur Sozialversicherung	3 000 €
Summe	18 000 €

Die Aufwendungen sind in voller Höhe als Betriebsausgaben behandelt worden.

Frage

Sind Umbuchungen im Jahresabschluss erforderlich?

LÖSUNG

Der Einsatz betrieblicher Arbeitskräfte im privaten Bereich (z. B. im Haushalt des Arbeitgebers) stellt eine sog. Leistungsentnahme dar (§ 4 Abs. 1 Satz 2 EStG). Die Bewertung erfolgt auch hier mit dem Teilwert, der den Selbstkosten entspricht (§ 6 Abs. 1 Nr. 4). Zu den Selbstkosten gehört auch der Arbeitgeberanteil zur Sozialversicherung. Insgesamt ist von 18 000 € auszugehen. Der auf die Leistungsentnahme entfallende Betrag beträgt somit 3 600 € (20 % von 18 000 €).

Umsatzsteuerlich liegt ein Umsatz vor nach § 3 Abs. 9a Nr. 2 UStG (Abschn. 3.4 Abs. 5 UStAE). Bemessungsgrundlage sind die entstandenen Ausgaben (§ 10 Abs. 4 Nr. 3 UStG): 3 600 €. Die USt beträgt 684 € (19 % von 3 600 €).

Buchung:

Entnahmen	4 284 € an	unentgeltliche Wertabgaben (19 %)	3 600 €
		USt	684 €

FALL 130

Überführung eines Wirtschaftsguts in eine ausländische Betriebsstätte

Sachverhalt

Der Buchwert einer zum inländischen Betriebsvermögen gehörenden Maschine beträgt 1 €, der gemeine Wert 100 001 €. Die Maschine wird in 01 in eine ausländische Betriebsstätte des Steuerpflichtigen verbracht, für die das deutsche Besteuerungsrecht ausgeschlossen ist. Für diese in einem EU-Mitgliedstaat belegene Betriebsstätte besteht eine getrennte Buchführung mit gesonderten Bilanzen; dort wird die Maschine mit 100 000 € eingebucht und auf die Restnutzungsdauer von fünf Jahren abgeschrieben.

Abwandlung I

Die ausländische Betriebsstätte befindet sich nicht in einem EU-Mitgliedstaat.

Abwandlung II

Die Maschine wird zwar in einer ausländischen Betriebsstätte überführt, für diese Betriebsstätte liegt aber keine getrennte Buchführung vor und erfolgt auch keine gesonderte Bilanzierung. Die Maschine ist also nach wie vor im inländischen Betriebsvermögen erfasst. Der gemeine Wert der Nutzung beträgt jährlich 6 000 €.

Frage

Wie sind die Vorgänge ertragsteuerlich zu behandeln?

LÖSUNG

Die Überführung von Wirtschaftsgütern aus einem inländischen Betrieb in eine ausländische Betriebsstätte desselben Steuerpflichtigen ist eine mit dem gemeinen Wert zu bewertende Entnahme, wenn das Besteuerungsrecht der Bundesrepublik Deutschland hinsichtlich des Gewinns aus der Veräußerung des Wirtschaftsguts ausgeschlossen ist (§ 4 Abs. 1 Satz 3 i.V. mit § 6 Abs. 1 Nr. 4 Satz 1 EStG). Das ist hier der Fall. Der Vorgang wird als Entstrickung bezeichnet. Der Begriff ergibt sich nicht aus dem Gesetz. Steuerentstrickung soll bedeuten, dass der deutschen Besteuerung zustehende stille Reserven dieser Besteuerung nicht entzogen werden sollen. Um dies zu erreichen, sind im vorliegenden Fall die stillen Reserven aufzudecken. Der der deutschen Besteuerung unterliegende Gewinn ergibt sich als Unterschiedsbetrag zwischen dem gemeinen Wert und dem Buchwert im Zeitpunkt der Übertragung (hier 100 000 €). Als gemeiner Wert ist der Einzelveräußerungspreis anzusetzen (§ 9 BewG). Bei der Überführung eines Wirtschaftsgut in eine in einem EU-Mitgliedstaat belegene Betriebsstätte, kann der Gewinn (hier 100 000 €) in einen den Gewinn mindernden passiven Ausgleichsposten eingestellt werden (§ 4g Abs. 1 EStG). Der Ausgleichsposten ist im Wirtschaftsjahr der Bildung und in den folgenden vier Wirtschaftsjahren zu jeweils einem Fünftel gewinnerhöhend aufzulösen. Unter den Voraussetzungen des § 4g Abs. 2 Satz 2 EStG kann auch eine vorzeitige Auflösung des Ausgleichspostens in Betracht kommen.

Der inländische Buchwert von 1 € stellt die fortgeführten Anschaffungskosten i.S. von § 4g Abs. 3 EStG dar und ist der Ausgangswert zur Anwendung der Formel im § 4g Abs. 3 EStG für den Fall der Rücküberführung.

Buchungen in 01 für das inländische Betriebsvermögen:

Entnahmen	100 001 € an	Maschinen	1 €
		s. b. Erträge	100 000 €
S. b. Aufwand	100 000 € an	Ausgleichsposten nach § 4g EStG	100 000 €
Ausgleichsposten nach § 4g EStG	20 000 € an	s. b. Eträge	20 000 €

Buchung in 02 für das inländische Betriebsvermögen:

Ausgleichsposten nach § 4g EStG	20 000 € an	s. b. Eträge	20 000 €

Abwandlung I

Auch hier unterliegen die stillen Reserven (100 000 €) der inländischen Besteuerung. Allerdings kommt die Bildung eines Ausgleichspostens nicht in Betracht, sodass die stillen Reserven im Jahr der Überführung sofort und in vollem Umfang versteuert werden müssen.

Abwandlung II

Obwohl die Maschine im Ausland lokalisiert ist, hat sie aber ausweislich der Buchführung und Bilanzierung das inländische Betriebsvermögen nicht verlassen, sodass eine Versteuerung der stillen Reserven bei Veräußerung oder Entnahme sichergestellt ist. Allerdings ist die Nutzungsentnahme nach § 4 Abs. 1 Satz 3 EStG zu erfassen und mit dem gemeinen Wert zu bewerten (§ 6 Abs. 1 Nr. 4 Satz 1, zweiter Halbsatz EStG).

Buchung:

Entnahmen	6 000 € an	s. b. Erträge	6 000 €

Vorsteuer und Entnahme eines gemischt genutzten Grundstücks

Sachverhalt

Unternehmer U hat im Jahr 2011 ein zweigeschossiges Gebäude für 300 000 € zzgl. 57 000 € USt erworben. Im Erdgeschoss befindet sich der Gewerbebetrieb und in der ersten Etage seine gleichgroße Wohnung. U ist im Hinblick auf seine gewerbliche Tätigkeit zum Vorsteuerabzug berechtigt. Bilanziert sind die auf das Erdgeschoss entfallenden Anschaffungskosten von 150 000 € und 50 % des Grund und Bodens. Nach acht Jahren gibt U seine gewerbliche Tätigkeit auf und überlässt das Erdgeschoss seiner Tochter zur privaten Nutzung. Anschließend überführt er das komplette Grundstück ins Privatvermögen. Stille Reserven sind nicht zu berücksichtigen. Der Buchwert der Immobilie im Entnahmezeitpunkt beträgt 160 000 €. Alle gewerblich veranlassten Zahlungsvorgänge erfolgen über das betriebliche Bankkonto.

Frage

Welche umsatzsteuerlichen Konsequenzen ergeben sich und wie ist zu buchen?

LÖSUNG

U steht anlässlich des Erwerbs nur ein Vorsteuerabzugsbetrag für den gewerblich genutzten Grundstücksteil von (1/2 von 57 000 € =) 28 500 € zu (§ 15 Abs. 1b UStG). Die nach dem achten Jahr erfolgte Entnahme der Immobilie ist gem. § 3 Abs. 1b Nr. 1 i. V. mit § 4 Nr. 9a UStG umsatzsteuerfrei (Abschn. 4.9.1 Abs. 2 Nr. 6 UStAE). Sie und die Umwidmung des Erdgeschosses führen allerdings zu einer Vorsteuerkorrektur nach § 15a Abs. 1 UStG für die letzten beiden Jahre in einer Summe (§ 15a Abs. 6a, 8 und 9 UStG, § 44 Abs. 4 Satz 3 UStDV, Abschn. 15a.11 Abs. 5 Satz 3 UStAE). U hat deshalb zu Beginn des neunten Jahres 2/10 von 28 500 € = 5 700 € als Vorsteuer-Minderbetrag an das Finanzamt zu entrichten. Da der Vorsteuer-Minderbetrag auf das Erdgeschoss (früherer Gewerbebetrieb) entfällt, ist er m. E. nach § 9b Abs. 2 EStG als Betriebsausgabe zu behandeln.

Buchungen:

1. Jahr:

Gebäude	150 000 € an	Bank		178 500 €
VoSt	28 500 €			

9. Jahr:

Entnahmen	160 000 € an	Grundstück		160 000 €
s. b. Aufwand	5 700 € an	USt		5 700 €

5.2 Einlagen

Aus dem Wortlaut des § 4 Abs. 1 Satz 7 EStG hat der BFH den Schluss gezogen, dass Gegenstand einer Einlage nur Wirtschaftsgüter sein können (im Gegensatz zu den Entnahmen, zu denen auch Nutzungen und Leistungen gehören). Einlagefähig sind demnach nur Geld, materielle und immaterielle Wirtschaftsgüter. Werden eigene Wirtschaftsgüter des Privatvermögens durch Personenunternehmen auch betrieblich genutzt, so sind die durch die betriebliche Nutzung verursachten Aufwendungen Betriebsausgaben (R 4.7 Abs. 1 Satz 2 EStR). Eingelegt werden aber nicht die laufenden Nutzungen, sondern Geldmittel, soweit sie privat verausgabt wurden. Die Einlage selbst erfolgt allerdings erst im Zeitpunkt der Nutzung. Bei Kapitalgesellschaften sind ohnehin nur aktivierbare Wirtschaftsgüter einlagefähig (BFH v. 26. 10. 1987 GrS 2/86, BStBl 1988 II 348). Überlassen Gesellschafter von Kapitalgesellschaften ihrer Gesellschaft Darlehen oder andere Wirtschaftsgüter ohne angemessene Vergütung, darf die Kapitalgesellschaft ihren Gewinn deshalb nicht durch Geltendmachung einer Einlage mindern. Kommen derartige Nutzungsgewährungen zwischen zwei Tochtergesellschaften derselben Muttergesellschaft vor, bewirkt die nutzungsgewährende Tochtergesellschaft eine verdeckte Gewinnausschüttung an die Muttergesellschaft, die bei der Tochtergesellschaft der KSt unterliegt und bei der Muttergesellschaft zum Teil steuerfrei ist (§ 8b KStG).

Die unentgeltliche Nutzung fremder Wirtschaftsgüter führt nicht zu einer Einlage (BFH v. 30. 1. 1995 GrS 4/92, BStBl 1995 II 281), selbst wenn sie auf gesicherter Rechtsposition beruht; eigene Aufwendungen des Steuerpflichtigen sind hingegen als Betriebsausgaben abziehbar (H 4.7 „Drittaufwand" EStH).

Eine Einlage setzt eine **Einlagehandlung** voraus. Diese kann darin bestehen, dass durch eine entsprechende Nutzung ein Wirtschaftsgut zum notwendigen Betriebsvermögen wird (konkludentes Handeln) oder dass durch eine entsprechende Einbuchung ein Wirtschaftsgut des Privatvermögens gewillkürtes Betriebsvermögen wird. Als Zeitpunkt der Zuführung ist vom Beginn der Nutzung auszugehen, sonst vom Zeitpunkt der Einbuchung.

Wird ein Wirtschaftsgut aus einer ausländischen Betriebsstätte in den inländischen Betrieb desselben Steuerpflichtigen überführt, liegt ebenfalls eine Einlage vor, wenn dadurch das Besteuerungsrecht der BRD hinsichtlich des Gewinns aus der Veräußerung begründet wird (sog. **Verstrickung**, § 4 Abs. 1 Satz 8 EStG).

Bewertung

Einlagen sind grundsätzlich mit dem Teilwert zu bewerten (§ 6 Abs. 1 Nr. 5 EStG). Bei Einlagen innerhalb von drei Jahren nach Anschaffung oder Herstellung sind nach § 6 Abs. 1 Nr. 5 Satz 2

EStG die Anschaffungs- oder Herstellungskosten um AfA nach § 7 EStG, erhöhte Absetzungen sowie etwaige Sonderabschreibungen zu kürzen, die auf den Zeitraum zwischen der Anschaffung oder der Herstellung des Wirtschaftsgutes und der Einlage entfallen. Dabei ist unerheblich, ob sich die Absetzungen während der Zugehörigkeit des Wirtschaftsgutes zum Privatvermögen einkommensmindernd ausgewirkt haben (R 6.12 EStR). In den Fällen der sog. **Verstrickung** (Überführung eines Wirtschaftsguts aus der ausländischen Betriebsstätte in den inländischen Betrieb desselben Steuerpflichtigen unter Begründung des inländischen Besteuerungsrechts) ist der gemeine Wert anzusetzen (§ 6 Abs. 1 Nr. 5a EStG)

Geringwertige Wirtschaftsgüter, deren Anschaffungskosten im Rahmen einer Überschusseinkunftsart (z. B. Vermietung und Verpachtung) sofort in voller Höhe als Werbungskosten abgesetzt worden sind, können innerhalb von 3 Jahren nach der Anschaffung nur mit einem Betrag von 0 € in ein Betriebsvermögen eingelegt werden. Werden sie nach Ablauf von 3 Jahren nach der Anschaffung in ein BV eingelegt, sind sie ohne Rücksicht auf die frühere Absetzung mit dem Teilwert zu bewerten (BFH v. 27. 1. 1994 IV R 101/92, BStBl 1994 II 638).

Grunderwerbsteuer, die nach einer Einlage von Aktien in eine GmbH aufgrund (unmittelbarer) Anteilsvereinigung anfällt, erhöht nicht den für die erworbenen Aktien zu aktivierenden Wert; vielmehr handelt es sich dabei um sofort abzugsfähigen Aufwand (BFH v. 14. 3. 2011 I R 40/10, BStBl 2012 II 281).

Folgende **Bewertungsobergrenzen** sind zu beachten:

5.2.1   Einlage einer wesentlichen Beteiligung i. S. von § 17 EStG

Die Einlage ist mit dem Teilwert, jedoch höchstens mit den Anschaffungskosten zu bewerten (§ 6 Abs. 1 Nr. 5 Buchst. b EStG). Bei unentgeltlichem Erwerb der wesentlichen Beteiligung und anschließender Einlage sind die Anschaffungskosten des Rechtsvorgängers maßgebend (§ 17 Abs. 2 Satz 5 EStG). Eine Beteiligung ist wesentlich, wenn sie mindestens 1 % beträgt (§ 17 Abs. 1 Satz 1 EStG).

5.2.2   Einlage innerhalb von 3 Jahren nach Anschaffung/Herstellung

Die Einlage ist mit dem Teilwert, jedoch höchstens mit den AK/HK bzw. den fortgeführten AK/HK zu bewerten (§ 6 Abs. 1 Nr. 5 Buchst. a und Satz 2 EStG) Handelt es sich um ein nach einer Entnahme wieder eingelegtes Wirtschaftsgut, ist § 6 Abs 1 Nr. 5 Satz 3 EStG zu beachten (der Entnahmewert gilt als AK/HK, der Entnahmezeitpunkt als Anschaffungszeitpunkt). Bei Ermittlung der fortgeführten AK/HK ist AfA zeitanteilig zu berechnen. Vorsteuer, die bei Anschaffung nicht verrechnet werden konnte, gehört zu den Anschaffungskosten. Die 3-Jahres-Frist ist eine Ereignisfrist (§§ 187 Abs. 1, 188 Abs. 2 BGB). Wegen der AfA nach einer Einlage vgl. R 7.4 Abs. 10 und R 7.3 Abs. 6 EStR.

Die Bewertung der Einlage von Wirtschaftsgütern, die der Steuerpflichtige unentgeltlich erworben hat, erfolgt stets mit dem Teilwert, da die Schenkung keine Anschaffung i. S. von § 6 Abs. 1 Nr. 5 EStG ist (BFH v. 14. 7. 1993 X R 74-75/90, BStBl 1994 II 15).

5.2.3 Wirtschaftsgüter i. S. von § 20 Abs. 2 EStG

Die Einlage ist mit dem Teilwert, höchstens jedoch mit den Anschaffungskosten zu bewerten. Wirtschaftsgüter i. S. des § 20 Abs. 2 EStG sind Aktien, GmbH-Anteile usw., die nach dem 31. 12. 2008 erworben wurden (§ 52a Abs. 5 EStG).

Die Einlage derartiger (privat angeschaffter) Wirtschaftsgüter gilt nicht als Veräußerung i. S. von § 20 Abs. 2 Satz 1 EStG. Deshalb stellt die Regelung in § 6 Abs. 1 Nr. 5 Buchst. c EStG sicher, dass bei Einlage der genannten Wirtschaftsgüter in das Betriebsvermögen die stillen Reserven, die sich vor der Einlage gebildet haben und die durch spätere Veräußerung im Betrieb realisiert werden, steuerlich erfasst werden.

Betriebseröffnung

Die vorstehenden Grundsätze gelten für die Eröffnung eines Einzelunternehmens entsprechend (§ 6 Abs. 1 Nr. 6 EStG); dabei entspricht der Teilwert der eingelegten Wirtschaftsgüter des Umlaufvermögens in der Regel ihrem gemeinen Wert (BFH v. 10. 7. 1991 VIII R 126/86, BStBl 1991 II 840).

Bei entgeltlichem Erwerb eines Betriebs sind die Wirtschaftsgüter mit dem Teilwert, höchstens mit den AK/HK zu bewerten (§ 6 Abs. 1 Nr. 7 EStG). Bei der Ermittlung des Teilwerts sind die Anschaffungsnebenkosten ebenfalls zu berücksichtigen (BFH v. 29. 4. 1999 IV R 63/97, BStBl 2004 II 639).

FALL 132

Einlage eines Pkw

Sachverhalt

Ein Kaufmann führt am 1. 12. 02 einen Pkw seinem Betriebsvermögen zu. Den Pkw hatte er am 1. 6. 01 zunächst für private Zwecke angeschafft (Zweitwagen für die Ehefrau). Ab dem 1. 12. 02 dient das Fahrzeug zu 100 % eigengewerblichen Zwecken des Kaufmanns. Für die Anschaffung am 1. 6. 01 wurden einschließlich USt 22 600 € aufgewendet. Das Fahrzeug hat insgesamt eine Nutzungsdauer von 6 Jahren.

Der Teilwert am 1. 12. 02 beträgt:

a) 18 000 €

b) 10 000 €

Frage

Mit welchem Wert ist das Fahrzeug in das steuerliche Betriebsvermögen einzulegen? Welcher Buchwert ergibt sich zum 31. 12. 02?

LITERATURHINWEIS

Blödtner/Bilke/Heining, Lehrbuch Buchführung und Bilanzsteuerrecht, 10. Aufl., Teil B Kapitel 6.7.2.

LÖSUNG

Einlagen sind alle Wirtschaftsgüter, die der Steuerpflichtige dem Betrieb im Laufe des Wirtschaftsjahres zugeführt hat (§ 4 Abs. 1 Satz 7 EStG). Sie werden mit dem Teilwert für den Zeitpunkt der Zuführung angesetzt. Sie sind jedoch höchstens mit den Anschaffungs- oder Herstellungskosten anzusetzen, wenn das zugeführte Wirtschaftsgut innerhalb der letzten drei Jahre vor dem Zeitpunkt der Zuführung angeschafft oder hergestellt worden ist (§ 6 Abs. 1 Nr. 5 Buchst. a EStG). Die mit dem Teilwert zu vergleichenden Anschaffungs- oder Herstellungskosten abnutzbarer Anlagegüter des Betriebsvermögens sind um die AfA zu kürzen, die auf die Zeit vor ihrer Einbringung in den Betrieb entfallen (§ 6 Abs. 1 Nr. 5 Satz 2 EStG). Sie werden als fortgeführte Anschaffungs- oder Herstellungskosten bezeichnet. Diese betragen im vorliegenden Fall:

Private Anschaffungskosten	22 600 €
AfA 1. 6. 01 – 30. 11. 02 (18 Monate à 313,89 € =)	./. 5 650 €
Fortgeführte Anschaffungskosten	16 950 €

Fall a)

Das Fahrzeug ist mit 16 950 € einzulegen. Nach der ausdrücklichen Bestimmung des § 6 Abs. 1 Nr. 5 Satz 1 EStG ist zwar grundsätzlich der Teilwert anzusetzen (= 18 000 €), höchstens dürfen jedoch die (fortgeführten) Anschaffungskosten angesetzt werden, wenn die private Anschaffung weniger als 3 Jahre vor der Einlage zurückliegt. Das ist hier der Fall. Die Restnutzungsdauer beträgt $4\,^1/_2$ Jahre, sodass sich das Wirtschaftsgut bilanziell wie folgt fortentwickelt:

Pkw

Einlage 1. 12. 02	16 950 €
Jahres-AfA (16 950 € : 4,5 = 3 767 €)	
Für 02 ergibt sich eine AfA von $^1/_{12}$	./. 314 €
Bilanzansatz 31. 12. 02	16 636 €

Fall b)

In diesem Fall ist der Teilwert von 10 000 € zugrunde zu legen, da die (fortgeführten) Anschaffungskosten höher sind. Es ergibt sich folgende Kontenentwicklung:

Pkw

Einlage 1. 12. 02	10 000 €
Jahres-AfA (10 000 € : 4,5 = 2 222 €), für 1 Monat =	./. 185 €
Bilanzansatz 31. 12. 02	9 815 €

FALL 133

Einlage eines bebauten Grundstücks

Sachverhalt

Ein Kaufmann behandelt ab dem 1. 7. 05 ein bebautes Grundstück als notwendiges Betriebsvermögen; zuvor rechnete es zu seinem Privatvermögen. Er hatte das Grundstück am 1. 10. 01 mit steuerlichen Anschaffungskosten von 500 000 € erworben; von den Anschaffungskosten entfielen 400 000 € auf das Gebäude. Das Grundstück diente bisher keiner Einkunftserzielung. Das Gebäude wurde aufgrund eines Bauantrages aus 1970 (Abwandlung 1995) errichtet. Der Teilwert beträgt zum 1. 7. 05:

Grund und Boden	90 000 €
Gebäude	420 000 €

Fragen

Mit welchem Wert hat die Einlage zu erfolgen?

Wie hoch ist die steuerliche AfA für das Gebäude?

LÖSUNG

Die Einlage des Grundstücks ist mit dem Teilwert zu bewerten (§ 4 Abs. 1 Satz 7 i.V. mit § 6 Abs. 1 Nr. 5 EStG). Ein Vergleich des Teilwertes mit den (fortgeführten) Anschaffungskosten erübrigt sich, da der private Erwerb länger als 3 Jahre vor der Einlage zurückliegt. Die Buchung der Einlage lautet:

Grund und Boden	90 000 €	an	Einlagen	510 000 €
Gebäude	420 000 €			

Bei den Gebäuden, die der Steuerpflichtige außerhalb der Dreijahresfrist aus dem Privatvermögen in das Betriebsvermögen überführt, richtet sich die weitere AfA nach dem Einlagewert (Teilwert); dieser ist gleichzeitig das AfA-Volumen (BMF v. 27. 10. 2010, BStBl 2010 I 1204, Tz. 1).

Konto Gebäude

Zugang 1. 7. 05	420 000 €
AfA 2 %, für $\frac{1}{2}$ Jahr	./. 4 200 €
Buchwert 31. 12. 05	415 800 €

Abwandlung:

Wurde das Gebäude 1995 errichtet, beträgt die jährliche AfA 3 % (§ 7 Abs. 4 Satz 1 Nr. 1 EStG).

HINWEIS

Werden Wirtschaftsgüter nach einer Verwendung zur Erzielung von Einkünften i.S. des § 2 Abs. 1 Satz 1 Nr. 4 bis 7 EStG in ein Betriebsvermögen eingelegt, ist nach § 7 Abs. 1 Satz 5 EStG eine vom Einlagewert nach § 6 Abs. 1 Nr. 5 Satz 1 EStG abweichende AfA-Bemessungsgrundlage zu ermitteln. Die Abschreibung des eingelegten Wirtschaftsguts bemisst sich in diesem Fall nach den im BMFSchreiben v. 27. 10. 2010 (BStBl 2010 I 1204) aufgestellten Grundsätzen.

Einlage eines GmbH-Anteils

Sachverhalt

Ein Kaufmann ist mit 30 % am Stammkapital einer GmbH beteiligt. Er erwarb die Beteiligung am 1. 2. 01 für 300 000 € und behandelte sie zunächst als Privatvermögen. Zum 1. 10. 06 führt er die Beteiligung seinem Betriebsvermögen zu. Zu diesem Zeitpunkt hat die Beteiligung einen Teilwert von

a) 250 000 €

b) 500 000 €.

Frage

Wie ist die Einlage zu bewerten?

Die Einlage (§ 4 Abs. 1 Satz 7 EStG) ist mit dem Teilwert zu bewerten, sie ist jedoch höchstens mit den Anschaffungskosten anzusetzen, wenn das zugeführte Wirtschaftsgut ein Anteil an einer Kapitalgesellschaft ist und der Steuerpflichtige an der Gesellschaft i. S. des § 17 Abs. 1 EStG beteiligt ist (§ 6 Abs. 1 Nr. 5 Buchst. b EStG). Eine Beteiligung i. S. von § 17 Abs. 1 EStG liegt vor, wenn der Steuerpflichtige zu mindestens 1 % an einer Kapitalgesellschaft beteiligt ist (§ 17 Abs. 1 Satz 1 EStG). Das ist hier der Fall. Der Steuerpflichtige ist mit 30 % beteiligt.

Im **Fall a)** hat die Bewertung der Einlage allerdings – entgegen dem Gesetzeswortlaut – mit den Anschaffungskosten zu erfolgen. Denn eine Beteiligung i. S. des § 17 EStG, deren Wert im Zeitpunkt der Einlage in das Einzelbetriebsvermögen unter die Anschaffungskosten gesunken ist (wie hier), ist nach der höchstrichterlichen Rechtsprechung gleichwohl mit den Anschaffungskosten einzulegen (BFH v. 25. 7. 1995 VIII R 25/94, BStBl 1996 II 684). Wegen dieses Wertverlustes kann auch eine Teilwertabschreibung nicht beansprucht werden (BFH v. 2. 9. 2008 X R 48/02, BStBl 2010 II 162). Vorliegend hat die Bewertung der Einlage folglich mit 300 000 € zu erfolgen.

Im **Fall b)** ist die Einlage mit 300 000 € zu bewerten, weil der Teilwert höher ist und Obergrenze für die Bewertung der Einlage in diesem Fall die Anschaffungskosten sind.

Unfall mit Privatwagen auf Geschäftsreise

Sachverhalt

Kaufmann K benutzt auf Geschäftsreisen seinen Privatwagen. Auf einer Geschäftsreise wird der Wagen infolge eines Unfalls total beschädigt. AK vor 3 Jahren 58 000 € einschl. USt. Nutzungsdauer 6 Jahre. Teilwert im Unfallzeitpunkt 30 000 €. Entschädigungsleistungen stehen nicht zu.

Durch den Unfall wurden auch private Kleidungsstücke des K im Restwert von (zutreffend) 300 € auf Dauer unbrauchbar.

Frage

Kann K den Verlust des Fahrzeugs und der Kleidungsstücke als Betriebsausgabe geltend machen, und wenn ja, in welcher Höhe?

Für Betriebsausgaben gilt das **Kausalitätsprinzip** (§ 4 Abs. 4 EStG). Zwar gehören persönliche Gegenstände (z. B. Kleidungsstücke) zum notwendigen Privatvermögen; ihr Verlust oder die Beschädigung **infolge betrieblicher Veranlassung** führt gleichwohl zu Betriebsausgaben (BFH v. 30. 6. 1995 VI R 26/95, BStBl 1995 II 744). Das Gleiche gilt für einen privaten Pkw, der auf einer Geschäftsreise beschädigt oder gestohlen wird (BFH v. 24. 11. 1994 IV R 25/94, BStBl 1995 II 318). Im Ergebnis liegt eine Absetzung für außergewöhnliche Abnutzung (AfaA) vor, deren Höhe sich nach den Anschaffungskosten abzüglich normaler AfA richtet (BFH v. 24. 11. 1994 IV R 25/94, BStBl 1995 II 318). Bei den Anschaffungskosten ist von dem Betrag einschließlich USt auszugehen, da für ein Fahrzeug des Privatvermögens kein Vorsteuerabzug in Betracht kommt. Die AfaA ist im Schadensjahr geltend zu machen (BFH v. 13. 3. 1998 VI R 27/97, BStBl 1998 II 443).

Für das drei Jahre alte Fahrzeug ergibt sich somit ein Wert von 29 000 € ($^1/_2$ von 58 000 €). Für die Kleidungsstücke war lt. Sachverhalt von 300 € auszugehen.

Buchung:

S. b. Aufwand (oder AfaA)	29 300 €	an	Einlagen	29 300 €

FALL 136

Vorbehaltsnießbrauch

Sachverhalt

Kaufmann A schenkt am 2.1.01 seiner Tochter ein Betriebsgrundstück (Baujahr 1970) unter Vorbehalt des lebenslänglichen Nießbrauchs. Es betragen am 2.1.01:

	Buchwert	Teilwert
Grund und Boden	20 000 €	50 000 €
Gebäude	200 000 €	300 000 €

A nutzt das Grundstück aufgrund des Nießbrauchs weiter betrieblich.

Frage

Welche bilanzsteuerlichen Konsequenzen ergeben sich für A?

LITERATURHINWEIS

Blödtner/Bilke/Heining, Lehrbuch Buchführung und Bilanzsteuerrecht, 10. Aufl., Teil B Kapitel 5.6.16.

LÖSUNG

Durch die Schenkung hat A das rechtliche und wirtschaftliche Eigentum an dem Grundstück verloren; es ist der Tochter zuzurechnen (§ 39 AO). Das Grundstück wird hierdurch von A entnommen (H 4.3 [2 – 4] „Vorbehaltsnießbrauch" EStH). Da die Entnahme mit dem Teilwert bewertet werden muss (§ 6 Abs. 1 Nr. 4 EStG), wird ein steuerpflichtiger Gewinn in Höhe von (350 000 € ./. 220 000 € =) 130 000 € realisiert.

Das vorbehaltene Nießbrauchsrecht entsteht nicht im Betriebsvermögen, sondern im Privatvermögen. Nutzt der Schenker das nießbrauchsbelastete Grundstück wie bisher für eigene betriebliche Zwecke, so kann er das Nutzungsrecht zwar in sein Betriebsvermögen einlegen, aber nur mit 0 € bilanzieren (BFH v. 26. 10. 1987 GrS 2/86, BStBl 1988 II 348, v. 16. 12. 1988 III R 113/85, BStBl 1989 II 763, v. 10. 4. 1990 VIII R 289/84, BStBl 1990 II 741).

Der Vorbehaltsnießbraucher kann jedoch seine eigenen Aufwendungen, die im Zusammenhang mit dem betrieblich genutzten Grundstück stehen, durch Ansatz von entsprechenden Einlagen gewinnmindernd berücksichtigen. Dazu gehört auch die AfA (H 4.7 „Nießbrauch" EStH), die vom Entnahmewert zu berechnen ist (BFH v. 20. 9. 1989 X R 140/87, BStBl 1990 II 368): 2 % von 300 000 € = 6 000 €.

Buchungen in 01:

1. Entnahmen	350 000 € an	Grund und Boden		20 000 €
		Gebäude		200 000 €
		sonst. Erträge		130 000 €
2. Nießbrauchsrecht	0 € an	Einlagen		0 €
3. AfA	6 000 € an	Einlagen		6 000 €

FALL 137

Zuwendungsnießbrauch

Sachverhalt

Privatmann A räumt seinem Sohn B unentgeltlich den lebenslänglichen Nießbrauch an seinem Privatgrundstück ein. Der Sohn übt darauf sein Handelsgewerbe aus. A hat seinerzeit Anschaffungskosten für den Grund und Boden in Höhe von 100 000 € und für das Gebäude in Höhe von 200 000 € aufgewendet. Das Gebäude wurde mit jährlich 2 % abgeschrieben. Im Zeitpunkt der Einräumung des Nießbrauchs waren 40 000 € AfA als Werbungskosten in Anspruch genommen worden. Sollte der Vater vor dem Sohn sterben, soll der Sohn das Grundstück erben.

Frage

Welche bilanzsteuerlichen Konsequenzen ergeben sich für den Betrieb des Sohnes?

Das dem Sohn eingeräumte Nießbrauchsrecht an dem väterlichen Grundstück stellt für den Sohn kein einlagefähiges und bilanzierbares Nutzungsrecht dar (BFH v. 23.8.1999 GrS 2/97, BStBl 1999 II 782, H 4.7 „Drittaufwand" EStH). Da dem Sohn das Grundstück nicht gehört, steht ihm auch die Gebäude-AfA nicht zu; sie geht verloren, da der Vater mangels Einnahmeerzielung nicht zur Inanspruchnahme der AfA als Werbungskosten berechtigt ist. Der Sohn kann lediglich die von ihm selbst getragenen Grundstückskosten (z. B. Reparaturen) als Betriebsausgaben geltend machen.

FALL 138

Einlage eines Bodenschatzes

Sachverhalt

Baustoffhändler B hat auf seinem privaten Grundstück Ende 05 ein bis dahin unbekanntes Kiesvorkommen entdeckt. Für das Grundstück hat er am 1.7.01 (Abwandlung: 1.7.03) 300 000 € Anschaffungskosten aufgewendet. Anfang 06 beginnt er nach Erhalt der erforderlichen Genehmigungen mit dem Kiesabbau. Die Kiesausbeute vermarktet er über seinen Baustoffhandel. Anfang 06 hat das gesamte Kiesvorkommen einen Teilwert von 500 000 €. Jährlich werden ca. 10 % des Kiesvorkommens abgebaut und netto jeweils 75 000 € Erlöse erzielt.

Am Ende des Jahres 10 (also 9 1/2 Jahre nach Anschaffung, Abwandlung: 7 1/2 Jahre nach Anschaffung) sind 50 % des Kiesvolumens abgebaut. B verkauft zu diesem Zeitpunkt das restliche Kiesvorkommen an den Bauunternehmer und Maurer M für 300 000 €, der den Kaufpreis bis zum 31.12.10 überweist.

Frage

Bilanz- und ertragsteuerliche Auswirkungen der Einlage des Kiesvorkommens und dessen Verkauf?

Ein im Privatvermögen entdecktes und verpachtetes Kiesvorkommen würde bezüglich der Einnahmen in vollem Umfang zu Einkünften aus Vermietung und Verpachtung führen (§ 21 EStG). Gemäß § 11d Abs. 2 EStDV sind in diesen Fällen AfS nicht zulässig. Dasselbe gilt mangels Anschaffungskosten für ein im Betriebsvermögen entdecktes und vermarktetes Kiesvorkommen. Durch eine Einlage kann deshalb kein der AfS zugängliches Abschreibungsvolumen generiert werden, denn dadurch würde die ertragsteuerlich gebotene und seit altersher praktizierte „Bruttobesteuerung" der Abbauerträge vereitelt. Aus dem gleichen Grund kommt auch eine Teilwertabschreibung nicht in Betracht. Zwar ist die Einlage des materiellen Wirtschaftsguts „Kiesvorkommen" mit dem Teilwert zu bewerten (§ 6 Abs. 1 Nr. 5 EStG), indes dürfen bei dem Abbau des Kiesvorkommens AfS nicht vorgenommen werden (BFH v. 4.12.2006 GrS 1/05, BStBl 2007 II, 508). Die durch den Abbau entstehenden Minderungen des Wirtschaftsguts müssen deshalb ergebnisneutral dargestellt werden (hier jährlich 50 000 €). Deshalb ist die durch den tatsächlichen Abbau eintretende Substanzverminderung einerseits durch entsprechende AfS zu berücksichtigen. Zur Gewährleistung der vollständigen Einnahmenbesteuerung sind diese AfS jedoch zu neutralisieren und dem Gewinn wieder hinzuzurechnen. Zweckmäßigerweise wird ein aktiver Ausgleichsposten gebildet, der sicherstellt, dass die AfS nicht erfolgswirksam erfasst werden.

Buchungen

06:

Kiesvorkommen	500 000 € an	Einlagen	500 000 €

06 – 10 jeweils:

Aktiver Ausgleichsposten	an	Kiesvorkommen (hier jährlich 50 000 €)	

06 – 10 jeweils:

Bank	75 000 € an	Erlöse	75 000 €

In seiner Entscheidung vom 4.12.2006 unterscheidet der Große Senat – der bisherigen Rechtsprechung folgend – zwischen Nutzung und Veräußerung von im Tagebau gewonnenen Bodenschätzen. Der gewinnbringende Abbau ist steuerpflichtige Nutzung, gleich ob dieser durch Ausbeute Dritter oder Selbstausbeute stattfindet. Wird deshalb das eingelegte Kiesvorkommen vor seinem vollständigen Abbau aus dem Betriebsvermögen heraus veräußert, ist der verbliebene Buchwert gegenzurechnen. Daraus folgt: Übersteigt der Erlös den Buchwert (bei einem Teilabbau) oder den Teilwert = Einlagewert (bei noch nicht begonnenem Abbau), wird ein Ertrag in Höhe der Differenz erzielt. Liegt der Verkaufserlös darunter, entsteht ein entsprechender Verlust. Der Ausgleichsposten ist **gewinnneutral (über Kapital)** aufzulösen.

Unter Verwendung eines aktiven Ausgleichsposten ergeben sich zum 31.12.10 folgende Bilanzansätze:

	Kiesvorkommen	Akt. Ausgleichsposten
Zugang Anfang 06	500 000 €	
Abbau 06 – 10 (5 x 50 000 €)	./. 250 000 €	+ 250 000 €
Zwischenstand 31.12.10	250 000 €	250 000 €
Abgang durch Verkauf/Ausbuchung	./. 250 000 €	./. 250 000 €
Stand 31.12.10	-	-

Anlässlich des Verkaufs ist Ende 10 zu buchen:

Bank	300 000 € an	Kiesvorkommen	250 000 €
		s. b. Ertrag	50 000 €
Kapital	250 000 € an	Ausgleichsposten	250 000 €

HINWEIS

Im vorliegenden Fall sind zwar zwischen Anschaffung und Veräußerung weniger als zehn Jahre verstrichen, sodass § 23 Abs. 1 Satz 5 Nr. 1 EStG möglicherweise zu beachten wäre. Das (im Tagebau ausgebeutete) Kiesvorkommen stellt jedoch kein grundstücksgleiches Recht und damit kein Mineralgewinnungsrecht i. S. von § 23 Abs. 1 Satz 1 Nr. 1 EStG dar. Es ist vielmehr ein „anderes Wirtschaftsgut" i. S. von § 23 Abs. 1 Satz 1 Nr. 2 EStG (BFH v. 18. 3. 1980 VIII R 148/78, BStBl 1981 II 794, *Schmidt/Weber-Grellet* EStG § 23 Rz 16). Damit unterliegt es nicht der Regelung des § 23 Abs. 1 Satz 5 Nr. 1 EStG (steuerpflichtiger Verkauf eines eingelegten Grundstücks oder grundstücksgleichen Rechts aus dem Betriebsvermögens innerhalb von zehn Jahren nach privater Anschaffung).

Abwandlung

Liegen zwischen privater Anschaffung (hier 1. 7. 03) und Einlage (hier 1. 1. 06) weniger als drei Jahre, ist zu beachten, dass die Einlage höchstens mit den Anschaffungskosten zu bewerten ist. Da für das (unbekannte) Kiesvorkommen nichts bezahlt wurde, muss die Einlage mit 0 € bewertet werden. Der Vorgang ist buchungstechnisch und ertragsteuerlich so abzuwickeln, als habe das Kiesvorkommen von Anfang an (zunächst unentdeckt) zum Betriebsvermögen gehört. Die Bildung von Ausgleichsposten kommt nicht in Betracht.

Buchungen:

06:

Kiesvorkommen	0 €	an	Einlagen	0 €

06 – 10 jeweils:

Bank	75 000 €	an	Erlöse	75 000 €

Ende 10:

Bank	300 000 €	an	s. b. Erträge	300 000 €

HINWEIS FÜR VZ AB 2009:

Wäre das Kiesvorkommen Privatvermögen geblieben, wäre der Verkaufsgewinn ertragsteuerlich als Spekulationsgewinn erfasst worden, wenn die Nutzung des Kiesvorkommens vor dem Verkauf zu Einkünften i. S. des § 21 EStG geführt hat (zehnjährige Sperrfrist auch für Wirtschaftsgüter, die keine Grundstücke oder grundstücksgleichen Rechte sind: § 23 Abs. 1 Satz 1 Nr. 2 Satz 2 EStG).

FALL 139

Einlage eines Grundstücks und § 23 EStG

Sachverhalt

Kaufmann K hat am 1. 7. 01 300 000 € Anschaffungskosten für ein privates unbebautes Grundstück aufgewendet. Anfang 06 beginnt er mit der betrieblichen Nutzung des Grundstücks, das zu diesem Zeitpunkt einen Teilwert von 500 000 € hat.

Am Ende des Jahres 10 (also 9 ½ Jahre nach Anschaffung) verkauft K das Grundstück an den Bauunternehmer B für 900 000 €, der den Kaufpreis bis zum 31. 12. 10 überweist.

Frage

Bilanz- und ertragsteuerliche Auswirkungen der Einlage des Grundstücks und dessen Verkauf?

LÖSUNG

Mit Beginn der betrieblichen Nutzung gehört das Grundstück zum notwendigen Betriebsvermögen (R 4.2 [7] EStR). Es ist durch eine Einlage dem Betriebsvermögen zuzuführen. Die Einlage ist mit dem Teilwert zu bewerten (§ 6 Abs. 1 Nr. 5 EStG).

Im vorliegenden Fall ist zu beachten, dass die Veräußerung des Grundstücks innerhalb von zehn Jahren nach (privater) Anschaffung stattfindet. Der Vorgang ist deshalb auch unter dem Blickwinkel des § 23 Abs. 1 Satz 1 Nr. 1 EStG zu betrachten. Gemäß § 23 Abs. 1 Satz 5 Nr. 1 EStG gilt als steuerpflichtiger privater Veräußerungsgewinn auch die Einlage eines Wirtschaftsguts in ein Betriebsvermögen, wenn die Veräußerung aus dem Betriebsvermögen innerhalb von zehn Jahren nach Anschaffung erfolgt. In diesen Fällen tritt an die Stelle des Veräußerungspreises der Einlagewert, hier der Betrag von 500 000 € (§ 23 Abs. 3 Satz 2 EStG), sodass sich ein Spekulationsgewinn nach § 22 Nr. 2 EStG in Höhe von 200 000 € ergibt (500 000 € Einlagewert ./. 300 000 € private Anschaffungskosten). Steuerpflichtig ist der Spekulationsgewinn gem. § 23 Abs. 3 Satz 6 EStG im Jahr des Zuflusses des Veräußerungspreises im Betriebsvermögen (hier im Jahr 10). Der Mehrbetrag von 400 000 € (900 000 € ./. 500 000 €) ist während der Zugehörigkeit des Grundstücks zum Betriebsvermögen entstanden und dort zu versteuern.

Buchung im Betriebsvermögen anlässlich des Verkaufs:

Bank	900 000 € an	Grundstück	500 000 €
		s. b. Ertrag	400 000 €

Außerdem ist im VZ 10 unter den sonstigen Einkünften ein privater Spekulationsgewinn in Höhe von 200 000 € zu deklarieren.

Kapitel 6: Außerbilanzielle Hinzu- und Abrechnungen

6.1 Nichtabzugsfähige Betriebsausgaben

Durch § 4 Abs. 5 – 7 EStG (R 4.10 – 4.14 EStR) wird der Abzug von betrieblich veranlassten Aufwendungen, die die Lebensführung des Steuerpflichtigen oder anderer Personen berühren, eingeschränkt. Soweit ein Abzug nicht in Betracht kommt, handelt es sich **nicht** um Entnahmen. Die nichtabzugsfähigen Ausgaben sind vielmehr außerhalb der Buchführung dem Gewinn hinzuzurechnen. Das gilt auch für die auf sie entfallende USt (§ 12 Nr. 3 EStG), die in der Buchführung gewinnmindernd erfasst wird. Die nachfolgende Nummerierung folgt der **gesetzlichen Zählweise**. Nicht abziehbar sind:

1. Aufwendungen für **Geschenke an Geschäftsfreunde,** soweit die AK/HK der dem Empfänger im Wirtschaftsjahr zugewendeten Gegenstände insgesamt 35 € übersteigen. Es handelt sich um eine Freigrenze (R 4.10 Abs. 3 EStR). Von der Vorschrift werden nur Zuwendungen erfasst, denen keine Gegenleistung gegenübersteht. Derartige Zuwendungen führen beim Empfänger des geldwerten Vorteils zu steuerpflichtigen Einnahmen und sind bei diesem grundsätzlich steuererhöhend zu erfassen. § 37b EStG ermöglicht dem Zuwendenden, die ESt/KSt pauschal mit 30 % (zzgl. Kirchensteuer und Solidaritätszuschlag) des Zuwendungswerts zu begleichen. Damit ist die steuerliche Erfassung des geldwerten Vorteils beim Zuwendungsempfänger abgegolten. Die Pauschalierung gilt für alle Zuwendungen aus geschäftlichem (und betrieblichem) Anlass unabhängig davon, ob die Freigrenze von 35 € überschritten ist oder nicht. Die Pauschalsteuer ist Teil des Geschenks und teilt dessen Schicksal. Bei der Prüfung der Freigrenze von 35 € ist aus Vereinfachungsgründen die übernommene Steuer nicht einzubeziehen (BMF v. 29. 4. 2008, BStBl 2008 I 566, Rz. 25). Für die Pauschalierung gilt ein jährliches Alles-oder-nichts-Prinzip. Streuwerbeartikel (AK bis 10 €) und geschäftlich veranlasste Bewirtungen unterliegen nicht dem Anwendungsbereich des § 37b EStG. Weitere Einzelheiten ergeben sich aus dem BMF-Schreiben v. 29. 4. 2008, a. a. O.

   Erfolgt die Zuwendung als Belohnung für eine konkrete Gegenleistung, bestehen keine Abzugsbeschränkungen. Hierzu gehören z. B. die Incentive-Reisen. Hierbei handelt es sich um Erlebnisreisen, die dadurch gekennzeichnet sind, dass sie den Begünstigten zu touristisch attraktiven Zielen führen, bei denen die Verfolgung privater Interessen und Erholungsziele im Vordergrund stehen (BMF v. 14. 10. 1996, BStBl 1996 I 1192).

   Das Abzugsverbot greift auch nicht, wenn Geber und Empfänger Unternehmer sind und der Zuwendung des Gebers eine konkrete Gegenleistung (z. B. ein bestimmter Geschäftsabschluss) des Empfängers gegenübersteht. Dann kommt es auch auf die Höhe der Zuwendung nicht an, sofern die betriebliche Veranlassung gegeben ist. Erfolgt die Zuwendung als Belohnung für eine konkrete Gegenleistung, die in einem gesetzwidrigen Verhalten des Begünstigten besteht, gilt § 4 Abs. 5 Nr. 10 EStG (Schmiergeld).

   § 4 Abs. 5 Nr. 1 EStG ist ebenfalls nicht anzuwenden, wenn das zugewendete Wirtschaftsgut beim Empfänger ausschließlich betrieblich genutzt werden kann (R 4.10 Abs. 2 Satz 4 EStR). Zu denken ist an die Fälle des § 6 Abs. 4 EStG (z. B. Arzt erhält Blutdruckmessgerät vom Hersteller desselben geschenkt, Lebensmitteleinzelhändler erhält Tiefkühltruhe von einem Tiefkühlkostvertreiber geschenkt).

2. Aufwendungen für die **Bewirtung** von Personen aus geschäftlichem Anlass, soweit sie 70 % der Aufwendungen übersteigen, die nach der allgemeinen Verkehrsauffassung als angemessen anzusehen und deren Höhe und betriebliche Veranlassung nachgewiesen sind. Eine Bewirtung in diesem Sinne liegt nur vor, wenn die Darreichung von Speisen und/oder Getränken eindeutig im Vordergrund steht. Aufwendungen für den Besuch von Stripteaselokalen oder Varietéshows sind nach § 4 Abs. 5 Nr. 7 EStG zu beurteilen und ggf. aufzuteilen; der angemessene Teil ist voll abzugsfähig, soweit er nicht auf Bewirtungen entfällt, für die die 70-%-Grenze gilt. Nehmen Arbeitnehmer des Steuerpflichtigen an Bewirtungen teil, ist auch insoweit der Abzug auf 70 % beschränkt. Nur die Kosten der reinen Arbeitnehmerbewirtung (z. B. bei Betriebsfesten) sind voll abzugsfähig (vgl. auch R 4.10 Abs. 6 und 7 EStR). Rechtsanwälte können die nach § 4 Abs. 5 Satz 1 Nr. 2 EStG erforderlichen Angaben zu Teilnehmern und Anlass einer Bewirtung in der Regel nicht unter Berufung auf die anwaltliche Schweigepflicht verweigern (BFH v. 26. 2. 2004 IV R 50/01, BStBl 2004 II 502).

3. Aufwendungen für **Gästehäuser,** soweit sie Personen dienen, die nicht Arbeitnehmer des Steuerpflichtigen sind und sich außerhalb des Ortes eines Betriebes des Steuerpflichtigen befinden (R 4.10 Abs. 10 – 11 EStR). Veräußerungsgewinne bei derartigen Objekten sind gleichwohl steuerpflichtig (BFH v. 12. 12. 1973 VIII R 40/69, BStBl 1974 II 207).

BEISPIEL ▶ AK eines auswärtigen Gästehaus-Gebäudes für 500 000 €, jährliche AfA 10 000 €. Nach 20 Jahren (Buchwert 300 000 €) wird das Gebäude für 480 000 € verkauft. Obwohl die AfA von insgesamt 200 000 € den Gewinn nicht mindern durfte, ergibt sich ein steuerpflichtiger Veräußerungsgewinn von 180 000 €.

4. Aufwendungen für **Jagd oder Fischerei,** für **Jachten** sowie für ähnliche Zwecke und damit zusammenhängende Bewirtungen. Wegen der Übertragung einer § 6b-Rücklage (z. B. auf eine Motorjacht) siehe vorstehend 3.

5. **Mehraufwendungen für Verpflegung** (z. B. aus Anlass von Geschäftsreisen), soweit sie bestimmte Pauschbeträge übersteigen. Mehraufwendungen wegen doppelter Haushaltsführung aus betrieblicher Veranlassung sind unbefristet und in der notwendigen Höhe abziehbar (BVerfG v. 4. 12. 2002, 2 BvR 400/98, 2 BvR 1735/00, BStBl 2003 II 534). Wegen pauschalierter Reisekosten im Ausland vgl. BMF v. 8. 12. 2011, BStBl 2011 I 1259.

6. Aufwendungen für die Wege des Steuerpflichtigen zwischen Wohnung und Betriebsstätte und für Familienheimfahrten, soweit sie höher sind als die Pauschalen nach § 9 Abs. 1 Satz 3 Nr. 4 und 5 und Abs. 2 EStG.

6b. Die Aufwendungen für ein **häusliches Arbeitszimmer** sowie der Kosten der Ausstattung sind grundsätzlich vom Abzug ausgeschlossen. Dies gilt nicht, wenn für die betriebliche oder berufliche Tätigkeit kein anderer Arbeitsplatz zur Verfügung steht. In diesem Fall wird die Höhe der abziehbaren Aufwendungen auf 1 250 € begrenzt (zur Anwendung ab 1. 1. 2007 vgl. BMF v. 12. 8. 2010, BStBl 2010 I 642). Die Beschränkung der Höhe nach gilt nicht, wenn das Arbeitszimmer den Mittelpunkt der gesamten betrieblichen und beruflichen Betätigung bildet. Der Betrag von 1 250 € verdoppelt sich nicht, wenn Ehegatten ein häusliches Arbeitszimmer gemeinsam nutzen (BFH v. 23. 9. 2009 IV R 21/08, BStBl 2010 II 337). „Häusliches Arbeitszimmer" i. S. von § 4 Abs. 5 Satz 1 Nr. 6b EStG ist ein Raum, der seiner Lage, Funktion und Ausstattung nach in die häusliche Sphäre des Steuerpflichtigen eingebunden ist und vorwiegend der Erledigung gedanklicher, schriftlicher oder verwaltungstechnischer bzw. organisatorischer Arbeiten dient. Auch ein im Keller des selbst bewohnten Einfamilienhauses gelegener Raum, den der Steuerpflichtige zusätzlich zu einem häuslichen Arbeitszimmer als Archiv nutzt, kann zusammen mit diesem nach Maßgabe des § 4 Abs. 5 Satz 1 Nr. 6b EStG berücksichtigt werden (BFH v. 19. 9. 2002 VI R 70/01, BStBl 2003 II 139). Als Kosten des Arbeitszimmers sind nur die anteilige Miete (bei Eigentümern die anteilige AfA), anteilige Nebenkosten, wie Strom, Wasser, Grundsteuer sowie Ausstattungs- und Renovierungskosten anzusehen (BFH v. 21. 11. 1997 VI R 4/97, BStBl 1998 II 351). Gänzlich unberührt von der Regelung bleiben die Kosten für Arbeitsmittel; diese sind unbegrenzt abzugsfähig. In Betracht kommen Aufwendungen für Bücherregale, Schreibtisch, Bürostuhl, Computer. Sie sind selbst dann abzugsfähig, wenn dem Arbeitszimmer selbst im Ganzen die steuerliche Anerkennung versagt wird. Zu weiteren Einzelheiten vgl. BMF v. 2. 3. 2011, BStBl 2011 I 195.

7. Der unangemessene Teil von Aufwendungen, die die Lebensführung des Steuerpflichtigen oder anderer Personen berühren, z. B. übertrieben ausgestattetes Büro, Porsche eines Kleingewerbetreibenden (R 4.10 Abs. 12 EStR). Nach dieser Vorschrift sind auch Aufwendungen für den Besuch von Varieté oder Stripteaseveranstaltungen zu beurteilen (H 4.10 [5 – 9] „Bewirtung" EStH).

8. Geldstrafen, Ordnungsgelder, Verwarnungsgelder und vergleichbare Leistungen (R 4.13 EStR). Auch eine Rückstellung darf in der Steuerbilanz nicht gebildet werden, wenn ein steuerliches Abzugverbot besteht (H 5.7 (1) Abzugverbot EStH). Lässt das Abzugverbot Ausnahmen zu (hier: gem. § 4 Abs. 5 Satz 1 Nr. 8 Satz 4 EStG für die Abschöpfung des wirtschaftlichen Vorteils), müssen die Voraussetzungen dafür am Bilanzstichtag objektiv vorliegen (BFH v. 9. 6. 1999 I R 64/97, BStBl 1999 I 656). Beruflich veranlasste Strafverteidigungskosten sind Betriebsausgaben (BFH v. 18. 10. 2007 VI R 42/04, BStBl 2008 II 223).

8a. Zinsen auf hinterzogene Betriebssteuern (§ 235 AO).

9. Ausgleichszahlungen, die in den Fällen der §§ 14, 17 und 18 KStG an außenstehende Anteilseigner geleistet werden. Hierbei handelt es sich um Organschaften.

10. Zuwendungen i. S. von § 4 Abs. 5 Satz 1 Nr. 10 EStG (sog. Schmiergelder). Schmiergelder der vorgenannten Art sind Zuwendungen in Geld oder Geldeswert, die aufgewendet werden, um den Empfänger zu einem bestimmten, in der Regel gesetzwidrigen Verhalten zu veranlassen. Davon zu unterscheiden sind sog. Vermittlungsprovisionen oder Vertrauensspesen (z. B. an Taxifahrer für die Zuführung von Gästen); diese sind nach wie vor als Betriebsausgaben abziehbar.

Falls der Zuwendende oder der Empfänger wegen des Schmiergeldes

► rechtskräftig bestraft
► oder das Verfahren nach §§ 153 – 154e StPO eingestellt
► oder wenn rechtskräftig ein Bußgeld verhängt wurde,

ist der Abzug als Betriebsausgabe ausgeschlossen (§ 4 Abs. 5 Nr. 10 EStG, H 4.13 „Zuwendungen" EStH). In Betracht kommen u. a. folgende Straftatbestände bei Amtsträgern:

► Vorteilsannahme (§ 331 StGB),
► Bestechlichkeit (§ 332 StGB),
► Vorteilsgewährung (§ 333 StGB),
► Bestechung (§ 334 StGB).

Ferner gehören dazu die Bestechung von Abgeordneten (§ 108e StGB) sowie die aktive und passive Bestechung von Angestellten oder Beauftragten eines Geschäftsbetriebs im geschäftlichen Verkehr (§§ 299, 300 StGB).

Die Finanzbehörde hat den **Verdacht** einer solchen **Straftat** der Staatsanwaltschaft mitzuteilen; das Steuergeheimnis gilt hier nicht. Diesbezügliche Veranlagungen erfolgen vorläufig (§ 165 AO). Erhält das Finanzamt **nachträglich** Kenntnis von Maßnahmen der Strafrechtspflege im vorstehenden Sinn, werden die Veranlagungen des Gebers nach § 173 AO von Amts wegen geändert.

Das Abzugsverbot gilt auch bei Leistungen an ausländische Amtsträger und Abgeordnete (R 4.14 EStR).

Keine Schmiergelder sind Geschenke, die lediglich Geschäftsbeziehungen herstellen, erhalten oder verbessern sollen. Hier greift aber das Abzugsverbot nach § 4 Abs. 5 Nr. 1 EStG: Die AK/HK für das Geschenk dürfen nicht mehr als 35 €/Person/Jahr betragen haben.

Auf der Empfängerseite sind erhaltene Schmiergeldzahlungen als **Betriebseinnahmen** oder gem. § 22 Nr. 3 EStG zu erfassen.

Aufwendungen zur **Förderung staatspolitischer Zwecke** sind keine Betriebsausgaben (§ 4 Abs. 6 EStG). Für sie kommt nur der Sonderausgabenabzug in Betracht (§ 10b Abs. 2 EStG).

Aufwendungen i. S. des § 4 Abs. 5 Satz 1 Nr. 1 – 4, 6b und 7 sind **gesondert aufzuzeichnen** (§ 4 Abs. 7 EStG). Wird hiergegen verstoßen, sind die Aufwendungen auch insoweit nicht abzugsfähig, als sie bei gesonderter Aufzeichnung abzugsfähig gewesen wären. Soweit Bewirtungen betroffen sind, bleibt der Vorsteuerabzug hiervon unberührt (BMF v. 10. 2. 2005, BStBl 2005 I 816).

Zugaben, die einem Käufer einer Ware im Zusammenhang mit der eingekauften Ware ausgehändigt werden, sind keine Geschenke i. S. von § 4 Abs. 5 Nr. 1 EStG; sie brauchen deshalb auch nicht gesondert aufgezeichnet zu werden (BFH v. 21. 9. 1993 III R 76/88, BStBl 1994 II 170).

Schuldzinsenabzug bei Überentnahmen

Der Regelung des § 4 Abs. 4a EStG unterliegen nur Schuldzinsen, die **betrieblich veranlasst** sind. Dies erfordert im Hinblick auf die steuerliche Abziehbarkeit ein **zweistufiges Vorgehen** (BFH v. 21. 9. 2005 X R 46/04, BStBl 2006 II 125). Vergleiche hierzu auch BMF v. 17. 11. 2005 (BStBl 2005 I 1019).

1. Schritt:

Eindeutig privat veranlasste Zinsen sind keine Betriebsausgaben (wie bisher). Solche Zinsen werden aussortiert. Sie ergeben sich, soweit durch Geldentnahmen ein betriebliches Bankkonto negativ wird. Diese Entnahmen gehören nicht zu den Überentnahmen i. S. von § 4 Abs. 4a EStG. Die Schuld ist Privatschuld. Übrig bleiben dann betrieblich veranlasste Schuldzinsen.

2. Schritt:

Für diese betrieblich veranlassten Zinsen ist zu prüfen, ob der Betriebsausgabenabzug im Hinblick auf Überentnahmen eingeschränkt ist.

Denn der Abzug **betrieblich veranlasster Schuldzinsen ist eingeschränkt,** wenn **Überentnahmen vorliegen.** Dies ist grundsätzlich der Fall, wenn die Entnahmen höher sind als die Summe aus

Gewinn und Einlagen des Wirtschaftsjahres. Maßgeblich ist der Gewinn i. S. von § 4 Abs. 1 Satz 1 EStG, dem z. B. weder gewinnmindernde Rücklagen noch Sonderabschreibungen wieder hinzuzurechnen sind (BFH v. 7. 3. 2006 X R 44/04, BStBl 2006 II 588). Zu berücksichtigen sind alle Entnahmen i. S. von § 4 Abs. 1 Satz 2 EStG (Barentnahmen, Waren, Erzeugnisse, Nutzungen und Leistungen), mit Ausnahme der Geldentnahmen, durch die ein betriebliches Bankkonto negativ wird oder ein vorhandener Negativsaldo sich vergrößert (BFH v. 21. 9. 2005 X R 46/04, BStBl 2006 II 125).

Die Einlage von Wertpapieren mindert den Betrag der Überentnahmen i. S. des § 4 Abs. 4a EStG (BFH v. 17. 5. 2011 VIII R 1/08, BStBl 2011 II 862). Die kurzfristige Einlage von Geld stellt allerdings einen Missbrauch von Gestaltungsmöglichkeiten des Rechts dar, wenn sie allein dazu dient, die Hinzurechnung nach § 4 Abs. 4a EStG nicht abziehbarer Schuldzinsen zu umgehen; in diesem Fall entsteht der Steueranspruch so wie er entstanden wäre, wenn die Einlage unterblieben wäre (BFH v. 21. 8. 2012 VIII R 32/09, BStBl 2013 II 16). Tilgt der Steuerpflichtige beim sog. „umgekehrten Zwei-Konten-Modell" mit eingehenden Betriebseinnahmen einen Sollsaldo, der durch Entnahmen entstanden ist oder sich erhöht hat, liegt im Zeitpunkt der Gutschrift eine Entnahme vor, die bei der Ermittlung der Überentnahmen i. S. des § 4 Abs. 4a EStG zu berücksichtigen ist (BFH v. 3. 3. 2011 IV R 53/07, BStBl 2011 II 688). Bei dem sog. „umgekehrten Zwei-Konten-Modell" verfügt der Steuerpflichtige über ein Betriebseinnahmenkonto, auf das nur die Betriebseinnahmen fließen. Darüber hinaus unterhält er ein gesondertes Betriebsausgabenkonto, über das Betriebsausgaben und Privatentnahmen gebucht werden und das immer im Soll geführt wird. Es wird dadurch zum gemischten Kontokorrentkonto. Um die privat veranlassten Schuldzinsen zu minimieren, bucht der Steuerpflichtige von Zeit zu Zeit vom Betriebseinnahmenkonto eingegangene Betriebseinnahmen auf das Betriebsausgabenkonto um und tilgt damit in Höhe des umgebuchten Betrags eine private Schuld. Im Verlustjahr werden Verluste nicht berücksichtigt. Zur Feststellung, ob Überentnahmen vorliegen, ist – vereinfacht ausgedrückt – von einem Gewinn von 0 € auszugehen. Der Verlust ist jedoch stets vorrangig mit **Unterentnahmen vergangener oder zukünftiger Wirtschaftsjahre** zu verrechnen. Entsprechendes gilt für einen Verlust, soweit er nicht durch einen Einlagenüberschuss ausgeglichen wird. Verbleibende Verluste werden – ebenso wie die Über- oder Unterentnahmen – formlos festgestellt und in die Zukunft vorgetragen. Die der Anwendung des § 4 Abs. 4a EStG zugrunde zu legenden Überentnahmen sind in einem Verlustjahr nicht höher als der Betrag anzusetzen, um den die Entnahmen die Einlagen des Wirtschaftsjahres übersteigen (BFH v. 3. 3. 2011 IV R 53/07, BStBl 2011 II 688).

Ermittlung des Hinzurechnungsbetrages

§ 4 Abs. 4a Satz 3 EStG bestimmt, dass die betrieblich veranlassten Schuldzinsen pauschal in Höhe von 6 % der Überentnahmen des Wirtschaftsjahres zuzüglich der Überentnahmen und abzüglich der Unterentnahmen vorangegangener Wirtschaftsjahre zu nicht abziehbaren Betriebsausgaben umqualifiziert werden. Der sich dabei ergebende Betrag, höchstens jedoch der um 2 050 € verminderte Betrag der im Wirtschaftsjahr angefallenen Schuldzinsen, ist nach § 4 Abs. 4a Satz 4 EStG **außerhalb der Buchführung** dem Gewinn hinzuzurechnen.

Zu den im Wirtschaftsjahr angefallenen Schuldzinsen gehört neben den laufenden Schuldzinsen auch ein Damnum, soweit es gewinnwirksam war. Geldbeschaffungskosten gehören nicht dazu.

Eine Überentnahme liegt auch vor, wenn sie sich lediglich aus Überentnahmen vorangegangener Wirtschaftsjahre ergibt. Deshalb ist eine Hinzurechnung nicht abziehbarer Schuldzinsen aufgrund von Überentnahmen nach § 4 Abs. 4a EStG auch dann vorzunehmen, wenn im Veranlagungszeitraum keine Überentnahme vorliegt, sich aber ein Saldo aufgrund von Überentnahmen aus den Vorjahren ergibt (BFH v. 17. 8. 2010 VIII R 42/07, BStBl 2010 II 1041).

Die Regelung nimmt Zinsen für Darlehn aus der Abzugsbeschränkung aus, wenn diese zur Finanzierung von Anschaffungs- oder Herstellungskosten betrieblicher **Anlagegüter** (nicht Umlaufvermögen) verwendet werden. Ob Schuldzinsen i. S. des § 4 Abs. 4a Satz 5 EStG für Darlehen zur Finanzierung von Anschaffungs- oder Herstellungskosten von Wirtschaftsgütern des Anlagevermögens vorliegen, bestimmt sich ausschließlich nach der tatsächlichen Verwendung der Darlehensmittel. Es wird unwiderlegbar vermutet, dass auf ein Kontokorrentkonto ausgezahlte Darlehensmittel zur Finanzierung solcher Anschaffungs- oder Herstellungskosten von Wirtschaftsgütern des Anlagevermögens verwendet wurden, die innerhalb von 30 Tagen vor oder nach Auszahlung der Darlehensmittel tatsächlich über das entsprechende Kontokorrentkonto finanziert wurden. Beträgt der Zeitraum mehr als 30 Tage, muss der Steuerpflichtige den erforderlichen Finanzierungszusammenhang zwischen Auszahlung der Darlehensmittel und Bezahlung der Wirtschaftsgüter nachweisen. Die Finanzierung von Wirtschaftsgütern des Anlagevermögens durch Belastung des Kontokorrentkontos reicht aus, um die dadurch veranlassten Schuldzinsen von der Überentnahmeregelung auszunehmen (BFH v. 23. 2. 2012 IV R 19/08, BStBl 2013 II 151; zur Anwendung BMF v. 18. 2. 2013, BStBl 2013 I 197).

Besonderheiten bei Mitunternehmerschaften

Bei Mitunternehmerschaften ist die Überentnahmeregelung **gesellschafterbezogen** anzuwenden. Der Kürzungsbetrag von höchstens 2 050 € ist hingegen **gesellschaftsbezogen,** d. h. er ist nicht mit der Anzahl der Mitunternehmer zu vervielfältigen, sondern **nur einmal** anzusetzen. Wegen weiterer Einzelheiten vgl. BMF v. 7. 5. 2008, BStBl 2008 I 588 und v. 4. 11. 2008, BStBl 2008 I 957.

ABB. 10:	Bewirtungen
Bewirtungen	
aus geschäftlichem Anlass (z. B. Kunden)	**aus betrieblichem Anlass** (z. B. Arbeitnehmer)
1. Zuerst ist die Angemessenheit zu prüfen. 2. Abzugsfähig sind nur 70 v. H. der angemessenen Aufwendungen. 3. Die Vorsteuer ist voll verrechenbar (§ 15 Abs. 1a UStG).	1. Es bestehen keine Abzugsbeschränkungen. 2. Bei den Arbeitnehmern können sich lohnstpfl. Sachbezüge ergeben. Unschädliche Freigrenzen: a) Zwei Betriebsveranstaltungen pro Jahr und höchstens 110 € einschl. USt je Arbeitnehmer und je Veranstaltung (R 19.5 Abs. 3 und 4 LStR, BFH v. 16. 11. 2005 VI R 68/00, BStBl 2006 II 440, BFH v. 16. 11. 2005 VI R 151/00, BStBl 2005 II 442). b) Sog. Arbeitsessen im Wert von max. 40 € (R 19.6 Abs. 2 LStR).

HINWEIS

Vorsteuerabzug bei Arbeitnehmerbewirtungen

Bei Betriebsausflügen besteht ertragsteuerlich eine Freigrenze von 110 € je Arbeitnehmer, bei deren Einhaltung eine private Mitveranlassung typisierend verneint wird. Der Unternehmer ist dann zum Vorsteuerabzug berechtigt, ohne dass eine Entnahme zu versteuern ist.

Übersteigen die Aufwendungen für den Betriebsausflug die Freigrenze von 110 €, ist von einer Mitveranlassung durch die Privatsphäre der Arbeitnehmer auszugehen. Nach der bisherigen Rechtsprechung war der Unternehmer dann zum Vorsteuerabzug berechtigt, hatte aber eine Entnahme zu versteuern. Diese Rechtsprechung hat der BFH jetzt aufgegeben. Anders als bisher besteht bei Überschreiten der Freigrenze für den Unternehmer kein Anspruch auf Vorsteuerabzug mehr; dementsprechend unterbleibt die bisherige Entnahmebesteuerung. Maßgeblich ist hierfür, dass sich Entnahem für unternehmensfremde Privatzwecke und Leistungsbezug für das Unternehmen gegenseitig ausschließen. Der nur mittelbar verfolgte Zweck, das Betriebsklima zu fördern, ändert hieran nichts (BFH v. 9. 12. 2010 V R 17/10, BStBl 2012 II 53).

FALL 140

35 €-Grenze

Sachverhalt

a) Ein Gewerbetreibender schenkt einem Geschäftsfreund eine Vase. Die Anschaffungskosten haben seinerzeit 35 € betragen. Im Zeitpunkt der Schenkung beträgt der Teilwert der Vase 40 €.

b) Er schenkt ferner einem Kunden im selben Wirtschaftsjahr einen Regenschirm (Anschaffungskosten 25 €) sowie einen Bierkrug (Anschaffungskosten 20 €). Es wurde Vorsteuer in Höhe von 8,55 € geltend gemacht.

Frage

Handelt es sich um eine abziehbare Betriebsausgabe?

LITERATURHINWEIS

Blödtner/Bilke/Heining, Lehrbuch Buchführung und Bilanzsteuerrecht, 10. Aufl., Teil A Kapitel 10.4.

LÖSUNG

a) Maßgeblich für die 35-€-Grenze sind die Anschaffungskosten oder Herstellungskosten. Auf den Teilwert kommt es nicht an. § 4 Abs. 5 Nr. 1 EStG steht dem Abzug als Betriebsausgabe nicht entgegen; es liegt eine abziehbare Betriebsausgabe vor. § 37b EStG (Pauschalierung der ESt) ist zu beachten.

b) Übersteigen die Anschaffungskosten eines Geschenks an einen Empfänger oder, wenn an einen Empfänger im Wirtschaftsjahr mehrere Geschenke gegeben werden, die Anschaffungskosten aller Geschenke den Betrag von 35 €, so entfällt der Abzug in vollem Umfang (R 4.10 Abs. 3 EStR). Das ist hier der Fall. Ein Abzug als Betriebsausgaben kommt nicht in Betracht (§ 4 Abs. 5 Nr. 1 EStG). In diesem Fall ist auch umsatzsteuerlich keine verrechenbare Vorsteuer gegeben (§ 15 Abs. 1a UStG). Die auf die Anschaffung entfallende Vorsteuer (hier 19 % von 45 € = 8,55 €) darf den Gewinn nicht mindern (§ 12 Nr. 3 EStG). Da es sich begrifflich nicht um eine Entnahme handelt, wird die Vorsteuer in der Buchführung als Aufwand erfasst; die Korrektur erfolgt außerhalb der Buchführung.

Buchung:

Nichtabziehbare Betriebsausgaben	8,55 €	an	USt	8,55 €

Außerhalb der Bilanz und der GuV ist der Gewinn um insgesamt 53,55 € zu erhöhen.

FALL 141

Pauschalbesteuerung

Sachverhalt

Zehn Geschäftsfreunde haben Geschenke im Wert von jeweils 30 € (= Netto-AK) und 15 Geschäftsfreunde im Wert von jeweils 50 € (= Netto-AK) erhalten. Die Netto-AK wurden als Aufwand behandelt. Die darauf entfallende USt beträgt 19 % und wurde zunächst als Vorsteuer geltend gemacht. Es soll von der Pauschalversteuerung Gebrauch gemacht werden. Die Zuwendungsempfänger sind entsprechend unterrichtet. Kirchensteuer ist nicht zu berücksichtigen.

Frage

Welche Auswirkungen ergeben sich beim Zuwendenden, und wie muss er buchen?

LÖSUNG

Unter Anwendung von § 37b EStG ergibt sich eine Pauschalsteuer einschließlich Solidaritätszuschlag von 31,65 % von (1,19 x 1 050 € = 1 249,50 €) = 395,47 €. Für die Geschenke im Wert von jeweils 30 € gilt das Abzugsverbot nicht. Hierauf entfällt eine Pauschalsteuer einschl. Solidaritätszuschlag von 31,65 % von 357 € = 112,99 €.

Für die Geschenke im Wert von jeweils 50 € greift das Abzugsverbot des § 4 Abs. 5 Satz 1 Nr. 1 EStG. Insoweit entfällt auch der Vorsteuerabzug, hier in Höhe von 19 % von 750 € = 142,50 € (§ 15a Abs. 1a UStG).

Die nicht abziehbare Vorsteuer (142,50 €) wird ebenso wie die Pauschalsteuer (395,47 €) in der Buchführung als Aufwand erfasst (537,97 €), da es sich begrifflich nicht um Entnahmen handelt. Die Korrektur erfolgt außerhalb der Buchführung durch eine sog. außerbilanzielle Hinzurechnung:

Geschenke 15 x 50 €	750,00 €
Darauf entfallende Vorsteuer	142,50 €
Darauf entfallende Pauschalsteuer (31,65 %)	282,48 €
Summe und außerbilanzielle Hinzurechnung	1 174,98 €

Buchungen:

Abziehbare Geschenke (anteilige Pauschalsteuer)	112,99 €	an	USt	142,50 €
Nichtabziehbare Betriebsausgaben	424,98 €		Sonst. Verb.	395,47 €

FALL 142

Bewirtungen

Sachverhalt

In den Geschäftsräumen des Unternehmens findet eine Bewirtung statt. Die Kosten betragen für ein kaltes Büfett nebst Getränken 5 000 € zzgl. 950 € USt. Veranlasst wird die Bewirtung dadurch, dass

a) der Firmeninhaber 50 Jahre alt geworden ist;

b) die Firma ihr 100jähriges Bestehen feiert. Teilnehmer sind Kunden und Lieferanten (100 Personen insgesamt).

c) wie b), Teilnehmer sind jedoch nur die Arbeitnehmer des Betriebs (200 Personen insgesamt).

Frage

Wie sind die Kosten steuerlich zu behandeln?

LÖSUNG

Fall a)

Hier wird der Geburtstag des Betriebsinhabers gefeiert. Das ist ein privater Anlass. Die Ausgaben sind insgesamt nicht abzugsfähig (§ 12 Nr. 1 EStG). Es handelt sich von Anfang an um eine Entnahme (§ 4 Abs. 1 Satz 2 EStG).

Buchung:

Entnahmen	5 950 €	an Finanzkonto	5 950 €

Fall b)

Die Feier des Firmenjubiläums mit Kunden und Lieferanten ist ein **geschäftlicher** Anlass. Hier ist § 4 Abs. 5 Satz 1 Nr. 2 EStG zu beachten. Zunächst ist die Angemessenheit der Aufwendungen zu prüfen (R 4.10 Abs. 6 Satz 5 Nr. 2 EStR). Bei 100 Teilnehmern entfallen auf jeden ca. 50 €, was noch angemessen sein dürfte. Nach der ausdrücklichen gesetzlichen Regelung sind aber 30 % der angemessenen Aufwendungen in keinem Fall abzugsfähig: 1 500 €. Auch die darauf entfallende Vorsteuer (hier 285 €) ist umsatzsteuerlich voll verrechenbar. Es kann wie folgt gebucht werden:

Abzugsfähige Bewirtungen	3 500 €	an Finanzkonto	5 950 €
VoSt	950 €		
Nichtabzugsfähige Bewirtungen	1 500 €		

Das Konto „Nichtabzugsfähige Bewirtungen" wird ebenfalls über das Gewinn- und Verlustkonto abgeschlossen. Außerhalb der Buchführung ist der Gewinn um 1 500 € zu erhöhen.

Fall c)

Diese Bewirtung ist nicht geschäftlich, sondern **betrieblich veranlasst.** Für diese Fälle gilt § 4 Abs. 5 Satz 1 Nr. 2 EStG nicht. Derartige Aufwendungen können vielmehr unbegrenzt abgezogen werden (R 4.10 Abs. 7 EStR). Zu beachten ist aber, dass sich bei Betriebsveranstaltungen zu Gunsten von Arbeitnehmern bei diesen steuerpflichtiger Arbeitslohn ergeben kann. Hier besteht allerdings eine **Freigrenze** von 110 € je Arbeitnehmer und je Veranstaltung (R 19.5 Abs. 3 und 4 LStR). Im vorliegenden Fall entfallen auf jeden Arbeitnehmer ca. 30 € (5 950/200), sodass nichts zusätzlich zu veranlassen ist.

Buchung:

S. b. Aufwand	5 000 € an	Finanzkonto		5 950 €
VoSt	950 €			

FALL 143

Bewirtung im Restaurant

Sachverhalt

Auf dem Konto „Bewirtungen" sind u. a. zwei Rechnungen verbucht:

Rechnung 1

Diese Rechnung weist einen Betrag von 500 € zzgl. USt aus. Rechnungsaussteller ist das Nobel-Restaurant „Atlantis". Aus dem maschinell erstellten Beleg geht hervor, dass der Betriebsinhaber sich dort mit vier namentlich genannten Geschäftsfreunden aus geschäftlichem Anlass (erfolgreicher Auftragsabschluss im Wert von 2 Mio. €) aufhielt. Im Übrigen entspricht der Beleg den gesetzlichen Erfordernissen.

Rechnung II

Aus diesem Beleg geht hervor, dass der Betriebsinhaber für sich und einen Geschäftsfreund aus geschäftlichem Anlass in einer Gaststätte einen Bewirtungsaufwand von brutto 95,20 € getätigt hat. Auch dieser Beleg entspricht den gesetzlichen Erfordernissen; lediglich die USt ist betragsmäßig nicht gesondert ausgewiesen. Stattdessen ist der Steuersatz mit 19 % angegeben.

Frage

In welchem Umfang ergeben sich abzugsfähige und nichtabzugsfähige Betriebsausgaben?

LÖSUNG

Für die Berücksichtigung von Bewirtungsaufwendungen i. S. von § 4 Abs. 5 Satz 1 Nr. 2 EStG gilt allgemein Folgendes (BMF v. 21. 11. 1994, BStBl 1994 I 855):

1. Die Rechnung muss Namen und Anschrift der **Gaststätte** enthalten und **maschinell** erstellt und **registriert** sein.

2. Die Rechnung muss die Menge und die handelsübliche Bezeichnung des Gegenstands der Lieferung enthalten (die Angabe „**Speisen und Getränke**" genügt nicht).

3. Ein zusätzlich gewährtes **Trinkgeld** muss vom Empfänger auf der Rechnung **quittiert** sein.

4. Die **Teilnehmer** und der **geschäftliche Anlass** sind genau zu bezeichnen (z. B. auf der Rückseite der Rechnung).

5. Rechnungen im Gesamtbetrag von mehr als 100 € müssen auch den Namen des **bewirtenden Steuerpflichtigen** enthalten (R 4.10 Abs. 8 Satz 4 EStR); hierbei genügt es, wenn der Gastwirt den Namen handschriftlich auf der Rechnung vermerkt. Die **Nachholung** durch den **Gastwirt** ist zulässig (H 4.10 [5 – 9] „Nachholung von Angaben" EStH).

6. Die Rechnung muss den Anforderungen des § 14 UStG genügen. Die Angabe der Steuernummer des leistenden Unternehmers nach § 14 Abs. 4 Nr. 2 UStG ist deshalb erforderlich.

7. Zu den geschäftlich veranlassten Aufwendungen gehört auch der Teil, der auf den Steuerpflichtigen selbst entfällt.

8. Beim Empfänger ergeben sich keine Betriebseinnahmen (R 4.7 Abs. 3 EStR).

9. Absetzbar sind nur **70 % des angemessenen Teils** der Bewirtungsaufwendungen. Das bedeutet, dass der unangemessene Teil gänzlich vom Abzug ausgeschlossen ist.

10. Die Aufwendungen sind **zeitnah** auf einem **besonderen Konto** zu erfassen (§ 4 Abs. 7 EStG).

Rechnung I

Die Bewirtungsaufwendungen sind nach § 4 Abs. 5 Satz 1 Nr. 2 EStG zu beurteilen. Danach ist zunächst die Angemessenheit zu prüfen; der unangemessene Teil ist gänzlich vom Abzug ausgeschlossen. Hier wurden in einem gehobenen Restaurant für fünf Personen für Speisen und Getränke 500 € ausgegeben (pro Person also 100 €). Angesichts des Auftragsvolumens erscheint das nicht unangemessen. Obwohl die Aufwendungen insgesamt angemessen sind, dürfen nach der ausdrücklichen gesetzlichen Regelung nur 70 % den Gewinn mindern (= 350 €). Die anteilige Vorsteuer, die auf den nichtabziehbaren Teil entfällt (hier 28,50 €), ist umsatzsteuerlich voll verrechenbar. **Außerhalb der Buchführung** ist der Gewinn um 150 € zu erhöhen.

Rechnung II

Die Angemessenheit kann bei der Höhe der Aufwendungen (46,40 €/Person) unterstellt werden. Dass in der Rechnung die Vorsteuer nicht gesondert ausgewiesen ist, ist unbeachtlich. Bei Rechnungen über Kleinbeträge (= Gesamtbetrag bis 150 €) genügt die Angabe des Steuersatzes (§ 33 Satz 1 Nr. 4 UStDV). Die Vorsteuer kann dann gem. § 35 Abs. 1 UStDV vom Unternehmer selbst ermittelt werden. Sie beträgt hier $^{19}/_{119}$ von 95,20 € = 15,20 €

Im Einzelnen:

	Brutto-Betrag	Netto-Betrag	USt
	€	€	€
	95,20	80,00	15,20
30 %	28,56	24,00	
Verbleiben	66,64	56,00	15,20

Buchung:

Bewirtungen	56 €
und Vorsteuer	15,20 €
und nichtabzugsfähige Bewirtungen	24,00 €
an Finanzkonto	95,20 €

Außerhalb der Buchführung ist der Gewinn um 24,00 € zu erhöhen.

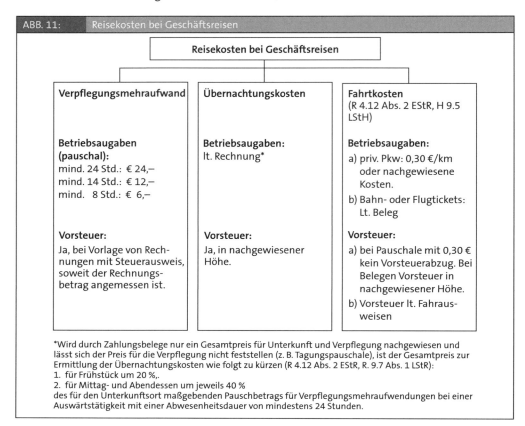

ABB. 11: Reisekosten bei Geschäftsreisen

Reisekosten bei Geschäftsreisen

Verpflegungsmehraufwand	Übernachtungskosten	Fahrtkosten (R 4.12 Abs. 2 EStR, H 9.5 LStH)
Betriebsausgaben (pauschal): mind. 24 Std.: € 24,– mind. 14 Std.: € 12,– mind. 8 Std.: € 6,–	**Betriebsausgaben:** lt. Rechnung*	**Betriebsausgaben:** a) priv. Pkw: 0,30 €/km oder nachgewiesene Kosten. b) Bahn- oder Flugtickets: Lt. Beleg
Vorsteuer: Ja, bei Vorlage von Rechnungen mit Steuerausweis, soweit der Rechnungsbetrag angemessen ist.	**Vorsteuer:** Ja, in nachgewiesener Höhe.	**Vorsteuer:** a) bei Pauschale mit 0,30 € kein Vorsteuerabzug. Bei Belegen Vorsteuer in nachgewiesener Höhe. b) Vorsteuer lt. Fahrausweisen

*Wird durch Zahlungsbelege nur ein Gesamtpreis für Unterkunft und Verpflegung nachgewiesen und lässt sich der Preis für die Verpflegung nicht feststellen (z. B. Tagungspauschale), ist der Gesamtpreis zur Ermittlung der Übernachtungskosten wie folgt zu kürzen (R 4.12 Abs. 2 EStR, R. 9.7 Abs. 1 LStR):
1. für Frühstück um 20 %,.
2. für Mittag- und Abendessen um jeweils 40 %
des für den Unterkunftsort maßgebenden Pauschbetrags für Verpflegungsmehraufwendungen bei einer Auswärtstätigkeit mit einer Abwesenheitsdauer von mindestens 24 Stunden.

HINWEIS:

Ab 2014 ergeben sich die Pauschbeträge für Verpflegungsmehraufwand wie folgt (§ 4 Abs. 5 Satz 1 Nr. 5 i.V. mit § 9 Abs. 4a EStG n. F.):

1. 24 € für jeden Kalendertag, an dem der Steuerpflichtige 24 Stunden von seiner Wohnung abwesend ist,

2. jeweils 12 € für den An- und Abreisetag, wenn der Steuerpflichtige an diesem, einem anschließenden oder vorhergehenden Tag außerhalb seiner Wohnung übernachtet,

3. 12 € für den Kalendertag, an dem der Steuerpflichtige ohne Übernachtung außerhalb seiner Wohnung mehr als acht Stunden von seiner Wohnung und der ersten Tätigkeitsstätte (vgl. § 9 Abs. 4 EStG) abwesend ist.

FALL 144

Reisekosten

Sachverhalt

Kaufmann A aus Köln war vom 6. 12. – 10. 12. auf Geschäftsreise in Bayern. Er fuhr am 6. 12. um 9 Uhr ab und kehrte am 10. 12. um 14 Uhr zurück. Für vier Hotelübernachtungen liegen Rechnungen vor über 600 € zzgl. USt (ohne Frühstück).

Am 15. 12. unternahm A eine eintägige Geschäftsreise von mehr als 14 Stunden Dauer. Über den entstandenen Verpflegungsaufwand liegen Rechnungen vor über 80 € zzgl. 19 % USt.

Alle entstandenen Aufwendungen wurden von A mit Privatmitteln bezahlt. Alle Rechnungen genügen den umsatzsteuerlichen Vorschriften.

Frage

In welchem Umfang kommt bei der Rechtslage für 2013 ein Betriebsausgabenabzug in Betracht?

LÖSUNG

Derartige Aufwendungen sind nach § 4 Abs. 5 Satz 1 Nr. 5 EStG zu beurteilen. Für die Übernachtungskosten sind die Rechnungsbeträge maßgebend. Zu den unbeschränkt abzugsfähigen Übernachtungskosten gehören nur die Kosten der Unterkunft, nicht die Kosten des Frühstücks. Ist der Anteil des Frühstücks im Übernachtungspreis enthalten und nicht gesondert in der Rechnung ausgewiesen, kann er mit 20 % von 24 € = 4,80 € pro Übernachtung geschätzt werden. Im vorliegenden Fall sind jedoch 600 € voll abzugsfähig.

Buchung:

Reisekosten	600 € an	Einlagen	714 €
VoSt	114 €		

Für den Verpflegungsmehraufwand ist nur noch die Inanspruchnahme von Pauschbeträgen zulässig, deren Höhe sich aus § 4 Abs. 5 Satz 1 Nr. 5 EStG ergibt. Für die Berechnung der Abwesenheitsdauer endet der Tag um 24 Uhr (auf den 6. 12. entfallen somit 15 Stunden), und der Tag beginnt um 0 Uhr (auf den 10. 12. entfallen somit genau 14 Stunden). Im vorliegenden Fall stehen folgende Beträge zu:

6. 12.	12 €
7. 12.	24 €
8. 12.	24 €
9. 12.	24 €
10. 12.	12 €
Summe	96 €

Buchung:

Reisekosten	96 € an	Einlagen	96 €

Auch für die eintägige Geschäftsreise kommt **ertragsteuerlich** nur die Inanspruchnahme eines Pauschbetrages in Betracht: 12 €. Die Belege spielen allerdings eine Rolle für den Vorsteuerabzug. Denn der Unternehmer kann nicht nur aus **Rechnungen für Übernachtungen** anlässlich einer Geschäftsreise, sondern auch aus **Rechnungen für Verpflegungskosten** anlässlich einer Geschäftsreise den Vorsteuerabzug in Anspruch nehmen, hier 15,20 €.

Buchung:

Reisekosten	80,00 € an	Einlagen	95,20 €
VoSt	15,20 €		

Außerhalb der Buchführung ist der Gewinn um (80 € ./. 12 €) 68 € zu erhöhen.

FALL 145

Fahrten zwischen Wohnung und Betrieb

Sachverhalt

Kaufmann A nutzt seinen betrieblichen Pkw auch für Fahrten zwischen Wohnung und Betrieb. Die einfache Entfernung beträgt 10 km. A nutzt den Wagen an 230 Tagen im Jahr für derartige Fahrten. Der maßgebliche Listenpreis einschl. USt beträgt 64 300 €. Die tatsächlichen Kosten einschl. AfA belaufen sich (lt. Gewinn- und Verlustrechnung) auf 22 500 € jährlich. Die Gesamtkilometerleistung beträgt jährlich 25 000. Das Fahrzeug dient zu mehr als 50 % betrieblichen Zwecken.

Frage

In welchem Umfang ergeben sich nicht abzugsfähige Ausgaben?

LÖSUNG

Für Fahrten zwischen Wohnung und Betrieb des Betriebsinhabers gelten dieselben Abzugsbeschränkungen wie für Arbeitnehmer (§ 4 Abs. 5 Satz 1 Nr. 6 i.V. mit § 9 Abs. 1 Satz 3 Nr. 4 EStG). Zur Abgeltung derartiger Aufwendungen ist für jeden Tag, an dem der Betriebsinhaber den Betrieb aufsucht, eine Entfernungspauschale für jeden vollen Kilometer der Entfernung zwischen Wohnung und Betrieb von 0,30 Euro anzusetzen, höchstens jedoch 4 500 Euro im Kalenderjahr.

Um dieses Ziel zu erreichen, sieht § 4 Abs. 5 Satz 1 Nr. 6 EStG eine pauschale Gewinnzurechnung vor, wenn ein betriebliches Fahrzeug für derartige Fahrten benutzt wird und dessen Kosten voll als Betriebsausgaben behandelt werden: Die Aufwendung in Höhe des positiven Unterschiedsbetrags zwischen 0,03 % des inländischen Listenpreises des Kraftfahrzeugs im Zeitpunkt der Erstzulassung je Kalendermonat für jeden Entfernungskilometer und dem sich nach § 9 Abs. 1 Satz 3 Nr. 4 EStG ergebenden Betrag dürfen den Gewinn nicht mindern (Pauschalregelung). Alternativ kann auch auf Basis der tatsächlichen angefallenen Kosten abgerechnet werden.

Pauschalregelung:

0,03 % von 64 300 €	19,29 €
x 10 km x 12 Monate	2314,80 €
höchstens:	
10 km x 0,30 € x 230 Tage	./. 690,00 €
Nicht abzugsfähig somit	1624,80 €

Zu beachten ist, dass in der Buchführung der gesamte Fahrzeugaufwand gewinnmindernd berücksichtigt ist. Daran wird auch buchmäßig nichts geändert. **Außerhalb der Buchführung** ist der Gewinn um 1 624,80 € zu erhöhen.

Tatsächliche Kosten

Für die Alternativlösung sind zunächst die tatsächlichen Kosten zu berechnen, die das Fahrzeug verursacht. Sie berechnen sich im vorliegenden Fall mit 0,90 €/km (22 500 € / 25 000 km). Zu beachten ist, dass es sich dabei um die Kosten je gefahrenen Kilometer handelt und nicht um die Kosten je Entfernungskilometer. Diese betragen 1,80 € (0,90 x 2). Sodann ist wie folgt zu rechnen:

Kosten

10 km x 1,80 € x 230 Tage	4140,00 €
höchstens:	
10 km x 0,30 € x 230 Tage	./. 690,00 €
Nicht abzugsfähig somit	3450,00 €

Ergebnis

Die Pauschalregelung ist günstiger. Ihr ist deshalb der Vorzug zu geben.

HINWEIS

Rechnet der Steuerpflichtige die private Pkw-Nutzung nach der Fahrtenbuchmethode auf Basis der tatsächlich entstandenen Kosten ab, muss auch bei den Fahrten zwischen Wohnung und Betrieb entsprechend verfahren werden. Die Inanspruchnahme von 0,03 % (Pauschalregelung) ist also nur möglich, wenn auch die private Pkw-Nutzung nach der 1-%-Pauschalmethode berechnet wird (BMF v. 21. 1. 2002, Tz. 4, BStBl 2002 II 148). Daran hat sich auch nach dem Urteil des BVerfG v. 9. 12. 2008 (a. a. O.) nichts geändert.

FALL 146

Nicht abzugsfähige Schuldzinsen nach § 4 Abs. 4a EStG

Sachverhalt

Bei einem bilanzierenden Gewerbetreibenden haben sich für die nachfolgenden Wj. folgende Entnahmen, Gewinn bzw. Verluste und betriebliche Sollzinsen (keine Zinsen für Investitionsdarlehen) ergeben:

	Wj. 01	Wj. 02
Entnahmen	60 000 €	60 000 €
Gewinn	40 000 €	30 000 €
Betriebliche Sollzinsen	6 000 €	2 000 €
	Wj. 03	**Wj. 04**
Entnahmen	20 000 €	50 000 €
Gewinn	./. 50 000 €	60 000 €
Betriebliche Sollzinsen	10 000 €	18 000 €

Frage

In welcher Höhe ergeben sich nach § 4 Abs. 4a EStG nicht abziehbare Schuldzinsen?

LÖSUNG

Soweit Überentnahmen bestehen, liegen nicht abziehbare Betriebsausgaben vor in Höhe von 6 % der Überentnahmen (§ 4 Abs. 4a EStG). Eine Hinzurechnung unterbleibt, wenn die tatsächlich entstandenen Schuldzinsen (ohne Zinsen für Investitionsdarlehen) 2 050 € im Wj. nicht übersteigen (Freibetrag). Vereinfacht kann wie folgt gerechnet werden:

	Entnahmen
./.	Gewinn
./.	Einlagen
=	Überentnahmen (falls +)
=	Unterentnahmen (falls ./.)

Einmal stattgefundene Überentnahmen wirken sich auch in den Folgejahren aus. Sie können nur durch Einlagen (Unterentnahmen) oder Gewinne abgebaut werden (vgl. im Einzelnen BMF v. 17. 11. 2005, BStBl 2005 I 1019).

Hiernach ist wie folgt zu rechnen:

		Wj. 01	Wj. 02
		€	€
Entnahmen		60 000	60 000
Gewinn		./. 40 000	./. 30 000
Überentnahmen		+ 20 000	+ 30 000
Überentnahmen aus Vorjahr			+ 20 000
Bemessungsgrundlage		20 000	50 000
6 % pauschal		1 200	3 000
Höchstens für 01	6 000		
Freibetrag	./. 2 050		3 950
Also Gewinnhinzurechnung			+ 1 200
Höchstens für 02	2 000		
Freibetrag	./. 2 050		
Also Gewinnhinzurechnung			0

Nachrichtlich:
Vortrag für Folgejahre:

Überentnahmen	20 000	50 000
	Wj. 03	**Wj. 04**
	€	€
Entnahmen	20 000	50 000
Gewinn (Verlust = 0)	0	./. 60 000
Überentnahmen	+ 20 000	
Unterentnahmen		10 000
Verlust aus Vorjahr 50 000 € (höchstens)		./. 10 000
Überentnahmen aus Vorjahr	+ 50 000	+ 70 000
Bemessungsgrundlage	70 000	70 000
6 % pauschal	4 200	4 200
Die tatsächlichen Zinsen liegen weit über dem Freibetrag von 2 050 €.		
Deshalb Gewinnhinzurechnung:	4 200	4 200
Nachrichtlich: Vortrag für Folgejahre:		
Überentnahmen	70 000	70 000
Verlust	50 000	40 000

HINWEIS

Ein Verlust ist mit Unterentnahmen vergangener oder zukünftiger Wj. auszugleichen. Dies hat den Nachteil, dass derartige Unterentnahmen nicht zum Abbau von Überentnahmen bereitstehen; sie sind „verbraucht" für Verluste.

Für die einzelnen Wj. ergeben sich somit folgende **außerbilanzielle Hinzurechnungen:**

Wj. 01	1 200 €
Wj. 02	0 €
Wj. 03	4 200 €
Wj. 04	4 200 €

6.2 Investitionsabzugsbetrag (§ 7g EStG)

6.2.1 Inanspruchnahme des Investitionsabzugsbetrags

Bestimmte Steuerpflichtige können nach Maßgabe des § 7g Abs. 1 EStG bis zu 40 % der voraussichtlichen Anschaffungs- oder Herstellungskosten eines beweglichen Wirtschaftsguts des Anlagevermögens **außerbilanziell** gewinnmindernd abziehen (Investitionsabzugsbetrag). Für Software besteht kein Anspruch auf den Investitionsabzugsbetrag, denn Software ist ein immaterielles Wirtschaftsgut. Das gilt grundsätzlich auch dann, wenn es sich um Standardsoftware handelt, die auf einem Datenträger gespeichert ist (BFH v. 18. 5. 2011 X R 26/09, BStBl 2011 II 865). Die folgenden Voraussetzungen müssen erfüllt sein:

1. Der Betrieb darf am Schluss des Wirtschaftjahres, in dem der Abzug vorgenommen wird, bestimmte Größenmerkmale nicht überschreiten:

   a) bei bilanzierenden Gewerbetreibenden und Freiberuflern darf das Betriebsvermögen nicht größer als 235 000 € sein,

   b) bei Betrieben der Land- und Forstwirtschaft darf der Wirtschaftswert oder Ersatzwirtschaftswert 125 000 € nicht überschreiten,

   c) bei Gewinnermittlung durch Einnahmenüberschussrechnung darf der Gewinn ohne Berücksichtigung des Investitionsabzugsbetrages nicht mehr als 100 000 € betragen.

2. Der Steuerpflichtige muss beabsichtigen, das begünstigte Wirtschaftsgut voraussichtlich

   a) in den dem Wirtschaftsjahr des Abzugs folgenden drei Wirtschaftsjahren anzuschaffen oder herzustellen und

   b) mindestens bis zum Ende des dem Wirtschaftsjahr der Anschaffung oder Herstellung folgenden Wirtschaftsjahres in eine inländischen Betriebsstätte des Betriebs ausschließlich oder fast ausschließlich betrieblich zu nutzen.

3. Der Steuerpflichtige muss das begünstigte Wirtschaftsgut in den beim Finanzamt einzureichenden Unterlagen seiner Funktion nach benennen und die Höhe seiner voraussichtlichen Anschaffungs- oder Herstellungskosten angeben.

Unbeachtlich ist es, ob es sich um ein neues oder gebrauchtes Wirtschaftsgut handelt. Die Frage, ob die geforderten Verbleibens- und Nutzungsvoraussetzungen erfüllt sind, ist anhand einer Prognoseentscheidung abzuwägen. Neben der Angabe der voraussichtlichen Anschaffungs- oder Herstellungskosten ist das begünstigte Wirtschaftsgut in den dem FA einzureichenden Unterlagen, seiner Funktion nach zu benennen. Hierfür reicht es aus, die betriebsinterne Bestimmung stichwortartig darzulegen. Dabei muss erkennbar sein, für welchen Zweck das Wirtschaftsgut angeschafft oder hergestellt werden soll. Lässt sich die geplante Investition einer stichwortartigen Bezeichnung zuordnen, aus der sich die Funktion des Wirtschaftsgutes ergibt, reicht die Angabe dieses Stichwortes aus. Allgemeine Bezeichnungen, aus denen sich die Funktion des Wirtschaftsgutes nicht hinreichend bestimmen lässt (z. B. „Maschinen" oder „Fuhrpark"), sind dagegen nicht zulässig. Auch eine „räumliche" Betrachtungsweise wonach alle Wirtschaftsgüter begünstigt sind, die in einem bestimmten räumlichen Zusammenhang stehen (z. B. Büro, Werkshalle, Stall) lässt § 7g Abs. 1 Satz 2 Nr 3 EStG nicht zu (Beispiele BMF v. 8. 5. 2009 ab Rn. 41, BStBl 2009 I 633).

Der Abzugsbetrag beläuft sich auf höchstens 40 % der geplanten Anschaffungs- oder Herstellungskosten und maximal 200 000 € innerhalb von vier Jahren (§ 7g Abs. 1 Satz 4 EStG).

Da der Abzug außerbilanziell erfolgt, gelten die restriktiven Bilanzänderungsregeln nach § 4 Abs. 2 EStG nicht.

6.2.2 Folgen nach stattgefundener Investition

Im Wirtschaftsjahr der Anschaffung oder Herstellung des begünstigten Wirtschaftsguts, für das der Investitionsabzugsbetrag nach § 7 Abs. 1 EStG beansprucht wurde, ist der für dieses Wirtschaftsgut in Anspruch genommene Investitionsabzugsbetrag in Höhe von 40 % der Anschaffungs- oder Herstellungskosten **außerbilanziell gewinnerhöhend** hinzuzurechnen (Hinzurechnungsbetrag); der Hinzurechnungsbetrag darf den tatsächlich in Anspruch genommenen Investitionsabzugsbetrag nicht übersteigen (§ 7g Abs. 2 Satz 1 EStG). Gleichzeitig können die Anschaffungs- oder Herstellungskosten des Wirtschaftsguts um bis zu 40 %, höchstens jedoch um den Hinzurechnungsbetrag, **innerbilanziell gewinnmindernd** herabgesetzt werden.

6.2.3 Folgen bei unterbliebener oder planwidriger Investition

Soweit der in Anspruch genommene Investitionsabzugsbetrag nicht innerhalb der dreijährigen Investitionsfrist nach § 7g Abs. 2 EStG hinzugerechnet wird, ist der Abzugsbetrag rückgängig zu machen (§ 7g Abs. 3 Satz 1 EStG). Dies erfolgt in der Weise, dass die Steuerfestsetzungen oder Gewinnfeststellungen der Jahre geändert werden, in denen der Investitionsabzugsbetrag berücksichtigt wurde (§ 7g Abs. 3 Satz 2 EStG). Entgegenstehende Bestandskraftregelungen gelten insoweit nicht. Gründe für die vollständige Rückgängigmachung des Investitionsabzugsbetrags können sein:

1. Die geplante Investition innerhalb der Investitionsfrist unterbleibt;

2. die beabsichtigte und dem Finanzamt angekündigte Investition weicht von der tatsächlich durchgeführten Investition in der Weise ab, dass auch von Funktionsgleichheit nicht gesprochen werden kann.

Eine teilweise Rückgängigmachung des Investitionsabzugsbetrages erfolgt, soweit der ursprünglich in Anspruch genommene Investitionsabzugsbetrag den späteren Hinzurechnungsbetrag nach § 7g Abs. 2 EStG übersteigt, d. h. die tatsächlichen Anschaffungs- oder Herstellungskosten also niedriger ausfallen als die dem Finanzamt annoncierten.

Aufgrund der Änderung des ursprünglichen Steuerbescheids wird eine Verzinsung der sich daraus ergebenden Steuernachzahlung nach § 233a AO ausgelöst.

6.2.4 Folgen bei schädlichem Verhalten nach erfolgter Investition

Wird nach erfolgter Investition das begünstigte Wirtschaftsgut nicht bis zum Ende des dem Wirtschaftsjahr der Anschaffung oder Herstellung folgenden Wirtschaftsjahres in einer inländischen Betriebsstätte des Betriebs ausschließlich oder fast ausschließlich betrieblich genutzt (siehe § 7 Abs. 1 Nr. 2 Buchst. b EStG), entfallen **rückwirkend** der Investitionsabzugsbetrag (§ 7g Abs. 1 EStG), die Herabsetzung der Anschaffungs- oder Herstellungskosten, die Verringerung der Bemessungsgrundlage und die Hinzurechnung nach § 7g Abs. 2 EStG (§ 7g Abs. 4 EStG). Auch hier werden die betroffenen Steuerbescheide unabhängig von ihrer Bestandskraft verzinslich geändert.

6.2.5 Sonderabschreibung nach § 7g Abs. 5 und 6 EStG

Nach § 7g Abs. 5 EStG kann für neue oder gebrauchte abnutzbare bewegliche Wirtschaftsgüter des Anlagevermögens neben der linearen AfA nach § 7 Abs. 1 EStG innerhalb von fünf Jahren eine Sonderabschreibung von bis zu 20 % der Anschaffungs- oder Herstellungskosten in Anspruch genommen werden. Voraussetzung hierfür ist,

► dass der Betrieb die Größenmerkmale des § 7g Abs. 1 Satz 2 Nr. 1 EStG einhält und

► das Wirtschaftsgut im Jahr der Anschaffung oder Herstellung und im darauf folgenden Wirtschaftsjahr in einer inländischen Betriebsstätte des Betriebs des Steuerpflichtigen ausschließlich oder fast ausschließlich (mindestens 90 %) betrieblich genutzt wird (§ 7g Abs. 6 EStG). Bei Verstößen hiergegen werden die betroffenen Veranlagungen ggf. **rückwirkend** geändert (§ 7g Abs. 6 Nr. 2, letzter Halbsatz EStG).

Voraussetzung für die Inanspruchnahme der Sonderabschreibung ist nicht, dass für das Wirtschaftsgut zuvor ein Investitionsabzugsbetrag geltend gemacht wurde.

6.2.6 Gesellschaftsbezogene Betrachtungsweise

Bei Personengesellschaften (Mitunternehmerschaften) und Gemeinschaften ist § 7g Abs. 1 bis 6 EStG gem. § 7g Abs. 7 EStG mit der Maßgabe anzuwenden, dass an die Stelle des Steuerpflichtigen die Gesellschaft oder die Gemeinschaft tritt (gesellschaftsbezogene Betrachtungsweise). In diesen Fällen ist somit darauf abzustellen, ob bei der Personengesellschaft einschließlich Sonderbetriebsvermögen und Ergänzungsbilanzen die Voraussetzungen des § 7g EStG erfüllt sind. Daraus folgt ferner, dass sich bei einer Personengesellschaft mit zwei oder drei Mitgliedern der maximale Investitionsabzugsbetrag somit nicht verdoppelt oder verdreifacht.

HINWEIS

Zur Anwendung von § 7 g Abs. 1 bis 4 und 7 EStG sowie zur Behandlung von Zweifelsfragen vgl. BMF v. 8. 5. 2009, BStBl 2009 I 633.

FALL 147

Investitionsabzugsbetrag für künftige Investitionen

Sachverhalt

Ein Mittelständler plant in 01 für das Jahr 03 die Anschaffung eines neuen Lkw für 300 000 € zzgl. USt. Tatsächlich wird jedoch im Oktober 03 ein neuer Lkw angeschafft für 250 000 € zzgl. USt, dessen Nutzungsdauer sechs Jahre beträgt. Mit nachträglichen Anschaffungs- oder Herstellungskosten in 04 ist nicht zu rechnen. Die Größenmerkmale nach § 7g Abs. 1 EStG werden eingehalten.

Frage

Welche Folgen ergeben sich bei der Anwendung von § 7g EStG und linearer AfA?

LÖSUNG

Der außerbilanziell gewinnmindernd in Anspruch zu nehmende Investitionsabzugsbetrag nach § 7g Abs. 1 EStG darf 40 % der AK/HK der beabsichtigten Investition nicht übersteigen. Das ergibt hier einen Betrag in Höhe von 120 000 €. Das ist weniger als der Höchstbetrag von 200 000 € (§ 7g Abs. 1 Satz 4 EStG).

Im Jahr 03 ist eine außerbilanzielle gewinnerhöhende Hinzurechnung in Höhe von 40 % der AK/HK der Investitionsmaßnahme vorzunehmen (§ 7g Abs. 2 Satz 1 EStG), hier in Höhe von 100 000 €. Der Restbetrag von 20 000 € führt gem. § 7g Abs. 3 EStG zu einer Rückgängigmachung des in 01 beanspruchten Investitionsabzugsbetrags.

Für den Lkw ergibt sich im Jahr 03 nach § 7g Abs. 2 EStG eine gewinnmindernde Herabsetzung der Anschaffungskosten in Höhe von 100 000 €. Die reguläre AfA nach § 7 Abs. 1 EStG bemisst sich gem. § 7g Abs. 2 Satz 2 EStG ausgehend von 150 000 €. Zusätzlich kann die Sonderabschreibung nach § 7g Abs. 5 EStG beansprucht werden: 20 % von 150 000 € = 30 000 €.

Auswirkungen im Einzelnen:

ESt-Veranlagung 01: Ein Investitionsabzugsbetrag in Höhe von 120 000 € mindert (außerbilanziell) Gewinn und Einkommen.

ESt-Veranlagung 03: Gewinn und Einkommen erhöhen sich um einen Auflösungsbetrag von 100 000 €. Die Maschine entwickelt in der Buchführung sich wie folgt:

Anschaffungskosten Maschine	250 000 €
Gewinnmindernder Herabsetzungsbetrag	./. 100 000 €
Verbleiben als AfA-Bemessungsgrundlage	150 000 €
Sonderabschreibung nach § 7g Abs. 5 EStG 20 %	./. 30 000 €
Lineare AfA gem. § 7 Abs. 1 EStG: 150 000 €/ 6 x 3/12	./. 6 250 €
Bilanzansatz 31. 12. 03	113 750 €

Zusätzlich ist zu veranlassen, dass der ESt-Bescheid 01 gem. § 7g Abs. 3 Satz 2 EStG geändert wird. Das Einkommen 01 ist um den nicht verbrauchten Investitionsabzugsbetrag von 20 000 € zu erhöhen. Dabei kommt es zu einer Steuerverzinsung nach § 233a AO.

FALL 148

Investitionsabzugsbetrag bei mehrjährigen Investitionen

Sachverhalt

Möbelfabrikant A plant in 01 konkrete Investitionen in Maschinen (Nutzungsdauer zehn Jahre, lineare AfA-Methode) für die nächsten drei Jahre im Gesamtwert von 600 000 €. A möchte deshalb von den Möglichkeiten des § 7g EStG Gebrauch machen. Die gesetzlichen Voraussetzungen hierfür sind erfüllt. Folgende Investitionen finden später jeweils im April tatsächlich statt:

02:       250 000 €

03:       100 000 €

04:        50 000 €

Die Größenmerkmale nach § 7g Abs. 1 EStG werden eingehalten.

Frage

In welchem Umfang kann A von § 7g EStG Gebrauch machen?

LÖSUNG

Der außerbilanziell gewinnmindernd in Anspruch zu nehmende Investitionsabzugsbetrag nach § 7g Abs. 1 EStG darf 40 % der AK/HK der beabsichtigten Investition nicht übersteigen. Das ergibt hier einen Betrag von 240 000 € und übersteigt daher den Höchstbetrag von 200 000 € gem. § 7g Abs. 1 Satz 4 EStG. Es ergibt sich somit für 01 ein maximaler Investitionsabzugsbetrag von 200 000 €.

Im Jahr 02 ist eine außerbilanzielle gewinnerhöhende Hinzurechnung in Höhe von 40 % der AK/HK der Investitionsmaßnahme vorzunehmen (§ 7g Abs. 2 Satz 1 EStG), hier in Höhe von 40 % von 250 000 € = 100 000 €. Für 03 ergibt sich ein solcher Hinzurechnungsbetrag von 40 % von 100 000 € = 40 000 € und für 04 ein solcher von 40 % von 50 000 € = 20 000 €. Der Restbetrag von 40 000 € führt gem. § 7g Abs. 3 EStG zu einer Rückgängigmachung des in 01 beanspruchten Investitionsabzugsbetrags.

ESt-Veranlagung 01: Ein Investitionsabzugsbetrag in Höhe von 200 000 € mindert (außerbilanziell) Gewinn und Einkommen.

ESt-Veranlagungen 02 – 04:

Außerbilanzielle Erhöhung von Gewinn und Einkommen 02: 100 000 €;

außerbilanzielle Erhöhung von Gewinn und Einkommen 03: 40 000 € und

außerbilanzielle Erhöhung von Gewinn und Einkommen 04: 20 000 €.

Außerdem entwickeln sich mit entsprechender Auswirkung auf Gewinn und Einkommen laut Buchführung die Zugänge bei linearer AfA wie folgt:

Zugang	02	03	04
Anschaffungskosten	250 000 €	100 000 €	50 000 €
Herabsetzungsbetrag	./. 100 000 €	./. 40 000 €	./. 20 000 €
AfA-Bemessungsgrundlage	150 000 €	60 000 €	30 000 €
Sonderabschreibung 20 %	./. 30 000 €	./. 12 000 €	./. 6 000 €
Lin.AfA bei 10 % für 9 Mon.	./. 11 250 €	./. 4 500 €	./. 2 250 €
Bilanzansatz jeweils 31. 12.	108 750 €	43 500 €	21 750 €

Zusätzlich ist zu veranlassen, dass der ESt-Bescheid 01 gem. § 7g Abs. 3 Satz 2 EStG geändert wird. Das Einkommen 01 ist wegen Ablaufs der Dreijahresfrist um den nicht verbrauchten Investitionsabzugsbetrag von 40 000 € zu erhöhen. Dabei kommt es zu einer Steuerverzinsung nach § 233a AO.

6.3 Zinsschranke (§§ 4h EStG, 8a KStG)

Vgl. hierzu auch die ausführliche Stellungnahme des BMF v. 4. 7. 2008, BStBl 2008 I 718.

Die Zinsschranke hat als erklärtes Ziel, die Verlagerung von Gewinnbestandteilen in das niedrig besteuernde Ausland sowie die übermäßige Ausstattung inländischer Betriebe mit Fremdkapital allein zum Zweck der Steuerersparnis zu verhindern (BT-Drucksache 16/4841 S. 31).

Die Zinsschranke führt zur **Nichtanerkennung** von Zinsaufwendungen als steuerlich abziehbare Betriebsausgaben. Sie erfasst grundsätzlich nur Erträge und Aufwendungen aus der Überlassung von Geldkapital und nicht solche aus der Überlassung von Sachkapital. Unter Zinsen versteht der Gesetzgeber jedwede Vergütung für die Überlassung von Fremdkapital (§ 4h Abs. 3 Satz 2 EStG). Deshalb gehören dazu auch Vergütungen für partiarische Darlehen, typisch stille Beteilungen oder Genussrechte. Die Aufzinsung unverzinslicher oder niedrig verzinslicher Verbindlichkeiten oder Kapitalforderungen führt zu Zinserträgen oder Zinsaufwendungen im Sinne der Zinsschranke (§ 4h Abs. 3 Satz 4 EStG). Ausgenommen sind Erträge anlässlich der erstmaligen Bewertung von Verbindlichkeiten (Abzinsung). Die vom Nennwert abweichende Bewertung von Kapitalforderungen mit dem Barwert führt ebenso wenig wie Skonti und Boni zu Zinsaufwendungen oder -erträgen im Sinne der Zinsschranke. Unter die Zinsschranke fallende Zinsaufwendungen sind nur begrenzt abziehbar. Ihre Abzugsfähigkeit ist zunächst auf die Höhe der Zinserträge begrenzt. **Die die Zinserträge übersteigenden Zinsaufwendungen können nur bis zur Höhe von 30 % des EBITDA steuerlich abgesetzt werden.** Für nicht ausgeschöpftes EBITDA besteht eine fünfjährige Vortragsmöglichkeit (§ 4h Abs. 1 Satz 3 erster Halbsatz EStG). EBITDA kommt aus dem Englischen und bedeutet: *earnings before interest, taxes, depreciation and amortization* (also der Ertrag vor Zinsen, Steuern, Abschreibungen auf Sachanlagen und Abschreibungen auf immaterielle Vermögensgegenstände).

Bei Personenunternehmen berechnet sich das EBITDA wie folgt:

Steuerpflichtiger Gewinn vor Anwendung des § 4h EStG

./. Zinserträge

+ Zinsaufwendungen

+ Abschreibungen nach § 6 Abs. 2 und 2a sowie § 7 EStG

= steuerliches EBITDA

Bei Kapitalgesellschaften ist das EBITDA wie folgt zu ermitteln:

Einkommen i. S. des § 8 Abs. 1 KStG vor Anwendung des § 4h EStG

./. Zinserträge

+ Zinsaufwendungen

+ Abschreibungen nach § 6 Abs. 2 und 2a sowie § 7 EStG

+ Verlustabzug i. S. von § 10d EStG (Verlustrücktrag und -vortrag)

+ Spendenabzug i. S. von § 9 Abs. 1 Satz 1 Nr. 2 KStG

= steuerliches EBITDA

Die hiernach nicht abziehbaren Zinsaufwendungen sind außerbilanziell dem steuerlichen Ergebnis hinzuzurechnen. Sie werden allerdings als Zinsvortrag in die folgenden Veranlagungszeiträume vorgetragen und erhöhen die Zinsaufwendungen dieser Wirtschaftsjahre, nicht aber den maßgeblichen Gewinn. Über den EBITDA- und den Zinsvortrag ergeht eine gesonderte Feststellung (§ 4h Abs. 1 Sätze 2 und 3, Abs. 4 EStG).

Um kleine und mittlere Betriebe zu schonen, gilt die Abzugsbeschränkung nicht, wenn der jährliche Nettozinsaufwand **weniger als 3 Mio. €** beträgt (es handelt sich um eine **Freigrenze**, § 4h Abs. 2 Satz 1 Buchst. a EStG). Die Zinsschranke gilt nur für **vollständig zu einem Konzern gehörende Betriebe** (§ 4h Abs. 2 Satz 1 Buchst. b EStG). Gelingt allerdings in diesen Fällen der Nachweis durch IFRS, dass die Eigenkapitalquote des jeweiligen Betriebs am Schluss des vorangegangen Abschlussstichtags um nicht mehr als 2 Prozentpunkte geringer ist als die Eigenkapitalquote des Konzerns (§ 4h Abs. 2 Satz 1 Buchst. c EStG), findet die Zinsschranke keine Anwendung (Eigenkapitalvergleich, Escape-Klausel). Bei einer Eigenkapitalquote des Konzerns von beispielsweise 45 %, ist eine Eigenkapitalquote des Betriebs von 44 % ausreichend.

Betriebe, die nicht konzerngebunden sind oder denen der Eigenkapitalvergleich gelingt, sind somit grundsätzlich von der Zinsabzugsbeschränkung ausgenommen. Diese Befreiungsmöglichkeiten stehen aber **Kapitalgesellschaften** gem. § 8a Abs. 2 und 3 KStG und **mitunternehmerischen Personengesellschaften** (§ 4h Abs. 2 Satz 2 EStG) nur offen, wenn keine sog. schädliche Gesellschafter-Fremdfinanzierung vorliegt. Das ist nur dann der Fall, wenn nachweislich nicht mehr als 10 % des Schuldzinsenüberhangs als Zinsen einem zu mehr als 25 % beteiligten Anteilseigner, einer diesem nahe stehenden Person oder an einen rückgriffsberechtigten Dritten gewährt wird.

Der EBITDA- und der Zinsvortrag gehen unter, wenn der Betrieb aufgegeben oder (entgeltlich oder unentgeltlich) übertragen wird (§ 4h Abs. 5 Satz 1 EStG). Bei Mitunternehmern beschränkt sich der Untergang auf die Quote, mit der er beteiligt war (§ 4h Abs. 5 Satz 2 EStG). Durch Verschmelzung, Spaltung, Formwechsel oder Einbringung gehen ein bestehender EBITDA- und Zinsvortrag des übertragenden Rechtsvorgängers ebenfalls unter (§§ 4 Abs. 2 Satz 2, 20 Abs. 9, 24 Abs. 6 UmwStG). Ein Verlust von Zinsvorträgen einer Kapitalgesellschaft tritt auch dann ein, wenn die Voraussetzungen des § 8c KStG erfüllt sind und ein schädlicher Anteilseignerwechsel stattgefunden hat (§ 8a Abs. 1 Satz 3 KStG); der Untergang eines noch nicht genutzten Zinsvortrags erfolgt dabei anteilig (§ 8c Abs. 1 Satz 1 KStG) oder ganz (§ 8c Abs. 1 Satz 2 KStG).

FALL 149

Zinsschranke bei Kapitalgesellschaft

Sachverhalt

Aus dem vorläufigen Jahresabschluss einer konzerngebundenen GmbH mit Sitz im Inland, deren Wj. dem Kj. entspricht, ergeben sich folgende Beträge:

Zinserträge	2 000 000 €
Zinsaufwendungen	12 000 000 €
Abschreibungen	5 000 000 €

Das Einkommen der GmbH vor Anwendung des § 4h EStG beträgt 6 000 000 €. Die Voraussetzungen für die Anwendung des § 4h EStG sind erfüllt.

Frage

Welches Einkommen muss die GmbH versteuern und was ist für die Zukunft zu beachten (Rechtsfolge ab 2010)?

LÖSUNG

Da die Voraussetzungen für die Anwendung des § 4h EStG lt. Sachverhalt erfüllt sind, und auch die Freigrenze (§ 4h Abs. 2 Satz 1 Buchst. a EStG) von 3 Mio. € (12 Mio. € ./. 2 Mio. € = 10 Mio. €) offensichtlich überschritten ist, kommt die Zinsschranke für die GmbH zur Anwendung (§ 8a Abs. 1 KStG i.V. mit § 4h Abs. 1 EStG).

Zunächst ist das steuerliche EBITDA zu berechnen:

Einkommen der GmbH vor Anwendung des § 4h EStG	6 000 000 €
./. Zinserträge	./. 2 000 000 €
+ Zinsaufwendungen	12 000 000 €
+ Abschreibungen	5 000 000 €
Steuerliches EBITDA	21 000 000 €
Davon 30 % = sofort abziehbare Zinsaufwendungen	6 300 000 €
Zusätzlich sind sofort abziehbar die auf Zinserträge entfallenden Zinsaufwendungen, hier	2 000 000 €
Insgesamt sofort abziehbare Zinsaufwendungen	8 300 000 €
Nicht sofort abziehbar sind (12 000 000 € ./. 8 300 000 €)	3 700 000 €

Das zu versteuernde Einkommen der GmbH beträgt:

Vorläufiges Einkommen lt. Sachverhalt	6 000 000 €
Außerbilanzielle Hinzurechnung	3 700 000 €
Zu versteuerndes Einkommen	9 700 000 €

Es ergeben sich vortragsfähige Zinsaufwendungen von 3 700 000 €, die die Zinsaufwendungen nachfolgender Wirtschaftsjahre erhöhen, nicht aber deren maßgeblichen Gewinn (§ 4h Abs. 1 Satz 3 EStG).

FALL 150

Zinsschranke bei Mitunternehmerschaft

Sachverhalt

An der AB-OHG sind die A-GmbH mit 40 % und die B-GmbH mit 60 % am Gewinn und Vermögen beteiligt. Alle Gesellschaften, also auch die OHG, gehören einem Konzern an. Der Jahresgewinn der OHG im Gesamthandsbereich beträgt 4 Mio. €. Die A-GmbH hat ihre Beteiligung fremdfinanziert. In ihrem Sonderbetriebsvermögensbereich sind deshalb im selben Jahr Zinsen in Höhe von 8 Mio. € entstanden. Abschreibungen ergaben sich nicht. Der Escape ist der OHG nicht möglich.

Frage

Wie stellt sich die steuerliche Gewinnverteilung dar und was ergibt sich für die Zukunft? Was ergibt sich insoweit für die A-GmbH, wenn diese im Folgejahr aus der OHG ausscheidet?

LÖSUNG

Die Zinsschrankenregelung gilt auch für Mitunternehmerschaften. Im Sinne der Zinsschranke hat eine Mitunternehmerschaft nur einen Betrieb; deshalb werden Zinsaufwendungen i. S. der Zinsschranke der Mitunternehmerschaft selbst zugerechnet mit der Folge, dass nicht abziehbare Zinsaufwendungen den Mitunternehmern auch dann nach dem allgemeinen Gewinnverteilungsschlüssel zuzurechen sind, wenn es sich um Zinsaufwendungen aus dem Sonderbereich eines Mitunternehmers handelt (BMF v. 4. 7. 2008, a. a. O., Tz. 6, 19 und 51). Dabei ist allerdings zu beachten, dass Zinsaufwendungen, die im Inland steuerpflichtige Sondervergütungen eines Mitunternehmers i. S. des § 15 Abs. 1 Satz 1 Nr. 2 EStG darstellen, nicht von der Zinsschranke erfasst werden.

Ermittlung der abziehbaren Zinsen:

Jahresgewinn lt. Sachverhalt	4 000 000 €
+ Zinsaufwendungen	8 000 000 €
Steuerliches EBITDA	12 000 000 €
Davon 30 % = abziehbare Zinsaufwendungen	3 600 000 €
Nicht sofort abziehbar sind (8 000 000 € ./. 3 600 000 €)	4 400 000 €

Die Gewinnverteilung stellt sich wie folgt dar:

	A-GmbH	B-GmbH	Summe
	(40 %)	(60 %)	(100 %)
	€	€	€
Gesamthand	1 600 000	2 400 000	4 000 000
SonderBA	./. 8 000 000		./. 8 000 000
Verbleiben	./. 6 400 000	2 400 000	./. 4 000 000
§ 4h EStG	+ 1 760 000	+ 2 640 000	+ 4 400 000
Gewinn	./. 4 640 000	5 040 000	400 000

Der gesondert festzustellende Zinsvortrag beträgt 4 400 000 €.

Scheidet die A-GmbH im Folgejahr aus, geht der Zinsvortrag anteilig mit der Quote unter, mit der die GmbH an der Gesellschaft beteiligt war (§ 4h Abs. 5 Satz 2 EStG). Beim Ausscheiden der A-GmbH gehen vom Zinsvortrag somit unter: 40 % von 4 400 000 € = 1 760 000 €.

6.4 Gewerbesteuer

Durch § 4 Abs. 5b EStG ist gesetzlich geregelt, dass die Gewerbesteuer und die darauf entfallenden Nebenleistungen keine Betriebsausgaben sind **(steuerliches Betriebsausgabenabzugsverbot)**. Soweit Gewerbesteuer erstattet wird, die dem Betriebsausgabenabzugsverbot unterlegen hat, ist diese Erstattung steuerlich nicht als Betriebseinnahme zu erfassen.

Zum Ausgleich für die Versagung des Abzugs der Gewerbesteuer als Betriebsausgabe beträgt der Faktor zur Anrechnung auf die Gewerbesteuer auf die Einkommensteuer 3,8 des Gewerbesteuermessbetrags (§ 35 Abs. 1 EStG). Abhängig vom lokalen Hebesatz führt dies teilweise zur völligen Entlastung von der Gewerbesteuer. Der Abzug der Gewerbesteuer ist dabei gem. § 35 Abs. 1 Satz 5 EStG auf die tatsächlich zu zahlende Gewerbesteuer beschränkt (Höchstbetrag). Bei Mitunternehmerschaften sind deshalb neben dem Gewerbesteuermessbetrag auch die tatsächlich zu zahlende Gewerbesteuer sowie der jeweils auf den einzelnen Mitunternehmer entfallende Anteil gesondert festzustellen (§ 35 Abs. 2 EStG).

Für die Gewerbesteuer selbst gelten im Wesentlichen folgende Besonderheiten:

1. Die Gewerbesteuermesszahl beträgt einheitlich 3,5 %. Für Personenunternehmen besteht ein Freibetrag von 24 500 € (§ 11 Abs. 1 und 2 GewStG).

2. Anstelle der bisherigen Hinzurechnung von 50 % der Dauerschuldzinsen werden mit einem Hinzurechnungsfaktor von 25 %

   a) alle Zinsen, Renten und dauernde Lasten sowie Gewinnanteile stiller Gesellschafter,

   b) 20 % der Miet- und Pachtzinsen (einschl. Leasingraten) für bewegliche Wirtschaftsgüter des Anlagevermögens

   c) 50 % der Miet- und Pachtzinsen (einschl. Leasingraten) für unbewegliche Wirtschaftsgüter des Anlagevermögens,

   d) 25 % der Aufwendungen für die zeitlich befristete Überlassung von Rechten (z. B. Konzessionen und Lizenzen)

erfasst, soweit deren Summe den Betrag von 100 000 € übersteigt (§ 8 Nr. 1 GewStG). Siehe hierzu ausführlich Gl. Ländererlasse v. 4. 7. 2008, BStBl 2008 I 730.

Ungeachtet des Abzugsverbots des § 4 Abs. 5b EStG ist sowohl in der StB wie in der HB eine Gewerbesteuerrückstellung zu bilden; dadurch verursachte Gewinnauswirkungen sind ertragsteuerlich außerbilanziell zu neutralisieren (R 5.7 Abs. 1 Satz 2 EStR).

6.5 Sonstige Hinzu- und Abrechnungen

Erfolgt die Gewinnermittlung auf der Grundlage des handelsrechtlichen Jahresabschlusses, beruhen die für steuerliche Zwecke gebotenen Hinzu- und Abrechnungen in der Regel auf der Anwendung des § 60 Abs. 2 EStDV (z. B. unterschiedliche Firmenwert-AfA, vorübergehende Wertminderung im Umlaufvermögen). Wird hingegen eine zutreffende Steuerbilanz erstellt, besteht für die Anwendung von § 60 Abs. 2 EStDV kein Bedarf. Die Hinzu- und Abrechnungen beruhen dann auf steuerlichen Spezialvorschriften, deren wichtigste oben dargestellt wurden. Als weitere Fälle kommen in Betracht:

1. Im Rahmen des Teileinkünfteverfahrens können sich außerbilanziell Abrechnungen in Höhe von 40 % nach § 3 Nr. 40 EStG sowie Hinzurechnungen in Höhe von 40 % nach § 3c Abs. 2 EStG ergeben.

2. Im Rahmen des § 6b Abs. 7 EStG können sich außerbilanzielle Zinszuschläge ergeben.

Kapitel 7: Bilanzberichtigung, Bilanzänderung

7.1 Bilanzberichtigung, Bilanzänderung

Die Schlussbilanz des laufenden Wirtschaftsjahres muss mit der Anfangsbilanz des folgenden Wirtschaftsjahres übereinstimmen (Grundsätze der Bilanzidentität und Bilanzkontinuität). Dies ist bei Bilanzberichtigungen und Bilanzänderungen zu beachten. Fraglich ist, ob eine falsche Schlussbilanz ebenfalls als Anfangsbilanz dienen darf oder ob nicht vielmehr stets an die materiell-rechtlich richtige Schlussbilanz anzuknüpfen ist (materieller Bilanzenzusammenhang). Für das Steuerrecht ist die Frage entschieden (BFH v. 28. 4. 1998 VIII R 46/96, BStBl 1998 II 443): Als Betriebsvermögen am Schluss des vorangegangenen Wirtschaftsjahres i. S. von § 4 Abs. 1 Satz 1 EStG (=Anfangsbilanz) ist nach Eintritt der Bestandskraft grundsätzlich das dem Gewinnfeststellungs- oder Veranlagungsbescheid zugrunde liegende Vermögen anzusetzen (Bestätigung der ständigen Rechtsprechung zum sog. formellen Bilanzenzusammenhang). Im Ergebnis gibt der BFH damit der zutreffenden Totalgewinnbesteuerung den Vorrang vor der zutreffenden Abschnittsbesteuerung nach § 2 Abs. 7 EStG. Ausnahmen hiervon können sich allerdings aus dem Verfahrensrecht ergeben, z. B. im Hinblick auf § 175 Abs. 1 Satz 1 Nr. 2 AO (BFH v. 30. 6. 2005 IV R 11/04, BStBl 2005 II 809). Auch das Handelsrecht hat sich m. E. eindeutig zu Gunsten des formellen Bilanzenzusammenhangs ausgesprochen (§ 252 Abs. 1 Nr. 1 HGB).

Von der Bilanzänderung (§ 4 Abs. 2 Satz 2 EStG, R 4.4 Abs. 2 EStR) ist die Bilanzberichtigung (§ 4 Abs. 2 Satz 1 EStG, R 4.4 Abs. 1 EStR) zu unterscheiden. Unter Bilanzberichtigung versteht man das Ersetzen eines falschen Bilanzansatzes durch den richtigen. Eine Bilanzberichtigung muss durchgeführt werden, solange die Vorschriften der AO dem nicht entgegenstehen. Der Steuerpflichtige ist verpflichtet, Fehler in der Bilanz dem Finanzamt anzuzeigen (§ 153 AO).

Eine Bilanzberichtigung darf nur der Steuerpflichtige selbst vornehmen, wobei das Finanzamt nicht gehindert ist, von Amts wegen eine eigene Gewinnermittlung durch Vermögensvergleich vorzunehmen (BFH v. 4. 11. 1999 IV R 70/98, BStBl 2000 II 129).

Ein Bilanzansatz ist nicht fehlerhaft, wenn er der im Zeitpunkt der Bilanzaufstellung vorliegenden höchstrichterlichen Rechtsprechung entspricht. Kommt es später zu einer Änderung der höchstrichterlichen Rechtsprechung, so wird der Bilanzansatz in der Bilanz fehlerhaft, in der die Änderung der Rechtsprechung erstmals berücksichtigt werden kann (BFH v. 12. 11. 1992 IV R 59/91, BStBl 1993 II 392).

Hinsichtlich bilanzieller Rechtsfragen ist der BFH von der Auffassung abgerückt, dass jede der kaufmännischen Sorgfalt entsprechende Bilanzierung als richtig anzusehen ist, solange sie nicht durch die Rechtsprechung abschließend geklärt ist (sog. subjektiver Fehlerbegriff). Nunmehr gilt: Das Finanzamt ist im Rahmen der ertragsteuerrechtlichen Gewinnermittlung auch dann nicht an die rechtliche Beurteilung gebunden, die der vom Steuerpflichtigen aufgestellten Bilanz (und deren einzelnen Ansätzen) zugrunde liegt, wenn diese Beurteilung aus der Sicht eines ordentlichen und gewissenhaften Kaufmanns im Zeitpunkt der Bilanzaufstellung vertretbar war (BFH v. 3. 1. 2013 GrS 1/10, BStBl 2013 II 317).

Für die Bilanzberichtigung gelten folgende Grundsätze:

1. Bilanzen sind grundsätzlich bis zur Fehlerquelle zu berichtigen, wenn die betreffenden Veranlagungen nach der AO noch änderbar sind oder wenn die Bilanzberichtigung ohne Auswirkung auf die Höhe der festgesetzten Steuern bleibt (H 4.4 „Berichtigung einer Bilanz, die einer bestandskräftigen Veranlagung zu Grunde liegt" EStH). Man spricht in diesem Zusammenhang von der Rückwärtsberichtigung bis zur Fehlerquelle.

2. Ausnahmsweise ist eine Durchbrechung des Bilanzenzusammenhangs vorzunehmen, wenn ein Steuerpflichtiger zur Erlangung beachtlicher ungerechtfertigter Steuervorteile bewusst einen Aktivposten zu hoch oder einen Passivposten zu niedrig angesetzt hat, ohne dass die Möglichkeit besteht, die Veranlagung des Jahres zu ändern, bei der sich der unrichtige Bilanzansatz ausgewirkt hat (H 4.4 „Berichtigung einer Bilanz, die einer bestandskräftigen Veranlagung zu Grunde liegt" EStH).

3. Falls eine Rückwärtsberichtigung bis zur Fehlerquelle (Mittel erster Wahl) oder eine Durchbrechung des Bilanzenzusammenhangs (Mittel zweiter Wahl) nicht in Betracht kommen und die Veranlagungen bestandskräftig sind und auch nach der AO nicht mehr geändert werden können, ist – als letztes Mittel – ein unrichtiger Bilanzansatz in der ersten Schlussbilanz grundsätzlich erfolgswirksam richtig zu stellen, in der dies unter Beachtung der für den Eintritt der Bestandskraft und der Verjährung maßgeblichen Vorschriften möglich ist (BFH v. 10. 12. 1997 XI R 52/96, BStBl 1998 II 377). Wurden die Anschaffungs- oder Herstellungskosten eines abnutzbaren Wirtschaftsguts des Anlagevermögens in einem bestandskräftig veranlagten Jahr nur unvollständig aktiviert, führt der Grundsatz des formellen Bilanzenzusammenhangs deshalb zu einer erfolgswirksamen Nachaktivierung im ersten verfahrensrechtlich noch offenen Jahr (BFH v. 9. 5. 2012 X R 38/10, BStBl 2012 II 725). Ausnahmen gelten in folgenden Fällen:

   a) Ein vor Jahren entnommenes Wirtschaftsgut steht immer noch in den aktuellen Bilanzen. Ein solches Wirtschaftsgut ist erfolgsneutral mit dem Buchwert im ersten offenen Veranlagungsjahr auszubuchen (H 4.4 „Unterlassene Erfassung einer Entnahme", „Zu Unrecht bilanziertes Wirtschaftsgut des Privatvermögens" EStH).

   b) Notwendiges Betriebsvermögen wurde irrtümlicherweise als Privatvermögen behandelt. Hier erfolgt eine erfolgsneutrale Einbuchung mit dem fiktiven Buchwert im ersten offenen Veranlagungsjahr (BFH v. 22. 6. 2010 VIII R 3/08, BStBl 2010 II 1035, H 4.4 „Unterlassene Bilanzierung" EStH).

   c) Bei einem abnutzbaren Wirtschaftsgut des Anlagevermögens ist AfA versehentlich zu niedrig beansprucht worden. Hier ist der Buchwert im ersten offenen Veranlagungsjahr auf die Restnutzungsdauer zu verteilen (H 7.4 „Unterlassene AfA ..." EStH).

   d) Bei einem abnutzbaren Wirtschaftsgut des Anlagevermögens ist die AfA zu hoch beansprucht worden. Eine Verteilung des Buchwerts auf die Restnutzungsdauer kommt hier m. E. nicht in Betracht. Stattdessen ist im ersten offenen Veranlagungsjahr eine Zuschreibung auf den steuerlich zutreffenden Wert geboten. Denn mit der Einführung eines **Wertaufholungsgebots** anstelle des bislang geltenden Wertbeibehaltungswahlrechts ergibt sich nunmehr der Wertansatz eines Wirtschaftsguts für jeden Bilanzstichtag aus dem Vergleich der um zulässigen Abzüge geminderten AK/HK als der Bewertungsobergrenze und dem niedrigeren Teilwert als der Bewertungsuntergrenze. Ist der Wert eines Wirtschaftsguts wieder gestiegen, so ist diese Betriebsvermögensmehrung bis zum Erreichen der Bewertungsobergrenze steuerlich zu erfassen. Dabei führt jede Erhöhung des Teilwerts zu einer Korrektur des Bilanzansatzes nach oben (§ 6 Abs. 1 Nr. 1 Satz 4 und Nr. 2 Satz 3 EStG, BMF v. 25. 2. 2000, Tz. 34, BStBl 2000 I 372).

e) Wurde in der Vergangenheit auf die Passivierung von Pensionsrückstellungen rechtsirrtümlich verzichtet, so können diese unterbliebenen Rückstellungsansätze nicht im ersten offenen Jahr nachgeholt werden; dem steht das Nachholverbot des § 6a Abs. 4 Satz 1 EStG entgegen (BFH v. 13. 2. 2008 I R 44/07, BStBl 2008 II 673).

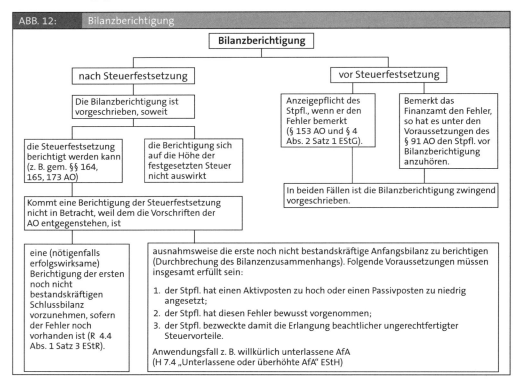

ABB. 12:   Bilanzberichtigung

Von einer **Bilanzänderung** spricht man, wenn ein zutreffender Bilanzansatz durch einen anderen zutreffenden Bilanzansatz ersetzt werden soll. Hierzu sind erforderlich:

► Antragstellung beim Finanzamt,

► Die Änderung muss in einem **engen zeitlichen und sachlichen Zusammenhang mit einer Bilanzberichtigung** gem. § 4 Abs. 2 Satz 1 EStG **stehen** und ist begrenzt auf die Gewinnauswirkung durch die Bilanzberichtigung.

Eine Bilanzänderung kommt nur bei der Ausübung von **Bewertungswahlrechten** in Betracht (z. B. degressive statt lineare AfA).

Der enge zeitliche und sachliche Zusammenhang zwischen Bilanzberichtigung und Bilanzänderung setzt nur voraus, dass sich beide Maßnahmen auf **dieselbe Bilanz** beziehen. Ein **zeitlicher Zusammenhang** liegt nur vor, wenn die Bilanz **unverzüglich** nach einer Bilanzberichtigung geändert wird (BFH v. 31. 5. 2007 IV R 54/05, BStBl 2008 II 665, v. 17. 7. 2008 I R 85/07, BStBl 2008 II 924).

War ein Bilanzansatz im Zeitpunkt der Bilanzaufstellung rechtlich vertretbar, erweist er sich aber im weiteren Verlauf als unrichtig, so kann er unter den Voraussetzungen des § 4 Abs. 2 Satz 2 EStG geändert werden. Besteht Streit über die Zulässigkeit einer Bilanzänderung, muss der Unternehmer nicht schon mit dem Antrag auf Bilanzänderung eine geänderte Bilanz aufstellen, wenn er den Streit gerichtlich klären lassen will. Er ist vielmehr berechtigt, zunächst diese Klärung zu betreiben und ggf. im Anschluss daran seine Bilanz entsprechend zu ändern (BFH v. 27. 9. 2006 IV R 7/06, BStBl 2008 II 600 v. 17. 7. 2008 I R 85/07, BStBl 2008 II 924).

Eine Bilanzänderung nach § 4 Abs. 2 Satz 2 EStG liegt nicht vor, wenn sich einem Steuerpflichtigen überhaupt erst nach Einreichung der Bilanz die Möglichkeit eröffnet hatte, erstmalig sein Wahlrecht, z. B. i. S. des § 6b Abs. 1 oder Abs. 3 EStG, auszuüben (BFH v. 25. 1. 2006 IV R 14/04, BStBl 2006 II 418). Beruhte die bisher fehlende Ausübung des Wahlrechts jedoch auf einem zumindest fahrlässigen Verhalten, z. B. dem Nichterfassen des bei der Veräußerung entstandenen Gewinns, so ist der Anwendungsbereich des § 4 Abs. 2 Satz 2 EStG grundsätzlich eröffnet. Der Umfang der Bilanzänderung ist auf den Gewinnanteil beschränkt, der sich im jeweiligen Wirtschaftsjahr aus der Bilanzberichtigung nach § 4 Abs. 2 Satz 1 EStG ergibt (BFH v. 27. 9. 2006, IV R 7/06, BStBl 2008 II 600).

Im Rahmen einer zulässigen Bilanzänderung kann der Steuerpflichtige ihm zustehende, im Jahr der Bilanzänderung aber noch nicht oder nicht in voller Höhe geltend gemachte Sonderabschreibungen erstmals oder mit einem höheren Betrag in Anspruch nehmen. Dies gilt auch dann, wenn er die im Jahr der Bilanzänderung noch nicht ausgeschöpften Sonderabschreibungen in den Bilanzen der Folgejahre schon beansprucht hat (BFH v. 25. 10. 2007 III R 39/04, BStBl 2008 II 226).

Eine Bilanz kann nicht mit dem Ziel eines niedrigeren Gewinnausweises nach § 4 Abs. 2 Satz 2 EStG geändert werden, wenn das Finanzamt den Gewinn zwar höher als vom Unternehmer erklärt ansetzt, dies aber auf einer Berücksichtigung von außerbilanziellen Gewinnerhöhungen beruht (BFH v. 23. 1. 2008 I R 40/07, BStBl 2008 II 669, zur Anwendung vgl. BMF v. 13. 8. 2008, BStBl 2008 I 845).

Der Zusammenhang einer Bilanzänderung mit einer Bilanzberichtigung liegt auch dann vor, wenn sich die Gewinnänderung im Rahmen der Bilanzberichtigung aus der Nicht- oder der fehlerhaften Verbuchung von Entnahmen und Einlagen ergibt (BFH v. 31. 5. 2007 IV R 54/05, BStBl 2008 II 665, zur Anwendung vgl. BMF v. 13. 8. 2008, BStBl 2008 I 845).

Unrichtige Nutzungsdauer für ein Wirtschaftsgut des Anlagevermögens

Sachverhalt

Anfang 04 erwarb ein Kaufmann eine Maschine zu Anschaffungskosten von 100 000 €. Obwohl die Maschine eine Nutzungsdauer von 10 Jahren hat, ging der Steuerpflichtige zur Erlangung einkommensteuerlicher Progressionsvorteile bewusst von einer falschen Nutzungsdauer von 20 Jahren aus und schrieb die Maschine linear mit 5 % pro Jahr ab. Die Veranlagungen bis einschließlich 09 sind bestandskräftig und nach den Vorschriften der AO nicht mehr abänderbar; sie führten außerdem alle zu ESt-Nachzahlungen.

Frage

In welcher Weise ist eine Richtigstellung vorzunehmen?

LITERATURHINWEIS

Blödtner/Bilke/Heining, Lehrbuch Buchführung und Bilanzsteuerrecht, 10. Aufl., Teil B Kapitel 7.1.

LÖSUNG

Eine Zurückberichtigung bis zum Jahr 04 ist nicht zulässig, da hierdurch Gewinnänderungen in den Jahren 04 – 09 eintreten würden und dem die Bestandskraft dieser Veranlagungen entgegensteht. Außerdem darf nach H 7.4 „Unterlassene oder überhöhte AfA" EStH willkürlich unterlassene AfA nicht nachgeholt werden. Um dieses Ergebnis auch für die Zukunft sicherzustellen, muss der Bilanzenzusammenhang 31. 12. 09/1. 1. 10 durchbrochen werden. Während in der Steuerbilanz zum 31. 12. 09 das Wirtschaftsgut mit einem Buchwert von 70 000 € erscheint (100 000 € ./. 30 000 € AfA für 6 Jahre), ist es in der Bilanz 1. 1. 10 mit 40 000 € auszuweisen (100 000 € ./. 60 000 € für 6 Jahre). Für die Jahre 10 – 13 kann der Steuerpflichtige noch jeweils 10 000 € jährlich als AfA geltend machen.

Bilanzierung von notwendigem Privatvermögen

Sachverhalt

01 gewährte der Steuerpflichtige, ein Gewerbetreibender, seinem straffällig gewordenen Schwager ein unverzinsliches Darlehen im Nennwert von 20 000 € zum Aufbau einer Existenzgrundlage. Er wies die Forderung als gewillkürtes Betriebsvermögen in seinen Bilanzen aus. Vor Aufstellung der Bilanz zum 31. 12. 04 im März 05 wurde dem Steuerpflichtigen bekannt, dass der Schwager seit Dezember 04 zahlungsunfähig geworden war. Der Steuerpflichtige schrieb

die Forderung deshalb zum 31.12.04 auf 0 € ab. Die ESt-Veranlagungen der Jahre 01 bis 03 sind bestandskräftig und nach den Vorschriften der AO nicht mehr abänderbar.

Frage

Inwieweit kommen Bilanzberichtigungen in Betracht?

Bei dem dem Schwager gewährten Darlehen handelt es sich um ein Wirtschaftsgut des notwendigen Privatvermögens, weil seine Hingabe privat veranlasst war. Die Aufnahme der Forderung in die Bilanzen war von Anfang an falsch: in 01 lag vielmehr eine Entnahme des Geldbetrags vor (§ 4 Abs. 1 Satz 2 EStG). Vor diesem rechtlichen Hintergrund erweist sich die Abschreibung der Forderung in der Bilanz vom 31.12.04 als ungerechtfertigt. Um der Abschreibung die Grundlage zu entziehen, ist es erforderlich, den Bilanzierungsfehler von Anfang an (sog. Rückwärtsberichtigung) richtig zu stellen. Dies ist möglich durch die Herausnahme der Forderung aus den Bilanzen zum 31.12.01 – 31.12.03, weil das ohne Gewinnauswirkung für diese Jahre bleibt (BFH v. 27.3.1962 I 136/60 S, BStBl 1962 III 273). Für das Jahr 04 ergibt sich eine Gewinnerhöhung um 20 000 €.

FALL 153

Falsche Warenbewertung (versehentlich)

Sachverhalt

Ein Kaufmann hat in seiner Steuerbilanz per 31.12.01 den Warenbestand versehentlich mit 200 000 € bewertet, obwohl die AK der Waren 150 000 € betrugen. Die Veranlagungen zur Einkommensteuer (Einkommen 300 000 €) und Gewerbesteuer (Gewerbeertrag 250 000 €) für 01 sind bestandskräftig und können nach den Vorschriften der AO nicht mehr geändert werden. 02 wurde vorläufig veranlagt!

Frage

Kommt eine Bilanzberichtigung in Betracht?

Nach dem handelsrechtlichen Anschaffungskostenprinzip, das gem. § 5 Abs. 1 EStG auch für die Steuerbilanz gilt, hätte der Warenbestand zwingend mit 150 000 € bewertet werden müssen, wodurch der Gewinn für 01 um 50 000 € niedriger ausgefallen wäre. Da die Steuerbilanz (als Instrument der Gewinnermittlung) an die Bestandskraft des Steuerbescheides, der den Gewinn als Besteuerungsgrundlage enthält, gebunden ist, kommt eine Berichtigung der Steuerbilanz per 31.12.01 nicht in Betracht, denn diese würde sich auf den Gewinn 01 auswirken.

Auch eine Durchbrechung des Bilanzzusammenhangs, d. h. eine Berichtigung der Anfangsbilanz für 02 scheidet aus. Die Durchbrechung des Bilanzzusammenhangs setzt voraus, dass der Steuerpflichtige zur Erlangung beachtlicher, ungerechtfertigter Steuervorteile **bewusst** einen Aktivposten zu hoch oder einen Passivposten zu niedrig angesetzt hat. Dies ist hier nicht der Fall, da der Steuerpflichtige versehentlich die Waren falsch bewertet hat.

Die zu hohe Warenbewertung Ende 01 bleibt folglich unberichtigt. Wegen des Bilanzzusammenhangs führt sie allerdings für 02 zu einem entsprechend niedrigeren Gewinn, sodass eine lückenlose Erfassung des Totalgewinns gewährleistet ist.

FALL 154

Falsche Warenbewertung (bewusst)

Sachverhalt

Wie Fall 153, jedoch hat der Steuerpflichtige bewusst zur Erlangung eines einkommensteuerlichen Progressionsvorteils die Waren zum 31.12.01 um 50 000 € zu hoch bewertet (niedriger Gewinn für 01 und durchschnittlicher ESt-Satz 20 %; hoher Gewinn für 02 und ESt-Satz 35 %).

Frage

Kommt eine Bilanzberichtigung in Betracht?

LÖSUNG

Eine Berichtigung der Bilanz 31.12.01 kommt aus den vorstehend genannten Gründen nicht in Betracht. Hier ist jedoch eine Berichtigung der Bilanz zum 1.1.02 erforderlich: Ansatz Waren mit 150 000 €. Diese Durchbrechung des Bilanzzusammenhangs ist geboten, weil der Steuerpflichtige bewusst zur Erlangung eines beachtlichen ungerechtfertigten Steuervorteils den Aktivposten Warenbestand in seiner Bilanz 31.12.01 zu hoch angesetzt hat. Hiermit bezweckte er die Erlangung eines einkommensteuerlichen Progressionsvorteils durch Gewinnverlagerung:

Gewinn 01:	+ 50 000 € zu 20 % ESt =	10 000 €
Gewinn 02:	./. 50 000 € zu 35 % ESt =	17 500 €
Steuervorteil		7 500 €

Die Durchbrechung des Bilanzzusammenhangs führt dazu, dass der vom Steuerpflichtigen deklarierte Gewinn für 02 um 50 000 € erhöht wird (weil die geänderte Anfangsbilanz 02 der Gewinnermittlung 02 zugrunde gelegt wird), also der vom Steuerpflichtigen beabsichtigte Erfolg nicht eintritt. Im Gegenteil: Durch das Unterbleiben der Berichtigung der Veranlagungen 01 werden einkommen- und gewerbesteuerlich nunmehr 50 000 € zusätzlich versteuert.

FALL 155

Falsche Warenbewertung (ohne Auswirkung auf die Höhe der ESt und GewSt)

Sachverhalt

Wie Fall 153, jedoch beträgt die ESt für 01 0 € (zu versteuerndes Einkommen ./. 100 000 €), ebenso die auf den Gewerbeertrag entfallende GewSt (Gewerbeverlust 01 80 000 €). Ein Verlustrücktrag kommt nicht in Betracht.

Frage

Kommt eine Bilanzberichtigung in Betracht?

LÖSUNG

In diesem Fall ist die Steuerbilanz 31. 12. 01 zu berichtigen, obwohl sie bestandskräftigen Veranlagungen zur ESt und GewSt 01 zugrunde liegt. Nach Bestandskraft einer Veranlagung ist die Bilanzberichtigung insoweit möglich, als die Berichtigung sich auf die Höhe der veranlagten Steuer nicht auswirken würde. Dies ist hier der Fall, denn trotz der der Bilanzberichtigung zum 31. 12. 01 folgenden Gewinnberichtigung für 01 würde sich sowohl bei der ESt als auch bei der GewSt für 01 kein veränderter Steuerbetrag ergeben.

FALL 156

Unrechtmäßige Teilwertabschreibung, Verjährung

Sachverhalt

Ein Kaufmann hat 08 ein unbebautes Grundstück für seinen Betrieb angeschafft. Die Anschaffungskosten betrugen 100 000 €. In der Steuerbilanz zum 31. 12. 08 wies er das Grundstück nach Vornahme einer Abschreibung in Höhe von 30 000 € mit 70 000 € aus, weil er diesen Wert für den Teilwert hielt. Dem Finanzamt gelangten die Gründe für die Abschreibung zunächst nicht zur Kenntnis. In Wirklichkeit war der Teilwert des Grundstücks über die Anschaffungskosten gestiegen. Sämtliche Steuern, denen der Gewinn 08 als Besteuerungsgrundlage gedient hat, sind bis zum 31. 12. 18 verjährt. Auch die Veranlagungen bis einschließlich dem Jahr 18 sind bestandskräftig und können nach den Vorschriften der AO nicht geändert werden. Erst bei der Veranlagung zur ESt 19 im Laufe des Jahres 20 erlangt das Finanzamt Kenntnis von der in 08 zu Unrecht erfolgten Teilwertabschreibung. In den Bilanzen 31. 12. 18 und 31. 12. 19 ist das Grundstück trotz des immer noch über den Anschaffungskosten liegenden Teilwerts mit 70 000 € enthalten.

Frage

Was hat das Finanzamt zu veranlassen?

LÖSUNG

Eine Berichtigung der Veranlagung zur ESt und GewSt 08 kommt wegen Eintritts der Verjährung nicht in Betracht. Auch eine Durchbrechung des Bilanzzusammenhangs, das heißt eine Änderung der Anfangsbilanz 1. 1. 19 in der Weise, dass das Grundstück mit 100 000 € angesetzt wird und mit demselben Wert in der Schlussbilanz 31. 12. 19 erscheint, kann nicht vorgenommen werden, da der Steuerpflichtige weder einen Aktivposten zu hoch, noch einen Passivposten zu niedrig angesetzt hatte. Übrig bleibt die erfolgswirksame Berichtigung der Schlussbilanz 31. 12. 19 (R 4.4 Abs. 1 Satz 9 EStR). Der erklärte Gewinn des Jahres 19 ist um 30 000 € zu erhöhen. Mit der Einführung des **Wertaufholungsgebots** (§ 6 Abs. 1 Nr. 1 Satz 4 und Nr. 2 Satz 3 EStG, BMF v. 25. 2. 2000, Tz. 34, in BStBl 2000 I 372) ist diese Lösung zwingend.

FALL 157

Unrichtige Bewertung einer Einlage

Sachverhalt

Wie Fall 156, jedoch hat der Kaufmann das Grundstück 08 aus seinem Privatvermögen dem Betriebsvermögen zugeführt und die Einlage mit 70 000 € bewertet, obwohl er sie mit 100 000 € hätte bewerten müssen.

Frage

Was hat das Finanzamt in diesem Fall zu veranlassen?

LÖSUNG

In diesem Fall sind sämtliche Schlussbilanzen, obgleich sie bestandskräftigen Veranlagungen zugrunde gelegen haben, bis zur Fehlerquelle zu berichtigen. Dies ist zulässig, weil sich die Berichtigungen der Bilanzen auf die Höhe der veranlagten Steuern nicht auswirken würden. Denn dem zum 31. 12. 08 um 30 000 € erhöhten Betriebsvermögen stehen entsprechend höhere Einlagen gegenüber, sodass keine Gewinnauswirkung eintritt.

FALL 158

Zu Unrecht bilanziertes Privatvermögen

Sachverhalt

Ein immer noch mit seinen Anschaffungskosten von 50 000 € bilanziertes Grundstück wird seit dem 1. 12. 01 ausschließlich privat genutzt. Im Zeitpunkt der Nutzungsänderung entsprach der Buchwert den Anschaffungskosten, der Teilwert betrug 70 000 €. Die Bilanzen bis 31. 12. 02 einschließlich haben bestandkräftigen und nach der AO nicht mehr abänderbaren Steuerfestsetzungen zur Gewinnermittlung gedient. 03 beträgt der Teilwert des Grundstücks 80 000 €.

Frage

Wann und in welcher Weise sind Gewinn- und Bilanzberichtigungen erforderlich?

LÖSUNG

Durch die Nutzungsänderung ab 1. 12. 01 hätte im Rahmen der Gewinnermittlung für 01 von einer Entnahme in Höhe von 70 000 € ausgegangen werden müssen (§ 4 Abs. 1 Sätze 1 und 2 i.V. mit § 6 Abs. 1 Nr. 4 EStG, R 4.3 Abs. 2 EStR). Dies hätte für 01 zu einem Mehrgewinn von 20 000 € geführt, der allerdings nun nicht mehr der Besteuerung zugeführt werden kann, weil die Steuerfestsetzung für 01 bestandskräftig ist und lt. Sachverhalt auch nicht mehr geändert werden kann, weil dem die Vorschriften der AO entgegenstehen. Dies führt jedoch nicht an dem Umstand vorbei, dass die Steuerbilanzen ab 31. 12. 01 unrichtig sind, da sog. notwendiges Privatvermögen sich dem steuerlichen Betriebsvermögensbegriff und damit der steuerlichen Bilanzierung entzieht. Andererseits bleiben Entnahmen Geschäftsvorfälle des Jahres, in dem sie getätigt wurden. Ist deshalb eine Entnahme nicht erfasst worden und kann die Veranlagung des Jahres der Entnahme nicht mehr berichtigt werden, ist das (hier durch Nutzungsänderung) entnommene Wirtschaftsgut in der Bilanz des ersten Wirtschaftsjahres, dem noch keine bestandskräftige Veranlagung zugrunde liegt, erfolgsneutral auszubuchen (H 4.4 „Unterlassene Erfassung einer Entnahme" EStH). Hierfür kommt im vorliegenden Fall die Bilanz zum 31. 12. 03 in Betracht. Unter Belastung des Kapitalkontos kann das Grundstück mit seinem Buchwert von 50 000 € ausgebucht werden, wodurch auch eine nachträgliche Versteuerung des Entnahmegewinns entfällt.

FALL 159

Nicht bilanziertes notwendiges Betriebsvermögen (Maschine)

Sachverhalt

Eine Maschine mit einer Nutzungsdauer von 10 Jahren, die Anfang 01 für Anschaffungskosten von 100 000 € erworben worden war, wurde versehentlich von Anfang an inventurmäßig nicht erfasst und nicht bilanziert, sodass auch keine AfA in Anspruch genommen wurde. Der Fehler fiel u. a. auch deshalb nicht auf, weil die Bezahlung über ein privates Bankkonto des Erwerbers erfolgte. Die Bilanzen bis 31. 12. 02 einschließlich dienten bestandskräftigen und nach der AO nicht mehr abänderbaren Steuerfestsetzungen zur Gewinnermittlung.

Frage

Wann und in welchem Umfang sind Gewinn- und Bilanzberichtigungen möglich?

LÖSUNG

Die Bilanzen bis 31. 12. 02 sind offensichtlich falsch, da in ihnen die Maschine als notwendiges Betriebsvermögen, für das Bilanzierungspflicht besteht, nicht ausgewiesen ist. Gleichwohl kommen Berichtigungen dieser Bilanzen nicht in Betracht, weil auf ihnen bestandskräftige und lt. Sachverhalt nicht mehr abänderbare Steuerfestsetzungen beruhen und Bilanzberichtigungen dieser Jahre (01 und 02) durch AfA-Inanspruchnahme Gewinnauswirkungen nach sich ziehen würden. Da durch Nichtansatz der Maschinen kein Aktivposten zu hoch ausgewiesen wurde, kommt auch eine Durchbrechung des Bilanzenzusammenhangs (Berichtigung der Bilanz 1. 1. 03) nicht in Betracht. Sachgerecht dürfte in diesem Fall eine fehlerberichtigende Einbuchung in 03 sein. Dabei bestimmt sich der Einbuchungswert nach dem Wert, mit dem das bisher zu Unrecht nicht bilanzierte Wirtschaftsgut bei von Anfang an richtiger Bilanzierung zu Buche stehen würde. Das erfordert für die Ermittlung des Einbuchungswerts eine „Schattenrechnung", d. h. die Kürzung der bisher unberücksichtigt gebliebenen AfA-Beträge von den Anschaffungskosten. Dadurch wirken sich die bisher unterlassenen AfA-Beträge steuerlich nicht mehr aus. Denn sie dürfen dann nicht nachgeholt werden, wenn ein Wirtschaftsgut des notwendigen Betriebsvermögens erstmals bilanziert wird (BFH v. 24. 10. 2001 X R 153/97, BStBl 2002 II 75, v. 22. 6. 2010 VIII R 3/08, BStBl 2010 II 1035). Die Nachholung gilt nur für Fälle, bei denen das betreffende Wirtschaftsgut in der Bilanz angesetzt war und AfA gar nicht oder in zu geringer Höhe berücksichtigt wurde.

Im vorliegenden Fall ergibt sich ein Einbuchungswert von 80 000 € (AK 100 000 € abzüglich AfA für 2 Jahre in Höhe von insgesamt 20 000 €).

Buchungen

03:	Maschine an Kapital	80 000 €
	AfA an Maschine	10 000 €
04:	AfA an Maschine	10 000 €

FALL 160

Fehlerhafte Geschäftswertbilanzierung

Sachverhalt

A hat den Betrieb des B mit Wirkung vom 1.1.01 im Ganzen käuflich erworben. Den auf den Geschäftswert (Firmenwert) entfallenden Teil des Kaufpreises behandelte er als sofort abziehbare Betriebsausgabe. Es handelte sich um einen Betrag von 450 000 €. Auch bei einer Betriebsprüfung des Jahres 01 wurde diese Vorgehensweise übersehen. Die Veranlagung 01 ist deshalb bestandskräftig und kann nach der AO nicht mehr geändert werden. Das Gleiche gilt für die Veranlagungen 02 und 03. Anlässlich der ESt-Veranlagung für 04 bei Überprüfung der Bilanz zum 31.12.04 wird diese Sachbehandlung bemerkt.

Frage

Was ist bilanzsteuerrechtlich zu veranlassen?

LÖSUNG

Bei dem auf den Geschäftswert (Firmenwert) entfallenden Teil des Kaufpreises für den Betrieb handelt es sich um Anschaffungskosten für ein bilanzierungspflichtiges immaterielles Wirtschaftsgut (§ 5 Abs. 1 und 2 EStG i.V. mit § 255 Abs. 1 HGB und § 6 Abs. 1 Nr. 1 EStG). Nach § 7 Abs. 1 Satz 3 ist auf den Geschäfts- oder Firmenwert AfA vorzunehmen. Dabei beträgt die betriebsgewöhnliche Nutzungsdauer 15 Jahre.

Im vorliegenden Fall sind die Anschaffungskosten für den Geschäftswert in Höhe von 450 000 € in 01 in voller Höhe als Betriebsausgaben behandelt worden. Die Veranlagung des Jahres 01 kann nach dem Sachverhalt auf keinen Fall berichtigt werden; sie ist bestandskräftig, und die Vorschriften der AO stehen der Berichtigung entgegen. Es stellt sich die Frage, ob hier eine Bilanzberichtigung ab 04 in Betracht kommt. Durch das bestehende **Wertaufholungsgebot** (§ 6 Abs. 1 Nr. 1 Satz 4 und Nr. 2 Satz 3 EStG, BMF v. 25.2.2000, Tz. 34, BStBl 2000 I 372) ist diese Rechtsfrage geklärt.

Für den vorliegenden Fall bedeutet dies, dass der Fehler in der Bilanz zum 31.12.04 **erfolgswirksam** richtig zu stellen ist. In dieser Bilanz muss der Firmenwert mit dem Betrag ausgewiesen werden, mit dem er bei richtiger Behandlung von Anfang an anzusetzen gewesen wäre:

Anschaffungskosten	450 000 €
AfA jährlich 30 000 €	
AfA 01 – 04	./. 120 000 €
Buchwert 31.12.04	330 000 €

Buchung 04: Geschäftswert an sonst. betriebl. Erträge · 330 000 €

Buchung 05: AfA an Geschäftswert · 30 000 €

Buchung 06: AfA an Geschäftswert · 30 000 €

Und so weiter!

FALL 161

Reaktivierung

Sachverhalt

Ein unbebautes betriebliches Grundstück, das im Januar 01 für Anschaffungskosten von 10 000 € erworben worden war, wurde versehentlich in 01 voll abgeschrieben (Buchung: Aufwand an Bank 10 000 €) und danach weder inventurmäßig erfasst noch bilanziert. Die Bilanzen bis 31. 12. 02 einschließlich liegen bestandskräftigen und nach der AO nicht mehr abänderbaren Steuerfestsetzungen zugrunde.

Frage

Wann und in welchem Umfang sind Bilanz- und Gewinnberichtigungen erforderlich?

LÖSUNG

Die Bilanz 31. 12. 03 ist erfolgswirksam zu berichtigen. Bilanzen müssen richtig sein im Hinblick auf Umfang und Bewertung des Betriebsvermögens; dies folgt aus den handelsrechtlichen Grundsätzen ordnungsmäßiger Bilanzierung, die gem. § 5 Abs. 1 EStG auch für das Steuerrecht gelten. Dem steht die Bestandskraft vorjähriger Steuerfestsetzungen nicht entgegen, weil nur die Steuerfestsetzung in Bestandskraft erwächst und nicht eine ihr zugrunde liegende Bilanz. Zwar bliebe auch bei Fortführung des materiell falschen Bilanzansatzes der Totalgewinn zutreffend, jedoch verlangt das bestehende **Wertaufholungsgebot** (§ 6 Abs. 1 Nr. 1 Satz 4 und Nr. 2 Satz 3 EStG, BMF v. 25. 2. 2000, Tz. 34, BStBl 2000 I 372) eine erfolgswirksame Richtigstellung.

Buchung 03:

| Grundstück | 10 000 € | an | s. b. Erträge | 10 000 € |

7.2 Mehr- und Wenigerrechnung

Die Mehr- und Wenigerrechnung verfolgt den Zweck, Gewinnberichtigungen für mehrere Jahre, die sich häufig aus Anlass von Außenprüfungen durch die Finanzverwaltung ergeben, festzustellen und aufzuzeigen. Das methodische Vorgehen kann hierbei entweder den Regeln folgen, die für den Betriebsvermögensvergleich (§ 4 Abs. 1 Satz 1 EStG) gelten (sog. Bilanzposten-Methode), oder sich auf (gedanklich vorzunehmende) Änderungen der Erfolgskonten stützen (sog. GuV-Methode), wobei GuV für das Gewinn- und Verlustkonto der doppelten Buchführung steht. Zweckmäßigerweise werden beide Methoden praktiziert, um das eine Verfahren durch das andere zu kontrollieren.

Bilanzposten-Methode

Bei der Bilanzposten-Methode wird jede Erhöhung des Anfangs-Betriebsvermögens eines Jahres als Gewinnminderung angesehen und jede Erhöhung des End-Betriebsvermögens desselben Jahres als Gewinnerhöhung; ferner werden gewinnerhöhend ausgelegt:

1. Erhöhung der Entnahmen

2. Minderung der Einlagen

und gewinnmindernd;

1. Minderung der Entnahmen

2. Erhöhung der Einlagen

Minderungen des Anfangs-Betriebsvermögens gelten als Gewinnerhöhungen, Minderungen des End-Betriebsvermögens als Gewinnminderungen.

GuV-Methode

Bei der GuV-Methode wird geprüft, welche Erfolgskonten durch die Feststellungen der Außenprüfung berichtigt werden müssten, ohne dass allerdings eine tatsächliche Berichtigung des vorliegenden Gewinn- und Verlustkontos erfolgt; dies würde einen überflüssigen Eingriff in ein abgeschlossenes Buchführungswerk bedeuten. Bei der GuV-Methode werden zweckmäßigerweise die Buchungen des Steuerpflichtigen darauf untersucht, inwieweit sie Erfolgskonten fälschlicherweise berührt haben. Hierbei ist die Erkenntnis wichtig, dass einzelne Bestandskonten durch die Besonderheiten der Abschlusstechnik wie Erfolgskonten „funktionieren" (z. B. Warenkonto, Wareneinkaufskonto, Rückstellungen), d. h., dass jede Buchung auf eines dieser Konten im Soll buchmäßig zu Aufwand und jede Buchung im Haben buchmäßig zu Ertrag führt.

Gesamtkontrolle bei Einzeländerungen

Der Saldo der Gewinnauswirkungen durch Einzeländerungen, die sich über mehrere Jahre erstrecken, ermittelt auf der Basis der GuV-Methode, kann durch eine vereinfachte Bilanzposten-Methode wie folgt geprüft werden:

Betriebsvermögensänderungen am Ende des Prüfungszeitraumes (Mehr- Betriebsvermögen: +; Weniger-Betriebsvermögen: ./.)

+   Mehrentnahmen (Wenigereinlagen) des gesamten Prüfungszeitraumes

./.   Mehreinlagen (Wenigerentnahmen) des gesamten Prüfungszeitraumes

=   Gewinnauswirkungen für den gesamten Prüfungszeitraum

Diese ermittelten „Gewinnauswirkungen für den gesamten Prüfungszeitraum" müssen mit dem Saldo der Gewinnauswirkungen laut Mehr- und Wenigerrechnung übereinstimmen.

Zu beachten ist, dass auch Änderungen des Betriebsvermögens am Anfang des Prüfungszeitraumes zu berücksichtigen sein können, wenngleich sie selten sind. Sie kommen in der Regel nur vor bei der Durchbrechung des Bilanzzusammenhangs, bei der Rückwärtsberichtigung bis zur Fehlerquelle (die in der Praxis aus Vereinfachungsgründen wie eine Durchbrechung des Bilanzzusammenhangs dargestellt wird) und bei der Änderung bzw. Berichtigung von Bilanzen, die aus Anlass der Geschäftseröffnung erstellt sind. In diesen Fällen tritt zusätzlich zur oben ermittelten „Gewinnauswirkung für den gesamten Prüfungszeitraum" noch folgende Gewinnauswirkung hinzu:

► Erhöhung des Anfangs-Betriebsvermögens des Prüfungszeitraumes:

Wenigergewinn

► Minderung des Anfangs-Betriebsvermögens des Prüfungszeitraumes:

Mehrgewinn

Zusammenfassung

	Änderung	Gewinnauswirkung		
		00	01	02
Betriebsvermögen 31.12.01	+ (./.)		+ (./.)	./. (+)
Betriebsvermögen 31.12.00	+ (./.)	+ (./.)	./. (+)	
Entnahmen 01	+ (./.)		+ (./.)	
Einlagen 01	+ (./.)		./. (+)	

FALL 162

Erwerb eines unbebauten Grundstücks

Sachverhalt

Ein Kaufmann erwarb im Januar 00 ein unbebautes Grundstück für seinen Betrieb. Der Kaufpreis betrug 20 000 €; der Verkäufer war kein Unternehmer. Gebucht wurde:

Grund und Boden   20 000 € an   Bank   20 000 €

Die Erwerbsnebenkosten von 2 000 € zzgl. 160 € USt wurden privat bezahlt und weder gebucht noch in den Bilanzen erfasst.

Frage

Welche Bilanz- und Gewinnberichtigungen für die Jahre 00 – 02 sind vorzunehmen, wenn der Vorgang im Jahre 03 von einer Außenprüfung (neben anderen Feststellungen) aufgedeckt wird?

LÖSUNG

Die Anschaffungskosten für das Grundstück betragen 22 000 € (§ 5 Abs. 1 EStG i.V. mit § 255 Abs. 1 HGB); es besteht ein Vorsteueranspruch von 160 €; die Einlagen des Jahres 00 sind um 2 160 € zu erhöhen. Eine Gewinnauswirkung tritt nicht ein.

Grund und Boden	StB	PB	Mehr- und Wenigerrechnung
Zugang Januar 00	20 000 €	22 000 €	
31.12.00 – 02	20 000 €	22 000 €	
Vorsteuer			
31.12.00 – 02	0 €	160 €	
Einlagen			
00	0 €	2 160 €	
			0 €

Gesamtkontrolle

Grund und Boden 31. 12. 02	+ 2 000 €
Vorsteuer 31. 12. 02	+ 160 €
BV-Änderung 31. 12. 02	+ 2 160 €
Mehreinlagen 00	./. 2 160 €
Gewinnauswirkung für den gesamten Prüfungszeitraum	0 €

FALL 163

Abnutzbares Anlagevermögen

Sachverhalt

Ein Kaufmann hat eine am 2. 1. 00 erworbene Maschine seines Anlagevermögens wie folgt bewertet und abgeschrieben:

Maschine	StB
Zugang 2. 1. 00, Anschaffungskosten	20 000 €
AfA 00 (20 % linear)	./. 4 000 €
Wert 31. 12. 00	16 000 €
AfA 01	./. 4 000 €
Wert 31. 12. 01	12 000 €
AfA 02	./. 4 000 €
Wert 31. 12. 02	8 000 €

Durch eine Außenprüfung wird u. a. festgestellt, dass die betriebsgewöhnliche Nutzungsdauer dieser Maschine 10 Jahre beträgt. Degressive AfA wird nicht beantragt.

Frage

Welche Gewinnauswirkungen und Bilanzberichtigungen ergeben sich für 00 – 02?

LÖSUNG

Die Auswirkungen ergeben sich aus folgender Übersicht:

Maschine	StB	PB	Mehr- und Wenigerrechnung
Zugang 2. 1. 00	20 000 €	20 000 €	
AfA 00	./. 4 000 €	./. 2 000 €	+ 2 000 €
31. 12. 00	16 000 €	18 000 €	
AfA 01	./. 4 000 €	./. 2 000 €	+ 2 000 €
31. 12. 01	12 000 €	16 000 €	
AfA 02	./. 4 000 €	./. 2 000 €	+ 2 000 €
31. 12. 02	8 000 €	14 000 €	+ 6 000 €
Gesamtkontrolle			
BV-Änderung (Maschine) 31. 12. 02			+ 6 000 €
Gewinnauswirkung für den gesamten Prüfungszeitraum			+ 6 000 €

FALL 164

Warenbewertung

Sachverhalt

Ein Kaufmann hat den Warenbestand in seinen Bilanzen wie folgt ausgewiesen und bewertet:

31.12.00	10 000 €
31.12.01	12 000 €
31.12.02	17 000 €

Durch eine Außenprüfung werden folgende richtige Wertansätze ermittelt:

31.12.00	12 000 €
31.12.01	8 000 €
31.12.02	19 000 €

Frage

Welche Gewinnauswirkungen ergeben sich für die Jahre 00 – 02?

LÖSUNG

Die Gewinnauswirkungen ergeben sich aus folgender Übersicht:

Waren	StB	PB	Mehr- und Wenigerrechnung
31.12.00	10 000 €	12 000 €	+ 2 000 €
31.12.01	12 000 €	8 000 €	
Gewinnauswirkung 01	+ 2 000 €	./. 4 000 €	./. 6 000 €
31.12.01	12 000 €	8 000 €	
31.12.02	17 000 €	19 000 €	
Gewinnauswirkung 02	+ 5 000 €	+ 11 000 €	+ 6 000 €
			+ 2 000 €

Gesamtkontrolle

BV-Änderung (Waren) 31.12.02	+ 2 000 €
Gewinnauswirkung für den gesamten Prüfungszeitraum	+ 2 000 €

FALL 165

Forderungen

Sachverhalt

Ein Kaufmann hat die Forderungen in seinen Bilanzen wie folgt ausgewiesen und bewertet:

31.12.00	7 000 €
31.12.01	9 000 €
31.12.02	14 000 €

Durch eine Außenprüfung werden folgende richtige Wertansätze ermittelt:

31.12.00	6 000 €
31.12.01	6 000 €
31.12.02	6 000 €

Frage

Welche Gewinnauswirkungen ergeben sich für die Jahre 00 – 02?

LÖSUNG

Die Gewinnauswirkungen ergeben sich aus folgender Übersicht:

Forderungen	StB	PB	Mehr- und Wenigerrechnung
31.12.00	7 000 €	6 000 €	./. 1 000 €
31.12.01	9 000 €	6 000 €	
Gewinnauswirkung 01	+ 2 000 €	0 €	./. 2 000 €
31.12.01	9 000 €	6 000 €	
31.12.02	14 000 €	6 000 €	
Gewinnauswirkung 02	+ 5 000 €	0 €	./. 5 000 €
			./. 8 000 €

Gesamtkontrolle

BV-Änderung (Forderungen) 31.12.02	./. 8 000 €
Gewinnauswirkung für den gesamten Prüfungszeitraum	./. 8 000 €

FALL 166

Garantie-Rückstellungen

Sachverhalt

Ein Kaufmann hat in seinen Bilanzen folgende Garantie-Rückstellungen ausgewiesen:

31.12.00	3 000 €
31.12.01	4 000 €
31.12.02	6 000 €

Durch eine Außenprüfung wird festgestellt, dass jeweils nur die Hälfte der passivierten Beträge angemessen ist.

Frage

Welche Bilanzansätze und Gewinnauswirkungen ergeben sich für die Jahre 00 – 02?

LÖSUNG

Die richtigen Bilanzansätze und die daraus folgenden Gewinnauswirkungen ergeben sich aus dieser Übersicht:

Garantie-Rückstellung	StB	PB	Mehr- und Wenigerrechnung
31.12.00	3 000 €	1 500 €	+ 1 500 €
31.12.01	4 000 €	2 000 €	
Gewinnauswirkung 01	./. 1 000 €	./. 500 €	+ 500 €
31.12.01	4 000 €	2 000 €	
31.12.02	6 000 €	3 000 €	
Gewinnauswirkung 02	./. 2 000 €	./. 1 000 €	+ 1 000 €
			+ 3 000 €

Gesamtkontrolle

BV-Änderungen (Gewst-Rückstellung) 31.12.02	+ 3 000 €
Gewinnauswirkungen für den gesamten Prüfungszeitraum	3 000 €

FALL 167

Berichtigung einer Geschäftseröffnungsbilanz

Sachverhalt

Ein Kaufmann hat die zu seinem Anlagevermögen gehörenden Wertpapiere (Aktien) wie folgt bewertet:

1.10.00 (Geschäftseröffnung)	10 000 €
31.12.00	8 000 €
31.12.01	9 000 €
31.12.02	12 000 €

Durch eine Außenprüfung werden die folgenden richtigen Wertansätze ermittelt:

1.10.00	12 000 €
31.12.00	10 000 €
31.12.01	10 000 €
31.12.02	11 000 €

Frage

Welche Gewinnberichtigungen ergeben sich für die Jahre 00 – 02?

LÖSUNG

Die Auswirkungen sind der folgenden Übersicht zu entnehmen:

Wertpapiere	StB	PB	Mehr- und Wenigerrechnung
1.10.00	10 000 €	12 000 €	
31.12.00	8 000 €	10 000 €	
Gewinnauswirkung 00	./. 2 000 €	./. 2 000 €	0 €
31.12.00	8 000 €	10 000 €	
31.12.01	9 000 €	10 000 €	

Gewinnauswirkung 01	+ 1 000 €	0 €	./. 1 000 €
31. 12. 01	9 000 €	10 000 €	
31. 12. 02	12 000 €	11 000 €	
Gewinnauswirkung 02	+ 3 000 €	+ 1 000 €	./. 2 000 €
			./. 3 000 €

Gesamtkontrolle

BV-Änderung (Wertpapiere) 31. 12. 02	./. 1 000 €
BV-Änderung (Wertpapiere) 1. 10. 00 (+ 2 000 €, Gewinn =)	./. 2 000 €
Gcwinnauswirkung für den gesamten Prüfungszeitraum	./. 3 000 €

FALL 168

Bilanzänderung anlässlich Außenprüfung

Sachverhalt

Bei Kaufmann K fand für Jahre 01 – 03 eine Außenprüfung statt. Für jedes Jahr ergab sich durch unterschiedliche Bewertungsauffassungen zwischen K und dem Betriebsprüfer ein Mehrgewinn von jeweils 70 000 €. K erstellt identische Handels- und Steuerbilanzen.

Als K im Rahmen der Schlussbesprechung über die Höhe der Mehrgewinne informiert wird, beantragt er, die Bewertung der Fertigerzeugnisse zu ändern. Denn bei der Ermittlung der Herstellungskosten für die Erzeugnisbestände wurden auch Zuschläge für Fremdkapitalzinsen erfasst. Ohne diese Zuschläge verringern sich die Ansätze für Fertigerzeugnisse wie folgt:

	01	02	03
Fertigerzeugnisse	./. 30 000	./. 48 000	./. 56 400

In der Handelsbilanz soll entsprechend verfahren werden.

Frage

Wie ist die Rechtslage?

LÖSUNG

Fremdkapitalzinsen brauchen nicht in die Herstellungskosten einbezogen zu werden; es besteht ein Einbeziehungswahlrecht (§ 255 Abs. 3 HGB, EStR 6.3 Abs. 4 EStR). Der Antrag ist deshalb als Bilanzänderungsantrag zu verstehen (§ 4 Abs. 2 Satz 2 EStG). Dem Antrag muss stattgegeben werden, wenn er in zeitlichem und sachlichem Zusammenhang mit einer vorangegangenen Bilanzberichtigung steht und die Änderungen sich im Rahmen der Gewinnerhöhungen bewegen. Das ist hier der Fall. Es ergeben sich folgende Auswirkungen:

Hierdurch werden die von der Betriebsprüfung festgestellten Mehrgewinne wie folgt reduziert (beachte die umgekehrten Gewinnauswirkungen in den Folgejahren nach der ersten Änderung):

	01	02	03
	€	€	€
Ausgangsbeträge	70 000	70 000	70 000
Bestandsänderung Fertigerzeugnisse	./. 30 000	./. 48 000	./. 56 400
Umgekehrte Auswirkung		+ 30 000	+ 48 000
Mehrgewinne	40 000	52 000	61 600

FALL 169

Berichtigungsbedarf bei Rückstellungen

Sachverhalt

Kaufmann K hat seine Steuererklärungen für 01 bereits am 2. 3. 02 dem Finanzamt eingereicht. Er rechnet mit Steuererstattungen. Der Steuererklärung hat er die Bilanz vom 31. 12. 01 beigefügt. In dieser Bilanz ist eine Rückstellung für unterlassene Instandhaltung in Höhe von 200 000 € ausgewiesen. Die Rückstellung ist – jedenfalls aus Sicht des 2. 3. 02 – dem Grund und der Höhe nach zutreffend gebildet.

Die der Rückstellung zugrunde liegenden Reparaturen werden in der Zeit vom 28. 3. – 10. 4. 02 durchgeführt. Im Ergebnis beträgt der Reparaturaufwand tatsächlich 220 000 € zzgl. USt.

Frage

Ergeben sich Auswirkungen für die Bilanz vom 31. 12. 01?

LÖSUNG

Die Bilanz zum 31. 12. 01 ist falsch. Voraussetzung für die Bildung einer Rückstellung für unterlassene Instandhaltung ist, dass die Instandhaltung innerhalb von drei Monaten nach dem Bilanzstichtag nachgeholt wird (§ 249 Abs. 1 Nr. 1 HGB). Das bedeutet, dass die Instandhaltung im vorliegenden Fall spätestens bis zum 31. 3. 02 hätte abgeschlossen sein müssen.

Es handelt sich um einen Fall der Bilanzberichtigung. Nach § 4 Abs. 2 Satz 1 EStG darf der Steuerpflichtige die Bilanz auch nach ihrer Einreichung beim Finanzamt ändern, soweit sie nicht dem Gesetz entspricht. Die Regelung suggeriert ein Wahlrecht. Für die Richtigstellung von Bilanzierungsfehlern besteht kein Wahlrecht. Sie sind zwingend vorzunehmen. Allerdings kann einer (gewinnmindernden) Richtigstellung § 173 Abs. 1 Nr. 2 AO entgegenstehen. Ist durch eine falsche Bilanzierung der Gewinn zu niedrig (wie hier), besteht eine Anzeigepflicht seitens des Steuerpflichtigen (§ 153 AO).

Im vorliegenden Fall muss K entweder dem Finanzamt eine berichtigte Bilanz einreichen oder dem Finanzamt Kenntnis von der zu Unrecht gebildeten Rückstellung geben, damit dieses von Amts wegen eine berichtigte Gewinnermittlung durch Vermögensvergleich durchführt (BFH v. 4. 11. 1999 IV R 70/98, BStBl 2000 II 129). In jedem Fall tritt für 01 eine Gewinnerhöhung von 200 000 € ein.

7.3 Kapitalangleichungsbuchungen

Nach Bilanzberichtigungen oder Bilanzänderungen werden in der Regel sog. **Kapitalanglei-chungsbuchungen** erforderlich. Die folgenden Überlegungen betreffen die Situation, dass eine Bilanz zum 31. 12. 01 (die letzte Bilanz des Prüfungszeitraumes) durch eine Außenprüfung be-richtigt und der Prüfungsbericht Mitte 02 zugestellt wurde, sodass die laufende Buchführung für 02 auf den Bestandskonten als Anfangsbestände die (steuerrechtlich falschen) Bestände vom 31. 12. 01 ausweist.

Zur Herstellung des Bilanzzusammenhangs (31. 12. 01/1. 1. 02) sind für 02 Kapitalanglei-chungsbuchungen erforderlich. Die umgekehrten Gewinnauswirkungen aus 01 für 02 werden durch die richtigen Kapitalangleichungsbuchungen in die Buchführung 02 automatisch einge-arbeitet.

Die Kapitalangleichungsbuchungen erstrecken sich lediglich auf die Differenzen bei Besitzpos-ten und Schulden. Bei einem Einzelunternehmer lauten sie deshalb in der Regel wie folgt:

Bestandskonto	an	Kapital
Kapital	an	Bestandskonto

Bei Personengesellschaften erfolgen die Kapitalangleichungsbuchungen entsprechend dem Ge-winnverteilungsschlüssel:

Bestandskonto	an	Kapital A
		Kapital B
Kapital A	an	Bestandskonto
Kapital B		

Bei USt für unentgeltliche Wertabgaben, die durch einen Gesellschafter ausgelöst wird, ist des-sen Kapitalkonto allein zu belasten. Buchung: Kapital A an USt. Sind für den Prüfungszeitraum gewinnwirksame Entnahmen/Einlagen einem Gesellschafter allein zu belasten/gutzuschreiben, ist eine zusätzliche Kapitalangleichungsbuchung erforderlich, um die Kapitalkonten der Gesell-schafter untereinander auszugleichen (Buchung: Kapital A an Kapital B).

Bei **Kapitalgesellschaften** erfolgen die Kapitalangleichungsbuchungen in der nachfolgenden Handelsbilanz im Regelfall erfolgsneutral (z. B. über das Konto „Jahresüberschuss/Jahresfehl-betrag" oder über das Gewinnvortragskonto (beides sind Bestandskonten), wenn die nachfol-gende (handelsrechtlich richtige) Handelsbilanz der vorhergehenden Prüferbilanz aus Identitäts-gründen angepasst werden soll; denkbar ist in diesen Fällen auch eine erfolgswirksame Ver-buchung (z. B. über das Konto „sonstige betriebliche Erträge/Aufwendungen"; dann muss der Saldo aber außerbilanziell hinzu- oder abgerechnet werden). Wird die nachfolgende Handels-bilanz nicht an die Prüferbilanz angepasst, sind die künftigen Abweichungen zwischen Handels-bilanz und Steuerbilanz in der Handelsbilanz besonders zu vermerken (§ 60 Abs. 2 Satz 1 EStDV); wird eine spezielle Steuerbilanz erstellt (§ 60 Abs. 2 Satz 2 EStDV), so ist für die abweichenden Ansätze ein Ausgleichsposten (AP) zu bilden (Buchung: Bestandskonto an AP, AP an Bestands-konto).

Bei **unterbliebenen Kapitalangleichungsbuchungen** (z. B. Zustellung Prüfungsbericht erst in 03 zu einem Zeitpunkt, da die Buchführung 02 schon abgeschlossen ist), sind die o. a. Gewinnauswirkungen für 02 außerhalb der Buchführung dem Gewinn 02 hinzu- oder abzurechnen (ggf. mittels einer sog. Überleitungsrechnung, in der die Gewinnkorrekturen gesammelt dargestellt werden). Die Kapitalangleichungsbuchungen sind dann in der laufenden Buchführung 03 vorzunehmen, soweit per 31. 12. 02 noch Differenzen vorhanden waren.

FALL 170

Kapitalangleichungsbuchungen

Sachverhalt

Eine Außenprüfung erbrachte u. a. folgende Ergebnisse:

Erklärter und veranlagter Gewinn (§ 15 EStG) 01:	88 000 €
Warenbestandsberichtigung 31. 12. 01:	+ 12 000 €
Nicht gebuchte Warenentnahme (USt 570 €)	+ 3 000 €
Kürzung Garantie-Rückstellung 31. 12. 01:	+ 1 000 €
Gewinn 01 lt. Außenprüfung	104 000 €

Frage

Wie lauten die für 02 vorzunehmenden Kapitalangleichungsbuchungen?

LITERATURHINWEIS

Blödtner/Bilke/Heining, Lehrbuch Buchführung und Bilanzsteuerrecht, 10. Aufl., Teil B Kapitel 2.3.

LÖSUNG

Kapitalangleichungsbuchungen werden vorgenommen, wenn das laufende Buchführungswerk (hier 02) an eine geänderte Schlussbilanz des Vorjahres (hier 31. 12. 01) anzupassen ist. Änderungen der Schlussbilanz des Vorjahres wirken sich häufig auf den Gewinn des laufenden Jahres aus. Kapitalangleichungsbuchungen sorgen dann dafür, dass auch das Buchführungswerk den richtigen Gewinn auswirft. Die für 02 vorzunehmenden Kapitalangleichungsbuchungen lauten wie folgt:

1.	Waren an Kapital	12 000 €
2.	Kapital an USt	570 €
3.	Garantie-Rückstellung an Kapital	1 000 €

Da die nicht gebuchte Warenentnahme für 01 nur im Hinblick auf die USt zu einer Bilanzberichtigung zum 31. 12. 01 geführt hat, darf sich die Kapitalangleichungsbuchung nur auf die Einbuchung der USt erstrecken.

FALL 171

Unterlassene Kapitalangleichungsbuchungen

Sachverhalt

Wie Fall 170, jedoch ging der Prüfungsbericht erst 03 nach Aufstellung der Bilanz 31. 12. 02 beim Steuerpflichtigen ein, sodass dieser in 02 Kapitalangleichungsbuchungen nicht vornehmen konnte. Der vom Steuerpflichtigen für 02 ermittelte Gewinn beträgt 123 000 €; dieser Gewinnermittlung liegt die Handelsbilanz und Steuerbilanz vom 31. 12. 01 zugrunde und nicht die Prüferbilanz vom 31. 12. 01. Die Mehrsteuern aufgrund der Außenprüfung waren zum 31. 12. 02 ebenfalls nicht passiviert; sie wurden erst 03 bezahlt (570 € USt).

Fragen

Inwieweit ist der vom Steuerpflichtigen für 02 ermittelte Gewinn im Hinblick auf die unterlassenen Kapitalangleichungsbuchungen zu berichtigen? Sind für 03 Kapitalangleichungsbuchungen erforderlich?

LÖSUNG

Durch die unterbliebenen Kapitalangleichungsbuchungen ist der für 02 ermittelte Gewinn falsch. Der Gewinnermittlung für 02 ist die Prüferbilanz vom 31. 12. 01 zugrunde zu legen. Hierdurch ergibt sich folgende Auswirkung:

Vom Steuerpflichtigen für 02 ermittelter Gewinn	123 000 €
Warenbestandsberichtigung 31. 12. 01	./. 12 000 €
Kürzung Garantie-Rückstellung 31. 12. 01	./. 1 000 €
Richtiger Gewinn für 02	110 000 €

Warenbestandserhöhung und Garantie-Rückstellungsminderung zum 31. 12. 01 mit den entsprechenden Gewinnerhöhungen für 01 lösen für 02 umgekehrte Gewinnauswirkungen aus. Rein rechnerisch gilt dies auch für die USt-Erhöhungen; da diese Schulden jedoch erst 03 bezahlt werden und insofern die Bildung von entsprechenden Passivposten in der Steuerbilanz 31. 12. 02 erforderlich ist, tritt eine Gewinnbeeinflussung für 02 nicht ein.

Hier werden allerdings in 03 Kapitalangleichungsbuchungen erforderlich, da die Bilanz vom 31. 12. 02 falsch ist. Es fehlt der Ausweis der USt in Höhe von 570 €. Der Betrag ist zu diesem Zeitpunkt lt. Sachverhalt immer noch nicht bezahlt.

Zur Herstellung des Bilanzenzusammenhangs 31. 12. 02/1. 1. 03 sind in der Buchführung für 03 folgende Kapitalangleichungsbuchungen erforderlich:

Kapital	570 €	an	USt	570 €

FALL 172

Ausgleichsposten und Kapitalangleichungsbuchungen nach Betriebsprüfung bei KapGes

Sachverhalt

Bei der A-GmbH, einer Möbelfabrik, wurde im August 06 für die Jahre 04 und 05 eine Betriebsprüfung durchgeführt. Eine Anpassung der Buchführung des Jahres 06 an die Bilanz der Betriebsprüfung zum 31.12.05 wurde bisher nicht durchgeführt. Zur korrekten steuerlichen Gewinnermittlung für das Jahr 06 müssen die Ergebnisse der Betriebsprüfung noch verarbeitet werden. Von der Handelsbilanz abweichende Bilanzansätze oder Bewertungen hatten sich bisher (vor Durchführung der Betriebsprüfung) nicht ergeben, sodass sog. Einheitsbilanzen aufgestellt wurden.

Der Betriebsprüfer traf folgende Feststellungen, die nicht streitig sind:

1. Für eine am 3.1.04 angeschaffte Maschine wurden 500 000 € Anschaffungskosten in 04 als Aufwand gebucht. Die Nutzungsdauer beträgt 5 Jahre; die Abschreibung soll linear erfolgen.

2. Die Fertigerzeugnisse wurden versehentlich zu Netto-Verkaufspreisen bewertet; der Prüfer setzte die Herstellungskosten an. Ende 06 wurden die Fertigerzeugnisse zutreffend erfasst.

3. Die zum 31.12.05 gebildete Prozesskostenrückstellung ist um 180 000 € zu hoch.

4. Aufgrund der Prüfungsfeststellungen ergibt sich eine Erhöhung der USt-Verbindlichkeiten für 04 von 16 000 € und eine weitere USt-Nachzahlung für 05 in Höhe von 8 000 €, da Erlöse brutto verbucht wurden.

5. Die in der Mehr- und Wenigerrechnung ausgewiesenen Beträge für Steuerrückstellungen (KSt, GewSt, Solidatitätszuschlag) sind Folgewirkungen der einkommenswirksamen Prüfungsfeststellungen und beruhen zum Teil auf verdeckten Gewinnausschüttungen.

Aufgrund der Prüfungsfeststellungen stellte der Betriebsprüfer folgende Mehr- und Wenigerrechnung nach der Bilanzpostenmethode auf:

Bilanzposten	04	05
Aktivierung Maschine	+ 400 000	./. 400 000
		+ 300 000
		+ 100 000
Fertigerzeungiss	./. 100 000	./. 200 000
Minderung Prozesskostenrückstellung		+ 180 000
Umsatzsteuerverbindlichkeit lt. Bp	./. 16 000	+ 16 000
		./. 24 000
Steuerrückstellungen lt. Bp	./. 14 000	+ 14 000
		./. 26 000
Summe der Änderungen (= steuerlicher Ausgleichsposten)	+ 270 000	./. 40 000
Ausgleichsposten bisher	0	270 000
Ausgleichsposten neu	270 000	230 000

Daraus ergaben sich folgende Prüferbilanzen:

Aktiva	31.12.04	31.12.04	31.12.05	31.12.05
	HB/StB	PB	HB/StB	PB
Maschine		400 000		300 000
Fertigerzeugnisse	300 000	200 000	500 000	300 000
Unveränderte Posten	1 200 000	1 200 000	1 600 000	1 600 000
Summe	1 500 000	1 800 000	2 100 000	2 200 000
Passiva				
Unveränderte Posten	1 500 000	1 500 000	1 800 000	1 800 000
Prozesskosten-RS			300 000	120 000
USt lt. Bp		16 000		24 000
Steuer-RS		14 000		26 000
Stl. Ausgleichsp.		270 000		230 000
Summe	1 500 000	1 800 000	2 100 000	2 200 000

Die Gesellschaft hat den vorläufigen Jahresabschluss zum 31.12.06 mit einem Jahresüberschuss vor Steuern für 06 von 100 000 € aufgestellt. Die Beanstandungen durch die Betriebsprüfung wurden dabei nicht eingearbeitet.

Zum 31.12.06 hat die Maschine einen Buchwert von 200 000 €, weil für 06 noch planmäßige Abschreibungen von 100 000 € zu berücksichtigen sind. Da die Maschine bisher nicht aktiviert war, wurde hierzu nichts gebucht.

Die Gründe für die Bildung einer Prozesskostenrückstellung sind im Jahre 06 weggefallen. Daraufhin wurde gebucht:

Rückstellungen für Prozesskosten   300 000 €   an   Erträge aus Rückstellungsauflösung   300 000 €

Die vom Betriebsprüfer ermittelten Steuernachzahlungen in Höhe von insgesamt 50 000 € wurden bei Bezahlung im Dezember 06 wie folgt gebucht:

Steueraufwand   50 000 €   an   Bank   50 000 €

Die HB vom 31.12.06 hat folgendes Bild:

Aktiva	31.12.06
Maschine	
Fertigerzeugnisse	400 000
Unveränderte Posten	1 600 000
Summe	2 000 000
Passiva	
Unveränderte Posten	1 900 000
Jahresüberschuss	100 000
Summe	2 000 000

Aufgabe

Zur korrekten steuerlichen Gewinnermittlung für das Jahr 06 sind die Ergebnisse der Betriebsprüfung zu verarbeiten.

Die Aufgabe ist in folgenden drei Varianten zu lösen:

1. Ermitteln Sie das steuerlich maßgebende Jahresergebnis 06 vor Steuern durch Anfertigung einer so genannten Überleitungsrechnung (zwecks von der Firma geplanter Aufstellung einer abweichenden Steuerbilanz ohne Änderung der Handelsbilanz). Ermitteln Sie dabei den Bestand des steuerlichen Ausgleichspostens zum 31. 12. 06.

2. Die Gesellschaft möchte, dass Handelsbilanz und Steuerbilanz zum 31. 12. 06 übereinstimmen; der steuerliche Ausgleichsposten soll also wegfallen. Die Anpassung der bisherigen Handelsbilanz soll durch eine Angleichungsbuchung zum 1. 1. 06 über das Gewinnvortragskonto erfolgen. Wie lauten die – unter Berücksichtigung der bisher vom Buchhalter schon vorgenommenen Buchungen – erforderlichen Buchungssätze?

3. Die Gesellschaft möchte, dass Handelsbilanz und Steuerbilanz zum 31. 12. 06 übereinstimmen; der steuerliche Ausgleichsposten soll also wegfallen. Die Anpassung der bisherigen Handelsbilanz soll durch eine erfolgswirksame Erfassung der Ergebnisse der Betriebsprüfung in der laufenden Buchführung des Jahres 06 erfolgen. Wie lauten die – unter Berücksichtigung der bisher vom Buchhalter schon vorgenommenen Buchungen – erforderlichen Buchungssätze? Welche Besonderheit ist bei dieser Variante im Rahmen der Einkommensermittlung 06 zu beachten?

LÖSUNG

Zu 1: Anpassung mittels Überleitungsrechnung

Bei **unterbliebenen Kapitalangleichungsbuchungen** (wie im vorliegenden Fall bei Variante 1), sind die sich für 06 ergebenden umgekehrten Gewinnauswirkungen aus dem Jahr 05 außerhalb der Buchführung in einer Überleitungsrechnung dem Gewinn hinzu- oder abzurechnen. Die Überleitungsrechnung ist praktisch die Fortsetzung der Mehr- und Wenigerrechnung für das nicht geprüfte Folgejahr.

Überleitungsrechnung für 06

Maschine	./. 300 000
	+ 200 000
Fertigerzeugnisse	+ 200 000
Prozesskostenrückstellung	./. 180 000
USt	+ 24 000
Steuerrückstellungen	+ 26 000
Saldo der Gewinnauswirkungen für 06	./. 30 000
Ausgleichsposten 31. 12. 05 lt. Sachverhalt	+ 230 000
Ausgleichsposten 31. 12. 06	+ 200 000

Vorläufiger Jahresüberschuss lt. HB	100 000 €
Überleitungsrechnung (s. o.)	./. 30 000 €
Steuerlicher Jahresüberschuss vor Steuern	70 000 €

Anmerkung: Die Gewinnkorrekturen für 06 lassen sich auch wie folgt darstellen:

Vorgang	Gebuchte Gewinnauswirkung	Zutreffende Gewinnauswirkung	Korrekturbedarf
Maschine	0	./. 100 000	./. 100 000
Bestandsänderung bei Fertigerzeugnissen	./. 500 000 +400 000	./. 300 000 +400 000	+200 000 0
Prozesskosten-RS	+300 000	+120 000	./. 180 000
Steuer-RS	./. 50 000	0	+50 000
Saldo	+150 000	+120 000	./. 30 000

Zu 2: Anpassungsbuchung über Gewinnvortragskonto

Die richtige Angleichungsbuchung für 06 lautet:

Maschinen	300 000 €	an	Fertigerzeugnisse	200 000 €
Prozesskostenrückstellung	180 000 €		USt	24 000 €
			Steuerrückstellung	26 000 €
			Gewinnvortragskonto	230 000 €

Wäre diese Buchung vorgenommen worden und hätte der Buchhalter sodann für 06 folgerichtig gebucht, ergäbe sich für 06 kein Korrekturbedarf.

Da der Buchhalter bereits einige Buchungen vorgenommen hat, werden in 06 folgende Korrekturbuchungen erforderlich, um der Aufgabenstellung gerecht zu werden:

Maschinen	200 000 €	an	Steueraufwand	50 000 €
AfA	100 000 €		Bestandsänderung Fertigerzeugnisse	200 000 €
Erträge aus Rückstellungsauflösung	180 000 €		Gewinnvortragskonto	230 000 €

Bei dieser Vorgehensweise weist die Buchführung für das Jahr 06 den richtigen steuerlichen Jahresüberschuss (vor Steuern) aus: 70 000 €.

Zu 3: Erfolgswirksame Anpassung in der laufenden Buchführung

In diesem Fall hätte für 06 gebucht werden müssen:

Maschinen	300 000 €	an	Fertigerzeugnisse	200 000 €
Prozesskostenrückstellung	180 000 €		USt	24 000 €
			Steuerrückstellungen	26 000 €
			s. b. Erträge	230 000 €

Wäre diese Buchung erfolgt und hätte der Buchhalter sodann für 06 folgerichtig gebucht, müsste zur Vermeidung der doppelten Besteuerung der gebuchte sonstige betriebliche Ertrag in Höhe von 230 000 € außerhalb der Buchführung im Rahmen der Einkommensermittlung abgezogen werden.

Im vorliegenden Fall ist die vorstehende Buchung unterblieben. Unter Berücksichtigung der stattgefundenen Buchungen ist noch zu buchen:

Maschinen	200 000 €	an	Steueraufwand	50 000 €
AfA	100 000 €		Bestandsänderung Fertigerzeugnisse	200 000 €
Erträge aus Rückstellungsauflösung	180 000 €		s. b. Erträge	230 000 €

Bei dieser Vorgehensweise weist die Buchführung für das Jahr 06 einen steuerlichen Jahresüberschuss (vor Steuern) aus von 300 000 €, der sodann außerbilanziell um 230 000 € zu kürzen ist, um auf den richtigen Gewinn von 70 000 € zu kommen.

Sodann ergeben sich folgende verbesserten Handels- und Steuerbilanzen zum 31. 12. 06:

Aktiva	HB 31. 12. 06 Variante 1	HB = StB 31. 12. 06 Variante 2	HB = StB 31. 12. 06 Variante 3	StB 31. 12. 06 Variante 1
Maschine	0	200 000	200 000	200 000
Fertigerzeugn.	400 000	400 000	400 000	400 000
Unv. Posten	1 600 000	1 600 000	1 600 000	1 600 000
Summe	2 000 000	2 200 000	2 200 000	2 200 000
Passiva				
Gewinnvortr.		230 000		
Jahresübersch.	100 000	70 000	300 000	100 000
Unv.Posten	1 900 000	1 900 000	1 900 000	1 900 000
Ausgleichsp.				200 000
Summe	2 000 000	2 200 000	2 200 000	2 200 000
Auswertung				
JÜ lt. Bilanz	100 000	70 000	300 000	100 000
Überl.-Rg	./. 30 000			./. 30 000
Außerbil. Kor.			./. 230 000	
Steuerl. Gew.	70 000	70 000	70 000	70 000

Kapitel 8: Wechsel der Gewinnermittlungsart

8.1 Wechsel von § 4 Abs. 3 EStG zum BV-Vergleich

Der Wechsel kann durch folgende Vorgänge ausgelöst werden:

a) Erfüllung der Voraussetzungen der §§ 140, 141 AO.

b) Vollschätzung des Gewinns nach Richtsätzen wegen fehlender § 4 Abs. 3-Rechnung (H 4.1 „Gewinnschätzung" EStH).

c) Betriebsveräußerung oder -aufgabe (R 4.5 Abs. 6 EStR).

d) Freiwilliger Wechsel. Dabei hat der Steuerpflichtige sein Wahlrecht auf Gewinnermittlung duch Bestandsvergleich erst dann wirksam ausgeübt, wenn er zeitnah eine Eröffnungbilanz aufstellt, eine ordnungsgemäße kaufmännische Buchführung einrichtet und aufgrund von Bestandsaufnahmen Abschlüsse macht (BFH v. 19.10.2005 XI R 4/04, BStBl 2006 II 509).

Er ist mit folgenden Konsequenzen verbunden:

a) Inventur und Erstellung einer Eröffnungsbilanz. Bewertung der Wirtschaftsgüter mit den „Buchwerten" (H 4.6 „Bewertung von Wirtschaftsgütern" EStH): Nichtabnutzbares Anlagevermögen mit den Anschaffungskosten, abnutzbares Anlagevermögen mit den fortgeführten AK/HK, Umlaufvermögen mit den AK/HK, ggf. mit den niedrigeren Teilwert).

b) Der Wechsel bringt es mit sich, dass Geschäftsvorfälle doppelt oder nicht erfasst werden. Deshalb ist der Gewinn des Übergangsjahres durch Hinzu- und Abrechnungen zu korrigieren (vgl. Anl. zu R 4.6 EStR). Hierfür lässt sich folgende Faustregel aufstellen:

Aktivposten: +

Passivposten: ./.

Auf Antrag wird der Korrekturbetrag auf das Jahr des Übergangs und maximal die beiden folgenden Jahre gleichmäßig verteilt (R 4.6 Abs. 1 Satz 2 EStR).

8.2 Wechsel vom BV-Vergleich zur Gewinnermittlung nach § 4 Abs. 3 EStG

Ausgelöst wird dieser Wechsel durch folgende Vorgänge:

a) Nichterfüllung der Voraussetzungen der §§ 140, 141 AO betr. die Buchführungspflicht und Wahl der § 4 Abs. 3-Rechnung.

b) Wechsel vom freiwillig vorgenommenen Betriebsvermögensvergleich zur § 4 Abs. 3-Rechnung.

c) Späterer Verkauf zurückbehaltener WG nach Betriebsveräußerung (H 16 [1] „Gewinnermittlung" EStH).

Es ergeben sich folgende Konsequenzen:

a) Anlegung des besonderen Verzeichnisses nach § 4 Abs. 3 Satz 5 EStG. Aufnahme der WG des nichtabnutzbaren Anlagevermögens in dieses Verzeichnis mit dem Buchwert.

b) Korrektur des Gewinns des Übergangsjahres gem. Anl. zu R 4.6 EStR (Aktivposten ./. Passivposten +). Ein eventueller Mehrgewinn darf nicht auf drei Jahre verteilt werden (R 4.6 Abs. 2 EStR), beachte aber H 4.6 „Gewinnberichtigungen beim Wechsel der Gewinnermittlungsart, Wechsel zur Einnahmenüberschussrechnung" EStH.

FALL 173

Wechsel vom BV-Vergleich zur Überschussrechnung

Sachverhalt

Ein Steuerpflichtiger wechselt die Gewinnermittlungsart. Vom bisher praktizierten Betriebsvermögensvergleich geht er zur Einnahmenüberschussrechnung über. Die nachfolgenden Geschäftsvorfälle sind im Hinblick auf Gewinnauswirkungen und eventuelle Korrekturmaßnahmen zu überprüfen. Alle Vorfälle aus Vereinfachungsgründen ohne USt. Zeitpunkt des Wechsels 1.1.02.

1. In 01 Wareneinkauf auf Ziel für 50 000 €. Endbestand 31.12.01 ebenfalls 50 000 €. Verbindlichkeiten 31.12.01 50 000 €. In 02 wird die Ware bezahlt; Betriebsausgaben 02 folglich 50 000 €. In 03 wird die Ware für 100 000 € verkauft.

2. Zum 31.12.01 ergaben sich sog. halbfertige Arbeiten in Höhe von 100 000 € (Herstellungskosten). In 02 entstanden keine weiteren Herstellungskosten. Die Werklieferungen werden in 02 abgenommen. In 03 gehen die darauf beruhenden Forderungen ein: 200 000 €.

3. Die Zinsen für 01 werden erst am 20.1.02 an den Gläubiger gezahlt: 5 000 €.

4. Eine betriebliche Versicherungsprämie wird am 1.10.01 für 1 Jahr im Voraus bezahlt: 2 400 €.

LITERATURHINWEIS

Blödtner/Bilke/Heining, Lehrbuch Buchführung und Bilanzsteuerrecht, 10. Aufl., Teil B Kapitel 9.3.9.

LÖSUNG

Zu 1: In der Überschussrechnung 02 ergibt sich durch die Warenbezahlung ein Verlust von 50 000 €. In der Überschussrechnung 03 führt der Warenverkauf zu einem Gewinn von 100 000 €. Der nach R 4.6 Abs. 2 i.V. mit der Anlage zu R 4.6 EStR zu bildende Korrekturposten beträgt 0 €:

Warenbestand 31.12.01	./. 50 000 €
Verbindlichkeiten 31.12.01	+ 50 000 €
Korrekturbetrag	0 €

Auf Antrag können folgende Gewinnauswirkungen geltend gemacht werden:

Gewinn 02 lt. Überschussrechnung:	./. 50 000 €
Korrekturposten wegen Verbindlichkeiten vom 31.12.01	+ 50 000 €
Gewinn 02	0 €

Gewinn 03 lt. Überschussrechnung:	+ 100 000 €
Korrekturposten wegen Warenbestand vom 31. 12. 01	./. 50 000 €
Gewinn 03	50 000 €

Zu 2: In der Überschussrechnung 02 ergeben sich keine Gewinnauswirkungen; es ist aber für 02 ein negativer Korrekturposten zu bilden (R 4.6 Abs. 2 i.V. mit der Anl. zu R 4.6 EStR) in Höhe des Bestandes an halbfertigen Arbeiten vom 31. 12. 01 in Höhe von 100 000 €:

Gewinn 02 lt. Überschussrechnung	0 €
Korrekturposten	./. 100 000 €
Gewinn 02	./. 100 000 €

Für 03 ergibt sich dann aus der Überschussrechnung infolge der Vereinnahmung der Forderung ein Gewinn von 200 000 €.

Auf Antrag können folgende Gewinnauswirkungen geltend gemacht werden:

Gewinn 02 lt. Überschussrechnung	0 €
Verzicht auf Korrekturposten	0 €
Gewinn 02	0 €

Gewinn 03 lt. Überschussrechnung	200 000 €
Korrekturposten (halbfertige Arbeiten vom 31. 12. 01)	./. 100 000 €
Gewinn 03	100 000 €

Zu 3: Im BV-Vergleich 01 wurde bereits ein Zinsaufwand in Höhe von 5 000 € geltend gemacht (Buchung: Zinsaufwand an sonstige Verbindlichkeiten). Bei Zahlung in 02 ergibt sich in der Überschussrechnung noch einmal ein Aufwand. Folglich ist die Bildung eines positiven Korrekturpostens erforderlich:

Gewinn lt. 02 Überschussrechnung	./. 5 000 €
Korrekturposten (sonstige Verbindlichkeiten vom 31. 12. 01)	+ 5 000 €
Gewinn 02	0 €

Zu 4: In 01 wurde gebucht: Aktiver Rechnungsabgrenzungsposten an Versicherungsaufwand 1 800 €. In 02 – während der Überschussrechnung – tritt insoweit mangels Zahlung keine Gewinnauswirkung ein. Folglich:

Gewinn 02 lt. Überschussrechnung	0 €
Korrekturposten (ARAP vom 31. 12. 01)	./. 1 800 €
Gewinn 02	./. 1 800 €

Wechsel zum BV-Vergleich

Sachverhalt

Der Steuerpflichtige betreibt seit Jahren einen Einzelhandel mit Haushaltsgeräten. Er ist nicht im Handelsregister eingetragen und ermittelte seinen Gewinn zunächst durch Einnahmenüberschussrechnung nach § 4 Abs. 3 EStG. Mit Schreiben des Finanzamtes vom 3. 10. 00 wurde er aufgefordert, ab 1. 1. 01 von der Gewinnermittlung nach § 4 Abs. 3 EStG zur Gewinnermittlung durch Bestandsvergleich (§ 5 EStG) überzugehen, da er buchführungspflichtig geworden war. Für 00 legte der Steuerpflichtige folgende Überschussrechnung vor:

Betriebseinnahmen	228 000 €
Betriebsausgaben	./. 166 000 €
Gewinn	62 000 €

Per 1. 1. 01 erstellte er folgende Eröffnungsbilanz:

Eröffnungsbilanz 1. 1. 01

Fuhrpark	12 000 €	Betriebsvermögen	23 340 €
Waren	14 000 €	Darlehen	10 000 €
Geleistete Anzahlungen auf			
Warenlieferungen	4 000 €	Garantie-Rückst.	3 000 €
Forderungen aus		USt	400 €
Warenlieferungen	4 480 €	Verbindlichkeiten aus	
Finanzkonten	3 000 €	Warenlieferungen	2 240 €
Rechnungsabgrenzungsposten	1 500 €		
	38 980 €		38 980 €

Zur Eröffnungsbilanz gab er folgende Erläuterungen ab:

1. Die Anschaffungskosten der Waren haben 16 000 € betragen; in der Eröffnungsbilanz wurden sie zu Recht mit dem Teilwert von 14 000 € angesetzt. Zum 1. 1. 01 waren 90 % des Warenbestandes bezahlt.

2. Bei dem Rechnungsabgrenzungsposten handelt es sich um die am 1. 1. 01 fällige Miete für die Geschäftsräume für die Monate Januar bis März 01. Die Miete wurde am 18. 12. 00 im Voraus gezahlt.

3. Die USt-Schuld zum 1. 1. 01 enthält 90 € USt für unentgeltliche Wertabgaben. Der Betrag von 90 € ist bei der Überschussrechnung für 00 als (fiktive) Einnahme erfasst. Der Steuerpflichtige versteuerte seine Umsätze bis einschließlich 00 nach vereinnahmten Entgelten (§ 20 UStG). Ab 1. 1. 01 geht er zur Sollversteuerung über.

Für 01 ergab sich durch BV-Vergleich (§ 4 Abs. 1 EStG) ein Gewinn in Höhe von 85 000 €.

Fragen

1. Welchen Gewinn muss der Steuerpflichtige 00 und 01 versteuern?

2. Welchen Antrag kann der Steuerpflichtige zur Vermeidung von Härten stellen?

LITERATURHINWEIS

Blödtner/Bilke/Heining, Lehrbuch Buchführung und Bilanzsteuerrecht, 9. Aufl., Teil B Kapitel 9.3.9.

LÖSUNG

Die unterschiedlichen Gewinnermittlungsarten müssen zum gleichen Totalgewinn führen (BFH v. 28. 5. 1968 IV R 202/67, BStBl 1968 II 650). Da beim Wechsel der Gewinnermittlungsart bestimmte Geschäftsvorfälle gewinnmäßig doppelt oder überhaupt nicht erfasst werden, sind zur Anpassung an den einheitlichen Totalgewinn Gewinnkorrekturen erforderlich (R 4.6 Abs. 1 EStR). Dabei wird die Gewinnermittlung bei einem Übergang von der Überschussrechnung zum Bestandsvergleich im Ergebnis so durchgeführt, als ob der Bestandsvergleich von Anfang an erfolgt wäre. Eine (nicht abschließende) Übersicht über die Gewinnberichtigung enthält die Anlage zu R 4.6 EStR. Es ergeben sich folgende **Hinzurechnungen** zum Gewinn des Jahres 01:

1. Waren: + 14 000 €

    Zwar ist der Warenbestand am 1.1.01 zu 10 % noch nicht bezahlt; ein Zuschlag käme insoweit nicht in Betracht. Andererseits dürften nur Verbindlichkeiten, die auf veräußerte Waren entfallen, im Rahmen der Gewinnkorrektur als Abrechnung berücksichtigt werden. Es kann jedoch häufig nicht festgestellt werden, ob die Verbindlichkeiten aktivierte oder bereits veräußerte Waren betreffen. Aus Vereinfachungsgründen wird deshalb der Warenbestand in voller Höhe als Hinzurechnung erfasst, während die Verbindlichkeiten in voller Höhe durch eine Abrechnung berücksichtigt werden.

2. Geleistete Anzahlungen: + 4 000 €

    Die geleisteten Anzahlungen haben den Gewinn des Jahres 00 bereits gemindert. Der Wareneingang in 01 erhöht den Wareneinsatz (des Jahres 01 oder eines späteren Jahres), wodurch der Gewinn nochmals gemindert würde.

3. Forderungen: + 4 480 €

    Die Forderungen werden zweckmäßigerweise mit dem Bruttowert hinzugerechnet, dann kann die USt-Schuld in voller Höhe als Abrechnung behandelt werden.

4. Rechnungsabgrenzungsposten: + 1 500 €

    Bei Zahlung der Miete in 00 trat bereits die Gewinnminderung ein. Bei Ausbuchung des Rechnungsabgrenzungspostens zu Beginn des Jahres 01 würde der Gewinn dieses Jahres nochmals gemindert: Mietaufwand an Rechnungsabgrenzungsposten 1 500 €.

Folgende **Abrechnungen** vom Gewinn des Jahres 01 sind erforderlich:

1. Garantie-Rückstellung: ./. 3 000 €

   Die Ausbuchung der Garantie-Rückstellung erfolgt in 01 gewinnerhöhend bzw. gewinnneu-tral, obwohl eine entsprechende vorausgegangene Gewinnminderung unterblieben ist. Dies wird durch die Abrechnung nachgeholt.

2. USt: ./. 400 €

   In die Abrechnung einzubeziehen ist auch die USt auf unentgeltliche Wertabgaben in Höhe von 90 €. Der Erfassung in 00 als fiktive Einnahme lag der Gedanke zu Grunde, die Zahlung der USt an das Finanzamt als Betriebsausgabe zu behandeln. Die tatsächliche Zahlung in 01 ist demgegenüber erfolgsneutral (USt an Bank 90 €). Die Abrechnung holt den Betriebsaus-gabenabzug nach.

3. Verbindlichkeiten: ./. 2 240 €

   Die Verbindlichkeiten werden – wie die Forderungen – zweckmäßigerweise mit dem Brutto-wert abgerechnet, wodurch eine Korrektur der USt-Schuld im Hinblick auf den Vorsteuer-abzug unterbleiben kann.

Zusammenstellung:

Ermittelter Gewinn: 01				85 000 €
Hinzurechnungen:	1.		14 000 €	
	2.		4 000 €	
	3.		4 480 €	
	4.		1 500 €	
			23 980 €	
Abrechnungen:	1.	3 000 €		
	2.	400 €		
	3.	2 240 €	./. 5 640 €	+ 18 340 €
Gewinn 01				103 340 €

Der Gewinn des Jahres 00 aus der Überschussrechnung beträgt unverändert 62 000 €.

Bei dem Übergang zur Gewinnermittlung durch Bestandsvergleich ergeben sich infolge der Ge-winnkorrektur häufig ein außergewöhnlich hoher Gewinn und eine außergewöhnlich hohe Steuer. **Auf Antrag des Steuerpflichtigen** kann der Zurechnungsbetrag gleichmäßig auf maximal drei Jahre verteilt werden (R 4.6 Abs. 1 Satz 2 EStR). In diesem Fall versteuert der Steuerpflichtige für 01:

Erklärter Gewinn für 01	85 000 €
$^1/_3$ von 18 340 €	+ 6 113 €
Steuerpflichtiger Gewinn 01	91 113 €

Die laufenden Gewinne der Jahre 02 und 03 sind jeweils um 6 113 € zu erhöhen.

Kapitel 9: Betriebsaufgabe

Bei einer Betriebsaufgabe ist der Wert des Betriebsvermögens wie bei der Betriebsveräußerung durch eine Bilanz zu ermitteln (§ 16 Abs. 2 Satz 2 i.V. mit Abs. 3 Satz 1 EStG). Diese Aufgabebilanz ist auch bei einer zeitlich gestreckten Betriebsaufgabe einheitlich und umfassend auf einen bestimmten Zeitpunkt zu erstellen. Das ist zweckmäßigerweise der Zeitpunkt der Beendigung der betrieblichen Tätigkeit, zu dem die Schlussbilanz zur Ermittlung des laufenden Gewinns aufzustellen ist. Unabhängig von der sachlichen Zuordnung zeitlich gestreckter Aufgabehandlungen zum Betriebsaufgabengewinn durch Aufnahme in die Aufgabebilanz bestimmt sich der Zeitpunkt der Gewinnverwirklichung für die einzelnen Aufgabevorgänge (Veräußerung oder Überführung ins Privatvermögen) nach allgemeinen Gewinnrealisierungsgrundsätzen (BFH v. 19. 5. 2005 IV R 17/02, BStBl 2005 II 637). Nichtveräußerte Wirtschaftsgüter sind mit dem gemeinen Wert zu bewerten (§ 16 Abs. 3 Satz 7 EStG).

Die Betriebsverlegung ins Ausland stellt einen Entstrickungstatbestand dar. Denn gem. § 16 Abs. 3a EStG steht einer Aufgabe des Gewerbebetriebs der Ausschluss oder die Beschränkung des Besteuerungsrechts der Bundesrepublik Deutschland hinsichtlich des Gewinns aus der Veräußerung sämtlicher Wirtschaftsgüter des Betriebs oder eines Teilbetriebs gleich; dabei gilt § 4 Abs. 1 Satz 4 entsprechend. Die Bewertung hat mit dem gemeinen Wert zu erfolgen (§ 6 Abs. 1 Nr. 4 Satz 1 EStG). Bei Sitzverlegungen in ein EU-Land gestattet § 36 Abs. 5 EStG auf Antrag, die auf den Aufgabegewinn entfallende Steuer in fünf gleichen Jahresraten zu entrichten.

Teil B: Bilanzsteuerrecht der Gesellschaften

Kapitel 1: Personengesellschaften

1.1 Kriterien der Mitunternehmerschaft

Vgl. zum selben Thema R 15.8 EStR sowie H 15.8 EStH.

1. Mitunternehmerschaft ist der steuerliche Begriff für eine Beteiligung mehrerer Personen an einem Gewerbebetrieb, einem Betrieb der Land- und Forstwirtschaft oder an der Ausübung einer freiberuflichen Tätigkeit (§ 15 Abs. 1 Satz 1 Nr. 2, § 13 Abs. 7 und § 18 Abs. 4 EStG). Eine Mitunternehmerschaft kann sich somit nur im Bereich der **Einkunftsarten** der §§ 13 – 18 EStG ergeben. Die reine Immobilien-KG erzielt trotz der Rechtsform der KG Einkünfte aus Vermietung und Verpachtung (BFH v. 19. 8. 1986 IX S 5/83, BStBl 1987 II 212). Ist an einer solchen KG eine GmbH beteiligt, kann jedoch eine sog. „gewerblich geprägte Personengesellschaft" i. S. von § 15 Abs. 3 Nr. 2 EStG vorliegen, deren sachliche Gewerbesteuerpflicht mit Aufnahme ihrer vermögensverwaltenden Tätigkeit beginnt (BFH v. 20. 11. 2003 IV R 5/02, BStBl 2004 II 464). Eine Steuerberatungs- und Wirtschaftsprüfungs-KG mit einer GmbH als alleiniger Komplementärin erzielt Einkünfte aus Gewerbebetrieb. Das gilt auch dann, wenn die GmbH lediglich eine Haftungsvergütung erhält und am Vermögen und Gewinn der KG nicht teilhat (BFH v. 10. 10. 2012 VIII R 42/10, BStBl 2013 II 79).

Wird ein Gesellschaftsanteil an einer vermögensverwaltenden Personengesellschaft von einem Gesellschafter im gewerblichen Betriebsvermögen gehalten (sog. **Zebragesellschaft**), sind die Anteile dieses Gesellschafters an den Wirtschaftsgütern der Gesellschaft bei ihm Betriebsvermögen und sein Anteil an den Einkünften führt bei ihm zu gewerblichen Einkünften (BFH v. 11. 4. 2005 GrS 2/02, BStBl 2005 II 679). Ist also an einer vermögensverwaltenden Gesellschaft ein Gesellschafter betrieblich beteiligt, wandeln sich bei dem Gesellschafter die ihm zuzurechnenden Beteiligungseinkünfte auf seiner gewerblichen Ebene in betriebliche Einkünfte um. Für einen solchen Gesellschafter bedeutet das ferner, dass er Wirtschaftsgüter seines Betriebsvermögens, die er der Zebragesellschaft überlässt, nicht ins Privatvermögen überführen muss. Sie können vielmehr weiterhin Betriebsvermögen bleiben. Überträgt solch ein gewerblich tätiger Gesellschafter einer vermögensverwaltenden Personengesellschaft ein Wirtschaftsgut seines Betriebsvermögens in das Gesamthandsvermögen der vermögensverwaltenden Personengesellschaft, führt dies steuerlich nicht zur Aufdeckung der stillen Reserven bei dem Gesellschafter, soweit dieser an der Zebragesellschaft betrieblich beteiligt ist (BFH v. 26. 4. 2012 IV R 44/09, BStBl 2013 II 142). Die verbindliche Entscheidung über die Einkünfte eines betrieblich an einer vermögensverwaltenden Gesellschaft beteiligten Gesellschafters ist sowohl ihrer Art als auch ihrer Höhe nach durch das für die persönliche Besteuerung dieses Gesellschafters zuständige (Wohnsitz-)Finanzamt zu treffen (BFH v. 11. 4. 2005 GrS 2/02, BStBl 2005 II 679).

BEISPIEL Gewerbetreibender A beteiligt sich mit 50 % als Kommanditist an einer vermögensverwaltenden GmbH & Co. KG (Vermietung und Verpachtung). Weitere 50 % halten die Söhne B und C als Kommanditisten; die GmbH ist nicht vermögensmäßig beteiligt. Sohn B ist Geschäftsführer der KG. A überträgt schenkweise ein Grundstück aus seinem Betriebsvermögen auf die KG.

LÖSUNG ▸ Gemäß § 15 Abs. 3 Nr. 2 EStG übt eine GmbH & Co. KG durch die gewerbliche Prägung seitens der GmbH grundsätzlich einen Gewerbebetrieb aus. Ihr Vermögen ist Betriebsvermögen. Allerdings kennt das Steuerrecht daneben die vermögensverwaltende GmbH & Co. KG mit Überschusseinkünften (Vermietung und Verpachtung, Kapitaleinkünfte). Denn im Umkehrschluss aus § 15 Abs. 3 Nr. 2 EStG entfällt die gewerbliche Prägung, wenn neben der Komplementär-GmbH noch ein nicht persönlich haftender Gesellschafter zur Geschäftsführung der KG berufen ist. Dieses ließe sich erreichen, indem eine zweite GmbH der KG beitritt und die Geschäftsführung der KG übernimmt oder indem ein Kommanditist (wie hier Kommanditist B) zur Geschäftsführung der KG berufen wird. Damit ergibt sich eine vermögensverwaltende GmbH & Co. KG mit Einkünften aus Vermietung und Verpachtung. Die Eintragung als KG ins Handelsregister hat für die einkommensteuerrechtliche Beurteilung keine Bedeutung (BFH v. 17. 1. 1985 IV R 106/81, BStBl 1985 II 291).

Da eine vermögensverwaltende Personengesellschaft kein Betriebsvermögen hat, können Einbringungen in ihr Gesamthandsvermögen durch die Gesellschafter nicht nach den Regeln für Einlagen behandelt werden (vgl. § 4 Abs. 1 Satz 8 EStG). Auch ist der Anwendungsbereich des § 6 Abs. 5 EStG nicht eröffnet. Die Übertragung von Wirtschaftsgütern eines Gesellschafters auf eine vermögensverwaltende Personengesellschaft führt auch nicht zu einer Entnahme oder Veräußerung, soweit der Gesellschafter am Gesamthandsvermögen beteiligt ist. In diesem Umfang kommt es steuerrechtlich zu keinem Wechsel des Rechtsträgers, weil der Gesellschafter (weiterhin) nach § 39 Abs. 2 Nr. 2 AO als Bruchteilseigentümer des Wirtschaftsguts anzusehen ist. Nach dieser Vorschrift werden Wirtschaftsgüter, die mehreren zur gesamten Hand zustehen, den Beteiligten anteilig zugerechnet, soweit eine getrennte Zurechnung für die Besteuerung erforderlich ist (BFH v. 2. 4. 2008 IX R 18/06, BStBl 2008 II 679). Der nicht verschenkte Teil des Grundstücks verbleibt somit im einzelunternehmerischen BV des A. Eine mit dem Teilwert zu bewertende Entnahme ergibt sich aber insoweit, als A die andere Hälfte seines Grundstücks seinen Söhnen schenkt.

Freiberufler haben durch das „Gesetz über Partnerschaftsgesellschaften Angehöriger Freier Berufe" v. 25. 7. 1994 (PartGG) die Möglichkeit der Gründung einer Partnerschaftsgesellschaft. Hierbei handelt es sich um eine **rechtsfähige Personengesellschaft**, die nur freiberuflich Tätigen zugänglich ist. Sie hat in ihrer Rechtsstellung nach außen große Ähnlichkeit mit der OHG, kann also unter ihrem Namen Rechte erwerben, Verbindlichkeiten eingehen, klagen und verklagt werden (§ 7 Abs. 2 PartGG i.V. mit § 124 Abs. 1 HGB). Bei den Amtsgerichten werden zu diesem Zweck besondere Partnerschaftsregister geführt.

Steuerrechtlich unterliegt eine Partnerschaftsgesellschaft den gleichen Regeln wie jede andere Personengesellschaft (OHG, KG, GbR). Sie ist nicht selbst einkommensteuerpflichtig. Ihr Gewinn (aus § 18 EStG) wird einheitlich und gesondert festgestellt (§§ 179, 180 AO) und entsprechend dem Gewinnverteilungsschlüssel und den steuergesetzlichen Bestimmungen auf die Partner verteilt. Es besteht **keine Buchführungs- und Bilanzierungspflicht.** Eine Partnerschaftsgesellschaft kann ihren Gewinn wahlweise durch Einnahmenüberschussrechnung nach § 4 Abs. 3 EStG oder durch Betriebsvermögensvergleich nach § 4 Abs. 1 EStG (nicht § 5 EStG) ermitteln. Eine Partnerschaftsgesellschaft stellt steuerrechtlich eine **Mitunternehmerschaft** dar (§ 18 Abs. 4 i.V. mit § 15 Abs. 1 Satz 1 Nr. 2 EStG). Alle Sondervergütungen gehören zu den Einkünften aus selbständiger Arbeit. Der Partnerschaftsgesellschaft von einem Partner überlassene Wirtschaftsgüter stellen Sonderbetriebsvermögen dar. Die Bildung von gewillkürtem Betriebsvermögen ist auf den Kreis jener Wirtschaftsgüter beschränkt, die mit dem freiberuflichen Berufsbild übereinstimmen (H 18.2 „Betriebsvermögen" EStH).

Eine bloße Praxisgemeinschaft ist keine Mitunternehmerschaft. Denn im Unterschied zu einer Gemeinschaftspraxis (Mitunternehmerschaft) hat eine Büro- und Praxisgemeinschaft lediglich den Zweck, den Beruf in gemeinsamen Praxisräumen auszuüben und bestimmte Kosten von der Praxisgemeinschaft tragen zu lassen und umzulegen. Ein einheitliches Auftreten nach außen genügt nicht, um aus einer Bürogemeinschaft eine Mitunternehmerschaft werden zu lassen (BFH v. 14. 4. 2005 XI R 82/03, BStBl 2005 II 752).

2. Eine Mitunternehmerschaft erfordert ferner das Bestehen eines **Gesellschaftsverhältnisses** oder wirtschaftlich vergleichbaren Gemeinschaftsverhältnisses (BFH v. 13. 7. 1993 VIII R 50/92, BStBl 1994 II 282). Dies ist dadurch gekennzeichnet, dass die Beteiligten in partnerschaftlicher Gleichberechtigung zur Erreichung eines gemeinsamen Zwecks zusammenwirken. Liegt ein solches partnerschaftliches Zusammenwirken vor, spielt die Bezeichnung der rechtlichen Beziehungen durch die Beteiligten (z. B. Arbeitsvertrag) keine Rolle (verdeckte Mitunternehmerschaft, BFH v. 5. 6. 1986 IV R 272/84, BStBl 1986 II 802, v. 22. 10. 1987 IV R 17/84, BStBl 1988 II 62, v. 6. 12. 1988 VIII R 362/83, BStBl 1989 II 705, v. 1. 8. 1996 VIII R 12/94, BStBl 1997 II 272). Andererseits kann ein Nichtgesellschafter nicht Mitunternehmer sein, wenn er für seine Leistungen an die Gesellschaft lediglich angemessene Vergütungen erhält (Einschränkung der sog. faktischen Mitunternehmerschaft, BFH v. 22. 1. 1985 VIII R 303/81, BStBl 1985 II 363). Sind die Vergütungen – mögen sie auch angemessen sein – so bemessen, dass sie den Gewinn der Gesellschaft regelmäßig aufzehren, liegt mangels Gewinnerzielungsabsicht kein gewerbliches Unternehmen und damit keine Mitunternehmerschaft vor (BFH v. 25. 6. 1984 GrS 4/82, BStBl 1984 II 751).

3. Mitunternehmer kann nur sein, wer ein gewisses **Mitunternehmerrisiko** trägt. Mitunternehmerrisiko bedeutet Teilnahme am Erfolg oder Misserfolg eines Unternehmens (BFH v. 25. 6. 1984 GrS 4/82, BStBl 1984 II 751). Deshalb ist der persönlich haftende Gesellschafter einer KG auch dann Mitunternehmer, wenn er keine Kapitaleinlage erbracht hat und im Innenverhältnis zu einem Kommanditisten wie ein Angestellter behandelt und in diesem Innenverhältnis von der Haftung freigestellt wird (BFH v. 11. 6. 1985 VIII R 252/80, BStBl 1987 II 33).

Lassen sich Mitunternehmerinitiative und -risiko lediglich auf einzelne Schuldverhältnisse als gegenseitige Austauschverhältnisse (z. B. Bürgschaftsübernahme zugunsten des Arbeitgebers, Gewährung unverzinslicher Darlehen durch Restkaufpreisforderungen oder Stehenlassen gutgeschriebener Tantiemen, Entnahmen in bescheidener Höhe) zurückführen, so ergibt das noch keine – verdeckte – Mitunternehmerschaft. Die Bündelung von Risiken aus derartigen Austauschverhältnissen unter Vereinbarung angemessener und leistungsbezogener Entgelte begründet noch kein gesellschaftliches Risiko (BFH v. 13. 7. 1993 VIII R 50/92, BStBl 1994 II 282).

4. Zur Mitunternehmerschaft gehört auch die Entfaltung von **Unternehmerinitiative;** sie bedeutet Teilhabe an unternehmerischen Entscheidungen, z. B. durch Geschäftsführung, Ausübung des Stimmrechts oder Inanspruchnahme des Veto-Kontrollrechts nach § 164 HGB (BFH v. 10. 11. 1987 VIII R 166/84, BStBl 1989 II 758, v. 11. 10. 1988 VIII R 328/93, BStBl 1989 II 762).

5. Mitunternehmerschaft erfordert ferner die **Beteiligung an den stillen Reserven** und am Firmenwert im Fall der Auflösung der Gesellschaft. Ist ein Gesellschafter formal hieran nicht beteiligt, schließt dies die Annahme einer Mitunternehmerschaft nicht aus, wenn er diesen Mangel durch eine herausragende Stellung im Bereich der Unternehmerinitiative kompensieren kann oder wenn die stillen Reserven im Rahmen der Struktur des Unternehmens offensichtlich belanglos sind (BFH v. 5. 6. 1986 IV R 272/84, BStBl 1986 II 802). Der Umstand,

dass ein Komplementär weder am Gewinn und Verlust noch am Vermögen einer KG teilhat (sog. kapitalistisch organisierte KG) ist nicht geeignet, dessen Mitunternehmerstellung auszuschließen (BFH v. 25. 4. 2006 VIII R 74/03, BStBl 2006 II 595). Werden Kommanditanteile schenkweise mit der Maßgabe übertragen, dass der Schenker ihre Rückübertragung jederzeit ohne Angabe von Gründen einseitig veranlassen kann, dann ist der Beschenkte steuerrechtlich nicht als Mitunternehmer anzusehen; der Schenker bleibt vielmehr wirtschaftlicher Eigentümer (BFH v. 16. 5. 1989 VIII R 196/84, BStBl 1989 II 877).

1.2   Gründung und Bilanzierung

Gründungsschritte für gewerblich tätige Gesellschaften

1. Gesellschaftsvertrag (formlos, auch mündlich). Bei Einbringung von Grundstücken und GmbH-Anteilen ist insoweit die notarielle Beurkundung des Vorgangs erforderlich (vgl. § 311b BGB, § 15 Abs. 3 GmbH-Gesetz).

2. Bei OHG oder KG: Eintragung ins Handelsregister (§§ 106, 161, 162 HGB).

3. Bei OHG oder KG: Erstellung einer Eröffnungsbilanz (§ 242 Abs. 1 HGB).

Personenhandelsgesellschaften sind verpflichtet, das Gesellschaftsvermögen (Gesamthandsvermögen, §§ 105, 161 HGB i.V. mit §§ 718, 719 BGB) in ihrer Handelsbilanz auszuweisen (§ 246 HGB) und ihren Gewinn durch Betriebsvermögensvergleich im Rahmen einer doppelten Buchführung zu ermitteln (§ 4 Abs. 1 i.V. mit § 5 EStG, § 242 HGB).

Die – abdingbare – Regelung des HGB sieht für den Kommanditisten, ebenso wie für den Gesellschafter einer OHG oder den persönlich haftenden Gesellschafter einer KG, ein einheitliches – variables – Kapitalkonto vor (vgl. § 167 i.V. mit § 120 HGB). Doch wird diese Regelung in der Praxis häufig dadurch abbedungen, dass im Gesellschaftsvertrag ein System kombinierter Kapitalanteile mit geteilten Kapitalkonten vereinbart wird. Auf einem ersten – festen – Kapitalkonto wird die ursprüngliche Einlage verbucht; nach dem Verhältnis der festen Kapitalanteile richten sich in der Regel die Vermögensbeteiligung, das Stimmrecht und die Gewinn- und Verlustbeteiligung. Auf weiteren – variablen – Gesellschafterkonten, die unterschiedlich bezeichnet werden („Kapitalkonto II", „Darlehenskonto", „Privatkonto") werden fortlaufend insbesondere die Gewinn- und Verlustanteile sowie die Entnahmen der Gesellschafter erfasst (vgl. BFH v. 3. 11. 1993 II R 96/91, BStBl 1994 II 88). Dabei ist unzweifelhaft, dass das Guthaben auf dem ersten Konto, dem Festkonto, das die Beteiligungsquote des Gesellschafters darstellt, keine schuldrechtliche Forderung des Gesellschafters gegen die Gesellschaft wiedergibt (vgl. Huber, Zeitschrift für Unternehmens- und Gesellschaftsrecht, ZGR 1988, 1, 65). Welche Rechtsnatur hingegen die weiteren – variablen – Konten haben, muss im Wege der Auslegung des Gesellschaftsvertrags unter Berücksichtigung der von den Gesellschaftern beabsichtigten zivilrechtlichen Folgen bestimmt werden (BFH v. 3. 2. 1988 I R 394/83, BStBl 1988 II 551, v. 3. 11. 1993 II R 96/91, BStBl 1994 II 88).

Um eine schuldrechtliche Forderung des Gesellschafters gegen die Gesellschaft, und nicht um Eigenkapital, handelt es sich bei dem Guthaben auf dem zweiten Konto dann, wenn der Gesellschafter insoweit über einen unentziehbaren, nur nach den §§ 362 – 397 BGB erlöschenden Anspruch gegen die Gesellschaft verfügen soll, der auch im Konkurs der Gesellschaft wie die Forderung eines Dritten geltend gemacht werden kann und der noch vor der eigentlichen Auseinandersetzung zu erfüllen ist, also nicht lediglich einen Teil des Auseinandersetzungsguthabens des Gesellschafters darstellt. Werden auf dem zweiten – variablen – Kapitalkonto ("Kapitalkonto II", "Darlehenskonto") des Personen(handels)gesellschafters auch dessen Verlustanteile verbucht, so handelt es sich in aller Regel um ein "echtes" Kapitalkonto im handelrechtlichen Sinne und nicht um ein Kreditoren- bzw. Debitorenkonto (BFH v. 3. 11. 1993 II R 96/91, BStBl 1994 II 88).

Eine GbR ist nur dann zum Ausweis ihres Gesellschaftsvermögens in einer Bilanz und zur Gewinnermittlung durch Betriebsvermögensvergleich verpflichtet, wenn sie unter § 141 AO fällt; in anderen Fällen kann sie ihren Gewinn nach § 4 Abs. 3 EStG ermitteln. Soweit eine GbR im Bereich der ersten drei Einkunftsarten tätig ist und nicht unter § 141 AO fällt, kann sie ihr Gesellschaftsvermögen freiwillig bilanzieren und dementsprechend ihren Gewinn durch Betriebsvermögensvergleich ermitteln.

Bilanzen von Gesellschaften, die steuerlich keine Mitunternehmerschaft darstellen, sind steuerlich unbeachtlich. Diese Gesellschaften ermitteln keinen Gewinn, sondern den Überschuss der Einnahmen über die Werbungskosten (§§ 8 – 11 EStG), soweit steuerpflichtige Einkunftsquellen vorhanden sind (z. B. KG, die nur Vermögensverwaltung betreibt).

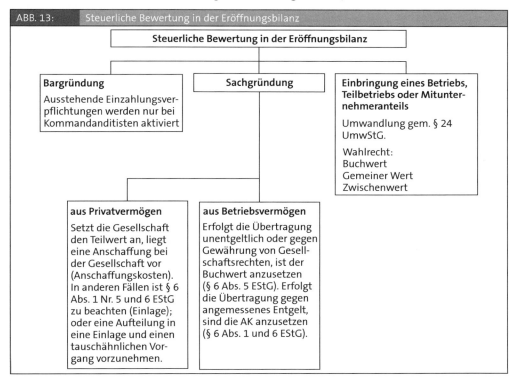

ABB. 13:   Steuerliche Bewertung in der Eröffnungsbilanz

Steuerliche Bewertung in der Eröffnungsbilanz

Bargründung
Ausstehende Einzahlungsverpflichtungen werden nur bei Kommandanditisten aktiviert

Sachgründung

Einbringung eines Betriebs, Teilbetriebs oder Mitunternehmeranteils
Umwandlung gem. § 24 UmwStG.

Wahlrecht:
Buchwert
Gemeiner Wert
Zwischenwert

aus Privatvermögen
Setzt die Gesellschaft den Teilwert an, liegt eine Anschaffung bei der Gesellschaft vor (Anschaffungskosten). In anderen Fällen ist § 6 Abs. 1 Nr. 5 und 6 EStG zu beachten (Einlage); oder eine Aufteilung in eine Einlage und einen tauschähnlichen Vorgang vorzunehmen.

aus Betriebsvermögen
Erfolgt die Übertragung unentgeltlich oder gegen Gewährung von Gesellschaftsrechten, ist der Buchwert anzusetzen (§ 6 Abs. 5 EStG). Erfolgt die Übertragung gegen angemessenes Entgelt, sind die AK anzusetzen (§ 6 Abs. 1 und 6 EStG).

1.3 Umfang des steuerlichen Betriebsvermögens

1.3.1 Gesamthandsvermögen

Das steuerliche Betriebsvermögen umfasst bei einer Personengesellschaft zunächst alle Wirtschaftsgüter, die zum Gesamthandsvermögen der Mitunternehmer gehören (R 4.2 Abs. 2 EStR). Das sind alle Wirtschaftsgüter, die der Personengesellschaft gehören. Denn die Beiträge der Gesellschafter und die durch die Geschäftsführung für die Gesellschaft erworbenen Gegenstände werden gemäß § 718 Abs. 1 BGB gemeinschaftliches Vermögen der Gesellschafter (Gesellschaftsvermögen). Das Gesamthandsvermögen ist dadurch gekennzeichnet, dass ein Gesellschafter nicht über seinen Anteil am Gesellschaftsvermögen und den einzelnen dazu gehörenden Gegenständen verfügen kann; er ist nicht berechtigt, Teilung zu verlangen (§ 719 Abs. 1 BGB). Diese Regelungen gelten auch für die OHG und die KG (§ 105 Abs. 3 und § 161 Abs. 2 HGB). Das Gegenstück zur Gesamthandsgemeinschaft ist die Bruchteilsgemeinschaft (§§ 741 ff. BGB).

In der Praxis ist das Gesamthandsvermögen einer Personenhandelsgesellschaft in ihrer Handelsbilanz verortet. Schließt deshalb eine Personenhandelsgesellschaft eine Lebensversicherung auf das Leben eines Angehörigen eines Gesellschafters ab und zahlt sie die Prämien, sind die Ansprüche in der Handelsbilanz auszuweisen. Derartige Ansprüche und Verpflichtungen aus dem Vertrag können auch dem steuerlichen Betriebsvermögen zuzuordnen sein, wenn der Zweck der Vertragsgestaltung darin besteht, Mittel für die Tilgung betrieblicher Kredite anzusparen und das für Lebensversicherungen charakteristische Element der Absicherung des Todesfallrisikos bestimmter Personen demgegenüber in den Hintergrund tritt. Der Anspruch der Gesellschaft gegen den Versicherer ist in Höhe des geschäftsplanmäßigen Deckungskapitals zum Bilanzstichtag zu aktivieren. Die diesen Betrag übersteigenden Anteile der Prämienzahlungen sind als Betriebsausgaben abziehbar (BFH v. 3. 3. 2011 IV R 45/08, BStBl 2011 II 552).

1.3.2 Auskehrungen aus dem Gesamthandsvermögen

Das steuerliche Betriebsvermögen einer Mitunternehmerschaft deckt sich nicht immer mit ihrem Gesamthandsvermögen. Abweichungen sind durch den steuerlichen Begriff **Betriebsvermögen** bedingt. Da das Betriebsvermögen unmittelbar der Gewinnermittlung dient (vgl. § 4 Abs. 1 Satz 1 EStG), haben nur solche Wirtschaftsgüter der Mitunternehmerschaft an der Gewinnermittlung teil, die der Gewinnerzielung dienen. Wirtschaftsgüter des Gesamthandsvermögens, die auf Dauer nur Verluste abwerfen, sind von der steuerlichen Gewinnermittlung ausgeschlossen (BFH v. 19. 2. 1997 XI R 1/96, BStBl 1997 II 399; H 4.2 [1] „Gewillkürtes Betriebsvermögen" EStH).

Wirtschaftsgüter des Gesamthandsvermögens, die von Mitunternehmern auf Dauer **unentgeltlich** privat genutzt werden, sind steuerlich kein Betriebsvermögen der Mitunternehmerschaft. Es handelt sich vielmehr um notwendiges Privatvermögen der Gesellschafter (BFH v. 16. 3. 1983 IV R 36/79, BStBl 1983 II 459). Etwas anderes gilt bei **entgeltlicher Überlassung**. Hier bleibt das Wirtschaftsgut Betriebsvermögen. Das Gleiche gilt bei teilentgeltlicher Überlassung. Auch hier bleibt das Wirtschaftsgut Betriebsvermögen mit vollem Betriebsausgabenabzug; der Vorgang der teilentgeltlichen Überlassung ist als Nutzungsentnahme zu behandeln (BFH v. 29. 4. 1999 IV 49/97, BStBl 1999 II 652), die mit den tatsächlichen Selbstkosten zu bewerten ist (BFH v. 24. 5. 1989 I R 231/85, BStBl 1990 II 8).

Ein zum Gesellschaftsvermögen gehörendes Grundstück wird aus dem BV der Personengesellschaft nicht dadurch entnommen, dass es zugunsten eines Gesellschafters mit einem Erbbaurecht belastet und von dem Gesellschafter mit einem für seine eigenen Wohnzwecke bestimmten und später benutzten Gebäude bebaut wird (BFH v. 10. 4. 1990 VIII R 133/86, BStBl 1990 II 961).

Der private und der betriebliche Anteil an einer Kontokorrentschuld bestimmen sich auch bei einer Personengesellschaft nach für Einzelunternehmer geltenden Grundsätzen (BFH v. 8. 11. 1990 IV R 127/86, BStBl 1991 II 505). Deshalb führt die Kreditaufnahme einer Personengesellschaft zur Finanzierung einer Entnahme auch dann nicht zum Abzug der Schuldzinsen als BA, wenn der entnehmende Gesellschafter sein negatives Kapitalkonto verzinsen muss, dieses Konto (Kapitalkonto II) aber als Beteiligungskonto anzusehen ist (BFH v. 5. 3. 1991 VIII R 93/84, BStBl 1991 II 516).

1.3.3 Einbeziehung von Sonderbetriebsvermögen

Das Betriebsvermögen einer gewerblich tätigen Personengesellschaft wird nicht nur durch die im Gesamthandseigentum der Mitunternehmer stehenden Wirtschaftsgüter gebildet. Nach ständiger Rechtsprechung zählen hierzu vielmehr auch Wirtschaftsgüter, die einem Mitunternehmer zustehen, die jedoch geeignet und bestimmt sind, dem Betrieb der Personengesellschaft (Sonderbetriebsvermögen I) oder der Beteiligung des Mitunternehmers (Sonderbetriebsvermögen II) zu dienen (BFH v. 23. 5. 1991 IV R 94/90, BStBl 1991 II 800, v. 23. 1. 1992 XI R 36/88, BStBl 1992 II 721, R 4.2 Abs. 2 EStR). Das Gleiche gilt für Wirtschaftsgüter, die dem Betrieb der Personengesellschaft dienen und einer Gesamthandsgemeinschaft, z. B. Erbengemeinschaft oder Bruchteilsgemeinschaft gehören, an der auch Personen beteiligt sind, die nicht Mitunternehmer der Personengesellschaft sind, soweit die Wirtschaftsgüter den Mitunternehmern der Personengesellschaft nach § 39 Abs. 2 Nr. 2 AO zuzurechnen sind (R 4.2 Abs. 12 EStR). Sonderbetriebsvermögen kann in einer eigens für die Mitunternehmerschaft erstellten Steuerbilanz oder in einer sog. Sonderbilanz zur Handelsbilanz erfasst werden. Rechtsgrundlage für die Einbeziehung von Sonderbetriebsvermögen in das steuerliche Betriebsvermögen der Mitunternehmerschaft ist nicht § 15 Abs. 1 Satz 1 Nr. 2 zweiter Halbsatz EStG, sondern § 4 Abs. 1 Satz 1 EStG im Hinblick auf den Begriff „Betriebsvermögen" (BFH v. 2. 12. 1982 IV R 72/79, BStBl 1983 II 215, v. 6. 7. 1989 IV R 62/86, BStBl 1989 II 890, v. 23. 5. 1991 IV R 94/90, BStBl 1991 II 800, v. 11. 3. 1992 XI R 38/89, BStBl 1992 II 797).

Vermietet der Gesellschafter einer Besitzpersonengesellschaft ein ihm gehörendes Wirtschaftsgut an eine Betriebspersonengesellschaft, an der er ebenfalls (ggf. beherrschend) beteiligt ist, so stellt das überlassene Wirtschaftsgut Sonderbetriebsvermögen I des Gesellschafters bei der Betriebspersonengesellschaft dar. Diese Zuordnung geht der Zuordnung als Sonderbetriebsvermögen II bei der Besitzpersonengesellschaft vor (BFH v. 18. 8. 2005 IV R 59/04, BStBl 2005 II 830).

Sagt eine Personengesellschaft einem für sie tätigen Mitunternehmer eine Pension zu, so hat sie dafür nach § 249 Abs. 1 Satz 1 HGB in ihrer Handelsbilanz eine Rückstellung für ungewisse Verbindlichkeiten zu bilden. Steuerlich wird der Aufwand aus der Zuführung zur Rückstellung nicht anerkannt und durch die Bildung eines korrespondierenden Aktivpostens im Sonderbetriebsvermögen des begünstigten Gesellschafters rückgängig gemacht (BFH v. 30. 3. 2006 IV R 25/04, BStBl 2008 II 171, v. 14. 2. 2006 VIII R 40/03, BStBl 2008 II 182, zur Anwendung BMF v. 29. 1. 2008, BStBl 2008 I 317).

Schließt ein Kommanditist eine Versicherung auf den Lebens- oder Todesfall ab, so sind weder die Versicherungsprämien Betriebsausgaben noch führen die Versicherungsleistungen zu Betriebseinnahmen, und zwar selbst dann nicht, wenn die Versicherung zur Absicherung betrieblicher Schulden der KG dient und die KG bezugsberechtigt ist (BFH v. 10. 4. 1990 VIII R 63/88, BStBl 1990 II 1017).

Nimmt ein Gesellschafter einer Personengesellschaft ein Darlehen auf und werden die Darlehensmittel auf ein Kontokorrentkonto der Gesellschaft geleitet, so gehört die Darlehensverbindlichkeit zum Sonderbetriebsvermögen des Gesellschafters, soweit durch die Einzahlung der betriebliche Teil der Kontokorrentschuld der Gesellschaft getilgt wird (BFH v. 8. 11. 1990 IV R 127/86, BStBl 1991 II 505).

Dient ein nicht zum Gesamthandsvermögen einer Personengesellschaft gehörendes Wirtschaftsgut, das einem, mehreren oder allen Mitunternehmern gehört, dem Betrieb der Personengesellschaft nur zum Teil, ist der auf den/die Mitunternehmer entfallende Anteil lediglich bezüglich des betrieblich genutzten Teils notwendiges Betriebsvermögen. Dabei sind betrieblich genutzte Grundstücksteile, deren Wert im Verhältnis zum Wert des **ganzen Grundstücks** von untergeordneter Bedeutung ist, nicht bilanzierungspflichtig (R 4.2 Abs. 12 EStR).

Nutzen Ehegatten einen Raum in einem von ihnen bewohnten und in ihrem Miteigentum stehenden Haus, um Dienstleistungen zur Förderung des Gesellschaftszwecks einer zwischen ihnen bestehenden Personengesellschaft zu erbringen, sind ihnen die auf diesen Raum entfallenden und von ihnen getragenen Aufwendungen (AfA, Schuldzinsen, Energiekosten) nach dem Verhältnis ihrer Miteigentumsanteile zuzuordnen. Nutzen die Ehegatten für diesen Zweck einen Raum in einer von ihnen bewohnten und gemeinsam angemieteten Wohnung, sind ihnen die anteiligen Mietzinsen und die anteiligen Energiekosten zur Hälfte zuzuordnen (BFH v. 23. 9. 2009 IV R 21/08, BStBl 2010 II 337).

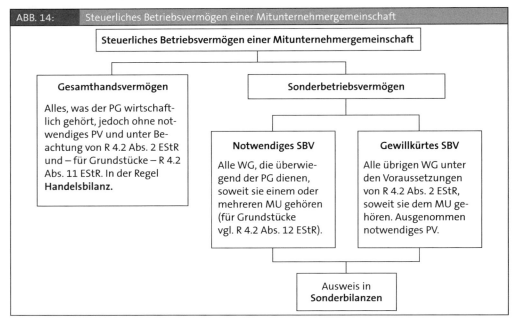

ABB. 14:   Steuerliches Betriebsvermögen einer Mitunternehmergemeinschaft

In dem Umfang, wie ein Einzelunternehmer Wirtschaftsgüter als gewillkürtes Betriebsvermögen behandeln kann (vgl. R 4.2 Abs. 1 und 9 EStR), ist auch ein Mitunternehmer berechtigt, ihm gehörende Wirtschaftsgüter als gewillkürtes Sonderbetriebsvermögen zu behandeln (für Grundstücke vgl. R 4.2 Abs. 12 EStR, BFH v. 7. 4. 1992 VIII R 86/87, BStBl 1993 II 21). Die Behandlung als gewillkürtes Sonderbetriebsvermögen setzt voraus, dass das Wirtschaftsgut in der Steuerbilanz der Mitunternehmerschaft oder in einer Sonderbilanz zur Handelsbilanz der Gesellschaft ausgewiesen ist.

Ein Grundstück, das die Gesellschafter einer Personengesellschaft an einen Dritten vermieten, damit dieser es der Gesellschaft im Rahmen eines Pachtvertrages zur Nutzung überlässt, kann auch dann Sonderbetriebsvermögen II darstellen, wenn der Mietvertrag langfristig, der Pachtvertrag jedoch (nur) auf unbestimmte Dauer abgeschlossen ist (BFH v. 24. 2. 2005 IV R 23/03, BStBl 2005 II 578).

Die Buchführungspflicht für Sonderbetriebsvermögen obliegt nicht dem einzelnen Gesellschafter, sondern der Personengesellschaft. Deshalb können Wertpapiere, die dem Gesellschafter einer KG gehören, in der Regel mangels hinreichender Dokumentation des Widmungswillens nicht dem gewillkürten Sonderbetriebsvermögen zugerechnet werden, wenn die Wertpapiere nicht in die Buchführung der KG aufgenommen worden sind (BFH v. 23. 10. 1990 VIII R 142/85, BStBl 1991 II 401).

1.3.4   Behandlung von Kapitalertragsteuer und Solidaritätszuschlag

Befinden sich im Betriebsvermögen einer Personengesellschaft Anteile an Kapitalgesellschaften, gehören die Gewinnausschüttungen der Kapitalgesellschaft und die Kapitalertragsteuer zu den Einkünften aus Gewerbebetrieb (§ 15 Abs. 1 Satz 1 Nr. 2 i.V. mit § 20 Abs. 3 EStG), die den Gesellschaftern nach Maßgabe ihrer Beteiligung zuzurechnen sind. Es ist nicht möglich, diese Beträge durch eine gesellschaftsrechtliche Abrede abweichend von dem allgemeinen Gewinnverteilungsschlüssel zu verteilen (BFH v. 22. 11. 1995 I R 114/94, BStBl 1996 II 531). Die Ausschüttungen sind in Höhe von 40 % steuerfrei gem. § 3 Nr. 40 EStG.

Bei der abgezogenen Kapitalertragsteuer und dem abgezogenen Solidaritätszuschlag handelt es sich hingegen um **keine** von der ausschüttenden Kapitalgesellschaft geschuldete Steuer, sondern um eine Vorauszahlung auf die später festzusetzende Einkommensteuer und den sich hiernach ergebenden Solidaritätszuschlag des Anteilseigners der Kapitalgesellschaft. Dies rechtfertigt es, die Abzugsbeträge als Einnahme der Personengesellschaft und als entsprechende Entnahme des einzelnen Gesellschafters zu behandeln.

1.4 Mitunternehmerische Betriebsaufspaltung

Wirtschaftsgüter, die eine **gewerblich tätige** oder **gewerblich geprägte Personengesellschaft** an eine ganz oder teilweise **personenidentische Personengesellschaft** (Schwestergesellschaft) vermietet, gehören zum Betriebsvermögen der **vermietenden** Personengesellschaft und nicht der nutzenden Personengesellschaft. Das gilt auch, wenn die leistende Gesellschaft eine gewerblich geprägte atypische stille Gesellschaft ist (BFH v. 23. 4. 1996 VIII R 13/95, BStBl 1998 II 325, v. 26. 11. 1996 VIII R 42/94, BStBl 1998 II 328, v. 24. 11. 1998 VIII R 61/97, BStBl 1999 II 483).

Das Gleiche gilt, wenn die Besitzpersonengesellschaft eine reine Verpachtungsgesellschaft ist, die verpachteten Wirtschaftsgüter aber eine wesentliche Betriebsgrundlage für die Betriebspersonengesellschaft darstellen. In diesem Fall spricht man von einer **mitunternehmerischen Betriebsaufspaltung.** Voraussetzung ist auch hier, dass sowohl an der vermietenden/verpachtenden als auch an der mietenden/pachtenden Personengesellschaft ganz oder teilweise dieselben Personen als Gesellschafter beteiligt sind und diese ihren Willen in beiden Gesellschaften durchsetzen können. Bei dieser Form der mitunternehmerischen Betriebsaufspaltung hat die Qualifikation des überlassenen Vermögens als **Betriebsvermögen der Besitzpersonengesellschaft** somit Vorrang vor der Qualifikation des Vermögens als Sonderbetriebsvermögen bei der Betriebspersonengesellschaft. Die Mieten sind dementsprechend keine Sonderbetriebseinkünfte der Gesellschafter bei der Betriebspersonengesellschaft, sondern unmittelbar gewerbliche Einkünfte bei der Besitzpersonengesellschaft (BFH v. 23.4.1996 VIII R 13/95, BStBl 1998 II 325). Konsequenz ist u.a., dass ein Gesellschafter, der nur an der Besitz-, nicht aber an der Betriebspersonengesellschaft beteiligt ist (sog. Nur-Besitz-Gesellschafter), nunmehr Einkünfte aus Gewerbebetrieb erzielt. Sein Anteil am Vermögen der Besitzpersonengesellschaft ist Betriebsvermögen. Er ist sozusagen „Mitunternehmer wider Willen".

Überlässt ein Einzelgewerbetreibender eine wesentliche Betriebsgrundlage einer Personengesellschaft, an der er beherrschend beteiligt ist, so gehört das überlassene Wirtschaftsgut zum Sonderbetriebsvermögen des Gesellschafters bei der nutzenden Personengesellschaft. Die Rechtsfolgen einer mitunternehmerischen Betriebsaufspaltung werden verdrängt. Vermieten die Miteigentümer einer Bruchteilsgemeinschaft ein Grundstück als wesentliche Betriebsgrundlage an eine von ihnen beherrschte Betriebsgesellschaft, so ist regelmäßig davon auszugehen, dass sich die Miteigentümer zumindest konkludent zu einer GbR zusammengeschlossen haben und damit die Rechtsfolgen einer mitunternehmerischen Betriebsaufspaltung eintreten (BFH v. 18.8.2005 IV R 59/04, BStBl 2005 II 830).

Überlässt eine vermögensverwaltende Personengesellschaft Wirtschaftsgüter im Rahmen einer mitunternehmerischen Betriebsaufspaltung, werden diese für die Dauer der Betriebsaufspaltung als Betriebsvermögen der Besitzgesellschaft behandelt. Sofern gleichzeitig die Voraussetzungen für Sonderbetriebsvermögen bei der Betriebspersonengesellschaft erfüllt sind, tritt diese Eigenschaft mit Ende der Betriebsaufspaltung durch Wegfall der personellen Verflechtung wieder in Erscheinung (BFH v. 30.8.2007 IV R 50/05, BStBl 2008 II 129).

Im Fall einer **unentgeltlichen Überlassung** von Wirtschaftsgütern ergibt sich **keine** mitunternehmerische Betriebsaufspaltung, weil es in diesem Fall an einer Gewinnerzielungsabsicht und damit an einer eigenen gewerblichen Tätigkeit der Besitzpersonengesellschaft fehlt. In diesem Fall bleibt § 15 Abs. 1 Satz 1 Nr. 2 EStG weiterhin anwendbar (also Ansatz von Sonderbetriebsvermögen bei der Betriebspersonengesellschaft). Auch bei einer lediglich teilentgeltlichen Nutzungsüberlassung sind eine eigene gewerbliche Tätigkeit der Besitzpersonengesellschaft und damit eine mitunternehmerische Betriebsaufspaltung nur anzunehmen, wenn die Voraussetzung der Gewinnerzielungsabsicht bei der Besitzpersonengesellschaft vorliegt.

Nicht betroffen sind die Fälle der **doppel- oder mehrstöckigen Personengesellschaft,** also jene Fälle, bei denen eine Personengesellschaft selbst unmittelbar oder mittelbar an einer anderen Personengesellschaft als Mitunternehmer beteiligt ist. In diesen Fällen gilt die gesetzliche Regelung zur doppelstöckigen Personengesellschaft (§ 15 Abs. 1 Satz 1 Nr. 2 Satz 2 EStG).

Weitere Einzelheiten zu grundsätzlichen Fragen ergeben sich aus dem Schreiben des BMF v. 28.4.1998 (BStBl 1998 I 583). Zur unentgeltlichen Übertragung von Mitunternehmeranteilen mit Sonderbetriebsvermögen im Rahmen der Entstehung einer mitunternehmerischen Betriebsaufspaltung siehe BMF v. 3.3.2005 (BStBl 2005 I 458) und v. 7.12.2006 (BStBl 2006 I 766).

FALL 175

Gewerblich tätige Schwestergesellschaften

Sachverhalt

Die B-OHG (B 70 %, F 30 %) ist im Hotel- und Gaststättengewerbe aktiv. Ihre Gesellschafter sind zugleich Gesellschafter der Y-KG (B 25 %, F 15 %, Y 60 %), ohne dort eine beherrschende Stellung einzunehmen. Die B-OHG vermietet ein ihr gehörendes bebautes Grundstück an die Y-KG, die eine Diskothekenkette betreibt. Monatliche Miete für das Grundstück 1 000 € netto. AfA Gebäude jährlich 5 000 €.

Frage

Steuerliche Auswirkungen?

LÖSUNG

Es liegen zwei gewerblich tätige Schwestergesellschaften vor. Das Grundstück gehört zum stl. BV der B-OHG. Dort sind die Mieteinnahmen zu erfassen, die AfA steht der OHG zu. Die KG hat Mietaufwendungen.

FALL 176

Grundstücksverwaltungsgesellschaft

Sachverhalt

B (70 %) und F (30 %) sind Gesellschafter der B-GbR (Grundstücksverwaltungsgesellschaft). Gleichzeitig sind sie Gesellschafter der gewerblich tätigen Y-KG (B 25 %, F 15 %, Y 60 %). Die B-GbR überlässt der Y-KG ein Bürogrundstück, in dem die Verwaltung der Y-KG ihren Sitz hat. Die jährliche Miete beträgt 30 000 €, die Grundstückskosten einschließlich AfA betragen jährlich 8 000 €.

Frage

Steuerliche Auswirkungen?

LÖSUNG

Hier ist nur eine Schwestergesellschaft gewerblich tätig. Es liegt aber keine mitunternehmerische Betriebsaufspaltung vor, da es an der personellen Verflechtung fehlt. B und F beherrschen die GbR, aber nicht die KG. Das Grundstück ist SBV von B und F bei der Y-KG. Sie haben bei der KG SBE von zusammen 30 000 € und SBA von zusammen 8 000 €.

FALL 177

Grundstücksverwaltende GmbH & Co. KG

Sachverhalt

B (70 %) und F (30 %) sind Gesellschafter der B-GmbH & Co. KG (Grundstücksverwaltungsgesellschaft), deren Geschäftsführung in Händen des Nichtgesellschafters A liegt. B und F sind gleichzeitig Gesellschafter der B-GmbH zu je $^1/_2$. An der gewerblich tätigen Y-KG sind B zu 25 %, F zu 15 % und Y zu 60 % beteiligt. Die B-GmbH & Co. KG überlässt der Y-KG ein Bürogrundstück, in dem die Verwaltung der Y-KG ihren Sitz hat.

Frage

Steuerliche Auswirkungen?

LÖSUNG

Durch die B-GmbH wird die B-GmbH & Co. KG gewerblich geprägt, da keiner der Kommanditisten gleichzeitig Geschäftsführer ist. Somit liegen zwei gewerblich tätige Schwestergesellschaften vor.

1. Das Grundstück gehört zum BV der B-GmbH & Co. KG.

2. Die GmbH-Anteile sind SBV von B und F bei der B-GmbH & Co. KG

FALL 178

Mitunternehmerische Betriebsaufspaltung

Sachverhalt

B (70 %), F (20 %) und Privatmann G (10 %) sind Gesellschafter der B-GbR (Grundstücksverwaltungsgesellschaft). In der B-GbR genügt lt. Gesellschaftsvertrag für alle Entscheidungen die einfache Mehrheit. An der gewerblich tätigen B-KG sind beteiligt B mit 80 % und F mit 20 %. Die B-GbR überlässt der B-KG ein Bürogrundstück, in dem die Verwaltung der B-KG ihren Sitz hat.

Abwandlung

In der B-GbR gilt das Einstimmigkeitsprinzip.

Frage

Steuerliche Auswirkungen?

LÖSUNG

Hier liegt eine mitunternehmerische Betriebsaufspaltung vor. Die GbR ist trotz reiner Vermögensverwaltung gewerblich tätig und muss das Grundstück bilanzieren. Ihre Vermietungs-

und Verpachtungseinkünfte werden unmittelbar bei der GbR zu gewerblichen Einkünften um-qualifiziert. Die KG hat Mietaufwand.

Abwandlung

Es liegt keine mitunternehmerische Betriebsaufspaltung vor, weil B und F ihren Willen nicht ohne den G in der GbR durchsetzen können. Das Grundstück ist im Umfang von 90 % SBV von B und F bei der B-KG. G erzielt Einkünfte aus Vermietung und Verpachtung.

FALL 179

Doppelstöckige Personengesellschaft

Sachverhalt

An der A-GmbH & Co. KG sind beteiligt: die A-GmbH (ohne vermögensmäßige Beteiligung) so-wie B mit 70 % und F mit 30 %. Die KG wiederum ist an der XY-OHG beteiligt (X 40 %, Y 40 %, KG 20 %). Alle Gesellschaften sind gewerblich tätig.

1. Die XY-OHG überlässt ein Grundstück an die KG (Miete 30 000 €, Aufwand einschließlich AfA 8 000 €).

2. Die KG überlässt ein Grundstück an die OHG

3. F ist bei der OHG angestellt und erhält ein Jahresgehalt von 30 000 €.

Frage

Steuerliche Auswirkungen?

LÖSUNG

Zu 1:

Die KG ist die Obergesellschaft. Es ergibt sich kein Fall des § 15 Abs. 1 Satz 1 Nr. 2 zweiter Halb-satz EStG (Sonderbetriebsvermögen), da die Y-OHG keine Miete an einen Mitunternehmer aus-gibt (sondern erhält). Das Grundstück ist Betriebsvermögen der XY-OHG. Bei der XY-OHG sind auch die Mieterträge als BE und die Grundstückskosten als BA zu erfassen. Die KG hat Mietauf-wendungen.

Zu 2:

Das Grundstück ist Sonderbetriebsvermögen I der KG bei der OHG. Die Mietzahlungen stellen Sonderbetriebseinnahmen der KG bei der OHG dar und die Grundstückskosten stellen Sonder-betriebsausgaben der KG bei der OHG dar.

Zu 3:

Bei der Ermittlung der Einkünfte der OHG fällt das Gehalt dort unter § 15 Abs. 1 Satz 1 Nr. 2 zweiter Halbsatz EStG gem. § 15 Abs 1 Nr. 1 Satz 2 EStG.

1.5 Übertragung von Wirtschaftsgütern

Zwischen Personengesellschaften und ihren Gesellschaftern abgeschlossene Verträge sind zivil-rechtlich wirksam (z. B. Miet-, Darlehens- und Beratungsverträge sowie Werkleistungsverträge). Die auf der Grundlage solcher Verträge gezahlten Vergütungen der Gesellschaft an den Gesell-schafter mindern den handelsrechtlichen Gewinn. Steuerrechtlich sind derartige Vereinbarun-gen mit den ihnen innewohnenden bürgerlich-rechtlichen Konsequenzen (z. B. Mieten, Zinsen) wegen § 15 Abs. 1 Satz 1 Nr. 2 EStG unbeachtlich: Bei den von der Gesellschaft an den Gesell-schafter gezahlten Vergütungen (z. B. Mieten, Zinsen, Honorare) handelt es sich steuerrechtlich um Gewinnanteile des Gesellschafters.

§ 15 Abs. 1 Satz 1 Nr. 2 EStG gilt jedoch nicht, wenn Empfänger der Vergütung aus Darlehens-, Miet-, Werkleistungsverträgen usw. die Gesellschaft ist, weil sie Vermieterin, Darlehens- oder Auftraggeberin ist. Hier liegen zivilrechtlich und steuerrechtlich bei der Gesellschaft Mieterträ-ge, Zinserträge oder sonstige betriebliche Einnahmen – jeweils im gewerblichen Bereich – vor.

Bei der Übertragung von Wirtschaftsgütern aufgrund von Kauf- oder Werklieferungsverträgen hängt die steuerrechtliche Behandlung davon ab, aus welcher Vermögensart (Gesamthandsver-mögen, Sonderbetriebsvermögen, einzelunternehmerisches Betriebsvermögen, Privatvermögen) das Wirtschaftsgut kommt und in welche Vermögensart es überführt wird.

1.5.1 Privatvermögen wird Gesamthandsvermögen (oder umgekehrt)

Siehe hierzu BMF v. 29. 3. 2000, BStBl 2000 I 462, v. 11. 7. 2011, BStBl 2011 I 713, BFH v. 24. 1 2008 IV R 37/06, BStBl 2011 II 617.

Wird ein Einzelwirtschaftsgut aus dem Privatvermögen in das betriebliche Gesamthandsver-mögen der Personengesellschaft übertragen,

a) stellt dies eine **Anschaffung** i. S. von § 6 Abs. 1 Nr. 1 oder 2 EStG seitens der Gesellschaft dar, wenn die Gegenleistung (Barzahlung, Kreditierung) dem gemeinen Wert des Wirtschaftsguts entspricht. Für den Gesellschafter bedeutet dies eine Veräußerung, die ggf. unter § 23 EStG fällt;

b) stellt dies einen **tauschähnlichen Vorgang** dar, wenn dem Einbringenden als Gegenleistung für das eingebrachte Einzelwirtschaftsgut Gesellschaftsrechte gewährt werden, die dem Wert des Wirtschaftsguts entsprechen (offene Sacheinlage, § 6 Abs. 6 EStG). § 6 Abs. 1 Nr. 5 EStG (Einlage) kommt nicht zur Anwendung (BFH v. 18. 10. 1998 VIII R 69/95, BStBl 2000 II 230), weil insofern ebenfalls eine Anschaffung der Gesellschaft vorliegt. Eine Gewährung von Gesellschaftsrechten ist anzunehmen, wenn eine entsprechende Gutschrift auf einem Kapitalkonto des Gesellschafters erfolgt, das für seine Beteiligung am Gesellschaftsver-mögen maßgebend ist. Erfolgt als Gegenleistung für die Übertragung die Buchung auf dem Kapitalkonto I, ist stets von einer Übertragung gegen Gewährung von Gesellschaftsrechten auszugehen. Als maßgebliche Gesellschaftsrechte kommen die Gewinnverteilung, die Aus-einandersetzungsansprüche sowie Entnahmerechte in Betracht. Die bloße Gewährung von Stimmrechten stellt allein keine Gegenleistung im Sinne einer Gewährung von Gesell-schaftsrechten dar, da Stimmrechte allein keine vermögensmäßige Beteiligung an der Per-sonengesellschaft vermitteln. Werden neben dem Kapitalkonto I weitere gesellschaftsver-traglich vereinbarte – variable – Gesellschafterkonten geführt, kommt es für deren rechtliche Einordnung auf die jeweiligen vertraglichen Abreden im Gesellschaftsvertrag an. Ein wesentliches Indiz für das Vorliegen eines Kapitalkontos ist die gesellschaftsvertragliche Verein-barung, dass auf dem jeweiligen Konto auch Verluste gebucht werden (BMF v. 30.5.1997, BStBl 1997 I S. 627, BFH v. 26.6.2007 IV R 29/06, BStBl 2008 II 103). Liegt nach diesen Maßstäben (Buchung auch von Verlusten) ein (weiteres) Kapitalkonto II vor, gilt Folgendes:

Auch wenn das Kapitalkonto eines Gesellschafters in mehrere Unterkonten aufgegliedert wird, bleibt es gleichwohl ein einheitliches Kapitalkonto. Eine Buchung auf einem Unterkon-to des einheitlichen Kapitalkontos (und damit auch auf dem Kapitalkonto II) führt demnach regelmäßig zu einer Gewährung von Gesellschaftsrechten. Auch hier ergibt sich für den Ge-sellschafter eine Veräußerung, die ggf. unter § 23 EStG fällt.

Handelt es sich bei dem betreffenden Gesellschafterkonto nicht um ein Kapitalkonto, ist re-gelmäßig von einem Darlehenskonto auszugehen. Erfolgt die Übertragung von Einzelwirt-schaftsgütern gegen Buchung auf einem Darlehenskonto, kann dieses Konto keine Gesell-schaftsrechte gewähren; wegen des Erwerbs einer Darlehensforderung durch den übertra-genden Gesellschafter liegt insoweit ein entgeltlicher Vorgang vor, der nach § 6 Abs. 1 Nr. 1 oder 2 EStG zu bewerten ist (siehe a)).

Die Einbringung eines Wirtschaftsguts als Sacheinlage in eine KG ist ertragsteuerrechtlich auch insoweit als Veräußerungsgeschäft anzusehen, als ein Teil des Einbringungswerts in eine gesamthänderisch gebundene Rücklage (Kapitalrücklage) eingestellt worden ist. In die-sen Fällen liegt stets ein in vollem Umfang entgeltlicher Übertragungsvorgang vor; eine Auf-teilung der Übertragung in einen entgeltlichen und einen unentgeltlichen Teil ist in diesen Fällen nicht vorzunehmen (BFH v. 24.1.2008 IV R 37/06, BStBl 2011 II 617 und v. 17.7.2008 I R 77/06, BStBl 2009 II 464).

BEISPIEL 1 ▶ A und B sind Gesellschafter der betrieblich tätigen AB-OHG. Ihre Gesellschaftsanteile (Kapital-konto I) betragen jeweils 50 000 €. A bringt ein Grundstück (gemeiner Wert 400 000 €, angeschafft im Privatvermögen des A vor zehn Jahren für 40 000 €) in das Gesamthandsvermögen der OHG ein und er-hält dafür weitere Gesellschaftsrechte (Kapitalkonto I) in Höhe von 40 000 €. Nach den ausdrücklichen Bestimmungen in der Einbringungsvereinbarung wird der Restbetrag von 360 000 € auf einem gesamt-händerisch gebundenen Kapitalrücklagenkonto gutgeschrieben und das Grundstück wird mit 400 000 € in der Gesamthandsbilanz der OHG erfasst.

LÖSUNG ▶ Da eine Buchung des Vorgangs teilweise auf dem Kapitalkonto I und teilweise auf dem gesamt-händerisch gebundenen Kapitalrücklagenkonto erfolgt ist, liegt ein in vollem Umfang entgeltlicher Über-tragungsvorgang vor; eine Aufteilung der Übertragung in einen entgeltlichen und einen unentgeltlichen Teil ist nicht vorzunehmen;

c) stellt dies eine Einlage dar, wenn dem Einbringenden überhaupt keine Gesellschaftsrechte gewährt werden, die Einlage also unentgeltlich erfolgt (verdeckte Einlage), d.h. Ansatz nach § 6 Abs. 1 Nr. 5 EStG. Eine Übertragung im Wege der verdeckten Einlage und damit ein un-entgeltlicher Vorgang ist nur dann anzunehmen, wenn dem Einbringenden überhaupt keine Gesellschaftsrechte gewährt werden und demzufolge die Übertragung des Wirtschaftsguts ausschließlich auf einem gesamthänderisch gebundenen Kapitalrücklagenkonto gut-geschrieben wird oder – was handelsrechtlich zulässig sein kann – als Ertrag gebucht wird.

In beiden Fällen erhöht dies zwar das Eigenkapital der Gesellschaft. Dem Einbringenden wer-den aber hierdurch keine zusätzlichen Gesellschaftsrechte gewährt. Bei der ausschließlichen Buchung auf einem gesamthänderisch gebundenen Kapitalrücklagenkonto erlangt der über-tragende Gesellschafter nämlich anders als bei der Buchung auf einem Kapitalkonto keine individuelle Rechtsposition, die ausschließlich ihn bereichert. Bei der Buchung auf einem gesamthänderisch gebundenen Kapitalrücklagenkonto wird vielmehr der Auseinandersetzungsanspruch aller Gesellschafter entsprechend ihrer Beteiligung dem Grunde nach gleichmäßig erhöht. Der Mehrwert fließt also – ähnlich wie bei einer Buchung auf einem Ertragskonto – in das gesamthänderisch gebundene Vermögen der Personengesellschaft und kommt dem übertragenden Gesellschafter ebenso wie allen anderen Mitgesellschaftern nur als reflexartige Wertsteigerung seiner Beteiligung zugute. Mangels Gegenleistung an den übertragenden Gesellschafter liegt deshalb hier ein unentgeltlicher Vorgang im Sinne einer verdeckten Einlage vor. Die steuerliche Bewertung der Einlage erfolgt mit dem Teilwert/gemeinen Wert (§ 6 Abs. 1 Nr. 5 EStG) In diesen Fällen liegt m. E. eine Einlage aller Gesellschafter vor;

d) ist eine Aufteilung vorzunehmen, wenn der Wert des übertragenen Wirtschaftsguts höher ist, als die im Gegenzug eingeräumten Gesellschaftsrechte. Die Aufteilung erfolgt in einen tauschähnlichen Vorgang und in eine Einlage. Aufteilungsmaßstab ist das Verhältnis des Werts der gewährten Gesellschaftsrechte zum gemeinen Wert des übertragenen Wirtschaftsguts.

BEISPIEL 2 (ABWANDLUNG) ▸ A und B sind Gesellschafter der betrieblich tätigen AB-OHG. Ihre Gesellschaftsanteile (Kapitalkonto I) betragen jeweils 50 000 €. A bringt ein Grundstück (gemeiner Wert 400 000 €, angeschafft im Privatvermögen des A vor zehn Jahren für 40 000 €) in das Gesamthandsvermögen der OHG ein. Im zugrunde liegenden Einbringungsvertrag ist ausdrücklich ein Einbringungswert von (nur) 40 000 € und demgemäß die Gewährung weiterer Gesellschaftsrechte (Kapitalkonto I) in Höhe von (nur) 40 000 € vereinbart worden. Das Grundstück wird gemäß dieser (bewussten) Vereinbarung mit 40 000 € in der Gesamthandsbilanz der OHG erfasst und das Kapitalkonto des A wird um 40 000 € erhöht. Weitere Buchungen durch die Beteiligten erfolgen nicht.

LÖSUNG ▸ Hier liegt ein teilentgeltlicher Vorgang vor, weil das Grundstück zu 10 % (40 000 €/400 000 €) entgeltlich und zu 90 % (360 000 €/400 000 €) unentgeltlich übertragen wird. Hinsichtlich des entgeltlich übertragenen Teils ist das Grundstück deshalb in der Bilanz der OHG mit dem Veräußerungspreis von 40 000 € (= Wert der hingegebenen Gesellschaftsrechte) anzusetzen. Hinsichtlich des unentgeltlich übertragenen Teils ist das Grundstück nach Einlagegrundsätzen gemäß § 4 Abs. 1 Satz 8 EStG i.V. mit § 6 Abs. 1 Nr. 5 Satz 1 EStG mit dem anteiligen Teilwert in Höhe von 360 000 € (90 % von 400 000 €) anzusetzen. Das Grundstück ist deshalb richtigerweise auch bei einer teilentgeltlichen Übertragung mit 400 000 € in der Bilanz der OHG zu erfassen. Aufgrund der Teilentgeltlichkeit des Übertragungsvorgangs ist der den Wert der auf dem Kapitalkonto I verbuchten Gesellschaftsrechte übersteigende Betrag von 360 000 € innerhalb der Bilanz der OHG als Ertrag zu behandeln. Diese Ertragsbuchung ist durch eine entsprechende gegenläufige außerbilanzielle Korrektur zu neutralisieren. Aufgrund der ausdrücklichen Bestimmungen in der Einbringungsvereinbarung (Einbringung unter Wert) kommt hier eine Buchung des übersteigenden Betrags von 360 000 € auf einem gesamthänderischen Rücklagenkonto oder auf einem variablen Kapitalkonto (Kapitalkonto II) nicht in Betracht, weil diese Vorgehensweise nach den oben dargestellten Grundsätzen zur Annahme eines voll entgeltlichen Übertragungsgeschäfts führen würde, was nach der zugrunde liegenden Einbringungsvereinbarung von den Beteiligten gerade nicht gewollt war.

Wäre das Grundstück nach den Bestimmungen der Einbringungsvereinbarung in der Bilanz der OHG mit 400 000 € angesetzt und der Differenzbetrag von 360 000 € auf einem gesamthänderisch gebundenen Rücklagenkonto gebucht worden, würde es sich nach den obigen Ausführungen um einen in vollem Umfang entgeltlichen Übertragungsvorgang handeln (siehe auch die Lösung des Beispiels 1). Im vorliegenden Fall aber, in dem das Grundstück nach den Bestimmungen in der Einbringungsvereinbarung bewusst nur mit 40 000 € angesetzt und der Differenzbetrag von 360 000 € durch die Beteiligten buchungstechnisch zunächst überhaupt nicht erfasst wird, ist von einem teilentgeltlichen Vorgang auszugehen, da das Grundstück nach dem ausdrücklichen Willen der Beteiligten unter Wert eingebracht werden sollte. Für diesen Fall der Einbringung unter Wert sind die Ausführungen im BMF-Schreiben v. 29. 3. 2000 (BStBl 2000 I 462) zu Abschnitt II.1.c) weiterhin anzuwenden, wonach der Vorgang in einen tauschähnlichen Vorgang und eine Einlage aufzuteilen ist, wenn der Wert des übertragenen Wirtschaftsguts höher ist als die im Gegenzug eingeräumten Gesellschaftsrechte. Aufteilungsmaßstab ist das Verhältnis des Werts der gewährten Gesellschaftsrechte zum gemeinen Wert des übertragenen Wirtschaftsguts.

Entsprechendes gilt bei der Übertragung eines Einzelwirtschaftsguts aus dem betrieblichen Gesamthandsvermögen einer Personengesellschaft in das Privatvermögen. Das bedeutet, dass es sich auch im Fall der Übertragung gegen Minderung der Gesellschaftsrechte um einen tauschähnlichen Vorgang handelt. Im Ergebnis muss, falls keine Veräußerung vorliegt, für die Entnahme der Teilwert angesetzt werden (§ 6 Abs. 1 Nr. 4 EStG).

1.5.2 Privatvermögen wird Sonderbetriebsvermögen und umgekehrt

Bei der Übertragung von Wirtschaftsgütern aus dem Privatvermögen in das Sonderbetriebsvermögen und umgekehrt handelt es sich stets um Einlagen/Entnahmen, auf die § 6 Abs. 1 Nr. 4 und 5 EStG anzuwenden ist.

1.5.3 Gesamthandsvermögen wird Sonderbetriebsvermögen oder einzelunternehmerisches Betriebsvermögen und umgekehrt

Das Bundesfinanzministerium hat sich ausführlich zu Zweifelsfragen zur Übertragung und Überführung von einzelnen Wirtschaftsgütern nach § 6 Abs. 5 EStG geäußert (BMF v. 8. 12. 2011, BStBl 2011 I 1279). Erfolgt die Übertragung **unentgeltlich oder gegen Gewährung bzw. Minderung von Gesellschaftsrechten,** ist der Buchwert anzusetzen (§ 6 Abs. 5 Satz 3).

1.5.3.1 Unentgeltlichkeit

Die Übertragung eines Wirtschaftsguts erfolgt unentgeltlich, soweit hierfür keine Gegenleistung (auch nicht in Form von Gesellschaftsrechten) erbracht wird. Es muss sich also um eine echte Schenkung handeln. Die Abwicklung über ein gesamthänderisch gebundenes Rücklagenkonto ist hierbei nicht unentgeltlich, weil derartige Rücklagen zum Eigenkapital der Personalgesellschaft gehören und damit im Ergebnis anteilig den Kapitalkonten der Gesellschafter zustehen. Die Anwendungsfälle dürften sich auf Familienpersonengesellschaften beschränken.

BEISPIEL Vater (V) und Sohn (S) sind zu jeweils 50 % an der VS-OHG beteiligt. In seinem Einzelunternehmen hat V ein Grundstück mit einem Buchwert von 600 000 €. Der Verkehrswert beträgt 1 000 000 €. V überträgt das Grundstück schenkweise und ohne Gewährung von Gesellschaftsrechten in das Gesamthandsvermögen der VS-OHG. Buchung in der HB der OHG: Grundstück an sonstige betriebliche Erträge 1 000 000 €.

LÖSUNG Steuerlich hat die Übertragung, da sie unentgeltlich erfolgt ist, zum Buchwert mit 600 000 € zu erfolgen (§ 6 Abs. 5 Satz 3 Nr. 1 EStG). Technisch kann dies durch Einrichtung negativer Ergänzungsbilanzen zugunsten von V und S erfolgen. Wird eine StB für die OHG erstellt, ist dort das Grundstück mit 600 000 € auszuweisen; buchhalterisch müssten die Kapitalkonten von V und S um jeweils 300 000 € erhöht werden.

Eine Gegenleistung kann sowohl durch die Hingabe von Aktiva als auch durch die Übernahme von Passiva (z. B. Verbindlichkeiten) erfolgen. In diesen Fällen ist die Übertragung des Wirtschaftsguts nicht vollumfänglich unentgeltlich. Die Übernahme von Verbindlichkeiten stellt wirtschaftlich gesehen ein (sonstiges) Entgelt dar. Ob eine teilentgeltliche Übertragung vorliegt, ist nach den Grundsätzen der sog. „Trennungstheorie" anhand der erbrachten Gegenleistung im Verhältnis zum Verkehrswert des übertragenen Wirtschaftsguts zu prüfen. Liegt die Gegenleistung unter dem Verkehrswert, handelt es sich um eine teilentgeltliche Übertragung, bei der der unentgeltliche Teil nach § 6 Abs. 5 Satz 3 EStG zum Buchwert zu übertragen ist. Hinsichtlich des entgeltlichen Teils der Übertragung liegt eine Veräußerung des Wirtschaftsguts vor und es kommt insoweit zur Aufdeckung der stillen Reserven des Wirtschaftsguts (BMF v. 8. 12. 2011 Rn. 15, BStBl 2011 I 1279). Anders BFH v. 19. 9. 2012 IV R 11/12, BB 2012 S. 2685 Nr. 43: Die teilentgeltliche Übertragung eines Wirtschaftsguts des Sonderbetriebsvermögens in das Gesamthandvermögen der Personengesellschaft führt nicht zur Realisierung eines Gewinns, **wenn das Entgelt den Buchwert nicht übersteigt.**

BEISPIEL ▶ A und B sind zu jeweils 50 % an der AB-OHG beteiligt. In seinem Einzelunternehmen hat A ein Grundstück mit einem Buchwert von 600 000 €. Der Verkehrswert beträgt 1 000 000 €. Zudem hat A für das Grundstück eine Hypothek aufgenommen, die noch über 400 000 € valutiert. A überträgt das Grundstück nach § 6 Abs. 5 Satz 3 Nr. 1 EStG ohne Gewährung von Gesellschaftsrechten in das Gesamthandsvermögen der AB-OHG. Dabei übernimmt die AB-OHG auch das Darlehen.

LÖSUNG ▶ Es handelt sich um eine teilentgeltliche Übertragung des Grundstücks. Der entgeltliche Anteil liegt durch die Übernahme der Verbindlichkeit bei 40 % (400 000 € von 1 000 000 €), der unentgeltliche Anteil bei 60 %. Im Einzelunternehmen des A werden durch die teilentgeltliche Übertragung stille Reserven in Höhe von 160 000 € (400 000 € abzgl. 40 % des Buchwerts = 240 000 €) aufgedeckt. Die AB-OHG muss das Grundstück mit 760 000 € (400 000 € zzgl. 60 % des Buchwerts = 360 000 €) auf der Aktivseite und die Verbindlichkeit mit 400 000 € auf der Passivseite im Gesamthandsvermögen bilanzieren. Nach BFH v. 19. 9. 2012 (a. a. O.) kommt es allerdings nicht zu einer Gewinnrealisierung im Einzelunternehmen, weil das Entgelt (Übernahme der Verbindlichkeit 400 000 €) den Buchwert des Grundstücks (600 000 €) nicht übersteigt.

1.5.3.2 Gesellschaftsrechte

Für die Entscheidung, ob eine Übertragung nach § 6 Abs. 5 Satz 3 Nr. 1 und 2 EStG gegen Gewährung oder Minderung von Gesellschaftsrechten erfolgt, ist maßgeblich auf den Charakter der in diesem Zusammenhang angesprochenen Konten abzustellen. Handelt es sich um ein echtes Kapitalkonto, liegt eine Gewährung oder Minderung von Gesellschaftsrechten vor. Bei Verwendung eines Forderungs- oder Darlehenskonto werden keine Gesellschaftsrechte gewährt oder gemindert, vielmehr ergibt sich ein entgeltlicher Vorgang.

BEISPIEL ▶ Abwandlung Beispiel 1: Der Buchwert des Grundstücks beträgt 600 000 € (Verkehrswert 1 000 000 €). Von der VS-OHG wurden keine Verbindlichkeiten übernommen. V überträgt das Grundstück in das Gesamthandsvermögen der VS-OHG gegen Gewährung von Gesellschaftsrechten in Höhe von 1 000 000 € (Buchung auf dem Kapitalkonto des V). Die OHG setzt das Grundstück mit 1 000 000 € in ihrem Gesamthandsvermögen an. Das zwischen V und S bestehende Beteiligungsverhältnis am Gewinn und an den stillen Reserven wurde nicht geändert.

LÖSUNG ▶ Die Buchung über ein Gesellschaftsrechte vermittelndes Kapitalkonto führt zwar insgesamt zu einem entgeltlichen Vorgang. Die Übertragung des Grundstücks muss steuerlich gleichwohl zwingend mit dem Buchwert angesetzt werden, weil die Übertragung gegen Gewährung von Gesellschaftsrechten erfolgt ist (§ 6 Abs. 5 Satz 3 Nr. 1 EStG). Im vorliegenden Fall sind nach § 6 Abs. 5 Satz 4 EStG die bis zur Übertragung entstandenen stillen Reserven in vollem Umfang dem Einbringenden A zuzuordnen; zu diesem Zweck ist für V eine negative Ergänzungsbilanz aufzustellen: Grundstück ./. 400 000 €, Kapital ./. 400 000 €.

1.5.3.3 Sperrfrist

Wird in den vorgenannten Fällen ein solches Wirtschaftsgut bis zum Ende einer Sperrfrist von drei Jahren nach der Abgabe der Steuererklärung des Übertragenden für den Veranlagungszeitraum, in dem die Übertragung erfolgte, veräußert oder entnommen, ist rückwirkend auf den Zeitpunkt der Übertragung der Teilwert anzusetzen (§ 6 Abs. 5 Satz 4 EStG). Der Teilwert ist auch dann anzusetzen, wenn die bis zur Übertragung entstandenen stillen Reserven durch Erstellung einer Ergänzungsbilanz dem übertragenden Gesellschafter zugeordnet worden sind, durch die Übertragung aber keine Änderung seines Anteils an dem übertragenen Wirtschaftsgut eingetreten ist (R 6.15 EStR).

1.5.3.4 Vermeidung der Buchwertfortführung

Wird der Wert des Wirtschaftsguts anderweitig vergütet (Bezahlung, Darlehen), ergeben sich eine normale Anschaffung bzw. Veräußerung. Hierdurch lässt sich das Gebot der Buchwertfortführung in den Fällen des § 6 Abs. 5 Satz 3 EStG umgehen.

1.5.4 Einzelunternehmerisches Betriebsvermögen wird Sonderbetriebsvermögen und umgekehrt oder Sonderbetriebsvermögen wechselt den Betrieb

Der Ansatz muss zwingend zum Buchwert erfolgen (§ 6 Abs. 5 Satz 2 EStG). Bei der Überführung von Wirtschaftsgütern ist die gleichzeitige Übernahme von Verbindlichkeiten unschädlich (BMF v. 8. 12. 2011 Rn. 3, a. a. O.).

1.5.5 Begründung oder Erhöhung eines Anteils einer Körperschaft, Personenvereinigung oder Vermögensmasse an einem Wirtschaftsgut i. S. des § 6 Abs. 5 Satz 5 EStG

Bei einer Übertragung eines Wirtschaftsguts nach § 6 Abs. 5 Satz 3 Nr. 1 oder 2 EStG aus dem (Sonder-)Betriebsvermögen des Mitunternehmers in das Gesamthandsvermögen einer Mitunternehmerschaft, an der vermögensmäßig auch eine Körperschaft, Personenvereinigung oder Vermögensmasse beteiligt ist, ist der Teilwert anzusetzen, soweit der vermögensmäßige Anteil einer Körperschaft, Personenvereinigung oder Vermögensmasse an dem Wirtschaftsgut unmittelbar oder mittelbar begründet wird oder sich erhöht (§ 6 Abs. 5 Satz 5 EStG). Auch die Erstellung einer Ergänzungsbilanz ändert an den Rechtsfolgen des § 6 Abs. 5 Satz 5 EStG nichts.

BEISPIEL (AUS BMF V. 8. 12. 2011, BSTBL 2011 I 1279) ▶ A und die B-GmbH sind zu jeweils 50 % vermögensmäßig an der AB-OHG beteiligt. In seinem Einzelunternehmen hat A einen PKW mit einem Buchwert von 1 000 €. Der Teilwert des PKW beträgt 10 000 €. A überträgt den PKW unentgeltlich in das Gesamthandsvermögen der AB-OHG. A ist nicht Gesellschafter der B-GmbH und auch keine nahe stehende Person.

LÖSUNG ▶ Grundsätzlich ist bei einer Übertragung von Wirtschaftsgütern nach § 6 Abs. 5 Satz 3 Nr. 1 EStG aus einem Betriebsvermögen eines Mitunternehmers in das Gesamthandsvermögen einer Mitunternehmerschaft die Buchwertverknüpfung vorgeschrieben. Durch die Beteiligung der B-GmbH an der AB-OHG gehen 50 % der stillen Reserven des PKW auf die B-GmbH über. Aus diesem Grund muss nach § 6 Abs. 5 Satz 5 EStG der hälftige Teilwert in Höhe von 5 000 € angesetzt werden, da ein Anteil der B-GmbH am übertragenen PKW von 50 % begründet wird. Die AB-OHG muss den PKW mit 5 500 € (5 000 € zzgl. 50 %

des Buchwerts in Höhe von 500 €) im Gesamthandsvermögen bilanzieren. Im Einzelunternehmen des A entsteht ein anteiliger Gewinn aus der Übertragung des PKW in Höhe von 4 500 € (5 000 € abzgl. 50 % des Buchwerts = 500 €).

1.5.6 Übertragung von Wirtschaftsgütern zwischen Schwesterpersonengesellschaften

Wird ein Wirtschaftsgut unentgeltlich aus dem Betriebsvermögen einer gewerblich tätigen Personengesellschaft in das Betriebsvermögen einer beteiligungsidentischen anderen Personengesellschaft übertragen, führt dies zur Aufdeckung der in dem Wirtschaftsgut ruhenden stillen Reserven (BFH v. 25. 11. 2009 I R 72/08, BStBl 2010 II 471; ebenso BMF v. 29. 10. 2010, BStBl 2010 I 1206; mit Zweifeln BFH v. 15. 4. 2010 IV B 105/09, BStBl 2010 II 971). Wegen der umstrittenen Rechtslage gewährt die Finanzverwaltung Aussetzung der Vollziehung (BMF v. 29. 10. 2010, a. a. O.). Unabhängig hiervon ist eine Buchwertfortführung unter Verwendung von § 6b EStG möglich, denn eine vollständige Gewinnübertragung nach §§ 6b, 6c EStG ist möglich, wenn dieselben Mitunternehmer an beiden Mitunternehmerschaften in demselben Beteiligungsverhältnis beteiligt sind (BMF v. 8. 12. 21011, Rn. 20, BStBl 2011 I 1279).

BEISPIEL Zum BV der KG I gehört seit mehr als sechs Jahren ein Grundstück. Dieses soll zum Buchwert auf die beteiligungsidentische KG II übertragen werden. Zu diesem Zweck wird das Grundstück an die KG II verkauft. Die aufgedeckten stillen Reserven können mittels § 6b EStG von der KG I in die KG II verschoben und bei der KG II von den Anschaffungskosten abgezogen werden (R 6b.2 Abs 7 Nr. 4 EStR). Dadurch mindert sich aber bei der KG I das für § 15a EStG relevante (steuerliche) Kapitalkonto, so dass Verluste ggf. nicht sofort verrechenbar sind.

1.6 Versteuerung stiller Reserven bei Entnahmen

Wird ein Wirtschaftsgut aus dem Gesamthandsvermögen einer Personengesellschaft mit Zustimmung aller Gesellschafter derart entnommen, dass es in das Eigentum nur eines Gesellschafters gelangt, tritt bezüglich der stillen Reserven eine Gewinnrealisierung ein. Fraglich ist, wer den Gewinn versteuern muss: allein der entnehmende Gesellschafter oder alle Gesellschafter entsprechend ihrem Beteiligungsverhältnis. Für die Lösung kommt es letztlich darauf an, wie der Vorgang gebucht wurde. Wird allein das Privatkonto des Gesellschafters belastet, ist der Gewinn allen Gesellschaftern entsprechend der Beteiligungsquote zuzurechnen (BFH v. 28. 9. 1995 IV R 39/94, BStBl 1996 II 267). Es handelt sich um einen tauschähnlichen Vorgang: Der Wegnahme des WG steht eine Minderung der Gesellschaftsrechte des wegnehmenden Gesellschafters gegenüber. Für die Gesellschaft ergibt sich eine Veräußerung, für den Gesellschafter eine Anschaffung. Eine echte Entnahme ergibt sich m. E. erst, wenn die Privatkonten aller Gesellschafter – anteilig – belastet werden, weil eine unentgeltliche Übertragung (Schenkung) von den Beteiligten gewollt ist. Aber auch in diesem Fall steht allen Beteiligten ein Anteil an den stillen Reserven entsprechend der Beteiligungsquote zu.

BEISPIEL Zum GHV der ABC-OHG gehört ein Pkw (Buchwert 0 €, TW 9 000 €). Die Gesellschafter A, B und C sind mit jeweils $1/_3$ beteiligt. Gesellschafter A erhält den Pkw. Die Beteiligten sind sich einig, dass A den Pkw

a) nicht geschenkt bekommen soll,

b) geschenkt bekommen soll,

c) dafür bekommen soll, dass er in der Vergangenheit viele unentgeltlich geleistete Überstunden für die OHG erbracht hat.

LÖSUNG ▶ a) Hier wird – da A kauft – zu buchen sein:

Entnahmen A	9 000 € an	s. b. Erträge	9 000 €

Über den Gewinnverteilungsschüssel erhalten A, B und C jeweils einen Gewinnanteil von 3 000 €.

b) Hier wird – da B und C schenken – zu buchen sein:

Entnahmen A	3 000 € an	s. b. Erträge	9 000 €
Entnahmen B	3 000 €		
Entnahmen C	3 000 €		

Auch hier erhalten A, B und C im Rahmen der Gewinnverteilung jeweils einen Gewinnanteil von 3 000 €.

c) Da A im Ergebnis kauft (er lässt sich die Mehrarbeit durch ein Sachentgelt vergüten) und B und C nicht schenken, wird zu buchen sein:

S. b. Aufwand (Vergütung für Mehrarbeit)	9 000 € an	s. b. Erträge (stille Reserven im Pkw)	9 000 €

Bei dem sonst. betrieblichen Aufwand handelt es sich um eine Vergütung i. S. von § 15 Abs. 1 Satz 1 Nr. 2 zweiter Halbsatz EStG, also um einen dem A vorweg zuzurechnenden Gewinnanteil. Gewinnverteilung (fallbezogen):

	A	B	C	Summe
	€	€	€	€
Gewinn lt. HB	0	0	0	0
Vergütung i. S. von § 15 Abs. 1 Satz 1 Nr. 2 zweiter Halbsatz EStG	+ 9 000			9 000
Steuerlicher Gewinn	+ 9 000	0	0	9 000

1.7 Gewinnermittlung und -verteilung

1.7.1 Zivilrechtliche Gewinnverteilung

a) Gesetzliche Gewinnverteilung

Die gesetzliche Gewinnverteilung ergibt sich aus § 722 BGB und §§ 121, 168 HGB. Im Einzelnen bestehen folgende Regelungen:

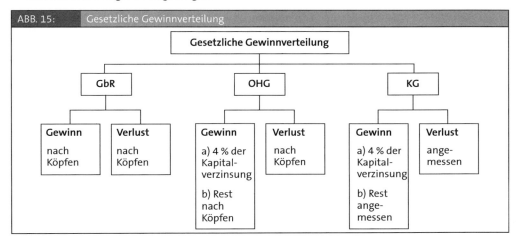

ABB. 15:   Gesetzliche Gewinnverteilung

Gesetzliche Gewinnverteilung

GbR

Gewinn	Verlust
nach Köpfen	nach Köpfen

OHG

Gewinn	Verlust
a) 4 % der Kapitalverzinsung	nach Köpfen
b) Rest nach Köpfen	

KG

Gewinn	Verlust
a) 4 % der Kapitalverzinsung	angemessen
b) Rest angemessen	

b) Vertragliche Gewinnverteilung

Der Ausschluss der gesetzlichen Verteilung durch besondere vertragliche Vereinbarungen ist zulässig.

1.7.2 Steuerrechtliche Gewinnverteilung

Die zivilrechtlichen Vereinbarungen sind grundsätzlich auch für die steuerrechtliche Gewinnverteilung zugrunde zu legen. Darüber hinaus ist steuerrechtlich aber § 15 Abs. 1 Satz 1 Nr. 2 zweiter Halbsatz EStG zu beachten (Vergütungen der Gesellschaft an den Gesellschafter für Tätigkeiten des Gesellschafters im Dienst der Gesellschaft u. a). Arbeitgeberanteile zur Sozialversicherung eines Mitunternehmers, der sozialversicherungsrechtlich als Arbeitnehmer angesehen wird, gehören – unabhängig davon, ob sie dem Mitunternehmer zufließen – zu den Vergütungen, die er von der Gesellschaft für seine Tätigkeit im Dienste der Gesellschaft bezogen hat (BFH v. 30. 8. 2007, IV R 14/06, BStBl 2007 II 942). Unangemessene Gewinnverteilungsabreden unter nahen Angehörigen werden steuerrechtlich ebenfalls nicht anerkannt (vgl. R 15.9 EStR). Veruntreut ein Mitunternehmer der Gesellschaft zustehende Einnahmen, so handelt es sich bei ihm um Sonderbetriebseinnahmen. Der ungetreue Mitunternehmer kann in seiner Sonderbilanz keine Rückstellung wegen der zu erwartenden Inanspruchnahme durch die Gesellschaft oder die geschädigten Gesellschafter bilden, solange die geschädigten Gesellschafter keine Kenntnis von der Veruntreuung haben. Andererseits ist der Ersatzanspruch nicht zu aktivieren, wenn er nicht unbestritten, nicht werthaltig ist oder die Gesellschaft auf den Anspruch verzichtet (BFH v. 22. 6. 2006 IV R 56/04, BStBl 2006 II 838).

Bei doppelstöckigen Personengesellschaften sind die Gesellschafter der Obergesellschaft auch Mitunternehmer der Untergesellschaft. Bei Zwischenschaltung einer Personengesellschaft (Obergesellschaft) sind somit die von der Untergesellschaft an die Obergesellschafter gezahlten Vergütungen i. S. von § 15 Abs. 1 Satz 1 Nr. 2 zweiter Halbsatz EStG keine Betriebsausgaben der Untergesellschaft. Außerdem sind die Wirtschaftsgüter, die vom Obergesellschafter der Untergesellschaft zur Nutzung überlassen werden, Sonderbetriebsvermögen des Obergesellschafters bei der Untergesellschaft (R 15.8 Abs. 2 EStR).

Muster für steuerrechtliche Gewinnermittlung und -verteilung:

HB-Gewinn

+ Vergütungen i. S. von § 15 Abs. 1 Satz 1 Nr. 2 zweiter Halbsatz EStG (z. B. Gehälter, Mieten, Zinsen, Honorare z. B. an Architekten-Kommanditisten, auch wenn das Honorar bei der Gesellschaft als Gebäude-Herstellungskosten zu aktivieren ist, Honorare z. B. an Autoren-Kommanditisten)

./. Sonderbetriebsausgaben (z. B. Grundstückskosten, Gebäude-AfA)

Steuerlicher Gewinn (Ausgangsbetrag für GewSt)

Steuerrechtliche Gewinnverteilung auf die einzelnen Gesellschafter:

	A	B	C	Summe
Gewinnanteil lt. Handelsbilanz				
Vergütungen i. S. von § 15 Abs. 1 Satz 1 Nr. 2 zweiter Halbsatz EStG +				
Sonderbetriebsausgaben ./.				
Gewinn(anteil) lt. Steuerrrecht				

1.7.3 Umsatzsteuerliche Behandlung von Geschäftsführungs- und Vertretungsleistungen

Geschäftsführungs- und Vertretungsleistungen der Gesellschafter an die Personengesellschaft sind umsatzsteuerpflichtig, wenn sie gegen Sonderentgelt erfolgen (BFH v. 6. 6. 2002 V R 43/01, BStBl 2003 II 36). Indiz dafür ist die Behandlung als Aufwand im Rahmen der handelsrechtlichen Ergebnisermittlung. Lediglich ein (unspezifisches) Gewinnvorab, das im Rahmen der handelsrechtlichen Ergebnisverwendung aus dem Bilanzgewinn verteilt wird, ist kein Sonderentgelt. Die Regelung ist für jene Gesellschaften von Bedeutung, die Umsätze bewirken, die nicht zum Vorsteuerabzug berechtigen. Andererseits berechtigt die Umsatzsteuerpflicht den leistenden Gesellschafter zum Vorsteuerabzug (z. B. für ein von ihm angeschafftes Gebäude, das zu mindestens 10 % der Nutzfläche für die Ausübung und Wahrnehmung der Geschäftsführerleistung genutzt wird). Zu weiteren Einzelheiten vgl. BMF v. 31. 5. 2007, BStBl 2007 I 503 und Abschn. 1.6 und 2.2 UStAE.

FALL 180

Gewinnverteilung (Verträge zwischen Gesellschaft und Gesellschafter)

Sachverhalt

An einer OHG sind A, B und C zu je einem Drittel am Gewinn und Vermögen beteiligt. Der HB-Gewinn der OHG beträgt 210 000 €. Eine Kapitalverzinsung ist nicht vorgesehen.

A hat sich gegenüber der OHG aufgrund eines Anstellungsvertrages verpflichtet, die Geschäfte der Gesellschaft gegen ein monatliches „Gehalt" von 4 000 € zzgl. USt zu führen. Die OHG behandelte 4 000 € jeweils als Aufwand. Die Vergütung wurde auf ein Privatkonto des A überwiesen, von wo aus auch die USt an das Finanzamt abgeführt wurde. Hierfür wurde im Sonderbereich jeweils gebucht:

Entnahmen	4 760 € an	Gehaltserträge	4 000 €
		USt	760 €

Bei Zahlung der USt an das Finanzamt wurde im Sonderbereich gebucht:

USt	760 € an	Einlagen	760 €

B hat der OHG vor zwei Jahren ein Darlehen über 50 000 € gegeben, Zinssatz 8 %, rückzahlbar nach 5 Jahren; die Zinsen werden halbjährlich gezahlt, und zwar jeweils am 1. 3. und 1. 9.

C ist Kfz-Einzelhändler. Er hat an die OHG einen Lieferwagen für 30 000 € zzgl. USt verkauft. Außerdem hat er für Wartung und Pflege dieses Fahrzeuges von der OHG 1 000 € zzgl. USt erhalten. Eigene Aufwendungen im Zusammenhang mit der Wartung und Pflege sind C nicht entstanden.

Frage

Welche Gewinnanteile ergeben sich für die Gesellschafter?

LITERATURHINWEIS

Blödtner/Bilke/Heining, Lehrbuch Buchführung und Bilanzsteuerrecht, 10. Aufl., Teil C Kapitel 5.4.

LÖSUNG

Die OHG unterliegt nicht selbständig der ESt. Vielmehr wird der von der OHG erzielte Gewinn auf die Gesellschafter aufgeteilt. Dies geschieht im Wege der gesonderten Gewinnfeststellung nach §§ 179, 180 AO. Was auf den einzelnen Gesellschafter als Gewinn entfällt, versteuert dieser im Rahmen seiner ESt-Veranlagung. Bei der gesonderten Gewinnfeststellung ist § 15 Abs. 1 Satz 1 Nr. 2 zweiter Halbsatz EStG zu beachten.

Nach § 15 Abs. 1 Satz 1 Nr. 2 zweiter Halbsatz EStG sind Vergütungen, die der Gesellschafter von der Gesellschaft für seine Tätigkeit im Dienst der Gesellschaft erhält, Einkünfte aus Gewerbebetrieb. Bei der Gehaltszahlung an A handelt es sich folglich um gewerbliche Einkünfte des Gesellschafters.

Die gleiche Behandlung gilt für die Zinszahlungen an B. Handelsrechtlich liegt in beiden Fällen Aufwand vor, der den Gewinn zu Recht gemindert hat, denn zivilrechtlich werden Verträge zwischen Gesellschaft und Gesellschafter anerkannt.

Eine andere Beurteilung greift für den Kaufvertrag zwischen der OHG und C Platz. Hier folgt das Bilanzsteuerrecht der zivilrechtlichen Beurteilung. Es handelt sich um ein Veräußerungsgeschäft (und nicht um eine Einlage) des Gesellschafters und einen Anschaffungsvorgang der Gesellschaft (und nicht um eine Geldentnahme des Gesellschafters), die ihre Aufwendungen für den Lieferwagen aktivieren muss. § 15 Abs. 1 Satz 1 Nr. 2 zweiter Halbsatz EStG findet keine Anwendung, denn diese Vorschrift spricht von der Überlassung, nicht aber von der Veräußerung von Wirtschaftsgütern. Bei der Übernahme der Wartung und Pflege des Lieferwagens durch C liegt eine entgeltliche Dienstleistung des Gesellschafters an die Gesellschaft vor, für die § 15 Abs. 1 Satz 1 Nr. 2 zweiter Halbsatz EStG gilt (BMF v. 10. 12. 1979, BStBl 1979 I 683).

Es ergeben sich folgende Gewinnanteile:

	A	B	C	Summe
HB-Gewinn	70 000	70 000	70 000	210 000 €
Gehalt	+ 48 000			+ 48 000 €
Zinsen		+ 4 000		+ 4 000 €
Für Wagenpflege			+ 1 000	+ 1 000 €
Steuerlicher Gewinn	118 000	74 000	71 000	263 000 €

Gewinnverteilung (Kapitalverzinsung, Beratungsvertrag, Werkvertrag)

Sachverhalt

Am Gewinn und Vermögen einer KG sind beteiligt:

Komplementär A zu 60 %

Kommanditist B zu 20 %

Kommanditist C zu 20 %

Die Gewinnverteilungsabrede sieht eine 4%ige Verzinsung des Kapitals vor. Der HB-Gewinn der KG beträgt 180 000 € im Wirtschaftsjahr 01. Im selben Wirtschaftsjahr ergaben sich folgende Geschäftsvorfälle:

1. A erhält für seine Tätigkeit als Geschäftsführer der KG aufgrund eines Anstellungsvertrages eine monatliche Vergütung von 3 000 € zzgl. USt, die von der KG jeweils als Aufwand behandelt wurde.

2. B ist Steuerberater. Er hat für die steuerliche Beratung der KG 5 000 € zzgl. USt erhalten, die er sofort privat verbraucht hat. Eigene Aufwendungen sind dem B im Zusammenhang mit der Beratung nicht entstanden. Der Betrag von 5 000 € wurde von der KG als Aufwand behandelt, die USt von 950 € als Vorsteuer geltend gemacht.

3. C ist Bauunternehmer. Im Rahmen eines Werkvertrags hat er für die KG 01 ein Betriebsgebäude erstellt und ihr hierüber am 12.11.01 nach Fertigstellung und Bauabnahme eine Rechnung über 200 000 € zzgl. USt erteilt (Herstellungskosten 150 000 €, Selbstkosten 170 000 €), die die KG sofort bezahlt hat. Die KG behandelte 200 000 € als Herstellungskosten für das Gebäude und den Rest als Vorsteuer.

Entwicklung des Kapitals lt. HB bis zum Abschlusszeitpunkt:

	A	B	C	Summe
Stand 31.12.00	300 000	100 000	100 000	500 000 €
Barentnahme 1.4.01	./. 50 000	0	0	./. 50 000 €
Bareinlage 1.10.01	0	0	+ 20 000	+ 20 000 €
Vorl. Stand 31.12.01	250 000	100 000	120 000	470 000 €

Fragen

Welche Gewinnanteile für 01 und welche Kapitalkonten lt. HB per 31.12.01 ergeben sich für die Mitunternehmer? Entsprechen zum 31.12.01 die HB-Kapitalkonten den StB-Kapitalkonten?

LITERATURHINWEIS

Blödtner/Bilke/Heining, Lehrbuch Buchführung und Bilanzsteuerrecht, 10. Aufl., Teil C Kapitel 1.3.6.

LÖSUNG

Die Verzinsung des Kapitals mit 4 % entspricht der gesetzlichen Regelung (§ 168 HGB). Bei der Verzinsung sind Entnahmen und Einlagen im Laufe des Wirtschaftsjahres zeitanteilig zu berücksichtigen, soweit der Gesellschaftsvertrag nichts anderes bestimmt.

Zinsanteil A:	4 % von 300 000 € für 3 Monate =	3 000 €
	4 % von 250 000 € für 9 Monate =	7 500 €
		10 500 €
Zinsanteil B:	4 % von 100 000 € für 12 Monate =	4 000 €
Zinsanteil C:	4 % von 100 000 € für 9 Monate =	3 000 €
	4 % von 120 000 € für 3 Monate =	1 200 €
		4 200 €

Der Restgewinn ist entsprechend dem Gewinnverteilungsschlüssel aufzuteilen:

A: 60 % von 161 300 € = 96 780 €

B: 20 % von 161 300 € = 32 260 €

C: 20 % von 161 300 € = 32 260 €

Rechtsgrundlage für die Beurteilung des Beratungsvertrags mit B ist § 15 Abs. 1 Nr. 2 EStG. B erhielt die Vergütung „für seine Tätigkeit im Dienst der Gesellschaft". Der Betrag von 5 000 € gehört zu seinen Einkünften aus Gewerbebetrieb und stellt bilanzsteuerrechtlich eine Entnahme dar. Die von B noch nicht entrichtete USt (die für die KG Vorsteuer ist) ist bis zur Bezahlung eine Sonderschuld des B (BMF v. 20. 12. 1977, BStBl 1978 I 8, Tz. 87 und 88).

Bei dem Werkvertrag zur Errichtung eines Gebäudes für die KG ist Gegenstand des Vertrages nicht eine Arbeits- oder Dienstleistung, sondern die Herstellung eines Werks. Hierfür gilt § 15 Abs. 1 Satz 1 Nr. 2 EStG nicht. Dieser Vertrag ist zivilrechtlich und bilanzsteuerlich wie ein Vertrag zwischen einem Nichtgesellschafter und der KG zu beurteilen.

Gewinnverteilung:

	A	B	C	Summe
Kapitalverzinsung	10 500	4 000	4 200	18 700 €
Rest des HB-Gewinns	96 780	32 260	32 260	161 300 €
Vergütung	36 000	5 000		41 000 €
	143 280	41 260	36 460	221 000 €

Die Kapitalkonten lt. HB entwickeln sich wie folgt:

	A	B	C	Summe
Vorläufiger Stand 31. 12. 01	250 000	100 000	120 000	470 000 €
Gewinn	+ 107 280	+ 36 260	+ 36 460	180 000 €
	357 280	136 260	156 460	650 000 €

Für die StB ergibt sich folgende Kapitalkontenentwicklung:

	A	B	C	Summe
Wie HB 31. 12. 01	357 280	136 260	156 460	650 000 €
Vergütungen (Gewinn)	+ 36 000	+ 5 000		+ 41 000 €
Entnahmen	./. 36 000	./. 5 000	-	./. 41 000 €
Kap.-Konten lt. StB 31. 12. 01	357 280	136 260	156 460	650 000 €

Die an die Gesellschafter A und B gezahlten Umsatzsteuerbeträge haben bei der KG zu einem entsprechenden Vorsteuerguthaben geführt; insofern ergab sich keine Entnahme.

FALL 182

Kaufvertrag zwischen Gesellschaft und Gesellschafter

Sachverhalt

A, B und C sind zu je einem Drittel an einer OHG beteiligt. Zum Privatvermögen des A gehören Aktien, die A an die OHG veräußert. Der vereinbarte Kaufpreis, der dem Teilwert entspricht, beträgt 21 000 €. Noch am selben Tag überweist die OHG den vereinbarten Kaufpreis auf ein Privatkonto des A. A hatte die Aktien für 18 000 € erworben.

Frage

Wie ist die Veräußerung an die OHG einkommensteuerlich zu beurteilen?

LÖSUNG

Bei der Übertragung eines zum **Privatvermögen** eines Gesellschafters gehörenden Wirtschaftsgutes auf die Personengesellschaft liegt ein einheitliches Veräußerungsgeschäft (beim Gesellschafter) und im Ganzen ein entgeltlicher Erwerb (bei der Personengesellschaft) vor (BMF v. 29. 3. 2000, BStBl 2000 I 462).

Die OHG hat somit von Anschaffungskosten in Höhe von 21 000 € auszugehen. A erzielt Einnahmen aus Kapitalvermögen i. H. von 3 000 € gem. § 20 Abs. 2 EStG.

FALL 183

Grundstücksübertragung an Mitunternehmer und § 6b-Rücklage

Sachverhalt

Zum Gesamthandsvermögen einer vor 20 Jahren gegründeten KG gehört seit 15 Jahren ein unbebautes Grundstück, dessen Buchwert am 31. 12. 00 60 000 € beträgt. Der an dieser KG seit Gründung mit einem Drittel beteiligte Kommanditist D erwarb lt. notariell beurkundetem Kaufvertrag vom 1. 7. 01 das Grundstück mit Wirkung vom 1. 8. 01 zum angemessenen Preis von 180 000 €. D bezahlte am 1. 8. 01 den Kaufpreis sowie die Grunderwerbsteuer (3,5 %) und die Nebenkosten des Erwerbs von zusammen 7 000 € aus privaten Mitteln. Auch nach dem Verkauf nutzt die KG das Grundstück unverändert für ihren Betrieb, nunmehr allerdings gegen Zahlung einer monatlichen Miete von 700 € an D.

Fragen

1. Welche grunderwerbsteuerlichen, ertragsteuerlichen und bilanzsteuerrechtlichen Konsequenzen ergeben sich für die KG und D aus der Grundstücksveräußerung?

2. Inwieweit ist § 6b EStG anwendbar?

LITERATURHINWEIS

Blödtner/Bilke/Heining, Lehrbuch Buchführung und Bilanzsteuerrecht, 10. Aufl., Teil C Kapitel 7.3.

LÖSUNG

1. Der Grundstücksumsatz ist umsatzsteuerfrei (§ 4 Nr. 9a UStG); er unterliegt jedoch der Grunderwerbsteuer (§ 1 Abs. 1 Nr. 1 GrEStG). Beim Übergang eines Grundstücks von einer Gesamthand an eine Person, die an der Gesamthand beteiligt ist, wird die Grunderwerbsteuer allerdings in Höhe des Anteils nicht erhoben, zu dem der Erwerber am Vermögen der Gesamthand beteiligt ist (§ 6 Abs. 2 GrEStG). Die Grunderwerbsteuer bemisst sich nach dem Wert der Gegenleistung (§ 8 Abs. 1 GrEStG), das ist hier der Kaufpreis (§ 9 Abs. 1 Nr. 1 GrEStG); der Steuersatz beträgt 3,5 % der Bemessungsgrundlage (§ 11 Abs. 1 GrEStG):

$^2/_3$ von 180 000 € =	120 000 €
3,5 % von 120 000 € =	4 200 €

Die Grunderwerbsteuerschuld beträgt 4 200 €.

Da die Grundstücksübertragung zu Bedingungen erfolgt, die der Veräußerung an einen fremden Dritten entsprechen würden, liegt bei der KG in vollem Umfang eine Veräußerung mit entsprechender Gewinnrealisierung (hier 120 000 €) vor und beim erwerbenden Kommanditisten in vollem Umfang eine Anschaffung (hier: Anschaffungskosten 187 000 €). Da das Grundstück nach wie vor der KG dient, ist insofern Sonderbetriebsvermögen des Kommanditisten D gegeben; es wird zweckmäßigerweise in einer Sonderbilanz für D ausgewiesen, die zum 1. 8. 01 folgendes Bild haben könnte:

Sonderbilanz für D 1. 8. 01

Grundstück	187 000 €	Kapital	187 000 €

2. Für die aufgedeckten stillen Reserven kann die KG zum 31. 12. 01 eine steuerfreie Rücklage nach § 6b EStG bilden. Für den Erwerb von Reinvestitionsgütern hat die KG Zeit bis zum 31. 12. 05, bei neu hergestellten Gebäuden bis zum 31. 12. 07 (§ 6b Abs. 3 EStG). Da D mit einem Drittel an der KG beteiligt ist, entfällt auf ihn im Rahmen der Gewinnverteilung für 01 ein Anteil am Ertrag aus der Grundstücksveräußerung in Höhe von 40 000 € ($^1/_3$ von 120 000 €). Zur Vermeidung der sofortigen Versteuerung könnte D wie die übrigen Gesellschafter die Anschaffung von Reinvestitionsgütern durch die KG abwarten. Er könnte jedoch diesen anteiligen Gewinn von 40 000 € auch von den Anschaffungskosten des Grundstücks absetzen, das er aus dem Gesamthandsvermögen der KG in sein Sonderbetriebsvermögen überführt hat (R 6b.2 Abs. 7 Nr. 2

EStR). Dass insofern das veräußerte Wirtschaftsgut mit dem Reinvestitionsgut identisch ist, schadet nicht. In diesem Fall müsste das Grundstück in der Sonderbilanz statt mit 187 000 € mit 147 000 € ausgewiesen werden.

FALL 184

Grundstücksübertragung an Mitunternehmer gegen Minderung der Gesellschaftsrechte

Sachverhalt

Wie Fall 183, jedoch gehörte das Grundstück erst seit vier Jahren zum Betriebsvermögen der KG. Es ist vereinbart, dass D eine entsprechende Minderung seines Kapitalkontos hinnehmen soll. Andererseits wollen die Mitgesellschafter (A und B zu je $1/3$) ihren Anteil an den stillen Reserven (hier $2/3$ von 120 000 € = 80 000 €) weder verschenken noch versteuern. D ist verpflichtet, bei Entnahme oder Veräußerung des Grundstücks jeweils 40 000 € an A und B zu zahlen.

Abwandlung I: A und B wollen dem D die ihnen zustehenden stillen Reserven aus betrieblichen Gründen schenken.

Abwandlung II: D soll das Grundstück einschließlich der stillen Reserven vollkommen unentgeltlich erhalten.

Frage

Wie ist bilanzsteuerrechtlich vorzugehen?

LÖSUNG

Da D mit einem Drittel an der KG beteiligt ist, entfällt auf ihn ein Anteil in Höhe von 40 000 € an den stillen Reserven des Grundstücks.

Buchwert	60 000 €
Teilwert	180 000 €
Stille Reserven	120 000 €
Anteil D $1/3$	40 000 €
Anteil übrige Gesellschafter $2/3$	80 000 €

§ 6 Abs. 5 Satz 3 Nr. 2 EStG bestimmt für diese Fälle, dass die Übertragung zum Buchwert stattzufinden hat, denn hier wechselt ein Wirtschaftsgut des Gesamthandvermögens in das Sonderbetriebsvermögen eines Gesellschafters bei derselben Mitunternehmerschaft **gegen Minderung der Gesellschaftsrechte.** Um den übrigen Gesellschaftern die stillen Reserven zu sichern, andererseits die Buchwertfortführung vorzunehmen, ist wie folgt vorzugehen:

Das Wirtschaftsgut verlässt das Gesamthandsvermögen mit seinem Buchwert.

Buchung: Kapitalkonto D an Grundstück 60 000 €.

Hierdurch mindert sich das Kapitalkonto des D um 60 000 € auf (grundstücksbezogen) ./. 40 000 €. Die Kapitalkonten von A und B bleiben unverändert bei (grundstücksbezogen) jeweils 20 000 €. In der Sonderbilanz für D wird das Grundstück zunächst mit seinem Teilwert erfasst:

180 000 €. In einer Ergänzungsbilanz (für alle Gesellschafter) oder in getrennten Ergänzungsbilanzen für jeden Gesellschafter wird die Überbewertung (Gebot der Buchwertfortführung)
rückgängig gemacht. Gleichzeitig werden dort die stillen Reserven „geparkt", was letztlich eine
Folge der Rückgängigmachung der Überbewertung ist. Eine Ergänzungsbilanz für alle Gesellschafter könnte folgendes Bild haben:

Ergänzungsbilanz für A, B und D

Kapital A	40 000	Minderwert Grundstück	120 000
Kapital B	40 000		
Kapital D	40 000		

Sonderbilanz für D

Grundstück	180 000	Kapital	180 000

Im Ergebnis steht das Grundstück nun mit 60 000 € zu Buche (wie bisher in der KG-Bilanz). Wird
das Grundstück von D (unterstellt für 180 000 €) veräußert oder entnommen, ergibt sich zwar
im Sonderbereich des D keine Gewinnrealisierung; durch die wegfallende Ergänzungsbilanz
werden jedoch die bisher nicht versteuerten stillen Reserven aufgedeckt: Jeder Gesellschafter
hat einen (laufenden) Gewinn in Höhe von 40 000 €.

Dass die Übertragung erfolgsneutral stattfand, beweist auch die Probe mittels BV-Vergleich:

BV der KG **vor Übertragung** (Grundstück)		60 000 €
BV **nach Übertragung**		
BV der KG	0 €	
(Kapitalkontenstand bei A 20 000, B 20 000, D ./. 40 000)		
BV in Ergänzungsbilanz	./. 120 000 €	
BV in Sonderbilanz	+ 180 000 €	60 000 €
Gewinn		0 €

Wird das Grundstück von D für 180 000 € entnommen, ergibt sich eine Gewinnrealisierung von
120 000 €, was durch eine vereinfachte Gewinnermittlung durch BV-Vergleich bestätigt wird:

BV der KG **vor Entnahme** (wie bisher)		0 €
BV in Ergänzungsbilanz und Sonderbilanz (**vor Entnahme**)		60 000 €
BV **nach Entnahme**		
BV der KG (wie bisher)	0 €	
BV in Sonderbilanz	0 €	
BV in Ergänzungsbilanz	0 €	0 €
Unterschiedsbetrag		./. 60 000 €
Entnahme D aus dem Sonderbetriebsvermögen		+ 180 000 €
Gewinn		120 000 €
Anteil A, B, D je $^1/_3$		40 000 €

D muss hier an A und B jeweils 40 000 € zahlen (siehe Vereinbarungen im Sachverhalt).

Die Einhaltung der dreijährigen Sperrfrist bezüglich einer Veräußerung oder Entnahme war hier unbeachtlich, da die bis zur Übertragung entstandenen stillen Reserven durch die Erstellung von Ergänzungsbilanzen weiterhin den übertragenden Gesellschaften zugeordnet wurden (§ 6 Abs. 5 Satz 4 EStG).

LÖSUNG DER ABWANDLUNG I ▶ Hier ist auf die Erstellung von Ergänzungsbilanzen zu verzichten. Im Gesamthandsbereich wird das Grundstück ausgebucht: Kapitalkonto D an Grundstück 60 000 €. Sodann wird das Grundstück in der Sonderbilanz des D mit 60 000 € aktiviert. Jetzt ist allerdings die Sperrfrist von drei Jahren zu beachten (siehe § 6 Abs. 5 Satz 4 zweiter Halbsatz EStG). Dabei hätte der rückwirkende Ansatz des Teilwerts zur Folge, dass die stillen Reserven von den Beteiligten A, B und D mit jeweils 40 000 € im Veranlagungszeitraum der Übertragung des Wirtschaftsguts zu versteuern wären.

LÖSUNG DER ABWANDLUNG II ▶ Die Unentgeltlichkeit setzt voraus, dass in diesem Fall auch die Kapitalkonten von A und B belastet werden. Denn würde nur das Kapitalkonto von D belastet, läge insoweit eine Minderung seiner Gesellschaftsrechte vor. Buchung somit: Kapital A 20 000 € und Kapitalkonto B 20 000 € und Kapital D 20 000 € an Grundstück 60 000 €. Bei D ist das Grundstück sodann im Sonderbetriebsvermögen mit 60 000 € zu aktivieren. Im Übrigen gelten die Ausführungen zur Abwandlung I entsprechend; insbesondere ist die dreijährige Sperrfrist zu beachten.

Gründung einer KG (Sonderbetriebsvermögen des Kommanditisten)

Sachverhalt

A und B gründen auf den 1. 1. 04 eine KG, A ist Komplementär und nach dem Gesellschaftsvertrag zu $^2/_3$, B ist Kommanditist und zu $^1/_3$ am Gewinn und Vermögen der KG beteiligt.

A leistet als Einlage am 1. 1. 04:

1. Bareinzahlung auf das Bankkonto der KG 103 000 €.

2. Gebrauchte Büromöbel (privat angeschafft am 3. 11. 00), Teilwert 5 000 €, Restnutzungsdauer 5 Jahre.

B leistet als Einlage am 1. 1. 04:

1. Bareinzahlung auf das Bankkonto der KG 51 000 €.

2. Pkw (privat angeschafft am 1. 2. 00), Teilwert 3 000 €, Restnutzungsdauer 2 Jahre.

Außerdem vermietet B sein unbebautes Grundstück umsatzsteuerfrei an die KG für jährlich 5 000 €. Die KG benötigt das Grundstück zunächst als Abstellplatz. B hat das Grundstück vor 5 Jahren für 50 000 € erworben, der Teilwert beträgt am 1. 1. 04 60 000 €.

Frage

Welche Bilanzen sind per 1. 1. 04 zu erstellen, wenn die KG die Teilwerte ansetzen möchte?

LITERATURHINWEIS

Blödtner/Bilke/Heining, Lehrbuch Buchführung und Bilanzsteuerrecht, 10. Aufl., Teil C Kapitel 3.

LÖSUNG

Eröffnungsbilanz KG 1. 1. 04			
Fuhrpark	3 000 €	Kapital A	108 000 €
Geschäftsausstattung	5 000 €	Kapital B	54 000 €
Bank	154 000 €		
	162 000 €		162.000 €
Sonderbilanz für B 1. 1. 04			
Grund u. Boden	60 000 €	Mehrkapital	60 000 €

In der Handelsbilanz der KG dürfen nur Wirtschaftsgüter erscheinen, die der KG gehören. Steuerlich rechnen jedoch Wirtschaftsgüter, die einem Mitunternehmer gehören, aber der Gesellschaft dienen, ebenfalls zum Betriebsvermögen (R 4.2 Abs. 2 und 12 EStR). Deshalb müssen sie in der Steuerbilanz ausgewiesen werden. Dies geschieht in der Weise, dass in die Bilanz für die Personengesellschaft nur die Wirtschaftsgüter aufgenommen werden, die der Personengesellschaft gehören. Das im Sondereigentum eines Mitunternehmers stehende Betriebsvermögen erscheint dagegen in einer Sonderbilanz.

Da die in das Gesamthandvermögen der KG übertragenen Wirtschaftsgüter mit dem Teilwert angesetzt werden, hat die KG insoweit Anschaffungskosten, denn der Vorgang ist als Anschaffung durch die KG zu beurteilen (tauschähnlicher Vorgang). Der Grund und Boden des B wird im Wege der Einlage Sonderbetriebsvermögen; die Einlage ist mit dem Teilwert zu bewerten (§ 6 Abs. 1 Nr. 5 EStG).

FALL 185B

KG (Geschäftsvorfälle, Gewinnverteilung, Abschluss der Buchführung)

Sachverhalt

Fortführung des Falles 185a. Vom 1. 1. 04 bis zum 31. 12. 04 ergaben sich folgende Geschäftsvorfälle (zusammengefasst):

1. Wareneinkauf auf Ziel über 70 000 € zzgl. 13 300 € USt.

2. Warenverkauf auf Ziel über 100 000 € zzgl. 19 000 € USt.

3. Barverkauf von Ware für 20 000 € zzgl. 3 800 € USt.

4. Barzahlung sofort abziehbarer Betriebsausgaben über 20 000 € zzgl. 3 800 € USt.

5. Entnahme des Gesellschafters A vom Bankkonto der KG über 30 000 €.

6. Banküberweisung der Miete an Gesellschafter B 5 000 €.

   B führt den Betrag sofort seinem Privatvermögen zu.

7. Von B privat bezahlte Grundstücksaufwendungen für sein an die KG vermietetes Grundstück 3 000 € zzgl. 150 € USt.

Die Gewinnverteilungsvereinbarung sieht eine Verzinsung des Kapitals nicht vor. Ein Warenbestand ist zum 31. 12. 04 nicht vorhanden. Buch- und Inventurwerte stimmen überein. Die sofort abziehbaren Betriebsausgaben beinhalten auch die erforderlichen Gewerbesteuerzahlungen, so dass eine Gewerbesteuer-Rückstellung nicht erforderlich ist.

Aufgabe

Der Abschluss ist zu erstellen (HB und Sonderbilanz). Die steuerliche Gewinnverteilung ist gesondert darzustellen.

LÖSUNG

Für die Buchführung der KG lauten die Buchungssätze:

1.	Wareneinkauf	70 000 €			
	und USt	13 300 €	an	Verbindlichkeiten	83 300 €
2.	Forderungen	119 000 €	an	Warenverkauf	100 000 €
				und USt	19 000 €
3.	Kasse	23 800 €	an	Warenverkauf	20 000 €
				und USt	3 800 €
4.	Sonstige Aufwendungen	20 000 €			
	und USt	3 800 €	an	Kasse	23 800 €
5.	Kapitalkonto A	30 000 €	an	Bank	30 000 €
6.	Mietaufwand	5 000 €	an	Bank	5 000 €

Vorbereitende Abschlussbuchungen:

7.	AfA		an	Fuhrpark	1 500 €
8.	AfA		an	Geschäftsausstattung	1 000 €

Es ergibt sich folgender Abschluss für die KG:

GuV

Wareneinkauf	70 000 €	Warenverkauf	120 000 €
Sonst. Aufwendungen	20 000 €		
Mietaufwand	5 000 €		
AfA	2 500 €		
Kapital	22 500 €		
	120 000 €		120 000 €

Schlussbilanz 31. 12. 04

Fuhrpark	1 500 €	Kapital A	93 000 €
Geschäftsausstattung	4 000 €	Kapital B	61 500 €
Forderungen	119 000 €	Verbindlichkeiten	83 300 €
Bank	119 000 €	USt	5 700 €
	243 500 €		243 500 €

Für die Sonderbuchführung des B lauten die Buchungssätze:

6. Geschäftsvorfall:	1. Privatkonto	an Mieterträge	5 000 €
7. Geschäftsvorfall:	2. Grundstücksaufwand	an Privatkonto	3 150 €

Sonderbilanz „B" 31. 12. 04

Grund und Boden	60 000 €	Kapital	60 000 €

Sonder-GuV „B" 04

Grundstücksaufwand	3 150 €	Mieterträge	5 000 €
Kapital	1 850 €		
	5 000 €		5 000 €

Die steuerliche Gewinnermittlung und -verteilung stellt sich wie folgt dar:

	A	B	Summe
Gewinn lt. HB	15 000	7 500	22 500 €
Gewinn lt. Sonder-GuV für B		1 850	1 850 €
	15 000	9 350	24 350 €

Ein Gewerbesteueraufwand ergab sich wegen des Freibetrags in Höhe von 24 500 € nicht (§ 11 Abs. 1 Satz 3 Nr. 1 GewStG).

FALL 186

Übertragung von § 6b-Rücklagen

Sachverhalt

Eine OHG hat folgende StB erstellt:

Besitzposten	900 000	Kapital A (1/2)	300 000
		Kapital B (1/2)	300 000
		§ 6b-Rücklage	300 000
Summe	900 000	Summe	900 000

Die § 6b-Rücklage stammt aus dem Verkauf eines unbebauten Grundstücks. A erwirbt Sonderbetriebsvermögen (Gebäude) im Betrag von 400 000 €. Die OHG erwirbt ein unbebautes Grundstück im Betrag von 500 000 €.

Abwandlung: Die § 6b-Rücklage stammt aus der Veräußerung von Aktien.

Frage

Welche Übertragungsmöglichkeiten bestehen für die § 6b-Rücklage? Wie ist buchungstechnisch vorzugehen?

LÖSUNG

Variante I

Die § 6b-Rücklage wird im GHV „verbraucht". Buchungen bei der OHG:

Abschreibung an Grundstück 300 000 €

§ 6b-Rücklage an sonst. betr. Erträge 300 000 €

Variante II

A überträgt seinen Anteil an der Rücklage auf die Gebäudeanschaffung im Sonderbetriebsvermögen. Dabei muss dann die anteilige § 6b-Rücklage des B in einer Ergänzungsbilanz für B ausgewiesen werden, weil sie insoweit nicht mehr gesamthänderisch gebunden ist; anschließend kann B die Grundstücksanschaffung der OHG für die Übertragung nutzen.

OHG:

§ 6b-Rücklage	300 000 € an	Kapital A	150 000 €
		und Kapital B	150 000 €

A (SBV):

Kapital	an	§ 6b-Rücklage	150 000 €
Abschreibung	an	Gebäude	150 000 €
§ 6b-Rücklage	an	Sonst. betr. Erträge	150 000 €

B (ErgB):

Kapital	an	§ 6b-Rücklage	150 000 €
§ 6b-Rücklage	an	Sonst. betr. Erträge	150 000 €
Abschreibung	an	Grundstück	150 000 €

Ergebnisse für OHG und B:

OHG-Bilanz

Grundstück	500 000 €	

Ergänzungsbilanz B

Kapital	150 000 €	Grund und Boden	150 000 €

Abwandlung

Eine Übertragung des Aktiengewinns aufgrund und Boden ist nicht zulässig (§ 6b Abs. 10 EStG). A kann seinen Anteil an der Rücklage auf die Anschaffung im Sonderbetriebsvermögen übertragen. B müsste seinen Anteil an der Rücklage gewinnwirksam auflösen (spätestens im 4. Wirtschaftsjahr nach Bildung). Um die Zurechnung bei B sicherzustellen, ist für ihn eine Ergänzungsbilanz einzurichten.

OHG:

§ 6b-Rücklage	300 000 € an	Kapital A	150 000 €
		und Kapital B	150 000 €

A (SBV):

Kapital	an	§ 6b-Rücklage	150 000 €
Abschreibung	an	Gebäude	90 000 €
§ 6b-Rücklage	an	Sonst. betr. Erträge	150 000 €

Außerhalb der Buchführung sind 60 000 € abzuziehen (§ 3 Nr. 40 EStG)

B (ErgB):

Kapital	an	§ 6b-Rücklage	150 000 €
§ 6b-Rücklage	an	Sonst. betr. Erträge	150 000 €
		(bei Fristablauf)	

Außerhalb der Buchführung sind nach Fristablauf 60 000 € abzuziehen.

FALL 187

Familienpersonengesellschaften

Sachverhalt

Unter Gründung einer KG nimmt A ab 1.1.01 seine beiden 10 und 12 Jahre alten Söhne als Kommanditisten in sein bis dahin bestehendes Einzelunternehmen auf. Der Vater verfolgt damit in erster Linie steuerliche Ziele, nämlich die Milderung der ESt-Progressionsbelastung und das Vorziehen erbschaftsteuerlicher Tatbestände. Er räumt den Söhnen dabei schenkweise 50 % seines Betriebsvermögens ein, ohne allerdings den Vertrag über die Schenkung notariell beurkunden zu lassen. In der Eröffnungsbilanz der KG sind für die Kinder 50 % des Betriebsvermögens als Kapital ausgewiesen. Das Betriebsvermögen hatte am 1.1.01 einen Buchwert von 500 000 € und einen Teilwert von 1 000 000 €.

Bei Abschluss des Gesellschaftsvertrages im Rahmen der Gründung der KG wirkte für jedes Kind ein besonderer Ergänzungspfleger mit; anschließend wurde die familiengerichtliche Genehmigung des Gesellschaftsvertrages eingeholt und sodann die Handelsregister-Eintragung veranlasst. Nach der Gewinnverteilungsabrede steht dem Vater für die allgemeine Vertretung der Gesellschaft (§ 125 HGB) und für Haftung ein Gewinnvorab von jährlich 50 000 € zu; eine Umsatzsteuerpflicht besteht insoweit nicht. Am verbleibenden Gewinn sind die Söhne mit jeweils 25 % beteiligt, während auf den Vater 50 % entfallen. Im selben Umfang sind die Söhne an den stillen Reserven beteiligt.

Der nachhaltig zu erwartende jährliche Gewinn beträgt 250 000 €; er ergibt sich als jährlicher Durchschnittsgewinn der vor dem Vertragsabschluss liegenden 5 Jahre unter Einbeziehung der künftigen realen Gewinnchancen.

Im Wirtschaftsjahr 01 erwirtschaftete die KG einen Gewinn lt. Handelsbilanz von 290 000 €, im Wirtschaftsjahr 02 von 210 000 €.

Frage

Ist die KG als Mitunternehmerschaft steuerlich anzuerkennen, und wie ist die Gewinnverteilungsabrede steuerlich zu beurteilen? Welche Gewinnanteile ergeben sich in 01 und 02 handelsrechtlich und steuerrechtlich im Einzelnen?

LÖSUNG

Der steuerlichen Anerkennung einer Personengesellschaft steht nicht entgegen, dass allein steuerliche Gesichtspunkte den Abschluss des Gesellschaftsvertrages veranlasst haben (BFH v. 22.8.1951 IV 246/50 S, BStBl 1951 III 181). Allerdings setzt die steuerliche Anerkennung einer solchen Gesellschaft voraus, dass klare und ernsthafte Vereinbarungen bestehen, die tatsächlich vollzogen werden (BFH v. 13.6.1989 VIII R 47/85, BStBl 1989 II 720, v. 28.9.1995 IV R 39/94, BStBl 1996 II 276). Ferner müssen die allgemeinen Kriterien der Mitunternehmerschaft vorliegen und allen Beteiligten volle Gesellschaftsrechte eingeräumt sein (H 15.9 Abs. 1 und 2 „Allgemeines" EStH). Das setzt u. a. voraus, dass die bürgerlich-rechtlichen Formvorschriften für die Einräumung einer Beteiligung beachtet werden. Diese bestimmen, dass Eltern, die ihren minderjährigen Kindern eine Beteiligung einräumen wollen, nicht berechtigt sind, in ihrer Eigenschaft als gesetzliche Vertreter ihrer Kinder mit sich selbst den Gesellschaftsvertrag abzuschließen (§ 181 BGB). Vielmehr bedarf es zum Abschluss des Vertrages der Bestellung eines Ergänzungspflegers (§ 1909 BGB). Dieses Erfordernis wurde im vorliegenden Fall beachtet. Die Bestellung von Dauerergänzungspflegern für die Zeit, in der die Kinder minderjährig sind, ist nicht erforderlich (BFH v. 29.1.1976 IV R 102/73, BStBl 1976 II 328).

Dass die Schenkung des Anteils am Betriebsvermögen an die Söhne entgegen § 518 Abs. 1 BGB nicht notariell beurkundet wurde, ist unschädlich. Dieser Formmangel wurde durch den Eintritt der Kinder in die Gesellschaft geheilt, weil sie im Wege der Anwachsung Miteigentum am Gesellschaftsvermögen erlangten und die Schenkung dadurch vollzogen wurde (§ 518 Abs. 2 BGB), dass ihnen entsprechende Kapitalkonten eingeräumt wurden. Der Eintritt selbst erfolgt zu Buchwerten (§ 6 Abs. 3 EStG).

Die Genehmigung des Gesellschaftsvertrages durch das Familiengericht ist zwingend erforderlich (§§ 1643 Abs. 1, 1822 Nr. 3, 112 BGB). Hierauf haben die Beteiligten geachtet.

Im vorliegenden Fall kann von einer steuerlich anzuerkennenden Mitunternehmerschaft ausgegangen werden.

Die Frage, ob eine Familienpersonengesellschaft steuerlich als Mitunternehmerschaft anzuerkennen ist, hängt nicht davon ab, dass die Gewinnverteilung angemessen ist. Wenn nur die Gewinnverteilung unangemessen ist, hindert das nicht die steuerliche Anerkennung der Personengesellschaft, allerdings wird die Finanzverwaltung dann die Gewinnverteilung so vornehmen, als ob eine angemessene Gewinnverteilung vereinbart worden wäre. Als angemessen anerkennt die Finanzverwaltung eine Gewinnverteilung, die bei schenkweiser Einräumung der Beteiligung zu einer Rendite von nicht mehr als 15 % des tatsächlichen Werts der Beteiligung führt (H 15.9 Abs. 3 „Allgemeines" EStH). Der unangemessene Gewinnanteil ist dem Schenker als eine nach § 12 EStG unbeachtliche Einkommensverwendung zuzurechnen.

Im vorliegenden Fall ergeben sich nach dem Gesellschaftsvertrag für die Kinder folgende Renditen:

Durchschnittlicher HB-Gewinn	250 000 €
Gewinnvorab des Vaters	./. 50 000 €
Verbleiben (HB-Restgewinn)	200 000 €
Gewinnanteil eines Kindes bei 25 % Gewinnanteil	50 000 €
Wahrer Wert der Kommanditbeteiligung	250 000 €
Rendite (bezogen auf 250 000 €)	20 %

Angemessen wäre hingegen nur eine Rendite von 15 % des wahren Wertes der Kommanditbeteiligung, das ergäbe absolut 37 500 € Gewinnanteil. 37 500 € hingegen entsprechen 18,75 % vom durchschnittlichen HB-Restgewinn in Höhe von 200 000 €. Die steuerlich angemessene Verteilung des HB-Gewinns zeigt deshalb folgendes Bild:

Vater	62,5 %
Kind 1	18,75 %
Kind 2	18,75 %

Dieser Gewinnverteilungsschlüssel wird grundsätzlich für die Zukunft beibehalten, unabhängig davon, wie sich die Gewinne tatsächlich entwickeln (wegen der Änderungsmöglichkeit vgl. H 15.9 Abs. 3 „Veränderung der Gewinnverteilung" EStH). Im vorliegenden Fall verteilen sich die Gewinne wie folgt:

	01		02	
	HB	StB	HB	StB
Vater Gewinnvorab	50 000	50 000	50 000	50 000 €
Restgewinn	120 000	150 000	80 000	100 000 €
Ergebnis Vater	170 000	200 000	130 000	150 000 €
Kind 1	60 000	45 000	40 000	30 000 €
Kind 2	60 000	45 000	40 000	30 000 €

HINWEIS

Wegen der steuerlichen Anerkennung von Darlehens- und Arbeitsverträgen zwischen nahen Angehörigen vgl. allgemein R 4.8 EStR und ausführlich H 4.8 EStH.

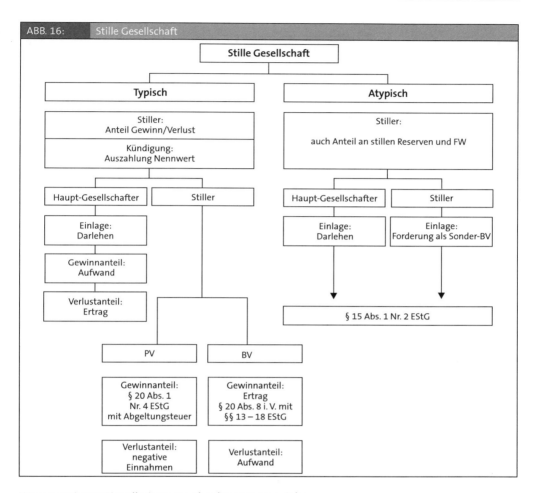

ABB. 16: Stille Gesellschaft

Wegen weiterer Einzelheiten zur Abgeltungsteuer siehe:

▶ BMF v. 18.12.2009, BStBl 2010 I 79,

▶ BMF v. 22.12.2009, BStBl 2010 I 94,

▶ BMF v. 16.11.2010, BStBl 2010 I 1305.

Steuerliche Behandlung der Unterbeteiligung

Steuerart	Atypische Unterbeteiligung	Typische Unterbeteiligung	
ESt	§ 15 Abs. 1 Nr. 2 EStG	Hauptbeteiligter	§ 15 Abs. 1 Nr. 2 EStG ./. Anteil des Unterbeteiligten als BA
		Unterbeteiligter	§ 20 Abs. 1 Nr. 4 EStG
GewSt	Gewinnanteil: Gewerbeertrag	Hinzurechnung gemäß § 8 Nr. 1 Buchst. c GewStG	

Typische und atypische stille Gesellschaft

Sachverhalt

A betreibt ein Einzelunternehmen. Er nimmt mit Wirkung vom 1.1.10 B als stillen Gesellschafter mit einer Geldeinlage von 200 000 € in sein Einzelunternehmen auf und beteiligt B mit 20 %

Fall a) an seinem laufenden Gewinn und Verlust, nicht jedoch an den bereits vorhandenen und künftig entstehenden stillen Reserven seines Unternehmens;

Fall b) an seinem Gewinn und Verlust und darüber hinaus auch an den stillen Reserven seines Unternehmens, die nach dem 1.1.10 entstehen, nicht jedoch an den bei Beginn der stillen Gesellschaft vorhandenen stillen Reserven.

B war in der Vergangenheit Vermieter eines bebauten Grundstücks an A, das dieser für sein Einzelunternehmen nutzt. B hatte das Grundstück vor zehn Jahren erworben und seitdem für monatlich 2 000 € zzgl. USt an A vermietet; hieran ändert sich nach der Beteiligung des B am Unternehmen des A nichts. Für das Grundstück bestehen folgende Wertverhältnisse:

	Anschaffungskosten	Teilwert
	1.1.00	1.1.10
Grund und Boden	150 000 €	200 000 €
Gebäude (Baujahr 1980)	600 000 €	600 000 €

B behandelte in der Vergangenheit die Mieten als Einnahmen aus Vermietung und Verpachtung (§ 21 EStG) und machte jährlich Gebäude-AfA in Höhe von 12 000 € (2 % von 600 000 €) als Werbungskosten geltend.

Für das Einzelunternehmen des A ergab sich im Jahr 10 folgende Gewinn- und Verlustrechnung:

Gewinn- und Verlustkonto 10			
Mietaufwand	24 000 €	Erlöse	224 000 €
Vergütung an B	20 000 €		
Übrige Aufwendungen	100 000 €		
Gewinn	80 000 €		
	224 000 €		224 000 €

Bei der „Vergütung an B" handelt es sich um den Gewinnanteil des B aufgrund der stillen Beteiligung; sie wurde ihm nach Bilanzerstellung am 10.4.11 ausbezahlt.

B hat in 10 Haus- und Grundstücksaufwendungen in Höhe von 5 600 € zzgl. 740 € USt verausgabt.

Fragen

1. Welche ertragsteuerlichen Auswirkungen zieht die stille Beteiligung für A und B im Jahr 10 nach sich?

2. Können für B Sonderbilanzen gebildet werden und bejahendenfalls, welches Bild haben sie zum 1.1.10 und 31.12.10?

LITERATURHINWEIS

Blödtner/Bilke/Heining, Lehrbuch Buchführung und Bilanzsteuerrecht, 10. Aufl., Teil C Kapitel 1.6.

LÖSUNG

Handelsrechtlich ist die stille Gesellschaft in den §§ 230 – 236 HGB geregelt. Sie ist (auch für die steuerrechtliche Anerkennung) durch folgende Wesensmerkmale gekennzeichnet:

1. Abschluss eines Gesellschaftsvertrages zwischen dem stillen Gesellschafter und dem Inhaber eines Handelsgeschäfts (Geschäftsherrn) zur Erreichung eines gemeinsamen Zwecks;

2. Vermögenseinlage des stillen Gesellschafters, die in das Vermögen des Geschäftsherrn übergeht; dies setzt voraus, dass der stille Gesellschafter nicht an den stillen Reserven beteiligt wird, die bei Gründung der stillen Gesellschaft im Unternehmen bereits vorhanden sind, denn der Vermögenseinlage des „Stillen" stünde dann eine Zuwendung des Geschäftsherrn gegenüber, was mit dem Wesen einer stillen Gesellschaft unvereinbar ist;

3. Unverzichtbar ist die Gewinnbeteiligung des stillen Gesellschafters; die Verlustbeteiligung kann ausgeschlossen werden.

Steuerrechtlich wird zwischen typischer und atypischer stiller Gesellschaft differenziert. Das wesentliche Unterscheidungsmerkmal besteht in dem Umstand, ob der stille Gesellschafter an den künftigen stillen Reserven des Unternehmens beteiligt ist oder nicht. Ist der stille Gesellschafter an den stillen Reserven beteiligt, besteht eine atypische stille Beteiligung, im anderen Fall handelt es sich um eine typische stille Gesellschaft. Die Beteiligung an den stillen Reserven kann sich auch über den Gewinnanteil des stillen Gesellschafters ergeben und ist keineswegs auf den Liquidationsfall beschränkt. Denn wenn z. B. der Verkauf unterbewerteter Gegenstände des Anlagevermögens erfolgt, partizipiert der stille Gesellschafter über seinen Gewinnanteil auch an derartigen außerordentlichen Erträgen, wenn dies nicht ausdrücklich abbedungen ist. Gesellschaftsvertragliche Formulierungen, die einen Anteil des stillen Gesellschafters am Liquidationserlös ausschließen, führen deshalb keineswegs automatisch zur Annahme einer typischen stillen Gesellschaft; ganz abgesehen davon, dass diese Vereinbarung auch überflüssig ist, weil der stille Gesellschafter nach der Auflösung der Gesellschaft ohnehin nur Anspruch auf den Nennwert seiner Einlage hat (§ 235 Abs. 1 HGB). Deshalb liegt im Fall a) eine typische, im Fall b) eine atypische stille Gesellschaft vor.

HINWEIS

Atypischer stiller Gesellschafter und Mitunternehmer kann auch sein, wer zwar nicht am Verlust, an den stillen Reserven und am Geschäftswert beteiligt ist, jedoch wie ein Unternehmer auf das Schicksal des Unternehmens Einfluss nehmen kann; dies ist anzunehmen, wenn dem stillen Gesellschafter die Geschäftsführung des Unternehmens überlassen ist (BFH v. 28. 1. 1982 IV R 197/79, BStBl 1982 II 389).

Eine stille Gesellschaft, bei der die Einlage des stillen Gesellschafters in Form einer Dienstleistung erbracht wird, liegt – im Unterschied zu einem partiarischen Arbeitsverhältnis – nur dann vor, wenn Geschäftsinhaber und stiller Gesellschafter partnerschaftlich zusammenwirken (BFH v. 7.12.1983 I R 144/79, BStBl 1984 II 373).

Bei einer atypischen stillen Gesellschaft sind betrieblich genutzte Wirtschaftsgüter, die dem Inhaber des Handelsgeschäfts gehören, nicht als dessen Sonderbetriebsvermögen zu beurteilen (BFH v. 2.5.1984 VIII R 276/81, BStBl 1984 II 820).

Wendet ein Steuerpflichtiger seinen minderjährigen Kindern Geldbeträge zu **mit der Auflage,** diese ihm sogleich wieder als Einlage im Rahmen einer „typischen stillen Gesellschaft" zur Verfügung zu stellen, sind die „Gewinnanteile" bei der Ermittlung der Einkünfte aus Gewerbebetrieb jedenfalls dann nichtabziehbare Zuwendungen i.S.von § 12 Nr. 2 EStG, wenn eine Verlustbeteiligung ausgeschlossen ist (BFH v. 21.10.1992 X R 99/88, BStBl 1993 II 289).

Ertragsteuerliche Auswirkungen im Fall a)

Bei einer typischen stillen Beteiligung bezieht der stille Gesellschafter Einkünfte aus Kapitalvermögen gem. § 20 Abs. 1 Nr. 4 EStG. Der Geschäftsherr hat bezüglich des eingeräumten Gewinnanteils Betriebsausgaben. Während der Geschäftsherr die Betriebsausgabe in dem Zeitpunkt geltend machen kann, in dem sie entstanden ist (also spätestens zum Ende des Wirtschaftsjahres), gilt für den stillen Gesellschafter das Zuflussprinzip nach § 11 EStG, so dass sich zeitliche Verschiebungen in der Berücksichtigung der Betriebsausgabe einerseits und der Erfassung der Kapitaleinkünfte andererseits ergeben.

Der steuerliche Gewinn des A beträgt im vorliegenden Fall, wie in der Gewinn- und Verlustrechnung ermittelt, für das Jahr 10 80 000 €; er ist als Gewinn aus Gewerbebetrieb nach § 15 Abs. 1 Nr. 1 EStG zu erfassen. Der noch nicht ausgezahlte Gewinnanteil des B ist zum 31.12.10 als sonstige Verbindlichkeit zu passivieren.

B hat bezüglich des Gewinnanteils Einnahmen aus Kapitalvermögen gem. § 20 Abs. 1 Nr. 4 EStG in Höhe von 20 000 €, die allerdings erst in 11 zu erfassen sind, weil lt. Sachverhalt die Auszahlung an ihn erst nach Aufstellung der Bilanz am 10.4.11 erfolgte.

Es sei darauf hingewiesen, dass der Geschäftsherr von der Auszahlung 25 % Kapitalertragsteuer (= 5 000 €) zzgl. 5,5 % Solidaritätszuschlag (= 275 €) einzubehalten und an das Finanzamt abzuführen hat (§ 43 Abs. 1 Nr. 3 i.V. mit § 43a Abs. 1 Nr. 1 EStG), so dass B nur 14 725 € ausgezahlt bekommt.

Ertragsteuerliche Auswirkungen im Fall b)

Die atypische stille Gesellschaft unterliegt steuerlich den Grundsätzen, wie sie allgemein für Mitunternehmer gelten. Der Gewinnanteil des B stellt folglich bei A keine Betriebsausgabe dar, sondern ist Gewinnanteil des B nach § 15 Abs. 1 Satz 1 Nr. 2 EStG. Ferner gilt dieser Gewinnanteil als in dem Kalenderjahr bezogen, in dem das Wirtschaftsjahr endet, aus dem der Gewinnanteil herrührt (§ 4a Abs. 2 Nr. 2 EStG); im vorliegenden Fall ist der Gewinnanteil des B ebenso wie der Gewinn des A in 10 zu erfassen. Schließlich handelt es sich bei dem von A mietweise genutzten Grundstück des B um Sonderbetriebsvermögen des B (vgl. R 4.2 Abs. 12 EStR). Es ist ebenso wie die Geldeinlage des B, die ja für diesen eine Forderung darstellt, in einer Sonderbilanz auszuweisen. Die Zuführung des Grundstücks zum Sonderbetriebsvermögen kann nur über den Weg einer Einlage geschehen, die mit dem Teilwert zu bewerten ist (§ 4 Abs. 1 Satz 5 i.V. mit § 6 Abs. 1 Nr. 5 EStG). Die Eröffnungsbilanz für B hat folgendes Bild:

Sonderbilanz B 1.1.10

Grund und Boden	200 000 €	Kapital	1 000 000 €
Gebäude	600 000 €		
Stille Beteiligung	200 000 €		
	1 000 000 €		1 000 000 €

Die Mieteinnahmen des B stellen nunmehr ebenfalls Einkünfte aus Gewerbebetrieb dar (§ 15 Abs. 1 Satz 1 Nr. 2 zweiter Halbsatz EStG); andererseits sind die Haus- und Grundstücksaufwendungen Sonderbetriebsausgaben. Zu den Sonderbetriebsausgaben gehört jetzt auch die AfA für das Gebäude; allerdings ist von einer geänderten Bemessungsgrundlage für die AfA auszugehen, weil das Gebäude aus dem Privatvermögen in das Betriebsvermögen gelangt ist. Die neue AfA-Bemessungsgrundlage beträgt nach § 7 Abs. 4 Satz 1 und Abs. 1 Satz 5 EStG (600 000 ./. 120 000 =) 480 000 €.

AfA-Satz 2 % ergibt jährlich AfA ab 10: 9 600 €

Sonder-GuV B 10

AfA	9 600 €	Mieterträge	24 000 €
Grundstücksaufwand	5 600 €	Gewinnanteil	20 000 €
Gewinn	28 800 €		
	44 000 €		44 000 €

Unterstellt man, dass B seine USt-Schuld am 31.12.10 an das Finanzamt noch nicht abgeführt hat, ergibt sich folgende Schlussbilanz für B:

Sonderbilanz B 31.12.10

Grund und Boden	200 000 €	**Kapital**		
Gebäude	590 400 €	1.1.10	1 000 000	
Stille Beteilig.	200 000 €	Entnahme	./. 28 560	
Sonst. Forderung	20 000 €	Einlage	+ 6 340	
(Gewinnanteil)		Gewinn	+ 28 800	1 106 580 €
		USt		3 820 €
	1 010 400 €			1 010 400 €

Erläuterung zur USt:

USt aus Mieterträgen	4 560 €
Vorsteuer	./. 740 €
USt-Schuld	3 820 €

Steuerliche Gewinnverteilung und Einkünfte gem. § 15 Abs. 1 Nr. 2 EStG:

	A	B	Summe
Gewinn lt. HB	80 000 €		80 000 €
Gewinn lt. Sonder-GuV		+ 28 800 €	+ 28 800 €
	80 000 €	28 800 €	108 800 €

HINWEIS

Wie die typische stille Beteiligung wird ein partiarisches Darlehen behandelt. Das partiarische Darlehen ist dadurch gekennzeichnet, dass der Darlehensgeber eine gewinnabhängige Vergütung für sein Darlehen derart erhält, dass er entweder

► neben einem fest vereinbarten Zins auch einen Anteil am Geschäftsgewinn oder

► eine Gewinnbeteiligung mit vereinbartem Mindestgewinnanteil bezieht.

Im Gegensatz zum stillen Gesellschafter hat der partiarische Darlehensgeber keinerlei Überwachungsrechte.

1.8   Einbringung in eine Personengesellschaft

Die Einbringung eines Betriebs, Teilbetriebs oder Mitunternehmeranteils in eine Personengesellschaft nach § 24 UmwStG ist möglich im Wege der **Einzelrechtsnachfolge**, insbesondere

► durch Aufnahme eines Gesellschafters in ein Einzelunternehmen gegen Geldeinlage oder Einlage anderer Wirtschaftsgüter;

► durch Einbringung eines Einzelunternehmens in eine bereits bestehende Personengesellschaft oder durch Zusammenschluss von mehreren Einzelunternehmen zu einer Personengesellschaft. Die Einbringung eines Betriebs liegt nur vor, wenn sämtliche Wirtschaftsgüter, die zu den funktional wesentlichen Betriebsgrundlagen des Betriebs gehören, eingebracht werden. Der Anwendbarkeit des § 24 Abs. 1 UmwStG steht weder § 42 AO noch die Rechtsfigur des Gesamtplans entgegen, wenn vor der Einbringung eine wesentliche Betriebsgrundlage des einzubringenden Betriebs unter Aufdeckung der stillen Reserven veräußert wird und die Veräußerung auf Dauer angelegt ist. Dabei ist maßgeblicher Zeitpunkt für die Beurteilung, ob ein Wirtschaftsgut eine wesentliche Betriebsgrundlage des einzubringenden Betriebs im Rahmen des § 24 Abs. 1 UmwStG darstellt, der Zeitpunkt der tatsächlichen Einbringung (BFH v. 9. 11. 2011 X R 60/09, BStBl 2012 II 638).

► durch Eintritt eines weiteren Gesellschafters in eine bestehende Personengesellschaft gegen Geldeinlage oder Einlage anderer Wirtschaftsgüter. Dabei bringen aus Sicht des § 24 UmwStG die bisherigen Gesellschafter ihre Mitunternehmeranteile in eine neue, personell vergrößerte Personengesellschaft ein;

sowie auch im Wege der **Gesamtrechtsnachfolge**, und zwar

► durch Verschmelzung von Personenhandelsgesellschaften nach §§ 2, 39 ff. UmwG;

► durch Ausgliederung aus Körperschaften, Personenhandelsgesellschaften oder Einzelunternehmen auf Personenhandelsgesellschaften, § 123 Abs. 3 UmwG.

§ 24 UmwStG ist auch anzuwenden, wenn ein Mitunternehmer seinen Mitunternehmeranteil durch einen der vorstehend beschriebenen Vorgänge aufstockt. Dabei kann bei einseitiger entgeltlicher Kapitalerhöhung, die zu einer Änderung der Beteiligungsverhältnisse führt, der für die nicht an der Kapitalerhöhung teilnehmenden Gesellschafter anfallende Gewinn aus der – anteiligen – Veräußerung ihrer Mitunternehmerteile durch eine negative Ergänzungsbilanz neutralisiert werden (BFH v. 25.4.2006 VIII R 52/04, BStBl 2006 II 847). § 24 UmwStG ist nur anwendbar, soweit der Einbringende als Gegenleistung für die Einbringung Gesellschaftsrechte erwirbt. Tritt eine GmbH einer (bereits bestehenden) Kommanditgesellschaft als Komplementärin ohne Verpflichtung zur Leistung einer Einlage bei, werden hierdurch nicht die Bewertungswahlrechte des § 24 UmwStG eröffnet (BFH v. 20.9.2007, IV R 70/05, BStBl 2008 II 265).

Wird ein Einzelunternehmen in die Personengesellschaft eingebracht und erhält der Einbringende neben Gesellschaftsrechten von den aufgenommenen Gesellschaftern eine **Zuzahlung in das Privatvermögen**, liegt ein von der Einbringung gem. § 24 UmwStG getrennt zu beurteilender Veräußerungsvorgang vor. Die Zuzahlung, die der bisherige Einzelunternehmer von dem aufgenommenen Gesellschafter erhält, kann deshalb nicht den Rechtsfolgen des § 24 UmwStG unterworfen werden, weil insoweit ein Veräußerungsgewinn erzielt wird, der nach allgemeinen Grundsätzen im Zeitpunkt seiner Realisierung zu versteuern ist.

Eine Zuzahlung in das Privatvermögen des einbringenden Gesellschafters ist auch anzunehmen, wenn der eintretende Gesellschafter private Verbindlichkeiten des Einbringenden übernimmt; denn dadurch wird ebenfalls eine Leistung in das Privatvermögen des Einbringenden bewirkt. Dieser Vorgang kann nicht anders gewertet werden als eine direkte Zuzahlung, die der Einbringende zur Tilgung einer privaten Verbindlichkeit einsetzt. Gleiches gilt, wenn der eintretende Gesellschafter auf eine private Forderung gegen den bisherigen Einzelunternehmer verzichtet. Bringt deshalb der Erbe sein Einzelunternehmen zu Buchwerten in eine neu gegründete GmbH & Co. KG ein, an der die Kinder zur Abgeltung ihrer Pflichtteilsansprüche wertmäßig über ihre Einlage hinaus am KG-Vermögen beteiligt werden, liegt insoweit ein entgeltliches Rechtsgeschäft vor, das zu einem laufenden Gewinn führt (BFH v. 16.12.2004 III R 38/00, BStBl 2005 II 554).

Teilbetrieb i.S. von § 24 Abs. 1 UmwStG ist nach Auffassung der Finanzverwaltung auch eine zu einem **Betriebsvermögen** gehörende 100 %-ige Beteiligung an einer Kapitalgesellschaft (BMF v. 11.11.2011, BStBl 2011 I 1314, Rn. 24.02).

Das eingebrachte Betriebsvermögen ist grundsätzlich mit dem **gemeinen Wert** zu bewerten (§ 24 Abs. 2 Satz 1 UmwStG). **Auf Antrag** können aber auch die Buchwerte oder ein Zwischenwert zwischen Buchwert und gemeinem Wert angesetzt werden, wenn das **inländische Besteuerungsrecht** nicht ausgeschlossen oder beschränkt wird (§ 24 Abs. 2 Satz 2 UmwStG). Beim Ansatz des gemeinen Wertes sind Pensionsrückstellungen mit dem Wert nach § 6a EStG anzusetzen. Werden im Rahmen der Buchwertfortführung oder des Zwischenwertansatzes Anteile an einer Kapitalgesellschaft von einer nicht nach § 8b Abs. 2 KStG begünstigten Person (z. B. eine natürliche Person) eingebracht und werden diese Anteile von der Personengesellschaft innerhalb von sieben Jahren veräußert oder durch einen gleichgestellten Vorgang i.S. von § 22 Abs. 1 Satz 6 Nr. 1 – 5 UmwStG übertragen und sind an der Personengesellschaft begünstigte Personen i.S. von § 8b Abs. 2 KStG (also z. B. Kapitalgesellschaften) beteiligt, auf die ein Teil des Veräußerungsgewinn entfällt, erfolgt insofern bei dem Einbringenden nachträglich eine Besteuerung des **Einbringungsgewinns** nach § 22 Abs. 2, 3 und 5 – 7 UmwStG (§ 24 Abs. 5 UmwStG). Durch den Verweis auf § 22 Abs. 2 UmwStG ist die **Siebtelregelung** auch hier anzuwenden.

Der Wert, mit dem das eingebrachte Betriebsvermögen in der Bilanz der Gesellschaft einschließlich der Ergänzungsbilanzen angesetzt wird, gilt gemäß § 24 Abs. 3 Satz 1 UmwStG – zwingend

– als Veräußerungspreis des Einbringenden. Das Wahlrecht i. S. des § 24 Abs. 3 Satz 1 UmwStG wird ausschließlich durch die aufnehmende Personengesellschaft ausgeübt (BFH v. 12. 10. 2011 VIII R 12/08, BStBl 2012 II 381).

Ein Zinsvortrag nach § 4h Abs. 1 Satz 5 EStG und ein EBITDA-Vortrag nach § 4h Abs. 1 Satz 3 EStG des eingebrachten Betriebs gehen nicht auf die übernehmende Gesellschaft über (§ 24 Abs. 6 i. V. mit § 20 Abs. 9 UmwStG).

Zu weiteren Einzelheiten siehe BMF v. 11. 11. 2011, BStBl 2011 I 1314.

FALL 189

Einbringung eines Einzelunternehmens in eine Personengesellschaft (Buchwertverknüpfung)

Sachverhalt

A und B gründen zum 1. 7. 01 eine OHG, an deren Gewinn und Vermögen A und B mit je 50 % beteiligt sind. A bringt sein Einzelunternehmen ein, und B leistet eine Geldeinlage in Höhe von 220 000 € auf das Bankkonto der OHG. Für das Einzelunternehmen des A ergab sich auf den 30. 6. 01 folgende Schlussbilanz:

Bilanz Einzelfirma A 30. 6. 01

Grund und Boden	80 000 €	Kapital	150 000 €
Maschinen	20 000 €	Verbindlichkeiten	30 000 €
Waren	80 000 €		
	180 000 €		180 000 €

Bei folgenden Wirtschaftsgütern bestanden Abweichungen zwischen Buchwert und gemeinem Wert:

	Buchwert	gemeiner Wert	Stille Reserven gemeiner Wert
Grund und Boden	80 000	140 000	60 000 €
Maschinen	20 000	30 000	10 000 €
			70 000 €

A hat die Maschinen vor 5 Jahren für 40 000 € angeschafft und mit 4 000 € jährlich abgeschrieben (betriebsgewöhnliche Nutzungsdauer insgesamt 10 Jahre). Der Bedarfswert für das Grundstück beträgt 100 000 €.

Eine Gewinnrealisierung bei A infolge der Einbringung soll nicht eintreten.

Fragen

Welche Eröffnungsbilanzen müssen erstellt werden? Zieht die Einbringung des Einzelunternehmens in die Personengesellschaft verkehrssteuerliche Folgen nach sich? Die Erwerbsnebenkosten einschließlich Grunderwerbsteuer i. H. von 5 % betragen für das Grundstück 5 000 €.

Nach § 24 Abs. 2 UmwStG darf die OHG das eingebrachte Betriebsvermögen des A in ihrer Bilanz einschließlich der Ergänzungsbilanzen für ihre Gesellschafter mit seinem Buchwert ansetzen. Zwar wird durch § 24 Abs. 3 Satz 1 UmwStG eine Betriebsveräußerung des Einzelunternehmens an die OHG fingiert. Ein Veräußerungsgewinn ergibt sich jedoch für den einbringenden Einzelunternehmer nur, wenn die Personengesellschaft das eingebrachte Betriebsvermögen in ihrer Bilanz einschließlich der Ergänzungsbilanzen für ihre Gesellschafter mit einem höheren Wert als dem Buchwert ansetzt.

Für die OHG ergibt sich folgende Eröffnungsbilanz:

Eröffnungsbilanz OHG 1. 7. 01

Grund und Boden	145 000 €	Kapital A	220 000 €
Maschinen	30 000 €	Kapital B	220 000 €
Waren	80 000 €	Verbindlichkeiten	30 000 €
Bank	220 000 €	Sonst. Verbindlichkeiten	5 000 €
	475 000 €		475 000 €

Durch eine negative Ergänzungsbilanz für A muss dessen Kapitalkonto in der OHG-Bilanz in Höhe von 220 000 € um 70 000 € neutralisiert werden, damit eine Gewinnrealisierung nicht eintritt.

Ergänzungsbilanz für A 1. 7. 01

Wenigerkapital	70 000 €	Grund und Boden	60 000 €
		Maschinen	10 000 €
	70 000 €		70 000 €

Da A ein Grundstück in die Personengesellschaft einbringt, muss hierfür **Grunderwerbsteuer** entrichtet werden. Bemessungsgrundlage ist der Bedarfswert (§ 8 Abs. 2 Nr. 2 GrEStG). Die Grunderwerbsteuer wird allerdings nur in Höhe des Anteils erhoben, zu dem der Einbringende am Vermögen der Gesellschaft nicht beteiligt ist (§ 5 Abs. 2 GrEStG): 5 % von 50 000 € = 2 500 €. Ausgenommen von der Besteuerung ist die Einbringung von Grundstücken bei Gründung von Familiengesellschaften (§ 3 Nr. 6 GrEStG).

Umsatzsteuerlich ist die Einbringung des Einzelunternehmens in die OHG nicht steuerbar (§ 1 Abs. 1a UStG).

Die OHG erbringt Leistungen an die Gesellschafter. Diese bestehen in der Einräumung von Gesellschaftsrechten. Diese Leistungen sind jedoch von der USt gem. § 4 Nr. 8f UStG befreit.

FALL 190

Gewinnverteilung und Abschluss der Ergänzungsbilanz

Sachverhalt

Fortführung des Falles 189. Zum 31. 12. 01 hat die OHG folgende Bilanz erstellt:

Schlussbilanz OHG 31. 12. 01

Grund und Boden		145 000 €	Kapital A 1. 7. 01	220 000	
Maschinen 1. 7. 01	30 000		Gewinn 01	164 500	384 500 €
AfA	./. 3 000	27 000 €			
Waren		46 000 €	Kapital B 1. 7. 01	220 000	
Forderungen		400 000 €	Gewinn 01	164 500	384 500 €
Bank		295 000 €	Verbindlichkeiten		144 000 €
		913 000 €			913 000 €

Aufgabe

Die Ergänzungsbilanz für A zum 31. 12. 01 ist zu erstellen. Die steuerliche Gewinnermittlung und -verteilung ist darzustellen!

LÖSUNG:

Da die OHG das eingebrachte Betriebsvermögen des A einschließlich der Ergänzungsbilanz mit dem Buchwert angesetzt hat, tritt sie, was die AfA für die Maschinen anbelangt, in die Rechtsstellung des A ein (§ 24 Abs. 4 i. V. mit § 23 Abs. 1 und § 12 Abs. 3 UmwStG). Die Ergänzungsbilanz bleibt für den Grund und Boden bis zum Verkauf oder dessen Entnahme unverändert. Für die Maschinen kann AfA nur in Höhe von **jährlich** 4 000 € in Anspruch genommen werden (OHG: ./. 6 000 €, A + 2 000 €, hier für $1/_2$ Jahr) = 2 000 €.

Ergänzungsbilanz für A 31. 12. 01

Wenigerkapital	70 000		Grund und Boden		60 000 €
Gewinn (AfA)	./. 1 000	69 000 €	Maschinen	10 000	
			AfA	./. 1 000	9 000 €
		69 000 €			69 000 €

Es ergibt sich folgende Gewinnverteilung:

	A	B	Summe
Gewinn lt. Bilanz	164 500	164 500	329 000 €
Ergebnis lt. Erg.-Bilanz	+ 1 000		+ 1 000 €
Steuerlicher Gewinn	165 500	164 500	330 000 €

FALL 191

Einbringung eines Einzelunternehmens in eine Personengesellschaft (Ansatz der gemeinen Werte)

Sachverhalt

Wie Fall 189, jedoch wünscht A, dass das eingebrachte Betriebsvermögen mit dem gemeinen Wert in der Eröffnungsbilanz der OHG angesetzt werden soll. Eine negative Ergänzungsbilanz soll nicht erstellt werden.

Frage

Welche Eröffnungsbilanz und welche einkommensteuerlichen Folgen ergeben sich für A?

LITERATURHINWEIS

Blödtner/Bilke/Heining, Lehrbuch Buchführung und Bilanzsteuerrecht, 10. Aufl., Teil C Kapitel 3.1.2.

LÖSUNG

Die Übernahme des eingebrachten Betriebsvermögens in die Eröffnungsbilanz der OHG mit dem gemeinen Wert ist zulässig (§ 24 Abs. 2 UmwStG):

Eröffnungsbilanz OHG 1. 7. 01

Grund und Boden	145 000 €	Kapital A	220 000 €
Maschinen	30 000 €	Kapital B	220 000 €
Waren	80 000 €	Verbindlichkeiten	30 000 €
Bank	220 000 €	Sonst. Verbindlichkeiten	5 000 €
	475 000 €		475 000 €

Es ergibt sich für A ein Gewinn von 70 000 € (§ 24 Abs. 3 UmwStG):

Veräußerungspreis	220 000 €
Buchwert	./. 150 000 €
Gewinn	70 000 €

Falls A das 55. Lebensjahr vollendet hätte oder dauernd berufsunfähig wäre, müsste noch Folgendes beachtet werden: Für diesen Gewinn kommen dann die Steuerfreiheit nach § 16 Abs. 4 EStG und die Tarifvergünstigung nach § 34 EStG nur auf einen Teilbetrag von 35 000 € zur Anwendung (§ 24 Abs. 3 Satz 3 UmwStG), denn nur insoweit liegt ein Veräußerungsgewinn vor. Der darüber hinausgehende Gewinn ist laufender Gewinn, da auf der Seite des Veräußerers und auf der Seite des Erwerbers dieselbe Person Unternehmer oder Mitunternehmer ist, d. h. wirtschaftlich gesehen insoweit ein Verkauf „an sich selbst" vorliegt. Der laufende Gewinn unterliegt der Gewerbesteuer (BMF v. 25. 3. 1998, a. a. O., Tz. 24.17).

Bringt ein Einzelunternehmer seinen Betrieb in eine Personengesellschaft ein, gehören zum eingebrachten Betriebsvermögen auch die Wirtschaftsgüter, die zivilrechtlich im Eigentum des Einbringenden verbleiben, jedoch steuerrechtlich dem Betriebsvermögen der aufnehmenden Personengesellschaft zuzurechnen sind (Sonderbetriebsvermögen des Einbringenden). Für den anlässlich der Einbringung realisierten Gewinn stehen dem Einbringenden die §§ 16, 34 EStG nur zu, wenn das eingebrachte Betriebsvermögen und das Sonderbetriebsvermögen des Einbringenden mit dem gemeinen Wert angesetzt werden (BFH v. 26.1.1994 III R 39/91, BStBl 1994 II 458).

FALL 192

Einbringung zu Zwischenwerten

Sachverhalt

Wie Fall 189, jedoch wünscht A, dass das eingebrachte Betriebsvermögen mit folgenden Zwischenwerten angesetzt werden soll:

Grund und Boden	110 000 €
Maschinen	25 000 €

Frage

Welche Eröffnungsbilanz und welche einkommensteuerlichen Folgen ergeben sich für A?

Blödtner/Bilke/Heining, Lehrbuch Buchführung und Bilanzsteuerrecht, 9. Aufl., Teil C Abschn. 3 I.2.c.cc)

Die Übernahme des eingebrachten Betriebsvermögens in die Eröffnungsbilanz der OHG zu Zwischenwerten ist zulässig (§ 24 Abs. 2 UmwStG). Beim Zwischenwertansatz sind die stillen Reserven gleichmäßig aufzustocken (BFH v. 24.5.1984 I R 166/78, BStBl 1984 II 747).

Eröffnungsbilanz OHG 1.7.01

Grund und Boden	145 000 €	Kapital A	220 000 €
Maschinen	30 000 €	Kapital B	220 000 €
Waren	80 000 €	Verbindlichkeiten	30 000 €
Bank	220 000 €	Sonst. Verbindlichkeiten	5 000 €
	475 000 €		475 000 €

Da A nur die Hälfte der stillen Reserven seines Einzelunternehmens auflösen will, wird für ihn die Bildung folgender Ergänzungsbilanz erforderlich:

Ergänzungsbilanz für A 1.7.01

Minderkapital	35 000 €	Grund und Boden	30 000 €
		Maschinen	5 000 €
	35 000 €		35 000 €

Für A ergibt sich nun ein Veräußerungsgewinn. Sein eingebrachtes Betriebsvermögen ist in der Eröffnungsbilanz der OHG und in den Ergänzungsbilanzen wie folgt ausgewiesen:

BV des A in der Bilanz der OHG	220 000 €
BV des A in der Ergänzungsbilanz des A	./. 35 000 €
Verkaufspreis (§ 24 Abs. 3 Satz 1 UmwStG)	185 000 €
Buchwert des eingebrachten BV	./. 150 000 €
Gewinn	35 000 €

Auf diesen Gewinn sind § 16 Abs. 4 und § 34 Abs. 1 EStG nicht anwendbar (§ 24 Abs. 3 UmwStG). Der Gewinn unterliegt nicht der GewSt (BFH v. 29.10.1987 IV R 93/85, BStBl 1988 II 374).

FALL 193

Neueintritt eines Gesellschafters in eine OHG (Fortführung der Buchwerte)

Sachverhalt

Am Gewinn und Vermögen der Alt-OHG sind die Gesellschafter A, B und C zu einem Drittel beteiligt. Mit Wirkung vom 1.7.01 wird D gegen eine Bareinlage, die er auf den Beginn des 1.7.01 leistet, in die Gesellschaft aufgenommen; A, B, C und D sind von diesem Zeitpunkt an mit je einem Viertel an der Neu-OHG beteiligt. Die Alt-OHG hat als regelmäßigen Abschlusszeitpunkt den 30.6. und zum 30.6.01 folgende Steuerbilanz (zu Buchwerten) erstellt:

Aktiva

Grund und Boden	50 000 €
Gebäude (AK 200 000 €, AfA 2 %)	160 000 €
Maschinen (AK 180 000 €, AfA 10 % linear)	90 000 €
Fuhrpark (AK 80 000 €, AfA 20 % linear)	48 000 €
Einrichtung (AfA jährlich 2 000 €)	12 000 €
Geringwertige Wirtschaftsgüter	0 €
Waren	220 000 €
Forderungen	112 000 €
Finanzkonten	8 000 €
	700 000 €

Passiva

Kapital A	100 000 €
Kapital B	100 000 €

Kapital C	100 000 €
Verbindlichkeiten	300 000 €
Sonstige Verbindlichkeiten	60 000 €
Rückstellungen	40 000 €
	700 000 €

Die Neu-OHG behält den Abschlusszeitpunkt 30. 6. bei.

Aus dem zwischen A, B, C und D abgeschlossenen Gesellschaftsvertrag ergibt sich, dass zum 1. 7. 01 die folgenden stillen Reserven vorhanden sind:

Grund und Boden	120 000 €
Gebäude	60 000 €
Maschinen (Nutzungsdauer noch 5 Jahre)	39 000 €
Fuhrpark (Nutzungsdauer noch 3 Jahre)	12 000 €
Waren	9 000 €
	240 000 €

Aufgaben

1. Wie hoch ist die von D zu erbringende Bareinlage, wenn alle 4 Gesellschafter die gleichen Rechte und Pflichten haben? Der Betrag dieser errechneten Bareinlage ist als am 1. 7. 01 geleistet anzusehen.

2. Eine Gewinnrealisierung bei A, B und C infolge der Einbringung soll nicht eintreten. Wie muss aus Anlass der Eröffnung der Neu-OHG bilanziert werden?

3. Die Bestände an Gebäuden, Maschinen und Fuhrpark, die sich zum 30. 6. 02 mengenmäßig nicht verändert haben, sind für die OHG-Bilanz und die Ergänzungsbilanz in Staffelform zum 30. 6. 02 fortzuentwickeln. Der Warenbestand vom 30. 6. 01 wurde bis zum 30. 6. 02 vollständig veräußert.

LÖSUNG

1. Aufgabe

D muss eine Bareinlage von 180 000 € leisten. Denn wenn A, B und C ein Betriebsvermögen im Werte von 540 000 € in die Neu-OHG einbringen und sie hierfür mit insgesamt 75 % beteiligt werden, dann entsprechen 100 % = 720 000 €, so dass für D 180 000 € „übrig bleiben".

2. Aufgabe

§ 24 UmwStG erfasst auch die Aufnahme eines weiteren Gesellschafters in eine bereits bestehende Personengesellschaft (BFH v. 23. 5. 1985 IV R 210/83, BStBl 1985 II 695); hiernach ist die Buchwertfortführung zulässig.

Aktiva	Eröffnungsbilanz Neu-OHG 1. 7. 01		Passiva
Grund und Boden	170 000 €	Kapital A	180 000 €
Gebäude	220 000 €	Kapital B	180 000 €
Maschinen	129 000 €	Kapital C	180 000 €

Fuhrpark	60 000 €	Kapital D		180 000 €
Einrichtung	12 000 €	Schulden		400 000 €
Waren	229 000 €			
Forderungen	112 000 €			
Finanzkonten	188 000 €			
	1 120 000 €			1 120 000 €

Zur Vermeidung einer Gewinnrealisierung bei A, B und C ist gem. § 24 Abs. 3 UmwStG eine negative Ergänzungsbilanz zu erstellen; hierdurch ergibt sich die Buchwertfortführung.

Aktiva		Ergänzungsbilanz für A, B, C 1. 7. 01		Passiva
Wenigerkapital	A	80 000 €	Grund und Boden	120 000 €
	B	80 000 €	Gebäude	60 000 €
	C	80 000 €	Maschinen	39 000 €
			Fuhrpark	12 000 €
			Waren	9 000 €
		240 000 €		240 000 €

3. Aufgabe

Führt die Neu-OHG die Buchwerte der Alt-OHG fort, ist § 24 Abs. 4 UmwStG i.V. mit §§ 23, 12 UmwStG zu beachten. Hiernach tritt die Neu-OHG bezüglich der AfA und der Bewertungsfreiheit für geringwertige Wirtschaftsgüter in die Rechtsstellung der Alt-OHG ein, d. h. sie darf diesbezüglich nur geltend machen, was auch die Alt-OHG bei Fortbestehen als AfA und Abschreibung hätte geltend machen können. Technisch wird dies in der Weise gelöst, dass die abnutzbaren Wirtschaftsgüter des Anlagevermögens in der Handelsbilanz der OHG gem. ihrer rechnerischen Restnutzungsdauer abgeschrieben werden und dieses Zuviel an AfA mittels der Ergänzungsbilanzen korrigiert wird. Hierdurch wird gleichzeitig sichergestellt, dass der neue Gesellschafter (hier D) eine AfA vermittelt bekommt, die auf seinen (anteiligen) Anschaffungskosten basiert.

	OHG-HB	Ergänzungsbilanz für A, B, C	Ergebnis (AfA wie bisher)
	€	€	

Gebäude

1. 7. 01	220 000	./. 60 000	

Wenn das Gebäude am 30. 6. 01 einen Buchwert von 160 000 € hatte und gem. § 7 Abs. 4 EStG jährlich mit 2 % von 200 000 € abgeschrieben wurde (= rechnerische Gesamtnutzungsdauer 50 Jahre), ist es am 1. 7. 01 10 Jahre alt. Die rechnerische Restnutzungsdauer beträgt dann noch 40 Jahre. AfA folglich

OHG: $\frac{220\,000}{40}$ Erg.-Bil.: $\frac{60\,000}{40}$	./. 5 500	+ 1 500	./. 4 000 €
30. 6. 02	214 500	./. 58 500	

Maschinen

1. 7. 01	129 000	39 000	
AfA: Restnutzungsdauer 5 Jahre	./. 25 800	+ 7 800	./. 18 000 €
30. 6. 02	103 200	./. 31 200	

Fuhrpark

1.7.01	60 000	./. 12 000	
AfA: Restnutzungsdauer 3 Jahre	./. 20 000	+ 4 000	./. 16 000 €
30.6.02	40 000	./. 8 000	

Waren

1.7.01	229 000	./. 9 000	
Wareneinsatz	./. 229 000	+ 9 000	./. 220 000 €
	0	0	

Für die Ergänzungsbilanz ergibt sich ein Mehrgewinn von (1 500 € + 7 800 € + 4 000 € + 9 000 € =) 22 300 €. 1/3 von 22 300 € = 7 433 €.

Ergänzungsbilanz A, B, C 30.6.02

Wenigerkapital			Grund und Boden	120 000 €
A	80 000 €		Gebäude	58 500 €
Gewinn	7 433 €	72 567 €	Maschinen	31 200 €
B	80 000 €		Fuhrpark	8 000 €
Gewinn	7 433 €	72 567 €		
C	80 000 €			
Gewinn	7 434 €	72 566 €		
		217 700 €		217 700 €

FALL 194

Neueintritt eines Gesellschafters in eine OHG (Ansatz der gemeinen Werte)

Sachverhalt

Wie Fall 193, jedoch wünschen A, B und C, dass das Betriebsvermögen der Alt-OHG mit dem gemeinen Wert in der Neu-OHG angesetzt werden soll.

A, B und C wollen die stillen Reserven auflösen und versteuern.

Aufgaben

1. Wie muss in diesem Fall aus Anlass der Eröffnung der Neu-OHG zum 1.7.01 bilanziert werden? Auch hierbei ist die von D erbrachte Bareinlage als am 1.7.01 geleistet anzusehen.

2. Die Bestände an Gebäude, Maschinen und Fuhrpark, die sich zum 30.6.02 mengenmäßig nicht verändert haben, sind für die OHG-Bilanz in Staffelform zum 30.6.02 fortzuentwickeln. Alle vier Gesellschafter wünschen einen möglichst niedrigen Gewinn. AfA soll linear beansprucht werden.

LÖSUNG

1. Aufgabe

Aktiva	Eröffnungsbilanz Neu-OHG 1.7.01 gemeine Werte		Passiva	
Grund und Boden	170 000 €	Kapital A		180 000 €
Gebäude	220 000 €	Kapital B		180 000 €
Maschinen	129 000 €	Kapital C		180 000 €
Fuhrpark	60 000 €	Kapital D		180 000 €
Einrichtung	12 000 €	Übrige Passiva		400 000 €
Waren	229 000 €			
Forderungen	112 000 €			
Finanzkonten	188 000 €			
	1 120 000 €			1 120 000 €

2. Aufgabe

Setzt die Neu-OHG das Betriebsvermögen der Alt-OHG zum gemeinen Wert an, gilt § 23 Abs. 4 UmwStG (vgl. § 24 Abs. 4 UmwStG). Die Wirtschaftsgüter der Alt-OHG gelten bei der Neu-OHG als mit dem gemeinen Wert angeschafft.

	Gebäude	Maschinen	Fuhrpark
1.7.01	220 000	129 000	60 000
Abschreibung	4 400	25 800	20 000
30.6.02	215 600	103 200	40 000
AfA-Satz	2 %	20 %	$33\,^1/_3\,\%$

FALL 195

Einbringung mit Zuzahlung ins Privatvermögen

Sachverhalt

A und B gründen mit Wirkung vom 1.1.01 eine OHG. A ist mit 70 %, B mit 30 % am Vermögen, Gewinn und den stillen Reserven der OHG beteiligt. A bringt sein Einzelunternehmen mit einem Buchwert von 400 000 € (gemeiner Wert 600 000 €) ein. B überweist vereinbarungsgemäß 180 000 € (30 % von 600 000 €) auf ein Privatkonto des A.

Frage

Welche steuerlichen Konsequenzen ergeben sich für A und B und für die Eröffnungsbilanz der OHG?

LÖSUNG

Unter Berücksichtigung der Ausführungen im UmwSt-Erlass (Tz. 24.08 – 24.12) in der Fassung des BMF v. 11.11.2011 (BStBl 2011 I 1314) zur Anwendbarkeit des § 24 UmwStG in vergleichbaren Fällen ergibt sich Folgendes:

A bringt seinen Betrieb in die OHG ein und zwar teilweise für eigene Rechnung (hier im Umfang von 70 %) und im Übrigen für fremde Rechnung hinsichtlich des Teils seines Betriebs, den er an B zuvor veräußert hat (hier 30 %). Gedanklich müsste A (vereinfacht) buchen:

Entnahmen	180 000 € an	diverse Bestandskonten	120 000 €
		s. b. Erträge	60 000 €

Wünscht A die Einbringung insgesamt zum gemeinen Wert, ergibt sich ein Veräußerungsgewinn von insgesamt 200 000 €. Dieser ist grundsätzlich nach § 24 Abs. 3 UmwStG und §§ 16, 34 EStG begünstigt. Allerdings liegt laufender Gewinn vor, soweit A an der OHG beteiligt ist (§ 24 Abs. 3 Satz 3 UmwStG). Da A mit 70 % an der OHG beteiligt ist, ergibt sich ein laufender Gewinn von 140 000 €, der auch der Gewerbesteuer unterliegt. Lediglich der Gewinn von 60 000 € ist nach §§ 16, 34 EStG begünstigt. B hat demgegenüber Anschaffungskosten von 180 000 €.

Eröffnungsbilanz AB-OHG 1. 1. 01

Aktiva			Passiva
Diverse Bestandskonten	600 000 €	Kapital A	420 000 €
		Kapital B	180 000 €
Summe	600 000 €	Summe	600 000 €

Wünscht A die Einbringung zum Buchwert, dann steht für den auf fremde Rechnung eingebrachten Teil das Wahlrecht nach § 24 UmwStG nicht zur Verfügung. Der für eigene Rechnung eingebrachte Teil des Betriebsvermögens kann mit Buchwerten fortgeführt werden (hier also 70 % von 400 000 € =) 280 000 €. Insoweit kann bei Ansatz des gemeinen Werts in der Gesamthandsbilanz zur Neutralisierung der stillen Reserven (hier 140 000 €) eine negative Ergänzungsbilanz für A eingerichtet werden. In diesem Fall tritt zur vorstehenden Eröffnungsbilanz folgende Ergänzungsbilanz hinzu:

Ergänzungsbilanz für A 1. 1. 01

Aktiva			Passiva
Kapital	140 000 €	Diverse Bestandskonten	140 000 €
Summe	140 000 €	Summe	140 000 €

Der für fremde Rechnung eingebrachte Teil des Betriebsvermögens muss mit den Anschaffungskosten bewertet werden (hier die Zahlung des B in Höhe von 180 000 €). Die Einrichtung einer negativen Ergänzungsbilanz kommt insoweit nicht in Betracht. Es entsteht für A ein laufender Gewinn von 60 000 €, der nicht nach §§ 16, 34 EStG begünstigt ist.

1.9 Personelle Veränderungen

Personelle Veränderungen im Gesellschafterbestand können darauf beruhen, dass ein Gesellschafter ausscheidet

▶ durch Kündigung,
▶ durch Abtretung (Gesellschafterwechsel),
▶ durch Tod,
▶ aus sonstigen Gründen.

Scheidet ein Gesellschafter durch Kündigung aus (§ 131 Abs. 3 Nr. 3 HGB), wächst sein Anteil am Gesellschaftsvermögen den übrigen Gesellschaftern zu; die Gesellschaft besteht fort. Dem ausscheidenden Gesellschafter steht ein Abfindungsanspruch zu (§ 105 Abs. 3 HGB i. V. mit § 738 Abs. 1 BGB): Steuerlich ergeben sich für die verbleibenden Gesellschafter eine Anschaffung und für den ausscheidenden Gesellschafter eine Veräußerung, die nach §§ 16, 34 EStG tarifbegünstigt ist. Die Veräußerung des Anteils an einem Mitunternehmeranteil ist nicht tarifbegünstigt, wenn der Veräußerer die zu seinem Sonderbetriebsvermögen gehörenden wesentlichen Betriebsgrundlagen nicht anteilig mitüberträgt, sondern der Gesellschaft weiterhin zur Nutzung überlässt. Sie unterliegt in diesem Fall auch der Gewerbesteuer (BFH v. 12. 4. 2000 XI R 35/99, BStBl 2001 II 26, v. 24. 8. 2000 IV R 51/98, BStBl 2005 II 173, v. 10. 6. 2008 VIII R 79/05, BStBl 2008 II 863).

Wird der Anteil eines Mitunternehmers eines Betriebs **unentgeltlich übertragen**, sind bei der Ermittlung des Gewinns des bisherigen Mitunternehmers die Wirtschaftsgüter mit den Buchwerten anzusetzen (§ 6 Abs. 3 EStG); dies gilt auch bei der unentgeltlichen Aufnahme einer natürlichen Person in ein bestehendes Einzelunternehmen sowie bei der unentgeltlichen Übertragung eines Teils eines Mitunternehmeranteils auf eine natürliche Person. Es gilt ferner, wenn der bisherige Mitunternehmer Wirtschaftsgüter, die weiterhin zum Betriebsvermögen derselben Mitunternehmerschaft gehören, nicht überträgt, sofern der Rechtsnachfolger den übernommenen Mitunternehmeranteil über einen Zeitraum von mindestens fünf Jahren nicht veräußert oder aufgibt. Der Rechtsnachfolger ist an die genannten Werte gebunden. Die Aufdeckung der stillen Reserven im unentgeltlich übertragenen Mitunternehmeranteil scheidet auch dann nach § 6 Abs. 3 Satz 1 erster Halbsatz EStG aus, wenn ein funktionales wesentliches Betriebsgrundstück des Sonderbetriebsvermögens vorher bzw. zeitgleich zum Buchwert nach § 6 Abs. 5 EStG übertragen worden ist (BFH 2. 8. 2012 IV R 41/11, DStR 2012 S. 2118). Zur unentgeltlichen Übertragung von Mitunternehmeranteilen nach § 6 Abs. 3 EStG, insbesondere auch zur disquotalen Übertragung von Gesamthandsvermögen und Sonderbetriebsvermögen, vgl. auch BMF v. 3. 3. 2005, BStBl 2005 I 458 und v. 7. 12. 2006, BStBl 2006 I 766.

Ein Gesellschafter kann seinen Gesellschaftsanteil nur dann an einen gesellschaftsfremden Dritten abtreten, der an seine Stelle in die Gesellschaft eintritt, wenn dies nach dem Gesellschaftsvertrag zulässig ist oder die übrigen Gesellschafter dem Gesellschafterwechsel zustimmen; ein gesetzlicher Anspruch darauf besteht nicht. Beim eintretenden Gesellschafter ergeben sich bezüglich der Zahlung an den weichenden Gesellschafter Anschaffungskosten für seinen Anteil an den Wirtschaftsgütern des Gesamthandsvermögens; der weichende Gesellschafter bewirkt eine Veräußerung.

Der Tod eines Gesellschafters hat die Auflösung der Gesellschaft nicht zwingend zur Folge (§ 727 Abs. 1 BGB, § 105 Abs. 3 HGB). Für den Bereich der Personenhandelsgesellschaften bestimmt das HGB – abgesehen von der Zwei-Personen-Gesellschaft – die Fortführung der Gesellschaft (§ 131 Abs. 3, § 177 HGB). In der Praxis wird in der Regel der Fortbestand der Gesellschaft durch entsprechende gesellschaftsvertragliche Klauseln gesichert. In Betracht kommen folgende Klauseln:

▶ **Fortsetzungsklausel**

Hierbei wird die Gesellschaft unter den verbleibenden Gesellschaftern fortgesetzt. Die Rechtsnachfolger haben einen Abfindungsanspruch und den verbleibenden Gesellschaftern wächst der Anteil des ausgeschiedenen Gesellschafters zu (§ 738 BGB). Die steuerlichen Rechtsfolgen entsprechen denen der Kündigung.

▶ **Einfache Nachfolgeklausel**

Hierbei treten alle Rechtsnachfolger (Erben) einzeln (nicht als Erbengemeinschaft) entsprechend ihrer Erbquote in die Gesellschafterstellung des Verstorbenen ein, so dass die Gesellschaft mit ihnen fortgesetzt wird. Dabei wird bilanziell an das Buchwertkapital des Verstorbenen angeknüpft. Ertragsteuerlich handelt es sich um einen Fall § 6 Abs. 3 EStG (Buchwertfortführung).

▶ **Qualifizierte Nachfolgeklausel**

Bei der qualifizierten Nachfolgeklausel ist im Gesellschaftsvertrag bestimmt, mit wem im Todesfall eines Gesellschafters die Gesellschaft fortzusetzen ist. Dabei erlangt der qualifizierte Nachfolger den Gesellschaftsteil vom Erblasser unmittelbar in voller Höhe. Dabei ist zu beachten, dass hierdurch die Erbquote im Verhältnis zu den ausgeschlossenen Erben nicht ausgehebelt ist; diese haben möglicherweise einen Ausgleichsanspruch gegenüber dem qualifizierten Nachfolger. Ertragsteuerlich liegt grundsätzlich ein Fall des § 6 Abs. 3 EStG vor (Buchwertfortführung).

Der Erbe kann einen vom Erblasser nicht ausgenutzten **Verlustabzug nach § 10 d EStG** nicht bei seiner eigenen Veranlagung zur Einkommensteuer geltend machen. Jedoch ist die bisherige gegenteilige Rechtsprechung des BFH aus Gründen des Vertrauensschutzes weiterhin in allen Erbfällen anzuwenden, die bis zum Ablauf des Tages der Veröffentlichung dieses Beschlusses eingetreten sind (BFH 17. 12. 2007 GrS 2/04, BStBl 2008 II 608). Das wäre der 12. 3. 2008 gewesen, denn an diesem Tag wurde der Beschluss auf der Internetseite des BFH veröffentlicht. In Abweichung von der vorstehenden Entscheidung ist die bisherige Rechtsprechung weiterhin bis zum Ablauf des Tages der Veröffentlichung der Entscheidung im Bundessteuerblatt anzuwenden, hier also bis zum **18. 8. 2008** (BMF v. 24. 7. 2008, BStBl 2008 I 809).

FALL 196

Ausscheiden eines Gesellschafters (Abfindung über dem Nominalbetrag)

Sachverhalt

Am Gewinn und Vermögen einer OHG sind A, B und C zu je einem Drittel beteiligt. Das Wirtschaftsjahr der OHG stimmt mit dem Kalenderjahr überein. Gesellschafter C scheidet mit Wirkung vom 1. 1. 02 durch Kündigung gem. § 131 Abs. 3 Nr. 3 HGB aus der OHG aus.

Zum 31. 12. 01 liegt folgende Schlussbilanz vor, in der die OHG das Betriebsvermögen nach den steuerrechtlichen Vorschriften über die Gewinnermittlung angesetzt hat (Buchwerte):

Schlussbilanz OHG 31. 12. 01

Grund und Boden		200 000 €	Kapital A	
Gebäude			1. 1. 01	150 000 €
1. 1. 01	300 000 €		Gewinn 01	+ 45 000 €	195 000 €
AfA 2 %	./. 10 000 €	290 000 €	**Kapital B**	
Maschinen			1. 1. 01	200 000 €
1. 1. 01	130 000 €		Gewinn 01	+ 45 000 €	245 000 €

AfA 10 %	./. 20 000 €	110 000 €	Kapital C		
			1.1.01	175 000 €	
			Gewinn 01	+ 45 000 €	220 000 €
			Verbindlichkeiten		45 000 €
Forderungen		60 100 €			
Waren		40 900 €			
Finanzkonten		4 000 €			
		705 000 €			705 000 €

Im Rahmen der Auseinandersetzung wurde Einigkeit darüber erzielt, dass folgende stille Reserven vorhanden sind:

	Buchwert	Teilwert	Stille Res.
Grund und Boden	200 000 €	290 000 €	90 000 €
Gebäude (Baujahr 1980)	290 000 €	470 000 €	180 000 €
Maschinen	110 000 €	140 000 €	30 000 €
Waren	40 900 €	52 900 €	12 000 €
Firmenwert	0 €	60 000 €	60 000 €
			372 000 €

Da von den stillen Reserven auf C ein Drittel entfallen, erhielt er als Abfindung:

Buchwert Kapitalkonto	220 000 €
$^1/_3$ von 372 000 € =	124 000 €
Abfindungssumme	344 000 €

Die Abfindungssumme wurde am 20.1.02 vom Bankkonto der OHG an C überwiesen.

Fragen

1. Wie sieht die Eröffnungsbilanz der OHG zum 1.1.02 aus?

2. Wie sind die in der Eröffnungsbilanz ausgewiesenen Wirtschaftsgüter fortzuführen, wenn sich für 02 lediglich die folgenden vier Geschäftsvorfälle ereignet haben:

   a) Bareinkauf von Waren für 500 000 € + 95 000 € USt,

   b) Barverkauf von Waren für 1 000 000 € + 190 000 € USt,

   c) Zahlung von USt an das Finanzamt 95 000 €,

   d) Überweisung der Abfindung an C: 344 000 €.

   Warenbestand zum 31.12.02: 40 900 €. (zwingend anzusetzender Teilwert)

   Die Nutzungsdauer für das Gebäude beträgt unverändert 50 Jahre.

3. Welche steuerlichen Folgen ergeben sich für C (58 Jahre alt)?

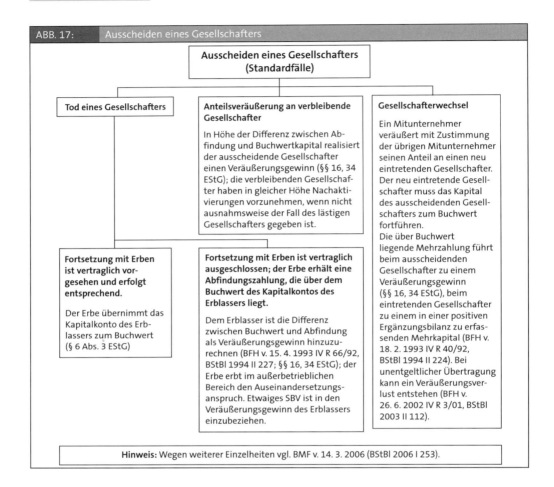

ABB. 17: Ausscheiden eines Gesellschafters

Ausscheiden eines Gesellschafters (Standardfälle)

Tod eines Gesellschafters

Anteilsveräußerung an verbleibende Gesellschafter

In Höhe der Differenz zwischen Abfindung und Buchwertkapital realisiert der ausscheidende Gesellschafter einen Veräußerungsgewinn (§§ 16, 34 EStG); die verbleibenden Gesellschafter haben in gleicher Höhe Nachaktivierungen vorzunehmen, wenn nicht ausnahmsweise der Fall des lästigen Gesellschafters gegeben ist.

Gesellschafterwechsel

Ein Mitunternehmer veräußert mit Zustimmung der übrigen Mitunternehmer seinen Anteil an einen neu eintretenden Gesellschafter. Der neu eintretende Gesellschafter muss das Kapital des ausscheidenden Gesellschafters zum Buchwert fortführen.
Die über Buchwert liegende Mehrzahlung führt beim ausscheidenden Gesellschafter zu einem Veräußerungsgewinn (§§ 16, 34 EStG), beim eintretenden Gesellschafter zu einem in einer positiven Ergänzungsbilanz zu erfassenden Mehrkapital (BFH v. 18. 2. 1993 IV R 40/92, BStBl 1994 II 224). Bei unentgeltlicher Übertragung kann ein Veräußerungsverlust entstehen (BFH v. 26. 6. 2002 IV R 3/01, BStBl 2003 II 112).

Fortsetzung mit Erben ist vertraglich vorgesehen und erfolgt entsprechend.

Der Erbe übernimmt das Kapitalkonto des Erblassers zum Buchwert (§ 6 Abs. 3 EStG)

Fortsetzung mit Erben ist vertraglich ausgeschlossen; der Erbe erhält eine Abfindungszahlung, die über dem Buchwert des Kapitalkontos des Erblassers liegt.

Dem Erblasser ist die Differenz zwischen Buchwert und Abfindung als Veräußerungsgewinn hinzuzurechnen (BFH v. 15. 4. 1993 IV R 66/92, BStBl 1994 II 227; §§ 16, 34 EStG); der Erbe erbt im außerbetrieblichen Bereich den Auseinandersetzungsanspruch. Etwaiges SBV ist in den Veräußerungsgewinn des Erblassers einzubeziehen.

Hinweis: Wegen weiterer Einzelheiten vgl. BMF v. 14. 3. 2006 (BStBl 2006 I 253).

LÖSUNG

Scheidet ein Gesellschafter aus einer Personengesellschaft aus, so wächst sein Anteil am Gesellschaftsvermögen den übrigen Gesellschaftern zu (§ 105 Abs. 3 HGB, § 738 BGB). Die Gesellschaft besteht fort. Der ausscheidende Gesellschafter hat Anspruch auf eine Abfindung, die dem wirklichen Wert seines Anteils am Gesellschaftsvermögen entspricht. Der Abfindungsbetrag stellt die Anschaffungskosten der verbleibenden Gesellschafter für den Anteil des ausgeschiedenen Gesellschafters am Aktivvermögen der Personengesellschaft dar und ist bei den entsprechenden Wirtschaftsgütern zu aktivieren. Die Aufstellung von Ergänzungsbilanzen ist nicht geboten.

Bei Veräußerung eines Anteils an einer Personengesellschaft, der nach der vertraglichen Vereinbarung der Beteiligten mit Wirkung vom 1. Januar eines Jahres verkauft wird, ist nicht allein auf den Wortlaut des Vertrages abzustellen, sondern unter Würdigung aller Umstände zu entscheiden, welchem Feststellungszeitraum der Veräußerungsgewinn zuzurechnen ist. Der Vertrag ist grundsätzlich, sofern die Abmachung des Zeitpunkts „mit Wirkung vom 1. Januar" von den Beteiligten klar getroffen und nicht tatsächlich schon früher vollzogen ist, erst in diesem Jahr, nicht schon am 31. 12. des Vorjahres realisiert (BFH v. 22. 9. 1992 VIII R 7/90, BStBl 1993 II 228).

Der Veräußerungsgewinn ist somit für C erst in 02 realisiert und in 02 zu versteuern. Für die übrigen Gesellschafter bedeutet dies, dass sich für sie zusätzliche Anschaffungskosten erst zu Beginn des Jahres 02 ergeben.

Im Einzelnen ergeben sich folgende Aufstockungen, die von der OHG in 02 vorzunehmen sind:

Grund und Boden:	+ 30 000 € auf	230 000 €
Gebäude:	+ 60 000 € auf	350 000 €
Maschinen:	+ 10 000 € auf	120 000 €
Waren:	+ 4 000 € auf	44 900 €
Firmenwert:	+ 20 000 € auf	20 000 €

Außerdem ist das Kapitalkonto des C aufzulösen und dafür eine Schuld an C einzubuchen. Zu Anfang des Jahres 02 wird somit folgende Buchung erforderlich:

Grund und Boden	30 000 €		
und Gebäude	60 000 €		
und Maschinen	10 000 €		
und Waren	4 000 €		
und Firmenwert	20 000 €		
und Kapital C	220 000 €	an Verbindlichkeiten	344 000 €

Die Erstellung einer Anfangsbilanz 1. 1. 02, in der die Aufstockungen bereits erfolgt sind, würde einen Verstoß gegen den Grundsatz der Bilanzidentität darstellen, sie kann aber m. E. aus buchführungspraktischen Gründen toleriert werden, zumal von ihr keine fehlerhaften Rechtsfolgen ausgehen, sofern für den Betriebsvermögensvergleich auf die Bilanz vom 31. 12. 01 zurückgegriffen wird, was ohnehin gem. § 4 Abs. 1 EStG geboten ist. Unter Weglassung der vorstehenden Buchungen ergibt sich dann folgende Eröffnungsbilanz:

Eröffnungsbilanz OHG 1. 1. 02

Firmenwert	20 000 €	Kapital A	195 000 €
Grund und Boden	230 000 €	Kapital B	245 000 €
Gebäude	350 000 €	Verbindlichkeiten	45 000 €
Maschinen	120 000 €	Schuld an C	344 000 €
Forderungen	60 100 €		
Waren	44 900 €		
Finanzkonten	4 000 €		
	829 000 €		829 000 €

Aufgrund der Geschäftsvorfälle und der Inanspruchnahme von AfA ergibt sich zum 31.12.02 folgende Schlussbilanz:

Schlussbilanz OHG 31.12.02

Firmenwert	18 667 €	**Kapital A**	
Grund und Boden	230 000 €	1.1.02	195 000 €
Gebäude	340 200 €	Gewinn 02	231 524 €	426 524 €
Maschinen	98 182 €	**Kapital B**	
		1.1.02	245 000 €
Forderungen	60 100 €	Gewinn 02	231 525 €	476 525 €
Waren	40 900 €	Verbindlichkeiten		45 000 €
Finanzkonten	160 000 €		
	948 049 €			948 049 €

Die einzelnen Konten entwickeln sich wie folgt:

Gebäude

1.1.02	350 000 €
Ursprüngliche Bemessungsgrundlage für A und B:	
$^2/_3$ von 500 000 € =	333 333 €
Anschaffungskosten für den dem C abgekauften Gebäudeteil:	
$^1/_3$ von 470 000 € =	156 667 €
Neue Bemessungsgrundlage	490 000 €
2 % von 490 000 € =	9 800 €
31.12.02	340 200 €

Fraglich ist, ob A und B den von C erworbenen Gebäudeteil gem. § 7 Abs. 4 EStG isoliert mit 2 % von 156 667 € abschreiben können/müssen. Dann wäre der Gebäudeansatz von 350 000 € gedanklich aufzuspalten in einen Teilbetrag von ($^2/_3$ von 290 000 € =) 193 333 €, der mit jährlich ($^2/_3$ von 10 000 € =) 6 667 € und einen Teilbetrag von 156 667 €, der mit jährlich 3 133 € abzuschreiben wäre. Dem steht entgegen, dass Gegenstand der Bilanzierung das ganze Gebäude ist, für das A und B (besser: die OHG) nach dem Ausscheiden des C insgesamt (333 333 € + 156 667 € =) 490 000 € aufgewendet haben. Nach der zwingenden Regelung des § 7 Abs. 4 EStG beträgt die Gebäude-AfA – unabhängig vom Buchwert – 2 % der Anschaffungskosten (für das Gebäude als Ganzes). Die Verkürzung des AfA-Betrages auf 3 133 € nach Verbrauch der 193 333 € hat m. E. keine gesetzliche Grundlage. Sie ist auch aus Praktikabilitätserwägungen abzulehnen: Man stelle sich nur eine KG mit 20 Gesellschaftern vor, bei der alle 2 Jahre ein Kommanditist ausscheidet. Nach 10 Jahren dürfte der AfA-Inanspruchnahme ein kaum noch zu durchschauendes AfA-Volumen gegenüberstehen.

Maschinen

1.1.02	120 000 €
AfA	
Ursprüngliche Anschaffungskosten	200 000 €
AfA für 4$^1/_2$ Jahre à 10 %	90 000 €
Wert 31.12.01	110 000 €
Weitere Anschaffungskosten	10 000 €

zu verteilen auf die Rest-ND von	120 000 €
$5^{1}/_{2}$ Jahren =	./. 21 818 €
31. 12. 02	98 182 €

Finanzkonten

1. 1. 02	4 000 €
Einnahmen aus Warenverkäufen	+1 190 000 €
Ausgaben für Wareneinkäufe	./. 595 000 €
Abführung der USt an das Finanzamt	./. 95 000 €
Überweisung der Abfindung an C	./. 344 000 €
31. 12. 02	160 000 €

Das Konto „Gewinn- und Verlustrechnung" zeigt folgendes Bild:

Gewinn- und Verlustkonto 02

AfA Gebäude	9 800 €	Rohgewinn	500 000 €
AfA Maschinen	21 818 €		
AfA Firmenwert	1 333 €		
Warenbestandsänderung	4 000 €		
Gewinn	463 049 €		
	500 000 €		500 000 €

Der ausgeschiedene Gesellschafter C realisiert in 02 einen Veräußerungsgewinn, auf den §§ 16, 34 EStG anwendbar sind. Der Veräußerungsgewinn beträgt 124 000 €:

Abfindung	344 000 €
Buchwert des Betriebsvermögens	./. 220 000 €
Veräußerungsgewinn	124 000 €

Die steuerliche Gewinnermittlung und -verteilung sieht für 01 und 02 folgendermaßen aus:

01

	A	B	C	Summe
	45 000 €	45 000 €	45 000 €	135 000 €

02

	A	B	C	Summe
Laufender Gewinn	231 524 €	231 525 €	0 €	463 049 €
Veräußerungsgewinn			124 000 €	124 000 €
				587 049 €

FALL 197

Ausscheiden eines Gesellschafters (Abfindung unter dem Nominalbetrag)

Sachverhalt

Wie Fall 196, jedoch wurde im Rahmen der Auseinandersetzung Einigung darüber erzielt, dass bei folgenden Wirtschaftsgütern der Teilwert vom Buchwert abweicht:

	Buchwert	Teilwert	Unterschied
Grund und Boden	200 000 €	170 000 €	./. 30 000 €
Gebäude	290 000 €	230 000 €	./. 60 000 €
Maschinen	110 000 €	95 000 €	./. 15 000 €
Waren	40 900 €	46 900 €	+ 6 000 €
			./. 99 000 €

Die Minderwerte sind voraussichtlich nicht von Dauer. Ein Firmenwert ist nicht vorhanden. C wurde eine Abfindung über 187 000 € gewährt:

Buchwert Kapitalkonto	220 000 €
Anteil am Minderwert (1/3 von 99 000 € =)	33 000 €
Abfindungssumme	187 000 €

Die Abfindungssumme wurde am 20. 1. 02 vom Bankkonto der OHG an C überwiesen.

Fragen Wie Fall 196.

LÖSUNG

Da der ausscheidende Gesellschafter C weniger erhält als der Buchwert seines Kapitalkontos ausmacht, führt das für die verbleibenden Gesellschafter A und B zu einer entsprechenden Herabsetzung der Buchwerte der einzelnen Wirtschaftsgüter (BFH v. 12. 12. 1996 IV R 77/93, BStBl 1998 II 180). Denn eine Bilanzierung über den tatsächlichen Anschaffungskosten ist unzulässig (§ 6 Abs. 1 Nr. 1 und 2 EStG). Zum 1. 1. 02 ergibt sich folgende Bilanz (wegen der fehlenden Bilanzidentität vgl. Lösung zum vorhergehenden Fall):

Eröffnungsbilanz OHG 1. 1. 02

Grund und Boden	190 000 €	Kapital A	195 000 €
Gebäude	270 000 €	Kapital B	245 000 €
Maschinen	105 000 €	Verbindlichkeiten	45 000 €
		Schuld an C	187 000 €
Forderungen	60 100 €		
Waren	42 900 €		
Finanzkonten	4 000 €		
	672 000 €		672 000 €

Aufgrund der Geschäftsvorfälle und der Inanspruchnahme von AfA ergibt sich zum 31. 12. 02 folgende Schlussbilanz:

Schlussbilanz OHG 31. 12. 02

Grund und Boden	190 000 €	**Kapital A**		
Gebäude	261 800 €	1. 1. 02	195 000 €	
Maschinen	85 910 €	Gewinn	235 355 €	430 355 €
		Kapital B		
Forderungen	60 100 €	1. 1. 02	245 000 €	
Waren	40 900 €	Gewinn	235 355 €	480 355 €

Finanzkonten	317 000 €	Verbindlichkeiten	45 000 €
	955 710 €		955 710 €

Die einzelnen Konten entwickeln sich wie folgt:

Gebäude

1. 1. 02		270 000 €
Ursprüngliche Bemessungsgrundlage für A und B:		
$^2/_3$ von 500 000 € =	333 333 €	
Anschaffungskosten für den dem C abgekauften Gebäudeteil:		
$^1/_3$ von 230 000 € =	76 667 €	
Neue Bemessungsgrundlage	410 000 €	
2 % von 410 000 € =		./. 8 200 €
31. 12. 02		261 800 €

Maschinen

1. 1. 02	105 000 €
AfA gemäß Rest-ND von 5,5 Jahren (105 000 €/5,5 =)	./. 19 090 €
31. 12. 02	85 910 €

Finanzkonten

1. 1. 02	4 000 €
Einnahmen aus Warenverkäufen	+ 1 190 000 €
Ausgaben für Wareneinkäufe	./. 595 000 €
Abführung der USt an Finanzamt	./. 95 000 €
Überweisung der Abfindung an C	./. 187 000 €
31. 12. 02	317 000 €

Gewinn- und Verlustkonto 02

AfA Gebäude	8 200 €	Rohgewinn	500 000 €
AfA Maschinen	19 090 €		
Warenbestandsänderung	2 000 €		
Gewinn	470 710 €		
	500 000 €		500 000 €

Der ausgeschiedene Gesellschafter C realisiert in 02 einen Veräußerungsverlust. Der Veräußerungsverlust beträgt 33 000 €.

Steuerliche Gewinnermittlung und -verteilung für 01 und 02:

01

	A	B	C	Summe
Laufender Gewinn	45 000 €	45 000 €	45 000 €	135 000 €

02

	A	B	C	Summe
Laufender Gewinn	235 355 €	235 355 €		470 710 €
Veräußerungsverlust			./. 33 000 €	./. 33 000 €
				437 710 €

FALL 198

Gesellschafterwechsel

Sachverhalt

Wie Fall 196, jedoch veräußert C mit Wirkung vom 1.1.02 seinen Anteil an D für 344 000 €. A und B haben dem Gesellschafterwechsel unter der Bedingung zugestimmt, dass D das Kapitalkonto des C unverändert übernimmt. D hat den Kaufpreis von 344 000 € noch am 1.1.02 an C gezahlt.

Fragen

1. Welche Eröffnungsbilanzen werden zum 1.1.02 zu erstellen sein?

2. Wie ist die Ergänzungsbilanz für D zum 31.12.02 fortzuentwickeln, wenn D einen möglichst niedrigen Gewinnanteil wünscht? AfA ist linear zu gewähren.

3. Welche einkommensteuerlichen Folgen zieht der Gesellschafterwechsel für C nach sich?

LITERATURHINWEIS

Blödtner/Bilke/Heining, Lehrbuch Buchführung und Bilanzsteuerrecht, 10. Aufl., Teil C Kapitel 7.2.

LÖSUNG

Durch einen Gesellschafterwechsel ändert sich nicht die Rechtspersönlichkeit der Personengesellschaft. Es wird dadurch auch keine neue Personengesellschaft gegründet. Der von D gezahlte Kaufpreis kann nicht in voller Höhe in der Bilanz der OHG ausgewiesen werden, da dem die getroffenen Vereinbarungen mit A und B entgegenstehen. Der Unterschiedsbetrag zwischen dem Buchwert der Beteiligung und dem Kaufpreis ist in einer Ergänzungsbilanz für D auszuweisen.

Eröffnungsbilanz OHG 1.1.02

Grund und Boden	200 000 €	Kapital A	195 000 €
Gebäude	290 000 €	Kapital B	245 000 €
Maschinen	110 000 €	Kapital D	220 000 €
		Verbindlichkeiten	45 000 €
Forderungen	60 100 €		
Waren	40 900 €		
Finanzkonten	4 000 €		
	705 000 €		705 000 €

Ergänzungsbilanz für D 1. 1. 02

Mehrwerte für		Mehrkapital	124 000 €
Firmenwert	20 000 €		
Grund und Boden	30 000 €		
Gebäude	60 000 €		
Maschinen	10 000 €		
Waren	4 000 €		
	124 000 €		124 000 €

Soweit die Mehrzahlung auf die Maschinen entfällt, ist hierauf von D AfA in Anspruch zu nehmen: 18,18 % gem. § 7 Abs. 1 EStG (Rest-ND der Maschinen 5,5 Jahre). Die Mehrzahlung für das Gebäude ist wie folgt zu behandeln: Die Anschaffungskosten des D für seinen Anteil am Gebäude betrugen 156 666 € ($^1/_3$ des Teilwerts von 470 000 €); dieser Betrag entspricht der AfA-Bemessungsgrundlage. D darf folglich steuerlich nur AfA in Anspruch nehmen in Höhe von jährlich 2 % von 156 666 € = 3 133 € (§ 7 Abs. 4 EStG). Tatsächlich erhält er durch die AfA-Inanspruchnahme der OHG für das Gebäude in der Hauptbilanz, in der weiter die AfA mit jährlich 10 000 € vorgenommen wird, 3 333 € im Rahmen der Gewinnverteilung, und dies für 29 Jahre, bis der Buchwert von 290 000 € aufgezehrt ist. Andererseits steht D nach Ablauf der 29 Jahre weiterhin AfA zu in Höhe von 3 133 €, und zwar für zusätzlich 21 Jahre, weil dann erst die anteiligen Anschaffungskosten des D in Höhe von 156 666 € verbraucht sind. Demzufolge kann D auf die in der Ergänzungsbilanz aktivierten 60 000 € keine AfA erhalten, im Gegenteil, der Aktivposten „Gebäude" ist 29 Jahre lang jährlich um 200 € aufzustocken (Buchung: Gebäude an AfA), um sicherzustellen, dass D jährlich maximal nur 3 133 € AfA erhält (dies allerdings 50 Jahre lang). Nach 29 Jahren ergibt sich in der Ergänzungsbilanz des D für das Gebäude ein Wert von 65 800 € (AfA-Korrektur für 29 Jahre à 200 € = 5 800 €). Dieser Betrag ist anschließend mit jährlich 3 133 € abzuschreiben, so dass nach 21 Jahren die Vollabsetzung eingetreten ist (21 x 3 133 € = 65 793 €).

Da D einen möglichst niedrigen Gewinn wünscht, ergibt sich für ihn folgende Schlussbilanz zum 31. 12. 02 und folgende GuV 02:

Ergänzungsbilanz für D 31. 12. 02

Mehrwerte für			Mehrkapital		
Firmenwert		18 667 €	1. 1. 02	124 000 €	
Grund und Boden		30 000 €	Verlust	6 951 €	117 049 €
Gebäude					
1. 1. 02	60 000 €				
AfA-Korrektur	+ 200 €	60 200 €			
Maschinen					
1. 1. 02	10 000 €				
AfA	./. 1 818 €	8 182 €			
		117 049 €			117 049 €

Sonder-GuV für D 02			
AfA Maschinen	1 818 €	AfA-Korrektur Gebäude	200 €
AfA Firmenwert	1 333 €	Verlust	6 951 €
Warenbestandsänderung	4 000 €		
	7 151 €		7 151 €

Der Gewinn der OHG und der Gewinnanteil des D sind für 02 um jeweils 6 951 € zu mindern.

Für C ergibt sich für 02 ein Veräußerungsgewinn in Höhe von 124 000 €, auf den die §§ 16, 34 EStG anwendbar sind.

FALL 199

Ausscheiden mit Teilentgelt

Sachverhalt

Eine OHG hat zum 31. 12. 01 folgende Bilanz erstellt:

Steuerbilanz 31. 12. 01			
Grund und Boden	100 000 €	Kapital A	400 000 €
Gebäude	600 000 €	Kapital B	400 000 €
Maschinen	600 000 €	Kapital C	400 000 €
		Verbindlichkeiten	100 000 €
	1 300 000 €		1 300 000 €

Am Gewinn/Verlust und am Vermögen sind A, B und C zu je einem Drittel beteiligt. C (58 Jahre alt) scheidet zum 31. 12. 01 durch Kündigung aus der OHG aus. Gebäude und Maschinen haben je einen Teilwert von 900 000 €. Da von den stillen Reserven von insgesamt 600 000 € ein Drittel auf C entfällt, könnte C als Abfindung 600 000 € verlangen. C ist jedoch der Vater von A und B und begnügt sich aus privaten Gründen mit 500 000 € als Abfindung. Die OHG hat das Gebäude seinerzeit für 780 000 € angeschafft und bisher mit jährlich 2 % = 15 600 € abgeschrieben. Die Anschaffungskosten der Maschinen betrugen seinerzeit 1 000 000 €; die AfA berechnete sich jährlich mit 100 000 € (Gesamt-ND 10 Jahre, Rest-ND am 1. 1. 02 6 Jahre).

Frage

Ertragsteuerliche Auswirkungen für A, B und C?

LÖSUNG

Bleibt die Abfindung (aus privaten Gründen) hinter dem Verkehrswert des Mitunternehmeranteils zurück, spricht man von einem teilentgeltlichen Geschäft. Zwar beinhaltet solch ein gemischtes Geschäft sowohl eine entgeltliche als auch eine unentgeltliche Anteilsübertragung, so dass der Vorgang in einen voll entgeltlichen Teil und einen voll unentgeltlichen aufgespaltet werden könnte (und in Fällen des § 17 EStG aufgespalten werden muss). Das ist aber bei der Übertragung eines Mitunternehmeranteils (oder Betriebs) nicht erforderlich. Die teilentgeltliche

Übertragung ist vielmehr als ein einheitlicher Vorgang zu betrachten. Der Erwerber kann gem. § 6 Abs. 3 EStG die stillen Reserven seines Vorgängers insoweit fortführen, als sie durch die gewährte Gegenleistung nicht aufgelöst worden sind; das entspricht dem Sinn der Buchwert-Fortführung (BFH v. 10.7.1986 IV R 12/81, BStBl 1986 II 811, H 16 Abs. 7 „Veräußerungsgewinn" EStH).

Im vorliegenden Fall handelt es sich um solch ein teilentgeltliches Geschäft. C realisiert einen nach Maßgabe der §§ 16, 34 EStG zu behandelnden Veräußerungsgewinn in Höhe von 100 000 €. A und B müssen das Gebäude- und das Maschinenkonto um jeweils 50 000 € aufstocken. Die künftige Gebäude-AfA beträgt 2 % von (520 000 € + 250 000 €) = 15 400 €. Die künftige Maschinen-AfA berechnet sich mit $^{650\,000}/_6$ = 108 333 €.

HINWEIS

Überträgt ein Mitunternehmer seinen Gesellschaftsanteil ohne Entgelt auf einen fremden Dritten, so erleidet er in Höhe des Buchwerts einen Veräußerungsverlust, sofern die Übertragung keine freigebige Zuwendung darstellt (BFH v. 26.6.2002 IV R 3/01, BStBl 2003 II 112).

FALL 200

Ausscheiden eines lästigen Gesellschafters

Sachverhalt

Das Kapitalkonto des Gesellschafters C (58 Jahre alt) weist im Ausscheidenszeitpunkt 31.12.01 einen Buchwert von 200 000 € aus. Obwohl keine stillen Reserven und auch kein Firmenwert vorhanden sind, erhält er als Abfindung einen Betrag von 250 000 €. Die übrigen Gesellschafter opferten diesen Mehrbetrag, um den nachweislich lästig gewordenen Gesellschafter „loszuwerden".

Frage

Ertragsteuerliche Auswirkung?

LÖSUNG

C realisiert in 01 einen nach Maßgabe der §§ 16, 34 EStG zu behandelnden Veräußerungsgewinn in Höhe von 50 000 €. Für die übrigen Gesellschafter ergeben sich in gleicher Höhe sofort abziehbare Betriebsausgaben. Da es sich für sie um einen Geschäftsvorfall des Jahres 01 handelt, ist der Betriebsausgabenabzug m. E. in 01 vorzunehmen; in diesem Fall handelt es sich für die übrigen Gesellschafter um Sonderbetriebsausgaben des Jahres 01.

FALL 201

Ausscheiden mit Sachwertabfindung

Sachverhalt

A, B und C sind zu je $^1/_3$ an der ABC-OHG beteiligt. C scheidet zum 31. 12. 01 durch Kündigung aus. A und B übernehmen seinen Anteil. Die Bilanz im Ausscheidenszeitpunkt stellt sich zu Buchwerten in € wie folgt dar:

Aktiva		Passiva	
Grundstück	100 000	Kapital A	180 000
Gebäude	200 000	Kapital B	210 000
Wertpapiere	150 000	Kapital C	210 000
Sonstige Besitzposten	200 000	Verbindlichkeiten	50 000
Summe	650 000	Summe	650 000

Die Teilwerte betragen:

Grundstück:	160 000 €
Gebäude:	320 000 €
Wertpapiere:	240 000 €
Summe	720 000 €
Buchwerte für diese Positionen	./. 450 000 €
Stille Reserven	270 000 €
Anteil des C $^1/_3$	90 000 €
Kapitalkonto des C	210 000 €
Abfindungsanspruch	300 000 €

C erhält in Anrechnung auf seinen Abfindungsanspruch noch am 31. 12. 01 die bilanzierten Wertpapiere sowie 60 000 € durch Überweisung am 15. 1. 02. C nimmt die Wertpapiere in sein **privates Depot**.

Abwandlung

C ist Einzelunternehmer und wird dort die Wertpapiere als gewillkürtes Betriebsvermögen einlegen. Die Behandlung als gewillkürtes Betriebsvermögen ist steuerlich zulässig.

Frage

Welche steuerlichen Konsequenzen ergeben sich?

LÖSUNG

C realisiert einen Veräußerungsgewinn i. S. von §§ 16, 34 EStG in Höhe von 90 000 €.

Für A und B ergibt sich steuerlich hinsichtlich des Gesellschaftsanteils des C eine Anschaffung (handelsrechtlich Anwachsung) und gleichzeitig eine Veräußerung der Wertpapiere. Der durch die Veräußerung der Wertpapiere entstandene Gewinn in Höhe von insg. 90 000 € stellt in

Höhe von 60 000 € bei A und B laufenden Gewinn des Jahres 01 dar und erhöht deren Kapital-konto zum 31. 12. 01 (siehe unten); die restlichen 30 000 € werden bei C als Teil des tarifbegüns-tigten Veräußerungsgewinns erfasst. Für die verbleibenden Gesellschafter ergibt sich nach dem Ausscheiden des C folgende Bilanz in €:

Aktiva			Passiva
Grundstück	120 000	Kapital A	210 000
Gebäude	240 000	Kapital B	240 000
Sonstige Besitzposten	200 000	Verbindlichkeiten	50 000
		Abfindungsschuld	60 000
Summe	560 000	Summe	560 000

Abwandlung

Die Übertragung der Wertpapiere in das einzelunternehmerische Betriebsvermögen des C muss zwingend zum Buchwert erfolgen (§ 6 Abs. 5 Satz 3 EStG: Minderung der Gesellschaftsrechte). Insoweit ergibt sich kein Veräußerungsgewinn bei C und kein laufender Gewinn bei den verblei-benden Gesellschaftern. Wird die Sperrfrist nach § 6 Abs. 5 Satz 4 EStG nicht eingehalten, erfolgt ein rückwirkender gewinnrealisierender Ansatz des Teilwerts.

1.10 Beendigung der Personengesellschaft

1.10.1 Liquidation

Zivilrechtlich findet nach der Auflösung der Gesellschaft die Liquidation statt (§§ 145 – 158 HGB, § 730 BGB). Wegen der Auflösungsgründe vgl. § 131 HGB.

Steuerrechtlich besteht die Mitunternehmerschaft bis zur Beendigung der Liquidation fort. Die §§ 16, 34 EStG sind anwendbar, wenn die dort genannten persönlichen Voraussetzungen erfüllt sind. Ein unter § 16 EStG fallender Veräußerungsgewinn unterliegt nicht der GewSt (Abschn. 7.1 Abs. 3 GewStR). Die GewSt-Pflicht selbst endet mit der Einstellung jeden Verkaufs (Abschn. 2.6 Abs. 1 GewStR).

In der Praxis ergeben sich im Regelfall folgende Liquidationsgestaltungen:

a) Veräußerung des Betriebsvermögens im Ganzen an einen oder mehrere Abnehmer: Fall des § 16 Abs. 1 EStG.

b) Allmähliche Einzelveräußerungen der Wirtschaftsgüter: Fall des § 16 Abs. 3 EStG. Hierbei ist zu beachten: Erfolgt die Einzelveräußerung der Wirtschaftsgüter nicht innerhalb eines kur-zen Zeitraums, liegt eine Fortsetzung der gewerblichen Tätigkeit vor, so dass § 16 Abs. 3 EStG nicht angewendet werden kann. Ein Abwicklungszeitraum von mehr als 36 Monaten ist auf jeden Fall zu lang (BFH v. 26. 4. 2001 IV R 14/00, BStBl 2001 II 798). Bei einer Veräußerung innerhalb angemessener Frist gehört der Gewinn aus dem normalen Warenverkauf einschl. Räumungsverkauf nicht zum begünstigten Veräußerungsgewinn; hierbei handelt es sich um laufenden Gewinn. Begünstigt ist somit nur der Verkauf des Anlagevermögens und sonstiger Gegenstände des Umlaufvermögens (z. B. Wertpapiere; vgl. BFH v. 1. 12. 1988 IV R 140/86, BStBl 1989 II 368, v. 29. 11. 1988 VIII R 316/82, BStBl 1989 II 602, H 16 Abs. 9 „Räumungsver-kauf" EStH).

c) Einstellung des Betriebs und Überführung der Wirtschaftsgüter ins Privatvermögen der Mitunternehmer: Fall des § 16 Abs. 3 EStG.

Eine nach Grund und Höhe ungewisse betriebliche Schadensersatzforderung bleibt auch nach Aufgabe des Betriebs Betriebsvermögen. Wird der Streit über die Schadensersatzforderung nach der Betriebsaufgabe durch Urteil oder Vergleich beigelegt, liegt ein rückwirkendes Ereignis vor. Der Betriebsaufgabegewinn ist nach Maßgabe des Urteils oder Vergleichs zu ermitteln (BFH v. 10. 2. 1994 IV R 37/92, BStBl 1994 II 564). Wird im Rahmen einer Betriebsaufgabe ein betrieblich genutzter Grundstücksteil in das Privatvermögen überführt, so ist zur Ermittlung des Aufgabegewinns der gemeine Wert des gesamten Grundstücks in aller Regel nach einem Größenmaßstab (Nutzflächenverhältnis) und nicht nach dem Verhältnis von Ertragswerten (erzielbare Rohmiete, Mietwerte) aufzuteilen (BFH v. 15. 2. 2001 III R 20/99, BStBl 2003 II 635).

d) Kombination aus b) und c): Fall des § 16 Abs. 3 EStG.

Im Übrigen gelten die Grundsätze für die Liquidation eines Einzelunternehmers (vgl. R 16 EStR, BFH v. 12. 6. 1996 XI R 56, 57/95, BStBl 1996 II 527).

Der Verlust, den der Gesellschafter einer Personenhandelsgesellschaft aus dem Wegfall seines positiven Kapitalkontos erzielt, ist einkommensteuerrechtlich in dem Zeitpunkt realisiert, zu dem die Gesellschaft ihren Gewerbebetrieb im Ganzen aufgibt oder veräußert. Dabei wird der Betrieb regelmäßig nicht schon mit Eröffnung des Insolvenzverfahrens über das Gesellschaftsvermögen aufgegeben (BFH v. 19. 1. 1993 VIII R 128/84, BStBl 1993 II 594).

Bei negativen Kapitalkonten der Gesellschafter siehe unter 2. Insolvenz.

1.10.2   Insolvenz

Im Gegensatz zur Liquidation, die der Abwicklung der Geschäfte einer aufgelösten Handelsgesellschaft dient, ist die Insolvenz ein besonderes gerichtliches Vollstreckungsverfahren, das der Verwertung des Schuldnervermögens zum Zweck der gleichmäßigen Befriedigung aller Insolvenzgläubiger dient.

Die Einstellung des Betriebs und die Verwertung des Vermögens durch den Insolvenzverwalter erfüllt steuerrechtlich den Tatbestand des § 16 Abs. 3 EStG. Es gelten die zur Liquidation gemachten Ausführungen sinngemäß. Im Insolvenzfall haben die Gesellschafter in der Regel negative Kapitalkonten. Für diese gilt – ebenso wie bei negativen Kapitalkonten im Liquidationsfall – folgende steuerrechtliche Behandlung:

1.10.2.1   Negatives Kapitalkonto des Komplementärs

Da der Komplementär sein negatives Kapitalkonto (zugunsten der Gläubiger der Gesellschaft) ausgleichen muss, entsteht bei ihm insoweit weder Gewinn noch Verlust. Entfällt der Ausgleich ausnahmsweise (z. B. weil die Gläubiger verzichten oder Verjährung eingetreten ist), führt der Wegfall des negativen Kapitalkontos zu einem Veräußerungsgewinn.

1.10.2.2 Negatives Kapitalkonto beim Kommanditisten

Da der Kommanditist sein (negatives) Kapitalkonto nur ausgleichen muss, soweit es durch zu hohe Entnahmen verursacht ist, entsteht bei ihm insoweit weder Gewinn noch Verlust. Entfällt die Ausgleichspflicht (Regelfall, wenn das Kapitalkonto durch Verlustanteile negativ geworden ist), führt der Wegfall des (negativen) Kapitalkontos zu einem Veräußerungsgewinn (BFH v. 12. 7. 1990 IV R 37/89, BStBl 1991 II 64). Handelt es sich um einen Fall des § 15a EStG, kann dieser Veräußerungsgewinn mit noch nicht verrechneten Verlusten neutralisiert werden (vgl. auch § 52 Abs. 33 Satz 3 EStG).

Für die Ermittlung des Aufgabegewinns bei Wegfall des negativen Kapitalkontos hat der Kommanditist in seiner Sonderbilanz eine Rückstellung zu bilden, soweit er mit einer Haftungsinanspruchnahme rechnen muss. Auch Verbindlichkeiten können nicht allein deshalb gewinnerhöhend ausgebucht werden, weil der Schuldner bei Fälligkeit nicht in der Lage ist, sie zu erfüllen (BFH v. 9. 2. 1993 VIII R 29/91, BStBl 1993 II 747).

1.10.3 Realteilung

Unter Realteilung versteht man die Auseinandersetzung der Gesellschafter „in natura" und getrennte Fortführung des Unternehmens durch die Gesellschafter. Steuerrechtlich liegt weder eine Entnahme noch eine Veräußerung vor. Für die Übertragung von Teilbetrieben, Mitunternehmeranteilen und Einzelwirtschaftsgütern im Rahmen einer Realteilung schreibt § 16 Abs. 3 Satz 2 EStG die **Buchwertfortführung** vor, wenn die Besteuerung der stillen Reserven der übertragenen Wirtschaftsgüter sichergestellt ist. Werden die Buchwerte fortgeführt, handelt es sich um einen erfolgsneutralen Vorgang. Diese Steuerbegünstigung der Realteilung geht bei der Übertragung von Einzelwirtschaftsgütern **rückwirkend** verloren, soweit

► Grund und Boden

► Gebäude oder

► andere wesentliche Betriebsgrundlagen

die zum Buchwert übertragen wurden, bis zum Ende einer **Sperrfrist von drei Jahren** nach Abgabe der Steuererklärung der Mitunternehmerschaft für den Veranlagungszeitraum, in dem die Realteilung erfolgte, veräußert oder entnommen werden (§ 16 Abs. 3 Satz 3 EStG). Erfolgt bis zum Ende der Sperrfrist eine schädliche Veräußerung/Entnahme der vorgenannten Wirtschaftsgüter, so ist für den jeweiligen Übertragungsvorgang rückwirkend der gemeine Wert anzusetzen. Soweit im Rahmen einer Realteilung Körperschaften, Personenvereinigungen oder Vermögensmassen unmittelbar oder mittelbar an den stillen Reserven der Einzelwirtschaftsgüter beteiligt werden, ist stets der gemeine Wert anzusetzen (§ 16 Abs. 3 Satz 4 EStG).

Problematisch ist in diesem Zusammenhang die Bilanzierung in den Fortführungs-Eröffnungsbilanzen der Realteiler, wenn die Buchwerte der übernommenen Wirtschaftsgüter höher oder niedriger sind als die bisherigen Kapitalkonten. Die höchstrichterliche Rechtsprechung und die Finanzverwaltung favorisieren für diesen Fall die Kapitalkontenanpassungsmethode (BFH v. 1. 12. 1992 VIII R 57/90, BStBl 1994 II 607, BMF v. 28. 2. 2006, BStBl 2006 I 228), bei der allerdings stille Reserven teilweise von einem Gesellschafter auf einen anderen überspringen können. In der Literatur wird deshalb der Buchwertanpassungsmethode der Vorzug gegeben (Engel, in DStR 2002, S. 119).

Erhält ein Realteiler mehr als ihm nach seiner Beteiligungsquote zusteht und zahlt er für dieses Mehr an seinen oder seine Mitgesellschafter eine Abfindung (**Spitzenausgleich**), so liegt insoweit ein Anschaffungs- und Veräußerungsgeschäft vor. Wie in solchen Fällen vorzugehen ist, ergibt sich aus dem Schreiben des BMF v. 28. 2. 2006 (BStBl 2006 I 228).

§ 16 Abs. 5 EStG enthält eine Sonderregelung zur Realteilung. Danach erfolgt eine rückwirkende Besteuerung von im Rahmen einer Teilbetriebsübertragung in eine Mitunternehmerschaft zum Buchwert eingebrachten Anteilen an einer Kapitalgesellschaft durch einen nicht von § 8b Abs. 2 KStG begünstigten Steuerpflichtigen, wenn die eingebrachten Anteile innerhalb von sieben Jahren unmittelbar oder mittelbar auf einen von § 8b KStG begünstigten Mitunternehmer übertragen werden. Die Besteuerung erfolgt rückwirkend im Zeitpunkt der Realteilung. Dabei ist die Siebtelregelung des § 22 Abs. 2 Satz 3 UmwStG anzuwenden. Die Anteilsveräußerung oder das gleichgestellte Ereignis stellen insoweit ein rückwirkendes Ereignis i. S. von § 175 Abs. 1 Nr. 2 AO dar.

> **BEISPIEL** ▶ Die AB-OHG (Gesellschafter sind zu je 50 % die natürliche Person A und die B-GmbH) hält im Gesamthandsvermögen eine 100 %-Beteiligung an der Y-GmbH. Bei der AB-OHG wird eine Realteilung durchgeführt, bei der die 100 %-Beteiligung an der Y-GmbH auf die B-GmbH übertragen wird. Im Anschluss an die Realteilung veräußert die B-GmbH die Beteilung an der Y-GmbH.

> **LÖSUNG** ▶ Die Übertragung der Beteiligung auf die B-GmbH im Rahmen der Realteilung erfolgt nach § 16 Abs. 3 Satz 2 EStG zum Buchwert. Die Anteilsveräußerung durch die B-GmbH stellt ein schädliches Ereignis dar, was im Zeitpunkt der Realteilung zum rückwirkenden Ansatz des gemeinen Werts und damit insoweit zu einer nachträglichen Besteuerung des Veräußerungsgewinns nach § 16 EStG führt, als stille Reserven von der natürlich Person A auf die B-GmbH übertragen wurden (50 %). Die Siebtelregelung ist insoweit anzuwenden.

1.10.4 Betriebsverlegung ins Ausland

Die Betriebsverlegung ins Ausland stellt einen Entstrickungstatbestand dar. Denn gem. § 16 Abs. 3a EStG steht einer Aufgabe des Gewerbebetriebs der Ausschluss oder die Beschränkung des Besteuerungsrechts der Bundesrepublik Deutschland hinsichtlich des Gewinns aus der Veräußerung sämtlicher Wirtschaftsgüter des Betriebs oder eines Teilbetriebs gleich; dabei gilt § 4 Abs. 1 Satz 4 entsprechend. Die Bewertung hat mit dem gemeinen Wert zu erfolgen (§ 6 Abs. 1 Nr. 4 Satz 1 EStG). Bei Sitzverlegungen in ein EU-Land gestattet § 36 Abs. 5 EStG auf Antrag, die auf den Aufgabegewinn entfallende Steuer in fünf gleichen Jahresraten zu entrichten.

FALL 202

Beendigung der Personengesellschaft (Liquidation)

Sachverhalt

Die Gesellschafter der ABC-OHG haben am 21. 12. 02 die Auflösung der OHG beschlossen. In der Zeit vom 1. 1. 03 – 31. 3. 03 wird aus dem Räumungsverkauf ein Gewinn (nach Abzug aller Kosten) von 180 000 € erzielt. Für das Anlagevermögen (Buchwert 500 000 €) werden in der Zeit vom 1. 4. – 31. 7. 03 800 000 € (netto) erzielt. Gesellschafter C ist am 21. 12. 02 59 Jahre alt, A und B sind 44 Jahre alt. Beteiligungsverhältnis: je ¹/₃.

Frage

Welches Bild hat die gesonderte Gewinnfeststellung für 03?

LITERATURHINWEIS

Blödtner/Bilke/Heining, Lehrbuch Buchführung und Bilanzsteuerrecht, 9. Aufl., Teil A Abschn. 13 II.3.f.

LÖSUNG

	A	B	C	Summe
Laufender Gewinn	60 000 €	60 000 €	60 000 €	180 000 €
Aufgabegewinn	100 000 €	100 000 €	100 000 €	300 000 €
Summe	160 000 €	160 000 €	160 000 €	480 000 €

Bei der ESt-Veranlagung des C ergibt sich folgender Freibetrag nach § 16 Abs. 4 EStG:

Freibetrag			45 000 €
Grenzbetrag		136 000 €	
Tatsächlicher Aufgabegewinn		100 000 €	
Vom Freibetrag abzuziehen		0 €	0 €
Zu gewährender Freibetrag			45 000 €

Auf den jeweiligen (steuerpflichtigen Teil des) Aufgabegewinns ist § 34 EStG anzuwenden.

HINWEIS

Hinsichtlich der Aufteilung des Freibetrags und der Gewährung der Tarifermäßigung bei Betriebsaufgaben über zwei Kalenderjahre vgl. BMF v. 20. 12. 2005, BStBl 2006 I 7.

FALL 203

Realteilung und Buchwertfortführung

Sachverhalt

A und B sind Gesellschafter einer OHG (Baustoffhandlung). Sie haben die Auflösung der OHG mit Wirkung vom 1. 1. 02 beschlossen. Die Gesellschafter beabsichtigen die Fortführung einer gewerblichen Tätigkeit auf dem Baustoffsektor als Einzelunternehmer. Sie sind übereingekommen, dass die Auseinandersetzung „in natura" erfolgen soll. Folgende Bilanzen ergaben sich zum 31. 12. 01:

Aktiva	Buchwerte	Teilwerte
Grundstück I	180 000 €	300 000 €
Grundstück II	120 000 €	300 000 €
Summe	300 000 €	600 000 €

Passiva

Kapital A	150 000 €	300 000 €
Kapital B	150 000 €	300 000 €
Summe	300 000 €	600 000 €

A soll das Grundstück I erhalten, B das Grundstück II.

Frage

Welche Eröffnungsbilanzen ergeben sich für A und B?

LÖSUNG

Nach der Kapitalkontenanpassungsmethode ergeben sich für A und B folgende Eröffnungsbilanzen:

Eröffnungsbilanz für A			
Grundstück I	180 000 €	Kapital	180 000 €

Eröffnungsbilanz für B			
Grundstück II	120 000 €	Kapital	120 000 €

Bei der vorliegenden Lösung sind stille Reserven im ehemaligen BV der OHG von 30 000 € von B (Kapital jetzt 120 000 €) nach A (Kapital jetzt 180 000 €) gewandert. Im Fall der Veräußerung der Grundstücke durch A oder B nach Ablauf der Sperrfrist (für unterstellt jeweils 300 000 €) bedeutet dies für A einen steuerpflichtigen Veräußerungsgewinn von „nur" 120 000 €, für B hingegen einen Veräußerungsgewinn von 180 000 €.

Da B bei der Kapitalkontenanpassungsmethode künftig einer höheren Steuerbelastung ausgesetzt ist als A, wird in derartigen Fällen eine Ausgleichszahlung vereinbart. Dabei zahlt A dem B einen Betrag für zukünftige Steuerbelastungsdivergenzen. Eine solche Ausgleichszahlung ist beim Empfänger nicht einkommensteuerpflichtig (BFH v. 10. 2. 1972 IV 317/65, BStBl 1972 II 419). Damit ergibt sich konsequenterweise bei A keine abziehbare Ausgabe.

1.11 Verluste bei beschränkter Haftung (§ 15a EStG)

Gemäß § 15a Abs. 1 EStG darf der einem Kommanditisten zuzurechnende Anteil am Verlust einer KG nicht mit anderen Einkünften ausgeglichen werden, soweit ein negatives Kapitalkonto des Kommanditisten entsteht. Maßgeblich ist die Einlageverpflichtung lt. Handelsregister-Eintragung (§ 15a Abs. 1 Satz 2 EStG i.V. mit § 171 HGB, nicht § 172 HGB). Derartige nichtausgleichsfähige Verluste mindern allerdings die künftigen Gewinne aus der Kommanditbeteiligung (§ 15a Abs. 2 EStG); sie werden zu diesem Zweck gesondert festgestellt (§ 15a Abs. 4 EStG).

Kapitalkonto i. S. des § 15a Abs. 1 Satz 1 EStG ist das steuerliche Kapital des Kommanditisten einschl. eventueller Ergänzungsbilanzen i. S. von § 24 UmwStG und solcher Ergänzungsbilanzen, die beim Gesellschafterwechsel entstehen, wenn der eintretende Gesellschafter mehr zahlt, als das Buchwertkapital des ausscheidenden Gesellschafters ausmacht (BFH v. 30. 3. 1993 VIII R 63/91, BStBl 1993 II 706). Nicht dazu gehören aktives und passives Sonderbetriebsvermögen.

Ein Gesellschafterkonto oder Verrechnungskonto eines Kommanditisten gehört zum Gesamt-handsbereich (wie ein Kapitalkonto II), wenn lt. Gesellschaftsvertrag eine Verzinsung vorgese-hen ist oder wenn darauf auch Verlustanteile gebucht werden, sonst gehört es zum Sonder-betriebsvermögen. Deshalb sind in einem **Dreikontensystem** die Kapitalkonten I und II als Eigen-kapital, das Privat- oder Verrechnungskonto (für entnahmefähige Gewinnanteile und deren Aus-zahlung) aufgrund fehlender Verlustteilnahme und fehlender Nachrangigkeit als Fremdkapital einzustufen. Beim **Vierkontensystem** sind zumindest das Kapitalkonto I sowie das Verlustson-der- oder vortragskonto dem Eigenkapital zuzuordnen. Das Kapitalkonto II (für nicht entnahme-fähige Gewinnanteile sowie Entnahmen und Einlagen) und das Privat- oder Verrechnungskonto (für entnahmefähige Gewinnanteile und deren Auszahlung) stellen dabei Fremdkapital dar. Bei einem als „Darlehenskonto" bezeichneten Konto eines Kommanditisten, das im Rahmen des sog. Vier-Konten-Modells dazu bestimmt ist, die nicht auf dem Rücklagenkonto verbuchten Ge-winnanteile aufzunehmen, kann es sich auch dann um ein Kapitalkonto i. S. des § 15a Abs. 1 Satz 1 EStG handeln, wenn es gewinnunabhängig zu verzinsen ist. Voraussetzung ist allerdings, dass entweder auf diesem Konto die Verluste der Gesellschaft verbucht werden oder dass das Konto im Fall der Liquidation der Gesellschaft oder des Ausscheidens des Gesellschafters mit einem etwa bestehenden negativen Kapitalkonto zu verrechnen ist (BFH v. 15. 5. 2008 IV R 46/05, BStBl 2008 II 812).

Leistet ein Kommanditist zusätzlich zu der im Handelsregister eingetragenen, nicht voll einge-zahlten Hafteinlage eine weitere Bareinlage, kann er im Wege einer negativen Tilgungsbestim-mung die Rechtsfolge herbeiführen, dass die Einlage nicht mit der eingetragenen Haftsumme zu verrechnen ist, sondern im Umfang ihres Wertes die Entstehung oder Erhöhung eines negati-ven Kapitalkontos verhindert und auf diese Weise nach § 15a Abs. 1 Satz 1 EStG zur Ausgleichs- und Abzugsfähigkeit von Verlusten führt. Wird das im Rahmen eines sog. Vier-Konten-Modells eingerichtete „Darlehenskonto" eines Gesellschafters infolge von gesellschaftsvertraglich nicht vorgesehenen Auszahlungen negativ, weist das nunmehr aktivische „Darlehenskonto" eine For-derung der Gesellschaft gegenüber dem Gesellschafter aus mit der Folge, dass es in die Ermitt-lung des Kapitalkontos des Kommanditisten nach § 15a Abs. 1 EStG nicht einzubeziehen ist (BFH v. 16. 10. 2008 IV R 98/06, BStBl 2009 II 272).

Der erweiterte Verlustausgleich nach § 15a Abs. 1 Sätze 2 und 3 EStG kommt nicht in Betracht, wenn sich die Haftung des Kommanditisten gegenüber den Gläubigern der Gesellschaft nicht aus § 171 Abs. 1 HGB, sondern aus § 172 Abs. 2 HGB ergibt (BFH v. 28. 5. 1993 VIII B 11/92, BStBl 1993 II 665).

Verluste i. S. von § 15a Abs. 1 EStG sind nur Verluste aus dem Gesamthandsbereich einschl. even-tueller Ergänzungsbilanzen des Kommanditisten, nicht hingegen Verluste aus dem Sonder-betriebsvermögen, sie bleiben uneingeschränkt ausgleichs- und abzugsfähig (R 15a Abs. 2 EStR).

Spätere **Entnahmen** führen zu fiktiven Gewinnen, soweit die Außenhaftung nicht wieder auf-lebt; sie wirken also im Ergebnis zurück (§ 15a Abs. 3 EStG). Das Gleiche gilt bei einer **Haftungs-minderung** als Folge einer Herabsetzung des Haftungsbetrages. Eine die Haftsumme überstei-gende Pflichteinlage – also auch ein Agio, das vereinbarungsgemäß den Kapitalanteil des Kom-manditisten mehren und der Stärkung des Eigenkapitals der Gesellschaft dienen soll – steht als „Polster" für haftungsunschädliche Entnahmen nicht zur Verfügung, wenn sie durch Verluste verbraucht ist. Das hat für die Gewinnzurechnung wegen Einlageminderung nach § 15a Abs. 3

EStG zur Folge, dass bei Bestehen eines negativen Kapitalkontos eine Entnahme auch insoweit, als sie die Differenz zwischen Haftsumme und überschießender Pflichteinlage nicht überschreitet, zum Wiederaufleben der nach § 15a Abs. 1 Satz 2 EStG zu berücksichtigenden Haftung führt und mithin eine Zurechnung nach § 15a Abs. 3 EStG zu unterbleiben hat (BFH v. 6. 3. 2008 IV R 35/07, BStBl 2008 II 676).

Spätere **Einlagen** wirken erst ab dem Einlagejahr, und zwar in der Weise, dass bis zu ihrer Höhe ein im Einlagejahr entstehender Verlust auch bei einem negativen Kapitalkonto ausgleichsfähig ist (BFH v. 14. 12. 1995 IV R 106/94, BStBl 1996 II 226). Auch Einlagen eines atypisch stillen Gesellschafters, die er zum Ausgleich seines negativen Kapitalkontos geleistet hat und die nicht durch ausgleichsfähige Verluste verbraucht wurden (sog. vorgezogene Einlagen), sind geeignet, die Verluste späterer Wirtschaftsjahre als ausgleichsfähig zu qualifizieren (BFH v. 20. 9. 2007, IV R 10/07, BStBl 2008 II 118). Einlagen, die zum Ausgleich eines negativen Kapitalkontos geleistet und im Wirtschaftsjahr der Einlage nicht durch ausgleichsfähige Verluste verbraucht werden, führen regelmäßig zum Ansatz eines Korrekturpostens mit der weiteren Folge, dass – abweichend vom Wortlaut des § 15a Abs. 1 Satz 1 EStG – Verluste späterer Wirtschaftsjahre bis zum Verbrauch dieses Postens auch dann als ausgleichsfähig zu qualifizieren sind, wenn hierdurch (erneut) ein negatives Kapitalkonto entsteht oder sich erhöht (BFH v. 26. 6. 2007 IV R 28/06, BStBl 2007 II 934; zur Anwendung BMF v. 19. 11. 2007, BStBl 2007 I 823)

§ 15a EStG ist nicht verfassungswidrig; er verstößt weder gegen das Übermaßverbot noch gegen den Gleichheitsgrundsatz noch gegen das Rechtsstaatprinzip (BFH v. 9. 5. 1996 IV R 75/93, BStBl 1996 II 474, v. 14. 12. 1999 IX R 7/95, BStBl 2000 II 265).

Geht ein KG-Anteil von Todes wegen auf einen Erben über und wird dieser Mitunternehmer der KG, tritt der Erbe nicht nur in die bilanzrechtliche Rechtsstellung seines Rechtsvorgängers ein, sondern auch in das Recht zur Verlustverrechnung nach § 15a Abs. 2 oder Abs. 3 Satz 4 EStG. Er muss seine künftigen Gewinnanteile bis zur Höhe des „geerbten" verrechenbaren Verlustes nicht versteuern (BFH v. 10. 3. 1998 VIII R 76/96, BStBl 1999 II 269 unter II.3.b). Dies gilt m. E. trotz des Verbotes des Verlustabzugs nach § 10d EStG beim Erben (siehe BFH v. 17. 12. 2007 GrS 2/04, BStBl 2008 II 608) im Bereich des § 15a EStG weiter.

Technische Hinweise

1. In der Regel entspricht der gesondert festgestellte Betrag nach § 15a Abs. 4 EStG dem Stand des Kapitalkontos lt. StB. Hiervon gibt es zwei Ausnahmen:
   a) Die Einlagen sind **höher** als der Verlustanteil desselben Jahres.
   b) Es tritt ein Wiederaufleben der Haftung nach § 15a Abs. 3 EStG ein.
2. Entnahmen führen nur dann zur Nachversteuerung, wenn das Kapitalkonto negativ wird und die Haftung insoweit nicht wieder auflebt. Das Wiederaufleben der Haftung ergibt sich dabei insoweit, als die Entnahmen **höher** sind als die über die Hafteinlage hinaus geleisteten Einlagen.

BEISPIEL

Verlustbestand nach § 15a Abs. 4 EStG am 31. 12. 06	220 000
Hafteinlage und tatsächlich geleistete Einlage 02	200 000
Zusätzliche Einlagen 03 – 06	100 000
Summe aller Einlagen	300 000

Hafteinlage lt. Handelsregister	./. 200 000
Übereinlage 02 – 06	100 000
Entnahme 07	./. 120 000
Wiederaufleben der Haftung	20 000

 LÖSUNG → § 15a Abs. 3 EStG: Fiktiver Gewinn 07: (120 000 ./. 20 000 =) 100 000

§ 15a Abs. 4 EStG: Verlustfeststellung 31. 12. 07 (fallbezogen) 320 000 (220 000 alt + 100 000 neu)

HINWEISE

Der Wechsel eines Kommanditisten in die Rechtsstellung eines persönlich haftenden Gesellschafters findet im Zeitpunkt des betreffenden Gesellschafterbeschlusses statt. Wird der Beschluss vor Ende des Wirtschaftsjahres zivilrechtlich wirksam gefasst, unterliegen die dem Gesellschafter zuzurechnenden Verlustanteile dieses Wirtschaftsjahres nicht der Ausgleichs-
beschränkung des § 15a EStG, auch wenn der Antrag auf Eintragung ins Handelsregister erst
nach Ablauf des Wirtschaftsjahres gestellt wird (BFH v. 12. 2. 2004 IV R 70/02, BStBl 2004 II
423).

Das von einem Kommanditisten der KG gewährte „Darlehen" erhöht sein Kapitalkonto i. S. des
§ 15a Abs. 1 Satz 1 EStG, wenn es den vertraglichen Bestimmungen zufolge während des Bestehens der Gesellschaft vom Kommanditisten nicht gekündigt werden kann und wenn das Guthaben im Falle seines Ausscheidens oder der Liquidation der Gesellschaft mit einem eventuell bestehenden negativen Kapitalkonto verrechnet wird (BFH v. 7. 4. 2005 IV R 24/03, BStBl 2005 II
598).

FALL 204

Verlustverrechnung mit positiven Einkünften

Sachverhalt

Das Kapitalkonto eines Kommanditisten K, der an einer gewerblich tätigen KG beteiligt ist, entwickelt sich wie folgt:

Zugang/Einlage 02	50 000 €
Verlustanteil 02	./. 40 000 €
Stand 31. 12. 02	10 000 €
Verlustanteil 03	./. 25 000 €
Stand 31. 12. 03	./. 15 000 €

In 02 und 03 hat K jeweils Einkünfte aus Vermietung und Verpachtung von 50 000 €.

Frage

Welche einkommensteuerlichen Auswirkungen ergeben sich K in 02 und 03?

§ 15a Abs. 1 Satz 1 EStG begrenzt bei Kommanditisten die Verlustverrechnung mit positiven Einkunftsquellen (durch Ausgleich, Rücktrag oder Vortrag) auf den Betrag des Kapitalkontos. § 15a Abs. 2 EStG schreibt die Verlustverrechnung in späteren Jahren mit Gewinnen aus derselben Beteiligung vor. Der Verlustrücktrag ist ausgeschlossen.

	02	03
	€	€
Einkünfte aus Gewerbebetrieb	./. 40 000	./. 10 000
Einkünfte aus Vermietung und Verpachtung	50 000	50 000
Gesamtbetrag der Einkünfte	10 000	40 000
Gesondert festzustellen (§ 15a Abs. 4 EStG)		15 000
für künftige Verlustverrechnungen		

Verlustverrechnung bei beschränkter Haftung und Sonderbetriebsvermögen

Sachverhalt

Kommanditist A hat bei Gründung der KG (1. 1. 01) einen Kommanditanteil von 150 000 € übernommen, den er voll eingezahlt hat.

Zur Finanzierung des Kommanditanteils hat A ein Darlehen in Höhe von 100 000 € aufgenommen. Die Zinsen für 01 in Höhe von 8 000 € hat A am 10. 1. 02 bezahlt. Aus der KG entfällt auf A in 01 ein Verlustanteil von 170 000 €.

In 02 hat A von dem Darlehen 10 000 € getilgt. Die Zinsen für 02 in Höhe von 7 200 € hat A am 30. 12. 02 aus privaten Mitteln gezahlt. In 02 entfällt auf A aus der KG ein Verlustanteil von 5 000 €.

In der Handelsbilanz der KG entwickelt sich das Kapitalkonto des A wie folgt:

Einlage 1. 1. 01	150 000 €
Verlustanteil 01	./. 170 000 €
Stand 31. 12. 01	./. 20 000 €
Verlustanteil 02	./. 5 000 €
Stand 31. 12. 02	./. 25 000 €

Das (negative) Sonderbetriebsvermögen des A zeigt demgegenüber folgende Entwicklung:

Schuldaufnahme 1. 1. 01	100 000 €
Zinsaufwand 01	+ 8 000 €
Stand 31. 12. 01	108 000 €
Zinszahlung in 02 für 01	./. 8 000 €
Zinsaufwand 02	+ 7 200 €
Zinszahlung in 02 für 02	./. 7 200 €
Tilgung in 02	./. 10 000 €
Stand 31. 12. 02	90 000 €

A bezieht daneben andere positive Einkünfte in Höhe von 360 000 € jährlich.

Fragen

Wie gestalten sich die ESt-Veranlagungen des A für 01 und 02 (bis zur Summe der Einkünfte)? Welche gesonderten Feststellungen i. S. von § 15a Abs. 4 EStG sind zu treffen?

LÖSUNG

Bei Eintritt des A in die KG betrug sein maßgebliches Kapitalkonto 150 000 €. Am 31. 12. 01 stellte es sich auf ./. 20 000 €. Der Verlust aus dem (negativen) Sonderbetriebsvermögen (8 000 €) ist voll ausgleichsfähig; vom Verlust aus der KG nur ein Betrag von 150 000 €; für künftige Verrechnungen mit Gewinnen aus der Kommanditbeteiligung sind 20 000 € gesondert festzustellen (§ 15a Abs. 4 EStG).

Am 31. 12. 02 beträgt das maßgebliche steuerliche Kapital des A ./. 25 000 €. Da es nach wie vor negativ ist, kann der Verlustanteil für 02 in Höhe von 5 000 € nicht mit anderen Einkünften verrechnet werden; er erhöht das künftige Verrechnungspotenzial (§ 15a Abs. 4 EStG). Demgegenüber ist der Verlust aus dem (negativen) Sonderbetriebsvermögen voll ausgleichsfähig.

	ESt-Veranlagungen	
	01	**02**
Einkünfte aus Gewerbebetrieb	./. 158 000 €	./. 7 200 €
Andere positive Einkünfte	+ 360 000 €	+ 360 000 €
Summe der Einkünfte	202 000 €	352 800 €
Gesonderte Feststellung gem. § 15a Abs. 4 EStG (im Feststellungsbescheid der KG)		
§ 15a Abs. 4 EStG	20 000 €	25 000 €

Kapitel 2: Kapitalgesellschaften

2.1 Gründung und Bilanzierung

Das Mindeststammkapital zur Gründung einer GmbH beträgt 25 000 € (§ 5 Abs. 1 GmbHG). Dabei sind Vereinbarungen über Sacheinlagen wirksam. Von einer **verdeckten Sacheinlage** spricht man, wenn anlässlich der Gründung formell eine Bareinlage vereinbart wird, wenig später aber ein Sachwert aus dem Vermögen eines Gesellschafters an die GmbH veräußert wird. Hierbei bleibt die Bareinlageverpflichtung bestehen. Auf sie wird allerdings der tatsächliche Wert des eingebrachten Vermögensgegenstandes zum Zeitpunkt der Handelsregisteranmeldung angerechnet. Der Gesellschafter trägt die Beweislast für die Werthaltigkeit des Vermögensgegenstandes.

Vom Erfordernis des Mindeststammkapitals von 25 000 € besteht eine Ausnahme bei Gründung einer GmbH in Form der **Unternehmergesellschaft (haftungsbeschränkt)**, hier genügt 1 € (§ 5a GmbHG). Voraussetzung dabei ist, dass die GmbH im Rechtsverkehr als haftungsbeschränkte Unternehmergesellschaft bezeichnet ist, dass keine Sacheinlagen erfolgen und dass gesetzlich vorgeschriebene Rücklagen gebildet werden.

Gewährt ein Gesellschafter der GmbH ein Darlehen **(Gesellschafterdarlehen),** spielt es keine Rolle, ob es eigenkapitalersetzend ist oder nicht. Solche Darlehen sind stets zu passivieren. Dies hat allerdings Auswirkungen auf den Überschuldungsstatus einer GmbH. Deshalb kann in der Überschuldungsbilanz auf die Passivierung verzichtet werden, wenn ein Rangrücktritt hinter die gesetzlichen Ansprüche vereinbart ist (§ 19 Abs. 2 Satz 3 InsO). Ferner gilt für alle Arten von Gesellschafterdarlehen Folgendes:

► Rückzahlungen von Gesellschafterdarlehn außerhalb des Insolvenzverfahrens sind erlaubt;

► Rückzahlungen innerhalb eines Jahres vor Antrag auf Insolvenzeröffnung sind durch den Insolvenzverwalter anfechtbar und können zur Masse gezogen werden;

► Rückzahlungsansprüche werden im Insolvenzverfahren von Gesetzes wegen an letzter Stelle berücksichtigt (§ 39 Abs. 1 Nr. 5 InsO). Ausnahmen ergeben sich aus dem Sanierungs- und dem Kleinanlegerprivileg (§ 39 Abs. 4 und 5 InsO).

2.1.1 Bargründung

Leisten die Anteilseigner ihre Einlage in Geld, spricht man von Bargründung. Buchung der Kapitalgesellschaft: Finanzkonto an Gezeichnetes Kapital.

Bei Erhebung eines Ausgabeaufgeldes wird gebucht:

Finanzkonto an Gezeichnetes Kapital und Kapitalrücklage.

2.1.2 Sachgründung

Vgl. § 5 Abs. 4 GmbH-Gesetz und § 6 Abs. 6 EStG. Die Kapitalgesellschaft setzt die Wirtschaftsgüter mit dem Verkehrswert (gemeiner Wert) an. Es handelt sich für die Kapitalgesellschaft um eine „Anschaffung" (= Anschaffungskosten). Ein Wirtschaftsgut, das dem Vermögen einer GmbH im Rahmen einer Überpari-Emission als Sacheinlage zugeführt worden ist, ist in der Steuerbilanz der GmbH auch im Hinblick auf jenen Teilbetrag des Einbringungswertes, der über den Nennbetrag der Stammeinlageverpflichtung des Einlegenden hinausgeht und gem. § 272 Abs. 2 Nr. 1 HGB in die Kapitalrücklage einzustellen ist, nach den für Tauschgeschäfte geltenden Regeln und nicht nach Maßgabe von § 6 Abs. 1 Nr. 5 EStG als Einlage zu bewerten (BFH v. 24. 4. 2007 I R 35/05, BStBl 2008 II 253). Für die Anteilseigner stellt der gemeine Wert der „geopferten" Wirtschaftsgüter die Anschaffungskosten für die erhaltenen (GmbH-)Anteile dar. Bei Unterbewertungen ergeben sich steuerlich verdeckte Einlagen; in der Steuerbilanz sind die Teilwerte anzusetzen (BFH v. 4. 3. 2009 I R 32/08, BStBl 2012 II 341); Gegenkonto: Ausgleichsposten.

GrESt und Gerichts- und Notarkosten sind Anschaffungskosten (Erwerbsnebenkosten) der übernommenen Grundstücke.

2.1.3 Gründungs- und Kapitalbeschaffungskosten

Es handelt sich um sofort abziehbare Betriebsausgaben. Dasselbe gilt für Ingangsetzungs- und Erweiterungskosten.

2.2 Besonderheiten beim Jahresabschluss

Art und Umfang des Jahresabschlusses hängen von der Größe der Kapitalgesellschaft ab (§ 267 HGB). Für kleine und mittelgroße Kapitalgesellschaften gelten bestimmte Erleichterungen (vgl. z. B. § 264 Abs. 1, § 266 Abs. 1, § 276, § 316 Abs. 1 HGB). Der Jahresabschluss umfasst grundsätzlich (§ 264 HGB):

▶ Bilanz

▶ Gewinn- und Verlustrechnung (GuV)

▶ Anhang

Die Bilanz ist in Kontoform aufzustellen (§ 266 Abs. 1 HGB) und nach § 266 Abs. 2 HGB zu gliedern. Die Gewinn- und Verlustrechnung ist in Staffelform zu erstellen (§ 275 Abs. 1 HGB), und zwar entweder nach dem Gesamtkostenverfahren (§ 275 Abs. 2 HGB) oder nach dem Umsatzkostenverfahren (§ 275 Abs. 3 HGB).

2.2.1 Gewinn- und Verlustrechnung

Vgl. § 275 Abs. 4 HGB für GmbH, § 158 AktG für AG.

Die GuV ist um folgende Posten zu verlängern (je nach Bedarf):

	Jahresüberschuss/Jahresfehlbetrag
+	Gewinnvortrag aus dem Vorjahr
./.	Verlustvortrag aus dem Vorjahr
+	Entnahmen aus Kapitalrücklage und Gewinnrücklage
./.	Einstellungen in Gewinnrücklage
=	Bilanzgewinn/Bilanzverlust

2.2.2 Bilanzierung

1. Ohne Ergebnisverwendung (§ 266 Abs. 3 A. V. HGB)

   Jahresüberschuss/Jahresfehlbetrag → Bilanz

2. Bei teilweiser Ergebnisverwendung (§ 268 Abs. 1 HGB)

   Bilanzgewinn/Verlust → Bilanz

3. Bei vollständiger Ergebnisverwendung ist der Bilanzgewinn 0 € (§ 268 Abs. 1 HGB). Gegenkonten: Erhöhung Gewinnrücklage oder Ausschüttungsverbindlichkeit.

2.2.3 Anlagegitter

Die Entwicklung des Anlagevermögens ist in einem sog. Anlagespiegel (Anlagegitter) zu erläutern (§ 268 Abs. 2 HGB), wobei von den historischen Anschaffungs- oder Herstellungskosten auszugehen ist. Bei den Zuschreibungen wird nur der Ausweis der Zuschreibungen des jeweiligen Geschäftsjahres vorgeschrieben; diese werden sodann in der Anfangsbilanz des folgenden Jahres mit den kumulierten Abschreibungen saldiert.

2.2.4 Buchungstechnik bei einer GmbH

Abschlussbuchung GuV: Jahresüberschuss an SBK

Eröffnungsbuchung: EBK an Gewinnverwendungskonto

Nach Beschlussfassung der Gesellschafterversammlung über die Gewinnverwendung (als Beispiel):

Gewinnverwendungskonto   an   Gewinnrücklagen

sonstige Verbindlichkeiten (Ausschüttungsbetrag)

Gewinnvortrag (Restbetrag)

2.2.5 Kleinstkapitalgesellschaften

Kleinstkapitalgesellschaften (§ 267a HGB) brauchen nur eine verkürzte Bilanz aufzustellen, in die nur die in den § 266 Abs. 2 und 3 HGB mit Buchstaben bezeichneten Posten gesondert und in der vorgeschriebenen Reihenfolge aufgenommen werden (§ 266 Abs. 1 Satz 4 HGB). Eine solche Bilanz könnte folgendes Bild haben:

Aktiva	Passiva
A. Anlagevermögen	A. Eigenkapital
B. Umlaufvermögen	B. Rückstellungen
C. Rechnungsabgrenzungsposten	C. Verbindlichkeiten
D. Aktive latente Steuern	D. Rechnungsabgrenzungsposten
E. Aktiver Unterschiedsbetrag aus der Vermögensverrechnung	E. Passive latente Steuern
Bilanzsumme	Bilanzsumme

Kleinstkapitalgesellschaften sind nach § 267a HGB kleine Kapitalgesellschaften, die mindestens zwei der drei nachstehenden Merkmale nicht überschreiten:

1. Bilanzsumme 350 000 € nach Abzug eines auf der Aktivseite ausgewiesenen Fehlbetrags (§ 268 Abs. 3 HGB);

2. Umsatzerlöse 700 000 € in den zwölf Monaten vor dem Abschlussstichtag;

3. im Jahresdurchschnitt zehn Arbeitnehmer.

Die Bilanzsumme setzt sich aus den Posten zusammen, die in den Buchstaben A bis E des § 266 Abs. 2 HGB aufgeführt sind, jedoch ohne die bei Ausübung des in § 274a Nr. 5 geregelten Wahlrechts angesetzten latenten Steuern (§ 267a Abs. 1 Satz 2 HGB).

Kleinstkapitalgesellschaften können ferner anstelle der Staffelungen nach § 275 Abs. 2 und 3 HGB die Gewinn- und Verlustrechnung wie folgt darstellen:

1. Umsatzerlöse,

2. sonstige Erträge,

3. Materialaufwand,

4. Personalaufwand,

5. Abschreibungen,

6. sonstige Aufwendungen,

7. Steuern,

8. Jahresüberschuss/Jahresfehlbetrag.

Die Vorschriften über die elektronische Übermittlung der Jahresabschlüsse an die zuständigen Finanzbehörden im Rahmen der E-Bilanz (§ 5b EStG) bleiben von den vorstehenden Regelungen unberührt, so dass für die Finanzverwaltung unverändert ausführliche Jahresabschlüsse gefertigt werden müssen.

Kleinstkapitalgesellschaften brauchen den Jahresabschluss nicht um einen **Anhang** zu erweitern, wenn sie die Haftungsverhältnisse, die Angaben zu Vorschüssen und Krediten an Mitglieder der Geschäftsführung oder der Aufsichtsorgane unter der Bilanz darstellen (§ 264 Abs. 1 Satz 4 HGB). Kleinstkapitalgesellschaften können ihrer **Offenlegungspflicht** nach § 325 HGB dadurch genügen, dass sie die Bilanz in elektronischer Form zur dauerhaften Hinterlegung beim Betreiber des Bundesanzeigers einreichen und einen Hinterlegungsauftrag erteilen (§ 326 Abs. 2 HGB).

Die Regelungen für Kleinstkapitalgesellschaften gelten erstmals für Abschlussstichtage nach dem 30. 12. 2012, also bereits für den Jahresabschluss 31. 12. 2012 (Art. 70 EGHGB). Sie gelten auch für „kleinste" Aktiengesellschaften (§ 152 Abs. 4, § 158 Abs. 3, § 160 Abs. 3 AktG).

2.2.6 Bewertung in der Handelsbilanz

2.2.6.1 Abschreibungen (Teilwert-Abschreibungen)

Umlaufvermögen

§ 253 Abs. 4 HGB (Niederstwertprinzip beim Umlaufvermögen) gilt auch für Kapitalgesellschaften.

Anlagevermögen

§ 253 Abs. 3 HGB (Niederstwertprinzip bei voraussichtlich dauernder Wertminderung beim Anlagevermögen) gilt ebenfalls auch für Kapitalgesellschaften.

Aber: Vorübergehende Wertminderungen dürfen bei Finanzanlagen (Wertpapiere, Beteiligungen, Darlehen) zu Abschreibungen genutzt werden (§ 253 Abs. 3 Satz 4 HGB).

2.2.6.2 Zuschreibungsgebot bei wieder gestiegenen Werten

Der Grundsatz ergibt sich aus § 253 Abs. 5 HGB. Danach muss in allen Fällen, bei denen sich ein wieder gestiegener Wert ergibt, zugeschrieben (aufgestockt) werden (Ausnahme: Firmenwert). Beim abnutzbaren Anlagevermögen ist die Zuschreibung auf den Wert begrenzt, der sich ergibt, wenn die normale AfA in Anspruch genommen worden wäre. Bei anderen Wirtschaftsgütern bilden die AK/HK die Bewertungsobergrenze.

2.3 Ausgleichsposten

Sie werden nur erforderlich, wenn freiwillig eine Steuerbilanz erstellt wird, in der von der Handelsbilanz abgewichen wird. Wegen der Ursachen für Abweichungen siehe unten „VI. Latente Steuern".

Außerdem ergeben sich regelmäßig Ausgleichsposten in der Steuerbilanz nach Außenprüfungen (in der sog. Prüferbilanz), wenn die Handelsbilanz nicht an die Prüferbilanz angeglichen wird (Regelfall). Auch in Organschaftsfällen können sich unter bestimmten Voraussetzungen Ausgleichsposten ergeben (§ 14 Abs. 4 KStG).

2.4 Verdeckte Gewinnausschüttungen (vGA)

Vgl. § 8 Abs. 3 Satz 2 KStG i. V. mit R 36 KStR und sehr ausführlich BMF v. 28. 5. 2002, BStBl 2002 I 603. Unter einer vGA bei einer Kapitalgesellschaft ist einer Vermögensminderung (verhinderte Vermögensmehrung) zu verstehen, die durch das Gesellschaftsverhältnis veranlasst ist, sich auf die Höhe des Unterschiedsbetrages gem. § 4 Abs. 1 Satz 1 EStG i. V. mit § 8 Abs. 1 KStG auswirkt, in keinem Zusammenhang zu einer offenen Ausschüttung steht und geeignet ist, beim Gesellschafter einen Beteiligungsertrag i. S. von § 20 Abs. 1 Nr. 1 EStG herbeizuführen (z. B. BFH v. 7. 8. 2002 I R 2/02, BStBl 2004 II 131).

In Betracht kommen neben Geld- und Sachleistungen auch Nutzungen und sonstige Leistungen (anders bei Einlagen).

Typische Fälle:

► zu hohes Gehalt an Gesellschafter-Geschäftsführer,

► zu hohe Miete für Gesellschafter-Grundstück,

► zu hohe Zinsen für Gesellschafter-Darlehen,

► unentgeltliche oder verbilligte Warenlieferungen an Gesellschafter.

GmbH-Gesellschafter sind einkommensteuerlich regelmäßig Selbständige (und nicht Arbeitneh-mer), wenn sie zugleich Geschäftsführer der Gesellschaft sind und mindestens 50 % des Stamm-kapitals innehaben (BFH v. 20.10.2010 VIII R 34/08 (NV), BFH/NV 2011 S. 585). Dabei können die Geschäftsführungsleistungen eines GmbH-Geschäftsführers unter bestimmten Vorausset-zungen zusätzlich als selbständig i. S. des § 2 Abs. 2 Nr. 1 UStG zu beurteilen sein. Die Organstel-lung des GmbH-Geschäftsführers steht dem jedenfalls nicht entgegen (BFH v. 10.3.2005 V R 29/03, BStBl 2005 II 730). Siehe hierzu auch BMF v. 31.5.2007, BStBl 2007 I 503.

Eine verdeckte Gewinnausschüttung setzt nicht voraus, dass die Vermögensminderung bzw. verhinderte Vermögensmehrung auf einer Rechtshandlung der Organe der Kapitalgesellschaft beruht. Auch rein tatsächliche Handlungen können den Tatbestand der verdeckten Gewinnaus-schüttung erfüllen. Beherrscht z. B. ein Treugeber-Gesellschafter eine GmbH, weil er deren Mehr-heitsgesellschafter auswechseln und die Geschäftsführer abberufen kann, und ist er dadurch in der Lage, ohne Mitwirkung der Organe der Gesellschaft zu seinen Gunsten über Gesellschafts-vermögen zu verfügen (z. B. durch Unterschlagungen), dann sind seine eigennützigen Handlun-gen zu Lasten der GmbH dieser wie Handlungen ihrer Organe zuzurechnen. Für die Annahme einer verdeckten Gewinnausschüttung genügt es, wenn die Organe der Kapitalgesellschaft — durch Tun oder Unterlassen — einem Gesellschafter oder einer ihm nahe stehenden Person die Möglichkeit verschafft haben, über Gesellschaftsvermögen zu disponieren (BFH v. 14.10.1992 I R 14/92, BStBl 1993 II 351). Zahlt eine Kapitalgesellschaft ihrem Gesellschafter-Geschäftsführer zusätzlich zu seinem Festgehalt Vergütungen für Sonntags-, Feiertags- und Nachtarbeit, so liegt darin nicht immer eine verdeckte Gewinnausschüttung (BFH v. 14.7.2004 I R 111/03, BStBl 2005 II 307).

Eine verdeckte Gewinnausschüttung i. S. des § 8 Abs. 3 Satz 2 KStG in Form der Zuwendung eines Vermögensvorteils an eine einem Gesellschafter der Kapitalgesellschaft **nahe stehende Person** setzt nicht voraus, dass die Zuwendung einen Vorteil für den Gesellschafter selbst zur Folge hat (BFH v. 18.12.1996 I R 139/94, BStBl 1997 II 301).

Vereinbart eine GmbH mit ihren beherrschenden Gesellschafter-Geschäftsführern als Entgelt für die Geschäftsführertätigkeit ausschließlich eine Gewinntantieme, so kann diese unter Wür-digung aller Umstände im Einzelfall eine verdeckte Gewinnausschüttung sein (BFH v. 2.12.1992 I R 54/91, BStBl 1993 II 311). Sagt eine Kapitalgesellschaft ihrem Gesellschafter-Geschäftsführer als Gegenleistung für seine Geschäftsführertätigkeit **nur die künftige Zahlung einer Pension zu (sog. Nur-Pensionszusage)**, so liegt darin eine verdeckte Gewinnausschüttung (BFH v. 28.4.2010 I R 78/08, BStBl 2013 II 41, BMF v. 13.12.2012, BStBl 2013 I 35). Der beherrschende Gesellschaf-ter-Geschäftsführer einer Kapitalgesellschaft kann sich einen Pensionsanspruch regelmäßig nur erdienen, wenn zwischen dem Zusagezeitpunkt und dem vorgesehenen Eintritt in den Ruhe-stand noch ein Zeitraum von mindestens zehn Jahren liegt; das gilt sowohl für Erstzusagen ei-ner Versorgungsanwartschaft als auch für nachträgliche Erhöhungen einer bereits erteilten Zu-sage (BFH v. 23.9.2008 I R 62/07, BStBl 2013 II 39). Sagt eine Kapitalgesellschaft ihrem Gesell-schafter-Geschäftsführer eine Alters- und/oder eine Invaliditätsversorgung zu, so ist diese Zusa-ge im Gesellschaftsverhältnis veranlasst, wenn die Versorgungsverpflichtung im Zeitpunkt der Zusage für die Gesellschaft **nicht finanzierbar** ist. In diesem Fall stellen die Zuführungen zu der zu bildenden Pensionsrückstellung vGA dar. Eine Versorgungszusage ist nicht finanzierbar, wenn die Passivierung des Barwerts der Pensionsverpflichtung zu einer Überschuldung der Ge-sellschaft führen würde. Auch bei der Beurteilung der Finanzierbarkeit einer im Invaliditätsfall eintretenden Versorgungsverpflichtung ist nur deren im Zusagezeitpunkt gegebener versicherungsmathematischer Barwert (§ 6a Abs. 3 Satz 2 Nr. 2 EStG) anzusetzen. Es ist nicht von demjenigen Wert auszugehen, der sich bei einem Eintritt des Versorgungsfalls ergeben würde (BFH v. 8. 11. 2000 I R 70/99, BStBl 2005 II 653, v. 20. 12. 2000 I R 15/00, BStBl 2005 II 657, v. 7. 11. 2001 I R 79/00, BStBl 2005 II 659, v. 4. 9. 2002 I R 7/01, BStBl 2005 II 662, v. 31. 3. 2004 I R 65/03, BStBl 2005 II 664, BMF v. 6. 9. 2005, BStBl 2005 I 875).

Die Erteilung einer Pensionszusage an den Gesellschafter-Geschäftsführer einer Kapitalgesellschaft setzt im Allgemeinen die Einhaltung einer **Probezeit** voraus, um die Leistungsfähigkeit des neu bestellten Geschäftsführers beurteilen zu können (BFH v. 28. 4. 2010 I R 78/08, BStBl 2013 II 41). Als Probezeit ist der Zeitraum zwischen Dienstbeginn und der erstmaligen Vereinbarung einer schriftlichen Pensionszusage (zusagefreie Zeit) zu verstehen. Eine Probezeit von zwei bis drei Jahren ist regelmäßig als ausreichend anzusehen. Die Erteilung der Pensionszusage an den Gesellschafter-Geschäftsführer unmittelbar nach der Anstellung und ohne die unter Fremden übliche Erprobung ist in der Regel nicht betrieblich, sondern durch das Gesellschaftsverhältnis veranlasst. Handelt es sich um eine neu gegründete Kapitalgesellschaft, ist die Zusage überdies erst dann zu erteilen, wenn die künftige wirtschaftliche Entwicklung der Gesellschaft verlässlich abgeschätzt werden kann. Hierzu bedarf es in der Regel eines Zeitraums von wenigstens fünf Jahren (BMF v. 14. 12. 2012, BStBl 2013 I 58). Eine unter Verstoß gegen eine angemessene Probezeit erteilte Pensionszusage ist durch das Gesellschaftsverhältnis veranlasst und führt zu verdeckten Gewinnausschüttungen i. S. des § 8 Abs. 3 Satz 2 KStG. Ausschlaggebend ist die Situation im Zeitpunkt der Zusage, so dass die Anwartschaft auch nach Ablauf der angemessenen Probezeit nicht zu einer fremdvergleichsgerechten Pensionszusage wird (BFH v. 28. 4. 2010 I R 78/08 a. a. O.). Das gilt auch dann, wenn die Pensionszusage in der Folgezeit geändert, also z. B. erhöht wird (BMF v. 14. 12. 2012 a. a. O.). Wird die Pension dem entgegenstehend unmittelbar nach Einstellung des Gesellschafter-Geschäftsführers oder nach Gründung der Gesellschaft zugesagt, handelt es sich bei den Zuführungen zu einer Rückstellung für die Pensionszusage um vGA.

Die Zuführungen zu einer Rückstellung für die Verbindlichkeit aus einer betrieblichen Versorgungszusage, die den Vorgaben des § 6a EStG entspricht, aus steuerlichen Gründen aber als vGA zu behandeln sind, sind **außerhalb der Bilanz** dem Gewinn hinzuzurechnen. Ist eine Hinzurechnung unterblieben und aus verfahrensrechtlichen Gründen eine Änderung der betreffenden Steuerbescheide nicht mehr möglich, können die rückgestellten Beträge auf der Ebene der Kapitalgesellschaft nicht mehr als vGA berücksichtigt werden (BFH v. 28. 4. 2010 I R 78/08 a. a. O.).

Gesellschafter-Geschäftsführer, die weniger als 50 % der Anteile an der Kapitalgesellschaft halten, fallen grundsätzlich in den Regelungsbereich des BetrAVG. Dies gilt jedoch in Anlehnung an die Zivilrechtsprechung nicht, wenn mehrere Gesellschafter-Geschäftsführer nicht ganz unbedeutend an einer GmbH beteiligt sind und zusammen über die Mehrheit der Anteile verfügen (BFH v. 28. 4. 2010 I R78/08 a. a. O.).

Siehe ferner zu Pensionszusagen und Tantiemen R 38, 39 KStR.

Eine **vertraglich nicht geregelte private Kfz-Nutzung** durch den Geschäftsführer und Ehemann der Alleingesellschafterin einer Kapitalgesellschaft stellt in Höhe der Vorteilsgewährung eine vGA dar. Nutzt der Gesellschafter-Geschäftsführer einer GmbH ein Fahrzeug privat auf Grundlage einer im Arbeitsvertrag ausdrücklich zugelassenen Nutzungsgestattung, liegt keine vGA, sondern ein lohnsteuerlich erheblicher Vorteil vor. Eine vertragswidrige private Nutzung eines betrieblichen Fahrzeugs durch einen Gesellschafter-Geschäftsführer ist nicht stets als Arbeitslohn zu qualifizieren (BFH v. 23. 4. 2009 VI B 118/08, BStBl 2010 II 234). Erfolgt die Überlassung im Rahmen eines Arbeitsverhältnisses, muss die tatsächliche Durchführung der Vereinbarung – insbesondere durch zeitnahe Verbuchung des Lohnaufwands und Abführung der Lohnsteuer (und ggf. der Sozialversicherungsbeiträge) – durch die Kapitalgesellschaft nachgewiesen sein. Erfolgt die Überlassung nicht im Rahmen des Arbeitsverhältnisses, sondern im Rahmen eines entgeltlichen Überlassungsvertrags, muss auch hier die Durchführung der Vereinbarung – etwa durch die zeitnahe Belastung des Verrechnungskontos des Gesellschafter-Geschäftsführers – dokumentiert sein. Auf der Ebene der Kapitalgesellschaft ist für die Bemessung der verdeckten Gewinnausschüttung im Zusammenhang mit der privaten Kfz-Nutzung von der **erzielbaren Vergütung** auszugehen (H 37 KStH 2008 Stichwort „Nutzungsüberlassungen", BFH v. 23. 1. 2008 I R 8/06, BStBl 2012 II 260). Denn die verdeckte Gewinnausschüttung ist mit dem gemeinen Wert der Nutzungsüberlassung zu bemessen und beinhaltet damit auch einen angemessenen Gewinnaufschlag. Aus Vereinfachungsgründen kann es die Finanzbehörde im Einzelfall zulassen, dass die verdeckte Gewinnausschüttung für die private Nutzung eines betrieblichen Kfz entsprechend § 6 Abs. 1 Nr. 4 Satz 2 EStG mit 1 % des inländischen Listenpreises im Zeitpunkt der Erstzulassung zzgl. der Kosten für Sonderausstattung einschließlich Umsatzsteuer für jeden Kalendermonat bewertet wird; bei Nutzung des Kfz durch den Gesellschafter-Geschäftsführer auch für Fahrten zwischen Wohnung und Arbeitsstätte erhöht sich dieser Wert um die in § 8 Abs. 2 Satz 3 EStG und für Familienheimfahrten im Rahmen einer doppelten Haushaltsführung um die in § 8 Abs. 2 Satz 5 EStG genannten Beträge (BMF 3. 4. 2012, BStBl 2012 I 478).

Auf der Ebene des Gesellschafters ist die verdeckte Gewinnausschüttung in Gestalt der privaten Kfz-Nutzung auch nach Inkrafttreten des § 32a KStG durch das Jahressteuergesetz 2007 v. 13. 12. 2006 (BStBl 2007 I 28) nach § 8 Abs. 2 Satz 2, 3 und 5 EStG zu bewerten.

Bezüge des Anteilseigners, die auf der Ebene der Kapitalgesellschaft als vGA dem Einkommen hinzugerechnet wurden, werden bei diesem mit dem Abgeltungsteuersatz von 25 % zzgl. Solidaritätszuschlag und ggf. Kirchensteuer besteuert. Fallen die Bezüge in einem Betriebsvermögen des Anteilseigners an, ist das Teileinkünfteverfahren anzuwenden (§ 3 Nr. 40 EStG). Die Vergünstigung des Teileinkünfteverfahrens beim Anteilseigner wird nur unter der Voraussetzung gewährt, dass die vGA auf der Ebene der leistenden Kapitalgesellschaft das Einkommen gem. § 8 Abs. 3 Satz 2 KStG nicht gemindert hat (§ 3 Nr. 40 Satz 1 Buchst. d EStG, § 8b Abs. 1 Satz 2 KStG). Verdeckte Gewinnausschüttungen unterliegen beim Gesellschafter der vollen Besteuerung, soweit sie bei der leistenden Kapitalgesellschaft das Einkommen gemindert haben. Durch die Korrekturvorschrift des § 32a Abs. 1 KStG wird eine korrespondierende Besteuerung von verdeckten Gewinnausschüttungen bei der Kapitalgesellschaft einerseits und dem Gesellschafter andererseits sichergestellt.

Folgende Steuernachzahlungen gehen mit verdeckten Gewinnausschüttungen einher:

1. USt bei unentgeltlichen oder verbilligten Leistungen (z. B. Warenlieferung),

2. GewSt,

3. KSt und Solidaritätszuschlag.

Die Hinzurechnung einer verdeckten Gewinnausschüttung zum Einkommen erfolgt außerhalb der Buchführung. In der Buchführung wirken sich lediglich die Steuernachzahlungen gewinnmindernd aus.

Schenkungsteuer

Verdeckte Gewinnausschüttungen können Schenkungsteuer auslösen (vgl. hierzu ausführlich gleich. lt. Ländererlasse v. 14. 3. 2012, BStBl 2012 I 331). Zahlt z. B. eine Kapitalgesellschaft auf Veranlassung eines Gesellschafters einer diesem nahestehenden Person, die nicht Gesellschafter ist, überhöhte Vergütungen, liegt regelmäßig keine freigebige Zuwendung des Gesellschafters an die nahestehende Person vor, sondern eine gemischte freigebige Zuwendung im Verhältnis der Kapitalgesellschaft zur nahestehenden Person (BFH v. 7. 11. 2007, BStBl 2008 II 258). Nach § 15 Abs. 4 ErbStG richtet sich die Besteuerung für Erwerbe, bei denen die Steuer nach dem 13. 12. 2011 entsteht, nach dem persönlichen Verhältnis des Erwerbers zu derjenigen unmittelbar oder mittelbar an der Kapitalgesellschaft oder Genossenschaft beteiligten natürlichen Person, durch die sie veranlasst ist. Diese Regelung betrifft nur die Rechtsfolgen der Steuerermittlung. Die Kapitalgesellschaft bleibt Zuwendende (BMF v. 14. 3. 2012, Rn. 2.6 und 6.2, a. a. O.).

BEISPIEL ▸ Vater A ist Alleingesellschafter der A-GmbH. Sein Sohn S ist bei der A-GmbH angestellt und erhält ein Gehalt in Höhe von 1 300 000 € jährlich, angemessen wären 600 000 €.

LÖSUNG ▸ Bei der GmbH liegt Einkommensverwendung vor gemäß § 8 Abs. 3 KStG. Ihr Einkommen ist um 700 000 € zu erhöhen. Gleichzeitig liegt gemäß § 7 Abs. 1 Nr. 1 ErbStG eine Schenkung der GmbH an S in Höhe von 700 000 € vor, wobei allerdings auf die Schenkung die Steuerklasse I (statt III) anzuwenden ist (§ 15 Abs. 4 i. V. mit § 37 Abs. 7 ErbStG bei Schenkungen nach dem 13. 12. 2011). Bei Vater A ergeben sich Einnahmen aus Kapitalvermögen in Höhe von 700 000 € (§ 20 Abs. 1 Nr. 2 Satz 2 EStG). Sohn S hat Einkünfte aus nichtselbständiger Arbeit nach § 19 EStG in Höhe von 600 000 €.

HINWEIS

Offene Ausschüttungen werden gebucht:

Gewinnverwendungskonto	an	Bank

oder

Gewinnverwendungskonto	an	Verbindlichkeiten

2.5 Offene und verdeckte Einlagen

Offene und verdeckte Einlagen des Gesellschafters in die Kapitalgesellschaft führen bei ihm zu nachträglichen Anschaffungskosten. Einlagen (Geld- und Sacheinlagen) in eine Kapitalgesellschaft sind durch das Gesellschaftsverhältnis veranlasste Zuwendungen an die Gesellschaft. Offene und verdeckte Einlagen erhöhen das Einkommen einer Kapitalgesellschaft nicht (§ 8 Abs. 3 Satz 3 KStG).

2.5.1 Offene Einlagen

Offene Einlagen werden geleistet aufgrund gesetzlicher Regelungen, Vereinbarungen im Gesellschaftsvertrag bzw. Satzung oder aufgrund von Gesellschafterbeschlüssen; sie entsprechen den handelsrechtlichen Vorschriften. Fallen sie bei Gründung der Kapitalgesellschaft oder im Fall einer Kapitalerhöhung an, erhält der Gesellschafter als Gegenleistung Anteile an der Kapitalgesellschaft. In der Bilanz der Kapitalgesellschaft werden diese Einlagen als gezeichnetes Kapital (Grund- oder Stammkapital) ausgewiesen. Anschaffungskosten liegen nur insoweit vor, als die Einlage auch tatsächlich erbracht wurde. Wurde die Gründungseinlage nicht voll geleistet, weist die Kapitalgesellschaft dies in der Bilanz aus (z. B. auf der Aktivseite vor dem Anlagevermögen als „Ausstehenden Einlagen auf das gezeichnete Kapital", § 272 Abs. 1 Satz 2 HGB).

Zu den offenen Einlagen gehören auch Zahlungen in die Kapitalrücklage der Kapitalgesellschaft (§ 272 Abs. 2 HGB). Hierzu zählen u. a. Aufgelder (Agio), die im Rahmen der Gründung oder Kapitalerhöhung zusätzlich zum Stammkapital geleistet werden, Zuzahlungen von Gesellschaftern für Vorzugsrechte (z. B. zusätzliche Stimmrechte) oder freiwillige Leistungen des Gesellschafters aufgrund eines Gesellschaftsbeschlusses (z. B. zur Verlustabdeckung oder Liquiditätsverbesserung).

2.5.2   Verdeckte Einlagen

Eine verdeckte Einlage liegt vor, wenn ein Gesellschafter oder eine ihm nahe stehende Person der Kapitalgesellschaft außerhalb der gesellschaftsrechtlichen Einlagen einen einlagefähigen (= bilanzierungsfähigen) Vermögensvorteil zuwendet und diese Zuwendung durch das Gesellschaftsverhältnis veranlasst ist (R 40 Abs. 1 KStR). Dies ist auch der Fall, wenn der Gesellschafter eine Verbindlichkeit der Kapitalgesellschaft als eigene übernimmt oder auf eine Forderung verzichtet.Die Überlassung eines Wirtschaftsguts zum Gebrauch oder zur Nutzung kann mangels Bilanzierbarkeit des Nutzungsvorteils nicht Gegenstand einer Einlage sein (H 40 „Nutzungsvorteil" KStH 2006). Daher führen Nutzungsüberlassungen nicht zu nachträglichen Anschaffungskosten.

Keine einlagefähigen Nutzungsvorteile sind insbesondere

▶ eine ganz oder teilweise unentgeltliche Dienstleistung (BFH v. 14. 3. 1989 I R 8/85, BStBl 1989 II 633)

▶ eine unentgeltliche oder verbilligte Gebrauchs- oder Nutzungsüberlassung eines Wirtschaftsguts

▶ der Zinsvorteil bei unverzinslicher und geringverzinslicher Darlehensgewährung (BFH v. 26. 10. 1987 GrS 2/86, BStBl 1988 II 348).

Eine verdeckte Einlage in eine Kapitalgesellschaft stellt nach Rechtsprechung des BFH – anders als die sog. offene, gegen die Gewährung neuer Gesellschaftsanteile vollzogene Einlage – einen unentgeltlichen Vorgang dar. Es gehört zum Wesen jeder verdeckten Einlage, dass ihr keine Gegenleistung der Gesellschaft gegenübersteht. Als Gegenleistung kann auch nicht die Werterhöhung angesehen werden, welche die Beteiligung in Folge der verdeckten Einlage erfahren kann. Denn eine solche Wertsteigerung ist nur eine Reflexwirkung der verdeckten Einlage, jedoch keine Gegenleistung im Sinne eines Veräußerungspreises. Deshalb ergeben sich aus der verdeckten Einlage für den Gesellschafter weder Einnahmen noch Vermögenszugänge. Legt ein Gesellschafter Wirtschaftsgüter (z. B. Anteile an einer Kapitalgesellschaft) verdeckt in eine andere Kapitalgesellschaft ein, hat diese die Anteile mit dem Teilwert zu bewerten (BFH v. 4. 3. 2009 I R 32/08, BStBl 2012 II 341). Auf der Ebene des Gesellschafters erhöhen Einlagen die Anschaffungskosten für die Beteiligung.

Eine verdeckte Einlage erhöht allerdings ausnahmsweise das Einkommen der Kapitalgesellschaft, soweit die verdeckte Einlage das Einkommen des Gesellschafters gemindert hat (§ 8 Abs. 3 Satz 4 KStG). Dies gilt auch, wenn die verdeckte Einlage auf einer verdeckten Gewinnausschüttung einer dem Gesellschafter nahe stehenden Person beruht und bei der Besteuerung des Gesellschafters nicht berücksichtigt wurde, es sei denn, die verdeckte Gewinnausschüttung hat bei der leistenden Körperschaft das Einkommen nicht gemindert (§ 8 Abs. 3 Satz 5 KStG). In den Fällen des § 8 Abs. 3 Satz 5 KStG erhöht die verdeckte Einlage nicht die Anschaffungskosten der Beteiligung.

Wie bei den verdeckten Gewinnausschüttungen ist auch bei verdeckten Einlagen durch § 32a Abs. 2 KStG eine korrespondierende Behandlung auf Seiten des Gesellschafters und der Kapitalgesellschaft sichergestellt.

Der Verzicht auf die Rückzahlung eines Darlehens, das der Gesellschafter seiner GmbH gewährt hat, führt zu einer Einlage, wenn die Kapitalgesellschaft zur Rückzahlung in der Lage gewesen wäre.

Übernimmt der Gesellschafter Verbindlichkeiten der Gesellschaft, in dem er z. B. eine Lieferantenverbindlichkeit der Gesellschaft von seinem privaten Konto tilgt, liegt eine gesellschaftliche Veranlassung und damit eine verdeckte Einlage vor. Die verdeckte Einlage führt in voller Höhe zu Anschaffungskosten des Gesellschafters.

Verzichtet ein Gesellschafter auf eine bereits realisierte Forderung gegen die Kapitalgesellschaft, liegt in aller Regel eine Veranlassung durch das Gesellschaftsverhältnis und damit ebenfalls eine verdeckte Einlage vor (BFH v. 16. 5. 2001 I B 143/00, BStBl 2002 II 436).

BEISPIEL ▶ Alleingesellschafter A gewährt der A-GmbH ein Darlehen in Höhe von 500 000 €. Die A-GmbH weist das Darlehen als Verbindlichkeit gegenüber dem Gesellschafter A in der Bilanz aus. Ein Jahr später verzichtet A auf die Darlehensrückzahlung. Die GmbH wäre zur vollen Rückzahlung in der Lage gewesen. GmbH-Anteil und Forderung gehören bei A zum einzelunternehmerischen Betriebsvermögen.

LÖSUNG ▶ Es handelt sich um eine verdeckte Einlage, die bei der GmbH **handelsrechtlich** als außerordentlicher Ertrag in Höhe von 500 000 € erfasst wird. Da Einlagen den steuerlichen Gewinn der GmbH nicht erhöhen dürfen (§ 8 Abs. 3 Satz 3 KStG), muss die Einlage außerbilanziell wieder abgezogen werden (R 40 Abs. 2 KStR 2004). Die Einlage erhöht jedoch das steuerliche Einlagekonto der GmbH (§ 27 Abs. 1 KStG) und die Anschaffungskosten der Beteiligung des A um 500 000 €. Buchung bei A: GmbH-Anteil an Forderungen 500 000 €.

Verzichtet ein GmbH-Gesellschafter auf eine nicht mehr voll werthaltige Forderung bzw. auf eine nicht mehr voll werthaltige Pensionsanwartschaft, ist als verdeckte Einlage nur der noch werthaltige Teil der Forderung bzw. der Teilwert der Pensionsanwartschaft anzusehen (BFH v. 15. 10. 1997 I R 58/93, BStBl 1998 II 305, v. 9. 6. 1997 GrS 1/94, BStBl 1998 II 307, hierzu, sowie zum Verzicht auf künftig noch zu erdienende Pensionsanwartschaften – sog. Future Service – BMF v. 14. 8. 2012, BStBl 2012 I 874). Für die Bewertung der (nicht mehr vollwertigen) Forderung im Verzichtszeitpunkt ist der realisierbare Wert entscheidend („Was würde ein gedachter Erwerber dafür bezahlen?"). Sofern der Forderungsverzicht auch unter Berücksichtigung der stillen Reserven der Gesellschaft die bilanzielle Überschuldung nicht beseitigt, beträgt der Teilwert der Forderung regelmäßig 0 € (BFH v. 15. 10. 1997 I R 103/93, BFH/NV 1998, 572). Beseitigt der Forderungsverzicht unter Berücksichtigung der stillen Reserven den nicht durch Eigenkapital gedeckten Fehlbetrag der Gesellschaft, ist in der Regel von der Werthaltigkeit der Forderung auszugehen, soweit sich ein positives Eigenkapital ergibt (FG Köln v. 4. 7. 2001 13 V 1430/01, EFG

2001, 1392). Dieser Teilwert kann jedoch, z. B. bei einer überschuldeten GmbH, 0 € betragen. Dann ist die bei der Kapitalgesellschaft durch den Wegfall der Verbindlichkeit eingetretene Vermögensmehrung in voller Höhe als Gewinn zu behandeln (BFH v. 15. 10. 1997 I R 103/93, BFH/NV 1998, 572). Steht also fest, dass die Kapitalgesellschaft nicht mehr in der Lage ist, ein solches Darlehen zurückzuzahlen und verzichtet der Gesellschafter-Gläubiger deshalb auf Rückzahlung, ergibt sich für die GmbH ein steuerpflichtiger Ertrag (BFH v. 9. 6. 1997 GrS 1/94, BStBl 1998 II 307). Die Ausbuchung einer solchen Verbindlichkeit hat auch zu erfolgen, wenn der Forderungsverzicht des Gesellschafters gegen einen sog. Besserungsschein erfolgt, d. h. die Forderung im Zeitpunkt des Eintritts des Besserungsfalls wieder auflebt (BMF v. 2. 12. 2003, BStBl 2004 I 648).

Verzichtet ein Gesellschafter-Geschäftsführer ohne beherrschenden Einfluss gegenüber der Gesellschaft auf bestehende oder künftige Entgeltansprüche (z. B. Weihnachtsgeld), fließen ihm insoweit keine Einnahmen aus nichtselbständiger Arbeit zu, als er dadurch eine tatsächliche Vermögenseinbuße erleidet. Auch eine verdeckte Einlage ergibt sich dadurch nicht (BFH v. 3. 2. 2011 VI R 4/10, NWB 2011, 1128).

Ergibt sich durch den Verzicht eine Einlage, hat der Gesellschafter-Gläubiger insoweit nachträgliche AK. Ergibt sich durch den Verzicht ein Ertrag, ist zu unterscheiden, ob die Darlehensforderung beim Gesellschafter-Gläubiger zum Betriebs- oder Privatvermögen gehört. Rechnet sie zum Betriebsvermögen, ergibt sich eine Betriebsausgabe (Teilwertabschreibung der Forderung); dabei kann davon ausgegangen werden, dass der Wert der Rückzahlungsforderung mit Eintritt der Krise der GmbH gesunken sein wird und nicht mehr dem Nennwert entspricht (BFH v. 6. 11. 2003 IV R 10/01, BStBl 2004 II 416). Gehört die Forderung (ebenso wie die GmbH-Beteiligung) zum Privatvermögen, handelt es sich bei dem Forderungsausfall grundsätzlich um einen Verlust auf der privaten Vermögensebene. In den Fällen des § 17 EStG kann der Verlust einer solchen Forderung jedoch unter bestimmten Voraussetzungen zu nachträglichen AK auf die Beteiligung führen (hierzu ausführlich BMF v. 21. 10. 2010, BStBl 2010 I 832).

BEISPIEL ▶ Eine GmbH schuldet ihrem Gesellschafter A 100 000 €, die dieser ihr aus seinem Betriebsvermögen zu nicht fremdüblichen Bedingungen geliehen hatte. Später wurde die GmbH zum Teil zahlungsunfähig. Allenfalls 40 % waren zurückzahlbar. A verzichtet auf die Rückzahlung des vollen Betrags. Die GmbH-Beteiligung und die Forderungen gehören bei A zum Betriebsvermögen.

LÖSUNG ▶ Nur der werthaltige Teil der Forderung führt steuerrechtlich zu einer Einlage (40 000 €, Zugang beim steuerlichen Einlagekonto). Bei der GmbH ist die wegfallende Verbindlichkeit handelsrechtlich in Höhe von 100 000 € erfolgswirksam (Ertrag) zu behandeln. Außerbilanziell sind 40 000 € vom Gewinn abzuziehen, da Einlagen das Einkommen nicht erhöhen dürfen (§ 8 Abs. 3 Satz 3 KStG). Beim Gesellschafter ergeben sich für den werthaltigen Teil nachträgliche Anschaffungskosten, der Rest führt zu einer erfolgswirksamen Abschreibung. Da das Darlehen zu nicht fremdüblichen Bedingungen vergeben wurde, steht es mit nach § 3 Nr. 40 EStG teilweise steuerfreien Beteiligungserträgen (Gewinnausschüttungen/ Dividenden und Gewinnen aus einer zukünftigen Veräußerung oder Entnahme des Anteils) in einem wirtschaftlichen Zusammenhang, so dass insoweit § 3c Abs. 2 EStG zur Anwendung kommt (BMF v. 8. 11. 2010, BStBl 2010 I 1292). In Höhe von 40 % von 60 000 € = 24 000 € muss deshalb eine außerbilanzielle Hinzurechnung erfolgen.

BEISPIEL ▶ Der Gesellschafter-Geschäftsführer verzichtet auf seine Pension, obwohl die GmbH zahlen könnte.

LÖSUNG ▶ Bei der GmbH ergibt sich eine verdeckte Einlage in Höhe der wegfallenden Pensionsverpflichtung. Der Gesellschafter hat in gleicher Höhe Einnahmen aus nichtselbständiger Arbeit und gleichzeitig nachträgliche Anschaffungskosten für die GmbH-Anteile.

BEISPIEL ▶ Der Gesellschafter-Geschäftsführer verzichtet auf seine Pension, weil die GmbH „keinen Cent" zahlen kann.

LÖSUNG ▶ Bei der GmbH ergibt sich in Höhe der wegfallenden Pensionsverpflichtung ein steuerpflichtiger Ertrag. Für den Gesellschafter ergeben sich keine Auswirkungen.

Für verdeckte Einlagen sind in der Steuerbilanz, wenn eine solche erstellt wird, Ausgleichsposten zu bilden.

BEISPIEL ▶ Gesellschafter A verkauft ein Grundstück an seine GmbH. Verkehrswert 100 000 €. Vereinbarter Kaufpreis 60 000 €.

LÖSUNG ▶ In der Handelsbilanz erscheint das Grundstück mit 60 000 €, in der Steuerbilanz mit 100 000 €. In der Steuerbilanz wird zusätzlich auf der Passivseite ein Ausgleichsposten in Höhe von 40 000 € eingestellt, der steuerliches Mehrkapital darstellt und das steuerliche Einlagekonto erhöht (§ 27 Abs. 1 KStG).

Die Behandlung offener Einlagen geschieht wie folgt:

Anlässlich Kapitalerhöhung:

Bank	an	gezeichnetes Kapital

Andere:

Bank	an	Kapitalrücklage

Durch das Beitreibungsrichtlinie-Umsetzungsgesetz v. 7. 12. 2011 (BGBl 2011 I 2592) wurde eine schenkungsteuerliche Besteuerungslücke geschlossen. Nach § 7 Abs. 8 ErbStG ist eine überproportionale (disquotale) Einlage in eine Kapitalgesellschaft schenkungsteuerpflichtig, wenn sich durch die Einlage der Anteilswert bei Mitgesellschaftern erhöht. Damit wird eine überproportionale Einlage gleichgestellt mit einer Direktzuwendung an einen Mitgesellschafter. Hierzu ausführlich gleich. lt. Ländererlasse v. 14. 3. 2012, BStBl 2012 I 331.

2.6 Latente Steuern

Bestehen zwischen handels- und steuerrechtlichen Wertansätzen Differenzen, die sich in späteren Geschäftsjahren vorrausichtlich abbauen, so ist eine sich daraus insgesamt ergebende Steuerbelastung als **passive latente Steuer** in der Bilanz anzusetzen § 274 Abs. 1 Satz 1 HGB). Es handelt sich um eine Passivierungspflicht für mittelgroße und große Kapitalgesellschaften (§ 267 Abs. 2 und 3 HGB) sowie gleichgestellte Personenhandelsgesellschaften wie z. B. die GmbH & Co. KG (§ 264a HGB). In der Bilanzgliederung erfolgt der Ansatz nach den passiven Rechnungsabgrenzungsposten (§ 266 Abs. 3 E HGB).

Im Gegensatz dazu besteht bei **aktiven latenten Steuern** ein Aktivierungswahlrecht (§ 274 Abs. 1 Satz 2 und 4 HGB). Bei der Berechnung sind steuerliche Verlustvorträge, die innerhalb der nächsten fünf Jahre vorraussichtlich verrechnet werden, zu berücksichtigen. Der Ansatz erfolgt in der Bilanzgliederung nach den aktiven Rechnungsabgrenzungsposten (§ 266 Abs. 2 D HGB).

Aktive und passive latente Steuern können auch unsaldiert angesetzt werden (§ 274 Abs. 1 Satz 3 HGB). Ein bilanziell ausgewiesener aktiver Überhang latenter Steuern ist ausschüttungs-gesperrt (§ 268 Abs. 8. Satz 2 HGB).

Als latente Steuern sind bei Kapitalgesellschaften KSt, Solidaritätszuschlag und GewSt zu be-rücksichtigen; bei Personenhandelsgesellschaften i. S. von § 264a HGB kommt nur die GewSt in Betracht. Latente Steuern sind mit den unternehmensindividuellen Steuersätzen im Zeitpunkt des Abbaus der Differenzen zu bewerten und nicht abzuzinsen (§ 274 Abs. 2 Satz 1 HGB). Da die künftige Steuerbelastung nur selten bekannt sein dürfte, sind bis dahin die am Bilanzstichtag gültigen Steuersätze anzuwenden. Das gilt insbesondere für die Gewerbesteuer, deren Hebesät-ze nicht nur von Gemeinde zu Gemeinde, sondern von Jahr zu Jahr schwanken können. Bei Ka-pitalgesellschaften wird sich in der Regel eine Gesamtsteuerbelastung von ca. 30 % ergeben, bei betroffenen Personenhandelsgesellschaften eine GewSt-Belastung von ca. 15 %. Die Auflösung latenter Steueransätze hat zu erfolgen, sobald die Steuerbe- oder entlastung eintritt oder mit ihr nicht mehr zu rechnen ist. Die erfolgswirksamen Auswirkungen sind in der Gewinn- und Ver-lustrechnung gesondert unter dem Posten „Steuern vom Einkommen und vom Ertrag" aus-zuweisen (§ 274 Abs. 2 Satz 3 HGB).

Kleine Kapitalgesellschaften sowie kleine Personenhandelsgesellschaften i. S. von § 264a HGB sind von der Anwendung des § 274 HGB befreit (§ 274a Nr. 5 HGB). Mittelgroße Kapitalgesell-schaften sind von Pflichtangaben bezüglich latenter Steuern (vgl. § 285 Nr. 29 HGB) befreit (§ 288 Abs. 1 HGB).

BEISPIEL ► Im Jahr 10 führte der Verkauf eines Gebäudes bei einer mittelgroßen GmbH zu einem Gewinn von 1 Mio. €. Der Gewinn wurde gem. § 6b EStG Ende 10 steuerlich in eine § 6b Rücklage eingestellt und Anfang 11 von den Herstellungskosten eines neuen Gebäude in Höhe von 6 Mio. € abgezogen. Die AfA beträgt sowohl in HB wie in StB 3 % der maßgeblichen HK. Auswirkungen in HB und StB sowie auf laten-te Steuern (./. = aktive latente Steuer, + = passive latente Steuer) :

Übersicht:

	HB	StB	Unterschied HB/StB	Latente Steuer (30 % unterstellt)
Zugang § 6b Rücklage 10		1 000 000 €		
§ 6b Rücklage 31. 12. 10		1 000 000 €	1 000 000 €	+ 300 000 €
Zugang Gebäude 11	6 000 000 €	5 000 000 €		
AfA	./. 180 000 €	./. 150 000 €	30 000 €	./. 9 000 €
Stand 31. 12. 11	5 820 000 €	4 850 000 €	970 000 €	+ 291 000 €

Buchungen bezüglich latenter Steuern:

10: Steuern vom Einkommen und Ertrag an Passive latente Steuern 300 000 €

11: Passive latente Steuern an Steuern vom Einkommen und Ertrag 9 000 €

Dem Ansatz latenter Steuern im handelsrechtlichen Jahresabschluss liegen im Wesentlichen folgende Vorgänge zugrunde:

► Unterschiedliche Abschreibungen in HB und StB (z. B. Gebäude-AfA in der StB 3 %, in der HB 2 %; Firmenwert in der StB,6 2/3 %, in der HB 20 %),

► unterschiedliche handels- und steuerrechtliche Gewinnanteile bei Beteiligungen an Per-sonengesellschaften,

► Aktivierung von Entwicklungskosten bei selbst geschaffenen immateriellen Wirtschaftsgütern des Anlagevermögens (§ 248 Abs. 2 HGB),

► bestimmte Zölle und Verbrauchsteuern sowie USt auf Anzahlungen (HB: Aufwand; StB: § 5
   Abs. 5 EStG),

► Damnum (Aktivierungswahlrecht gem. § 250 Abs. 3 HGB, Aktivierungspflicht gem. § 5 Abs. 5
   EStG),

► Rückstellung für mögliche Patentverletzung und für drohende Verluste aus schwebenden
   Geschäften (Passivierungsverbot gem. § 5 Abs. 3 und Abs. 4a EStG),

► unterschiedliche Abzinsungszinssätze bei der Rückstellungsbewertung (§ 253 Abs. 2 Satz 1
   HGB),

► unterschiedliche Bewertung von Pensionsrückstellungen (§ 253 Abs. 2 Satz 2 HGB),

► unterschiedliche Bewertung von Rentenverpflichtungen (§ 253 Abs. 2 Satz 3 HGB),

► Bildung von steuerfreien Rücklagen in der StB (§ 6b EStG, Rücklage für Ersatzbeschaffung
   nach R 6.6 Abs. 4 EStR, Zuschussrücklage nach R 6.5 Abs. 4 EStR),

► unterschiedliche Einbeziehung von Verwaltungskosten in die Herstellungskosten (§ 255
   Abs. 3 HGB).

Zusammenfassender Orientierungshinweis:

Mehrvermögen in HB gegenüber StB: Passive latente Steuer

Wenigervermögen in HB gegenüber StB: Aktive latente Steuer

Vorhandenes Verlustverrechnungspotential: Aktive latente Steuer

Die in der HB gebildeten Ansätze für latente Steuern sind ertragsteuerlich unbeachtlich und
demzufolge nicht in die StB zu übernehmen.

2.7   Kapitalerhöhung, Kapitalherabsetzung

2.7.1   Kapitalerhöhung

Kapitalerhöhung durch Ausgabe neuer Anteile

Für Beträge, die bei der Ausgabe neuer Anteile (z. B. Aktien) über den Nennbetrag der Anteilsrechte hinaus erzielt werden, ist eine Kapitalrücklage zu bilden (§ 272 Abs. 2 Nr. 1 HGB). Unter
Nennwert dürfen z. B. Aktien nicht ausgegeben werden (§ 9 Abs. 1 AktG).

BEISPIEL ▶ Eine AG erhöht ihr Gezeichnetes Kapital von 1 000 000 € durch Ausgabe neuer Aktien auf
1 100 000 €. Es werden 2 000 St. neue Aktien im Nennwert von 50 €/St. für 150 €/St. ausgegeben.
Buchung:

Bank	300 000 € an	gezeichnetes Kapital	100 000 €
		Kapitalrücklagen	200 000 €

Kapitalerhöhung aus Gesellschaftsmitteln

Die Hauptversammlung kann eine Erhöhung des Kapitals durch Umwandlung von Rücklagen in
Kapital beschließen (vgl. §§ 207 ff. AktG, für GmbH § 57c GmbH-Gesetz). Buchung: Rücklagen an
Gezeichnetes Kapital.

Für die Anteilseigner ist diese Maßnahme mit dem Erhalt von Gratisaktien verbunden. Der Erwerb ist steuerfrei (§ 1 KapErhStG). Allerdings sind die Anschaffungskosten der alten Anteile auch auf die neuen zu verteilen (§ 3 KapErhStG).

2.7.2 Kapitalherabsetzung

Die Kapitalherabsetzung ist gesetzlich geregelt in §§ 222 ff. AktG und § 58 GmbH-Gesetz. Gründe für eine Kapitalherabsetzung ergeben sich,

▶ wenn Kapital an die Anteilseigner zurückgezahlt werden soll.

Buchung: Gezeichnetes Kapital an Bank;

▶ wenn Kapital zum Ausgleich früherer Verluste herangezogen werden soll/muss. Buchung: Gezeichnetes Kapital an Verlustvortragskonto;

▶ wenn eigene Anteile eingezogen (d. h. „vernichtet") werden sollen. Hierbei muss die Kapitalgesellschaft zunächst eigene Anteile erwerben.

BEISPIEL ▶ Die X-AG erwirbt eigene Aktien im Nennwert von 100 000 € für 300 000 € zum Zweck der vereinfachten Kapitalherabsetzung nach §§ 299 ff. AktG in Höhe von 100 000 €. Die gesetzlichen Voraussetzungen sind erfüllt.

Der Nennbetrag erworbener eigener Anteile ist nach § 272 Abs. 1a HGB in der Vorspalte offen von dem Posten „Gezeichnetes Kapital" abzusetzen. Der Unterschiedsbetrag zwischen dem Nennbetrag und den Anschaffungskosten der eigenen Anteile ist mit den frei verfügbaren Rücklagen zu verrechnen. Buchung deshalb bei Erwerb:

Gezeichnetes Kapital (Vorspalte)	100 000 €			
Freie Rücklagen	200 000 €	an	Bank	300 000 €

Anschließend werden diese Anteile „eingezogen" und das Kapital herabgesetzt:

Gezeichnetes Kapital	100 000 €	an	Gezeichnetes Kapital (Vorspalte)	100 000 €

2.8 Steuerrückstellungen

Für GewSt und KSt sind im handelsrechtlichen Jahresabschluss Rückstellungen auszubringen (§ 249 Abs. 1 Satz 1 HGB). Dass beide keine abziehbaren Betriebsausgaben sind (§ 4 Abs. 5b EStG, § 10 Nr. 2 KStG), ändert daran nichts. Ausgangsbetrag für die GewSt ist das zu versteuernde Einkommen i. S. des KStG (§ 7 GewStG). Deshalb ist zur Berechnung der GewSt-Rückstellung vom für die KSt ermittelten zu versteuernden Einkommen auszugehen. Anschließend sind die gewerbesteuerlichen Hinzu- und Abrechnungen zu berücksichtigen.

Nachzahlungs- und Aussetzungszinsen gehören nach § 10 Nr. 2 KStG zu den nicht abziehbaren Aufwendungen und mindern deshalb auch nicht die Bemessungsgrundlage der Körperschaftsteuer. Zinsen auf erstattete Körperschaftsteuerzahlungen (sog. **Erstattungszinsen**) erhöhen hingegen das Einkommen der Kapitalgesellschaften (BFH v. 15. 2. 2012 I B 97/11, BStBl 2012 II 697).

Rückstellungsfähig sind auch die Kosten für die Jahresabschlussarbeiten und die Kosten für die Erstellung der USt-, KSt- und GewSt-Erklärung.

2.9 Bilanzierung eigener Anteile

Durch Kauf oder Schenkung können Kapitalgesellschaften eigene Anteile erwerben. Sofern die eigenen Anteile nicht zum Verkauf oder zur Weitergabe an Arbeitnehmer verwendet werden, „verschwinden" sie nur durch eine Kapitalherabsetzung (vgl. § 237 AktG).

Für Aktiengesellschaften ist der Erwerb nur in bestimmten Fällen zulässig (§ 71 AktG); zum Beispiel:

- ► zur Abwendung eines Schadens,
- ► zwecks Erwerbs für Arbeitnehmer,
- ► zwecks Abfindung,
- ► per Schenkung bzw. Kommission,
- ► durch Gesamtrechtsnachfolge,
- ► zwecks Einziehung (Amortisation) bei Kapitalherabsetzung.

In den ersten drei Fällen sind maximal 10 % des Nennkapitals erwerbbar (§ 71 Abs. 2 AktG). Bei Verstoß gegen die vorstehenden Einschränkungen müssen die eigenen Anteile in bestimmten Fristen verkauft werden (§ 71c AktG).

Für eine GmbH gelten die vorstehenden Einschränkungen nicht.

Der Nennwert eigener Anteile ist unabhängig vom Erwerbsgrund passivisch in einer Vorspalte zum „Gezeichneten Kapital" offen abzusetzen; der Unterschiedsbetrag zwischen dem Nennwert und den Anschaffungskosten ist mit den frei verfügbaren Rücklagen zu verrechnen; Anschaffungsnebenkosten sind Aufwand des Geschäftsjahres (§ 272 Abs. 1a HGB).

Nach der Veräußerung entfällt der Ausweis in der Vorspalte zum „Gezeichneten Kapital". Der Unterschied zwischen dem Nennwert und dem Erlös ist bis zur Höhe der bei der Anschaffung verrechneten Rücklagen in diese einzustellen. Ein darüber hinausgehender Unterschiedsbetrag ist in die Kapitalrücklage einzustellen. Nebenkosten der Veräußerung sind Aufwand des Geschäftsjahres (§ 272 Abs. 1b HGB).

BEISPIEL ► Es werden in 01 eigene Anteile im Nennwert von 100 000 € für 300 000 € erworben und in 03 für 400 000 € veräußert.

LÖSUNG ► Buchungen 01:

Gezeichnetes Kapital (Vorspalte)	100 000 €			
Frei verfügbare Rücklagen	200 000 € an	Bank		300 000 €

Buchungen in 03:

Bank	400 000 € an	Gezeichnetes Kapital (Vorspalte)	100 000 €
		Frei verfügbare Rücklagen	200 000 €
		Kapitalrücklage	100 000 €

2.10 Liquidationsbesteuerung

Vgl. § 11 KStG.

Folgende Termine sind zu unterscheiden:

1. Beschluss der Hauptversammlung (z. B. am 30. 4. 01),
2. die Gesellschaft (z. B. zum 30. 6. 01) aufzulösen (Auflösungszeitpunkt),
3. Beginn der Abwicklung (Liquidation): hier 1. 7. 01,
4. Ende der Abwicklung (unterstellt 30. 3. 04).

Der Abwicklungszeitraum (Besteuerungszeitraum i. S. von § 11 KStG) läuft vom 1. 7. 01 – 30. 3. 04 = $2^3/_4$ Jahre.

Der Abwicklungszeitraum (Besteuerungszeitraum) ist gleichzeitig der Veranlagungszeitraum. Für die Besteuerung des Liquidationsgewinns sind die Vorschriften maßgebend, die für den Veranlagungszeitraum gelten, in dem der Besteuerungszeitraum endet, hier also 04. Die KSt für den Abwicklungsgewinn wird für 04 erhoben. Gewerbesteuerlich gilt, dass bei einer in Abwicklung befindlichen Kapitalgesellschaft der Gewerbeertrag, der im Abwicklungszeitraum entstanden ist, auf die Jahre des Abwicklungszeitraums zu verteilen ist (§ 16 GewStDV, Abschn. 7.1 Abs. 8 GewStR). Zieht sich die Liquidation einer Kapitalgesellschaft über mehr als drei Jahre hin, so darf das FA nach Ablauf dieses Zeitraums regelmäßig auch dann gegenüber der Kapitalgesellschaft einen Körperschaftsteuerbescheid erlassen, wenn für eine Steuerfestsetzung vor Abschluss der Liquidation kein besonderer Anlass besteht. Ein solches Vorgehen muss nur dann begründet werden, wenn ein rechtliches Interesse der Kapitalgesellschaft an der Verlängerung des Besteuerungszeitraums über drei Jahre hinaus erkennbar ist (BFH v. 18. 9. 2007 I R 44/06, BStBl 2008 II 319; zur Anwendung vgl. BMF v. 4. 4. 2008, BStBl 2008 I 542).

Bei den privaten Anteilseignern werden die Liquidationsraten nach § 20 Abs. 1 Nr. 2 EStG oder § 17 Abs. 4 EStG erfasst, soweit sie nicht in der Rückzahlung von Nennkapital bestehen oder aus dem steuerlichen Einlagekonto (§ 27 KStG) stammen. Die Bezüge unterliegen der Abgeltungsteuer mit 25 % (§ 43 Abs. 1 Nr. 1 EStG) zzgl. Solidaritätszuschlag. Gehören die Anteile zum Betriebsvermögen eines Personenunternehmens, ist das Teileinkünfteverfahren anzuwenden (§ 3 Nr. 40 Buchst. a EStG); gehören sie zum Betriebsvermögen einer Kapitalgesellschaft, sind 95 % steuerfrei (§ 8b Abs. 2 und 3 KStG).

2.11 Besonderheiten des KStG

2.11.1 Steuersubjekt und Tarif

Kapitalgesellschaften (z. B. GmbH, AG) sind selbständig körperschaftsteuerpflichtige Steuersubjekte; sie stehen rechtlich völlig unabhängig neben dem oder den Gesellschaftern. Eine GmbH durchläuft im Rahmen ihrer Gründung in der Regel drei Stadien: Die Vorgründunggesellschaft beruht auf vertraglichen Vereinbarungen der künftigen Gesellschafter, eine GmbH zu gründen (Vorvertrag). Mit der notariellen Beurkundung des endgültigen Gesellschaftsvertrages entsteht die Vorgesellschaft, die bis zur Eintragung der GmbH ins Handelsregister eine GbR oder (bei Aufnahme eines Handelsgewerbes) ggf. eine OHG darstellt. Mit der Eintragung der GmbH ins Handelsregister ist sie zivilrechtlich entstanden. Eine GmbH-Vorgesellschaft wird bereits steuerrechtlich als Kapitalgesellschaft behandelt, sofern sie später als GmbH ins Handelsregister eingetragen wird. Zwischen ihr und der ins Handelsregister eingetragenen GmbH besteht Identität. Dies gilt auch bei einem Wechsel der Gesellschafter der Vorgesellschaft, wenn der ausgeschiedene Gesellschafter an der den Gesellschafterwechsel betreffenden Änderung des Gesellschaftsvertrags mitwirkte (BFH v. 14. 10. 1992 I R 17/92, BStBl 1993 II 352). Aufwendungen für die fehlgeschlagene Gründung einer Kapitalgesellschaft sind weder als Werbungskosten bei den Einkünften aus Kapitalvermögen noch als Liquidationsverlust nach § 17 Abs. 4 EStG zu berücksichtigen (BFH v. 20. 4. 2004 VIII R 4/02, BStBl 2004 II 597).

Missglückt die GmbH-Gründung, liegt von Anfang an ein gewöhnliches Einzelunternehmen, eine GbR oder ggf. eine OHG vor.

Ab 2008 beträgt der KSt-Satz einheitlich für ausgeschüttete und thesaurierte Gewinne 15 % (§ 23 Abs. 1 i.V. mit § 34 Abs. 11a KStG). Hinzu kommt der Solidaritätszuschlag von 5,5 % der festgesetzten KSt (§ 1 Abs. 1 i.V. mit § 5 SolZG). Die sich im Zuge der Festsetzung ergebenden KSt-Beträge sind zu Gunsten des Steuerpflichtigen auf volle Euro-Beträge zu runden (§ 31 Abs. 1 Satz 3 KStG).

2.11.2 Steuerliches Einlagekonto

Unbeschränkt steuerpflichtige Kapitalgesellschaften sind verpflichtet, die nicht in ihr Nennkapital geleisteten Einlagen zum Schluss eines jeden Wirtschaftsjahres auf einem steuerlichen Einlagekonto auszuweisen und fortzuschreiben (§ 27 Abs. 1 KStG). Es handelt sich hierbei nicht um ein Konto innerhalb der doppelten Buchführung der Kapitalgesellschaft, sondern um eine Art „Merkposten". Denn wenn Einlagen an die Anteilseigner zurückgezahlt werden, handelt es sich dabei nicht um steuerpflichtige Ausschüttungen. Vielmehr erhalten die Anteilseigner zurück, was sie zuvor eingezahlt haben. Solche Rückzahlungen unterliegen beim Empfänger nicht der Besteuerung (§ 20 Abs. 1 Nr. 1 Satz 3 EStG). Das steuerliche Einlagekonto dient damit dem Zweck, echte Ausschüttungen (aus dem Jahresüberschuss oder den Gewinnrücklagen) von unechten Ausschüttungen (Einlagenrückzahlungen) abzugrenzen.

In den Folgejahren ergibt sich der Anfangsbestand jeweils aus dem **gesondert festgestellten Endbestand** zum Ende des vorherigen Wirtschaftsjahres.

Als Zugang zum steuerlichen Einlagekonto sind alle Einlagen der Gesellschafter im Wirtschaftsjahr zu erfassen, die nicht in das Nennkapital erfolgen. Deshalb gehören alle Zuführungen zur **Kapitalrücklage** i. S. von § 272 HGB dazu. In Betracht kommen z. B. ein Gesellschafter-Aufgeld, freiwillige Zuzahlungen der Gesellschafter, Verzicht auf Rückzahlung von Darlehen, die der Gesellschafter seiner Gesellschaft gewährt hat, **verdeckte Einlagen**.

Leistungen der Kapitalgesellschaft mit Ausnahme der Rückzahlung von Nennkapital i. S. des § 28 Abs. 2 Satz 2 KStG mindern das steuerliche Einlagekonto unabhängig von ihrer handelsrechtlichen Einordnung nur, soweit sie den auf den Schluss des vorangegangenen Wirtschaftsjahrs ermittelten **ausschüttbaren Gewinn** übersteigen (§ 27 Abs. 1 Satz 3 KStG). Werden für eine Ausschüttung sowohl ausschüttbare Gewinne als auch Einlagen verwendet, gilt das steuerliche Einlagekonto somit als **nachrangig** verwendet. Dabei kann der Bestand des steuerlichen Einlagekontos nicht negativ werden (§ 27 Abs. 1 Satz 4 KStG). Leistungen in diesem Sinne sind alle offenen und verdeckten Ausschüttungen einschließlich der Liquidationsausschüttungen.

Über die Entwicklung und den Stand des steuerlichen Einlagekontos ergeht alljährlich eine gesonderte Feststellung (§ 27 Abs. 2 KStG). Über Leistungen aus dem steuerlichen Einlagekonto muss die Kapitalgesellschaft ihren Gesellschafter eine Bescheinigung nach amtlichem Muster ausstellen (§ 27 Abs. 3 KStG).

2.11.3 KSt-Guthaben und EK 02-Altbestand

§ 37 Abs. 4 KStG bestimmt, dass das KSt-Guthaben letztmals zum 31. 12. 2006 festzustellen ist. Für den Zeitraum von 2008 – 2017 kann jährlich jeweils ein Zehntel des festgestellten KSt-Guthabens realisiert, d. h. vom Finanzamt erstattet verlangt werden. Gemäß § 37 Abs. 5 Satz 2 KStG entsteht der Anspruch mit Ablauf des 31. 12. 2006 und ist somit zu diesem Zeitpunkt im Jahresabschluss erfolgswirksam und unter Abzinsung zu erfassen. Steuerlich ist der sich aus der Aktivierung des Auszahlungsanspruchs ergebende Jahresüberschuss oder Jahresfehlbetrag sodann außerbilanziell zu neutralisieren, da er nicht zu den Einkünften i. S. des EStG gehört (§ 37 Abs. 7 KStG). Es ist nicht ernstlich zweifelhaft, dass sowohl die Aktivierung, als auch die Wertberichtigung des Anspruchs auf Auszahlung des Körperschaftsteuerguthabens in zehn gleichen Jahresbeträgen bei der Einkommensermittlung zu neutralisieren sind (BFH v. 15. 7. 2008 I B 16/08, BStBl 2008 II 886). Damit hat der BFH das BMF-Schreiben v. 14. 1. 2008 (BStBl 2008 I 280) bestätigt.

Die Regelung des § 37 Abs. 5 KStG ermöglicht es, dass der gesamte noch nicht erstattete Anspruch nach § 46 AO abgetreten werden kann. Dadurch ist es nicht nötig, eine zu liquidierende Gesellschaft nur wegen des Erstattungsanspruchs aus dem KSt-Guthaben am Leben zu erhalten. Die ratierlichen Auszahlungen erfolgen dabei mit befreiender Wirkung an den dem Finanzamt bekannten Inhaber der Forderung. § 37 Abs. 7 KStG gilt nicht für den Abtretungsempfänger. Eine Abtretung an Personen oder Gesellschaften, die den Auszahlungsanspruch gewerbsmäßig erwerben, ist gem. § 46 Abs. 4 AO nicht möglich.

Beträgt der nach § 37 Abs. 5 Satz 1 und 3 KStG festgesetzte Anspruch auf Auszahlung des Körperschaftsteuerguthabens nicht mehr als 1 000 €, ist er aus Billigkeitsgründen in einer Summe auszuzahlen. Für die Auszahlung des Einmalbetrags gilt § 37 Abs. 5 Satz 5 KStG entsprechend (BMF v. 21. 7. 2008, BStBl 2008 I 741).

Ein nach § 38 KStG noch **vorhandener EK 02-Altbestand,** der auch als (mit KSt) unbelasteter Teilbetrag des verwendbaren Eigenkapitals bezeichnet wird (vgl. § 36 KStG), ist letztmals zum 31. 12. 2006 festzustellen (§ 38 Abs. 4 Satz 1 KStG). Die auf diesen Bestand entfallende KSt (KSt-Erhöhung) wird pauschal und verwendungsunabhängig mit 3/100 (= 3 %) des Bestandes erhoben (§ 38 Abs. 5 Satz 1 KStG). Der KSt-Erhöhungsbetrag wird allerdings nur festgesetzt, wenn er 1 000 € übersteigt (§ 38 Abs. 5 Satz 3 KStG). Die pauschale Besteuerung unterbleibt gänzlich, soweit eine Gesellschaft am 31. 12. 2006 nicht über ausschüttungsfähiges Eigenkapital laut Steuerbilanz verfügt (§ 38 Abs. 5 Satz 2 KStG).

Der festgesetzte KSt-Erhöhungsbetrag ist gem. § 38 Abs. 6 Satz 1 KStG im Regelfall ab 2008 in zehn gleichen Jahersraten jeweils am 30. 9. zu entrichten. Ausnahmen gelten für Liquidationen und für Vermögensübertragungen oder Sitzverlegungen in Staaten außerhalb der EU. Bei Liquidationen, die nach dem 31. 12. 2006 beginnen, werden alle entstandenen und festgesetzten

KSt-Erhöhungsbeträge an dem 30.9. fällig, der auf den Zeitpunkt der Erstellung der **Liquidationseröffnungsbilanz** folgt (§ 38 Abs. 8 KStG).

Der Anspruch des Finanzamts auf den KSt-Erhöhungsbetrag entsteht grundsätzlich am 1.1.2007 und ist unverzinslich (§ 38 Abs. 6 Satz 3 und 6 KStG). Die Teilbeträge sind im Regelfall jeweils zum 30.9. eines jeden Jahres fällig, letztmals also am 30.9.2017 (§ 38 Abs. 6 Satz 5 KStG). Aufgrund der Unverzinslichkeit der Raten ist ab dem Wirtschaftsjahr 2007 bzw. 2006/2007 eine Rückstellung für die KSt-Erhöhung in Höhe des mit 5,5 % abgezinsten Barwerts der noch nicht getilgten Kapitalschuld zu passivieren (§ 6 Abs. 1 Nr. 3 und 3a EStG). Gewinnminderungen und Erträge im Gefolge der Passivierungen gehören nicht zu den Einkünften i. S. des EStG (§ 38 Abs. 10 i.V. mit § 37 Abs. 7 KStG). Es finden insoweit außerbilanzielle Korrekturen statt.

Anstelle der Zahlung in zehn gleichen Jahresraten kann die Körperschaft auf Antrag, der letztmals zum 30.9.2015 möglich ist, den noch nicht getilgten Teil des KSt-Erhöhungsbetrages in einer Summe tilgen (§ 38 Abs. 7 Satz 1 KStG). Dabei wird für die vor Fälligkeit geleisteten Raten ein Abzinsungssatz von 5,5 % berücksichtigt (§ 38 Abs. 7 Satz 3 KStG).

2.11.4 Gesellschafter-Fremdfinanzierung (§ 8a Abs. 2 und 3 KStG)

Im Gegensatz zu früher ist die Gesellschafter-Fremdfinanzierung i. S. von § 8a Abs. 2 und 3 KStG keine eigenständige Korrekturvorschrift zur Gewinnermittlung mehr. Sie sorgt lediglich dafür, dass die Regelungen zur Zinsschranke (§ 4h EStG) Anwendung finden können, auch wenn keine Konzernzugehörigkeit vorliegt oder, falls eine Konzernzugehörigkeit besteht, die Escape-Klausel (§ 4h Abs. 2 Buchst. c EStG) greifen würde. Im Einzelnen:

Gehört eine Körperschaft (z. B. eine GmbH) **nicht** zu einem Konzern, ist § 4h EStG anwendbar, wenn Zinszahlungen an zu mehr als einem Viertel unmittelbar oder mittelbar beteiligte Gesellschafter (oder diesen nahe stehende Personen oder rückgriffsberechtigte Dritte) erfolgen und die diesen Personen gezahlten Vergütungen für Fremdkapitalüberlassung mehr als 10 % des gesamten Zinssaldos der Körperschaft betragen; dabei trägt die Beweislast die Körperschaft (§ 8a Abs. 2 KStG).

Gehört die Körperschaft zu einem Konzern, kann durch den Konzern-Eigenkapitalvergleich (sog. Escape-Klausel) die Anwendung des § 4h EStG nicht verhindert werden, wenn ein unmittelbar oder mittelbar zu mehr als einem Viertel an der Körperschaft oder einem anderen zum Konzern gehörenden Rechtsträger beteiligter Gesellschafter (oder ein Nahestehender oder ein rückgriffsberechtigter Dritter) Vergütungen für Fremdkapitalüberlassung erhält, die mehr als 10 % des insgesamt in der Körperschaft anfallenden Zinssaldos betragen (§ 8a Abs. 3 KStG).

2.11.5 Beteiligungen an anderen Körperschaften (§ 8b KStG)

2.11.5.1 Steuerbefreiungen

Nach § 8b Abs. 1 KStG bleiben Bezüge i. S. von § 20 Abs. 1 Nr. 1, 2, 9 und 10 Buchst. a EStG bei der vereinnahmenden Körperschaft i. S. von § 1 KStG außer Ansatz; und zwar unabhängig von Mindestbehalte-/Sperrfristen oder Mindestbeteiligungsquoten. Dieses Privileg gilt für sämtliche in- und ausländischen Gewinnausschüttungen einschließlich der Gewinnausschüttungen bei

Zwischenschaltung von Personengesellschaften (§ 8b Abs. 6 Satz 1 KStG). Die Steuerfreiheit gilt auch für verdeckte Gewinnausschüttungen. Denn nach wie vor werden diese auf der Ebene der ausschüttenden Kapitalgesellschaft nach § 8 Abs. 3 Satz 2 KStG erfasst und von dieser versteuert. **Voraussetzung ist allerdings, dass die verdeckte Gewinnausschüttung auf der Ebene der leistenden Kapitalgesellschaft deren Einkommen gem. § 8 Abs. 3 Satz 2 KStG nicht gemindert hat (§ 8b Abs. 1 Satz 2 KStG); andernfalls ist die vGa bei der empfangenden Kapitalgesellschaft voll steuerpflichtig.** Der Kapitalertragsteuerabzug wird durch § 8b Abs. 1 KStG nicht ausgeschlossen (§ 43 Abs. 1 Satz 3 EStG). Die auf Erträge i. S. des § 8b Abs. 1 KStG einbehaltene Kapitalertragsteuer kann im Rahmen der Körperschaftsteuerveranlagung in voller Höhe angerechnet werden (§ 8b Abs. 1 KStG i.V. mit § 36 Abs. 2 Satz 2 Nr. 2 EStG). Bei beschränkt Steuerpflichtigen ohne inländisches Betriebsvermögen hat der Kapitalertragsteuereinbehalt abgeltende Wirkung (§ 32 Abs. 1 Nr. 2 KStG).

Ausschüttungen einer unbeschränkt steuerpflichtigen Körperschaft aus dem steuerlichen Einlagekonto i. S. des § 27 KStG sind nicht in die Steuerfreistellung für Kapitaleinkünfte nach § 8b Abs. 1 Satz 1 KStG einzubeziehen (BFH v. 28. 10. 2009 I R 116/08, BStBl 2011 II 898).

Bezieht eine Kapitalgesellschaft Bezüge i. S. von § 20 Abs. 1 Nr. 1, 2, 9 und 10 Buchst. a EStG (z. B. Dividenden) von einer inländischen oder ausländischen Kapitalgesellschaft, gelten 5 % als Ausgaben, die **nicht** als Betriebsausgaben abgezogen werden dürfen (§ 8b Abs. 5 KStG).

§ 8b Abs. 2 KStG stellt die Gewinne aus der Veräußerung von Anteilen an in- und ausländischen Kapitalgesellschaften grundsätzlich in voller Höhe steuerfrei. Das gilt nicht für Gewinne aus der Veräußerung eines durch Kapitalerhöhung entstandenen Bezugsrechts an einem entsprechenden Anteil (BFH v. 23. 1. 2008 I R 101/06, BStBl 2008 II 719 mit Bestätigung des BMF-Schreibens v. 28. 4. 2003, BStBl 2003 I 292, 295). Die in einem anderen Wirtschaftsjahr entstandenen Veräußerungskosten sind bei der Ermittlung des Veräußerungsgewinns oder Veräußerungsverlusts nach den Grundsätzen des § 8b Abs. 2 Satz 2 KStG im Wirtschaftsjahr der Veräußerung der Beteiligung zu berücksichtigen (BMF v. 13. 3. 2008, BStBl 2008 I 506 mit ausführlichem Beispiel). Die verdeckte Einlage einer Beteiligung ist dabei einer Veräußerung gleichgestellt (§ 8b Abs. 2 Satz 5 KStG).

Auch hier gelten 5 % des Gewinns als Ausgaben, die nicht als Betriebsausgaben abgezogen werden dürfen (§ 8b Abs. 3 Satz 1 KStG). Damit sind im Ergebnis 5 % der eingenommenen Dividenden und 5 % der realisierten Veräußerungsgewinne steuerpflichtig. Dafür sind sämtliche Betriebsausgaben in voller Höhe abziehbar (§ 8b Abs. 3 Satz 2 KStG).

Ab 1. 3. 2013 ist die Befreiung für Dividenden aus Streubesitz (Beteiligung weniger als 10 %) entfallen (§ 8b Abs. 4 KStG).

TAB. 1:	Überblick über die KSt- und GewSt-Pflicht von Dividenden unter Berücksichtigung des EuGH-Umsetzungsgesetzes v. 21. 3. 2013 (BGBl 2013 I 561).			
Erhaltene Brutto-Dividende	Körperschaftsteuer bis 28. 2. 2013	Körperschaftsteuer ab 1. 3. 2013	Gewerbesteuer bis 28. 2. 2013	Gewerbesteuer ab 1. 3. 2013
Beteiligung unter 10 %	95 % steuerfrei (§ 8b Abs. 1 und 5 KStG)	100 % steuerpfl. (§ 8b Abs. 4 KStG)	Steuerpflichtig 95 % (§ 8 Nr. 5 GewStG)	Steuerpflichtig 100 %

Beteiligung zwischen 10 % und 15 %	95 % steuerfrei	95 % steuerfrei	Steuerpflichtig 95 % (§ 8 Nr. 5 GewStG)	Steuerpflichtig 100 %
Beteiligung über 15 %	95 % steuerfrei	95 % steuerfrei	Steuerfrei 95 % (§ 9 Nr. 2a GewStG)	Steuerfrei 95 % (§ 9 Nr. 2a GewStG)

2.11.5.2 Gewinnminderungen bei Beteiligungsverhältnissen zwischen Körperschaften (§ 8b Abs. 3 Satz 4 ff. KStG)

Gewinnminderungen aufgrund von Veräußerungsverlusten oder Teilwertabschreibungen auf die Beteiligung selbst sind nicht zu berücksichtigen (§ 8b Abs. 3 Satz 3 KStG).

Nach § 8b Abs. 3 Satz 4 KStG gehören zu den steuerlich nicht abzugsfähigen Gewinnminderungen auch Gewinnminderungen im Rahmen einer Darlehensgewährung zwischen den Körperschaften (z. B. Teilwertabschreibung auf eine Forderung) oder infolge der Inanspruchnahme von Sicherheiten, die für ein derartiges Darlehen hingegeben wurden, wenn das Darlehen oder die Sicherheiten von einem Gesellschafter stammen, der zu **mehr als einem Viertel** unmittelbar oder mittelbar am Grund- oder Stammkapital der Körperschaft, die das Darlehen erhalten hat, beteiligt ist oder war.

Das gilt auch für diesem Gesellschafter nahe stehende Personen i. S. des § 1 Abs. 2 AStG oder für Gewinnminderungen aus dem Rückgriff eines Dritten auf den zu mehr als einem Viertel am Grund- oder Stammkapital beteiligten Gesellschafter oder eine diese nahe stehende Person aufgrund eines der Gesellschaft gewährten Darlehens (§ 8b Abs. 3 Satz 5 KStG).

Von § 8b Abs. 3 Satz 4 KStG werden vor diesem Hintergrund insbesondere erfasst:

► Teilwertabschreibungen auf Gesellschafterdarlehen,
► Ausfall eines Gesellschafterdarlehens,
► Forderungsverzicht bei einem Gesellschafterdarlehen,
► Aufwendungen eines Gesellschafters aus der Inanspruchnahme aus Sicherheiten oder Bürgschaften.

Der Darlehensgeber hat allerdings die Möglichkeit, den Nachweis zu führen, dass unter den gleichen Umständen und zu den gleichen Konditionen auch ein fremder Dritter das Darlehen gewährt oder noch nicht zurückgefordert hätte; dabei sind jedoch nur die eigenen Sicherungsmittel der Gesellschaft zu berücksichtigen (§ 8b Abs. 3 Satz 6 KStG). In den nachgewiesenen Fällen gilt das Abzugsverbot nicht. Kriterien für eine nicht fremdübliche Darlehensgewährung sind:

► Das Darlehen ist unverzinslich;
► das Darlehen ist verzinslich, aber es bestehen keine Sicherheiten;
► das Darlehen ist verzinslich und besichert, aber es wird bei Eintritt der Krise der Gesellschaft nicht zurückgefordert.

Gewinne aus der Rückgängigmachung von Teilwertabschreibungen im Rahmen einer sog. Wertaufholung bleiben bei der Ermittlung des Einkommens außer Ansatz, soweit die vorangegangene Teilwertabschreibung als steuerlich nicht abzugsfähige Gewinnminderung behandelt wurde (§ 8b Abs. 3 Satz 8 KStG).

2.11.5.3 Technische Vorgehensweise

Technisch werden die vorstehenden Regelungen **außerhalb der Buchführung** im Rahmen der Ermittlung des zu versteuernden Einkommens durch **Kürzungen und Hinzurechnungen** umgesetzt.

2.11.6 Entstrickung (§ 12 Abs. 1 KStG), Verstrickung

Hier geht es im Wesentlichen um den Sachverhalt, dass ein inländisches Stammhaus Wirtschaftsgüter (z. B. Maschinen) in eine ausländische Betriebsstätte endgültig (Veräußerungsfiktion) oder vorübergehend (Nutzungsüberlassung) überführt. Wird dadurch die Besteuerung stiller Reserven im Inland ausgeschlossen oder beschränkt, gilt dies als Veräußerung oder Überlassung des Wirtschaftsguts zum gemeinen Wert. Unabhängig von bestehenden DBA tritt dadurch, dass das Wirtschaftsgut aus der deutschen Besteuerung „entlassen" wird, eine Entstrickung und damit eine Realisierung eventueller stiller Reserven mit entsprechender KSt-Pflicht ein. Erfolgt die Überführung der Wirtschaftsgüter endgültig in eine Betriebsstätte desselben Stpfl in einen anderen **Mitgliedsstaat der EU,** besteht nach § 4g EStG die Möglichkeit der Bildung einer steuerfreien Rücklage bezüglich der aufgedeckten stillen Reserven; die Rücklage ist im Wirtschaftsjahr der Bildung sowie in den folgenden vier Wirtschaftsjahren zu jeweils einem Fünftel gewinnerhöhend aufzulösen.

Umgekehrt bestimmt § 4 Abs. 1 Satz 8 EStG, dass die Begründung des Besteuerungsrechts der BRD hinsichtlich des Gewinns aus der Veräußerung eines Wirtschaftsguts einer Einlage gleich steht. Man spricht in diesem Zusammenhang von „Verstrickung" und meint damit, dass das Wirtschaftsgut durch Überführung aus einer ausländischen Betriebsstätte in das Inland mit dem deutschen Steuerrecht „verstrickt" wird. Die Regelung gilt gem. § 8 Abs. 1 KStG auch für Kapitalgesellschaften. Dabei wird das Wirtschaftsgut mit dem gemeinen Wert bewertet (§ 6 Abs. 1 Nr. 5a EStG. Bei bloßer Nutzung von Wirtschaftsgütern, die aus einer ausländischen Betriebsstätte in das Inland verbracht werden, liegt keine Einlage vor.

2.11.7 Verlustabzug (§ 10d EStG, § 8c KStG)

Die Regelungen über den Verlustrücktrag (§ 10d EStG) gelten gem. § 8 Abs. 1 KStG auch für Körperschaften. Nach § 10d Abs. 1 Satz 4 und 5 EStG hat damit auch eine Körperschaft das Wahlrecht, ob und in welcher Höhe im Entstehungsjahr nicht ausgeglichene Verluste rück- oder vorgetragen werden sollen.

Negatives Einkommen, das durch einen Verlustrücktrag (Höchstbetrag 511 500 €, § 10d Abs. 1 Satz 1 EStG) nicht verbraucht ist, kann auf unbegrenzte Zeit vorgetragen werden. Dabei können Verlustvorträge bis zu einer Höhe von 1 Mio. € uneingeschränkt abgezogen werden. Darüber hinaus ist das nur möglich für Verluste bis zu einer Höhe von 60 % des 1 Mio. € übersteigenden Gesamtbetrags der Einkünfte im Veranlagungsjahr (Mindestbesteuerung). Verluste, die sich hierbei nicht auswirken, werden weiter vorgetragen.

Durch das UntStRefG 2008 wurde für den Fall des **Anteilseignerwechsels** der Verlustabzug durch § 8c EStG neu geregelt (vgl. hierzu ausführlich BMF v. 4. 7. 2008, BStBl 2008 I 736). Werden innerhalb von fünf Jahren mittel- oder unmittelbar mehr als 25 % und bis zu 50 % des gezeichneten

Kapitals, der Mitgliedschaftsrechte, Beteiligungsrechte oder der Stimmrechte an einer Körperschaft an einen Erwerber oder diesem nahe stehenden Person übertragen, geht gem. § 8c Abs. 1 KStG der Verlust quotal in Höhe der Anteilsübertragung unter. Er geht vollständig unter, wenn die Anteilsübereignung innerhalb von fünf Jahren mehr als 50 % ausmacht. Erfolgt der schädliche Beteiligungserwerb während des laufenden Wirtschaftsjahrs, unterliegt auch ein bis zu diesem Zeitpunkt erzielter Verlust der Verlustabzugsbeschränkung nach § 8c KStG. Ein bis zum Beteiligungserwerb erzielter Gewinn kann nicht mit noch nicht genutzten Verlusten verrechnet werden (BMF v. 4. 7. 2008, a. a. O., Rz. 31; anders FG Münster v. 30. 11. 2010 9 K 1842/10 K; Rev. eingelegt: BFH I R 14/11).

Eine die Beteiligungsquote verändernde Kapitalerhöhung steht dabei einer Übertragung von gezeichnetem Kapital gleich (§ 8c Satz 4 KStG).

§ 8c KStG ist erstmals für den VZ 2008 und auf Anteilsübertragung nach dem 31. 12. 2007 anzuwenden (§ 34 Abs. 7b KStG). Während einer Übergangsphase bis zum 31. 12. 2012 gilt die bisherige Mantelkaufregelung in § 8 Abs. 4 KStG a. F. weiter (§ 34 Abs. 6 Satz 4 KStG). Daraus folgt, dass bei einer bis zum 31. 12. 2007 vorgenommenen Übertragung von mehr als der Hälfte der Anteile an einer Kapitalgesellschaft der Verlust der wirtschaftlichen Identität zum Zeitpunkt des schädlichen Anteilserwerbs eintritt, wenn die Zuführung von überwiegend neuem Betriebsvermögen bis zum 31. 12. 2012 stattfindet.

Die Regelungen zum Verlustabzug nach § 8c KStG sind ab dem Erhebungszeitraum 2008 und auf Anteilsübertragungen nach dem 31. 12. 2007 bei der **Gewerbesteuer** entsprechend anzuwenden (§ 10a Satz 8 GewStG). § 10a Satz 8 GewStG a. F. i. V. mit § 8 Abs. 4 KStG a. F. ist nach § 36 Abs. 9 Satz 2 GewStG (entsprechend § 34 Abs. 6 Satz 4 KStG) letztmals anzuwenden, wenn mehr als die Hälfte der Anteile an einer Kapitalgesellschaft innerhalb eines Zeitraums von fünf Jahren übertragen werden, der vor dem 1. 1. 2008 beginnt, und der Verlust der wirtschaftlichen Identität vor dem 1. 1. 2013 eintritt.

Durch das Wachstumsbeschleunigungsgesetz v. 22. 12. 2009 (BGBl 2009 I 3950) bleibt trotz Überschreitens der Quote von 25 % bzw. 50 % der übertragenen Anteile ein Verlustabzug bei der Kapitalgesellschaft in folgenden Fällen erhalten:

► Stille Reserve-Klausel nach § 8c Abs. 1 Satz 6 KStG:

► Bei Anteilserwerben nach dem 31. 12. 2009 entfällt ein Verlustabzug insoweit nicht, als stille Reserven auf die übertragene Beteiligungsquote entfallen. Werden mehr als 50 % der Anteile übertragen, bleibt der Verlustabzug in Höhe der gesamten stillen Reserven erhalten. Dabei ergibt sich bei **positivem steuerlichen Eigenkapital** die Höhe der stillen Reserven aus dem Unterschied zwischen dem Verkehrswert der Anteile und den entsprechenden Buchwerten der Kapitalgesellschaft. Berücksichtigt wird auch solches ausländisches Betriebsvermögen, für das der Bundesrepublik Deutschland das Besteuerungsrecht zusteht.

► Gemäß § 8c Abs. 1 Satz 8 i. d. F. des Jahressteuergesetzes 2010 v. 8. 12. 2010 (BStBl 2010 I 1394) können bei **negativem steuerlichen Eigenkapital** stille Reserven den Untergang eines Verlustvortrags verhindern, soweit der gemeine Wert des Betriebsvermögens (nicht der Anteile) über dem Buchkapital liegt. Die Regelung dient der Verhinderung von unerwünschten Verlustnutzungsfällen. Im Fall des schädlichen Beteiligungserwerbs sollen nach dem Grundgedanken der Regelung Verluste weiter erhalten bleiben, denen stille Reserven gegenüberstehen, soweit diese auf den Beteiligungserwerb entfallen. § 8c Abs. 1 Satz 7 KStG stellt bislang aus Gründen der Vereinfachung für die rechnerische Ermittlung dieser stillen Reserven das maßgebliche Eigenkapital der Verlust tragenden Körperschaft dem maßgeblichen **gemeinen Wert der Anteile** gegenüber. Dadurch wird vermieden, dass in allen Fällen des Beteiligungserwerbs eine Unternehmensbewertung durchzuführen ist. Dieses vereinfachte Verfahren führt aber nur in typischen Fällen zu zutreffenden Ergebnissen. In untypischen Fällen können sich rein rechnerisch auch „stille Reserven" ergeben, wenn eine Körperschaft betriebswirtschaftlich tatsächlich nicht über solche stillen Reserven in ihren Wirtschaftsgütern verfügt. Dies liegt insbesondere in den Fällen nahe, in denen die Körperschaft über negatives Eigenkapital verfügt und der gemeine Wert der Anteile darüber liegt. Für diese Fälle sieht Satz 8 vor, die Ermittlung der maßgeblichen stillen Reserven durch Gegenüberstellung des Eigenkapitals der Körperschaft und des **gemeinen Werts der Wirtschaftsgüter des Betriebsvermögens** der Körperschaft (an Stelle des gemeinen Werts der Anteile) vorzunehmen. Dadurch werden nur die im Betriebsvermögen der verlusttragenden Körperschaft betriebswirtschaftlich fundiert enthaltenen stillen Reserven berücksichtigt (BT-Drs. 17/3549).

► Konzernklausel nach § 8c Abs. 1 Satz 5 KStG:

► Hiernach bleibt der Verlustabzug bei Anteilsübertragungen im Konzern nach dem 31. 12. 2009 in voller Höhe erhalten. Voraussetzung ist, dass an der übertragenden und der übernehmenden Kapitalgesellschaft dieselbe Person zu jeweils 100 % mittelbar oder unmittelbar beteiligt ist. Ein einziger Minderheitsgesellschafter genügt somit, um die Anwendung der Konzernklausel zu vereiteln.

Mittels § 8c Abs. 1a KStG wurde eine **Sanierungsklausel** bei der Verlustabzugsbeschränkung für Körperschaften eingeführt. Die Regelung fand erstmals für den VZ 2008 und auf Anteilsübertragungen nach dem 31. 12. 2007 Anwendung. Erfüllte ein Beteiligungserwerb die Voraussetzungen des § 8c Abs. 1a KStG, blieb er bei Anwendung des § 8c Abs. 1 Satz 1 und 2 KStG unberücksichtigt. Diese Sanierungsklausel ist durch Beschluss der EU-Kommission v. 26. 1. 2011 rückwirkend für unvereinbar mit dem EU-Beihilferecht erklärt worden. Im Hinblick auf das am 24. 2. 2010 eröffnete Beihilfekontrollverfahren war die Regelung bereits mit BMF-Schreiben v. 30. 4. 2010 (BStBl 2010 I 488) außer Vollzug gesetzt worden.

2.11.8 Organschaft (§§ 14 – 19 KStG)

Ausschüttungen einer Kapitalgesellschaft an eine an ihr beteiligte Kapitalgesellschaft bleiben bei der empfangenden Kapitalgesellschaft zu 95 % körperschaftsteuerfrei (§ 8b Abs. 1 und 5 KStG). Vor diesem Hintergrund bedürfte es des Rechtsinstituts der Organschaft (§§ 14 – 19 KStG) eigentlich nicht. Da jedoch die körperschaftsteuerliche Organschaft den Ausgleich von Verlusten mit Gewinnen aller im Organkreis zusammengefassten Unternehmen ermöglicht, wird an der Regelung festgehalten. Das gilt auch für die GewSt (§ 2 Abs. 2 Satz 2 GewStG). Außerdem wird gewerbesteuerlich vermieden, dass bestimmte Entgelte (z. B. Zinsen für Darlehen des Organträgers an die Organgesellschaft) im Rahmen der Hinzurechnungsregelungen des § 8 GewStG doppelt besteuert werden. Verluste des Organs aus der Zeit vor der Begründung der Organschaft bleiben jedoch im Organkreis unberücksichtigt (§ 15 Nr. 1 KStG).

Durch das Gesetz zur Änderung und Vereinfachung der Unternehmensbesteuerung und des steuerlichen Reisekostenrechts v. 20. 2. 2013 (BStBl 2013 I 188) wurde die Besteuerung der Organschaften, insbesondere jener mit Auslandsbezug, neu geregelt. Die Regelungen gelten bereits ab dem VZ 2012 (§ 34 Abs. 1 KStG) und wurden durch die höchstrichterliche Rechtsprechung erforderlich (BFH v. 9. 2. 2011 I R 54, 55/10, BStBl 2012 II 106).

Eine körperschaftsteuerliche und gewerbesteuerliche Organschaft setzt voraus, dass – neben einem Ergebnisabführungsvertrag – die Organgesellschaft in das Unternehmen des Organträgers **finanziell eingegliedert ist**. Diese liegt nach § 14 Abs. 1 Nr. 1 KStG vor, wenn der Organträger an der Organgesellschaft vom Beginn ihres Wirtschaftsjahres an ununterbrochen in einem solchen Maße beteiligt ist, dass ihm die Mehrheit der Stimmrechte aus den Anteilen an der Organgesellschaft zusteht (finanzielle Eingliederung). Mittelbare Beteiligungen sind zu berücksichtigen, wenn die Beteiligung an jeder vermittelnden Gesellschaft die Mehrheit der Stimmrechte gewährt.

Der **Organträger** muss eine natürliche Person oder eine nicht steuerbefreite Körperschaft, Personenvereinigung oder Vermögensmasse sein. Organträger kann auch eine Personengesellschaft i. S. des § 15 Abs. 1 Nr. 2 EStG sein, wenn sie eine Tätigkeit i. S. des § 15 Abs. 1 Nr. 1 EStG ausübt (§ 14 Abs. 1 Nr. 2 KStG). Auf Sitz und Geschäftsleitung des Organträgers im Inland kommt es nicht an. Allerdings muss die Beteiligung des Organträgers an der Organgesellschaft (bzw. bei mittelbarer Beteiligung an der Organgesellschaft: Die Beteiligung an der vermittelnden Gesellschaft) ununterbrochen während der gesamten Dauer der Organschaft **einer inländischen Betriebsstätte i. S. von § 12 AO** des Organträgers zuzuordnen sein (§ 14 Abs. 1 Nr. 2 Satz 4 KStG).

Organgesellschaft kann eine Europäische Gesellschaft, Aktiengesellschaft, Kommanditgesellschaft auf Aktien oder GmbH mit Geschäftsleitung im Inland und Sitz in einem Mitgliedsstaat der Europäischen Union oder in einem Vertragsstaat des EWR-Abkommens sein (§ 14 Abs. 1 Satz 1 und § 17 KStG). Sie muss ihren ganzen Gewinn an ein einziges anderes gewerbliches Unternehmen abführen. Der **Gewinnabführungsvertrag** muss auf mindestens fünf Jahre abgeschlossen und während seiner gesamten Geltungsdauer durchgeführt werden. Eine vorzeitige Beendigung des Vertrags durch Kündigung ist unschädlich, wenn ein wichtiger Grund die Kündigung rechtfertigt. Die Kündigung oder Aufhebung des Gewinnabführungsvertrags auf einen Zeitpunkt während des Wirtschaftsjahres der Organgesellschaft wirkt auf den Beginn dieses Wirtschaftsjahres zurück (§ 14 Abs. 1 Nr. 3 KStG). Ist die Organgesellschaft eine GmbH, muss eine Verlustübernahme entsprechend den Vorschriften des § 302 AktG vereinbart sein (§ 17 Satz 2 Nr. 2 KStG). Mit der Vertragsklausel

„Die (Organträgerin) ist entsprechend den Vorschriften des § 302 AktG verpflichtet, jeden während der Vertragsdauer sonst entstehenden Jahresfehlbetrag auszugleichen, soweit dieser nicht dadurch ausgeglichen wird, dass den anderen Gewinnrücklagen Beträge entnommen werden, die während der Vertragsdauer in sie eingestellt worden sind"

ist eine Verlustübernahme entsprechend den Vorschriften des § 302 AktG vereinbart (BFH v. 28. 7. 2010 I B 27/10, BStBl 2010 II 932, zur Anwendung BMF v. 19. 10. 2010, BStBl 2010 I 836). Liegen die Voraussetzungen für eine körperschaftsteuerliche Organschaft vor, wird das Einkommen des Organs der inländischen Betriebsstätte des Organträgers zugerechnet (§ 14 Abs. 1 Nr. 2 Satz 6 KStG). Hierüber ergeht gegenüber dem Organträger und der Organgesellschaft eine gesonderte und einheitliche Feststellung (§ 14 Abs. 5 KStG). In § 15 Nr. 2 KStG ist außerdem klargestellt, dass bei der Ermittlung des Einkommens des Organs die Regelungen in § 8b Abs. 1 bis 6 KStG keine Anwendung finden. Vielmehr werden § 8b KStG, § 3 Nr. 40 EStG sowie § 3c EStG erst bei der Ermittlung des Einkommens des Organträgers angewandt. **Bestehende Tarifvergünstigungen für bestimmte Einkommensteile der Organgesellschaft gehen nicht verloren, sondern auf den Organträger über (§ 19 KStG).**

FALL 206

Gründung einer GmbH

Sachverhalt

X, Y und Z gründen auf den 1. 5. 01 eine GmbH mit einem Stammkapital in Höhe von 600 000 €, von dem jeder Gesellschafter ein Drittel übernimmt. Es wird vereinbart, dass mindestens 50 % des übernommenen Stammkapitals im Eröffnungszeitpunkt eingebracht sein sollen. Soweit die eingebrachten Rechte oder Sachwerte 50 % des übernommenen Stammkapitals nicht erreichen, ist der Fehlbetrag auf dem Bankkonto der GmbH einzuzahlen. Im Einzelnen bringen die Gesellschafter lt. Gesellschaftsvertrag ein:

X

Ein bebautes Grundstück mit einem Verkehrswert von 260 000 € (Anteil Grund und Boden 80 000 €, Baujahr Gebäude: vor 20 Jahren errichtet). Auf dem Grundstück lastet eine Grundschuld, die noch über 140 000 € valutiert, Zinssatz 8 % jährlich, Zinsfälligkeit halbjährlich nachträglich am 31. 12. und 30. 6. Die GmbH übernimmt die Grundschuld und künftig entstehende Zinsen.

Y

Ein Lkw im Wert von 45 400 € (Nutzungsdauer 2 Jahre) sowie Waren im Wert von 48 000 €. Für den Lkw sind Versicherungen und Steuern für das laufende Kalenderjahr in Höhe von insgesamt 5 800 € bereits von Y bezahlt.

Z

Mehrere Maschinen im Wert von 240 000 € (Nutzungsdauer 4 Jahre). Eine Maschine im Wert von 140 000 € ist zur Sicherung an den Lieferanten übereignet, weil der Lieferant noch eine Kaufpreisforderung von 70 000 € hat. Außerdem ist noch eine Reparaturrechnung in Höhe von 14 000 € für eine Maschine zu begleichen. Die GmbH übernimmt alle Verbindlichkeiten.

Frage

Welches Bild hat die Eröffnungsbilanz der GmbH zum 1. 5. 01, wenn die erwähnten Fehlbeträge auf dem Bankkonto der GmbH im Eröffnungszeitpunkt eingegangen sind? Verkehrssteuern sind nicht zu berücksichtigen.

LÖSUNG

Für die Errichtung einer GmbH ist im Zusammenhang mit der Erstellung der Gründungsbilanz § 5 GmbH-Gesetz zu beachten, insbesondere § 5 Abs. 4 GmbH-Gesetz. Es empfiehlt sich, vorab einen Beteiligungsplan aufzustellen, der die nötigen Einzelheiten enthält:

Beteiligungsplan

Gesellschafter	Stammeinlage	Einbringung	€	Rest
X	200 000 €	Grundstück	260 000	
		Grundschuld	./. 140 000	
		Sonstige Verbindlichkeiten	./. 3 733	
		Zinsen 1. 1. – 30. 4. 01: 8 % v. 140 000 €		
		= 11 200 €, $\frac{1}{3}$ von 11 200 € = 3 733 €		
		Sacheinlage	116 267	
		Mindesteinbringung	100 000	
		Geldeinlage	0	83 733 €
Y	200 000 €	Lkw	45 400	
		Waren	48 000	
		Aktive Rechnungsabgrenzung	3 867	
		($\frac{8}{12}$ von 5 800 €)		
		Sachen und Rechte	97 267	
		Mindesteinbringung	100 000	
		Geldeinlage	2 733	100 000 €
Z	200 000 €	Maschinen	240 000	
		Verbindlichkeiten	./. 70 000	
		Sonstige Verbindlichkeiten	./. 14 000	
		Sacheinlagen	156 000	
		Mindesteinbringung	100 000	44 000 €
Ausstehende Stammeinlagen				227 733 €

Trotz der Sicherungsübereignung der Maschinen an den Lieferanten des Z hat die GmbH die Maschinen zu bilanzieren, denn sie ist wirtschaftliche Eigentümerin geworden. Sie kann den Lieferanten von jeder Einwirkung auf die Maschinen ausschließen, sofern sie die Verbindlichkeit bezahlt. Damit ist ihre Stellung so stark wie die eines Eigentümers im rechtlichen Sinn (vgl. § 39 Abs. 2 Nr. 1 AO). Auch handelsrechtlich richtet sich die Bilanzierung von Vermögensgegenständen nicht nach rechtlichen, sondern nach wirtschaftlichen Gesichtspunkten (§ 246 Abs. 1 Satz 2 HGB). Für die Eröffnungsbilanz der GmbH ergibt sich folgendes Bild (§ 266 HGB i.V. mit § 272 Abs. 1 HGB):

Eingeforderte ausstehende Einlagen sind unter den Forderungen gesondert auszuweisen und entsprechend zu bezeichnen. Nicht eingeforderte ausstehende Einlagen (wie hier) sind von dem Posten „Gezeichnetes Kapital" offen abzusetzen; der verbleibende Betrag ist als Posten „Eingefordertes Kapital" in der Hauptspalte der Passivseite auszuweisen (§ 272 Abs. 1 HGB). Dadurch wird erreicht, dass die ausstehenden, aber nicht eingeforderten Einlagen einer Abwertung nicht zugänglich sind.

Aktiva	Gründungsbilanz 1. 5. 01 (vereinfacht)		Passiva	
A. Anlagevermögen		A. Eigenkapital		
Grund und Boden	80 000 €	Gezeichn. Kapital	600 000 €	
Gebäude	180 000 €	Nicht eingefordert	./. 227 733 €	
Maschinen	240 000 €	Eingefordertes Kapital	372 267 €	
Fuhrpark	45 400 €	B. Verbindlichkeiten		
B. Umlaufvermögen		1. Grundschuld	140 000 €	
Waren	48 000 €	2. Verbindlichkeiten	70 000 €	
Bank	2 733 €	3. Sonstige Verbindlichkeiten	17 733 €	
C. Aktive RAP	3 867 €			
	600 000 €		600 000 €	

HINWEIS

Gründungs- und Kapitalbeschaffungskosten sind sofort abziehbare Betriebsausgaben (z. B. Gerichts- und Notarkosten, Kosten der Ausgabe neuer Gesellschaftsanteile = Emissionskosten); es besteht ein Aktivierungsverbot (§ 248 Abs. 1 HGB).

GrESt gehört zu den Anschaffungskosten der übernommenen Wirtschaftsgüter.

FALL 207

Uneingeschränkter Wertzusammenhang und Wertaufholung

Sachverhalt

Die Kontenentwicklung einer am 10. 1. 01 von einer Kapitalgesellschaft für 80 000 € angeschafften Maschine (Nutzungsdauer 10 Jahre) zeigt folgendes Bild:

Zugang 10. 1. 01	80 000 €
AfA 01 10 % von 80 000 €	./. 8 000 €
Bilanzansatz 31. 12. 01	72 000 €
AfA 02	./. 8 000 €
Teilwertabschreibung 02	./. 14 000 €
Bilanzansatz 31. 12. 02	50 000 €
AfA 03 und 04 jeweils 6 250 €	./. 12 500 €
Bilanzansatz 31. 12. 04	37 500 €

Die Teilwertabschreibung 02 beruhte auf einer voraussichtlich dauernden Wertminderung (§ 253 Abs. 3 Satz 3 HGB).

Die AfA von 6 250 € jährlich für 03 und 04 ergab sich durch Verteilung des Buchwertes vom 31. 12. 02 von 50 000 € auf die Restnutzungsdauer von 8 Jahren.

Zum 31. 12. 04 beträgt der Teilwert der Maschine 48 000 €, da die Gründe für die zum 31. 12. 02 vorgenommene Teilwertabschreibung in der Zwischenzeit weggefallen sind.

Frage

Welche Bilanzierungsmöglichkeiten hat die Kapitalgesellschaft bezüglich der Maschine zum 31. 12. 04, und wie ist die Maschine ab 05 abzuschreiben?

LÖSUNG

Zur Teilwertabschreibung in 02 war die GmbH berechtigt und verpflichtet (§ 253 Abs. 3 Satz 3 HGB). § 253 Abs. 5 HGB verpflichtet die GmbH, eine Zuschreibung vorzunehmen, wenn die Gründe für die Teilwertabschreibung später wegfallen. Auch nach § 6 Abs. 1 Nr. 1 Satz 4 EStG besteht ein Zuschreibungsgebot, wenn der Teilwert wieder gestiegen ist.

Die in der HB und StB vorzunehmende Zuschreibung berechnet sich wie folgt:

Vorgenommene Teilwertabschreibung	14 000 €
Abschreibungen, die in der Zwischenzeit vorzunehmen gewesen wären:	
2 × (8 000 € ./. 6 250 €)	./. 3 500 €
Maximale Zuschreibung	10 500 €

Da die Werterhöhung von 37 500 € auf 48 000 € (= 10 500 €) die maximale Zuschreibung nicht überschreitet, ergibt sich ein Zuschreibungsbetrag von 10 500 €. Die Kontenentwicklung der Maschine gestaltet sich sodann wie folgt:

HB/StB

31. 12. 03	43 750 €
AfA 04	./. 6 250 €
Zuschreibung	+ 10 500 €
Bilanzansatz 31. 12. 04	48 000 €
AfA 05	./. 8 000 €
Bilanzansatz 31. 12. 05	40 000 €
AfA 06 usw.	./. 8 000 €

FALL 208

Steuerrückstellungen im Jahresabschluss

Sachverhalt

Die Alpha-Optik GmbH hat im Wirtschaftsjahr 02 (Wirtschaftsjahr = Kalenderjahr) einen Jahresüberschuss vor Berücksichtigung der GewSt- und KSt-Rückstellung in Höhe von 202 000 € erwirtschaftet. Gewinnmindernd haben sich ausgewirkt:

1.	Vorauszahlungen 02 für KSt und Solidaritätszuschlag	48 000 €
2.	Gewerbesteuer-Vorauszahlungen 02	32 000 €
3.	Nichtabziehbare Ausgaben i. S. des KStG (ohne Körperschaftsteuer und Solidaritätszuschlag)	52 904 €

Für Berechnung der GewSt-Rückstellung ist zu berücksichtigen:

1. Hinzurechnungen gem. § 8 GewStG   43 000 €
2. Es ist von einem Hebesatz von 400 % auszugehen.

Fragen

1. Wie hoch ist die GewSt-Rückstellung im Jahresschluss 02 auszuweisen?
2. In welcher Höhe ist eine KSt-Rückstellung zum 31. 12. 02 zu bilden?

LÖSUNG

Ausgangsbetrag für die Körperschaftsteuer ist das zu versteuernde Einkommen (§ 7 KStG). Das körperschaftsteuerlich zu versteuernde Einkommen ist auch Ausgangsgröße für den der Gewerbesteuer unterliegenden Gewerbeertrag (§ 7 GewStG), zu dessen Ermittlung dann noch die gewerbesteuerlichen Hinzu- und Abrechnungen zu berücksichtigen sind (§§ 8, 9 GewStG). Zur Ermittlung des körperschaftsteuerlichen zu versteuernden Einkommens sind – ausgehend vom Jahresüberschuss – bestimmte Hinzu- und Abrechnungen vorzunehmen, die sich im Wesentlichen aus den §§ 8 – 10 KStG i. V. mit dem EStG ergeben. Im vorliegenden Fall sind folgende Hinzurechnungen vorzunehmen:

1. Vorauszahlungen für KSt und Solidaritätszuschlag   48 000 €
2. Sonstige nichtabziehbare Ausgaben i. S. des KStG   52 904 €
3. GewSt-Vz (§ 4 Abs. 5b EStG)   32 000 €
    Summe der kstl. Hinzurechnungen   132 904 €

Gewerbesteuer-Rückstellung

Jahresüberschuss	202 000 €
Summe der kstl. Hinzurechnungen	+ 132 904 €
Hinzurechnungen gem. GewStG	+ 43 000 €
Gewerbeertrag	377 904 €
Abgerundet gem. § 11 Abs. 1 Satz 3 GewStG	377 900 €
Steuermesszahl 3,5 % (§ 11 Abs. 2 GewStG)	13 226,50 €
Hebesatz 400 %	52 906 €
GewSt-Vorauszahlungen	./. 32 000 €
GewSt-Rückstellung	20 906 €

Körperschaftsteuer-Rückstellung

Jahresüberschuss	202 000,00 €
Summe der kstl. Hinzurechnungen	+ 132 904,00 €
Zu versteuerndes Einkommen	334 904,00 €
Tarifbelastung 15 % (§ 23 Abs. 1 KStG)	50 235,60 €
KSt-Schuld (gerundet gem. § 31 Abs. 1 Satz 3 KStG)	50 235,00 €
Solidaritätszuschlag 5,5 %	+ 2 762,92 €
Summe KSt und Solidaritätszuschlag	52 997,92 €
Vorauszahlungen insgesamt	./. 48 000,00 €
Rückstellung für KSt und Solidaritätszuschlag	4 997,92 €

FALL 209

Verdeckte Gewinnausschüttungen (USt, GewSt, KSt)

Sachverhalt

Eine GmbH liefert Ware an einen Gesellschafter. Der gemeine Wert beträgt im Zeitpunkt der Lieferung 11 900 € einschl. 19 % USt. Der Einkaufspreis im Zeitpunkt des Umsatzes beträgt 5 000 € zzgl. 950 €. Der Gesellschafter muss

a) nichts bezahlen,

b) 6 000 € zzgl. USt bezahlen,

c) 3 000 € zzgl. USt bezahlen.

Der GewSt-Hebesatz beträgt 500 %.

Frage

Welche Auswirkungen ergeben sich auf USt, GewSt und KSt?

LÖSUNG

Unentgeltliche Leistungen (Lieferungen und sonstige Leistungen) an Gesellschafter unterliegen häufig der USt (§ 3 Abs. 1b, § 3 Abs. 9a UStG). Die USt berechnet sich in diesen Fällen nach § 10 Abs. 4 Nr. 1 und Nr. 2 UStG. In Fällen verbilligter Zuwendungen ist § 10 Abs. 5 Nr. 1 UStG zu beachten; die USt berechnet sich nach der Mindestbemessungsgrundlage, wie sie sich aus § 10 Abs. 4 Nr. 1 und Nr. 2 UStG ergibt. Ist USt überhaupt nicht oder zu niedrig berechnet worden, stellt der Mehrbetrag innerhalb der Buchführung Aufwand dar. Die Korrektur erfolgt dann außerhalb der Buchführung im Rahmen der Ermittlung des zu versteuernden Einkommens, indem die verdeckte Gewinnausschüttung mit dem Betrag der Vermögensminderung (verhinderte Vermögensmehrung) zuzüglich der durch sie ausgelösten USt mit dem Bruttobetrag erfasst wird. Eine zusätzliche Berücksichtigung der USt nach § 10 Nr. 2 KStG erfolgt nicht (R 37 KStR).

Aus Sicht der KSt ist bei verdeckten Gewinnausschüttungen in Gestalt der Hingabe von Wirtschaftsgütern von deren gemeinen Wert (H 37 „Hingabe von Wirtschaftsgütern" KStH) und bei verdeckten Gewinnausschüttungen in Gestalt von Nutzungsüberlassungen von der für sie erzielbaren Vergütung auszugehen (H 37 „Nutzungsüberlassungen" KStH). Sind im Zusammenhang mit einer verdeckten Gewinnausschüttung Beträge von der GmbH vereinnahmt worden, stellt nur die Differenz zwischen dem gemeinen Wert bzw. der erzielbaren Vergütung und dem erhaltenen Betrag eine verdeckte Gewinnausschüttung dar.

Da verdeckte Gewinnausschüttungen das Einkommen der Körperschaft erhöhen (§ 8 Abs. 3 KStG), unterliegen sie auch der GewSt (§ 7 GewStG).

Fall a)

Vorab ist die Vermögensminderung (verhinderte Vermögensmehrung) zu beziffern, wie sie sich aus Sicht einer Fremdveräußerung darstellt.

Einkaufspreis netto = Aufwand	5 000 €
Gewinn bei Fremdveräußerung	5 000 €
Vermögensminderung = vGA	10 000 €

1. Es ergibt sich eine USt-Nachzahlung in Höhe von (19 % von 5 000 € =) **950 €** (§ 10 Abs. 4 Nr. 1 UStG). Buchung:

Sonstige Steuern	950 € an	USt	950 €

2. Durch die USt-Nachzahlung von 950 € mindern sich Gewinn und Einkommen der GmbH um diesen Betrag. Gleichzeitig ist das Einkommen der GmbH um den Betrag der verdeckten Gewinnausschüttung (10 000 €) zzgl. der durch die vGA ausgelösten USt (950 €) zu erhöhen (= 10 950 €). Im Ergebnis erhöht sich das Einkommen der GmbH (zunächst um 10 000 €). Hierauf entfällt GewSt, die sich wie folgt berechnet:

Einkommenserhöhung im Saldo	10 000 €
Steuermesszahl 3,5 %	350 €
Hebesatz 500 % und GewSt-Mehraufwand	1 750 €

3. Die KSt-Nachzahlung berechnet sich wie folgt:

Einkommenserhöhung durch vGA	10 000 €
KSt-Nachzahlung 15 %	**1 500 €**
Solidaritätszuschlag-Nachzahlung 5,5 %	**82,50 €**

Fall b)

1. Die USt ist korrekt berechnet. Das Entgelt (6 000 €) ist höher als die Mindestbemessungsgrundlage (5 000 €).

2. Es ergibt sich eine verdeckte Gewinnausschüttung in folgender Höhe:

Erlös netto	6 000 €
Erlös bei Fremdveräußerung netto	10 000 €
Vermögensminderung = vGA	4 000 €
GewSt hierfür	
3,5 % von 4 000 € =	140 €
Hebesatz 500 % und GewSt-Mehraufwand	700 €
KSt 15 % von 4 000 €	**600 €**
Solidaritätszuschlag	**33 €**

Fall c)

1. Aufgrund der zu beachtenden Mindestbemessungsgrundlage ergibt sich folgende USt:

Zu zahlende USt (19 % von 5 000 € =)	950 €
Tatsächlich bezahlt (19 % von 3 000 € =)	570 €
Noch zu zahlende USt	**380 €**

Buchung: Sonstige Steuern an USt 380 €.

2. Auf Gewinn und zu versteuerndes Einkommen hat das folgende Auswirkungen:

USt als Betriebsausgabe	./. 380 €
vGA (10 000 € ./. 3 000 € + 380 €) außerbilanziell	7 380 €
Erhöhung	7 000 €
Hierauf entfallende GewSt	
3,5 % von 7 000 € =	245 €
Hebesatz 500 % =	1 225 €
KSt 15 % von 7 000 €	1 050 €
Solidaritätszuschlag	**57,75 €**

Beim Anteilseigner wird die vGA in den vorstehenden Fällen gem. § 20 Abs. 1 Nr. 1 Satz 2 EStG erfasst und gemäß § 8 Abs. 2 EStG bewertet. Der Wert muss nicht mit dem bei der KSt angesetzten Betrag korrespondieren (BFH v. 25. 5. 2004 VIII R 4/01, DStR 50/2004, S. 2143). Gehört die Beteiligung zum Betriebsvermögen, erfolgt die Bewertung einer vGa beim Anteilseigner mit dem gemeinen Wert nach § 9 BewG, wenngleich dies nicht uneingeschränkt gilt (BFH v. 27. 11. 1974 I R 250/72, BStBl 1975 II 306).

Dabei ist die durch die vGA ausgelöste USt ein Teil der vGA; dies gilt sowohl für § 8 Abs. 3 Satz 2 KStG als auch für § 20 Abs. 1 Nr. 1 Satz 2 EStG (BFH v. 6. 12. 2005 VIII R 70/04, BFH/NV 2006, 722). Sodann ergeben sich steuerpflichtige Einnahmen in folgender Höhe, die dem Abgeltungsteuersatz mit 25 % unterliegen (zzgl. Solidaritätszuschlag und ggf. Kirchensteuer).

a) 10 950 €

b) (10 950 ./. 7 140) 3 810 €

c) (10 950 ./. 3 570) 7 380 €

FALL 210

Ausgleichsposten

Sachverhalt

Eine kleine GmbH, die nach § 274a Nr. 5 HGB nicht zur Bildung latenter Steuern verpflichtet ist, erwarb im Jahre 01 ein Unternehmen und bezahlte für den Firmenwert des erworbenen Unternehmens 150 000 €. In den Handelsbilanzen nahm sie im Hinblick auf § 285 Satz 1 Nr. 13 HGB jährliche Abschreibungen in Höhe von 20 % vor. Die erwirtschafteten Gewinne werden im Folgejahr stets in voller Höhe ausgeschüttet. Die Handelsbilanzen der GmbH haben folgendes Bild (vereinfacht):

	HB	HB	HB
	31. 12. 01	31. 12. 02	31. 12. 03
Firmenwert	120 000 €	90 000 €	60 000 €
Sonstiges Anlagevermögen	175 000 €	200 000 €	200 000 €
Umlaufvermögen	220 000 €	320 000 €	390 000 €
	515 000 €	610 000 €	650 000 €

Gezeichnetes Kapital	200 000 €	200 000 €	200 000 €
Rücklage	50 000 €	50 000 €	50 000 €
Jahresüberschuss	65 000 €	160 000 €	200 000 €
Schulden	200 000 €	200 000 €	200 000 €
	515 000 €	610 000 €	650 000 €

Frage

Welches Bild haben die Steuerbilanzen 31. 12. 01 – 03?

LÖSUNG

Gemäß § 246 Abs. 1 Satz 3 HGB besteht für den erworbenen Firmenwert ein Aktivierungsgebot. Die Abschreibung richtet sich nach der allgemeinen Vorschrift des § 253 Abs. 3 HGB ohne Vorgabe der Nutzungsdauer. Handelsrechtlich wird allgemein von fünf Jahren ausgegangen (§ 285 Satz 1 Nr. 13 HGB). Daran hat sich die GmbH gehalten. Steuerrechtlich gehört der Firmenwert zum abnutzbaren Anlagevermögen. Die jährlichen Abschreibungen betragen allerdings $6\,^{2}/_{3}$ v. H. der Anschaffungskosten (§ 7 Abs. 1 Satz 3 EStG). Das führt in den Steuerbilanzen der GmbH zu von den Handelsbilanzen abweichenden Wertansätzen und zu anderen Gewinnen mit entsprechender – gedanklicher – Auswirkung auf Kapital und Rücklagen. Da Änderungen von Kapital, Jahresüberschuss und Rücklagen jedoch gesellschaftsrechtlichen Bestimmungen unterstehen, muss das steuerliche Mehr- oder Minderkapital als Ausgleichsposten erfasst werden. Dabei ist zu beachten, dass im Jahr der erstmaligen Abweichung von der Handelsbilanz der steuerliche Gewinn unmittelbar in der Steuerbilanz erscheint. Im vorliegenden Fall ergeben sich folgende Steuerbilanzen (die Handelsbilanzen sind zu Vergleichszwecken beigefügt):

	HB	StB	HB	StB	HB	StB
	31. 12. 01		31. 12. 02		31. 12. 03	
	€		€		€	
Firmenwert	120 000	140 000	90 000	130 000	60 000	120 000
Sonstiges Anlagevermögen	175 000	175 000	200 000	200 000	200 000	200 000
Umlaufvermögen	220 000	220 000	320 000	320 000	390 000	390 000
	515 000	535 000	610 000	650 000	650 000	710 000
Gezeichn. Kapital	200 000	200 000	200 000	200 000	200 000	200 000
Rücklagen	50 000	50 000	50 000	50 000	50 000	50 000
Ausgleichsposten	0		0	20 000	0	40 000
Jahresüberschuss	65 000	85 000	160 000	180 000	200 000	220 000
Schulden	200 000	200 000	200 000	200 000	200 000	200 000
	515 000	535 000	610 000	650 000	650 000	710 000

Ende 04 beträgt der Ausgleichsposten 60 000 €. Der Ausgleichsposten entfällt in dem Maße, wie der Firmenwert steuerrechtlich abgeschrieben wird. Hat z. B. im vorliegenden Fall Ende 04 der Firmenwert einen Teilwert von 0 € und beträgt der HB-Gewinn des Jahres 04 400 000 €, ist der steuerliche Gewinn gegenüber dem HB-Gewinn um 60 000 € geringer; er beträgt 340 000 € (gedachte Buchung: Abschreibung an Firmenwert 120 000 €, HB: Abschreibung an Firmenwert

60 000 €). Gleichwohl verfügt die Gesellschafterversammlung über das Gewinnvolumen lt. Handelsbilanz: 400 000 €. Beschließt sie nun, den HB-Gewinn voll den Rücklagen zuzuführen, so wäre für die StB – gedanklich – zu buchen: Ausgleichsposten an Rücklagen 60 000 €, wodurch StB und HB wieder identisch wären. Beschlösse die Gesellschafterversammlung, den Gewinn lt. Handelsbilanz voll auszuschütten, so wäre für die StB – gedanklich – zu buchen: Ausgleichsposten an Verbindlichkeiten 60 000 €, wodurch ebenfalls Identität zwischen StB und HB hergestellt wäre.

FALL 211

Rückstellung für latente Steuern

Sachverhalt

Der HB-Gewinn einer mittelgroßen Kapitalgesellschaft beträgt für 01 500 000 €. Dieser Gewinn ergab sich u. a. durch die Berücksichtigung eines erhaltenen Beteiligungsertrags in Höhe von 100 000 € von einer KG, an der die Kapitalgesellschaft beteiligt ist. Gemäß Gewinnfeststellungsbescheid für 01 (§§ 179, 180 AO) des für die KG zuständigen Finanzamts beträgt dieser Gewinnanteil der Kapitalgesellschaft an der KG steuerrechtlich jedoch

Fall a) 70 000 €,

Fall b) 130 000 €.

Bei dem Betrag von 100 000 € handelt es sich um den Anteil der Kapitalgesellschaft am HB-Gewinn der KG für 01. Steuerliche Verlustvorträge bestehen nicht. Die Kapitalgesellschaft buchte in 01: Forderungen an Beteiligungserträge 100 000 €.

Frage

Welche Bilanzierungskonsequenzen ergeben sich für den handelsrechtlichen Jahresabschluss der Kapitalgesellschaft zum 31. 12. 01?

LÖSUNG

a) Bestehen zwischen den handelsrechtlichen Wertansätzen von Vermögensgegenständen, Schulden und Rechnungsabgrenzungsposten und ihren steuerlichen Wertansätzen Differenzen, die sich in späteren Geschäftsjahren voraussichtlich abbauen, so ist eine sich daraus insgesamt ergebende Steuerbelastung als passive latente Steuern (§ 266 Abs. 3 E.HGB) in der Bilanz anzusetzen (§ 274 Abs. 1 Satz 1 HGB). Vorliegend kommt eine Rückstellung wegen latenter KSt einschl. Solidaritätszuschlag in Betracht. Für latente GewSt braucht keine Rückstellung gebildet zu werden, da der Beteiligungsertrag gem. § 9 Nr. 2 GewStG nicht der GewSt unterliegt. Im vorliegenden Fall ist deshalb im handelsrechtlichen Jahresabschluss eine Rückstellung für latente KSt in Höhe von 15 % von 30 000 € = 4 500 € zu bilden. Das Gleiche gilt für den latenten Solidaritätszuschlag (5,5 % von 4 500 € = 247,50 €). Die Rückstellung ist aufzulösen, sobald die höhere Steuerbelastung eintritt oder nicht mehr mit ihr zu rechnen ist.

b) Ergibt sich aus der unterschiedlichen Bilanzierung in HB und StB insgesamt eine Steuerentlastung, kann diese als aktive latente Steuern (§ 266 Abs. 2 D. HGB) in der Bilanz angesetzt werden. Im vorliegenden Fall darf die Kapitalgesellschaft im Jahresabschluss 31. 12. 01 auf der Aktivseite der Bilanz latente Steuern ausweisen (§ 274 Abs. 1 Satz 2 HGB). Diese betragen hier 15 % von 30 000 € = 4 500 €. Hinzu kommt der Solidaritätszuschlag mit 247,50 €.

Latente Steuern und deren Auflösung

Sachverhalt

In 01 und 02 hat eine GmbH jeweils einen Rohgewinn von 100 000 € erwirtschaftet. An weiteren Aufwendungen sind (aus Vereinfachungsgründen) lediglich in 01 Entwicklungskosten für ein selbst geschaffenes immaterielles Wirtschaftsgut des Anlagevermögens i. S. von § 248 Abs. 2 HGB entstanden, die im Jahresabschluss für 01 zutreffend in Höhe von 40 000 € aktiviert wurden. Da sich der Vorgang als Fehleinschätzung herausstellte, wurde das immaterielle Wirtschaftsgut im Jahresabschluss für 02 in voller Höhe als Aufwand verbucht. Für die Gewerbesteuer ist für 01 und 02 von einem Hebesatz von 400 v. H. auszugehen.

Frage

Welche Jahresüberschüsse für 01 und 02 ergeben sich unter Berücksichtigung der steuerlichen Belastungen sowie latenter Steuern für die Handelsbilanz (HB) und die Steuerbilanz (StB)? Der Solidaritätszuschlag ist aus Vereinfachungsgründen nicht zu berücksichtigen.

Das handelsrechtlichen Aktivierungswahlrecht für selbst geschaffene immaterielle Wirtschaftsgüter des Anlagevermögens in Höhe der Entwicklungskosten gilt nicht für das Steuerrecht (§ 5 Abs. 2 EStG). Daher ist nach § 274 Abs. 1 HGB im handelsrechtlichen Jahresabschluss 01 eine Steuerabgrenzung vorzunehmen, d. h. es ist eine Rückstellung für latente Steuern (KSt, GewSt) zu bilden, da das steuerliche Ergebnis mit diesem Posten belastet ist und der Steueraufwand im Vergleich zum Handelsbilanzergebnis zu niedrig ausfällt. Eine Auflösung der Rückstellung ist vorzunehmen, sobald die höhere Steuerbelastung eintritt. Der Umfang der Auflösung richtet sich danach, wie sich die ursprüngliche Differenz zwischen Handels- und Steuerbilanzergebnis abbaut. Am Ende bestehen keine Unterschiede mehr zwischen Handels- und Steuerbilanz. Die Rückstellung für latente Steuern ist **nur in der Handelsbilanz** zu berücksichtigen. Deshalb sind mit dieser ausschließlich handelsrechtlichen Passivierung keine steuerlichen Auswirkungen verbunden.

Gewinn- und Verlustrechnung 01

	HB	StB
Rohgewinn	100 000 €	100 000 €
Entwicklungskosten IWG		./. 40 000 €
Gewinn vor KSt, GewSt	100 000 €	60 000 €
KSt 15 % von 60 000 €	./. 9 000 €	./. 9 000 €

GewSt 3,5 % von 60 000 € = 2 100 €		
2 100 € x 400 %	./. 8 400 €	./. 8 400 €
Zuführung zur Rückstellung für latente Steuern		
KSt 15 % von 40 000 €	./. 6 000 €	
GewSt 3,5 % von 40 000 € x 400 %	./. 5 600 €	
Gewinn	71 000 €	42 600 €

Gewinn- und Verlustrechnung 02

Rohgewinn	100 000 €	100 000 €
Entwicklungskosten IWG	./. 40 000 €	
Gewinn vor KSt, GewSt	60 000 €	100 000 €
KSt 15 % von 100 000 €	./. 15 000 €	./. 15 000 €
GewSt 3,5 % von 100 000 € x 400 %	./. 14 000 €	./. 14 000 €
Auflösung der Rückstellung für latente Steuern	+ 11 600 €	
Gewinn	42 600 €	71 000 €
Zusammenfassung		
Gewinn 01	71 000 €	42 600 €
Gewinn 02	42 600 €	71 000 €
Summe	113 600 €	113 600 €

Der Zahlenvergleich zeigt, dass im Ergebnis zwischen Handels- und Steuerbilanz keine Unterschiede mehr bestehen.

FALL 213

Gesellschafter-Fremdfinanzierung

Sachverhalt

A ist mit 60 % am Stammkapital der A-GmbH beteiligt. Die GmbH gehört nicht zu einem Konzern. A hat seiner GmbH ein Darlehen gewährt. Der Zinssatz ist angemessen. In 01 hat die GmbH an A Zinsen in Höhe von 3,2 Mio. € und an die Hausbank Zinsen in Höhe von 600 000 € gezahlt. Aus Wertpapieranlagen ergaben sich Zinserträge in Höhe von 300 000 €. Das EBITDA der GmbH beträgt für denselben Zeitraum 2 Mio. €.

Abwandlung

Die GmbH hat an A 3,2 Mio. € Zinsen gezahlt. Angemessen wären allerdings nur 1,6 Mio. € gewesen.

LÖSUNG

Der Zinssaldo beträgt (3,2 Mio. € + 600 000 € ./. 300 000 €) 3,5 Mio. €. Davon entfallen auf Gesellschafterzinsen 3,2 Mio. €. Das entspricht ca. 91 % und damit mehr als 10 % des Zinssaldos. Die Zinsschranke nach § 4h EStG greift folglich grundsätzlich, falls der Zinssaldo mindestens

3 Mio. € beträgt (wie hier) und die Zinsen 30 % des EBITDA der GmbH übersteigen (§ 8a Abs. 2 KStG i.V. mit § 4h Abs. 1 EStG).

Die sofort abziehbaren Zinsaufwendungen berechnen sich wie folgt:

Zinserträge		300 000 €
EBITDA der GmbH lt. Sachverhalt	2 000 000 €	
Davon 30 %	600 000 €	600 000 €
Summe		900 000 €

Es ergeben sich vortragsfähige Zinsen von (3,5 Mio. € ./. 900 000 € =) 2,6 Mio. €. Um diesen Betrag ist das Einkommen der GmbH gem. § 4h Abs. 1 EStG i.V. mit § 8a Abs. 2 KStG zu erhöhen.

LÖSUNG DER ABWANDLUNG

§ 8a KStG berührt nicht die Regelungen zu verdeckten Gewinnausschüttungen. Im vorliegenden Fall ergibt sich eine verdeckte Gewinnausschüttung an A in Höhe von 1,6 Mio. € (§ 8 Abs. 3 KStG), so dass ein Zinsaufwand zu Gunsten eines Gesellschafters von 1,6 Mio. € verbleibt.

Folgerichtig beträgt der Zinssaldo (1,6 Mio. € + 600 000 € ./. 300 000 €) 1,9 Mio. €. § 4h Abs. 2 Buchst. a EStG ist jetzt zu beachten. Die Zinsschranke greift folglich nicht, da der Zinssaldo weniger als 3 Mio. € beträgt (wie hier).

Es ergeben sich sofort abzugsfähige Zinsen von 2,2 Mio. € und Zinserträge von 300 000 €. Das Einkommen der GmbH erhöht sich um die verdeckte Gewinnausschüttung in Höhe von 1,6 Mio. €.

FALL 214

Verlustabzug

Sachverhalt

A und B sind zu jeweils 50 % Gesellschafter der AB-GmbH. Zum 31. 12. 01 besteht ein gesondert festgestellter nicht genutzter Verlust i. S. von § 10d EStG in Höhe von 500 000 €. Mit Wirkung vom 1. 1. 02 übertragen A und B jeweils 40 % (Abwandlung 60 %) ihrer Anteile an C, so dass danach A mit 30 % (Abwandlung 20 %), B mit 30 % (Abwandlung 20 %) und C mit 40 % (Abwandlung 60 %) beteiligt sind. Stille Reserven sind nicht vorhanden.

Frage

Was geschieht mit dem Verlustvortrag?

LÖSUNG

Der Erwerb von insgesamt 40 % der gesamten Gesellschaftsanteile durch C hat zur Folge, dass es gem. § 8c Satz 1 KStG zu einem quotalen Untergang der nicht genutzten Verluste kommt: 40 % von 500 000 € = 200 000 €. Vortragsfähig bleiben nur noch 300 000 €.

Abwandlung

Der Erwerb von mehr als 50 % der gesamten Gesellschaftsanteile durch C (hier 60 %) hat zur Folge, dass die bis zum 31. 12. 01 nicht genutzten Verluste vollständig untergehen (§ 8c Abs. 1 Satz 2 KStG).

FALL 215

Verlustabzug bei Vorhandensein von stillen Reserven

Sachverhalt

V (Verkäufer) ist Alleingesellschafter der BioMed GmbH, die auf dem Gebiet der Humanmedizin forscht. Er verkauft seine Beteiligung vollumfänglich mit Wirkung vom 1. 1. 01 an K (Käufer). Die GmbH hat zum 31. 12. 00 einen vortragsfähigen, noch nicht genutzten Verlust. Für die Weiterbehandlung des Verlusts ist von folgenden Verhältnissen auszugehen:

	Fall a)	Fall b)
Vortragsfähiger Verlust	90 000 €	90 000 €
Steuerliches Buchwertkapital	100 000 €	./. 30 000 €
Verkaufserlös des V	150 000 €	20 000 €
Gemeiner Wert des BV der GmbH	120 000 €	10 000 €

Frage

Welche Folgen hat der Beteiligungserwerb für den Verlustabzug der Zielgesellschaft?

LÖSUNG

Grundsätzlich bestimmt § 8c Abs. 1 KStG, dass bei einer Veräußerung oder anderweitigen Übertragung von Beteiligungen an einer Kapitalgesellschaft deren Verlustvorträge ganz oder teilweise untergehen. Verlustvorträge bleiben allerdings erhalten, soweit sie durch stille Reserven gedeckt sind. Im Fall a) ergibt sich die Lösung aus § 8c Abs. 1 Satz 6 und 7 KStG: Die Höhe der stillen Reserven ergibt sich aus dem Unterschied zwischen dem Verkaufserlös (= gemeiner Wert des Anteils) und dem steuerlichen Buchwertkapital der GmbH. Im Fall b) ergibt sich die Lösung aus § 8c Abs. 1 Satz 8 KStG: Die Höhe der stillen Reserven ergibt sich aus dem Unterschied zwischen dem steuerlichen Buchwertkapital und dem gemeinen Wert des Betriebsvermögens der GmbH (nicht des Anteils des V).

	Fall a)	Fall b)
Verkaufserlös des V	150 000 €	20 000 €
Gemeiner Wert des BV		10 000 €
Steuerliches Buchwertkapital	100 000 €	/. 30 000 €
Stille Reserven	50 000 €	40 000 €
Verbleibender vortragsfähiger Verlust	50 000 €	40 000 €
Untergehender Verlust	40 000 €	50 000 €

FALL 216

Organschaft

Sachverhalt

Im nachstehenden Beispiel ist die Gewinn- und Verlustrechnung 02 der Organgesellschaft zu komplettieren. Dabei ist davon auszugehen, dass das Organ den gesamten Jahresüberschuss 02 an die Obergesellschaft abführen wird. Außerdem sind die damit korrespondierenden Bilanzansätze des Organs zum 31.12.02 entsprechend dem Muster vom 31.12.01 auszufüllen. Nach dem Organschaftsvertrag war das Organ berechtigt, den Gewinn 01 den Rücklagen zuzuführen, um damit künftige Investitionen zu finanzieren.

Gewinn- und Verlustrechnung „Organ" (in Mio. €)

	02	01
Umsatzerlöse/Gesamtleistung	10 074 €	9 707 €
Roh-, Hilfs- und Betriebsstoffe	./. 6 764 €	./. 6 126 €
Rohertrag	3 310 €	3 581 €
Sonstige betriebliche Erträge	+ 366 €	+ 249 €
	3 676 €	3 830 €
Löhne und Gehälter	./. 2 236 €	./. 2 510 €
Abschreibungen	./. 671 €	./. 708 €
Steuern	./. 11 €	./. 13 €
Sonstige betriebliche Aufwendungen	./. 656 €	./. 378 €
Aufgrund GAV abzuführender Gewinn		0 €
Jahresüberschuss		221 €
Einstellung in Gewinnrücklagen		221 €
		0 €

Bilanz „Organ"

Passiva	31.12.02	31.12.01
Gewinnrücklagen		221 €
Verbindlichkeit gegenüber verbundenen Unternehmen		

LÖSUNG

Beim Organ ist **Jahresüberschuss** das Ergebnis des laufenden Geschäftsjahres vor Rücklagenzuführungen oder -entnahmen, aber nach Ergebnisübernahme durch die Muttergesellschaft. Er ergibt sich rechnerisch aus dem Unterschied aller Erträge und Aufwendungen einer Rechnungsperiode.

Der **Bilanzgewinn** ist der Teil des Jahresergebnisses, welcher nach Einstellung in die Rücklagen der Hauptversammlung für die Verteilung an die Aktionäre zur Verfügung gestellt wird. Wegen des bestehenden Gewinnabführungsvertrages weist das Organ im Allgemeinen keinen Bilanzgewinn aus. Das erzielte Ergebnis wird ganz oder teilweise an die Muttergesellschaft abgeführt bzw. in die Rücklagen eingestellt. Zur Bildung von Gewinnrücklagen ist das Organ steuerrechtlich eingeschränkt berechtigt (vgl. § 14 Abs. 1 Nr. 4 KStG).

Im Jahresabschluss des Organs wird die Ergebnisabführung als „Verbindlichkeit gegenüber verbundenen Unternehmen" ausgewiesen; der Organträger weist eine entsprechende Forderung gegen verbundene Unternehmen aus.

Die Lösung des Falles gestaltet sich wie folgt:

Gewinn- und Verlustrechnung „Organ" (in Mio. €)

	02	01
	€	€
Umsatzerlöse/Gesamtleistung	10 074	9 707
Roh-, Hilfs- und Betriebsstoffe	./. 6 764	./. 6 126
Rohertrag	3 310	3 581
Sonstige betriebliche Erträge	+ 366	+ 249
	3 676	3 830
Löhne und Gehälter	./. 2 236	./. 2 510
Abschreibungen	./. 671	./. 708
Steuern	./. 11	./. 13
Sonstige betriebliche Aufwendungen	./. 656	./. 378
Aufgrund GAV abzuführender Gewinn	./. 102	0
Jahresüberschuss	0	221
Einstellung in Gewinnrücklagen	0	221
Bilanzgewinn	0	0
Bilanz »Organ«	**31. 12. 02**	**31. 12. 01**
Passiva		
Gewinnrücklagen	221	221
Verbindlichkeiten gegenüber verbundenen Unternehmen	102	

HINWEISE

1. Gewinnabführungsverträge werden steuerlich nur berücksichtigt, wenn sie zivilrechtlich wirksam sind. Für das Wirksamwerden kommt es auf die Eintragung im Handelsregister an. In dem Jahr, in dem diese Eintragung erfolgt, kann der Gewinnabführungsvertrag mit Wirkung vom Beginn des Wirtschaftsjahres an steuerlich berücksichtigt werden (§ 14 Abs. 1 Satz 2 KStG). Vororganschaftlich verursachte Mehrabführungen einer Organgesellschaft an ihren Organträger sind keine Gewinnausschüttungen, sondern Gewinnabführungen i. S. der §§ 14 ff. KStG (BFH v. 18. 12. 2002 I R 51/01, BStBl 2005 II 49). Zu den Anwendungsmodalitäten des vorstehenden BFH-Urteils und allgemein zu vororganschaftlichen Mehr- und Minderabführungen vgl. BMF v. 22. 12. 2004, BStBl 2005 I 65.

2. Zu den Änderungen bei der steuerlichen Behandlung von Organschaften durch das Steuervergünstigungsabbaugesetz (StVergAbG) vgl. BMF v. 10. 11. 2005, BStBl 2005 I 1038.

Ausgleichsposten bei Organschaft mit Minderabführung

Sachverhalt

Die M-GmbH hat vor 10 Jahren 76 % vom Nennkapital der T-GmbH erworben. Vor 5 Jahren wurde mit der T-GmbH ein Gewinnabführungsvertrag abgeschlossen. Die Voraussetzungen für ein Organschaftsverhältnis sind erfüllt. Der Gewinnabführungsvertrag wurde steuerlich anerkannt. In 01 hat die T-GmbH einen Gewinn von 380 000 € erwirtschaftet. Von diesem Gewinn belässt die M-GmbH der T-GmbH einen Betrag von 200 000 €, da die T-GmbH in Kürze größere Investitionen vorzunehmen beabsichtigt. In der Bilanz der T-GmbH ist der Betrag als Rücklage ausgewiesen. Der Restgewinn von 180 000 € wird an die M-GmbH abgeführt. In der Bilanz der T-GmbH zum 31. 12. 01 ist eine entsprechende Verbindlichkeit ausgewiesen. Im Abschluss der M-GmbH zum 31. 12. 01 sind 180 000 € als Forderung erfasst.

In der Gewinnabführungsvereinbarung wurde den Minderheitsgesellschaften eine Gewinngarantie zugesagt. Der für 01 zu zahlende Betrag beläuft sich auf 10 000 €. Die auf diesen Betrag entfallende KSt hat die T-GmbH bezahlt. Im Januar 02 wurde die Garantiedividende von der M-GmbH an die Minderheitsgesellschafter überwiesen und als Aufwand verbucht.

Frage

Welche bilanziellen und körperschaftsteuerlichen Auswirkungen ergeben sich für die M-GmbH?

Der GAV steht es nicht entgegen, dass die T-GmbH freie Rücklagen bildet, die bei vernünftiger kaufmännischer Beurteilung wirtschaftlich begründet sind (§ 14 Abs. 1 Nr. 4 KStG). Das ist gerechtfertigt, wenn z. B. eine Kapazitätsausweitung beabsichtigt ist (R 60 Abs. 5 Nr. 3 KStR). Die Rücklage ist gleichwohl mit dem „zuzurechnenden Einkommen der T-GmbH" bei der M-GmbH der KSt (und GewSt) zu unterwerfen (§ 14 Abs. 1 Satz 1 KStG i. V. mit R 63 Abs. 1 Satz 1 KStR und Abschn. 7.1 Abs. 5 GewStR). Der steuerliche Wertansatz der Beteiligung der M-GmbH an der T-GmbH bleibt hiervon unberührt (R 63 Abs. 1 Satz 2 KStR). Um sicherzustellen, dass im Fall einer Veräußerung der Organbeteiligung die bei der Organgesellschaft so gebildeten Rücklagen nicht noch einmal beim Organträger steuerlich erfasst werden, ist in der StB des Organträgers (M-GmbH), in die der um die Rücklagen verminderte Jahresüberschuss der Organgesellschaft (T-GmbH) eingegangen ist, ein besonderer aktiver Ausgleichsposten in Höhe des Teils der versteuerten Rücklagen einkommensneutral zu bilden, der dem Verhältnis der Beteiligung des Organträgers am Nennkapital der Organgesellschaft entspricht (§ 14 Abs. 4 Satz 1 KStG, R 63 Abs. 1 Satz 3 KStR): 76 % von 200 000 € = 152 000 €. Damit wird dem Grundsatz der körperschaftsteuerlichen Organschaft Rechnung getragen, wonach sich innerhalb des Organkreises erzielte Gewinne und Verluste nur einmal auswirken dürfen: beim Organträger. Diesem Grundsatz der Einmalbesteuerung dienen die passiven und aktiven Ausgleichsposten (BMF v. 5. 10. 2007, BStBl I 743).

Erforderliche Buchung bei der M-GmbH im Abschluss 01:

Ausgleichsposten	152 000 € an	Erträge aus Beteiligungen	152 000 €

Im Rahmen der Einkommensermittlung bei der M-GmbH wird der vorstehende Ertrag zunächst neutralisiert (d. h. vom Jahresüberschuss lt. Buchführung abgezogen); anschließend wird das Einkommen der T-GmbH (inklusive der Rücklage) dem Einkommen der M-GmbH hinzugerechnet.

Löst die T-GmbH die Rücklage in den folgenden Jahren ganz oder teilweise zugunsten des an die M-GmbH abzuführenden Gewinns auf (z. B. weil sie von der geplanten Investition Abstand nimmt), so ist der Ausgleichsposten bei der M-GmbH entsprechend einkommensneutral aufzulösen (R 63 Abs. 1 Satz 4 KStR). Im Fall einer Veräußerung der Organbeteiligung wäre der Ausgleichsposten **einkommenswirksam** aufzulösen (§ 14 Abs. 4 Satz 3 KStG, R 63 Abs. 3 KStR); dabei sind – je nach Rechtsform des Organträgers – §§ 3 Nr. 40, 3c Abs. 2 EStG (bei Personenunternehmen), § 8b KStG (bei Kapitalgesellschaften) anzuwenden (§ 14 Abs. 4 Satz 4 KStG).

Auf der Ebene der Organgesellschaft gilt § 27 Abs. 6 KStG: Minderabführungen sind als Zugang auf dem steuerlichen Einlagekonto zu erfassen.

Ausgleichszahlungen, die im Fall einer Organschaft an außenstehende Anteilseigner gezahlt werden, dürfen nach § 4 Abs. 5 Nr. 9 EStG weder den Gewinn der Organgesellschaft noch den Gewinn des Organträgers mindern (R 65 Abs. 1 KStR). Vielmehr hat das Organ $^{20}/_{17}$ der geleisteten Ausgleichszahlungen als eigenes Einkommen zu versteuern (§ 16 Satz 1 KStG). Das gilt selbst dann, wenn der Organträger diese Verpflichtung erfüllt (§ 16 Satz 2 KStG).

Zum 31. 12. 01 liegt in Höhe der Gewinngarantie eine sonstige Verbindlichkeit bei der M-GmbH vor, die in der HB auszuweisen ist und zunächst den HB-Gewinn mindert (§ 277 Abs. 3 Satz 2 HGB). Steuerlich genügt es, wenn der HB-Gewinn außerhalb der Buchführung erhöht wird, um § 4 Abs. 5 Nr. 9 EStG Rechnung zu tragen.

Buchung der M-GmbH im Abschluss 01:

S. b. Aufwand (Ausgleichszahlungen)	10 000 € an	Sonst. Verbindlichkeiten	10 000 €

Organschaft mit Ausgleichsposten und Mehrabführung

Sachverhalt

Die T-GmbH ist Organ der M-GmbH; es besteht ein steuerlich anerkannter Gewinnabführungsvertrag. In 01 hat die T-GmbH einen handelsrechtlichen Jahresüberschuss von 200 000 € erzielt. Demgegenüber beträgt der Gewinn lt. Steuerbilanz 150 000 €. Die T-GmbH führt 200 000 € an die M-GmbH ab.

Frage

Auswirkungen bei der M-GmbH?

LÖSUNG

Hier ergibt sich handelsrechtlich eine Mehrabführung gegenüber über dem steuerlichen Ergebnis. Die M-GmbH muss in ihrer Steuerbilanz einen passiven Ausgleichsposten bilden. Im Ergebnis muss sie in der Steuerbilanz buchen:

Forderung gegen verbundene Unternehmen	200 000 €	an	Erträge aus Beteiligungen	150 000 €
			Ausgleichsposten	50 000 €

Baut sich die Differenz zwischen handels- und steuerrechtlichem Ergebnis in späteren Jahren mit umgekehrten Vorzeichen wieder ab, wird im selben Umfang der Ausgleichsposten vermindert.

Auf der Ebene der Organgesellschaft führt die Mehrabführung zu einem Abgang im steuerlichen Einlagekonto (§ 27 Abs. 6 KStG).

FALL 218A

Organschaft und Einkommensermittlung

Sachverhalt

Die Mutter-GmbH (M-GmbH) ist als Organträger (OT) zu 100 % an der Tochter-GmbH (T-GmbH, Organgesellschaft = OG) beteiligt. Seit Jahren besteht eine steuerlich anerkannte Gewinnabführungsvereinbarung (§§ 14 ff. KStG). Für 01 hat die T-GmbH einen Jahresüberschuss von 100 000 € erwirtschaftet. Darauf haben sich 2 000 € nichtabziehbare Aufwendungen ausgewirkt. Folgende GuV 01 liegt vor:

Rohgewinn	300 000
Betriebsausgaben	200 000
Jahresüberschuss	100 000
Gewinnabführungsverpflichtung	./. 100 000
Bilanzgewinn	0

Die M-GmbH hat folgende GuV für 01 erstellt:

Rohgewinn	1 000 000
Gewinnabführungsanspruch	100 000
Summe	1 100 000
KSt-Aufwand	./. 54 150
Übrige Betriebsausgaben	./. 750 000
Jahresüberschuss	295 850

In den übrigen Betriebsausgaben sind nichtabziehbare Ausgaben in Höhe von 9 000 € enthalten.

Aufgabe

Berechnen Sie die KSt und das zvE für die T-GmbH und die M-GmbH. Auf den Solidaritätszuschlag ist aus Vereinfachungsgründen nicht einzugehen.

LÖSUNG

Organgesellschaft (T-GmbH)

Bilanzgewinn	0
Nichtabziehbare BA	+ 2 000
Abzuführender Gewinn	+ 100 000
Summe	102 000
Vom Organträger zu versteuern	./. 102 000
zvE	0

Organträger (M-GmbH)

Jahresüberschuss	295 850
KSt-Aufwand	+ 54 150
Nichtabziehbare BA	+ 9 000
Summe	359 000
Erträge aus GAV	./. 100 000
zvE Organ	+ 102 000
zvE	361 000
KSt 15 %	54 150

FALL 218B

Organschaft mit Personengesellschaft

Sachverhalt

Wie Fall 218a, jedoch ist OT nicht die M-GmbH, sondern die Fischer & Co. OHG. Gesellschafter der OHG sind Anton Fischer zu 2/3 und Bernd Fischer zu 1/3. Die OHG hat für 01 einen Gewinn von 300 000 € erwirtschaftet; darin ist der Gewinnabführungsanspruch mit 100 000 € erhalten.

Aufgabe

Berechnen Sie die KSt und das zvE für die T-GmbH für 01, und erstellen Sie die einheitliche und gesonderte Gewinnfeststellung für die Fischer & Co. OHG für 01.

LÖSUNG

T-GmbH: Wie Fall 218a

Fischer & Co. OHG:

Einheitliche und gesonderte Gewinnfeststellung

	AF	BF	Summe
HB-Gewinn	200 000	100 000	300 000
Außerbilanzielle Korrektur			
(Gebuchte Erträge aus GAV)	./. 66 667	./. 33 333	./. 100 000
zvE Organgesellschaft	+ 68 000	+ 34 000	102 000
Ergebnis	201 333	100 667	302 000

FALL 218C

Organschaft mit Dividendeneinnahmen der Tochtergesellschaft

Sachverhalt

Wie Fall 218a; jedoch hat die T-GmbH von der X-GmbH, an der sie mit 20 % beteiligt ist, Dividenden bezogen:

	20 000
Kapitalertragsteuer	./. 4 000

Der Jahresüberschuss der T-GmbH betrug hiernach (100 000 + 16 000) 116 000. Die Gewinnabführung ebenfalls 116 000, der Bilanzgewinn 0. Die M-GmbH erfasste den Gewinnabführungsanspruch mit 116 000 und kam auf einen Jahresüberschuss in Höhe von (295 850 + 16 000) 311 850.

Aufgabe

Berechnen Sie die KSt und das zvE für die T-GmbH und die M-GmbH. Auf den Solidaritätszuschlag ist aus Vereinfachungsgründen nicht einzugehen.

LÖSUNG

Siehe § 15 Satz 1 Nr. 2 i.V. mit § 19 Abs. 5 KStG.

Organgesellschaft (T-GmbH)

Bilanzgewinn	0
Nichtabziehbare BA	+ 2 000
KESt (§ 10 Nr. 2 KStG)	+ 4 000
Abzuführender Gewinn	+ 116 000
Summe	122 000
Vom Organträger zu versteuern	./. 122 000
zvE	0

Organträger (M-GmbH)

Jahresüberschuss	311 850
KSt-Aufwand	+ 54 150
Nichtabziehbare BA	+ 9 000
Summe	375 000
Erträge aus GAV	./. 116 000
zvE Organ	+ 122 000
Steuerfrei (§§ 8b I, 15 S. 1 Nr. 2 KStG)	./. 20 000
Nichtabziehbare BA (5 % gem. § 8b V KStG)	+ 1 000
zvE	362 000
KSt 15 %	54 300
Kapitalertragsteuer (§ 19 V KStG)	./. 4 000
Verbleibende KSt-Schuld	50 300

Liquidation, Vollausschüttung, Solidaritätszuschlag

Sachverhalt

Die Gesellschafter A und B einer GmbH (Wirtschaftsjahr = Kalenderjahr) beschließen am 30.4.01 die Auflösung der Gesellschaft zum 30.6.01. Die Bilanz zum 30.6.01 zeigt folgendes Bild:

GmbH-Bilanz 30.6.01

Besitzposten	500 000 €	Kapital	50 000 €
		Gewinnrücklagen	100 000 €
		Jahresüberschuss (1. 1. – 30. 6. 01)	132 000 €
		Schulden	218 000 €
	500 000 €		500 000 €

Die Abwicklung erfolgt in der Zeit vom 1.7.01 – 1.3.02. Im Rahmen der Abwicklung werden stille Reserven in Höhe von 300 000 € realisiert. Die darauf entfallende GewSt (zur Gewerbesteuerpflicht siehe Abschn. 7.1 Abs. 8 GewStR) kann mit 48 000 € angenommen werden. Im steuerlichen Einlagekonto (§ 27 KStG) ist kein Bestand. A und B sind seit mehr als fünf Jahren je zur Hälfte Gesellschafter der GmbH. A hat seinen Gesellschaftsanteil für 20 000 €, B für 35 000 € erworben.

Frage

Welche steuerlichen Konsequenzen ergeben sich aus der Liquidation?

Wird eine Kapitalgesellschaft aufgelöst und abgewickelt (liquidiert), sind §§ 1, 37 Abs. 4 und 38 Abs. 8 KStG zu beachten. Die Auflösung einer Kapitalgesellschaft setzt im Allgemeinen einen förmlichen Beschluss der Anteilseigner voraus (vgl. § 262 AktG, § 60 GmbH-Gesetz).

Erfolgt die Auflösung aufgrund eines handelsrechtlich ordnungsgemäß zustande gekommenen Beschlusses, endet mit Beginn der Auflösung das laufende Wirtschaftsjahr; es entsteht u.U. ein Rumpfwirtschaftsjahr (R 51 Abs. 1 KStR). Abfindungs-Anfangsvermögen ist dann das Betriebsvermögen vom Schluss des Rumpfwirtschaftsjahres.

Die Zeit von der Auflösung bis zur Beendigung der Abwicklung gilt steuerlich als das letzte der Besteuerung unterliegende Geschäftsjahr der Gesellschaft (Besteuerungszeitraum); dieser Besteuerungszeitraum soll 3 (Zeit-)jahre nicht überschreiten. Bei Überschreiten dieses Zeitraums setzt die normale Besteuerung nach dem Veranlagungszeitraum (= Kalenderjahr) wieder ein, wenn nicht ausnahmsweise eine Verlängerung des 3-Jahres-Zeitraumes sachlich gerechtfertigt ist (Sollvorschrift).

Die Lösung gestaltet sich wie folgt:

Berechnung der KSt anlässlich der Liquidation:

Aufgedeckte stille Reserve	300 000 €
Zu versteuerndes Einkommen	300 000 €
Tarifbelastung 15 %	45 000 €
Festgesetzte KSt	45 000 €
Solidaritätszuschlag 5,5 %	2 475 €

Hiernach ergibt sich folgende Ausschüttung anlässlich der Liquidation (ohne Stammkapital):

Jahresüberschuss im Rumpf-Wirtschaftsjahr 30. 6. 01		132 000 €
Rücklagen im Abschluss 30. 6. 01		100 000 €
Zugang im Liquidationszeitraum		
Stille Reserven	300 000 €	
GewSt	./. 48 000 €	
KSt	./. 45 000 €	
Solidaritätszuschlag	./. 2 475 €	204 525 €
Ausschüttbarer Gewinn (einschließlich Vorjahre)		436 525 €

Nach Realisierung der stillen Reserven und Bezahlung der Schulden (außer Steuerschulden) ergibt sich folgende vorläufige Liquidationsbilanz:

Vorläufige Liquidationsbilanz 1. 3. 02

Bank	582 000 €	Stammkapital	50 000 €
		KSt	45 000 €
		Solidaritätszuschlag	2 475 €
		GewSt	48 000 €
		Ausschüttung	436 525 €
	582 000 €		582 000 €

Nach Zahlung der GewSt, der KSt und des Solidaritätszuschlags ergibt sich folgende endgültige Liquidationsbilanz:

Endgültige Liquidationsbilanz

Bank	486 525 €	Stammkapital	50 000 €
		Ausschüttung	436 525 €
	486 525 €		486 525 €

Liquidationsbesteuerung 02 nach Maßgabe des § 11 Abs. 2 KStG

Abwicklungs-Anfangsvermögen (§ 11 Abs. 4 KStG)	282 000 €
Abwicklungs-Endvermögen (§ 11 Abs. 3 KStG)	486 525 €
Unterschiedsbetrag	204 525 €
KSt und Solidaritätszuschlag (§ 11 Abs. 6 KStG i. V. mit § 4 Abs. 1 Satz 2 EStG)	+ 47 475 €
GewSt	+ 48 000 €
Zu versteuerndes Einkommen (siehe oben)	300 000 €

Hiernach erhalten die Anteilseigner in 02

1.	Liquidationsgewinn	436 525 €
2.	Rückzahlung Stammkapital	50 000 €
	Summe	486 525 €

Da A und B zu je 50 % an der GmbH beteiligt waren, ist § 17 Abs. 4 EStG zu beachten. Danach ist zwischen Veräußerungsgewinn und Kapitaleinkünften zu trennen. Keine Einkünfte aus Kapitalvermögen sind Auskehrungen aus dem Einlagekonto und Rückzahlungen des Nennkapitals. Diese können jedoch zu Veräußerungsgewinnen oder -verlusten i. S. von § 17 EStG führen, wenn sie höher oder niedriger sind als die historischen Anschaffungskosten für die Gesellschaftsanteile und die Einlagewerte; dabei sind dann 40 % des Veräußerungsgewinns gem. § 3 Nr. 40 Buchst. c EStG steuerfrei, andererseits sind 60 % eines Verlustes gem. § 3c Abs. 2 EStG ausgleichsfähig. Die übrigen Liquidationserlöse (also Auskehrungen des Jahresüberschusses, der Gewinnrücklagen und des Gewinnvortrags) führen hingegen zu Einkünften aus Kapitalvermögen und unterliegen der Abgeltungsteuer mit 25 % (zzgl. Solidaritätszuschlag und ggf. Kirchensteuer).

	A	B
Einkünfte aus Kapitalvermögen		
§ 20 Abs. 1 Nr. 2 EStG	218 262 €	218 262 €
Abgeltungssteuer	25 %	25 %

		A
Einkünfte aus Gewerbebetrieb		A
§ 17 Abs. 4 i. V. mit § 15 EStG		
Rechnerisches Veräußerungsergebnis		
(Erlös 25 000 € ./. 20 000 € AK)		+ 5 000 €
Steuerfrei gem. § 3 Nr. 40 Buchst. c EStG		
40 % von 25 000 €	10 000 €	
Nicht abzugsfähig (Umkehrschluss aus § 3c Abs. 2 EStG)		
40 % der AK von 20 000 €	./. 8 000 €	
Steuerfreier Veräußerungsgewinn	+ 2 000 €	

		B
Steuerfreier Veräußerungsgewinn		./. 2 000 €
Steuerpflichtiger Veräußerungsgewinn		3 000 €
Freibetrag nach § 17 Abs. 3 EStG (maximal 1/2 von 9 060 €)		./. 3 000 €
Steuerpflichtig nach Freibetrag		0 €

		B
Rechnerisches Veräußerungsergebnis		
(Erlös 25 000 € ./. 35 000 € AK)		./. 10 000 €
Steuerfrei gem. aus § 3 Nr. 40 Buchst. c EStG		
40 % von 25 000 €	10 000 €	
Nicht abzugsfähig (Umkehrschluss aus § 3c Abs. 2 EStG)		
40 % von 35 000 €	./. 14 000 €	
Mathematisch steuerfrei	./. 4 000 €	+ 4 000 €
Ausgleichsfähiger Veräußerungsverlust		./. 6 000 €

Probe:

Aus der Liquidation ergeben sich für die Anwendung von § 17 EStG Einkünfte aus Gewebetrieb von insgesamt ./. 5 000 €, davon sind gem. § 3 Nr. 40 Buchst. c EStG steuerwirksam 60 % = ./. 3 000 €.

A versteuert (vor Freibetrag)	+ 3 000 €
B versteuert	./. 6 000 €
Steuerwirksames Ergebnis	./. 3 000 €

Kapitel 3: Besondere Gesellschaftsformen

3.1 Betriebsaufspaltung mit Kapitalgesellschaft

3.1.1 Allgemeines

Ein Mitunternehmer, der seiner Personengesellschaft ein Wirtschaftsgut zur Nutzung überlässt, muss dieses Wirtschaftsgut als Sonderbetriebsvermögen behandeln (R 4.2 Abs. 12 EStR). Etwas Vergleichbares gilt – neben anderen Fällen – für den Fall, dass der Gesellschafter einer Kapitalgesellschaft dieser eine wesentliche Betriebsgrundlage miet- oder pachtweise zur Nutzung überlässt. Man spricht dann von der „klassischen" Betriebsaufspaltung, bei der das Betriebsunternehmen eine Kapitalgesellschaft ist. Aber auch wenn das Betriebsunternehmen eine Personengesellschaft ist, kann sich eine Betriebsaufspaltung ergeben (sog. mitunternehmerische Betriebsaufspaltung; vgl. hierzu BFH v. 23. 4. 1996 VIII R 13/95, BStBl 1998 II 325, v. 26. 11. 1996 VIII R 42/94, BStBl 1998 II 328, BMF v. 28. 4. 1998, BStBl 1998 I 583). Eine Betriebsaufspaltung liegt somit vor, wenn ein Unternehmen (Besitzunternehmen) eine wesentliche Betriebsgrundlage an eine gewerblich tätige **Personen- oder Kapitalgesellschaft (Betriebsunternehmen)** zur Nutzung überlässt (sachliche Verflechtung) und eine Person oder mehrere Personen zusammen (Personengruppe) sowohl das Besitzunternehmen als auch das Betriebsunternehmen in dem Sinne beherrschen, dass sie in der Lage sind, in beiden Unternehmen einen einheitlichen geschäftlichen Betätigungswillen durchzusetzen (personelle Verflechtung). Eine ausführliche Darstellung findet sich in H 15.7 Abs. 4 – 8 EStH. Für die Annahme einer Betriebsaufspaltung müssen u. a. folgende Voraussetzungen erfüllt sein:

a) Verpachtung/Vermietung oder leihweise Überlassung (BFH v. 24. 4. 1991 X R 84/88, BStBl 1991 II 713) einiger oder aller wesentlichen Betriebsgrundlagen an die Kapitalgesellschaft. Hierzu zählen auch **unbebaute Grundstücke,** wenn sie von der Betriebsgesellschaft für ihre besonderen Bedürfnisse hergerichtet worden sind (BFH v. 24. 8. 1989 IV R 135/86, BStBl 1989 II 1014, v. 1. 12. 1989 III R 94/87, BStBl 1990 II 500, v. 7. 8. 1990 VIII R 110/87, BStBl 1991 II 336, v. 23. 1. 1991 X R 47/87, BStBl 1991 II 40). Es genügt, dass das Wirtschaftsgut auf die Bedürfnisse der Betriebsgesellschaft zugeschnitten ist. Es bedarf keiner branchenspezifischen Ausgestaltung derart, dass das Wirtschaftsgut nur noch und ausschließlich von dem Betriebsunternehmen genutzt werden kann (BFH v. 5. 9. 1991 IV R 113/90, BStBl 1992 II 349 betr. eine **Halle mit vielseitiger Verwendbarkeit**).

   Die individuelle Gestaltung eines Grundstücks für die Bedürfnisse des Betriebsunternehmens ist lediglich Indiz für sein besonderes Gewicht als Betriebsgrundlage. Allerdings gehören **mitverpachtete Grundstücke** auch dann zum notwendigen Betriebsvermögen des Besitzunternehmens, wenn sie nicht wesentliche Betriebsgrundlage des Betriebsunternehmens werden (BFH v. 17. 12. 1992 VIII R 36/91, BStBl 1993 II 233).

   Ein **Büro- und Verwaltungsgebäude** ist dann eine wesentliche Betriebsgrundlage, wenn es die räumlich und funktionale Grundlage für die Geschäftstätigkeit der Betriebsgesellschaft bildet (BFH v. 23. 5. 2000 VIII R 11/99, BStBl 2000 II 621).

   An einer wesentlichen Betriebsgrundlage als Voraussetzung der sachlichen Verflechtung bei der Betriebsaufspaltung kann es fehlen, wenn ein Grundstück für die Betriebsgesellschaft von geringer wirtschaftlicher Bedeutung ist. Das ist jedenfalls nicht der Fall, wenn der Flächenanteil des der Betriebsgesellschaft von der Besitzgesellschaft vermieteten **Grundstücks** **22 %** des von der Betriebsgesellschaft insgesamt und in gleicher Weise genutzten Grundbesitzes ausmacht (BFH v. 4. 11. 1992 XI R 1/92, BStBl 1993 II 245).

Ein **Fabrikationsgrundstück** ist regelmäßig wesentliche Betriebsgrundlage der Betriebsgesellschaft im Rahmen einer Betriebsaufspaltung. Davon ist jedenfalls dann auszugehen, wenn ein unmittelbarer zeitlicher Zusammenhang zwischen Errichtung des Betriebsgebäudes, der Vermietung und der Aufnahme des Betriebs in diesem Gebäude besteht (BFH v. 12. 9. 1991 IV R 8/90, BStBl 1992 II 347). Auch das vom Alleingesellschafter einer Getränkeeinzelhandels-GmbH verpachtete **Ladenlokal** ist regelmäßig eine wesentliche Betriebsgrundlage der GmbH; die Verpachtung erfolgt deshalb im Rahmen einer Betriebsaufspaltung (BFH v. 12. 2. 1992 XI R 18/90, BStBl 1992 II 723). Für die Anerkennung einer gewerblichen Betriebsverpachtung reicht es aus, wenn die wesentlichen, dem Betrieb das Gepräge gebenden Betriebsgegenstände verpachtet werden. Welche Betriebsgegenstände in diesem Sinne die wesentlichen Betriebsgrundlagen darstellen, bestimmt sich nach den tatsächlichen Umständen des Einzelfalles unter Berücksichtigung der spezifischen Verhältnisse des betreffenden Betriebs. Dabei ist maßgeblich auf die sachlichen Erfordernisse des Betriebs abzustellen (sog. funktionale Betrachtungsweise). In diesem Zusammenhang bilden bei einem „Autohaus" (Handel mit Neu- und Gebrauchtfahrzeugen eines bestimmten Automobilfabrikanten einschließlich angeschlossenem Werkstattservice) das speziell für dessen Betrieb hergerichtete Betriebsgrundstück samt Gebäuden und Aufbauten sowie die fest mit dem Grund und Boden verbundenen Betriebsvorrichtungen im Regelfall die alleinigen wesentlichen Betriebsgrundlagen. Demgegenüber gehören die **beweglichen Anlagegüter,** insbesondere die Werkzeuge und Geräte, regelmäßig auch dann nicht zu den wesentlichen Betriebsgrundlagen, wenn diese im Hinblick auf die Größe des „Autohauses" ein nicht unbeträchtliches Ausmaß einnehmen (BFH v. 11. 10. 2007 X R 39/04, BStBl 2008 II 220). Für die Anerkennung der gewerblichen Verpachtung reicht es aus, dass die wesentlichen, dem Betrieb das Gepräge gebenden Betriebsgegenstände verpachtet werden. Hierzu zählt bei einem **Handwerksbetrieb** nicht das jederzeit wiederbeschaffbare Werkstattinventar (BFH v. 18. 8. 2009 X R 20/06, BStBl 2010 II 222).

b) Einheitlicher geschäftlicher Betätigungswille im Besitz- und Betriebsunternehmen (**sog. personelle Verflechtung**). Das ist regelmäßig der Fall, wenn dieselben Personen, die das Besitzunternehmen beherrschen, auch das Betriebsunternehmen beherrschen und umgekehrt (Beteiligungs- und Beherrschungsidentität). Dabei sind die Beteiligungen der minderjährigen Kinder ggf. mitzuzählen (R 15.7 Abs. 8 EStR). Eine Zusammenrechnung von Ehegattenanteilen kommt grundsätzlich nicht in Betracht (BverfG v. 12. 3. 1985 1 BvR 571/81, BStBl 1985 II 475). Im Fall des Wiesbadener Modells, bei dem am Besitzunternehmen der eine Ehegatte und am Betriebsunternehmen der andere Ehegatte beteiligt ist, liegt eine Betriebsaufspaltung nicht vor (BFH v. 9. 9. 1986 VIII R 198/84, BStBl 1987 II 28).

Ein Besitzunternehmer beherrscht die Betriebskapitalgesellschaft auch dann personell, wenn er zwar über die einfache Stimmenmehrheit und nicht über die im Gesellschaftsvertrag vorgeschriebene qualifizierte Mehrheit (z. B. $3/4$ der stimmberechtigten Mitglieder) verfügt, er aber als Gesellschafter-Geschäftsführer deren Geschäfte des täglichen Lebens beherrscht, sofern ihm die Geschäftsführungsbefugnis nicht gegen seinen Willen entzogen werden kann (BFH v. 30. 11. 2005 X R 56/04, BStBl 2006 II 415).

Die für die Annahme einer Betriebsaufspaltung erforderliche personelle Verflechtung ist auch im Verhältnis zwischen einer Aktiengesellschaft und ihrem Mehrheitsaktionär grundsätzlich zu bejahen. Diese Grundsätze sind auch auf börsennotierte Aktiengesellschaften anwendbar (BFH 23. 3. 2011 X R 45/09, BStBl 2011 II 778).

An einer personellen Verflechtung fehlt es, wenn ein nur an der Besitzgesellschaft beteiligter Gesellschafter die rechtliche Möglichkeit hat, zu verhindern, dass die beherrschende Person oder Personengruppe ihren Willen in Bezug auf die laufende Verwaltung des an die Betriebsgesellschaft überlassenen Wirtschaftsguts durchsetzt (BFH v. 15. 3. 2000 VIII R 82/98, BStBl 2000 II 774, hierzu BMF v. 7. 10. 2002, BStBl 2002 I 1028). Das ist regelmäßig der Fall, wenn in der Besitzgesellschaft das Einstimmigkeitsprinzip gilt und nicht alle Gesellschafter gleichzeitig an der Betriebsgesellschaft beteiligt sind.

Die steuerrechtlichen Konsequenzen der Betriebsaufspaltung bestehen im Wesentlichen darin, dass das Besitzunternehmen – obwohl reine Vermögensverwaltung vorliegt – **gewerbesteuerpflichtige** Einkünfte erzielt, weil sich der Inhaber des Besitzunternehmens über die Betriebs-GmbH am allgemeinen wirtschaftlichen Verkehr beteiligt.

3.1.2 Umsatzsteuer

Soweit das Besitzunternehmen bei Begründung der Betriebsaufspaltung Wirtschaftsgüter an die Betriebs-GmbH liefert (z. B. den Warenbestand), bewirkt es eine steuerbare und steuerpflichtige Leistung; denn bei Begründung der Betriebsaufspaltung besteht nach einhelliger Meinung noch keine umsatzsteuerliche Organschaft. Nach Begründung der Betriebsaufspaltung wird eine Organschaft nach § 2 Abs. 2 Nr. 2 UStG angenommen, wenn die Anteile an der Betriebs-GmbH dem Besitzunternehmen gehören (finanzielle Eingliederung), die einheitliche Willensbildung sichergestellt ist (organisatorische Eingliederung) und Besitz- und Betriebsunternehmen eine wirtschaftliche Einheit bilden (wirtschaftliche Eingliederung). Davon kann bei einer Betriebsaufspaltung im Allgemeinen ausgegangen werden (Abschn. 21 Abs. 5 Satz 7 UStR). Unternehmer im umsatzsteuerlichen Sinn ist das Besitzunternehmen und nicht die Betriebs-GmbH.

3.1.3 Gewerbesteuer/Körperschaftsteuer

Liegen körperschaftsteuerlich die Voraussetzungen für eine Organschaft vor (vgl. § 14 KStG), folgt dem auch die Gewerbesteuer. Die Betriebs-GmbH gilt dabei gem. § 2 Abs. 2 Satz 2 GewStG als Betriebsstätte des Organträgers (hier also des Besitzunternehmens).

3.1.4 Bilanzierung beim Besitzunternehmen

3.1.4.1 GmbH-Anteile

Die Anteile an der Betriebs-GmbH gehören zum notwendigen Betriebsvermögen des Besitzunternehmens bzw. zum notwendigen Sonderbetriebsvermögen der Gesellschafter des Besitzunternehmens. Nicht zum Betriebsvermögen gehören jedoch die Anteile von nahen Angehörigen, wenn diese nicht am Besitzunternehmen beteiligt sind, auch wenn diese Anteile bei der Prüfung der Beherrschungsidentität mitgerechnet wurden. Die Anteile des Besitzunternehmers und beherrschenden Gesellschafters der Betriebskapitalgesellschaft an einer anderen Kapitalgesellschaft, welche intensive und dauerhafte Geschäftsbeziehungen zur Betriebskapitalgesellschaft unterhält, gehören zum notwendigen Betriebsvermögen des Besitz(einzel-)unternehmens. Gewährt der Besitzunternehmer dieser anderen Kapitalgesellschaft zu deren Stützung in der Krise ein Darlehen, so gehört der Anspruch auf Rückzahlung grundsätzlich ebenfalls zum notwendigen Betriebsvermögen des Besitz(einzel-)unternehmens. Auch die Anteile des Besitzunternehmers und beherrschenden Gesellschafters der Betriebskapitalgesellschaft an einer anderen Kapitalgesellschaft, die 100 % der Anteile einer weiteren Kapitalgesellschaft hält, gehören dann zum notwendigen Betriebsvermögen des Besitz(einzel-)unternehmens, wenn die weitere Gesellschaft intensive und dauerhafte Geschäftsbeziehungen zur Betriebsgesellschaft unterhält (BFH v. 26. 8. 2005 X B 98/05, BStBl 2005 II 833).

3.1.4.2 Vermietete/Verpachtete Wirtschaftsgüter

Wird im Rahmen einer bestehenden Betriebsaufspaltung weiteres Anlagevermögen verpachtet, so gehört dieses zum notwendigen Betriebsvermögen des Besitzunternehmens, auch wenn es keine wesentliche Betriebsgrundlage darstellt (BFH v. 23. 1. 1991 X R 47/87, BStBl 1991 II 405). Verpachtet eine Einzelperson oder eine Miteigentümergemeinschaft nur einen Teil eines Grundstücks, so gehört nur der Grundstücksteil zum notwendigen Betriebsvermögen, der von der Betriebs-GmbH genutzt wird (BFH v. 2. 12. 2004 III R 77/03, BStBl 2005 II 340).

Die einer Betriebs-GmbH überlassenen Wirtschaftsgüter gehören auch dann in voller Höhe zum Betriebsvermögen des Besitzunternehmens, wenn sie zum Teil im Miteigentum von Personen stehen, die nicht an der Betriebs-GmbH beteiligt sind (sog. Mitunternehmer wider Willen).

3.1.4.3 AfA-Berechtigung/Anspruch auf Substanzerhaltung

Siehe hierzu ausführlich BMF v. 21. 2. 2002, BStBl 2002 I 262.

Das Besitzunternehmen ist zur Vornahme der AfA für die an die Betriebs-GmbH verpachteten/vermieteten Wirtschaftsgüter berechtigt. Das gilt auch dann, wenn sich die Pächterin zur Substanzerhaltung bzw. -erneuerung verpflichtet hat. Allerdings muss in diesem Fall der Verpächter (Besitzunternehmen) einen Anspruch auf Ersatzbeschaffung aktivieren, während die Pächterin (Betriebs-GmbH) in derselben Höhe eine Rückstellung für Substanzerhaltung passivieren muss: Es gilt insoweit das Prinzip der korrespondierenden Bilanzierung.

Soweit der Warenbestand nicht an die Betriebs-GmbH veräußert, sondern als sog. Sachwertdarlehen gegeben wurde, hat das Besitzunternehmen eine entsprechende Rückgabeforderung zu aktivieren, die grundsätzlich mit dem gleichen Wert anzusetzen ist, mit dem die Betriebs-GmbH die Rückgabeverpflichtung passiviert hat. Auch insoweit gilt das Prinzip der korrespondierenden Bilanzierung (BFH v. 26. 6. 1975 IV R 59/73, BStBl 1975 II 700, v. 8. 3. 1989 X R 9/86, BStBl 1989 II 714). Bei gestiegenem Teilwert kommt es somit zu Gewinnrealisierungen, denen in gleicher Höhe Aufwendungen in der Bilanz der Betriebs-GmbH gegenüberstehen. Denn bei einer Betriebsaufspaltung gilt das Verbot des Ausweises nichtrealisierter Gewinne wegen der personellen Verflechtung nicht. Muss das Besitzunternehmen auch handelsrechtlich bilanzieren, richtet sich die Bilanzierung im Übrigen nach dem allgemeinen Bilanzregeln (BFH v. 8. 3. 1989 X R 9/86, BStBl 1989 II 714).

3.1.4.4   Forderungen gegen Betriebs-GmbH und TW-Abschreibung

Der Teilwert einer Forderung des Besitzunternehmens gegen die Betriebsgesellschaft kann nur nach den Maßstäben abgeschrieben werden, die für die Teilwertberichtigung der Beteiligung am Betriebsunternehmen durch das Besitzunternehmen bestehen; es ist eine Gesamtbetrachtung der Ertragsaussichten von Besitz- und Betriebsunternehmen notwendig. Sind die Ertragsaussichten dauerhaft so gering, dass der gedachte Erwerber des Besitzunternehmens für die Anteile am Betriebsunternehmen einen Preis zahlen würde, der unter dem Buchwert der Beteiligung am Betriebsunternehmen liegt, ist (auch) eine Teilwertabschreibung der Darlehensforderung (Pachtforderung) gerechtfertigt (BFH v. 14. 10. 2009 X R 45/06, BStBl 2010 II 274).

3.1.4.5   Keine Aktivierung von aufschiebend bedingten Anwartschaften auf Hinterbliebenenversorgung

Im Fall einer Betriebsaufspaltung sind Anwartschaften auf Hinterbliebenenversorgung, die auf einer dem Geschäftsführer der Betriebs-Kapitalgesellschaft erteilten Pensionszusage beruhen, im Besitzunternehmen auch dann nicht bereits während der Anwartschaftszeit zu aktivieren, wenn in der Betriebs-Kapitalgesellschaft die Zuführungsbeträge zur Pensionsrückstellung, soweit sie auf die Hinterbliebenenversorgung entfallen, als verdeckte Gewinnausschüttung zu beurteilen sind (BFH v. 23. 3. 2011 X R 42/08, BStBl 2012 II 188).

3.1.5   Bilanzierung bei der GmbH

Im Fall der Sachgründung der GmbH mit einzelnen Wirtschaftsgütern des Besitzunternehmens ist § 6 Abs. 6 EStG zu beachten.

Übernimmt die Betriebs-GmbH die Verpflichtung, das gepachtete Anlagevermögen laufend zu erneuern und bei Pachtende einen gleichartigen Bestand wie bei Pachtbeginn zurückzugeben, so hat sie hierfür eine Rückstellung zu bilden. Die Ersatzbeschaffungen, die die Betriebs-GmbH vornimmt, werden nicht ihr Eigentum, sondern gehen durch antizipiertes Besitzkonstitut (§ 930 BGB) in das rechtliche Eigentum des Besitzunternehmens über; dem folgt auch das wirtschaftliche Eigentum (BFH v. 2. 11. 1965 I 51/61 S, BStBl 1966 III 61). Das Besitzunternehmen aktiviert einen entsprechenden Substanzerhaltungsanspruch (Prinzip der korrespondierenden Bilanzierung).

Die Rückstellung für Substanzerhaltung und der Substanzerhaltungsanspruch können wie folgt berechnet werden (WBK = Wiederbeschaffungskosten):

$$\frac{\text{WBK am Bilanzstichtag} \times \text{abgelaufene Nutzungsdauer}}{\text{Gesamte Nutzungsdauer}}$$

3.1.6   Gewinnausschüttungen und verdeckte Einlagen bei der Betriebs-GmbH

Die Anteile an der Betriebs-GmbH stellen, soweit sie Personen gehören, die auch am Besitzunternehmen beteiligt sind, notwendiges BV oder SBV dieser Gesellschafter dar. Die steuerrechtliche Folge ist, dass offene wie verdeckte Gewinnausschüttungen zu den Betriebseinnahmen des Besitzunternehmens gehören. Eine verdeckte Gewinnausschüttung kann sich dadurch ergeben, dass die von der Betriebs-GmbH gezahlte Pacht zu hoch ist. Beschert demgegenüber eine zu niedrige Pacht dem Besitzunternehmen ständig nur Verluste, so liegt in Höhe der Verluste eine verdeckte Einlage bei der Betriebs-GmbH vor mit der Folge, dass der Verlust des Besitzunternehmens steuerlich nicht anzuerkennen ist und der Gewinn der Betriebs-GmbH in Höhe des nicht anerkannten Verlusts (außerbilanziell) zu ermäßigen ist (BFH v. 8. 11. 1960 I 131/59 S, BStBl 1960 III 513).

Der Anspruch auf Gewinnausschüttung ist bei dem Besitzunternehmen erst dann zu erfassen, wenn ein entsprechender Ausschüttungsbeschluss der Betriebs-GmbH vorliegt (BFH v. 7. 8. 2000 GrS. 2/99, BStBl 2000 II 632, v. 31. 10. 2000 VIII R 85/94, BStBl 2001 II 185). Eine phasengleiche Aktivierung kommt somit grundsätzlich nicht in Betracht.

3.1.7 Aufwendungen für die Überlassung von Wirtschaftsgütern im Rahmen einer Betriebsaufspaltung

Für die Frage, ob die Aufwendungen, die im Zusammenhang mit der Überlassung von Wirtschaftsgütern im Rahmen einer Betriebsaufspaltung entstehen, ganz oder gem. § 3c Abs. 2 EStG nur anteilig als Betriebsausgaben abgezogen werden können, ist die Abgrenzung nach dem Veranlassungszusammenhang maßgeblich. Hierzu stellt die Finanzverwaltung fest (BMF v. 8. 11. 2010, BStBl 2010 I 1292):

► Erfolgt die Überlassung der Wirtschaftsgüter vom Besitzunternehmen an die Betriebskapitalgesellschaft **vollentgeltlich**, d. h. zu fremdüblichen Konditionen, ist § 3c Abs. 2 EStG nicht anwendbar, weil die Aufwendungen in erster Linie mit den vereinbarten Miet- oder Pachtzinsen und nicht mit den erwarteten Beteiligungserträgen (Gewinnausschüttungen/Dividenden und Gewinnen aus einer zukünftigen Veräußerung oder Entnahme des Anteils) in Zusammenhang stehen.

► Erfolgt die Überlassung der Wirtschaftsgüter vom Besitzunternehmen an die Betriebskapitalgesellschaft dagegen **unentgeltlich oder teilentgeltlich**, d. h. zu nicht fremdüblichen Konditionen, ist § 3c Abs. 2 EStG anzuwenden, weil in diesem Fall die Aufwendungen ganz oder teilweise mit den aus der Betriebsgesellschaft erwarteten Einkünften des Gesellschafters, nämlich den Beteiligungserträgen in Form von Gewinnausschüttungen/Dividenden und den Gewinnen aus einer zukünftigen Veräußerung oder Entnahme des Anteils zusammenhängen. Werden Wirtschaftsgüter teilentgeltlich überlassen, ist eine Aufteilung in eine voll entgeltliche und eine unentgeltliche Überlassung vorzunehmen. Die Aufteilung muss dabei im Verhältnis der vereinbarten Konditionen zu den fremdüblichen Konditionen unter ansonsten gleichen Verhältnissen vorgenommen werden. In den Fällen der Betriebsaufspaltung beruhen die fehlende Fremdüblichkeit und damit die Teilentgeltlichkeit im Regelfall auf einem zu niedrigen Pachtentgelt. Als Aufteilungsmaßstab ist in diesen Fällen grundsätzlich das Verhältnis des tatsächlich gezahlten Pachtentgelts zum fremdüblichen Pachtentgelt heranzuziehen.

3.1.8 Zusammenfassung

a) Das Besitzunternehmen stellt einen gewerblichen Betrieb dar (obwohl reine Vermögensverwaltung vorliegt).

b) Die Pachtzahlungen der GmbH sind Betriebsausgaben für die GmbH, wenn sie fremdüblichen Bedingungen genügen. Andernfalls ist § 3c Abs. 2 EStG anzuwenden.

c) Die Pachteinnahmen sind gewerbliche Erträge im Besitzunternehmen.

d) Die GmbH-Anteile des Besitzunternehmers (nicht auch der Kinder) sind Betriebsvermögen des Besitzunternehmens (ggf. Sonderbetriebsvermögen).

e) Das verpachtete Anlagevermögen gehört auch insoweit zum Betriebsvermögen des Besitzunternehmens, als es fremden Dritten gehört (diese werden hierdurch zu Mitunternehmern „wider Willen").

f) Das Gehalt, das der Besitzunternehmer von der GmbH für die Geschäftsführung der GmbH bezieht, fällt unter § 19 EStG; insoweit sind auch Pensionsrückstellungen bei der GmbH zulässig.

g) Bei verpachtetem abnutzbarem Anlagevermögen sowie bei Warenrückgabeforderungen gilt das Prinzip der sog. korrespondierenden Bilanzierung. Das Besitzunternehmen darf Forderungen gegen die Betriebs-GmbH nur insoweit abschreiben, als der gedachte Erwerber des Besitzunternehmens für die Anteile am Betriebsunternehmen einen Preis zahlen würde, der unter dem Buchwert der Beteiligung am Betriebsunternehmen liegt

h) Der Anspruch auf Gewinnausschüttung ist beim Besitzunternehmen erst zu erfassen, wenn ein entsprechender Ausschüttungsbeschluss der Betriebs-GmbH vorliegt.

i) Bilanzierung

Besitzunternehmen		Betriebs-GmbH	
1.	Anlagevermögen ./. AfA	Waren	Rückstellung für Substanzerhaltung
2.	GmbH-Anteile		Rückgabeverpflichtung Waren
3.	Substanzerhaltungsanspruch AV		
4.	Rückgabeforderung Waren		

Einzelunternehmen und Ein-Mann-GmbH

Sachverhalt

Fritz Allers betreibt als Einzelunternehmer auf eigenem Grundstück ein Hotel. Mit Wirkung vom 1.1.01 gründet er als alleiniger Gesellschafter die „Allers-Hotel-GmbH", deren Geschäftsführer er für ein Monatsgehalt von 8 000 € ist und die den Betrieb des Hotels übernimmt. Das Stammkapital der GmbH beträgt 50 000 €; es wurde von Fritz Allers bar eingezahlt. Fritz Allers verpachtet das Anlagevermögen seines Einzelunternehmens mit Wirkung vom 1.1.01 für monatlich 2 000 € zzgl. USt an die GmbH. Das Umlaufvermögen wird von der GmbH zu einem Kaufpreis von 300 000 € zzgl. USt übernommen. Für das bewegliche Anlagevermögen (Nutzungsdauer 6 Jahre) besteht eine Substanzerhaltungsabrede. Die Bilanz des Einzelunternehmens zeigt folgendes Bild (steuerliche Buchwerte):

31. 12. 00

Grund und Boden	200 000 €
Gebäude (AfA 2 % von 600 000 €)	480 000 €
Bewegliches Anlagevermögen (AfA 10 % von 200 000 €)	120 000 €
Umlaufvermögen	300 000 €
	1 100 000 €
Kapital	800 000 €
Verbindlichkeiten	300 000 €
	1 100 000 €

Im Grund und Boden und im Gebäude stecken jeweils stille Reserven in Höhe von 200 000 € (also insgesamt 400 000 €). Das bisherige Einzelunternehmen des Fritz Allers wird mit Wirkung vom 1. 1. 01 im Handelsregister gelöscht.

Frage

Welche ertragsteuerlichen Konsequenzen ergeben sich aus der Verpachtung?

LÖSUNG

Es handelt sich um einen Fall der sog. echten Betriebsaufspaltung. Obwohl Fritz Allers als Verpächter reine Vermögensverwaltung ausübt, erzielt er insoweit gewerbliche Einkünfte (§ 15 EStG), die außerdem der Gewerbesteuer unterliegen. Er muss das verpachtete Anlagevermögen weiter bilanzieren und abschreiben, soweit es abnutzbar ist, und außerdem seinen Anteil am Stammkapital der GmbH (hier 100 %) in die Bilanz aufnehmen. Ferner muss er den jährlich wachsenden Substanzerhaltungsanspruch bezüglich des beweglichen Anlagevermögens erfolgswirksam aktivieren. Das Gehalt, das er von der GmbH bezieht, gehört hingegen zu seinen Einkünften aus nichtselbständiger Arbeit (§ 19 EStG). Die Bilanz des Fritz Allers zum 31. 12. 01 könnte folgendes Bild haben:

31. 12. 01

Grund und Boden	200 000 €
Gebäude	468 000 €
GmbH-Beteiligung	50 000 €
Bewegliches Anlagevermögen	100 000 €
Substanzerhaltungsanspruch ($^1/_6$ von 120 000 €)	20 000 €
Kapital	838 000 €

Gewinn- und Verlustrechnung für 02:

Pachterträge		24 000 €
Erträge aus Substanzerhaltungsanspruch		20 000 €
		44 000 €
Gebäude-AfA	12 000 €	
AfA bewegl. Anlagevermögen	20 000 €	./. 32 000 €
Gewinn aus Gewerbebetrieb		12 000 €

Pachtzahlungen (24 000 €), Zuführung zur Substanzerhaltungsverpflichtung (20 000 €) und Geschäftsführer-Gehalt (96 000 €) stellen bei der GmbH Betriebsausgaben dar.

FALL 221

Einzelunternehmen und Zwei-Personen-GmbH

Sachverhalt

Wie Fall 220, jedoch ist an der Gründung der GmbH der Bruder des Fritz Allers, Otto Allers, beteiligt, der 40 % des Stammkapitals der GmbH übernimmt.

Frage

Welche ertragsteuerlichen Konsequenzen ergeben sich aus der Verpachtung?

LÖSUNG

Auch hier liegt eine echte Betriebsaufspaltung vor, da Fritz Allers (Besitzunternehmer) zu mehr als 50 % am Betriebsunternehmen (GmbH) beteiligt ist und diese somit beherrscht. Im Unterschied zur vorhergehenden Lösung bilanziert Fritz Allers in diesem Fall lediglich 60 % des Stammkapitals der GmbH in seiner Verpächter-Bilanz, da ihm nur 60 % gehören; im Übrigen ergeben sich keine Änderungen.

FALL 222

Verpachtung ohne Beherrschung

Sachverhalt

Wie Fall 220, jedoch ist an der Gründung der GmbH der Bruder des Fritz Allers, Otto Allers, beteiligt, der 60 % des Stammkapitals der GmbH übernimmt.

Frage

Welche ertragsteuerlichen Konsequenzen ergeben sich aus dieser Verpachtung?

LÖSUNG

Mangels Beherrschung des Betriebsunternehmens (GmbH) durch Fritz Allers, dem Eigentümer der wesentlichen Betriebsgrundlagen, ist hier eine Betriebsaufspaltung nicht gegeben. Fritz Allers hat die Wahl, ob er aus Anlass der Verpachtung die Aufgabe seines Einzelunternehmens erklärt (Betriebsaufgabe i. S. von § 16 Abs. 3 EStG). Er realisiert dann in 00 einen Aufgabegewinn in Höhe von 400 000 € (stille Reserven im Grund und Boden und im Gebäude) und hat bezüglich der erhaltenen Pacht in Höhe von 24 000 € Einnahmen aus Vermietung und Verpachtung i. S. von § 21 EStG (da in diesem Bereich § 11 EStG gilt, entfällt der Ansatz des Substanzerhaltungsanspruchs als Einnahme), während die AfA auf Gebäude und Inventar zu den Werbungskosten gehört (Gebäude-AfA gem. R 7.3 Abs. 6 EStR). Erklärt Fritz Allers die Betriebsaufgabe nicht (zur Vermeidung der Versteuerung der stillen Reserven), erzielt er zwar bezüglich der Pacht und des Substanzerhaltungsanspruchs einkommensteuerlich Einnahmen aus Gewerbebetrieb, diese unterliegen jedoch nicht der Gewerbesteuer.

HINWEIS

Entfallen die tatbestandlichen Voraussetzungen einer Betriebsaufspaltung (z. B. durch Wegfall der personellen Verflechtung zwischen Besitzunternehmen und Betriebs-GmbH), so ist dieser Vorgang in der Regel als Betriebsaufgabe des Besitzunternehmens zu beurteilen mit der Folge, dass die im Betriebsvermögen des früheren Besitzunternehmens enthaltenen stillen Reserven aufzulösen sind (BFH v. 13. 12. 1983 VIII R 90/81, BStBl 1984 II 474).

3.2 GmbH & Co. KG

Die GmbH & Co. KG ist eine Personengesellschaft, bei der – aus Haftungsgründen – eine GmbH die Rolle des Komplementärs übernimmt. Das Einkommen der KG wird folglich bei den einzelnen Gesellschaftern versteuert. Die Komplementär-GmbH zahlt Körperschaftsteuer, die Kommanditisten zahlen Einkommensteuer (in der Regel gem. § 15 Abs. 1 Satz 1 Nr. 2 EStG).

Die Tätigkeit einer GmbH & Co. KG gilt stets als Gewerbebetrieb (gewerblich geprägte Personengesellschaft), wenn mindestens

a) eine GmbH persönlich haftender Gesellschafter und allein zur Geschäftsführung befugt ist oder

b) eine GmbH persönlich haftender Gesellschafter ist und lediglich Nichtgesellschafter zur Geschäftsführung für die KG befugt sind (§ 15 Abs. 3 Nr. 2 EStG).

Im Umkehrschluss folgt daraus, dass, wenn

a) neben der GmbH eine andere natürliche Person persönlich haftender Gesellschafter oder

b) die GmbH persönlich haftender Gesellschafter ist und lediglich Kommanditisten Geschäftsführer der KG sind,

bei der KG ein Gewerbebetrieb nur vorliegt bei einer Tätigkeit i. S. von § 15 Abs. 1 Satz 1 Nr. 1 EStG, dann aber im Ganzen (§ 15 Abs. 3 Nr. 1 EStG). Unter diesen Voraussetzungen kann eine GmbH & Co. KG somit bei reiner Vermögensverwaltung Einkünfte aus den §§ 20, 21 EStG erzielen. Bei der GmbH bleiben diese Einkunftsanteile allerdings gewerbliche Einkünfte (§ 8 Abs. 2 KStG).

Befinden sich die Geschäftsanteile einer Komplementär-GmbH im Gesamthandsvermögen der GmbH & Co. KG, deren Geschäfte sie führt, mit der Folge, dass die Komplementär-GmbH die sie selbst betreffenden Gesellschafterrechte selbst ausübt und dieser Interessenkonflikt durch einen aus den Kommanditisten der GmbH & Co. KG bestehenden Beirat gelöst wird, führt die Einrichtung eines Beirats mangels einer organschaftlichen Geschäftsführungsbefugnis für sich allein nicht zum Wegfall der gewerblichen Prägung der GmbH & Co. KG (R 15.8 Abs. 6 Satz 5 EStR).

Ist der GmbH-Geschäftsführer nicht gleichzeitig Kommanditist (der GmbH & Co. KG) oder Komplementär (der GmbH & Co. KG), gelten die allgemeinen Grundsätze. Sein von der GmbH bezogenes Gehalt fällt unter § 19 EStG; die GmbH hat entsprechende Betriebsausgaben. Erhält die GmbH von der KG für ihre Geschäftsführung im Interesse der KG eine Vorabvergütung, so gehört diese bei der GmbH zu ihrem Gewinnanteil aus der KG (§ 15 Abs. 1 Satz 1 Nr. 2 EStG); die anteiligen Gehaltsaufwendungen stellen Sonderbetriebsausgaben dar.

Wenn aber bei einer GmbH & Co. KG die Geschäftsführer der GmbH gleichzeitig Gesellschafter der KG sind, erhalten sie ihr „Gehalt" zwar unmittelbar von der GmbH, mittelbar jedoch von der KG. Soweit das Geschäftsführer-Gehalt auf eine Tätigkeit entfällt, die die GmbH im Dienst der KG ausübt, beziehen sowohl die GmbH als auch die Kommanditisten Vergütungen i. S. von § 15 Abs. 1 Satz 1 Nr. 2 zweiter Halbsatz EStG (BFH v. 14. 12. 1978 IV R 98/74, BStBl 1979 II 284). Dies gilt für das volle Gehalt, wenn die GmbH keinen eigenen wirtschaftlichen Geschäftsbetrieb hat. Bei der GmbH liegen in gleicher Höhe Sonderbetriebsausgaben vor. Wird die Geschäftsführung für eine OHG durch eine an dieser nicht selbst beteiligten GmbH erledigt, so sind die Zahlungen der OHG an die GmbH für diese Tätigkeit Sondervergütungen des Gesellschafters der OHG, wenn dieser als Geschäftsführer der GmbH die Geschäftsführungsaufgaben für die OHG wahrnimmt. Hat die GmbH neben der Geschäftsführung für die Personengesellschaft einen weiteren Tätigkeitsbereich, gilt dies nur dann, wenn die Tätigkeit des Gesellschafters für die OHG hinreichend von seiner Tätigkeit für den übrigen Geschäftsbereich der GmbH abgrenzbar ist. Diese Voraussetzung ist erfüllt, wenn die OHG der GmbH die Aufwendungen ersetzt, die dieser für die im Interesse der OHG erbrachten Tätigkeiten des Gesellschafters entstanden sind (BFH v. 14. 2. 2006 VIII R 40/03, BStBl 2008 II 317, zur Anwendung BMF v. 25. 1. 2008, BStBl 2008 I 317). Der Aufwand einer GmbH & Co. KG für die Erstattung der Pensionsrückstellung, die die Komplementär-GmbH zugunsten des GmbH-Geschäftsführers und Kommanditisten der KG gebildet hat, ist in der Sonderbilanz des begünstigten Kommanditisten durch einen entsprechend hohen Aktivposten auszugleichen. Ein unterlassener Ansatz dieses Aktivpostens und die entsprechende Erhöhung des laufenden Gewinns der KG sind nach den Grundsätzen des Bilanzenzusammenhangs in der Schlussbilanz des ersten Jahres, dessen Veranlagung noch geändert werden kann, nachzuholen (BFH v. 30. 3. 2006 IV R 25/04, BStBl 2008 II 171).

Sind die Kommanditisten gleichzeitig GmbH-Gesellschafter, stellen die Geschäftsanteile der Kommanditisten an der Komplementär-GmbH notwendiges Sonderbetriebsvermögen (SBV II) bei der KG dar, das in Sonderbilanzen der Kommanditisten zu erfassen ist (BFH v. 6. 7. 1989 IV R 62/86, BStBl 1989 II 890, v. 11. 12. 1990 VIII R 14/87, BStBl 1991 II 510, v. 23. 1. 2002 VIII R 12/99, BStBl 2001 II 825). Etwas anderes gilt nur für den Fall, dass die Komplementär-GmbH neben ihrer Geschäftsführertätigkeit für die KG noch eine Tätigkeit von nicht ganz untergeordneter Bedeutung ausübt (BFH v. 12. 11. 1985 VIII R 286/81, BStBl 1986 II 55, v. 7. 7. 1992 VIII R 2/87, BStBl 1993 II 328). Ausschüttungen der GmbH an die Kommanditisten sind in den steuerlichen Gewinn der KG einzubeziehen (mit Gewerbesteuerpflicht unter der Voraussetzung, dass die Kommanditisten weniger als 15 % der GmbH-Anteile besitzen; in anderen Fällen sind sie gewerbesteuerfrei; § 9 Nr. 2a GewStG). Die Aktivierung des Anspruchs auf Ausschüttung in der Sonderbilanz desselben Wirtschaftsjahrs kommt nicht in Betracht, da der Jahresabschluss der GmbH in diesen Fällen erst nach dem Jahresabschluss der GmbH & Co. KG festgestellt wird.

Wegen verdeckter Gewinnausschüttungen und verdeckter Einlagen im Verhältnis Kommanditist/GmbH vgl. BFH v. 23. 8. 1990 IV R 71/89 (BStBl 1991 II 172).

Der Gewinnanteil der GmbH muss angemessen sein; sie darf nicht zu wenig erhalten. Eine Gewinnverteilung ist angemessen, wenn der GmbH auf die Dauer Ersatz ihrer Auslagen und eine den Kapitaleinsatz und das Haftungsrisiko berücksichtigende Beteiligung am Gewinn in einer Höhe eingeräumt ist, mit der sich eine fremde GmbH zufrieden gegeben hätte. Ist die GmbH nicht am Kapital der KG beteiligt, ist die Gewinnbeteiligung angemessen, wenn die GmbH (neben dem Auslagenersatz für die Geschäftsführung) für das Haftungsrisiko ein Entgelt erhält, das sich an banküblichen Avalprovisionen orientiert (BFH v. 15. 11. 1967 IV R 139/67, BStBl 1968 II 152, v. 3. 2. 1977 IV R 122/73, BStBl 1977 II 346). Ist eine GmbH am Kapital der KG beteiligt sollte sie m. E. insgesamt jährlich – je nach Risiko - mindestens erhalten:

1. Auslagenersatz,
2. Vergütung für das Haftungsrisiko:

    1 – 3 % des Nennkapitals,
3. Vergütung für ihren Kapitaleinsatz:

    5 – 8 % der Komplementäreinlage.

Hierbei genügt es, wenn die GmbH durch einen pauschalen prozentualen Gewinnanteil diese „Mindestrendite" erreicht. Erhält die GmbH zu wenig, ergeben sich insoweit verdeckte Gewinnausschüttungen an die Kommanditisten, sofern sie gleichzeitig Anteilseigner der GmbH sind.

Die GmbH muss in ihrer Handelsbilanz die Beteiligung an der KG mit den Anschaffungskosten aktivieren. Steuerliche Konsequenzen sind aus dem Bilanzansatz nicht zu ziehen; der KG-Anteil nimmt am BV-Vergleich der GmbH nicht teil. Insbesondere sind Teilwertabschreibungen nicht zulässig. Der KSt unterliegt bei der GmbH ihr Gewinnanteil aus der KG, der sich lt. gesonderter Gewinnfeststellung (§§ 179, 180 AO) ergibt. Der Gewinnanteil aus der KG unterliegt bei der GmbH nicht der GewSt (§ 9 Nr. 2 GewStG). Überlässt die GmbH miet- oder pachtweise ein Wirtschaftsgut ihres Betriebsvermögens der KG, gehört das Wirtschaftsgut **steuerlich** zum Sonderbetriebsvermögen der GmbH bei der KG. In der Steuerbilanz der GmbH erhöht der Buchwert des wegfallenden Wirtschaftsguts in gleicher Höhe den Wert der Beteiligung an der KG (Spiegelbildmethode).

Bei einer GmbH & Co. KG, bei der alleiniger Komplementär eine GmbH ist, gelten **handelsrechtlich Bilanzierungsbesonderheiten**, die sich aus § 264a HGB i.V. mit §§ 264c und 268 Abs. 1 HGB ergeben. Danach lässt sich für die Kapitalentwicklung folgendes Schema aufstellen:

Bilanz GmbH & Co. KG

Passiva:

Kap I GmbH:	Komplementäreinlage, keine Änderungen
Kap II GmbH:	+ Gewinnanteile
	- Verlustanteile
Kap I Kdt:	Kommanditisteinlage, keine Änderungen
Kap II Kdt:	+ nicht entnahmefähiger Gewinnanteil
	- Verlustanteil
	+ Einlagen
Vblk. Kdt:	entnahmefähiger Gewinnanteil

BEISPIEL ZUR BILANZIERUNG BEI VOLLSTÄNDIGER ERGEBNISVERWENDUNG Vom Jahresüberschuss von 200 000 € (siehe unten „vorläufige Bilanz") entfallen auf

a) die GmbH 40 000 € (regulärer Gewinnanteil, keine als BA zu behandelnde Vorwegvergütung)

b) den Kdt. 160 000 €. Der Kommanditist darf jeweils die Hälfte sofort entnehmen.

GmbH & Co. KG	Vorl. Bilanz	Lösung
Passiva	€	€
Kapital I GmbH	50 000	50 000
Kapital II GmbH	3 000	43 000
Kapital I Kdt	30 000	30 000
Kapital II Kdt	4 000	84 000
Jahresüberschuss	200 000	0
Verbindlichkeit Kdt		80 000
Summe	287 000	287 000

FALL 223

Gewinnverteilung bei einer GmbH & Co. KG

Sachverhalt

An einer KG sind beteiligt:

GmbH (Komplementär): 20 %

A (Kommanditist): 40 %

B (Kommanditist): 40 %

Alleingesellschafter der GmbH ist A zu 100 %

Die GmbH erhält eine Vorabvergütung für Geschäftsführung, die auch in Verlustjahren zu zahlen ist und die die KG als Aufwand behandelt: 50 000 € zzgl. USt. A ist Geschäftsführer der GmbH und erhält ein Gehalt von jährlich 50 000 €. Das Gehalt wird von der GmbH gezahlt. Der HB-Gewinn der KG beträgt (nach Abzug der GewSt von 30 000 €) 170 000 €.

Abwandlung I

Die KG zahlt zur Abkürzung des Zahlungswegs direkt an A und bucht: Aufwand an Bank 50 000 €.

Abwandlung II

Die GmbH erhält keine Vorabvergütung, sondern einen Vorabgewinn von 50 000 €, der in Verlustjahren nicht zusteht (beachte: keine USt) und bei der KG nicht als Aufwand gebucht wird. HB-Gewinn der KG deshalb 220 000 €. A erhält das Gehalt von der GmbH

Frage

Welches Bild hat die steuerliche Gewinnermittlung und Gewinnverteilung der KG?

LÖSUNG

Die Lösung beruht auf § 15 Abs. 1 Nr. 2 EStG und gestaltet sich wie folgt.

Vorgang	GmbH	A	B	KG
HB-Gewinn	34 000	68 000	68 000	170 000
Anteil GewSt	6 000	12 000	12 000	30 000
SBE	50 000			+ 50 000
SBA/SBE	./. 50 000	+ 50 000		
Ergebnis	40 000	130 000	80 000	250 000
Abwandlung I				
HB-Gewinn	34 000	68 000	68 000	170 000
Anteil GewSt	6 000	12 000	12 000	30 000
SBE		+ 50 000		+ 50 000
Ergebnis	40 000	130 000	80 000	250 000
Abwandlung II				
Vorabgewinn	50 000		–	50 000
Restgewinn	34 000	68 000	68 000	170 000
HB-Gewinn	84 000	68 000	68 000	220 000
Anteil GewSt	6 000	12 000	12 000	30 000
SBE/SBA	./. 50 000	+ 50 000		
Ergebnis	40 000	130 000	80 000	250 000

FALL 224

Jahresabschluss bei einer GmbH & Co. KG

Sachverhalt

An einer GmbH & Co. KG sind beteiligt:

GmbH	10 %
A	45 %
B	45 %

Die GmbH ist persönlich haftende Gesellschafterin der KG, A und B sind Kommanditisten. Für ihre Geschäftsführertätigkeit zugunsten der KG erhält die GmbH ein Gewinn vorab in Höhe von 50 000 € zzgl. USt jährlich, das die KG als Aufwand bucht. Zur Umsatzsteuerpflicht dieser Leistung der GmbH an die KG siehe BMF v. 13. 12. 2002, BStBl 2003 I 68. Die KG hat folgende Bilanz erstellt:

31. 12. 00

Besitzposten	200 000 €
Summe	200 000 €

Kapital GmbH	10 000 €
Kapital A	95 000 €
Kapital B	95 000 €
Verbindlichkeiten	0 €
Summe	200 000 €

Für 01 hat die KG einen Gewinn (vor GewSt und nach Abzug des Gewinnvorabs für die GmbH) von 200 000 € erwirtschaftet (Besitzposten 31. 12. 01 somit 400 000 €.)

Gesellschafter der GmbH sind A und B zu je $^1/_2$. Die GmbH hat keinen eigenen wirtschaftlichen Geschäftsbetrieb. Geschäftsführer der GmbH ist A. Nach dem Anstellungsvertrag zwischen ihm und der GmbH erhält er ein jährliches Gehalt von 48 000 €. Die letzte Bilanz der GmbH zeigt folgendes Bild:

31. 12. 00

KG-Beteiligung	10 000 €
Sonstige Besitzposten	40 000 €
Summe	50 000 €
Gezeichnetes Kapital	50 000 €
Verbindlichkeiten	0 €
Jahresüberschuss	0 €
Summe	50 000 €

Angaben für GewSt

Hebesatz 400 %.

Aufgaben

1. Abschlüsse 31. 12. 01 einschl. Steuerrückstellungen;

2. Gewinnfeststellung KG für 01.

LITERATURHINWEIS

Blödtner/Bilke/Heining, Lehrbuch Buchführung und Bilanzsteuerrecht, 10. Aufl., Teil C Kapitel 7

LÖSUNG

Im vorliegenden Fall gestaltet sich die Lösung wie folgt:

1. Die GmbH-Anteile (Geschäftsanteile) von A und B sind deren Sonderbetriebsvermögen. Sie sind mit den AK zu aktivieren.

Sonderbilanzen für A und B

	1. 1. 01	31. 12. 01
Aktiva		
GmbH-Anteile	50 000 €	50 000 €
Passiva		

Kapital A	25 000 €	25 000 €
Kapital B	25 000 €	25 000 €
Summe	50 000 €	50 000 €

2. GewSt für die KG

	Euro
Gewinn lt. HB	200 000
Gewinnvorab für GmbH	+ 50 000
Sonderbetriebsausgaben für GmbH	./. 48 000
Vergütung für A (von der GmbH)	+ 48 000
Gewerbeertrag	250 000
Freibetrag (§ 11 Abs. 1 GewStG)	./. 24 500
Steuerpflichtiger Gewerbeertrag	225 500
Messbetrag: 3,5 % von 225 500	7 892,50
Hebesatz 400 % = GewSt	31 570
Gewinn der KG lt. Bilanz	200 000
Zuführung zur GewSt-Rückstellung	./. 31 570
Endgültiger HB-Gewinn der KG	168 430
Davon entfallen auf	
GmbH (10 %)	16 843
A	75 793
B	75 794

3. Gesonderte Gewinnfeststellung unter Beachtung von § 35 Abs. 3 EStG

	GmbH	A	B	Summe/Saldo
	€	€	€	€
Gewinnanteil	16 843	75 793	75 794	168 430
Anteil GewSt	3 157	14 207	14 206	31 570
Vorabgewinn	+ 50 000			+ 50 000
SBA/Vergütung	./. 48 000	+ 48 000		0
Steuerlicher Gewinn	22 000	138 000	90 000	250 000
Anteil am GewSt-Messbetrag	789,25	3 551,62	3 551,63	7 892,50

4. GmbH

a) GewSt

Zu versteuerndes Einkommen (Gewinnanteil KG)	22 000 €
Gewinnanteil KG (§ 9 Nr. 2 GewStG)	./. 22 000 €
Gewerbeertrag	**0 €**

b) KSt

Zu versteuerndes Einkommen	22 000 €
Tarifbelastung 15 %	./. 3 300 €

Solidaritätszuschlag 5,5 % (aufgerundet)		./. 182 €
Summe der Steuern		3 482 €
c) Jahresüberschuss		16 843
Beteiligungsertrag		2 000
Überschuss aus Auslagenersatz		18 843
Summe		./. 3 482
Steueraufwand		15 361
Jahresüberschuss		

5. Bilanzierung in der Handelsbilanz

a) KG	1.1.01	31.12.01
Besitzposten (31.12.01 inkl. Gewinn)	200 000 €	400 000 €
Summe	200 000 €	400 000 €
Kapital GmbH	10 000 €	26 843 €
Kapital A	95 000 €	170 793 €
Kapital B	95 000 €	170 794 €
GewSt-Rückstellung	0 €	31 570 €
Summe	200 000 €	400 000 €
b) GmbH	**1.1.01**	**31.12.01**
KG-Beteiligung	10 000 €	10 000 €
Sonstige Forderung (Gewinnanteil KG)		16 843 €
Bank (Gehalt an A: 50 000 € ./. 48 000 €)		2 000 €
Sonstige Besitzposten	40 000 €	40 000 €
Summe	50 000 €	68 843 €
	1.1.01	**31.12.01**
Gezeichnetes Kapital	50 000 €	50 000 €
Jahresüberschuss	0 €	15 361 €
Steuerrückstellungen	0 €	3 482 €
Summe	50 000 €	68 843 €

HINWEIS

Sagt die Komplementär-GmbH einer GmbH & Co. KG ihrem gesellschafts-fremden Geschäftsführer eine Pension zu und kann sie nach dem Gesellschaftsvertrag von der KG Ersatz der Versorgungsleistungen verlangen, so ist die bei der GmbH zu bildende Pensionsrückstellung durch einen Aufwendungsersatzanspruch zu neutralisieren. Bei der KG ist eine Rückstellung für ungewisse Verbindlichkeiten zu bilden, deren Höhe sich nach § 6a EStG bestimmt. War der betreffende Geschäftsführer zuvor bei einem Einzelunternehmen angestellt, das in die GmbH & Co. KG eingebracht worden ist, so ist die Beschäftigungszeit beim Einzelunternehmen in die Berechnung der Höhe der Pensionsrückstellung einzubeziehen (BFH v. 7.2.2002 IV R 62/00, BStBl 2005 II 88).

3.3 Stille Beteiligung an der eigenen GmbH

Stille Beteiligung an der eigenen GmbH

Sachverhalt

Vom Stammkapital der A und B GmbH in Höhe von 800 000 € entfallen seit zehn Jahren:

60 % auf A (Anschaffungskosten für A 480 000 €),

40 % auf B (Anschaffungskosten für B 320 000 €).

A ist Geschäftsführer der GmbH, A und B rechnen die GmbH-Beteiligung zu ihrem Privatvermögen. Das Wirtschaftsjahr der GmbH entspricht dem Kalenderjahr.

B ist seit dem 1.1.01 gleichzeitig atypisch stiller Gesellschafter der GmbH; seine Geldeinlage beträgt 200 000 €. Hierfür erhält er vom Gewinn der GmbH, der sich ohne Berücksichtigung nichtabziehbarer Ausgaben i. S. von § 10 KStG ergibt, einen Anteil von 20 % B hat außerdem ein in seinem Alleineigentum befindliches unbebautes Grundstück ab 1.7.01 an die GmbH umsatzsteuerfrei verpachtet. Die als angemessen anzusehende Pacht beträgt 500 € monatlich; die von B zu tragenden Grundstückskosten haben im 2. Halbjahr 01 600 € betragen. B hat das Grundstück vor 4 Jahren privat für 50 000 € erworben, der Teilwert beträgt am 1.7.01 80 000 €. Am 1.1.01 beträgt der Teilwert 150 € für GmbH-Anteile im Nennwert von 100 €.

In 01 hat die GmbH einen Gewinn vor Berücksichtigung nichtabziehbarer Ausgaben i. S. von § 10 KStG und ohne Berücksichtigung der GewSt als Betriebsausgabe in Höhe von 120 000 € erwirtschaftet; dabei wurden die Pachtzahlungen an B in Höhe von 3 000 € gewinnmindernd berücksichtigt. Noch nicht als Aufwand berücksichtigt ist der auf die stille Beteiligung entfallende Gewinnanteil. Am 20.12.01 hat die GmbH eine Vorabausschüttung für 01 in Höhe von 30 000 € an die Anteilseigner geleistet; auf B entfielen 12 000 €.

Fragen

1. Welche bilanzsteuerrechtlichen Auswirkungen ergeben sich zum 31.12.01 für die GmbH und die stille Gesellschaft?

2. Welche Gewinnanteile (ohne GewSt für die stille Gesellschaft) ergeben sich für 01 für die GmbH und B?

1. Steuerrechtlich bilden die GmbH und B eine Mitunternehmerschaft i. S. von § 15 Abs. 1 Nr. 2 EStG, da B im Sachverhalt als atypisch stiller Gesellschafter bezeichnet ist. Die atypisch stille Gesellschaft ist ebenso wie die typisch stille Gesellschaft eine reine Innengesellschaft, da sie nur auf schuldrechtlichen Beziehungen beruht. Denn in beiden Fällen hat der stille Gesellschafter nach der zwingenden Regelung des § 230 Abs. 1 HGB seine Einlage so zu leisten, dass sie in das Vermögen des Inhabers des Handelsgeschäfts (hier die GmbH) übergeht. Im vorliegenden

Fall bleibt deshalb die GmbH der alleinige Rechtsträger ihres dem Handelsgewerbe dienenden Betriebsvermögens; Gesellschaftsvermögen i. S. von Gesamthandvermögen liegt nicht vor. Soweit die dem Betrieb dienenden Wirtschaftsgüter der GmbH gehören, sind sie deren Betriebsvermögen (§ 5 Abs. 1 EStG i.V. mit § 246 HGB). Daneben kommt Sonderbetriebsvermögen in Betracht, wenn der stille Gesellschafter zusammen mit der GmbH eine Mitunternehmerschaft bildet und er der GmbH Wirtschaftsgüter zur Nutzung überlässt (BFH v. 2.5.1984 VIII R 276/81, BStBl 1984 II 820). Dies ist eine Folge des Bestehens der Mitunternehmerschaft und des steuerrechtlichen Bilanzierungsgebots für Betriebsvermögen, das einer Mitunternehmerschaft dient.

Für das der GmbH von B überlassene Grundstück tritt diese Rechtsfolge mit Beginn der Nutzungsüberlassung ab 1.7.01 ein. Das Grundstück wird ab diesem Zeitpunkt notwendiges Betriebsvermögen der Mitunternehmerschaft und ist, um der Alleineigentümerstellung des B Rechnung zu tragen, als Sonderbetriebsvermögen des B in einer Sonderbilanz zugunsten des B auszuweisen. Es liegt eine Einlage vor, die – da die private Anschaffung länger als drei Jahre zurückliegt – mit dem Teilwert zu bewerten ist (§ 4 Abs. 1 Satz 7 i.V. mit § 6 Abs. 1 Nr. 5 EStG): 80 000 €.

Bei der atypischen GmbH & Still gehört der GmbH-Anteil des atypisch stillen Gesellschafters ebenfalls zu dessen Sonderbetriebsvermögen. Dies ergibt sich aus der analogen Anwendung der zur GmbH & Co. KG sowie zur Betriebsaufspaltung ergangenen höchstrichterlichen Finanzrechtsprechung (BFH v. 23.7.1975 I R 210/73, BStBl 1976 II 180, v. 24.9.1976 I R 149/74, BStBl 1977 II 69, v. 23.7.1981 IV R 103/78, BStBl 1982 II 60). War der GmbH-Anteil des stillen Gesellschafters vor der Begründung der stillen Gesellschaft Privatvermögen, ist er als Einlage dem Sonderbetriebsvermögen zuzuführen. Für die Bewertung der Einlage gilt § 6 Abs. 1 Nr. 5 Buchst. b EStG mit der Folge, dass bei Einbringung einer wesentlichen Beteiligung in ein Betriebsvermögen der Teilwert zugrunde zu legen ist. Waren die (privaten) Anschaffungskosten niedriger, bilden diese allerdings die Bewertungsobergrenze. Da B mit 40 % am Stammkapital der GmbH beteiligt ist, erfolgt die Bewertung der Einlage dieser GmbH-Anteile in das Sonderbetriebsvermögen nicht mit dem Teilwert, sondern mit den Anschaffungskosten von 320 000 €.

In der Bilanz der GmbH werden die Rechtsbeziehungen mit einem stillen Gesellschafter wie Fremdbeziehungen dargestellt, d. h. die Einlage des stillen Gesellschafters erscheint stets als Schuldposten. Bei einer atypisch stillen Gesellschaft handelt es sich dabei jedoch steuerrechtlich (als Folge der Mitunternehmerschaft) um Eigenkapital des stillen Gesellschafters im Rahmen der zwischen der GmbH und dem atypisch stillen Gesellschafter bestehenden Mitunternehmerschaft. Technisch werden deshalb alle Forderungen des stillen Gesellschafters ebenfalls als Bestandteile des Sonderbetriebsvermögens behandelt. In Betracht kommt hierfür die geleistete Einlage von 200 000 € sowie der Gewinnanteilsanspruch für das abgelaufene Geschäftsjahr (hier 24 000 €). Denn bei einer stillen Gesellschaft entsteht der Gewinnanspruch des stillen Gesellschafters mit Ablauf des Geschäftsjahres. Gehört die stille Beteiligung zum Betriebsvermögen, ergibt sich auf diesen Zeitpunkt die Aktivierungspflicht (§ 252 Abs. 1 Nr. 5 HGB; BFH v. 19.2.1991 VIII R 106/87, BStBl 1991 II 569). Die Bilanz der GmbH und die Sonderbilanz des stillen Gesellschafters bilden zusammen die Steuerbilanz der Mitunternehmerschaft. Zum 31.12.01 sind deshalb als Sonderbetriebsvermögen des B in einer Sonderbilanz auszuweisen:

Grundstück	80 000 €
GmbH-Anteil	320 000 €
Stille Beteiligung	200 000 €
Sonstige Forderung	24 000 €

2. Bei einer atypisch stillen Gesellschaft gehört nicht nur der Gewinnanteil des stillen Gesellschafters zu seinen Einkünften aus Gewerbebetrieb, sondern es gehören auch die Vergütungen dazu, die der stille Gesellschafter von der Gesellschaft für die Überlassung von Wirtschaftsgütern bezogen hat (§ 15 Abs. 1 Satz 1 Nr. 2 EStG); damit zusammenhängende Aufwendungen sind als Sonderbetriebsausgaben (hier des B) zu berücksichtigen. Schließlich gehören dazu auch die Ausschüttungen der GmbH an den stillen Gesellschafter, die ihm in seiner Eigenschaft als Inhaber von Geschäftsanteilen an der GmbH zufallen (BFH v. 15.10.1975 I R 16/73, BStBl 1976 II 188, v. 5.12.1979 I R 184/76, BStBl 1980 II 119). Im Einzelnen ergibt sich Folgendes:

Als stiller Gesellschafter hat B gegenüber der GmbH einen vertraglichen Gewinnanteilsanspruch in Höhe von 20 % vom GmbH-Gewinn (hier 20 % von 120 000 € = 24 000 €), so dass der GmbH von ihrem erwirtschafteten Gewinn noch 96 000 € verbleiben. Dieser Gewinnanteil in Höhe von 24 000 € erscheint ebenso wie die Pachtzahlung in Höhe von 3 000 € im Abschluss der GmbH als Aufwand; erst im Rahmen der Ermittlung der steuerpflichtigen Einkünfte der Mitunternehmerschaft werden sie als gewerbliche Einkünfte des B umqualifiziert. Dabei werden dann gleichzeitig die Grundstückskosten des B als dessen Sonderbetriebsausgaben berücksichtigt: 600 €. Da die GmbH-Anteile des B zu seinem Sonderbetriebsvermögen gehören, sind die darauf geleisteten Ausschüttungen als gewerbliche Erträge des B zu erfassen (§ 20 Abs. 1 Nr. 1 i. V. mit Abs. 8 EStG). Dabei sind Vorabausschüttungen im Zeitpunkt des Zuflusses zu berücksichtigen. Gewinnausschüttungsansprüche, die einen entsprechenden Beschluss der Gesellschafterversammlung voraussetzen, entstehen erst mit dieser Beschlussfassung. Sie sind somit frühestens erst zu diesem Zeitpunkt aktivierungspflichtig. Für die Ausschüttung der GmbH an B (hier 12 000 €) gilt ferner, dass diese bei B nach § 3 Nr. 40 EStG nur zu 60 % steuerpflichtig sind.

Für die Mitunternehmerschaft ergibt sich (vor GewSt) folgender Gewinn aus Gewerbebetrieb mit den entsprechenden Gewinnanteilen für die GmbH und B:

	GmbH	B	Mitunternehmerschaft
Gewinnanteil	96 000 €	24 000 €	120 000 €
Pachtzahlungen		+ 3 000 €	+ 3 000 €
Sonderbetriebsausgaben		./. 600 €	./. 600 €
Vorabausschüttung		+ 12 000 €	+ 12 000 €
Summe	96 000 €	38 400 €	134 400 €
Nachrichtlich steuerfrei nach § 3 Nr. 40 EStG		4 800 €	

HINWEISE

1. Gegenstand der Gewerbesteuer ist der Betrieb der atypisch stillen Gesellschaft (§ 2 Abs. 1 GewStG). Ausgangsbetrag für die Gewerbesteuer ist deshalb der Betrag von 134 400 €; der Freibetrag gem. § 11 Abs. 1 GewStG steht zu (BFH v. 10.11.1993 I R 20/93, BStBl 1994 II 327). Zwar unterliegt auch die GmbH der GewSt. Infolge der Regelung des § 9 Nr. 2 GewStG ist die GmbH jedoch bezüglich ihres Anteils am Gewinn der Mitunternehmerschaft von der Gewerbesteuer freigestellt.

2. Ein Gewerbesteuermessbescheid, der an die Gesellschafter einer atypisch stillen Gesellschaft adressiert ist und die Entscheidung enthält, Steuerschuldner sei die stille Gesellschaft, ist nichtig (BFH v. 10. 11. 1993 I R 20/93, BStBl 1994 II 327). Der Gewerbesteuermessbescheid und der Gewerbesteuerbescheid richten sich bei einer atypischen stillen Gesellschaft an den Inhaber des Handelsgeschäfts und sind diesem als Steuerschuldner bekannt zu geben (§ 5 Abs. 1 GewStG, Abschn. 5.1 Abs. 2 GewStR).

Kapitel 4:　Umwandlungen

Folgende Fälle sind zu unterscheiden (vgl. auch BMF v. 11. 11. 2011, BStBl 2011 I 1314).

4.1 Eine Kapitalgesellschaft wird in ein Einzelunternehmen oder eine Personengesellschaft umgewandelt

Für die steuerliche Behandlung gelten die §§ 3 – 9 UmwStG. Danach müssen in der steuerlichen Schlussbilanz der übertragenden Körperschaft die Wirtschaftsgüter gem. § 3 Abs. 1 UmwStG in der Regel mit dem gemeinen Wert angesetzt werden; dabei gilt für die Bewertung von Pensionsrückstellungen § 6a EStG.

Auf Antrag können die zu übertragenden Wirtschaftsgüter mit dem Buchwert oder einem Zwischenwert angesetzt werden (§ 3 Abs. 2 UmwStG), soweit

▶ die Wirtschaftsgüter Betriebsvermögen des Übernehmers werden und die deutsche Besteuerung mit ESt oder KSt sichergestellt ist,

▶ das Besteuerungsrecht der BRD hinsichtlich des Gewinn aus der Veräußerung der übertragenen Wirtschaftsgüter bei den Gesellschaftern der übernehmenden Personengesellschaft oder bei der natürlichen Person nicht ausgeschlossen oder beschränkt wird und

▶ eine Gegenleistung nicht gewährt wird oder in Gesellschaftsrechten besteht.

Im reinen Inlandsfall hat die Kapitalgesellschaft somit die Wahl, in ihrer Schlussbilanz die Wirtschaftsgüter mit dem Buchwert oder mit einem höheren Wert, höchstens jedoch mit dem gemeinen Wert anzusetzen. Der Ansatz mit einem über dem Buchwert liegenden Wert kann von Vorteil sein, wenn die Kapitalgesellschaft einen noch nicht ausgeglichenen Verlust hat, denn ein verbleibender Verlustabzug i. S. des § 10d EStG geht nicht auf die Gesellschafter der übernehmenden Personengesellschaft bzw. auf die übernehmende natürliche Person über (§ 4 Abs. 2 Satz 2 UmwStG). Dasselbe gilt für einen Zinsvortrag nach § 4h Abs. 1 Satz 2 EStG:

Wird über dem Buchwert bewertet, ergibt sich bei der Kapitalgesellschaft ein sog. **Übertragungsgewinn,** dieser unterliegt nach allgemeinen Regeln in voller Höhe der KSt. Werterhöhungen bei Beteiligungen an Kapitalgesellschaften bleiben dabei nach § 8b Abs. 2 KStG steuerbegünstigt. Der Übertragungsgewinn ist in voller Höhe gewerbesteuerpflichtig (§ 18 Abs. 1 UmwStG). Ein KSt-Guthaben nach § 37 Abs. 4 KStG ist auch in der steuerlichen Übertragungsbilanz mit dem abgezinsten Auszahlungsanspruch auszuweisen. Nach Verschmelzung steht der Auszahlungsanspruch der übernehmenden Personengesellschaft oder der übernehmenden natürlichen Person als Rechtsnachfolgern zu. Für Alt-EK 02 i. S. von § 38 KStG gilt § 10 UmwStG. Danach kommt es hinsichtlich der KSt-Erhöhung zu einer sofortigen Nachbelastung bei der übertragenden Körperschaft im Veranlagungszeitraum der Umwandlung. Vorhandene Verlustvorträge bei der Kapitalgesellschaft gehen unter (§ 4 Abs. 2 Satz 2 UmwStG). Durch Generierung eines Übertragungsgewinns (z. B. durch Ansatz der gemeinen Werte oder Zwischenwerte) kann dieser reduziert werden, da er bis zur Höhe der Verlustvorträge unter Beachtung der Mindestbesteuerung (§ 8 Abs. 1 KStG i. V. mit § 10d Abs. 2 EStG) nicht der Besteuerung unterliegt. Denn der Ausgleich oder die Verrechnung eines Übertragungsgewinns mit verrechenbaren Verlusten, verbleibenden Verlustvorträgen, nicht ausgeglichenen negativen Einkünften, einem Zinsvortrag nach § 4h Abs. 1 Satz 5 EStG und einem EBITDA-Vortrag nach § 4h Abs. 1 Satz 3 EStG (Verlustnutzung) des übertragenden Rechtsträgers sind nur zulässig, wenn dem übertragenden Rechtsträger die Verlustnutzung auch ohne Anwendung des § 2 Abs. 1 und 2 UmwStG möglich gewesen wäre (§ 2 Abs. 4 UmwStG).

Einzelunternehmen oder Personengesellschaft übernehmen die Wirtschaftsgüter mit den Werten lt. steuerlicher Schlussbilanz der übertragenden Körperschaft. Bei Ausübung des Wahlrechts zugunsten der Buchwerte also mit den Buchwerten (§ 4 Abs. 1 UmwStG). Der dabei in aller Regel durch Wegfall der GmbH-Anteile bzw. des Aktienbestandes entstehende und ggf. nach § 4 Abs. 5 UmwStG korrigierte **Übernahmegewinn** unterliegt bei dem Einzelunternehmer/den Gesellschaftern der Personengesellschaft nach § 3 Nr. 40 Satz 1 und 2 sowie § 3c EStG zu 60 % der ESt oder ist, soweit zum Kreis der Übernehmer eine Kapitalgesellschaft gehört, nach Maßgabe des § 8b KStG zu behandeln (§ 4 Abs. 7 UmwStG). Der Übernahmegewinn unterliegt nicht der GewSt (§ 18 Abs. 2 UmwStG). Verrechenbare Verluste, verbleibende Verlustvorträge, vom übertragenden Rechtsträger nicht ausgeglichene negative Einkünfte, ein Zinsvortrag nach § 4h Abs. 1 Satz 5 EStG und ein EBITDA-Vortrag nach § 4h Abs. 1 Satz 3 EStG gehen nicht über (§ 4 Abs. 2 Satz 2 UmwStG).

Offene Rücklagen in der steuerlichen Schlussbilanz führen bei den Anteilseignern der übertragenden Körperschaft nach Maßgabe des § 7 UmwStG zu Einnahmen aus Kapitalvermögen i. S. von § 20 Abs. 1 Nr. 1 EStG (Ausschüttungsfiktion); dabei sind § 3 Nr. 40 Buchst. d EStG (Teileinkünfteverfahren) und § 8b KStG auf der Ebene der Anteilseigner anzuwenden. Damit es nicht zu einer Doppelbesteuerung kommt, bestimmt § 4 Abs. 5 UmwStG, dass der Übernahmegewinn bzw. -verlust um Bezüge zu korrigieren ist, die nach § 7 UmwStG zu den Einkünften aus Kapitalvermögen i. S. des § 20 Abs. 1 Nr. 1 KStG gehören. Außerdem ist Kapitalertragsteuer abzuführen (§ 43 Abs. 1 Satz 1 Nr. 1 EStG).

Für die Weiterbehandlung der übernommenen Wirtschaftsgüter gilt § 4 Abs. 2 und 3 UmwStG.

Eine Verschmelzung nach §§ 3, 16 UmwStG ist auf der Ebene des übertragenden und des übernehmenden Rechtsträgers ein Anschaffungs- und Veräußerungsgeschäft (BFH v. 17. 9. 2003 I R 97/02, BStBl 2004 II 686). Es handelt es sich wegen der Gewährung von Gesellschaftsrechten um einen tauschähnlichen und damit entgeltlichen Vorgang. Die aufgrund einer Verschmelzung beim übernehmenden Rechtsträger anfallenden objektbezogenen Kosten der Vermögensübertragung – insbesondere die **Grunderwerbsteuer** – sind daher als Nebenkosten der Anschaffung aktivierungspflichtig. Das gilt auch dann, wenn z. B. der übertragende und der übernehmende Rechtsträger vereinbart haben, die Grunderwerbsteuer jeweils zur Hälfte zu übernehmen. Wirtschaftlich gesehen handelt es sich bei der Steuer gleichwohl um ausschließlich eigenen Aufwand des übernehmenden Rechtsträgers, für den der übertragende Rechtsträger in seiner Übertragungsbilanz keine Rückstellung bilden darf. Der Grunderwerbsteueranspruch entsteht erst nach Eintragung der Verschmelzung in das Handelsregister und damit bei der Übernehmerin. Ein Abzug als Betriebsausgaben oder Werbungskosten kommt insoweit nicht in Betracht. Für die Aufspaltung und Abspaltung gilt dies – mit Ausnahme der Aussagen zur Zulässigkeit einer Rückstellungsbildung bei der Abspaltung – entsprechend. Vereinbarungen, wonach der übertragende Rechtsträger aufgrund einer Abspaltung anfallende Grunderwerbsteuer voll oder teilweise trägt, können die Annahme einer verdeckten Gewinnausschüttung (§ 8 Abs. 3 Satz 2 KStG) bzw. einer Entnahme (§ 4 Abs. 1 Satz 2 EStG) rechtfertigen (BMF v. 18. 1. 2010, BStBl 2010 I 70).

Unter den Voraussetzungen des § 6a GrEStG kommt ab 1. 1. 2010 eine Befreiung von der Grunderwerbsteuer in Betracht.

4.2 Eine Kapitalgesellschaft wird mit einer anderen Kapitalgesellschaft verschmolzen

Für die steuerliche Behandlung gelten die §§ 11 – 13 UmwStG. Danach müssen in der steuerlichen Schlussbilanz der übertragenden Körperschaft die Wirtschaftsgüter gem. § 11 Abs. 1 UmwStG grundsätzlich mit dem gemeinen Wert angesetzt werden; dabei gilt allerdings für die Bewertung von Pensionsrückstellungen § 6a EStG. Ferner sind ausdrücklich auch die stillen Reserven der nicht entgeltlich erworbenen oder selbst geschaffenen immateriellen Wirtschaftsgüter aufzudecken.

Auf Antrag können die zu übertragenden Wirtschaftsgüter mit dem Buchwert oder einem Zwischenwert angesetzt werden (§ 11 Abs. 2 UmwStG), soweit

► sichergestellt ist, dass sie später bei der übernehmenden Körperschaft der KSt unterliegen,

► das Besteuerungsrecht der BRD hinsichtlich des Gewinns aus der Veräußerung der übertragenen Wirtschaftsgüter bei der übernehmenden Körperschaft nicht ausgeschlossen oder beschränkt wird und

► eine Gegenleistung nicht gewährt wird oder in Gesellschaftsrechten besteht.

Im reinen Inlandsfall hat die übertragende Kapitalgesellschaft somit die Wahl, in ihrer Schlussbilanz die Wirtschaftsgüter mit dem Buchwert oder mit einem höheren Wert, höchstens jedoch mit dem gemeinen Wert anzusetzen. Zu beachten ist, dass der Wertansatz von Anteilen an der übernehmenden Körperschaft ggf. zu korrigieren ist (§ 11 Abs. 2 Satz 2 UmwStG).

Werden in der steuerlichen Schlussbilanz der übertragenden Körperschaft die Buchwerte beibehalten, ergibt sich **kein Übertragungsgewinn**. Die übernehmende Kapitalgesellschaft übernimmt dann die Buchwerte (sog. Buchwertverknüpfung). Ein eventueller **Übernahmegewinn**, der durch Wegfall der GmbH-Anteile bzw. des Aktienbestandes bei der übernehmenden Körperschaft entstehen kann, bleibt außer Ansatz, d. h. steuerfrei (§ 12 Abs. 2 Satz 1 UmwStG); er wird außerhalb der Buchführung und Bilanz abgezogen. Andererseits ergibt sich eine 5%ige außerbilanzielle Hinzurechnung nach § 8b KStG, soweit die übernehmende Körperschaft an der übertragenden Körperschaft beteiligt ist (§ 12 Abs. 2 Satz 2 UmwStG). Entsprechendes gilt für die GewSt (§ 19 Abs. 1 UmwStG). Verrechenbare Verluste, verbleibende Verlustvorträge, vom übertragenden Rechtsträger nicht ausgeglichene negative Einkünfte, ein Zinsvortrag nach § 4h Abs. 1 Satz 5 EStG und ein EBITDA-Vortrag nach § 4h Abs. 1 Satz 3 EStG gehen nicht über (§ 12 Abs. 3 i.V. mit § 4 Abs. 2 UmwStG. Ein gewerbesteuerlicher Verlustvortrag geht ebenfalls nicht auf die übernehmende Kapitalgesellschaft über (§ 19 Abs. 2 UmwStG). Dies ist ein gravierender Nachteil des UmwStG. Als Ausweg bietet sich die Abkehr von der Buchwertfortführung an, indem in der Übertragungsbilanz die gemeinen Werte oder Zwischenwerte angesetzt werden. Dabei ist die Mindestbesteuerung zu beachten (§ 10d Abs. 2 EStG).

Umsatzsteuerlich handelt es sich in der Regel um eine Geschäftsveräußerung im Ganzen, die nach § 1 Abs. 1a UStG nicht umsatzsteuerbar ist.

Geht von der übertragenden Kapitalgesellschaft Grundbesitz auf die übernehmende Kapitalgesellschaft über, löst dies Grunderwerbsteuer aus (§ 1 Abs. 1 Nr. 3 GrEStG). Bemessungsgrundlage ist der nach §§ 138 ff. BewG festzustellende steuerliche Grundbesitzwert (§ 8 Abs. 2 Nr. 2 GrEStG). Die Grunderwerbsteuer gehört beim übernehmenden Rechtsträger zu den aktivierungspflichtigen Erwerbsnebenkosten (BFH v. 17. 9. 2003 I R 97/02, BStBl 2004 II 686). Unter den Voraussetzungen des § 6a GrEStG kommt ab 1. 1. 2010 eine Befreiung von der Grunderwerbsteuer in Betracht.

4.3 Einbringung einer Personengesellschaft oder eines Einzelunternehmens in eine Kapitalgesellschaft oder formwechselnde Umwandlung nach § 25 UmwStG

Es gelten die §§ 20 – 23 UmwStG. Danach muss die übernehmende Kapitalgesellschaft das übernommene Betriebsvermögen grundsätzlich mit dem gemeinen Wert ansetzen; dabei gilt für die Bewertung von Pensionsrückstellungen § 6a EStG (§ 20 Abs. 2 Satz 1 UmwStG). **Auf Antrag** kann das übernommene Betriebsvermögen auch einheitlich mit dem Buchwert oder einem Zwischenwert angesetzt werden (§ 20 Abs. 2 Satz 2 UmwStG). Voraussetzung dafür ist, dass insoweit

► sichergestellt ist, dass das übernommene Betriebsvermögen bei der übernehmenden Körperschaft der Besteuerung mit KSt unterliegt,

► das übernommene Betriebsvermögen kein negatives Kapital ausweist und

► das Besteuerungsrecht der BRD bei der übernehmenden Körperschaft nicht ausgeschlossen oder beschränkt wird.

Die Bewertung in der Steuerbilanz erfolgt unabhängig vom Wertansatz in der Handelsbilanz. Für die Weiterbehandlung der von der Kapitalgesellschaft übernommenen Wirtschaftsgüter gilt § 23 UmwStG. Ein Zinsvortrag nach § 4h Abs. 1 Satz 5 EStG und ein EBITDA-Vortrag nach § 4h Abs. 1 Satz 3 EStG des eingebrachten Betriebs gehen nicht auf die übernehmende Gesellschaft über (§ 20 Abs. 9 UmwStG).

Der Wert, mit dem die Kapitalgesellschaft das eingebrachte Betriebsvermögen ansetzt, gilt für den Einbringenden als Veräußerungspreis und Anschaffungskosten der Gesellschaftsanteile (§ 20 Abs. 3 UmwStG). § 16 Abs. 4 EStG ist auf einen im Fall der Sacheinlage entstehenden Veräußerungsgewinn nur anzuwenden, wenn der Einbringende eine natürliche Person ist, es sich nicht um die Einbringung von Teilen eines Mitunternehmeranteils handelt und die übernehmende Kapitalgesellschaft das eingebrachte Betriebsvermögen mit dem **gemeinen Wert** ansetzt. In diesen Fällen ist § 34 Abs. 1 und 3 EStG nur anzuwenden, soweit der Veräußerungsgewinn nicht nach § 3 Nr. 40 Satz 1 Buchst. b und c i. V. mit § 3c Abs. 2 EStG teilweise steuerbefreit ist (§ 20 Abs. 4 UmwStG).

Sind Einbringende natürliche Personen einer Mitunternehmerschaft, ist ein eventueller Einbringungsgewinn (Veräußerungsgewinn) **gewerbesteuerfrei** (§ 7 Satz 2 GewStG). Ist Einbringender eine Kapitalgesellschaft, unterliegt ein eventueller Einbringungsgewinn der Gewerbesteuer. Soweit der Einbringungsgewinn auf Anteile an eingebrachten Kapitalgesellschaftsanteilen entfällt und insoweit die Steuerfreiheit des § 8b Abs. 2 KStG anwendbar ist, gilt dies auch für die Gewerbesteuer.

Umsatzsteuerlich handelt es sich in der Regel um eine Geschäftsveräußerung im Ganzen, die nach § 1 Abs. 1a UStG nicht umsatzsteuerbar ist.

Geht Grundbesitz auf die übernehmende Kapitalgesellschaft über, löst dies **Grunderwerbsteuer** aus (§ 1 Abs. 1 Nr. 3 GrEStG). Bemessungsgrundlage ist der nach §§ 138 ff. BewG festzustellende steuerliche Grundbesitzwert (§ 8 Abs. 2 Nr. 2 GrEStG). Die Grunderwerbsteuer gehört bei der übernehmenden Gesellschaft zu den aktivierungspflichtigen Anschaffungsnebenkosten (BFH v. 17.9.2003 I R 97/02, BStBl 2004 II 686).

Werden erhaltene Anteile, die durch eine Sacheinlage **mit Ansatz des gemeinen Werts** erworben wurden, später vom **Einbringenden** veräußert, so handelt es sich in der Regel um einen Fall des § 16 oder § 17 EStG (§ 21 Abs. 1 UmwStG). Die Regelungen in § 3 Nr. 40 EStG i.V. mit § 3c EStG (Teileinkünfteverfahren) und § 8b Abs. 2 KStG sind anwendbar.

Werden erhaltene Anteile, die durch eine Sacheinlage unter Ansatz eines Wertes **unterhalb des gemeinen Werts** (also Ansatz zum Buchwert oder Zwischenwert) erworben wurden, später vom **Einbringenden** veräußert, ist eine **siebenjährige Sperrfrist** zu beachten (sog. ausschlussfrist-behaftete Anteile). Erfolgt die Veräußerung derartiger Anteile innerhalb dieser Sperrfrist, ist der Gewinn aus der Einbringung (Einbringungsgewinn I) rückwirkend im Wirtschaftsjahr der Einbringung als Gewinn des Einbringenden im Sinne von § 16 EStG voll steuerpflichtig (einschließlich GewSt); denn die §§ 16 Abs. 4 und 34 EStG sind nach ausdrücklicher Regelung nicht anzuwenden (§ 22 Abs. 1 Satz 1 UmwStG). Der Einbringungsgewinn I vermindert sich allerdings um jeweils ein Siebtel für jedes seit dem Einbringungszeitpunkt abgelaufene Zeitjahr (§ 22 Abs. 1 Satz 3 UmwStG), so dass nach Ablauf der sieben Jahre wieder die allgemeinen Regeln greifen. Der Einbringungsgewinn I gilt als nachträgliche Anschaffungskosten der erhaltenen Anteile (§ 22 Abs. 1 Satz 4 UmwStG). Die übernehmende Kapitalgesellschaft kann den versteuerten Einbringungsgewinn im Wirtschaftsjahr der Veräußerung der Anteile als Erhöhungsbetrag ansetzen, soweit der Einbringende die auf den Einbringungsgewinn entfallende Steuer entrichtet hat (§ 23 Abs. 2 UmwStG). Die Erhöhung erfolgt bei denjenigen Wirtschaftsgütern, die stille Reserven enthalten.

Veräußert die **übernehmende Körperschaft** innerhalb eines Zeitraums von **sieben Jahren** nach dem Einbringungszeitpunkt **unter dem gemeinen Wert eingebrachte Anteile,** ist nach Maßgabe des § 22 Abs. 2 UmwStG vom Einbringenden rückwirkend ein Gewinn aus der Veräußerung von Anteilen zu versteuern (Einbringungsgewinn II), soweit der Einbringende keine durch § 8b Abs. 2 KStG begünstigte Person ist. Dabei ist die Siebtelregelung anzuwenden.

Siehe hierzu Ott, in NWB 33/2012, S. 2711.

4.4 Einbringung im Wege des Anteilstausches nach § 21 UmwStG

Unter Anteilstausch versteht man die Übertragung von Anteilen an einer Kapitalgesellschaft gegen Gewährung eines Anteils an der übernehmenden Kapitalgesellschaft. Darunter fällt auch die Einbringung einer hundertprozentigen Beteiligung an einer Kapitalgesellschaft. Bei der übernehmenden Kapitalgesellschaft erfolgt der Ansatz der übernommenen Beteiligung grundsätzlich mit dem gemeinen Wert (§ 21 Abs. 1 Satz 1 UmwStG). Die Möglichkeit einen Buchwert oder Zwischenwert anzusetzen, besteht auf Antrag nur beim sog. qualifizierten Anteilstausch. Das ist der Fall, wenn die übernehmende Kapitalgesellschaft nach der Einbringung über die Mehrheit der Stimmrechte an der eingebrachten Kapitalgesellschaft verfügt (§ 21 Abs. 1 Satz 2 UmwStG).

Der Wert, mit dem die übernehmende Gesellschaft die eingebrachten Anteile ansetzt, gilt für den Einbringenden als Veräußerungspreis der eingebrachten Anteile und als Anschaffungskosten der erhaltenen Anteile (§ 21 Abs. 2 UmwStG). Auf den beim Anteilstausch eventuell entstehenden Veräußerungsgewinn ist § 17 Abs. 3 EStG nur anzuwenden, wenn der Einbringende eine natürliche Person ist und die übernehmende Gesellschaft die eingebrachten Anteile mit dem gemeinen Wert ansetzt; für die Anwendung des § 16 Abs. 4 EStG gilt dies nur unter der Voraussetzung, dass eine im Betriebsvermögen gehaltene Beteiligung an einer Kapitalgesellschaft eingebracht wird, die das gesamte Nennkapital der Kapitalgesellschaft umfasst. § 34 Abs. 1 EStG findet keine Anwendung (§ 21 Abs. 3 UmwStG).

Setzt die übernehmende Kapitalgesellschaft die eingebrachten Anteile mit dem Buchwert an, den sie beim Einbringenden hatten, ergibt sich beim Einbringenden kein Gewinn. Vielmehr treten die neu gewährten Anteile an die Stelle der eingebrachten Anteile.

Auch bei der Einbringung im Wege des Anteilstausches ist § 22 Abs. 2 UmwStG zu beachten, der in bestimmten Fällen eine nachträgliche Besteuerung innerhalb der siebenjährigen Sperrfrist vorsieht. Eine nachträgliche Besteuerung ist ausgeschlossen, wenn es sich bei dem Einbringenden um eine Kapitalgesellschaft handelt, die den eingebrachten Anteil steuerfrei nach § 8b KStG hätte veräußern können.

Erfolgt jedoch eine Einbringung zum Buch- oder Zwischenwert (also unter dem gemeinen Wert) durch eine nicht unter § 8b Abs. 2 KStG fallende Person, kommt es auf der Ebene des Einbringenden zu einer Nachversteuerung nach § 22 Abs. 2 UmwStG, wenn die übernehmende Gesellschaft den eingebrachten Anteil innerhalb von sieben Jahren nach der Einbringung veräußert. Im Gegensatz zur Betriebseinbringung ist bei einem Anteilstausch nicht der neu gewährte Anteil ausschlussfristverhaftet, sondern der eingebrachte. Da der Einbringende auf die Veräußerung des eingebrachten Anteils keinen Einfluss hat, kann es unter Umständen bei ihm gegen seinen Willen zu einer Nachversteuerung kommen. Der dabei ggf. entstehende Einbringungsgewinn II ist vom Einbringenden unter Anwendung des Teileinkünfteverfahrens und der Siebtelregelung zu versteuern. In Höhe des steuerpflichtigen Einbringungsgewinns ergeben sich beim Einbringenden nachträgliche Anschaffungskosten für die neu gewährten Anteile. Veräußert der Einbringende die neu gewährten Anteile, liegt bereits originär eine Anteilsveräußerung vor, auf die das Teileinkünfteverfahren anzuwenden ist.

FALL 226

Umwandlung einer GmbH in ein Einzelunternehmen

Sachverhalt

Einzelkaufmann A rechnet zum Betriebsvermögen seines Einzelunternehmens eine 100 % umfassende Beteiligung an einer GmbH. Die Beteiligung ist mit den Anschaffungskosten von 500 000 € bilanziert. A entschließt sich am 1. 4. 01, das Vermögen der GmbH mit Wirkung vom 1. 1. 01 auf sein Einzelunternehmen zu übertragen. Ein entsprechender Beschluss wird am 2. 4. 01 notariell beurkundet und am 5. 4. 01 zur Eintragung ins Handelsregister angemeldet.

Der Anmeldung ist die GmbH-Bilanz vom 31.12.00 beigefügt. Nachstehend sind die GmbH-Bilanz und die Bilanz des Einzelunternehmens vereinfacht wiedergegeben, angesetzt sind die Buchwerte vom 31.12.00.

	GmbH	Einzelunternehmen
Aktiva		
Anlagevermögen	700 000 €	1 000 000 €
Umlaufvermögen	800 000 €	300 000 €
	1 500 000 €	1 300 000 €
Passiva		
Stammkapital bzw. Kapital	500 000 €	600 000 €
Jahresüberschuss	155 800 €	
Rücklagen	180 000 €	
KSt-Rückstellung	4 200 €	
Sonstige Rückstellungen	260 000 €	100 000 €
Verbindlichkeiten	400 000 €	600 000 €
	1 500 000 €	1 300 000 €

Weitere Angaben zur GmbH: Es besteht zum 31.12.00 weder ein Körperschaftsteuerguthaben nach § 37 KStG noch ein unbelasteter Teilbetrag nach § 38 KStG. Stille Reserven stecken bei Zugrundelegung der gemeinen Werte im Anlage- und Umlaufvermögen in Höhe von jeweils 250 000 €, also insgesamt 500 000 €. Es sollen jedoch die Buchwerte fortgeführt werden. Die gesetzlichen Voraussetzungen dafür sind erfüllt.

Frage

Welche Auswirkungen ergeben sich aus der Vermögensübertragung für die GmbH und das Einzelunternehmen unter Anwendung des UmwStG?

LITERATURHINWEIS

Blödtner/Bilke/Heining, Lehrbuch Buchführung und Bilanzsteuerrecht, 9. Auflage., Teil A Abschn. 13 II.3.a.

LÖSUNG

Bei der Übertragung des Vermögens der GmbH auf das Einzelunternehmen des Alleingesellschafters wurden die handelsrechtlichen Umwandlungsvorschriften beachtet. Mit der Eintragung des Umwandlungsbeschlusses im Handelsregister geht das Vermögen der GmbH einschließlich der Schulden auf den Einzelunternehmer über; die GmbH ist damit aufgelöst.

Steuerlich gelten Vermögensübertragung und Auflösung der GmbH mit Ablauf des Umwandlungsstichtages (= Stichtag der Umwandlungsbilanz) als erfolgt, hier am 31.12.00 (§ 2 Abs. 1 UmwStG). Das hat zur Folge, dass Gewinne, die die GmbH nach dem 31.12.00 erzielt, im Einzelunternehmen zu erfassen sind und Ausgaben der GmbH nach dem 31.12.00 als Betriebsausgaben des Einzelunternehmens gelten.

Gemäß § 3 Abs. 2 UmwStG können in der steuerlichen Schlussbilanz für das letzte Wirtschaftsjahr der übertragenden Körperschaft die nach den steuerrechtlichen Vorschriften über die Gewinnermittlung auszuweisenden Wirtschaftsgüter mit dem Buchwert angesetzt werden.

Ein Übertragungsgewinn ergibt sich hierbei nicht.

Das Einzelunternehmen des A übernimmt das Vermögen der GmbH mit den Werten lt. steuerlicher Umwandlungsbilanz (§ 4 Abs. 1 UmwStG), das sind die Buchwerte. Gleichzeitig geht die aktivierte GmbH-Beteiligung in der Bilanz des Einzelunternehmens unter. Die Differenz ist der Übernahmegewinn/Übernahmeverlust (§ 4 Abs. 4 UmwStG). Im vorliegenden Fall ergibt sich folgender Übernahmegewinn:

Übertragenes GmbH-Vermögen

Summe Aktiva	1 500 000 €
KSt-Rückstellung	./. 4 200 €
Sonstige Rückstellungen	./. 260 000 €
Verbindlichkeiten	./. 400 000 €
Reinvermögen	835 800 €
Bilanzierte GmbH-Beteiligung in Einzelunternehmen	./. 500 000 €
Übernahmegewinn	335 800 €

Der Übernahmegewinn/Übernahmeverlust entsteht mit Ablauf des steuerlichen Übertragungszeitpunktes, hier also mit Ablauf des 31.12.00, er ist somit noch in 00 bei A zu erfassen (v. 25.3.1998, a.a.O., Tz. 02.01 – 02.05).

Der Übernahmegewinn ist nicht gewerbesteuerpflichtig (§ 18 Abs. 2 UmwStG).

Die endgültige Schlussbilanz des Einzelunternehmens zum 31.12.00 zeigt dann unter Berücksichtigung des übernommenen GmbH-Vermögens und des Wegfalls der GmbH-Beteiligung folgendes Bild:

Aktiva		31.12.00
Anlagevermögen	1 000 000 €	
GmbH-Beteiligung	./. 500 000 €	
GmbH-Anlagevermögen	+ 700 000 €	1 200 000 €
Umlaufvermögen	300 000 €	
GmbH-Umlaufvermögen	+ 800 000 €	1 100 000 €
		2 300 000 €
Passiva		
Kapital		935 800 €
Übernommene KSt-Rückstellung		4 200 €
Übernommene sonstige Rückstellungen		260 000 €
Eigene sonstige Rückstellungen		100 000 €
Verbindlichkeiten (400 000 € + 600 000 €)		1 000 000 €
		2 300 000 €

Erläuterung des Kapitalkontos:

Kapitalkonto vor Umwandlung	600 000 €
Übernahmegewinn	+ 335 800 €
	935 800 €

Im Ergebnis muss A aus Anlass der Umwandlung im Veranlagungszeitraum 00 60 % des Übernahmegewinns der ESt unterwerfen (§ 4 Abs. 7 Satz 2 UmwStG): 60 % von 335 800 € = 201 480 €.

FALL 227

Verschmelzung

Sachverhalt

Die XYZ-GmbH war zehn Jahre lang alleinige Gesellschafterin der ABC-GmbH, die einen Musikverlag betrieb. Das Vermögen der ABC-GmbH wurde in Folge der Verschmelzung im Wege der Aufnahme am 29. 7. 01 (= Datum der Anmeldung beim Registergericht) auf die XYZ-GmbH ohne Kapitalerhöhung übertragen. Die Verschmelzung wurde rückwirkend zum 1. 1. 01 beschlossen; sämtliche gesetzlichen Vorschriften wurden dabei beachtet. Das Stammkapital der ABC-GmbH, das den Anschaffungskosten bei der XYZ-GmbH entspricht, betrug 25 000 €. Nach einer erforderlichen Teilwertabschreibung/Abschreibung vor fünf Jahren auf den niedrigeren beizulegenden Wert wurde die Beteiligung in den Bilanzen der XYZ-GmbH bis zum 31. 12. 00 mit 10 000 € ausgewiesen; die Gewinnminderung wurde bei der Ermittlung des körperschaftsteuerlichen Einkommens der XYZ-GmbH nicht berücksichtigt (§ 8b Abs. 3 Satz 3 KStG).

Für die ABC-GmbH ergab sich zum 31. 12. 00 folgende HB, die mit der StB identisch ist:

Aktiva		Passiva	
Immat. Vermögensgegenstände	15 000 €	Gezeichnetes Kapital	25 000 €
Sachanlagen (Pkw)	8 400 €	Jahresüberschuss	25 400 €
Bankguthaben	27 000 €		
Summe	50 400 €	Summe	50 400 €

Zum Betriebsvermögen der ABC-GmbH gehörten die Verwertungs- und Vervielfältigungsrechte an den Schlagerkompositionen des Musikers Rolf Ring. Die ABC-GmbH hatte diese Rechte an den Kompositionen für 55 000 € zur Nutzung über einen Zeitraum von 20 Jahren erworben und seither zutreffend linear mit 2 750 € abgeschrieben, so dass sich zum 31. 12. 00 (nach zehn Jahren) ein regulärer Buchwert 27 500 € ergab. Aufgrund des Verfalls des Schlagermarktes erfolgte zum 31. 12. 00 eine durch dauernde Wertminderung bedingte zusätzliche Teilwertabschreibung/Abschreibung auf den niedrigeren beizulegenden Wert in Höhe von 15 000 €. Da Rolf Ring mit einer Komposition bei dem Eurovision Song Contest im Mai 01 den dritten Platz errang, ist das Interesse an seinen Kompositionen stark angestiegen. Der Wert der Verwertungs- und Vervielfältigungsrechte an den Kompositionen zum 31. 12. 01 wird zutreffend auf 200 000 € geschätzt.

Weiterhin werden in der Bilanz der ABC-GmbH zum 31. 12. 00 nur noch ein Kfz und Bankgutha-ben bilanziert. Das Kfz wurde jährlich mit 4 200 € abgeschrieben. Auf der Passivseite der Bilanz werden das Stammkapital und ein Jahresüberschuss von 25 400 € ausgewiesen. Für das Jahr 01 haben sich bei der ABC-GmbH mit Ausnahme der Verschmelzung keine weiteren Geschäftsvor-fälle ereignet. Zur Feststellung der Buchwerte zum 31. 7. 01 wurde dort lediglich noch die zeit-anteilige AfA/planmäßige Abschreibung für den Pkw von 2 450 € (Jahresbetrag 4 200 €) und für die Verwertungs- und Vervielfältigungsrechte von 875 € (Jahresbetrag 1 500 €) gebucht.

In der Buchführung der XYZ-GmbH für 01 wurde der Vorgang noch nicht erfasst. Es liegt beim zuständigen Finanzamt ein Antrag auf Buchwertfortführung nach § 11 Abs. 2 UmwStG vor.

Frage

Wie ist die Rechtslage und wie ist bei der XYZ-GmbH in 01 zu buchen?

LÖSUNG

Die ABC-GmbH ist eine hundertprozentige Tochtergesellschaft der Muttergesellschaft XYZ-GmbH und wird nach Maßgabe des § 2 Nr. 1 UmwG im Wege der Aufnahme auf die XYZ-GmbH verschmolzen. Dabei ist eine Kapitalerhöhung auf Grund der Verschmelzung für die XYZ-GmbH nicht zulässig (§ 68 Abs. 1 Nr. 1 UmwG).

Für die Verschmelzung kann die Bilanz zum 31. 12. 00 zugrunde gelegt werden, da diese auf einen nicht mehr als acht Monate vor der Anmeldung zur Verschmelzung liegenden Stichtag aufgestellt wurde (§ 17 Abs. 2 Satz 4 UmwG). Die Rückwirkung ist auch steuerlich zu beachten (§ 2 Abs. 1 UmwStG)

In der Handelsbilanz der übertragenden ABC-GmbH ist das Betriebsvermögen grundsätzlich mit dem Buchwert anzusetzen (§ 17 Abs. 2 Satz 2 UmwG).

Steuerlich gilt folgendes: Bei einer Verschmelzung oder Vermögensübertragung (Vollübertra-gung) auf eine andere Körperschaft sind die übergehenden Wirtschaftsgüter, einschließlich nicht entgeltlich erworbener oder selbst geschaffener immaterieller Wirtschaftsgüter, in der steuerlichen Schlussbilanz der übertragenden Körperschaft mit dem **gemeinen Wert** anzusetzen (§ 11 Abs. 1 UmwStG). Auf Antrag können die übergehenden Wirtschaftsgüter unter den Vo-raussetzungen des § 11 Abs. 2 UmwStG auch einheitlich mit dem Buchwert angesetzt werden, wenn ein entsprechender Antrag gestellt ist. Der Antrag auf Ansatz der übergehenden Wirt-schaftsgüter mit dem Buchwert ist nach § 11 Abs. 3 i. V. m. § 3 Abs. 2 Satz 2 UmwStG bei dem für die Besteuerung nach §§ 20, 26 AO zuständigen FA der übertragenden Körperschaft spätes-tens bis zur erstmaligen Abgabe der steuerlichen Schlussbilanz zu stellen (BMF v. 11. 11. 2011 Randnr. 11.12, BStBl 2011 I 1314).Das ist hier der Fall.

Für den Ansatz des Buchwerts sind die Ansätze in der Handelsbilanz nicht maßgeblich (BMF v. 11. 11. 2011 Randnr. 11.05 a. a. O.).

Der Verschmelzungsvorgang kann in den Büchern der XYZ-GmbH als laufender Geschäftsvorfall dargestellt werden, so dass eine Übernahmebilanz nicht erstellt werden muss. Dabei können die Vermögensgegenstände/Wirtschaftsgüter der ABC-GmbH sowohl in der Handelsbilanz als auch in der Steuerbilanz der XYZ-GmbH mit den Buchwerten fortgeführt werden (§ 24 UmwG, § 12 Abs. 1 i.V. mit § 4 Abs. 1 UmwStG).

Der Geschäftsvorfall der Verschmelzung ist bei XYZ-GmbH in 01 durch folgende Buchung zu erfassen:

Immaterielle Vermögensgegenstände	15.000 €			
Andere Anlagen (Pkw)	8.400 €			
Bankguthaben	27.000 €	an	Finanzanlagen	10.000 €
			Sonstige betriebliche Erträge	40.400 €

Durch die Verschmelzung ist bei XYZ-GmbH ein Übernahmegewinn in Höhe von 40 400 € entstanden. Gem. § 12 Abs. 2 Satz 1 UmwStG bleibt der Gewinn in Höhe des Unterschieds zwischen dem Buchwert der Anteile (hier 10 000 €) und dem Wert, mit dem die übergegangenen Wirtschaftsgüte zu übernehmen sind (hier 50 400 €) außer Ansatz (= 40.400 €). Im Rahmen der Ermittlung des zu versteuernden Einkommens der XYZ-GmbH ist insoweit eine außerbilanzielle Korrektur vorzunehmen.

Die tatsächlichen Anschaffungskosten auf die Beteiligung an der ABC-GmbH haben 25 000 € betragen. Der Unterschiedsbetrag zum Buchwert der Beteiligung (10 000 €) beträgt somit 15 000 €. Er ist identisch mit der vor fünf Jahren vorgenommenen Teilwertabschreibung und im vorgenannten Übernahmegewinn von 40.400 € enthalten. Da die damalige Teilwertabschreibung allerdings nicht steuerwirksam war, verbleibt es bei der außerbilanziellen Korrektur in Höhe von 40.400 €. § 12 Abs. 1 Satz 1 i.V. mit § 4 Abs. 1 Satz 2 und 3 UmwStG ist insoweit nicht anzuwenden. Allerdings gelten 5 % des Gewinns als Ausgaben, die nicht als Betriebsausgaben abgezogen werden dürfen (§ 12 Abs. 2 Satz 2 UmwStG i.V. mit §§ 8b Abs. 3 Satz 1 KStG): 2 020 €.

Mit der Verschmelzung tritt die XYZ-GmbH bezüglich der Bewertung und der AfA **ab 1. 1. 01** die Rechtsnachfolge der ABC-GmbH an (§ 12 Abs. 3 UmwStG). Die Buchungen bei der ABC-GmbH in 01 sind unbeachtlich; sie gilt steuerlich als am 31. 12. 00 untergegangen. Auch eventuelle Geschäftsvorfälle der XYZ-GmbH in 01 wären solche der ABC-GmbH. Deshalb sind die planmäßigen Abschreibungen nach § 253 Abs. 3 HGB bzw. die AfA nach § 7 Abs. 1 EStG für den Pkw (4 200 €) und die Verwertungs- und Vervielfältigungsrechte (1 500 €) ausschließOlich bei der ABC-GmbH noch wie folgt zu buchen:

Abschreibungen auf immaterielle Vermögensgegenstände	1 500 €	an	Immaterielle Vermögensgegenstände	1 500 €
Abschreibungen auf Sachanlagen	4 200 €	an	Andere Anlagen	4 200 €

Zu den Konsequenzen aus der Rechtsnachfolge nach § 12 Abs. 3 UmwStG gehört auch die Beachtung des Wertaufholungsgebots gem. § 5 Abs. 6 EStG i.V. mit § 6 Abs. 1 Nr. 2 Satz 3 und Nr. 1 Satz 4 EStG.

Der Teilwert/beizulegende Wert der Verwertungs- und Vervielfältigungsrecht beträgt am 31. 12. 01 lt. Sachverhalt 200 000 €. Die Zuschreibung ist allerdings begrenzt auf den Wert, der sich ergibt, wenn von den Anschaffungskosten planmäßige Abschreibungen bzw. AfA bis zum Bilanzstichtag abgezogen werden.

Buchwert 31. 12. 01 (nach Inanspruchnahme von 1 500 € AfA)		13 500 €
Anschaffungskosten	55 000 €	

Planm. Abschreibung/AfA bis 31. 12. 01 (11x2 750 €)	./. 30 250 €	
Regulärer Buchwert 31. 12. 01	24 750 €	24 750 €
Differenz = Zuschreibung		11 250 €

Buchung:

Immaterielle Vermögensgegenstände an Sonstige betriebliche Erträge 11 250 €

Zum 31. 12. 01 ergibt sich somit ein Buchwert von 24 750 €. Da die Restnutzungsdauer neun Jahre beträgt, ist ab 02 von einer jährlichen AfA von 2 750 € auszugehen.

HINWEIS:

Handelsrechtlich unterbleibt die Zuschreibung gem. § 24 UmwG, da es sich bei der Verschmelzung um eine Anschaffung handelt und nicht um einen Fall der Rechtsnachfolge, wodurch der eingebuchte Wert als Anschaffungskosten gilt und damit – abzüglich AfA - die Bewertungsobergrenze darstellt.

FALL 228

Umwandlung einer Einzelfirma in eine GmbH

Sachverhalt

Einzelkaufmann A möchte das Betriebsvermögen seines Einzelunternehmens in eine neu gegründete GmbH, deren alleiniger Gesellschafter er ist, gegen Gewährung von Geschäftsanteilen einbringen. Das Wirtschaftsjahr des Einzelunternehmens entspricht dem Kalenderjahr. Am 20.8.01 gibt A eine notariell beurkundete Umwandlungserklärung ab. Dieser fügt er eine auf den 30.6.01 datierende, öffentlich beglaubigte Vermögensübersicht bei, aus der die Vermögensgegenstände, die ihm gehören und die seinem Unternehmen dienen, sowie die Schulden ersichtlich sind. Am 25.8.01 wird die Umwandlungserklärung unter Beifügung der Vermögensübersicht und der Umwandlungsbilanz vom 30.6.01 zur Eintragung im Handelsregister angemeldet. Am 20.9.01 wird die Umwandlung im Handelsregister registriert (Löschung der Einzelfirma und Eintragung der GmbH). Zum 30.6.01 ergibt sich folgende Bilanz des Einzelunternehmens (steuerliche Buchwerte):

Aktiva

Grund und Boden	220 000 €
Gebäude	400 000 €
Maschinen	400 000 €
Geschäftsausstattung	200 000 €
Umlaufvermögen	400 000 €
	1 620 000 €

Passiva

Betriebsvermögen (Kapital)	1 000 000 €
Verbindlichkeiten	620 000 €
	1 620 000 €

Die gemeinen Werte betragen:

Firmenwert	160 000 €
Grund und Boden	320 000 €
Gebäude	440 000 €
Maschinen	440 000 €
Geschäftsausstattung	220 000 €

Es ist beantragt, die Umwandlung steuerlich zum 30.6.01 anzuerkennen. Das Stammkapital der GmbH soll sich aus dem Unterschied zwischen Besitz- und Schuldposten lt. steuerlicher Eröffnungsbilanz der GmbH ergeben. Für die Bemessung der AfA der von der GmbH übernommenen Wirtschaftsgüter ist von Folgendem auszugehen (Stand 30.6.01):

Gebäude

Die Anschaffungskosten für das Gebäude betrugen seinerzeit 600 000 €. AfA wurde bisher mit 2 % jährlich vorgenommen: 12 000 €.

Maschinen

Die Maschinen (Nutzungsdauer insgesamt 10 Jahre) wurden vor 5 Jahren für 800 000 € angeschafft; als AfA wurden bisher 10 % jährlich in Anspruch genommen: 80 000 €.

Geschäftsausstattung

Die Geschäftsausstattung (Nutzungsdauer insgesamt 10 Jahre) wurde vor 2 Jahren für 250 000 € angeschafft und linear mit 10 % jährlich abgeschrieben.

Fragen

1. Wie kann die Umwandlung steuerlich abgewickelt werden, und welche Auswirkungen ergeben sich für die weitere Abschreibung der von der GmbH übernommenen Wirtschaftsgüter? Auf Grunderwerbsteuer ist nicht einzugehen. Die Voraussetzungen des § 20 Abs. 2 Satz 2 UmwStG sind erfüllt.

2. Was ist zu beachten, wenn A (58 Jahre alt) die erworbene GmbH-Beteiligung ganz oder teilweise veräußert?

LÖSUNG

Zu 1: Ein nach § 20 UmwStG zu behandelnder Vorgang liegt nur vor, wenn als Gegenleistung für die Einbringung des Betriebs, Teilbetriebs oder Mitunternehmeranteils neue Gesellschaftsanteile an der aufnehmenden Kapitalgesellschaft eingeräumt werden. Es handelt sich aus ertragsteuerliche Sicht um einen tauschähnlichen und damit um einen entgeltlichen Vorgang (BMF v. 25.3.1998, BStBl 1998 I 268, Tz. 20.01, BFH v. 17.9.2003 I R 97/02, BStBl 2004 II 686). Es brauchen aber nicht ausschließlich neue Anteile von der aufnehmenden Kapitalgesellschaft gewährt zu werden.

Bei der Einbringung wird Grunderwerbsteuer anfallen. Diese Steuerbeträge sind grundsätzlich als zusätzliche Anschaffungskosten der Wirtschaftsgüter zu aktivieren, bei deren Einbringung sie angefallen sind (BFH v. 17.9.2003 I R 97/02, BStBl 2004 II 686). Nach der Aufgabe war darauf nicht einzugehen.

Bilanzsteuerrechtlich ist für eine als Sacheinlage zu qualifizierende Umwandlung § 20 UmwStG zu beachten. Wann eine Sacheinlage vorliegt, ergibt sich aus § 20 Abs. 1 UmwStG. Eine Sacheinlage setzt voraus, dass ein Betrieb, Teilbetrieb oder ein Mitunternehmeranteil in eine unbeschränkt steuerpflichtige Kapitalgesellschaft eingebracht wird und der Einbringende dafür neue Gesellschaftsrechte an dieser Kapitalgesellschaft erhält. Das ist hier der Fall. Gemäß § 20 Abs. 5 UmwStG wird die Umwandlung rückwirkend zum 30. 6. 01 steuerlich wirksam, da lt. Sachverhalt ein entsprechender Antrag vorliegt.

Die GmbH darf nach § 20 Abs. 2 UmwStG das eingebrachte Betriebsvermögen

► mit seinem Buchwert,

► mit seinem gemeinen Wert,

► oder mit einem zwischen Buch- und gemeinen Wert liegenden Wert

ansetzen. Bei Zwischenwertansatz sind die stillen Reserven einheitlich und gleichmäßig aufzustocken. Das muss m. E. auch für einen originären Firmenwert gelten.

Nachfolgend sind drei Bilanzierungsmöglichkeiten für die GmbH dargestellt; beim Zwischenwertansatz wurde der Mittelwert zwischen Buch- und gemeinem Wert gewählt.

	Buchwert 1. 7. 01 €	Zwischenwert 1. 7. 01 €	Gemeiner Wert 1. 7. 01 €
Aktiva			
Firmenwert		80 000	160 000
Grund und Boden	220 000	270 000	320 000
Gebäude	400 000	420 000	440 000
Maschinen	400 000	420 000	440 000
Geschäftsausstattung	200 000	210 000	220 000
Umlaufvermögen	400 000	400 000	400 000
Summe	1 620 000	1 800 000	1 980 000
Passiva			
Stammkapital	1 000 000	1 180 000	1 360 000
Verbindlichkeiten	620 000	620 000	620 000
Summe	1 620 000	1 800 000	1 980 000

Die AfA für die von der GmbH übernommenen abnutzbaren Wirtschaftsgüter richtet sich nach § 23 UmwStG. Im Fall des Ansatzes des gemeinen Werts differenziert § 23 Abs. 4 UmwStG, ob die Einbringung im Wege der Gesamtrechtsnachfolge (z. B. Verschmelzung einer Personen- auf eine Kapitalgesellschaft, Ausgliederung) oder im Wege der Einzelrechtsnachfolge (z. B. Sachgründung einer Kapitalgesellschaft oder Stammkapitalerhöhung) erfolgt. Bei Gesamtrechtsnachfolge gelten die Regelungen wie beim Zwischenwertansatz, bei Einzelrechtsnachfolge (wie hier) wird von einem originären Anschaffungsvorgang ausgegangen. Danach ergeben sich folgende **jährliche** Abschreibungen, dargestellt unter Berücksichtigung der in der Eröffnungsbilanz jeweils gewählten Ansätze:

	Buchwert	Zwischenwert	Gemeiner Wert
Firmenwert:	(§ 23 Abs. 1 UmwStG)	(§ 23 Abs. 3 UmwStG) 1/15 von 80 000 € = 5 333 €	(§ 23 Abs. 4 UmwStG) 1/15 von 160 000 € = 10 667 €
Gebäude:	2 % von 600 000 € = 12 000 €	2 % von 600 000 € + 20 000 € = 12 400 €	2 % von 440 000 € = 8 800 €
Maschinen:	10 % von 800 000 € = 80 000 €	10 % von 800 000 € + 20 000 € = 82 000 €	440 000 €/5 = 88 000 €
Geschäftsausstattung:	10 % von 250 000 € = 25 000 €	10 % von 210 000 € = 21 000 €	220 000/8 = 27 500 €

Der Wert, mit dem die GmbH das eingebrachte Betriebsvermögen ansetzt, gilt für A als Veräußerungspreis und als Anschaffungskosten der Gesellschaftsanteile (§ 20 Abs. 3 UmwStG). § 16 Abs. 4 EStG kann nur in Anspruch genommen werden, wenn das Betriebsvermögen mit dem gemeinen Wert angesetzt wurde (§ 20 Abs. 4 UmwStG). Übernimmt die GmbH das Betriebsvermögen zum Buchwert, entsteht für A kein Veräußerungsgewinn. Setzt sie das Betriebsvermögen mit dem gemeinen Wert an, realisiert A einen Veräußerungsgewinn in Höhe von 360 000 € mit Anwendung von § 16 Abs. 4 EStG und von § 3 Nr. 40 Satz 1 i.V. mit § 3c Abs. 2 EStG, soweit Anteile an Kapitalgesellschaften eingebracht werden; § 34 Abs. 1 und 3 EStG gilt in diesen Fällen nur, soweit der Veräußerungsgewinn nicht nach § 3 Nr. 40 Satz 1 i.V. mit § 3c EStG befreit ist. Setzt die GmbH einen Zwischenwert an (z. B. mit Aufstockung von 50 % der stillen Reserven), ergibt sich für A ein Veräußerungsgewinn von 180 000 € ohne Anwendung von § 16 Abs. 4 und § 34 EStG.

Zu 2: Werden Anteile an einer Kapitalgesellschaft veräußert, die der Veräußerer durch eine Sacheinlage erworben hat und wurden bei der Einbringung nicht die gemeinen Werte, sondern Buch- oder Zwischenwerte zugrunde gelegt, ist § 22 Abs. 1 UmwStG zu beachten. Werden derartige Anteile innerhalb einer siebenjährigen Sperrfrist veräußert, erfolgt rückwirkend eine Besteuerung des Gewinns aus der Einbringung (Einbringungsgewinn I).

Würde A seine GmbH-Beteiligung z. B. nach vier vollen Zeitjahren für 1 410 000 € veräußern und hätte er Veräußerungskosten von 10 000 €, so ergäben sich – je nach Eröffnungsbilanz der GmbH vom 1. 7. 01 – folgende einkommensteuerlichen Konsequenzen:

Zunächst ist der Einbringungsgewinns I zu ermitteln:

Gemeiner Wert des eingebrachten Betriebsvermögens	1 360 000 €
Buchwert des eingebrachten Betriebsvermögens	1 000 000 €
Einbringungsgewinn	360 000 €
Siebtelregelung 4 x 1/7	./. 205 714 €
Steuerpflichtiger Einbringungsgewinn I	154 286 €

Der Einbringungsgewinn I unterliegt bei A rückwirkend der vollen Besteuerung mit ESt und GewSt. Denn die §§ 16 und 34 EStG sind nicht anzuwenden (§ 22 Abs. 1 Satz 1 UmwStG). Der Einbringungsgewinn gilt als nachträgliche Anschaffungskosten der erhaltenen Anteile (§ 22 Abs. 1 Satz 4 UmwStG). Sodann kann der im 4. Jahr erzielte Veräußerungsgewinn ermittelt und gem. § 17 EStG besteuert werden:

	Buchwertansatz	Zwischenwertansatz
Erlös nach Abzug der Veräußerungskosten	1 400 000 €	1 400 000 €
Anschaffungskosten GmbH-Beteiligung (./.)	1 000 000 €	1 180 000 €
Nachträgliche Anschaffungskosten (./.)	154 286 €	154 286 €
Veräußerungsgewinn	245 714 €	65 714 €
§ 3 Nr. 40 EStG (Teileinkünfteverfahren)		
Steuerpflichtiger Veräußerungsgewinn	147 428 €	39 428 €

Hat die GmbH das übernommene Betriebsvermögen mit dem gemeinen Wert angesetzt, muss die Veräußerung der GmbH-Beteiligung ohne Einschaltung von § 22 Abs. 1 UmwStG direkt nach § 17 EStG behandelt werden:

Veräußerungserlös	1 410 000 €	
Steuerfrei nach § 3 Nr. 40c EStG 40 %	./. 564 000 €	
Steuerpflichtig	846 000 €	846 000 €
Anschaffungskosten	1 360 000 €	
Nicht abzugsfähig (§ 3c Abs. 2 EStG) 40 % (Umkehrschluss)	./. 544 000 €	./. 816 000 €
Verbleiben		30 000 €
Veräußerungskosten	10 000 €	
Nicht abzugsfähig (§ 3c Abs. 2 EStG)	./. 4 000 €	./. 6 000 €
Veräußerungsgewinn		24 000 €
Freibetrag nach § 17 Abs. 3 EStG		./. 9 060 €
Steuerpflichtiger Veräußerungsgewinn		14 940 €

Da § 17 Abs. 3 EStG keine Einschränkungen bezüglich der Steuerfreistellung im Rahmen des Teileinkünfteverfahrens macht, ist m. E. der volle Freibetrag zu gewähren, wenn die Anteilsveräußerung 100 % der Anteile umfasst (wie hier).

FALL 229

Einbringung einer Personengesellschaft in eine Kapitalgesellschaft

Sachverhalt

A, B und C sind zu je einem Drittel an einer OHG beteiligt. Die OHG hat zum 31. 12. 01 folgende Bilanz erstellt:

	Buchwerte	Gemeine Werte
Besitzposten	705 000 €	1 077 000 €
Kapital A, B und C	660 000 €	1 032 000 €
Verbindlichkeiten	45 000 €	45 000 €
	705 000 €	

Mit Ablauf des 31. 12. 01 soll die OHG in eine bestehende GmbH gegen Gewährung von Gesellschaftsrechten an A, B und C eingebracht werden. Stammkapital der GmbH vor Einbringung 500 000 € (Teilwert ebenfalls 500 000 €, nur Besitzposten); Eigentümer der GmbH-Anteile ist X zu 100 %

Gestaltungsvarianten

1. Übernahme des OHG-Vermögens in die Steuerbilanz zu Buchwerten. Stammkapitalerhöhung der GmbH um 1 032 000 € (neue Anteile an A, B und C).

2. Übernahme des OHG-Vermögens in die Steuerbilanz zu Buchwerten. Stammkapitalerhöhung um 900 000 € (neue Anteile an A, B und C). Zusätzlich erhalten A, B und C aus den Beständen der GmbH Wertpapiere (z. B. Aktien) im gemeinen Wert von 132 000 €.

Aufgabe

Erstellung der steuerlichen Bilanzen der GmbH nach Einbringung des OHG-Betriebsvermögens. Die Voraussetzungen des § 20 Abs. 2 Satz 2 UmwStG sind erfüllt. In der HB der GmbH werden die gemeinen Werte des OHG-Vermögens angesetzt.

LITERATURHINWEIS

Blödtner/Bilke/Heining, Lehrbuch Buchführung und Bilanzsteuerrecht, 10. Aufl., Teil A Kapitel 13.2.3.

LÖSUNG

Bei der Einbringung eines Betriebs in eine Kapitalgesellschaft gegen Gewährung von Gesellschaftsrechten darf die Kapitalgesellschaft gem. § 20 Abs. 2 Satz 2 UmwStG das eingebrachte Betriebsvermögen mit seinem Buchwert oder mit einem höheren Wert ansetzen; die gemeinen Werte dürfen allerdings nicht überschritten werden. Eine Bindung der Steuerbilanz an die Handelsbilanz besteht nicht. Es darf somit in der StB zu Buchwerten bewertet werden, obwohl in der Handelsbilanz höhere Ansätze erfolgen. Wenn in solchen Fällen das eingebrachte Betriebsvermögen steuerrechtlich zum Buchwert übernommen werden soll, ist in der Steuerbilanz der Kapitalgesellschaft ein Ausgleichsposten zu bilden. Der Ausgleichsposten ist kein Bestandteil des Betriebsvermögens i. S. des § 4 Abs. 1 Satz 1 EStG, sondern ein bloßer „Luftposten"; er nimmt am BV-Vergleich nicht teil. Er hat infolgedessen auch auf die spätere Auflösung und Versteuerung der im eingebrachten BV enthaltenen stillen Reserven keinen Einfluss und ist auch nicht aufzulösen oder abzuschreiben. Mindert sich die durch den Ausgleichsposten gedeckte Differenz zwischen der Aktiv- und der Passivseite der Bilanz, insbesondere durch Aufdeckung stiller Reserven, so fällt der Ausgleichsposten in entsprechender Höhe weg (BMF v. 25. 3. 1998, a. a. O., Tz. 20.27). In der nachfolgenden Lösung entspricht der Ausgleichsposten dem in der Handelsbilanz erfolgten höheren Wertansatz gegenüber dem Steuerbilanz-Ansatz, d. h. in den Gestaltungsvarianten 1 und 2 ist das OHG-Vermögen in der Handelsbilanz der GmbH im Saldo mit (1 077 000 € ./. 45 000 € =) 1 032 000 € ausgewiesen.

Der Wert, mit dem die Kapitalgesellschaft das eingebrachte Betriebsvermögen ansetzt, gilt für den Einbringenden als Veräußerungspreis und als Anschaffungskosten des Gesellschafteranteils (§ 20 Abs. 3 Satz 1 UmwStG). Soweit neben den Gesellschaftsanteilen auch andere Wirtschaftsgüter gewährt werden, ist deren Wert von den vorgenannten Anschaffungskosten abzuziehen (§ 20 Abs. 3 Satz 3 UmwStG).

Die jeweiligen Steuerbilanzen der GmbH zeigen für den vorliegenden Fall nach Einbringung des OHG-Vermögens folgendes Bild: Dabei sind im Fall 2 die Aktiva der GmbH bereits um die A, B und C ausgehändigten Wertpapiere gemindert (500 000 € ./. 132 000 € =) 368 000 €.

StB GmbH

	Fall 1	Fall 2
	€	€
Aktiva GmbH	500 000	368 000
Aktiva OHG-BV	705 000	705 000
Ausgleichsposten	372 000	372 000
Summe	1 577 000	1 445 000
Stammkapital	1 532 000	1 400 000
Übernommene OHG-Schulden	45 000	45 000
	1 577 000	1 445 000

Gemäß § 20 Abs. 4 UmwStG für A, B und C maßgebende steuerliche Anschaffungskosten für die GmbH-Anteile:

660 000	660 000
	./. 132 000
	528 000

Da in beiden Fällen das eingebrachte Betriebsvermögen mit dem Buchwert angesetzt ist, entsteht aus Anlass der Einbringung für A, B und C kein Veräußerungsgewinn. Ein Veräußerungsgewinn entsteht erst, wenn A, B und C z. B. ihre GmbH-Anteile veräußern. Erfolgt die Veräußerung innerhalb von sieben Jahren nach Einbringung, ist § 22 Abs. 1 UmwStG zu beachten (rückwirkende Besteuerung des Einbringungsgewinns unter Anwendung der Siebtelregelung; nachträgliche Anschaffungskosten für die erhaltenen GmbH-Anteil in Höhe des steuerpflichtigen Teils des Einbringungsgewinns, Erhöhungsbetrag bei der GmbH nach Maßgabe des § 23 Abs. 2 UmwStG). Erfolgt die Veräußerung nach Ablauf von sieben Jahren sind zur Ermittlung des Veräußerungsgewinns von dem Veräußerungspreis die gem. § 20 Abs. 3 UmwStG maßgebenden steuerlichen Anschaffungskosten (im vorliegenden Fall 660 000 € bzw. 528 000 €) abzuziehen (§ 20 Abs. 3 Satz 3 UmwStG).

FALL 230

Weiterbehandlung von Ausgleichsposten

Sachverhalt

Vgl. Fall 229 (Gestaltungsvariante 1); die GmbH verkauft in 02 die von der OHG übernommenen Besitzposten für 1 077 000 € netto, so dass steuerrechtlich ein Ertrag von 372 000 € realisiert wird. Hierauf entfallen GewSt, KSt und SolZ in Höhe von insgesamt 110 000 €. Zugang im Bankkonto 1 077 000 €. Die Steuerschulden werden erst in 03 bezahlt. Weitere Geschäftsvorfälle sind in 02 nicht vorgekommen.

Fragen

Welches Bild haben Handels- und Steuerbilanz zum 31.12.01 und 02? Wie lauten die Eröffnungsbuchungen Anfang 03 für die Handels- und Steuerbilanz?

LÖSUNG

In der HB löst der Verkauf der OHG-Besitzposten keine Gewinnrealisierung aus, da in der HB der GmbH die gemeinen Werte angesetzt wurden. Allerdings führt der Steueraufwand in Höhe von 110 000 € zu einem Jahresfehlbetrag in der HB der GmbH. In der StB ergibt sich demgegenüber ein Jahresüberschuss von (372 000 € ./. 110 000 € =) 262 000 €.

	HB	StB	HB	StB
		31.12.01	31.12.02	
	€	€	€	€
GmbH-Vermögen	500 000	500 000	500 000	500 000
OHG-Besitzposten	1 077 000	705 000		
Bank			1 077 000	1 077 000
Ausgleichsposten		372 000		372 000
	1 577 000	1 577 000	1 577 000	1 949 000
Gezeichnetes Kapital	1 532 000	1 532 000	1 532 000	1 532 000
Jahresüberschuss				262 000
Jahresfehlbetrag			./. 110 000	
Steuerrückstellung			110 000	110 000
Verbindlichkeiten	45 000	45 000	45 000	45 000
	1 577 000	1 577 000	1 577 000	1 949 000

Die Eröffnungsbuchungen Anfang 03 lauten:

Handelsbilanz

Verlustvortragskonto	110 000 €	an	Jahresfehlbetrag	110 000 €

Steuerbilanz:

Jahresüberschuss	262 000 €	an	Ausgleichsposten	372 000 €
Verlustvortraskonto	110 000 €			

Hiernach sind Handels- und Steuerbilanz identisch.

FALL 231

Einbringungsgewinn I, Anteilsveräußerung

Sachverhalt

Die X-GmbH besitzt einen Teilbetrieb, dessen Buchwert 2 Mio. € und dessen gemeiner Wert 9 Mio. € beträgt. Zum BV gehört ferner eine 100 %-ige Beteiligung an der Y-GmbH im Buchwert von 1 Mio. €. Zum 31.12.01 bringt die X-GmbH den Teilbetrieb in die Y-GmbH ein, indem deren

Stammkapital um 9 Mio. € erhöht wird. Die Y-GmbH bucht handelsrechtlich (vereinfacht und zusammengefasst):

Teilbetrieb	9 Mio. €	an	Stammkapital	9 Mio. €

Am 1.8.04 veräußert die X-GmbH ihre gesamten Anteile an der Y-GmbH an einen Dritten für 14 Mio. €. Die Ausgangsbilanzierung (vor Einbringung des Teilbetriebs) stellt sich wie folgt dar (HB = Handelsbilanz):

	HB X-GmbH	HB Y-GmbH
Aktiva		
Diverse Aktiva	1 000 000	4 000 000
Beteiligung an Y-GmbH	1 000 000	
Teilbetrieb	2 000 000	
Summe	4 000 000	4 000 000
Passiva		
Stammkapital	2 000 000	1 000 000
Diverse Passiva	2 000 000	3 000 000
Summe	4 000 000	4 000 000

Frage

Welche steuerlichen Folgen ziehen die Einbringung des Teilbetriebs und die Veräußerung der GmbH-Anteile nach sich, wenn die Einbringung des Teilbetriebs steuerneutral nach § 20 Abs. 2 UmwStG erfolgen soll? Zu den Stichtagen 31.12.02 und 31.12.03 hat die X-GmbH die erforderlichen Nachweise nach § 22 Abs. 3 UmwStG erbracht. Auch die nach § 22 Abs. 5 UmwStG erforderlichen Bescheinigungen liegen vor. Die Steuerbilanzen sind darzustellen und fortzuentwickeln; aus Vereinfachungsgründen ist zu unterstellen, dass weitere Geschäftsvorfälle nicht vorgekommen sind. Erforderliche Steuerzahlungen sind bilanziell nicht darzustellen.

LÖSUNG

Die steuerliche Bilanzierung ist unabhängig davon, wie die Y-GmbH den eingebrachten Teilbetrieb in ihrer Handelsbilanz bewertet. Sind in der Handelsbilanz der Y-GmbH die gemeinen Werte des Teilbetriebs angesetzt, sollen aber in der Steuerbilanz die Buchwerte gelten, muss die Lücke in der Steuerbilanz durch einen Ausgleichsposten geschlossen werden.

Nach der Einbringung ergeben sich zunächst zum 31.12.01 folgende **Steuerbilanzen:**

	StB X-GmbH	StB Y-GmbH
Aktiva		
Diverse Aktiva	1 000 000	4 000 000
Beteiligung an Y-GmbH	3 000 000	
Teilbetrieb		2 000 000
Ausgleichsposten		7 000 000
Summe	4 000 000	13 000 000

Passiva

Stammkapital	2 000 000	10 000 000
Diverse Passiva	2 000 000	3 000 000
Summe	4 000 000	13 000 000

Die Veräußerung am 1. 8. 04 stellt sich als schädlicher Vorgang i. S. von § 22 Abs. 1 Satz 1 UmwStG dar und führt zu einer Besteuerung des Einbringungsgewinns I. Dieser berechnet sich nach § 22 Abs. 1 Satz 3 UmwStG wie folgt:

Gemeiner Wert des eingebrachten BV:	9 Mio. €
Ansatz des BV des Teilbetriebs bei Y-GmbH	./. 2 Mio. €
Verbleiben	7 Mio. €
2/7 für zwei volle Zeitjahre	./. 2 Mio. €
Einbringungsgewinn I	5 Mio. €

Dieser Einbringungsgewinn I unterliegt rückwirkend für den VZ 01 der vollen Besteuerung bei der X-GmbH (§ 22 Abs. 1 Satz 2 UmwStG). Die Steuerveranlagung für 01 ist gem. § 175 Abs. 1 Satz 1 Nr. 2 AO zu berichtigen.

Der Einbringungsgewinn I führt bei der **X-GmbH zu nachträglichen AK** auf ihre Beteiligung an der Y-GmbH (§ 22 Abs. 1 Satz 4 UmwStG), wenn die X-GmbH über eine Bescheinigung des zuständigen Finanzamts verfügt, aus der sich ergibt, dass die X-GmbH u. a. die Steuer für den Einbringungsgewinn I entrichtet hat (§ 22 Abs. 5 UmwStG). Dies ist lt. Sachverhalt der Fall.

Ursprünglicher BW der Beteiligung an der Y-GmbH	1 Mio. €
Zugang BW des Teilbetriebs (§ 20 Abs. 3 UmwStG)	2 Mio. €
Einbringungsgewinn I	5 Mio. €
Summe	8 Mio. €
Veräußerungserlös	./. 14 Mio. €
Veräußerungsgewinn	6 Mio. €

Dieser Veräußerungsgewinn ist bei der X-GmbH zu 95 % steuerfrei (§ 8b Abs. 2 und 3 KStG). Bei der X-GmbH ergeben sich **vor und nach Erfassung des Veräußerungserlöses** von 14 Mio. € folgende Bilanzen:

	StB X-GmbH (vorher)	StB X-GmbH (nachher)
Aktiva		
Diverse Aktiva	1 000 000	15 000 000
Beteiligung an Y-GmbH	8 000 000	
Summe	9 000 000	15 000 000
Passiva		
Stammkapital	2 000 000	2 000 000
Diverse Passiva	2 000 000	2 000 000
Ausgleichsposten	5 000 000	5 000 000
StB-Gewinn		6 000 000
Summe	9 000 000	15 000 000

Bei der Y-GmbH sind in 04 die Buchwerte der zum 31.12.01 eingebrachten Wirtschaftsgüter des Teilbetriebs gem. § 23 Abs. 2 UmwStG um den Betrag des Einbringungsgewinns I in Höhe von 5 Mio. € zu erhöhen. Damit soll eine Doppelbesteuerung des Einbringungsgewinns I verhindert werden, die eintreten würde, wenn die Y-GmbH ihrerseits den (bei Einbringung mit 2 Mio. € bewerteten) Teilbetrieb veräußern würde. Voraussetzung ist, dass die X-GmbH die auf den Einbringungsgewinn I entfallende Steuer nachweislich entrichtet hat (§ 23 Abs. 2 i.V. mit § 22 Abs. 5 UmwStG). Dies ist lt. Sachverhalt der Fall. Der Ansatz des Erhöhungsbetrags bleibt ohne Auswirkung auf den Gewinn; bilanztechnisch erfolgt dies mittels Ausgleichsposten in der Steuerbilanz. Der Erhöhungsbetrag nach § 23 Abs. 2 UmwStG könnte dabei beispielsweise gebucht werden (vereinfacht und zusammengefasst):

Teilbetrieb	5 Mio. €	an	Ausgleichsposten	5 Mio. €

	StB Y-GmbH (ohne Erhöhungsbetrag)	StB Y-GmbH (mit Erhöhungsbetrag)
Aktiva		
Diverse Aktiva	4 000 000	4 000 000
Teilbetrieb	2 000 000	7 000 000
Ausgleichsposten	7 000 000	2 000 000
Summe	13 000 000	13 000 000
Passiva		
Stammkapital	10 000 000	10 000 000
Diverse Passiva	3 000 000	3 000 000
Summe	13 000 000	13 000 000

Würde die Y-GmbH den TB in 04 für 9 Mio. € verkaufen, würde sich steuerlich ein Gewinn von 2 Mio. € ergeben (Buchwert 7 Mio. €, Erlös 9 Mio. €), der der normalen Besteuerung bei der Y-GmbH unterliegt. In der HB der Y-GmbH ergäbe sich kein Gewinn, da dort der Buchwert des Teilbetriebs (keine Änderungen unterstellt) mit 9 Mio. € angesetzt ist. Das vorstehende Bilanzbild ändert sich nach Veräußerung des Teilbetriebs wie folgt (HB zum Vergleich daneben):

	StB Y-GmbH (mit Erhöhungsbetrag)	HB Y-GmbH
Aktiva		
Diverse Aktiva	13 000 000	13 000 000
Ausgleichsposten	2 000 000	
Summe	15 000 000	13 000 000
Passiva		
Stammkapital	10 000 000	10 000 000
StB-Gewinn	2 000 000	
Diverse Passiva	3 000 000	3 000 000
Summe	15 000 000	13 000 000

Im Folgejahr würde der Ausgleichsposten in der StB entfallen (Buchung: StB-Gewinn an Ausgleichsposten 2 Mio. €). Handels- und Steuerbilanz wären wieder identisch.

STICHWORTVERZEICHNIS

Die Zahlen verweisen auf die Fälle.

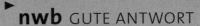